NOMOSLEHRBUCH

Prof. Dr. Matthias Knauff, LL.M. Eur.
Friedrich-Schiller-Universität Jena

Öffentliches Wirtschaftsrecht

3. Auflage

Die Deutsche Nationalbibliothek verzeichnet diese Publikation in
der Deutschen Nationalbibliografie; detaillierte bibliografische
Daten sind im Internet über http://dnb.d-nb.de abrufbar.

ISBN 978-3-8487-7482-1 (Print)
ISBN 978-3-7489-3273-4 (ePDF)

3. Auflage 2023
© Nomos Verlagsgesellschaft, Baden-Baden 2023. Gesamtverantwortung für Druck
und Herstellung bei der Nomos Verlagsgesellschaft mbH & Co. KG. Alle Rechte, auch die
des Nachdrucks von Auszügen, der fotomechanischen Wiedergabe und der Übersetzung,
vorbehalten.

Vorwort

Das öffentliche Wirtschaftsrecht zählt zu den praktisch bedeutsamsten Bereichen des Öffentlichen Rechts. Das vorliegende Lehrbuch gibt einen Überblick über seine Grundlagen und einige wichtige Teilbereiche. Dabei wurde sowohl dem hohen Europäisierungsgrad des Rechtsgebiets als auch seinen aktuellen Entwicklungen einschließlich des 2023 in Kraft getretenen Lieferkettensorgfaltspflichtgesetzes sowie der Entscheidungspraxis Rechnung getragen. Das Buch wendet sich an Studierende der Rechtswissenschaften, insbesondere der einschlägigen Schwerpunktbereiche, und Rechtsreferendare, wie auch an Studierende der Wirtschafts-, Politik- und Verwaltungswissenschaften, welche sich mit der Materie befassen.

Zur Arbeit mit diesem Buch seien noch einige Hinweise gegeben: Zahlreiche Querverweise verdeutlichen nicht nur die Zusammenhänge zwischen den einzelnen Aspekten, sondern sollen dem Leser auch einen Einstieg in die Lektüre an beliebiger Stelle ohne Verzicht auf relevante Hintergründe und Kontexte ermöglichen. Die Ausführungen im Kleindruck dienen der Veranschaulichung und Vertiefung. Zudem enthalten sie Erläuterungen wichtiger juristischer Grundlagen, die über den Gegenstand des öffentlichen Wirtschaftsrechts hinausgehen. Wiederholungs- und Verständnisfragen am Ende der Abschnitte erleichtern die gezielte Aufarbeitung. Dort befinden sich auch Hinweise auf zitierte und weiterführende Literatur. Die Fälle basieren auf realen Entscheidungen und sollen nicht zuletzt ein Schlaglicht auf das öffentliche Wirtschaftsrecht in der Praxis werfen.

Für ihre Unterstützung bei der Neuauflage des Buches sei den Mitarbeiterinnen und Mitarbeitern meines Lehrstuhls, insbesondere Herrn stud. jur. Moritz Oehmichen, herzlich gedankt. Anmerkungen der Leser sind an ls-knauff@uni-jena.de willkommen.

Jena, im Februar 2023 *Matthias Knauff*

Inhaltsübersicht

Vorwort		5
§ 1	Einführung	15

TEIL 1: EUROPA- UND VERFASSUNGSRECHTLICHER RAHMEN — 29

§ 2	Wirtschaftsverfassungsrechtliche Vorgaben	29
§ 3	Grundfreiheiten	41
§ 4	Grundrechte	63

TEIL 2: MARKTAUFSICHT UND -ORDNUNG — 94

§ 5	Gewerberecht	94
§ 6	Kartellrecht	190
§ 7	Regulierungsrecht	211

TEIL 3: DER STAAT ALS MARKTAKTEUR — 226

§ 8	Wirtschaftliche Betätigung der öffentlichen Hand	226
§ 9	Beihilferecht	240
§ 10	Vergaberecht	265
Stichwortverzeichnis		305

Inhalt

Vorwort	5
§ 1 Einführung	15
I. Gegenstand des öffentlichen Wirtschaftsrechts	15
1. Abgrenzung	15
2. Ziele	18
a) Freihandel vs. Protektionismus	18
b) Liberalisierung vs. Regulierung	19
c) Unternehmerinteressen vs. Gemeinwohl	20
II. Entwicklung in Deutschland	21
III. Rechtsgrundlagen im Überblick	23
1. Wirtschaftsvölkerrecht	24
2. Europäisches öffentliches Wirtschaftsrecht	26
3. Nationales öffentliches Wirtschaftsrecht	27
IV. Wiederholungs- und Verständnisfragen	28
TEIL 1: EUROPA- UND VERFASSUNGSRECHTLICHER RAHMEN	29
§ 2 Wirtschaftsverfassungsrechtliche Vorgaben	29
I. Europarechtliche Vorgaben	29
1. Binnenmarkt	29
2. Marktwirtschaft	31
3. Ausnahmen und Relativierungen, insbes. Dienstleistungen von allgemeinem wirtschaftlichem Interesse	33
II. Vorgaben des Grundgesetzes	36
1. Wirtschaftsordnung?	36
2. Wirtschaftsrelevante Gewährleistungen	37
III. Wiederholungs- und Verständnisfragen	39
§ 3 Grundfreiheiten	41
I. Grundlagen	42
II. Warenverkehrsfreiheit	44
III. Personenverkehrsfreiheiten	50
1. Niederlassungsfreiheit	51
2. Arbeitnehmerfreizügigkeit	54
IV. Dienstleistungsfreiheit	57
V. Kapital- und Zahlungsverkehrsfreiheit	59
VI. Wiederholungs- und Verständnisfragen	61
§ 4 Grundrechte	63
I. Berufsfreiheit	63
1. Schutzbereich	64
a) Sachlicher Schutzbereich	64
b) Persönlicher Schutzbereich	67
2. Eingriff	68
3. Rechtfertigung	69
a) Schranken	70

		b) Schranken-Schranken	70
II.	Eigentum		76
	1.	Schutzbereich	78
		a) Sachlicher Schutzbereich	78
		b) Persönlicher Schutzbereich	80
	2.	Eingriff und Inhaltsbestimmungen	80
	3.	Rechtfertigung	82
		a) Schranken	82
		b) Schranken-Schranken	82
III.	Gleichbehandlung		88
	1.	Feststellung der Ungleichbehandlung	88
	2.	Rechtfertigung	89
IV.	Wiederholungs- und Verständnisfragen		92

TEIL 2: MARKTAUFSICHT UND -ORDNUNG   94

§ 5 Gewerberecht   94

I.	Allgemeines Gewerberecht		94
	1.	Gewerbebegriff und Anwendungsbereich der GewO	96
	2.	Gewerbefreiheit	99
	3.	Stehendes Gewerbe	101
		a) Aufnahme des Gewerbes	101
		(1) Gewerbeanzeige	101
		(2) Genehmigung	104
		b) Gewerbebefugnisse	107
		c) Kontrolle	108
		d) Untersagung	110
		(1) Untersagung wegen Unzuverlässigkeit	110
		(2) Sonstige Untersagungstatbestände	113
		(3) Fortführung und Wiedergestattung	114
	4.	Reisegewerbe	117
	5.	Marktgewerbe	120
		a) Veranstaltungstypen	120
		b) Festsetzung von Veranstaltungen	121
		c) Teilnahme an Veranstaltungen	123
	6.	Exkurs 1: Zeitliche Vorgaben für die gewerbliche Betätigung	126
		a) Sonn- und Feiertagsschutz	127
		(1) Verfassungsrechtliche Grundlagen	127
		(2) Ausgestaltung durch die Sonn- und Feiertagsgesetze der Länder	128
		b) Ladenöffnungsrecht	131
	7.	Exkurs 2: Verantwortlichkeit für Menschenrechte und Umwelt in Lieferketten	136
		a) Internationale Regelungsansätze	137
		b) Lieferkettensorgfaltspflichtengesetz	139
	8.	Wiederholungs- und Verständnisfragen	145
II.	Handwerksrecht		146
	1.	Handwerk	147

Inhalt

	2. Ausübung eines zulassungspflichtigen Handwerks	148
	a) Zulassungspflichtiges Handwerk	148
	b) Eintragung in die Handwerksrolle	151
	c) Aufsicht und Kontrolle	154
	3. Ausübung sonstiger Tätigkeiten	155
	4. Öffentlich-rechtliche Handwerksorganisation	156
	a) Handwerkskammern	156
	b) Innungen	157
	5. Wiederholungs- und Verständnisfragen	159
III.	Gaststättenrecht	160
	1. Gaststättengewerbe	162
	2. Aufnahmevoraussetzungen	163
	a) Modell 1: Erlaubnispflicht	163
	b) Modell 2: Anzeigepflicht	165
	3. Betrieb der Gaststätte	167
	4. Behördliche Befugnisse	168
	5. Wiederholungs- und Verständnisfragen	170
IV.	Personenbeförderungsrecht	171
	1. ÖPNV	173
	a) Eigenwirtschaftliche Verkehre	174
	(1) Begriff und Vorrang der Eigenwirtschaftlichkeit	174
	(2) Genehmigung	175
	b) Bestellung von Verkehrsleistungen	183
	2. Taxiverkehre	186
	3. Sonstige Gelegenheits- und Fernbuslinienverkehre	188
	4. Wiederholungs- und Verständnisfragen	188

§ 6 Kartellrecht 190

I.	Gegenstand	191
II.	Rechtsgrundlagen	192
III.	Verbot wettbewerbsbeschränkender Verhaltensweisen	193
	1. Kartellverbot	193
	a) Erfasste Unternehmen	194
	b) Unzulässige Verhaltensweisen	194
	c) Spürbarkeit auf dem relevanten Markt	195
	d) Ausnahmen	197
	2. Missbrauchsverbot	198
	a) Marktbeherrschung	198
	b) Missbrauch	199
IV.	Fusionskontrolle	203
	1. Zusammenschluss	204
	2. Anwendungs- und Freistellungsvoraussetzungen	205
V.	Sanktionierung und Rechtsschutz	207
	1. Ordnungsrechtliche Maßnahmen	207
	2. „Private enforcement"	209
VI.	Wiederholungs- und Verständnisfragen	210

§ 7 Regulierungsrecht 211

I.	Gegenstand	211

Inhalt

II.	Rechtsgrundlagen	212
III.	Allgemeine Grundsätze	212
IV.	Telekommunikationsrecht	215
	1. Grundfragen	215
	2. Marktregulierung	217
	a) Allgemeines	217
	b) Zugangsregulierung	218
	c) Entgeltregulierung	219
	3. Universaldienst	221
	4. Sonstige Regelungen	222
V.	Wiederholungs- und Verständnisfragen	224

TEIL 3: DER STAAT ALS MARKTAKTEUR   226

§ 8 Wirtschaftliche Betätigung der öffentlichen Hand   226

I.	Öffentliche Unternehmen zwischen Ausbau und Privatisierung	226
II.	Staatswirtschaft	228
III.	Gemeindewirtschaft	229
	1. Kommunalwirtschaft und kommunale Selbstverwaltung	229
	2. Zulässigkeit kommunaler Wirtschaftstätigkeit	230
	a) Schrankentrias	230
	(1) Öffentlicher Zweck	231
	(2) Leistungsfähigkeit und Bedarfsgerechtigkeit	232
	(3) Subsidiarität	233
	b) Örtlichkeitsprinzip	234
	3. Rechtsformen	234
	a) Öffentlich-rechtliche Organisationsformen	234
	b) Privatrechtliche Organisationsformen	235
	4. Wirtschaftsführung und Kontrolle	236
IV.	Öffentlich-Private Partnerschaften	237
V.	Wiederholungs- und Verständnisfragen	239

§ 9 Beihilferecht   240

I.	Gegenstand	241
II.	Rechtsgrundlagen	243
III.	Beihilfeverbot	245
	1. Begriff der Beihilfe	245
	a) Begünstigung	246
	b) Herkunft aus staatlichen Mitteln	248
	c) Selektivität	249
	d) Potenzielle Wettbewerbsverfälschung	252
	e) Potenzielle Handelsbeeinträchtigung	252
	2. Ausnahmen	253
	a) Zwingende Ausnahmen	253
	b) Fakultative Ausnahmen	254
IV.	Beihilfeverfahrensrecht	257
	1. Neue Beihilfen	257
	a) Auswahl des Begünstigten	257

	b) Verfahren vor der EU-Kommission		259
	c) Gewährung		260
	2. Altbeihilfen		261
V.	Rückforderung von Beihilfen		261
	1. Rechtswidrige Beihilfen		261
	2. Rechtmäßige Beihilfen		262
VI.	Wiederholungs- und Verständnisfragen		264

§ 10 Vergaberecht 265

I.	Gegenstand		267
II.	Rechtsgrundlagen		268
	1. Europarecht		268
	2. Deutsches Recht		270
III.	Auftraggeber		271
	1. Öffentliche Auftraggeber		272
	2. Sektorenauftraggeber		273
	3. Konzessionsgeber		274
IV.	Vergabegegenstand		274
	1. Öffentliche Aufträge		275
	a) Merkmale und Erscheinungsformen		275
	b) Konzessionen		278
	2. Abgrenzung: Inhouse-Vergabe		279
	a) Beauftragung eines beherrschten Unternehmens		280
	b) Inverse und horizontale Inhouse-Vergabe		281
	c) Beauftragung gemeinsam beherrschter Unternehmen		281
V.	Vergabeverfahren		282
	1. Vergabegrundsätze		283
	2. Grundstruktur		285
	a) Ausschreibung		285
	b) Angebotswertung		287
	c) Verfahrensabschluss		290
	3. Verfahrensarten		291
	a) Öffentliche Auftragsvergabe		291
	(1) Offenes Verfahren		291
	(2) Nicht offenes Verfahren		292
	(3) Verhandlungsverfahren		292
	(4) Wettbewerblicher Dialog		294
	(5) Innovationspartnerschaft		296
	(6) Besondere Methoden und Instrumente in Vergabeverfahren		297
	b) Konzessionsvergabe		298
VI.	Vergaberechtsschutz		299
	1. Vergaberechtliches Nachprüfungsverfahren		299
	2. Sonstige Rechtsschutzformen		300
VII.	Wiederholungs- und Verständnisfragen		303

Stichwortverzeichnis 305

§ 1 Einführung

I. Gegenstand des öffentlichen Wirtschaftsrechts

Staat und Wirtschaft weisen zahlreiche Bezüge zueinander auf. Dieses spezifische Verhältnis rechtlich zu erfassen, ist Aufgabe des öffentlichen Wirtschaftsrechts. Seine Ausprägungen sind ebenso vielfältig wie die sich in der Rechtswirklichkeit stellenden Fragen, für die es rechtliche Lösungen bereitstellen soll. Die Schnelllebigkeit des Wirtschaftslebens sowie deren wechselnde politische Bewertung durch den jeweiligen Rechtsetzer hat eine hohe Dynamik des öffentlichen Wirtschaftsrechts zur Folge. Der Charakter des Rechts als „geronnene Politik"[1] tritt insoweit weitaus deutlicher als in anderen Rechtsgebieten zu Tage. Zugleich ist das öffentliche Wirtschaftsrecht als Querschnittsmaterie zu qualifizieren. Es erfasst neben dem sehr konkreten Wirtschaftsverwaltungsrecht (zB Gewerberecht, Handwerksrecht, Gaststättenrecht etc.) auch wirtschaftsbezogene Bereiche des Verfassungsrechts sowie des überstaatlichen (europäischen und internationalen) Rechts.

1. Abgrenzung

Der Staat wirkt in vielfältiger Weise auf das Wirtschaftsleben ein. Wann aber geschieht dies durch öffentliches Wirtschaftsrecht? Zur (vorläufigen) Beantwortung dieser bei genauer Betrachtung überaus komplexen und schwierigen Frage bietet sich zunächst eine Negativabgrenzung zum einen zur „allgemeinen Rechtsordnung" und zum anderen zu sonstigen Bereichen des Wirtschaftsrechts an. Aufgrund dessen lässt sich zugleich eine erste positive Bestimmung des öffentlichen Wirtschaftsrechts und seiner Gegenstände vornehmen.

Mittels seiner Rechtsetzung schafft der Staat zunächst den generellen Rahmen für eine wirtschaftliche Betätigung und begünstigt, erschwert oder organisiert diese. Die verwendeten Instrumente sind keineswegs stets dem (öffentlichen) Wirtschaftsrecht zuzurechnen. Vielmehr existieren zahlreiche Rückwirkungen der allgemeinen Rechtsordnung auf die Wirtschaft. Von Bedeutung ist bereits das Verfassungsrecht als rechtliche Grund- und Rahmenordnung des Gemeinwesens, auch soweit es keinen spezifischen Bezug zu wirtschaftlicher Betätigung aufweist. So kommt etwa dem Rechtsstaatsprinzip und seiner Ausgestaltung entscheidende Bedeutung zu, bildet es doch den Anknüpfungspunkt für Rechtssicherheit und Rechtsschutz – beides wesentliche Voraussetzungen für die Attraktivität eines Staates im internationalen Standortwettbewerb.[2] In ähnlicher Weise stellt sich auch die Einwirkung des (allgemeinen) Zivil- und Verwaltungsrechts auf die Wirtschaft dar. Die normativen Vorgaben des BGB über den Abschluss und die Rechtsfolgen von Verträgen, über Besitz und Eigentum etc. oder des VwVfG über das Verwaltungsverfahren und den damit verbundenen Aufwand sind als Rahmenbedingungen insbesondere bei Investitionsentscheidungen durchaus von erheblicher Bedeutung. Eine globalisierte Wirtschaftsordnung bringt insoweit auch einen Wettbewerb der Rechtsordnungen mit sich.[3] In diesem spielt schließlich auch das Steuer- und Abgabenrecht eine herausgehobene Rolle. Es bildet zweifellos einen überaus bedeutsamen Aspekt im Rahmen der Entscheidungsfindung von Wirtschaftsakteuren,

---

1 *Grimm*, JuS 1969, 501 (502).
2 Grundlegend *Korte*, Standortfaktor Öffentliches Recht, 2016.
3 Zu Funktionsweise und Konsequenzen *Peters* und *Giegerich*, VVDStRL 69 (2010), S. 7 ff. und 57 ff.

§ 1 Einführung

da sich die Höhe und Ausgestaltung von Steuern und Sozialabgaben erheblich auf die Attraktivität der Aufnahme oder Fortführung einer wirtschaftlichen Betätigung auswirken. Ungeachtet der vereinzelten Nutzung von Steuern durch den Staat zur Verhaltenslenkung verfügen diese stets über eine Finanzierungsfunktion,[4] so dass auch das Steuerrecht dem allgemeinen Rechtsrahmen zuzuordnen ist, der auf die Wirtschaft einwirkt, nicht aber dem (öffentlichen) Wirtschaftsrecht.

4   Zielen Normen dagegen gerade auf eine Ordnung des Wirtschaftslebens ab, sind sie dem Wirtschaftsrecht zugehörig.

Im Grundgesetz hat sich dies mit Art. 74 Abs. 1 Nr. 11 GG in der Existenz einer eigenständigen Kompetenzgrundlage für den Bund niedergeschlagen. Allerdings ist der Kompetenztitel „Recht der Wirtschaft" nicht vollständig deckungsgleich mit dem Bereich des Wirtschaftsrechts, da andere Kompetenzgrundlagen ebenfalls einen wirtschaftsrechtlichen Gegenstand aufweisen, vgl. zB Art. 73 Abs. 1 Nr. 4, 5, 7 GG.

5   Das Wirtschaftsrecht lässt sich wiederum je nach Zielsetzung und Ausgestaltung in Wirtschaftsprivat- und Wirtschaftsstrafrecht sowie schließlich öffentliches Wirtschaftsrecht differenzieren.

Diese Differenzierung ist zugleich eine Eigenart des deutschen Rechts, das streng zwischen den Rechtsgebieten unterscheidet. Neben einer jeweils fachspezifischen Dogmatik schlägt sich dies auch in der Organisation der Gerichtsbarkeit nieder. Während für die Streitentscheidung im Wirtschaftsprivat- und -strafrecht die ordentlichen Gerichte zuständig sind, ist für die Entscheidung von Streitigkeiten, die ihre Grundlage im öffentlichen Wirtschaftsrecht finden, nach § 40 Abs. 1 S. 1 VwGO grundsätzlich die Verwaltungsgerichtsbarkeit zuständig. Das für das Wirtschaftsrecht höchst bedeutsame Europarecht kennt diese Unterscheidung zumindest nicht in dieser Stringenz. Infolgedessen beginnt die im deutschen Wirtschaftsrecht traditionell in Form eindeutig zuordenbarer Rechtsakte vorhandene Trennung vor allem zwischen Wirtschaftsprivatrecht und öffentlichem Wirtschaftsrecht zunehmend zu verwischen.

6   Regelungen, die auf eine Ordnung des Wirtschaftslebens abzielen, jedoch nicht primär das Verhältnis von Wirtschaftsakteuren zum Staat oder spezifisch staatliche Zielsetzungen betreffen, sind dem privaten Wirtschaftsrecht zuzurechnen.[5] Diesem gehören Materien wie das Handels- und Gesellschaftsrecht, aber auch das Arbeitsrecht an. Diese schaffen jeweils ein spezifisches Rechtsregime für die wirtschaftliche Betätigung, ohne jedoch auf das zumindest potenziell mit staatlicher Kontrolle und Zwang verbundene Instrumentarium des Öffentlichen Rechts zuzugreifen. Damit wird privaten Akteuren vom Gesetzgeber ein rechtlicher Rahmen zur Verfügung gestellt, der darauf abzielt, die Verhältnisse der Marktakteure untereinander zu regeln und hierfür verlässliche Grundlagen zu schaffen. Eine darüber hinausgehende Marktstrukturierung erfolgt grundsätzlich nicht. Vielmehr zeichnen sich wirtschaftsprivatrechtliche Vorschriften häufig durch ihre Dispositivität aus.[6] Die Adressaten können mithin übereinstimmend abweichende Regelungen für ihr Verhältnis treffen. Dies gilt nur dann nicht, wenn Normen gerade dem Schutz der Allgemeinheit oder schwächerer Vertragspartner, etwa Arbeitnehmern oder Minderheitsgesellschaftern, dienen. (Nur) Insoweit ist dem Wirtschaftsprivatrecht auch eine gewisse Anreicherung mit staatlichen Zielsetzungen zu eigen. Ist dies in nicht ganz geringem Maße der Fall, erweist sich die Grenzziehung

---

4 Vgl. BVerfGE 38, 61 (79 ff.).
5 Vgl. *Müssig*, Wirtschaftsprivatrecht, 23. Aufl. 2022, S. 7; siehe auch *Schmidt-Aßmann*, Das Allgemeine Verwaltungsrecht als Ordnungsidee, 2. Aufl. 2004, Kap. 6 Rn. 14 f.; zum Ineinandergreifen *Hoffmann-Riem*, in: ders./Schmidt-Aßmann (Hrsg.), Öffentliches Recht und Privatrecht als wechselseitige Auffangordnungen, 1996, S. 261 ff.
6 Zusammenfassend *Möslein*, Dispositives Recht, 2011, 12 ff.

I. Gegenstand des öffentlichen Wirtschaftsrechts § 1

zwischen Wirtschaftsprivatrecht und öffentlichem Wirtschaftsrecht als undeutlich. So werden insbesondere das Kartell- und das Lauterkeitsrecht, aber auch das Recht der Finanzmarktregulierung, herkömmlich als zivilrechtliche Regelungsmaterien betrachtet und dargestellt. Richtigerweise ist bei diesen Teilgebieten des Wirtschaftsrechts nach dem jeweiligen Gegenstand der einzeln in den Blick zu nehmenden Vorschrift zu differenzieren.

Zum Wirtschaftsstrafrecht stellen sich keine vergleichbaren Abgrenzungsschwierigkeiten. Seine Gegenstände sind teils im Kernstrafrecht des StGB (zB Diebstahl, Betrug, Untreue), teils in besonderen Gesetzen (zB Geldwäschegesetz, Aktiengesetz, Patentgesetz, Gesetz gegen den unlauteren Wettbewerb) verortet. Es zeichnet sich in Übereinstimmung mit dem grundlegenden Regelungsansatz des Strafrechts stets dadurch aus, dass ein bestimmtes Verhalten unter Strafe gestellt wird. Sein wirtschaftsrechtlicher Charakter erwächst im Wesentlichen aus dem Umstand, dass die inkriminierten Verhaltensweisen (typischerweise) im Wirtschaftsleben auftreten.[7]

Anknüpfend an die vorstehenden Abgrenzungen lässt sich eine erste Bestimmung des öffentlichen Wirtschaftsrechts vornehmen. Diesem sind zunächst solche Rechtsmaterien zugehörig, die spezifisch dazu dienen, das Verhalten von Wirtschaftsakteuren zu regeln und zugleich dem Öffentlichen Recht zuzurechnen sind.

Letzteres ist nach der herrschenden Auffassung der Fall, wenn Normen ausschließlich einen Träger öffentlicher Gewalt gerade in dieser Eigenschaft berechtigen oder verpflichten (modifizierte Subjektstheorie). Auch ein durch eine Norm begründetes oder vorausgesetztes Über-/Unterordnungsverhältnis im Hinblick auf Staat und Bürger hat die Zugehörigkeit dieser Norm zum Öffentlichen Recht zur Folge (Subordinationstheorie). Dazu führt schließlich auch der Umstand, dass eine Norm nicht primär im Interesse des Bürgers, sondern des Staates oder der Allgemeinheit geschaffen wurde (Interessentheorie). Diese Theorien sind grundsätzlich geeignet, die Abgrenzung zwischen Öffentlichem Recht und Zivilrecht vorzunehmen. Ihre Aussagekraft im Zweifelsfall ist gleichwohl begrenzt.[8]

Dem öffentlichen Wirtschaftsrecht gehören wirtschaftsrechtliche Normen etwa dann an, wenn sie besondere Anforderungen an die Aufnahme und Durchführung bestimmter wirtschaftlicher Betätigungen aufstellen. So bestehen im Hinblick auf diese zahlreiche Anzeige- und Genehmigungserfordernisse. ZB ist ein Gewerbetreibender nach § 14 GewO verpflichtet, die Aufnahme eines stehenden Gewerbes bei der zuständigen Behörde anzuzeigen (→ § 5 Rn. 20 ff.). Für bestimmte Tätigkeiten, etwa den Betrieb von Spielhallen oder die Beförderung von Personen (→ § 5 Rn. 165), sowie generell für das Reisegewerbe (→ § 5 Rn. 63 ff.) sehen gewerberechtliche Vorschriften wegen der nach Auffassung des Gesetzgebers damit verbundenen besonderen Gefährlichkeit für Verbraucher, Mitarbeiter oder die Allgemeinheit darüber hinaus eine Genehmigungspflicht vor. Einzelne Tätigkeiten, wie etwa der Handel mit Kriegswaffen, sind sogar gänzlich untersagt. Gleiches gilt aufgrund des Kartellrechts für wettbewerbsschädigende Verhaltensweisen, etwa Absprachen zwischen Unternehmen (→ § 6 Rn. 14 f.). Materien wie dem Ladenschluss- bzw. -öffnungsrecht (→ § 5 Rn. 103 ff.) lassen sich weitere Verhaltensanforderungen an Wirtschaftsakteure entnehmen. Grundsätzlich ist dies auch in Bezug auf das Umweltrecht der Fall, das sich jedoch in Deutschland aus einem gewerberechtlichen Teilaspekt zu einem (noch immer höchst wirtschaftsrelevanten) eigenständigen Rechtsgebiet mit vielfältigen Ausprägungen verselbstständigt

---

7 Näher *Brettel/Schneider*, Wirtschaftsstrafrecht, 3. Aufl. 2021, § 1.
8 Näher *Erbguth/Guckelberger*, Allgemeines Verwaltungsrecht, 10. Aufl. 2020, § 5 Rn. 7 ff.; *Ehlers/Schneider*, in: Schoch/Schneider, VwGO, Stand 8/2022, § 40 Rn. 217 ff.

hat[9] und daher im Folgenden keine Berücksichtigung findet. Schließlich ist auch die verpflichtende Zusammenfassung der Marktteilnehmer in berufsständischen Vereinigungen wie der Handwerkskammer (→ § 5 Rn. 137f.) Gegenstand des öffentlichen Wirtschaftsrechts.

10 Ein besonderer Wirtschaftsakteur ist schließlich der Staat. Dieser ist nicht nur der Schöpfer des öffentlichen Wirtschaftsrechts, sondern selbst Marktakteur. Er nimmt sowohl als Anbieter wie auch als Nachfrager von Leistungen intensiv am Wirtschaftsleben teil. Regelungen, die dies zum Gegenstand haben, sind ebenfalls dem öffentlichen Wirtschaftsrecht zugehörig.

2. Ziele

11 Das öffentliche Wirtschaftsrecht kann als Instrument der Verfolgung unterschiedlicher ordnungspolitischer Vorstellungen dienen. In Abhängigkeit von der politischen Grundausrichtung des jeweiligen Gemeinwesens weist es daher unterschiedliche Inhalte auf. Sowohl im historischen als auch im internationalen Vergleich lassen sich dabei deutliche Abweichungen feststellen.

a) Freihandel vs. Protektionismus

12 Eine erste grundlegende Unterscheidung der mittels des öffentlichen Wirtschaftsrechts verfolgten Ziele betrifft die Entscheidung für Protektionismus oder Freihandel, mithin Abschottung oder Öffnung der nationalen Märkte für Wirtschaftsteilnehmer aus anderen Staaten.[10] Ein protektionistischer Staat ist grundsätzlich bemüht, ausländische Anbieter von der Marktteilnahme auf dem eigenen Staatsgebiet abzuhalten. Dies geschieht regelmäßig im Interesse der nationalen Wirtschaft, deren Absatz- und damit Verdienstmöglichkeiten durch die Unterbindung von Konkurrenz erhöht werden. Als Mittel hierfür dienen Einfuhr- und Tätigkeitsverbote und -beschränkungen sowie hohe Zölle, die ausländischen Anbietern ein wirtschaftliches Engagement auf dem nationalen Markt durch die damit verbundene erhebliche Verteuerung ihrer Produkte unattraktiv machen, oder auch der Zwang, mit einem ortsansässigen Partnerunternehmen zu kooperieren (Joint Ventures). Doch auch weniger offensichtliche Instrumente können zur Marktabschottung eingesetzt werden. Von Bedeutung sind insbesondere technische Normen, deren Beachtung Voraussetzung für eine Zulassung zur Marktteilnahme ist. Weisen diese spezifische nationale Eigenheiten auf, sind sie geeignet, ausländische Anbieter effektiv auszuschließen.

Beispiele für eine protektionistische Wirtschaftspolitik und deren rechtlichen Niederschlag finden sich heute u.a. in der VR China, Kuba oder Nordkorea. In weniger intensivem Maße verfolgt auch die EU gegenüber Drittstaaten partiell eine Politik der Marktabschottung. Die USA haben sich seit der Präsidentschaft von Donald Trump ebenfalls verstärkt einer protektionistischen Wirtschaftspolitik zugewandt. Als Mittel dienen vielfach „Strafzölle", deren Konformität mit dem Welthandelsrecht zumindest zweifelhaft erscheint.[11] Überdies hat sich die Sperrung der Zugänglichkeit von Märkten als Bestandteil einer „Sanktionierungspolitik" zu einem Instrument der Austragung zwischenstaatlicher Konflikte entwickelt.[12]

---

9 Dazu etwa *Schlacke*, Umweltrecht, 7. Aufl. 2019, § 2 Rn. 5 ff.
10 Dazu aus ökonomischer Perspektive *Mankiw*, Makroökonomik, 7. Aufl. 2017, S. 181 ff.; *Kleinewefers*, in: FS Gauch, 2003, S. 141 ff.
11 Vgl. *Rinnert*, ZfZ 2018, 110 ff.
12 Siehe dazu aus unterschiedlichen Perspektiven *Denga*, RIW 2022, 93 ff.; *Kau*, EuZW 2017, 293 ff.; *Schiffbauer*, AöR 146 (2021), 453 ff.; *Schmalenbach*, JZ 2021, 269 ff.

I. Gegenstand des öffentlichen Wirtschaftsrechts § 1

Allerdings geht ein protektionistischer Regelungsansatz auch mit erheblichen Nachteilen einher. So kann es bei bestimmten Produkten zu einem unzureichenden oder gar gänzlich fehlenden Angebot kommen. Das Fehlen von Konkurrenten sowie die Produktion zu Kosten, die im internationalen Vergleich zu hoch sind, hat regelmäßig überhöhte Preise zur Folge. Volkswirtschaftlich erweist sich ein protektionistischer Regelungsansatz daher als suboptimal. Diese Nachteile haben dazu geführt, dass der Freihandelsgedanke trotz wiederkehrender Rückschläge international stetig an Bedeutung gewonnen hat.

13

So hat bereits die Beseitigung der Zollgrenzen im Zuge der Gründung des Deutschen Zollvereins (1834) nicht nur politisch die Vereinigung der deutschen Länder zunächst zum Norddeutschen Bund (1866) und später zum Deutschen Reich (1871) befördert, sondern auch maßgeblich den Wandel Deutschlands von einer Landwirtschafts- zur Industrienation vorangetrieben. Auch die wirtschaftliche Prosperität der Mitgliedstaaten der EU findet ihre Grundlage wesentlich in der gegenseitigen Öffnung der Märkte und dem kontinuierlichen Abbau von Marktzutrittsschranken für ausländische Anbieter. Auf internationaler Ebene sind insbesondere die Schaffung des Allgemeinen Zoll- und Handelsabkommens (GATT, 1948) und die daran anknüpfende Gründung der Welthandelsorganisation (WTO, 1995) zu nennen. Auch heute ist der Freihandelsgedanke von hoher Attraktivität. In neuerer Zeit traten das Comprehensive and Progressive Agreement for Trans-Pacific Partnership (CPTPP, 2018) und das Freihandelsabkommen der EU mit Japan (JEFTA, 2019) in Kraft.

Freihandel sorgt regelmäßig für ein breiteres Produktangebot und für günstigere Preise. Zugleich schafft er einer international wettbewerbsfähigen Industrie neue Absatzmärkte und kann somit zur Steigerung des Wohlstandes beitragen. Der Preis hierfür ist jedoch neben der notwendigen Öffnung des eigenen Marktes eine Verdrängung nicht wettbewerbsfähiger einheimischer Unternehmen sowie die Möglichkeit der Abwanderung von Produktionsstätten und der damit verbundene Verlust an Arbeitsplätzen und Kaufkraft.

14

b) Liberalisierung vs. Regulierung

Eine zweite politische Grundentscheidung, die sich maßgeblich auf die Fassung des öffentlichen Wirtschaftsrechts auswirkt, ist diejenige zwischen Liberalisierung und Regulierung des Wirtschaftslebens. Diese Unterscheidung betrifft das Maß der wirtschaftlichen Freiheit der Marktakteure von staatlicher Einflussnahme.

15

Stark regulierte Märkte (zur besonderen Ausprägung des Regulierungsrechts → § 7) zeichnen sich durch einen intensiven staatlichen Zugriff auf die Wirtschaft aus. Das öffentliche Wirtschaftsrecht dient dabei als zentrales Steuerungsinstrument, mit dem (ordnungs)politische Vorstellungen und Konzepte[13] realisiert werden. Typische Kennzeichen einer starken Regulierung sind die Existenz zahlreicher Verbote und Genehmigungsvorbehalte für ein wirtschaftliches Tätigwerden Privater wie auch einer Vielzahl von Anforderungen an die Art und Weise der Betätigung sowie an die Preisgestaltung.

16

Besonders weitgehend erfolgte die Unterbindung privatwirtschaftlicher Betätigungen oder zumindest deren Einbindung in ein staatswirtschaftliches Gesamtkonzept in den vormals sozialistisch-planwirtschaftlichen Staaten. Doch auch die Bundesrepublik Deutschland wies während ihrer ersten Jahrzehnte eine hohe Regulierungsdichte auf. Das damalige öffentliche Wirtschaftsrecht enthielt neben zahlreichen

---

13 Zur Ordnungspolitik grundlegend *Eucken*, Grundsätze der Wirtschaftspolitik, 7. Aufl. 2004.

§ 1 Einführung

Genehmigungserfordernissen etwa staatliche Monopole, Kontingentierungen, Preisregelungen sowie strikte Ladenschlussvorgaben.[14]

17 Vorteile einer starken Wirtschaftsregulierung bestehen zum einen aus der Perspektive einer entsprechend orientierten Politik in der Möglichkeit der staatlichen Steuerung der Wirtschaft im Sinne der Durchsetzung politischer Zielsetzungen – idealerweise, wenn auch nicht zwingend, im Interesse des Gemeinwohls. Dies wird jedoch erkauft durch eine zumindest teilweise Außerkraftsetzung der Marktmechanismen. Dies kann sich negativ auf die Innovationsfähigkeit einer Volkswirtschaft auswirken. Je stärker eine Regulierung erfolgt, desto weniger attraktiv wird eine wirtschaftliche Betätigung tendenziell für Private, so dass Wertschöpfungspotenziale nicht ausgeschöpft werden. Seit einigen Jahrzehnten gewinnt daher die Idee eines deregulierten, liberalisierten Marktes zunehmend (wieder) an Bedeutung, wenngleich aktuell auch gegenläufige Entwicklungen erkennbar sind (→ Rn. 27).

Folge war zumindest in Europa eine Abschaffung zahlreicher normativer Vorgaben, die sich restriktiv auf die freie wirtschaftliche Betätigung ausgewirkt hatten. Die EU hat dabei eine Vorreiterrolle übernommen und in ihren Mitgliedstaaten einschließlich der Bundesrepublik Deutschland erhebliche Veränderungen zunächst in rechtlicher, infolgedessen aber auch in tatsächlicher Hinsicht bewirkt.

18 Von staatlicher Einflussnahme (weitgehend) ungestörte Märkte können sich frei nach dem Verhältnis von Angebot und Nachfrage entwickeln. Sie weisen eine hohe Reaktions- und Anpassungsfähigkeit auf. Ihre Entwicklung ist jedoch weder vorhersehbar noch steuerbar. Zudem lässt ein Fehlen rechtlicher Grenzen auch Raum für eine nicht gemeinwohlverträgliche Nutzung der Freiheit durch einzelne Marktakteure. Infolgedessen sind die Märkte selbst in Staaten, die sehr stark vom Gedanken individueller Freiheit geprägt sind, wie die USA, nicht vollständig frei von staatlicher Einflussnahme mit Mitteln des (öffentlichen Wirtschafts-)Rechts. Es bedarf in jedem Staat einer Entscheidung darüber, wie die widerstreitenden Belange von wirtschaftlicher Freiheit der Marktakteure und einer Verwirklichung politischer Ziele gewichtet und zum Ausgleich gebracht werden sollen.

c) Unternehmerinteressen vs. Gemeinwohl

19 Eng mit der Unterscheidung zwischen Regulierung und Liberalisierung ist auch diejenige nach der Gewichtung von unternehmerischen Interessen und Gemeinwohl verknüpft. Diese können zwar in einigen Fällen übereinstimmen, etwa im Hinblick auf die Subventionierung eines Unternehmens zum Zwecke der Schaffung oder Erhaltung von Arbeitsplätzen. Häufig besteht jedoch ein Spannungsverhältnis. Das Interesse eines jeden Unternehmers muss aus betriebswirtschaftlichen Gründen auf die Erwirtschaftung von (möglichst hohen) Gewinnen gerichtet sein. Nur diese ermöglichen ihm sowohl eine Fortsetzung seiner Tätigkeit als auch die Sicherung seines Lebensunterhalts. Ob diese Gewinne „fair" erwirtschaftet werden (können), spielt dabei zunächst nur eine untergeordnete Rolle und ist nicht zuletzt von den Marktbedingungen abhängig.

So ist bekannt, dass bei der Herstellung von Textilien in Staaten der Dritten Welt häufig menschenunwürdige Bedingungen herrschen und erhebliche Umweltprobleme hervorgerufen werden. Das verbreitete Desinteresse der Verbraucher in den Abnehmerstaaten der Ersten Welt daran sowie ihr Interesse an möglichst billigen Produkten lässt im Wettbewerb stehenden Unternehmen nur geringe Spielräume

---

14 Zu den wirtschaftspolitischen Entwicklungsphasen im Überblick *Arndt/Fetzer*, Öffentliches Recht, 16. Aufl. 2013, VI Rn. 18 ff.

II. Entwicklung in Deutschland § 1

zur Verbesserung dieser Situation, selbst soweit im Einzelfall ein dahin gehender Wille besteht. Ob die normativen Bemühungen, dem entgegenzusteuern (→ § 5 Rn. 109a ff.), hieran etwas zu ändern vermögen, bleibt abzuwarten.

Das Gemeinwohl lässt sich demgegenüber weniger eindeutig bestimmen.[15] Hierzu zählen unter anderem das Interesse der Abnehmer an einem guten Preis-Leistungs-Verhältnis und auch die Interessen der Beschäftigten an ihrem Arbeitsplatz, angemessener Entlohnung und zumutbaren Arbeitsbedingungen. Wichtig ist auch das Interesse des Staates, mittels Steuern und Abgaben am wirtschaftlichen Erfolg der Unternehmen zu partizipieren und dadurch die Finanzierung seiner Aufgaben zu sichern. Bedeutsam ist darüber hinaus das Wohlergehen der Volkswirtschaft insgesamt, zu dem neben dem einzelnen Wirtschaftsakteur auch seine Lieferanten, Wettbewerber und Abnehmer beitragen, so dass auch deren Interessen Beachtung finden müssen. Die Vornahme des Ausgleichs dieser teils widersprechenden Interessen erfolgt durch Recht. Neben dem öffentlichen Wirtschaftsrecht kommt dabei dem Zivil- und Steuerrecht, aber auch anderen Bereichen des besonderen Verwaltungsrechts, etwa dem Umweltrecht, eine zentrale Bedeutung zu. Das Ineinandergreifen der auf die Wirtschaft bezogenen Rechtsgebiete tritt insoweit deutlich zu Tage.

II. Entwicklung in Deutschland

Als Beginn der Herausbildung des modernen öffentlichen Wirtschaftsrechts in Deutschland lässt sich die Einführung der Gewerbefreiheit zu Beginn des 19. Jahrhunderts ansehen. Im Jahre 1809 wurde diese im napoleonisch beherrschten Königreich Westphalen nach französischem Vorbild eingeführt.[16] Weitaus bedeutsamer für die Rechtsentwicklung in Deutschland war jedoch ihre Einführung in Preußen im darauffolgenden Jahr durch das Edikt über die Einführung einer allgemeinen Gewerbesteuer.[17] 1845 wurde die Gewerbefreiheit in die preußische Gewerbeordnung überführt,[18] welche zugleich die historische Grundlage des heutigen Gewerberechts bildet.

Den wesentlichen Grund für die Einführung der Gewerbefreiheit in Deutschland Anfang des 19. Jahrhunderts bildete die Finanzknappheit der deutschen Staaten. Diese waren ebenso wie das Vorbild Frankreich auf die Generierung neuer Einnahmen angewiesen. Nicht vornehmlich die Verwirklichung von Freiheitsidealen, wie der zeitliche Zusammenhang mit der französischen Revolution nahelegen mag, sondern die Möglichkeit der Erhebung einer ertragreichen Gewerbesteuer in Folge einer Eröffnung der gewerblichen Betätigung für die Bevölkerung war der wesentliche Antrieb zur Schaffung wirtschaftlicher Freiheit.

Mit der Einführung der Gewerbefreiheit ging zugleich die Überwindung des Zunftwesens einher. Dieses hatte seit seiner Herausbildung im Mittelalter eine zunehmende Abschottung der Märkte bewirkt.

Zünfte waren Handwerkerverbünde. Eine Mitgliedschaft in der Zunft war Voraussetzung für die Aufnahme einer handwerklichen Betätigung. Verstöße wurden sanktioniert. Allerdings limitierten die Zünfte

---

15 Vgl. in enteignungsrechtlichem Kontext BVerfGE 56, 249 (261 f.); 74, 264 (285).
16 Dekret v. 22.1.1809, Gesetz-Bülletin des Königreichs Westphalen 1809 Bd. I S. 406. Im gleichen Jahr folgte das ebenfalls französisch dominierte Großherzogtum Berg mit dem Gesetz über die Patentsteuer v. 3.11.1809, Gesetz-Bülletin / Grand-Duché de Berg. Bulletin des Lois, Bd. 2, Düsseldorf 1810, S. 126.
17 Gesetz-Sammlung des Jahres 1810, Bl. 79; ausführlich dazu und zu den nachfolgenden Entwicklungen *Ziekow*, Freiheit und Bindung des Gewerbes, 1992, S. 336 ff.
18 GS S. 41.

§ 1 Einführung

aus Gründen des Konkurrenzschutzes den Beitritt häufig streng, so dass es letztlich allein den Mitgliedern alteingesessener Handwerkerfamilien möglich war, ein Handwerk auszuüben.

23 Mittels der Gewerbefreiheit wurde diese Marktabschottung aufgebrochen. An die Stelle der Organisation der Märkte durch die Zünfte trat deren Freiheit als Grundidee. Jeder Interessierte konnte sich nunmehr wirtschaftlich betätigen. Dies hatte im Lauf des 19. Jahrhunderts im Zusammenwirken mit den im Zuge der industriellen Revolution aufkommenden technischen Neuerungen einen vorbildlosen Aufschwung der deutschen Wirtschaft und den Wandel Deutschlands vom Agrar- zum Industriestaat zur Folge.[19]

24 Allerdings zeigte die nahezu uneingeschränkte Marktliberalisierung in der Folgezeit ihre Schattenseiten. Zwar fehlte es noch für lange Zeit an einem gesellschaftlichen Bewusstsein für die mit dem wirtschaftlichen Aufschwung verbundenen Umweltprobleme. Die soziale Frage trat jedoch deutlich zu Tage[20] und führte beginnend mit der Einführung der Gesetzlichen Krankenversicherung 1884[21] zur Schaffung eines Sozialversicherungssystems. Parallel setzte sich die Erkenntnis von der Gefährlichkeit bestimmter wirtschaftlicher Betätigungen durch, so dass im Laufe des 19. Jahrhunderts eine – wenn auch zurückhaltende – Reregulierung erfolgte.

25 Ab Anfang des 20. Jahrhunderts erfolgte ein zunehmend intensiverer staatlicher Zugriff auf die Wirtschaft. Nachfolgend der Kriegswirtschaft des Ersten Weltkrieges und angetrieben durch neue politische Ideen kam es insbesondere in der Frühzeit der Weimarer Republik in gewissem Umfang zu Sozialisierungen und Kommunalisierungen zuvor privatwirtschaftlicher Unternehmungen, insbesondere in unmittelbar gemeinwohlbezogenen Wirtschaftssektoren wie der Energieversorgung und der Personenbeförderung.[22] Dies geschah nicht selten jenseits spezieller normativer Vorgaben, wenngleich die Regulierungsdichte des öffentlichen Wirtschaftsrechts deutlich zunahm. Diese Entwicklung setzte sich nach der Machtübernahme der NSDAP fort, wobei zugleich eine Einbeziehung der Wirtschaft in die nationalsozialistische Ideologie und schließlich auch in die erneute Kriegswirtschaft erfolgte. Nach der Niederlage des Deutschen Reiches im Zweiten Weltkrieg und der nachfolgenden Teilung Deutschlands blieb in beiden neuen Teilstaaten eine intensive staatliche Einflussnahme auf die Wirtschaft bestehen. Geschah dies in der DDR auf Grundlage eines planwirtschaftlich-sozialistischen Wirtschaftsmodells, welches Privateigentum und Privatwirtschaft grundsätzlich ablehnte,[23] knüpfte das öffentliche Wirtschaftsrecht der frühen Bundesrepublik inhaltlich an die zuvor geschaffenen Regelungen an, wenngleich diese „entnazifiziert" wurden und die Rechtsprechung eine Ausrichtung an den Grundrechten erzwang.[24]

26 Eine erneute Umorientierung der Wirtschaftspolitik und infolgedessen zugleich des öffentlichen Wirtschaftsrechts erfolgte seit den 1980er Jahren in der Bundesrepublik und daran anschließend weiterhin im wiedervereinigten Deutschland. Zunächst auf

---

19 Siehe dazu *Buchheim*, Einführung in die Wirtschaftsgeschichte, 1997.
20 Vgl. zeitgenössisch *v. Stein*, Geschichte der sozialen Bewegung in Frankreich von 1789 bis auf unsere Tage I, hrsg. von Gottfried Salomon, Darmstadt 1959 (Nachdruck von 1921).
21 Gesetz betreffend die Krankenversicherung der Arbeiter, RGBl. 1883, S. 73.
22 Näher *Knauff*, Der Gewährleistungsstaat: Reform der Daseinsvorsorge, S. 320 ff.
23 Siehe dazu *Krause*, Wirtschaftstheorie in der DDR, 1998.
24 Dazu *Knauff*, in: Fischer/Pauly (Hrsg.), Höchstrichterliche Rechtsprechung in der frühen Bundesrepublik, 2015, S. 209 ff.

Grundlage des Leitbildes eines „schlanken Staates"[25] wurden Privatisierungen (→ § 8 Rn. 5 ff.) vorgenommen. Nicht zuletzt unter europarechtlichem Einfluss kam es zu einer Deregulierung und Liberalisierung in erheblichem Ausmaß. Das öffentliche Wirtschaftsrecht erfuhr dadurch grundlegende Änderungen. Seine Regelungsintensität nahm bereichsspezifisch deutlich ab. Parallel kam es jedoch zu einer Spezialisierung der Regelungsmaterien.

Heute ist das öffentliche Wirtschaftsrecht in Deutschland als Verbund von nationalen und europäischen Regelungen zu begreifen. Wenngleich Liberalisierung und Deregulierung nach wie vor zentrale Leitideen sind, entfalten sie nicht mehr die frühere Überzeugungskraft in Politik und Gesellschaft. Dies schlägt sich deutlich in der Beendigung von Privatisierungsprozessen, zB durch die Absage des zunächst geplanten Börsengangs der Deutschen Bahn AG, Rekommunalisierungen von Versorgungsunternehmen[26] oder punktuellen Intensivierungen des staatlichen Regelungszugriffs auf die Wirtschaft nieder. Der Staat wird zunehmend wieder als notwendiger Akteur auf dem Markt sowie als Marktgestalter angesehen und nimmt sich dieser teils politisch, teils auch verfassungsrechtlich begründeten „Verantwortung"[27] an. Dies wirkt sich notwendig auf Gestalt und Inhalte des öffentlichen Wirtschaftsrechts aus.

27

Dies korrespondiert mit der Vorstellung des Staates als „Gewährleistungsstaat".[28] Wenngleich dieser grundsätzlich nicht selbst als Anbieter von Leistungen in Erscheinung tritt, steht er doch für die Existenz eines Angebots ein, das regelmäßig durch Private erfolgen soll. Geschieht dies jedoch nicht, verdichtet sich die abstrakte Gewährleistungsverantwortung zu einer Erfüllungsverantwortung. Dieser kann der Staat entweder durch ein eigenes Leistungsangebot oder durch die Organisation und finanzielle Unterstützung eines privaten Leistungsangebots nachkommen.

III. Rechtsgrundlagen im Überblick

Das öffentliche Wirtschaftsrecht setzt sich aus einer Vielzahl von Rechtsgrundlagen zusammen, die vielfach aufeinander bezogen sind, mitunter aber auch unverbunden nebeneinanderstehen. Generell lässt sich – ebenso wie bei anderen Rechtsmaterien – zwischen Vorgaben der Regelungsebenen des Völker-, des Europa- und des nationalen Rechts unterscheiden.

28

---

25 Dazu etwa *König/Füchtner*, „Schlanker Staat" – eine Agenda der Verwaltungsmodernisierung im Bund, 2000.
26 *Brüning*, VerwArch 100 (2009), S. 453 ff.; *Bauer*, DÖV 2012, 329 ff.; *Burgi*, NdsVBl. 2012, 225 ff.; *Guckelberger*, VerwArch 104 (2013), S. 161 ff.; *Leisner-Egensperger*, NVwZ 2013, 1110 ff.; *Knauff*, EnWZ 2015, 51 ff.; ausführlich aus wettbewerbsrechtlicher Perspektive *Eisentraut*, Vergabe an die Öffentliche Hand. Rekommunalisierung im Vergaberecht zwischen Daseinsvorsorge, Wettbewerb und dem Grundsatz der Ausschreibungsfreiheit der Eigenerledigung, 2021; *Koch*, Rekommunalisierung von Versorgungsleistungen. Inhouse-Geschäfte und der steuerliche Querverbund kommunaler Holdinggesellschaften auf dem Prüfstand des Europäischen Beihilfenrechts, 2020.
27 Grundlegend *Klement*, Verantwortung. Funktion und Legitimation eines Begriffs im öffentlichen Recht, 2006.
28 Begriffsprägend *Eifert*, Grundversorgung mit Telekommunikationsleistungen im Gewährleistungsstaat, 1998, S. 18; im Einzelnen zur Konzeption etwa *Franzius*, VerwArch 99 (2008), S. 351 (351 ff.); *Knauff*, Der Gewährleistungsstaat: Reform der Daseinsvorsorge, S. 59 ff.; *Reichard*, in: Göbel u. a. (Hrsg.), Neue Institutionenökonomik, Public Private Partnership, Gewährleistungsstaat, 2004, S. 48 ff.; *Schuppert*, in: ders. (Hrsg.), Der Gewährleistungsstaat – ein Leitbild auf dem Prüfstand, 2005, S. 11 ff.; spezifisch verwaltungsbezogen *Schulze-Fielitz*, in: Hoffmann-Riem/Schmidt-Aßmann/Voßkuhle (Hrsg.), Grundlagen des Verwaltungsrechts I, 2. Aufl. 2012, § 12 Rn. 158 ff.

1. Wirtschaftsvölkerrecht

29 Das öffentliche Wirtschaftsrecht auf völkerrechtlicher Ebene wird häufig als Wirtschaftsvölkerrecht bezeichnet. Es bildet eine ebenso umfangreiche wie komplizierte Regelungsmaterie, die grundsätzlich den spezifischen Funktionsmechanismen des Völkerrechts unterliegt.[29]

Typisch für das Völkerrecht ist der Umstand, dass sich die Rechtsnormen nur an Völkerrechtssubjekte, also Staaten und internationale Organisationen, richten. Private werden regelmäßig weder berechtigt noch verpflichtet. Die Verbindlichkeit einer Norm des Völkerrechts für ein Völkerrechtssubjekt setzt zudem grundsätzlich voraus, dass dieses ihrer Geltung zugestimmt hat. Infolgedessen gibt es auch keine allgemeingültige Völkerrechtsordnung jenseits einiger grundlegender Gewährleistungen, die als zwingendes Völkerrecht (ius cogens) angesehen werden. Im Bereich des Wirtschaftsvölkerrechts existieren solche zwingenden Normen allerdings nicht.

30 Seine bedeutendste Ausprägung findet das Wirtschaftsvölkerrecht in Gestalt des Rechts der Welthandelsorganisation (World Trade Organization – WTO).[30] Diese wurde 1994 gegründet. Ihr gehören heute 164 Mitgliedstaaten einschließlich aller bedeutsamen Industriestaaten an. Sie zielt auf eine Erleichterung des internationalen Handels ab und bemüht sich zu diesem Zwecke um eine Koordination der Wirtschaftspolitik ihrer Mitglieder, ohne dass sie jedoch über eigene Entscheidungsbefugnisse verfügt. Die zentralen materiellrechtlichen Vorgaben finden sich in einer Vielzahl von bereichsbezogenen Verträgen, die dem WTO-Abkommen beigefügt sind. Dabei ist zwischen den sog. „multilateralen Abkommen", die Voraussetzung für die Mitgliedschaft in der WTO und somit von deren Mitgliedern zwingend abzuschließen sind, sowie den sog. „plurilateralen Abkommen", deren Abschluss fakultativ erfolgt, zu unterscheiden.

31 Derzeit bestehen 17 multilaterale Abkommen, die eine Vielzahl von Gegenständen erfassen. Die in materiellrechtlicher Hinsicht bedeutsamsten sind das Allgemeine Zoll- und Handelsabkommen (General Agreement on Tariffs and Trade – GATT), das Allgemeine Abkommen über den Handel mit Dienstleistungen (General Agreement on Trade in Services – GATS) sowie das Übereinkommen über geistiges Eigentum (Trade-Related Aspects of Intellectual Property Rights – TRIPS). Das GATT regelt den internationalen Warenhandel, soweit keine Sonderregelungen bestehen. Es verbietet staatliche Handelshemmnisse, insbesondere mengenmäßige Ein- und Ausfuhrbeschränkungen (Kontingente), zielt auf die Senkung von Zollsätzen ab und verhindert staatlich bedingte Verzerrungen des internationalen Wettbewerbs durch die Prinzipien der Meistbegünstigung und der Inländergleichbehandlung, die Diskriminierungen entgegenstehen. Das GATS verfolgt ähnliche Liberalisierungsziele für den Dienstleistungssektor, ohne jedoch vergleichbar strikte Anforderungen aufzustellen. Das TRIPS schreibt die Existenz, die Reichweite und den Schutz geistigen Eigentums (zB Patente) auf internationaler Ebene fest und schafft dadurch wesentliche Voraussetzungen für eine für die Unternehmen rechtssichere und wirtschaftlich nur mit berechenbaren Risiken verbundene Beteiligung am internationalen Handel.

32 Von zentraler Bedeutung im System der WTO ist darüber hinaus die obligatorische Streitschlichtung durch das Streitbeilegungsgremium (Dispute Settlement Body – DSB).

---

29 Näher *Krajewski*, Wirtschaftsvölkerrecht, 5. Aufl. 2021, § 1 Rn. 39 ff.; siehe auch *Terhechte*, JuS 2004, 959 ff., 1054 ff.
30 https://www.wto.org; dazu ausführlich *Hilf/Oeter* (Hrsg.), WTO-Recht, 2. Aufl. 2010; *Koul*, Guide to the WTO and GATT, 2. Aufl. 2018; *Schöbener/Herbst/Perkams*, Internationales Wirtschaftsrecht, 2010, 3. Kap.

III. Rechtsgrundlagen im Überblick § 1

Dieses ist in der Vereinbarung über Regeln und Verfahren zur Beilegung von Streitigkeiten (Understanding on rules and procedures governing the settlement of disputes, kurz: Dispute Settlement Understanding – DSU) vorgesehen.[31] Es entscheidet mittels aus drei Personen bestehenden, ad hoc eingesetzten Panels. Gegen dessen Entscheidungen ist ein Rechtsmittel zum Appellate Body gegeben. Entgegen der weitgehenden sonstigen völkerrechtlichen Praxis werden Streitigkeiten dadurch gerichtsähnlich und nicht primär durch politisch motivierte Maßnahmen der Vertragsparteien entschieden. Allerdings gehen die Möglichkeiten der Streitparteien weit über diejenigen vor staatlichen Gerichten hinaus. Dies betrifft bereits die Zusammensetzung des Panels und zeigt sich auch in dem vorrangigen Bestreben, eine gütliche Einigung zu erreichen.

Die Arbeitsfähigkeit des DSB wird derzeit freilich dadurch gefährdet, dass die USA seit mehreren Jahren die Ernennung neuer Mitglieder des Appellate Body verhindern.[32] Die EU hat sich vor diesem Hintergrund mit weiteren WTO-Mitgliedern einschließlich Australien, Brasilien, China, Mexiko und der Schweiz darauf verständigt, im Hinblick auf die Arbeitsunfähigkeit des Gremiums Streitfälle in einem Interimsverfahren zu lösen.[33] Dies ist seither mehrfach geschehen.[34]

Die Bedeutung der beiden derzeit bestehenden plurilateralen ist deutlich geringer als diejenige der multilateralen Abkommen. Das von 48 WTO-Mitgliedern einschließlich der EU und ihrer Mitgliedstaaten ratifizierte Übereinkommen über das öffentliche Beschaffungswesen (Government Procurement Agreement – GPA)[35] zielt auf eine Liberalisierung der staatlichen Beschaffungsmärkte ab. Das europäische und somit auch das deutsche Vergaberecht (→ § 10) sind erheblich von diesem beeinflusst. Das Übereinkommen über den Handel mit zivilen Luftfahrzeugen (Agreement on Trade in Civil Aircraft) ist auf dessen Erleichterung durch die Abschaffung von Hindernissen gerichtet, die häufig aus industriepolitischen Gründen von Staaten errichtet werden. Seine Bedeutung ist sowohl im Hinblick auf seinen sehr speziellen Gegenstand als auch die im Vergleich zum GPA noch geringere Zahl von Teilnehmerstaaten überschaubar.

Neben der WTO und den in ihrem Rahmen geschlossenen Verträgen bestehen bereichsspezifische internationale Abkommen. Über eine große praktische Bedeutung verfügen insbesondere die Regelungen über den internationalen Investitionsschutz, die in verschiedenen völkerrechtlichen Rechtsgrundlagen verankert sind und private Auslandsinvestitionen gegen politische Risiken absichern sollen.[36] Schließlich bestehen unzählige bilaterale Abkommen zwischen einzelnen Staaten, die (regelmäßig nur im Rahmen des WTO-Rechts) wirtschaftsbezogene Regelungen enthalten.

---

31 Siehe auch *Sittmann*, RIW 1997, 749 ff.
32 Vgl. näher *Lo/Nakagawa/Chen*, The Appellate Body of the WTO and Its Reform, 2020; *Glöckle/Würdemann*, EuZW 2018, 976 ff.
33 Text abrufbar unter https://trade.ec.europa.eu/doclib/docs/2020/march/tradoc_158685.pdf; siehe auch *Vollrath*, EuZW 2021, 491 ff.
34 Überblick unter https://wtoplurilaterals.info/plural_initiative/the-mpia/.
35 Zu diesem für das EU-Vergaberecht relevanten Abkommen *Pünder*, in: Müller-Wrede (Hrsg.), Kompendium des Vergaberechts. Systematische Darstellung unter Berücksichtigung des EU-Vergaberechts, 2. Aufl. 2013, Kap. 1; *Pitschas*, VergabeR 2014, 255 ff.
36 Zum Investitionsschutzrecht siehe etwa *Klein*, Das Investitionsschutzrecht als völkerrechtliches Individualschutzrecht im Mehrebenensystem, 2018; *Schöbener/Herbst/Perkams*, Internationales Wirtschaftsrecht, 2010, 4. Kap.; *Kläger*, JuS 2008, 969 ff.; *Schäfer*, JuS 2016, 795 ff.

2. Europäisches öffentliches Wirtschaftsrecht

35 In der EU bildete das Wirtschaftsrecht, insbesondere dessen Ausprägungen, die nach deutschem Verständnis als öffentlich-rechtlich anzusehen wären, den Kern der europäischen Integration. Historisch sollte die wirtschaftliche Verflechtung der Mitgliedstaaten der Europäischen Wirtschaftsgemeinschaft (EWG) als Vorläufer der EU die Attraktivität von kriegerischen Auseinandersetzungen zwischen diesen beseitigen. Die im Laufe der Jahrzehnte erfolgte Anreicherung des EU-Rechts mit zahlreichen weiteren Zielen und Regelungsgegenständen ist allein als Ergänzung, nicht aber als Verdrängung dieses Grundansatzes zu qualifizieren. Dies verdeutlicht sowohl die Fassung der Gründungsverträge der EU (Primärrecht), als auch des von ihr gesetzten Rechts (Sekundärrecht).

36 Wichtigste normative Grundlage des primärrechtlichen EU-Wirtschaftsrechts ist der Vertrag über die Arbeitsweise der Europäischen Union (AEUV).

Das Primärrecht der EU setzt sich aus dem Vertrag über die Europäische Union (EUV), der vor allem (verfassungs-)politische und strukturelle Grundentscheidungen enthält, dem AEUV, der Charta der Grundrechte der EU (EuGRC), dem Vertrag über die Gründung der Europäischen Atomgemeinschaft (EAGV) sowie ergänzenden Protokollen zusammen. Dabei handelt es sich jeweils um völkerrechtliche Verträge, die zwischen den EU-Mitgliedstaaten abgeschlossen wurden. Hinzu treten einige ungeschriebene allgemeine Rechtsgrundsätze. Seit der Schaffung der EuGRC hat deren praktische Bedeutung jedoch stark abgenommen, da es sich im Wesentlichen um grundrechtliche Gewährleistungen handelt. Eine Besonderheit gegenüber sonstigen völkerrechtlichen Normen weist das Primärrecht der EU insoweit auf, als seine Vorschriften, sofern sie inhaltlich unbedingt und hinreichend genau sind, unmittelbar anwendbar sind,[37] so dass sich Bürger und Unternehmen darauf berufen können.

Darüber hinaus genießt das Europarecht in seiner Gesamtheit einen (durchsetzbaren) Vorrang vor dem nationalen Recht der Mitgliedstaaten einschließlich des Verfassungsrechts.[38] Es handelt sich dabei um einen bloßen Anwendungs- und nicht um einen Geltungsvorrang.[39] Kollidierendes mitgliedstaatliches Recht verliert mithin nicht seine Gültigkeit, sondern allein seine Anwendbarkeit im Einzelfall.

37 Inhaltliche Richtungsentscheidungen über das europäische öffentliche Wirtschaftsrecht sind vor allem mit den primärrechtlichen Bekenntnissen zu Binnenmarkt (→ § 2 Rn. 3 ff.) und Grundfreiheiten (→ § 3) verbunden. Diese begründen einen EU-weiten freien Markt, der nur unter engen Voraussetzungen von den Mitgliedstaaten beschränkt werden kann. Dessen Funktionsfähigkeit wird nicht zuletzt durch wettbewerbsrechtliche Vorgaben insbesondere des Beihilfe- (→ § 9) und des Kartellrechts (→ § 6), Art. 101 ff., 107 ff. AEUV, abgesichert. Hinzu kommt eine Vielzahl von Regelungen für spezielle Politikbereiche, etwa Verkehr, Energie oder die gemeinsame Handelspolitik, Art. 90 ff., 197, 206 ff. AEUV.

38 Diese primärrechtlichen Vorgaben werden durch eine kaum überschaubare Vielzahl von Sekundärrechtsakten ausgestaltet und konkretisiert. Diese werden im Folgenden im entsprechenden Kontext thematisiert.

Das Sekundärrecht wird von den Organen der EU erlassen. Dabei besteht eine strikte Bindung an das Primärrecht. Zwingende Voraussetzung ist nach dem in Art. 5 Abs. 1 S. 1, Abs. 2 EUV verankerten Prinzip der begrenzten Einzelermächtigung stets die Existenz einer entsprechenden primärrechtlichen Ermäch-

---

37 EuGH, Slg 1963, 1 – van Gend & Loos.
38 Grundlegend EuGH, Slg 1964, 1251 (1270) – Costa/ENEL; Slg 1970, 1125 Rn. 3 – Internationale Handelsgesellschaft.
39 Vgl. nur BVerfGE 73, 339 (375).

tigungsgrundlage. Dabei ist zwischen der Zuweisung einer ausschließlichen Rechtsetzungskompetenz an die EU nach Art. 3 AEUV und einer mit den Mitgliedstaaten geteilten Kompetenz nach Art. 4 AEUV zu unterscheiden. Eine vollständig autonome Rechtsetzung ist der EU daher grundsätzlich nicht möglich. Weitere zentrale Voraussetzung für die Sekundärrechtsetzung ist die Beachtung des Verhältnismäßigkeitsprinzips, Art. 5 Abs. 1 S. 2, Abs. 4 EUV iVm Protokoll (Nr. 2) über die Anwendung der Grundsätze der Subsidiarität und der Verhältnismäßigkeit. Danach dürfen Rechtsakte der EU weder inhaltlich noch formal über das zur Zielerreichung notwendige Maß hinausgehen. Für die Sekundärrechtsetzung im Bereich der geteilten Zuständigkeit ist darüber hinaus das Subsidiaritätsprinzip, Art. 5 Abs. 1 S. 2, Abs. 3 EUV iVm Protokoll (Nr. 2) über die Anwendung der Grundsätze der Subsidiarität und der Verhältnismäßigkeit von Bedeutung. Dieses gestattet ein rechtsetzendes Tätigwerden der EU nur, wenn das damit verfolgte Ziel erstens nicht auch auf mitgliedstaatlicher Ebene verwirklicht werden kann und zweitens die EU hierzu besser in der Lage ist.

Die möglichen Formen des Sekundärrechts benennt und definiert Art. 288 AEUV. In Betracht kommen Verordnungen, Richtlinien und Beschlüsse. Die Verordnung „hat allgemeine Geltung. Sie ist in allen ihren Teilen verbindlich und gilt unmittelbar in jedem Mitgliedstaat." Sie wirkt mithin ähnlich wie ein nationales Gesetz und berechtigt und verpflichtet Einzelne ohne Weiteres. Dagegen ist die Richtlinie ein dem Völkerrecht nachempfundenes Regelungsinstrument. Sie „ist für jeden Mitgliedstaat, an den sie gerichtet wird, hinsichtlich des zu erreichenden Ziels verbindlich, überlässt jedoch den innerstaatlichen Stellen die Wahl der Form und der Mittel." Sie ist also grundsätzlich nicht unmittelbar anwendbar, sondern bedarf einer Umsetzung in nationales Recht. Dennoch hat der EuGH entschieden, dass Richtlinien nach Ablauf der Umsetzungsfrist unmittelbar anwendbar sind, wenn sie dem Einzelnen Rechte gegenüber einem Mitgliedstaat verleihen, inhaltlich unbedingt und für die Anwendung im Einzelfall hinreichend bestimmt sind.[40] Die dritte Sekundärrechtsform der Beschlüsse ist „in allen ihren Teilen verbindlich. Sind sie an bestimmte Adressaten gerichtet, so sind sie nur für diese verbindlich." Insbesondere die letztgenannte Form von Beschlüssen findet im Hinblick auf Einzelentscheidungen der EU-Kommission häufig Verwendung. Zur Rechtsetzung eignen sich Beschlüsse jedoch nur eingeschränkt.

Sämtliche Formen des Sekundärrechts können als Gesetzgebungsakte oder delegierte Rechtsakte erlassen werden. Gesetzgebungsakte werden regelmäßig im sog. ordentlichen Gesetzgebungsverfahren nach Art. 289 Abs. 3 AEUV vom aus Ministern der EU-Mitgliedstaaten bestehenden Rat (Art. 16 EUV, Art. 237 ff. AEUV) sowie dem Europäischen Parlament, das aus Abgeordneten aus allen Mitgliedstaaten besteht (Art. 14 EUV, Art. 223 ff. AEUV), auf Vorschlag der EU-Kommission (Art. 17 EUV, Art. 244 ff. AEUV) erlassen. Delegierte Rechtsakte werden demgegenüber nach Art. 290 AEUV von der EU-Kommission erlassen. Hierzu bedarf es aber zwingend einer Ermächtigung in Gesetzgebungsakten. Vereinzelt finden sich jedoch auch im Primärrecht unmittelbare Sekundärrechtsetzungsermächtigungen für die EU-Kommission.

3. Nationales öffentliches Wirtschaftsrecht

In der deutschen Rechtsordnung bildet das öffentliche Wirtschaftsrecht vor allem einen wichtigen Bereich des besonderen Verwaltungsrechts (Wirtschaftsverwaltungsrecht). Es bestehen zahlreiche Gesetze und darauf bezogene Rechtsverordnungen in Bund und Ländern, deren Gegenstand das Verhältnis von Staat und Wirtschaft ist. Diese fügen sich nicht nur in den verfassungsrechtlichen Rahmen ein, dem einige grundlegende Aussagen im Hinblick auf Wirtschaftsordnung (→ § 2 Rn. 16 ff.) und wirtschaftliche Freiheitsbetätigung (→ § 4) zu entnehmen sind. Darüber hinaus unterliegt das deutsche öffentliche Wirtschaftsrecht einer intensiven europarechtlichen Überformung.

39

---

40 EuGH, Slg 1970, 1213 – SACE.

§ 1 Einführung

Nicht zuletzt daraus resultiert auch seine hohe Dynamik, die überdies zunehmend durch die informationstechnische Entwicklung vorangetrieben wird.[41]

IV. Wiederholungs- und Verständnisfragen

1. Was ist öffentliches Wirtschaftsrecht, wie werden Normen diesem insbesondere in Abgrenzung zum Wirtschaftsprivatrecht zugeordnet? (→ Rn. 1 ff.)
2. Welche Gegensatzpaare politischer Grundentscheidungen für das öffentliche Wirtschaftsrecht kann ein Staat treffen und welche Vor- und Nachteile ergeben sich aus diesen? (→ Rn. 11 ff.)
3. Welcher Grund führte zur Einführung der Gewerbefreiheit, welche frühere Ordnung wurde dadurch abgelöst und welche Auswirkungen hatte dies? (→ Rn. 21 ff.)
4. In welchen Rechtsebenen sind die Rechtsgrundlagen des öffentlichen Wirtschaftsrechts verortet? Wie stehen die Normen hierarchisch zueinander und wen verpflichten sie? (→ Rn. 28 ff.)

Zur Vertiefung: *Krajewski*, Wirtschaftsvölkerrecht, 5. Aufl. 2021; *Schmoeckel*, Rechtsgeschichte der Wirtschaft, 2. Aufl. 2016; *Herdegen*, Internationales Wirtschaftsrecht, 13. Aufl. 2023; *Tietje*, Transnationales Wirtschaftsrecht aus öffentlich-rechtlicher Perspektive, ZVglRWiss 2002, 404 ff.; *Herrmann/Weiß/Ohler*, Welthandelsrecht, 3. Aufl. 2022; *Niedobitek*, Kollisionen zwischen EG-Recht und nationalem Recht, VerwArch 2001, 58 ff.

Allgemeine Literaturhinweise zum öffentlichen Wirtschaftsrecht: *Badura*, Wirtschaftsverfassung und Wirtschaftsverwaltung, 4. Aufl. 2011; *Ehlers/Fehling/Pünder* (Hrsg.), Besonderes Verwaltungsrecht I: Öffentliches Wirtschaftsrecht, 4. Aufl. 2019; *Frotscher/Kramer*, Wirtschaftsverfassungs- und Wirtschaftsverwaltungsrecht, 7. Aufl. 2019; *Glaser/Klement*, Öffentliches Wirtschaftsrecht mit Regulierungsrecht, 2009; *Gramlich*, Öffentliches Wirtschaftsrecht – Schnell erfasst, 2007; *Gurlit/Ruthig/Storr*, Klausurenkurs im Öffentlichen Wirtschaftsrecht, 2. Aufl. 2017; *Kirchhof/Magen/Korte* (Hrsg.), Öffentliches Wettbewerbsrecht, 2014; *Kluth*, Öffentliches Wirtschaftsrecht, 2019; *Manger-Nestler/Gramlich*, Öffentliches Wirtschaftsrecht klipp & klar, 2020; *Müller-Graff* (Hrsg.), Enzyklopädie Europarecht IV: Europäisches Wirtschaftsordnungsrecht, 2. Aufl. 2021; *Oberrath/Schmidt/Schomerus*, Öffentliches Wirtschaftsrecht, 4. Aufl. 2016; *Pache/Knauff* (Hrsg.), Fallhandbuch Europäisches Wirtschaftsrecht, 3. Aufl. 2023; *Ruthig/Storr*, Öffentliches Wirtschaftsrecht, 5. Aufl. 2020; *Schliesky*, Öffentliches Wirtschaftsrecht, 4. Aufl. 2014; *Schmidt/Wollenschläger* (Hrsg.), Kompendium Öffentliches Wirtschaftsrecht, 5. Aufl. 2019; *Schöbener/Jahn*, Fälle zum Öffentlichen Wirtschaftsrecht, 2. Aufl. 2009; *Schulte/Kloos* (Hrsg.), Handbuch öffentliches Wirtschaftsrecht. Grundlagen, Beihilfen, öffentliche Unternehmen, Gewerberecht, Umweltrecht, Regulierungsrecht, 2016; *Stober/Korte*, Öffentliches Wirtschaftsrecht – Allgemeiner Teil, 19. Aufl. 2018; *Stober/Eisenmenger*, Öffentliches Wirtschaftsrecht – Besonderer Teil, 17. Aufl. 2019; *Ziekow*, Öffentliches Wirtschaftsrecht, 5. Aufl. 2020

Zitierte Kommentare zum Europa- und Verfassungsrecht: *Calliess/Ruffert* (Hrsg.), EUV/AEUV, 6. Aufl. 2022; *Dreier* (Hrsg.), GG I, 3. Aufl. 2013; *Epping/Hillgruber* (Hrsg.), BeckOK GG (https://beck-online.beck.de); *Grabitz/Hilf/Nettesheim* (Hrsg.), Das Recht der Europäischen Union (Loseblatt); *von der Groeben/Schwarze/Hatje* (Hrsg.), Europäisches Unionsrecht, 7. Aufl. 2015; *Dürig/Herzog/Scholz* (Begr./Hrsg.), GG (Loseblatt); *Schwarze* (Hrsg.), EU Kommentar, 4. Aufl. 2019

---

41 Siehe exemplarisch *Krönke*, Öffentliches Digitalwirtschaftsrecht. Grundlagen – Herausforderungen und Konzepte – Perspektiven, 2020; *Chan/Ennuschat/Lee/Storr* (Hrsg.), Öffentliches Wirtschaftsrecht im digitalen Zeitalter, 2021.

TEIL 1: EUROPA- UND VERFASSUNGSRECHTLICHER RAHMEN

§ 2 Wirtschaftsverfassungsrechtliche Vorgaben

Für die politische Ausrichtung des öffentlichen Wirtschaftsrechts ist die „Wirtschaftsverfassung" von zentraler Bedeutung. Dabei handelt es sich um Normen, die ordnungspolitische Grundentscheidungen enthalten und zugleich an der Spitze der Normenhierarchie verankert sind, so dass sie innerhalb der Rechtsordnung höchstrangig sind. Infolgedessen kommt ihnen eine Maßstabfunktion für die weitere Ausgestaltung des öffentlichen Wirtschaftsrechts durch die mit Rechtsetzungsfunktionen betrauten Stellen zu und beschränkt deren politischen Gestaltungsspielraum. Eine solche Wirtschaftsverfassung ergibt sich heute in den Mitgliedstaaten der EU nicht mehr allein aus der nationalen Verfassung, sondern auch (und vor allem) aus dem primären Europarecht.

I. Europarechtliche Vorgaben

Die Gründungsverträge der EU sehen seit jeher die Schaffung eines alle Mitgliedstaaten umfassenden, wettbewerblich geprägten Marktes vor. Seit dem Vertrag von Maastricht (1992) trat ergänzend eine explizite Inbezugnahme der Marktwirtschaft hinzu, die jedoch durch den Vertrag von Lissabon (2009) eine bislang in ihrer wirtschaftsverfassungsrechtlichen Bedeutung nicht hinreichend geklärte Änderung erfahren hat. Gleichsam als „Gegengewicht" hat seit dem Vertrag von Amsterdam (1997) das Bekenntnis zu Existenz, allgemeiner Zugänglichkeit und Hochwertigkeit gemeinwohlorientierter Dienstleistungen eine stetige Verstärkung erfahren. Damit sind mögliche Abweichungen vom im Übrigen – mit Ausnahme einiger, durch strukturelle Besonderheiten geprägter Politikbereiche (insbes. Agrar- und Fischereipolitik) – vorgesehenen Wirtschaftsmodell verbunden. Die EU-Kommission sieht darin zugleich den Ausdruck eines „europäischen Gesellschaftsmodells",[1] dessen wirtschaftsverfassungsrechtliche Bedeutung sich in der heute nicht mehr nur punktuellen primärrechtlichen Verankerung niederschlägt.

1. Binnenmarkt

Seit den Römischen Verträgen (1957) bildete die Verwirklichung eines „Gemeinsamen Marktes" eines der zentralen Ziele der (heutigen) EU. Mit der Einheitlichen Europäischen Akte (1987), dem ersten Vertrag, der zu grundlegenden Änderungen des Primärrechts führte, wurde die Verpflichtung zur Realisierung des Binnenmarktes bis zum Jahre 1992 vorgesehen. Ziel war es, die noch immer bestehenden Hindernisse für den grenzüberschreitenden Handel zwischen den EU-Mitgliedstaaten zu beseitigen. In den folgenden Jahren wurden erhebliche Fortschritte erzielt. Von wenigen Ausnahmen abgesehen (zB Europäischer Forschungsraum) ist der Binnenmarkt heute umfassend verwirklicht. Gleichwohl normiert der durch den Vertrag von Lissabon (2009) neu gefasste Art. 3 Abs. 3 S. 1 EUV sachlich unverändert die Errichtung des Binnenmarktes als zentrales Ziel der EU und sichert damit zugleich dessen Bestand.

---

1 *Kommission*, KOM (96) 443 endg., S. 1b; KOM (2000) 580 endg., S. 3.

4   Art. 26 Abs. 2 AEUV definiert den Binnenmarkt als „Raum ohne Binnengrenzen, in dem der freie Verkehr von Waren, Personen, Dienstleistungen und Kapital gemäß den Bestimmungen der Verträge gewährleistet ist." Diese Begriffsbestimmung verweist zunächst auf die Grundidee des Freihandels und ergänzt diese durch eine Bezugnahme auf die Grundfreiheiten des AEUV, die dessen Realisierung dienen und seine Funktionsmechanismen konkretisieren (→ § 3 Rn. 1 ff.). Das gesamte Territorium der EU wird danach als Einheit angesehen. Innerhalb dessen soll der wirtschaftliche Austausch grundsätzlich unbeschränkt und ohne Hindernisse möglich sein.

Ein zwingender Zusammenhang besteht insoweit auch mit der Schaffung einer Zollunion. Zölle sind Abgaben, die anlässlich eines Grenzübertritts erhoben werden. Diese sind geeignet, den grenzüberschreitenden Handel erheblich zu behindern. Der Binnenmarkt geht daher zwingend mit der Beseitigung der Zollgrenzen zwischen den Mitgliedstaaten einher. Zugleich grenzt sich die EU als einheitliches Zollgebiet wirtschaftlich gegenüber Drittstaaten ab. Relativiert wird dies jedoch zum einen durch die völkerrechtliche Verpflichtung zur Senkung der Zölle im Rahmen der WTO, zum anderen durch bilaterale Abkommen zwischen der EU und ihren Mitgliedstaaten. Zudem sind die Mitgliedstaaten des Europäischen Wirtschaftsraums (EWR: Island, Liechtenstein, Norwegen) auf völkervertraglicher Grundlage in den Binnenmarkt und damit auch in die Zollunion einbezogen.

Historisch ist die Schaffung eines mit einer Zollunion verbundenen Binnenmarktes nicht vorbildlos. Der 1834 gegründete Deutsche Zollverein basierte auf vergleichbaren Funktionsmechanismen. Er bildete zugleich den ersten Schritt zu einer Wiederbegründung einer gesamtdeutschen Staatlichkeit nach dem Untergang des Heiligen Römischen Reiches Deutscher Nation im Jahre 1806. Deutlich wird damit auch das politische Potenzial einer wirtschaftlichen Integration, das – wenngleich mit wechselnder Attraktivität versehen – auch in der EU vorhanden ist und in der Idee der „Vereinigten Staaten von Europa"[2] seinen Niederschlag gefunden hat.

5   Für die Realisierung des Binnenmarktziels sorgt seit seiner Einführung eine spezifische Rechtsetzungskompetenz. Art. 114 AEUV ermächtigt den europäischen Gesetzgeber in Gestalt von Rat und Europäischem Parlament, im ordentlichen Gesetzgebungsverfahren nach Art. 289, 294 AEUV, das durch die Gleichberechtigung der beiden beteiligten Organe gekennzeichnet ist, zum Erlass der „Maßnahmen zur Angleichung der Rechts- und Verwaltungsvorschriften der Mitgliedstaaten, welche die Errichtung und das Funktionieren des Binnenmarkts zum Gegenstand haben." Sachliche Einschränkungen bestehen nach Art. 114 Abs. 2 AEUV nur für die Bereiche Steuern, Freizügigkeit und Arbeitnehmerschutz, so dass die Sekundärrechtsetzung der EU zum Zwecke der Schaffung des Binnenmarktes kaum an Grenzen stößt. Voraussetzung ist letztlich allein, dass ein Sekundärrechtsakt tatsächlich der Verwirklichung des Binnenmarktes und nicht im Kern anderen Zielen, etwa dem Gesundheitsschutz, dient.[3]

Auf Grundlage dieser Rechtsetzungskompetenz wurde eine gegenständlich und quantitativ kaum mehr überschaubare Vielzahl von Sekundärrechtsakten erlassen. Soweit diese EU-weit einheitliche Anforderungen aufstellen, wird die Rechtslage in den Mitgliedstaaten einander angeglichen – sei es unmittelbar durch Verordnungen iSv Art. 288 Abs. 2 AEUV, sei es mittelbar durch von den Mitgliedstaaten in nationales Recht umzusetzende Richtlinien nach Art. 288 Abs. 3 AEUV. Neben diesem als Harmonisierung bezeichneten Regelungsansatz dient auch das europarechtlich begründete Gebot der gegenseitigen

---

2   Der Terminus wurde wohl erstmals 1849 von *Victor Hugo* verwendet. Eine Ausarbeitung der Idee erfolgte zwischen den Weltkriegen insbesondere durch *Coudenhove-Kalergi* und die von ihm begründete Paneuropa-Bewegung. *Winston Churchill* griff sie in seiner Züricher Rede am 19.9.1946 auf; aus neuerer Zeit vgl. *Verhofstadt*, Die Vereinigten Staaten von Europa, 2006.
3   EuGH, Slg 2000, I-2247 – Tabakwerberichtlinie I.

I. Europarechtliche Vorgaben

§ 2

Anerkennung der Verwirklichung des Binnenmarktes.[4] Danach sind Produkte, welche die an sie im Staat ihrer Herkunft bestehenden Anforderungen erfüllen, in der gesamten EU verkehrsfähig (Herkunftslandprinzip).[5] Entsprechend sind auch Studien- und Berufsabschlüsse, die in einem Mitgliedstaat erworben wurden, in allen anderen Mitgliedstaaten als gleichwertig anzuerkennen.[6]

2. Marktwirtschaft

Das Bekenntnis zum Binnenmarkt geht normativ mit einer ausdrücklichen Festlegung auf eine marktwirtschaftlich geprägte Wirtschaftsordnung einher. Der mit dem Vertrag von Maastricht (1992) eingeführte Art. 4 Abs. 1 EGV legte die EG und ihre Mitgliedstaaten auf eine Wirtschaftspolitik fest, die „dem Grundsatz einer offenen Marktwirtschaft mit freiem Wettbewerb verpflichtet ist." Ungeachtet der verbleibenden politischen Gestaltungsspielräume bedeutete dies eine klare Absage an staatswirtschaftlich-planwirtschaftliche Konzepte und eine grundsätzlich uneingeschränkte Bejahung des Wirkens der Marktkräfte.

6

In der Ökonomie wird konzeptionell zwischen Markt- und Zentralverwaltungswirtschaft unterschieden.[7] Das marktwirtschaftlich-kapitalistische Wirtschaftsmodell ist durch eine weitgehende Zurückhaltung des Staates im Hinblick auf Marktgeschehnisse gekennzeichnet. Anknüpfend an Adam Smith[8] sorgt grundsätzlich das freie Spiel von Angebot und Nachfrage für die volkswirtschaftlich besten Ergebnisse und zugleich für das Wohlergehen aller Marktteilnehmer. Der Staat wird im – über die Vorstellungen von Smith hinausgehenden – Idealmodell auf eine Nachtwächterrolle reduziert. Er beschränkt sich auf die Gewährleistung von Sicherheit und die Bereitstellung einer gewissen Infrastruktur, verzichtet jedoch auf Eingriffe in das Wirtschaftsleben. Insbesondere ist ein staatlicher Schutz der schwächeren Marktteilnehmer nicht vorgesehen. Aufgrund der damit einhergehenden Probleme, die im Auftreten der „sozialen Frage" im 19. Jahrhundert besonders deutlich wurden, erfolgt in der politischen Praxis stets eine (gewisse) Modifikation des marktwirtschaftlichen Modells, das in modernen Gemeinwesen nie in „Reinform" verwirklicht wird. Diesem entgegengesetzt ist die Vorstellung einer Zentralverwaltungs- oder Planwirtschaft. Darin werden Wettbewerb und private Initiative durch eine staatliche Steuerung des Marktes ersetzt. Dieses wirtschaftspolitische Modell wurde mit letztlich geringem ökonomischen Erfolg in den sozialistischen Staaten des Ostblocks bis zu dessen Zusammenbruch verwirklicht. Eine Verbindung beider Modelle ist schließlich im „Staatskapitalismus" zu sehen, wie er etwa in der VR China seit der Marktöffnung in den 1990er Jahren realisiert wird. Individuelle wirtschaftliche Betätigung nach Maßgabe der Erfordernisse des Marktes wird dabei zugelassen, zugleich aber partiell gelenkt und für staatspolitische Zwecke in Anspruch genommen.[9]

Das marktwirtschaftliche Bekenntnis der EU erfuhr durch den Vertrag von Lissabon eine Modifikation. Zwar sind Marktwirtschaft und Wettbewerb unverändert tragende Prinzipen der Wirtschaftspolitik, so dass die überkommene wirtschaftsverfassungsrechtliche Grundentscheidung unberührt bleibt. Art. 3 Abs. 3 UAbs. 1 S. 2 EUV verpflichtet die EU nunmehr jedoch auf eine „in hohem Maße wettbewerbsfähige soziale Marktwirtschaft, die auf Vollbeschäftigung und sozialen Fortschritt abzielt". Ergänzt

7

---

4 Siehe nur *Hatje*, in: Schwarze, EU-Kommentar, Art. 26 AEUV Rn. 8.
5 Zu den Voraussetzungen Verordnung (EU) 2019/515 über die gegenseitige Anerkennung von Waren, die in einem anderen Mitgliedstaat rechtmäßig in Verkehr gebracht worden sind, ABl. 2019 L 91/1.
6 Siehe insbesondere Richtlinie 2005/36/EG über die Anerkennung von Berufsqualifikationen, ABl. 2019 L 255/22.
7 Siehe nur *Bartling/Luzius/Fichert*, Grundzüge der Volkswirtschaftslehre, 18. Aufl. 2019, S. 38 ff.
8 Der Wohlstand der Nationen, 1776.
9 Vgl. zusammenfassend *ten Brink/Nölke*, der moderne staat 6 (2013), 21 ff. (https://www.ssoar.info/ssoar/handle/document/59227).

wird diese Zielbestimmung durch Art. 119 Abs. 1 AEUV. Diese Vorschrift entspricht inhaltlich Art. 4 Abs. 1 EGV, jedoch fehlt ihr – anders als diesem wie auch Art. 3 Abs. 3 UAbs. 1 S. 2 EUV – der Grundsatzcharakter, da sich ihr Anwendungsbereich allein auf die Wirtschaftspolitik bezieht. Folge dieser Neuregelung ist die Existenz zweier nicht vollständig deckungsgleicher wirtschaftsverfassungsrechtlicher Aussagen des EU-Primärrechts, deren Konsequenzen bislang nicht abschließend geklärt sind.

Nach der wohl überwiegenden Auffassung geht mit der Ersetzung des Art. 4 Abs. 1 EGV durch Art. 3 Abs. 3 UAbs. 1 S. 2 EUV keine Änderung in der Sache einher. Die Neuformulierung auf Drängen Frankreichs sei (jedenfalls) von den übrigen Mitgliedstaaten allein als sprachliche angesehen und daher im Laufe der Verhandlungen zum Vertrag von Lissabon nicht problematisiert worden. Tatsächlich bestehen keine Anhaltspunkte für einen Willen der Mitgliedstaaten, eine wirtschaftspolitische Neuausrichtung der EU vorzunehmen. Damit korrespondiert auch die Übernahme der Formulierung des Art. 4 Abs. 1 EGV in Art. 119 Abs. 1 AEUV. Der fehlende Grundsatzcharakter der Vorschrift wird gleichsam durch ihre thematische Einschlägigkeit kompensiert. Art. 3 Abs. 3 UAbs. 1 S. 2 EUV bringt auf Grundlage einer solchen Interpretation allein die Einbindung der Wirtschaftspolitik in die Zielvielfalt der EU und damit deren heutige Multidimensionalität und ihren Wandel von der wirtschaftlichen Integrationsgemeinschaft zur politischen Union zum Ausdruck.[10]

Nach anderer, auch hier vertretener Ansicht lässt sich der Änderung nach den Regeln der juristischen Auslegung, die auch für das Europarecht Geltung beanspruchen, eine juristische und damit wirtschaftsverfassungsrechtliche Bedeutung nicht gänzlich absprechen. Vielmehr hat das Bekenntnis zu Marktwirtschaft und Wettbewerb eine gewisse Relativierung erfahren. Aufgrund des Zielcharakters von Art. 3 Abs. 3 UAbs. 1 S. 2 EUV bildet die Vorschrift den Maßstab für das Handeln der EU. Dies gilt auch im Bereich der Wirtschaftspolitik, wie die Inbezugnahme des Art. 3 EUV in Art. 119 Abs. 1 AEUV bestätigt. Eine Wortlautänderung im Rahmen einer primärrechtlichen Grundsatzregelung lässt sich ungeachtet ihrer Entstehungshintergründe nicht „weginterpretieren". Dies gilt umso mehr, als sie sich in die von den Mitgliedstaaten durchaus beabsichtigte Vervielfältigung der Ziele der EU, wie sie in Art. 3 EUV ihren Niederschlag gefunden haben, einfügt. Die Perspektiverweiterung von einer wirtschaftlich determinierten Marktgemeinschaft um die Dimensionen von Unionsbürgerschaft und zahlreichen, nicht (primär) wirtschaftlich geprägten Politikbereichen zeitigt insoweit normative Rückwirkungen auch auf die wirtschaftsverfassungsrechtlichen Grundlagen der EU. So lässt sich die Ergänzung des marktwirtschaftlichen Grundgedankens durch soziale Aspekte auch als (notwendige) Konsequenz einer stärkeren Bürgerorientierung der EU ansehen. Der Unionsbürger wird primärrechtlich nicht mehr nur als Marktbürger, sondern in seiner „Gesamtheit" wahrgenommen, womit zugleich eine grundsätzliche Anerkennung und Förderung u.a. seiner politischen, sozialen und kulturellen Bedürfnisse einhergeht.[11]

8 Eine Bestätigung für die grundsätzlich wettbewerblich-marktwirtschaftliche Orientierung der Wirtschaftspolitik in der EU enthält schließlich das bereits seit den Römischen Verträgen primärrechtlich verankerte, heute in Art. 106 Abs. 1 AEUV enthaltene Verbot der Privilegierung öffentlicher Unternehmen.[12] Die Vorschrift steht zwar der Existenz derartiger Unternehmen in den Mitgliedstaaten nicht grundsätzlich entgegen. Indem sie diese aber explizit dem Europarecht, insbesondere dem EU-Wettbewerbsrecht, unterstellt, steht sie staatswirtschaftlichen Regelungsansätzen zumindest mittel-

---

10 *Nowak*, EuR Beih. 1/2009, 129 (insbes. 166 ff.); *Hatje/Kindt*, NJW 2008, 1761 (1765 f.); *Terhechte*, EuR 2008, 143 (177). Umfassend zur europäischen Wirtschaftsverfassung und ihren Änderungen *Luczak*, Die Europäische Wirtschaftsverfassung als Legitimationselement europäischer Integration, 2009, insbes. S. 151 ff., 305 ff.
11 Näher *Knauff*, EuR 2010, 725 (739 ff.).
12 Dazu ausführlich *Knauff*, in: Loewenheim/Meessen/Riesenkampff/Kersting/Meyer-Lindemann, Kartellrecht, Art. 106 Rn. 7 f.; *Krajewski*, Grundstrukturen des Rechts öffentlicher Dienstleistungen, 2011, S. 352 ff.

I. Europarechtliche Vorgaben § 2

bar insoweit entgegen, als damit typische Erscheinungen wie die Monopolisierung von Märkten zugunsten öffentlicher Unternehmen grundsätzlich unterbunden werden.

3. Ausnahmen und Relativierungen, insbes. Dienstleistungen von allgemeinem wirtschaftlichem Interesse

Trotz ihrer zentralen Bedeutung enthält das europäische Primärrecht von Beginn an Ausnahmen und Relativierungen seiner marktwirtschaftlich-wettbewerblichen Vorgaben. Diese zeigen sich seit dem Vertrag von Lissabon bereits an der Vielfalt der in Art. 3 EUV enthaltenen Ziele der EU. 9

Ziele wie Umweltschutz und nachhaltige Entwicklung können zwar grundsätzlich auch in einem wettbewerblich geprägten Binnenmarkt realisiert werden. Häufig bedarf es hierzu aber Maßnahmen, welche die Freiheit der wirtschaftlichen Akteure einschränken, da die Marktmechanismen mangels hinreichenden Individualinteresses versagen.

Besonders deutlich tritt der fehlende Absolutheitsanspruch des wirtschaftsverfassungsrechtlichen Grundmodells der EU im Hinblick auf „Dienstleistungen von allgemeinem wirtschaftlichem Interesse" zu Tage. Dabei handelt es sich um gemeinwohlorientierte Leistungen wie die Wasser- und Energieversorgung, auf deren stetiges Angebot zu bezahlbaren Preisen die Bevölkerung angewiesen ist. 10

In der deutschen Rechtswissenschaft wie auch in den Gemeindeordnungen der Länder wird der betroffene Bereich häufig mit dem von Ernst Forsthoff geprägten Begriff der „Daseinsvorsorge"[13] bezeichnet. Damit war ursprünglich die Vorstellung eines Leistungsangebots durch die Verwaltung verbunden. Konkurrierende Konzepte aus anderen EU-Mitgliedstaaten (zu nennen ist insbesondere der französische „service public") konnten sich auf europäischer Ebene ebenso wenig wie die „Daseinsvorsorge" durchsetzen.[14] An deren Stelle traten die „Dienstleistungen von allgemeinem wirtschaftlichem Interesse", deren konkrete Bestimmung gleichwohl primär den Mitgliedstaaten und ihren Untergliederungen obliegt.[15]

Das Primärrecht hebt Dienstleistungen von allgemeinem wirtschaftlichem Interesse gegenüber anderen Wirtschaftsbereichen in verschiedener Hinsicht hervor und ermöglicht Abweichungen von den wirtschaftsverfassungsrechtlichen Grundentscheidungen. Dies geschieht jedoch stets auf Grundlage eines funktionalen Ansatzes, mithin ausschließlich im Interesse der Leistungserbringung, nicht aber der leistungserbringenden – vielfach öffentlichen – Unternehmen. 11

Der historisch erste und zugleich bis heute in der Praxis bedeutsamste Ausdruck dieser wettbewerblichen Sonderstellung ist Art. 106 Abs. 2 AEUV. Nach dieser Regelung gilt das Europarecht – einschließlich seiner wirtschaftsverfassungsrechtlichen Grundentscheidungen – nur insoweit „für Unternehmen, die mit Dienstleistungen von allgemeinem wirtschaftlichem Interesse betraut sind ..., soweit die Anwendung dieser Vorschriften nicht die Erfüllung der ihnen übertragenen besonderen Aufgabe rechtlich oder tatsächlich verhindert." Einzige normative Grenze ist die Beeinträchtigung der Entwicklung des Handelsverkehrs durch die Inanspruchnahme der Ausnahme in einem dem Interesse der Union zuwiderlaufenden Ausmaß. Infolge der tendenziell weiten und ihrem Charakter als Ausnahmevorschrift widersprechenden Auslegung der Tatbestandsmerkmale durch den EuGH kann Art. 106 Abs. 2 AEUV eine weitgehende Zu- 12

---

13 Grundlegend *Forsthoff*, Die Verwaltung als Leistungsträger, 1938.
14 Dazu im Überblick *Badenhausen-Fähnle*, Die Betrauung, 2017, S. 73 ff.
15 Vgl. EuG, Slg 2008, II-81 Rn. 187 – BUPA.

rückdrängung insbesondere der wettbewerbs- und binnenmarktsichernden Vorgaben des Europarechts in den betroffenen Wirtschaftssektoren bewirken.

Im Detail wirft Art. 106 Abs. 2 AEUV zahlreiche juristische Probleme auf. Zwar steht außer Frage, dass eine allgemeine, sektor- und leistungsbezogene Wettbewerbsfreistellung von Unternehmen, die Dienstleistungen von allgemeinem wirtschaftlichem Interesse erbringen, nicht auf Grundlage der Vorschrift möglich ist. Es bedarf vielmehr stets der Betrauung eines konkreten Unternehmens mit spezifischen Dienstleistungen von allgemeinem wirtschaftlichem Interesse. Umstritten sind jedoch die Anforderungen an den Betrauungsakt, der der Aufgabenzuweisung dient.[16] Während eine strenge Auffassung einen klar definierten Hoheitsakt verlangt (formeller Betrauungsbegriff), lässt es die weitere Ansicht grundsätzlich genügen, dass sich die Aufgabenzuweisung aus den Gesamtumständen ergibt (materieller Betrauungsbegriff). Während dies der überkommenen Situationsvielfalt in den EU-Mitgliedstaaten Rechnung trägt, ist der formelle Betrauungsbegriff besser geeignet, Rechtssicherheit zu vermitteln. In der Praxis wird das Problem teilweise durch den Erlass von Sekundärrechtsakten umgangen, die spezifische Betrauungsvoraussetzungen enthalten.

Ausgesprochen großzügig hat der EuGH das Merkmal der Verhinderung der Aufgabenerfüllung im Falle der Anwendung des EU-Rechts ausgelegt. Der Wortlaut legt nahe, dass eine Ausnahme von dessen Geltung aufgrund Art. 106 Abs. 2 AEUV nur in Anspruch genommen werden kann, wenn die Leistungserbringung andernfalls unmöglich gemacht wird. Dennoch hat der EuGH entschieden, dass eine Verhinderung der Aufgabenerfüllung im Falle eines Universaldienstes, der für alle Nutzer überall und zu gleichen Bedingungen zugänglich sein soll, zB bei der Postzustellung, bereits dann gegeben ist, wenn die Leistungserbringung bei Beachtung des Europarechts nicht mehr zu wirtschaftlich tragbaren Bedingungen möglich ist.[17] Dies kann im Einzelfall auch die Einrichtung eines Monopols rechtfertigen. Bei sonstigen Dienstleistungen von allgemeinem wirtschaftlichem Interesse ist zu fordern, dass die Anwendung des Europarechts die Leistungserbringung zumindest spürbar beeinträchtigt; sie darf also nicht nur unerheblich erschwert werden.[18]

13 Bezüglich des Regelungsgegenstandes mit Art. 106 Abs. 2 AEUV korrespondierend, jedoch in Form einer Unionszielbestimmung und damit eines positiven Regelungsansatzes, enthält Art. 14 AEUV ein weiteres Bekenntnis der EU zu Dienst(leistung)en von allgemeinem wirtschaftlichem Interesse. Nach Satz 1 der Vorschrift tragen „[u]nbeschadet des Artikels 4 des Vertrags über die Europäische Union und der Artikel 93, 106 und 107 dieses Vertrags und in Anbetracht des Stellenwerts, den Dienste von allgemeinem wirtschaftlichem Interesse innerhalb der gemeinsamen Werte der Union einnehmen, sowie ihrer Bedeutung bei der Förderung des sozialen und territorialen Zusammenhalts ... die Union und die Mitgliedstaaten im Rahmen ihrer jeweiligen Befugnisse im Anwendungsbereich der Verträge dafür Sorge, dass die Grundsätze und Bedingungen, insbesondere jene wirtschaftlicher und finanzieller Art, für das Funktionieren dieser Dienste so gestaltet sind, dass diese ihren Aufgaben nachkommen können." Durch den Vertrag von Lissabon wurde ein weiterer Satz ergänzt, wonach „[d]iese Grundsätze und Bedingungen ... vom Europäischen Parlament und vom Rat durch Verordnungen gemäß dem ordentlichen Gesetzgebungsverfahren festgelegt [werden], unbeschadet der Zuständigkeit der Mitgliedstaaten, diese Dienste im Einklang mit den Verträgen zur Verfügung zu stellen, in Auftrag zu geben und zu finanzieren."

---

16 *Knauff*, in: Loewenheim/Meessen/Riesenkampff/Kersting/Meyer-Lindemann, Kartellrecht, Art. 106 Rn. 65 ff.
17 EuGH, Slg 1993, I-2533 – Corbeau.
18 *Knauff*, in: Loewenheim/Meessen/Riesenkampff/Kersting/Meyer-Lindemann, Kartellrecht, Art. 106 Rn. 80; kritisch zur EuGH-Rechtsprechung auch *Klotz* in: Schröter/Jakob/Klotz/Mederer, Europäisches Wettbewerbsrecht, 2014, Art. 106 AEUV Rn. 79 ff.

I. Europarechtliche Vorgaben § 2

Ergänzend tritt das Protokoll Nr. 26 zum Vertrag von Lissabon über Dienste von allgemeinem Interesse hinzu, das sowohl deren hohe Qualität und Verfügbarkeit als auch die vorrangige Zuständigkeit der EU-Mitgliedstaaten festlegt. Wenngleich sich im Zusammenhang mit Art. 14 AEUV zahlreiche bislang nicht abschließend geklärte juristische Fragen stellen, verdeutlicht die Bestimmung den hohen Stellenwert der betroffenen Dienste und ihre damit einhergehende wirtschaftsverfassungsrechtliche Bedeutung.

Welche Konsequenzen die Qualifikation von Art. 14 AEUV als Unionszielbestimmung mit sich bringt, ist seit der Schaffung der Vorschrift durch den Vertrag von Amsterdam umstritten.[19] Zwar bringt die Vorschrift zweifelsfrei zum Ausdruck, dass Dienstleistungen von allgemeinem wirtschaftlichem Interesse ein von der EU und ihren Mitgliedstaaten bei ihrem Handeln zugrunde zu legender Eigenwert zukommt und sie anders als auf Grundlage von Art. 106 Abs. 2 AEUV nicht nur im Einzelfall Ausnahmen von der Anwendung des sonstigen Europarechts rechtfertigen. Jenseits dessen ist die Wirkungsweise des Art. 14 S. 1 AEUV jedoch offen. Weitgehende Übereinstimmung dürfte insoweit bestehen, als die Vorschrift als Auslegungsdirektive anzuwenden ist. Mithin sind Normen grundsätzlich „daseinsvorsorgefreundlich" zu interpretieren. Dies gilt insbesondere für wirtschaftsrechtliche Vorgaben. Zu beachten ist insoweit jedoch auch der funktionale Regelungsansatz, der allein auf das Leistungsangebot, nicht aber auf das leistungserbringende Unternehmen abstellt. Dagegen lässt sich Art. 14 S. 1 AEUV richtigerweise weder ein Verschlechterungsverbot noch ein konkreter materieller Gewährleistungsgehalt entnehmen, da es diesbezüglich an Ansatzpunkten im Wortlaut fehlt. Ein bestimmtes oder auch nur bestimmbares Leistungsniveau ist damit gerade nicht vorgegeben, so dass die EU und ihre Mitgliedstaaten im Rahmen ihrer jeweiligen Kompetenzen durchaus über Ausgestaltungsspielräume verfügen. Die Rechtsetzungsermächtigung des Art. 14 S. 2 AEUV zugunsten der EU bekräftigt zwar deren aktive Rolle bei der Ausgestaltung des Bereichs. Aufgrund ihrer spezifischen Ausgestaltung hat sie jedoch bislang keine Anwendung gefunden. Vielmehr basiert die einschlägige Sekundärrechtsetzung auf anderen thematisch einschlägigen Ermächtigungsgrundlagen, etwa des Beihilferechts.

Schließlich haben Dienstleistungen von allgemeinem wirtschaftlichem Interesse Eingang in die Charta der Grundrechte der Europäischen Union gefunden. „Die Union anerkennt und achtet" nach Art. 36 EuGRC „den Zugang zu Dienstleistungen von allgemeinem wirtschaftlichem Interesse, wie er durch die einzelstaatlichen Rechtsvorschriften und Gepflogenheiten im Einklang mit den Verträgen geregelt ist, um den sozialen und territorialen Zusammenhalt der Union zu fördern." Auch diese – im Einzelnen zahlreiche Fragen aufwerfende Formulierung – stellt die wirtschaftsverfassungsrechtliche Sonderstellung des Wirtschaftsbereichs aufgrund seiner Bedeutung für den Einzelnen als auch für das europäische Gesellschaftsmodell heraus und trägt somit dazu bei, die wirtschaftsverfassungsrechtliche Grundentscheidung für einen wettbewerblich geprägten Binnenmarkt zu relativieren.

14

Zweifelsfrei handelt es sich bei Art. 36 EuGRC nicht um ein soziales Grundrecht, welches seinen Trägern einen Anspruch auf die Zurverfügungstellung entsprechender Leistungen vermittelt. Darüber hinaus ist jedoch umstritten, ob es sich überhaupt um ein Grundrecht handelt. Dies ist trotz des objektiv gefassten Wortlauts richtigerweise aufgrund der systematischen Verankerung in der Grundrechtecharta zu bejahen. Der grundrechtliche Gehalt beschränkt sich nach hier vertretener Auffassung allerdings auf die Verleihung eines Abwehrrechts gegenüber Eingriffen der EU in die mitgliedstaatliche Daseinsvorsorge, wenn diese für den Einzelnen eine zugangserschwerende Wirkung entfalten.[20]

---

19 Ausführlich dazu *Knauff*, Der Gewährleistungsstaat: Reform der Daseinsvorsorge, S. 103 ff.; ders., EuR 2010, 725 (730 ff.).
20 Näher *Knauff*, EuR 2010, 725 (737 ff.).

II. Vorgaben des Grundgesetzes

15 Anders als die wirtschaftsverfassungsrechtlichen Vorgaben des europäischen Primärrechts weisen diejenigen des Grundgesetzes bei historischer Betrachtung keine bedeutsamen Veränderungen auf. Gleichwohl ist die Diskussion um die Wirtschaftsverfassung des Grundgesetzes seit seiner Schaffung im Jahre 1948 immer wieder aufgeflammt.

1. Wirtschaftsordnung?

16 Das Grundgesetz enthält sich jeder expliziten Aussage über die verfassungsrechtlich vorgegebene Wirtschaftsordnung. Ob eine solche überhaupt existiert, ist daher umstritten. Das BVerfG und ihm folgend die überwiegende Auffassung in der Rechtswissenschaft gehen vor dem Hintergrund der fehlenden ausdrücklichen Festlegung von einer „wirtschaftspolitischen Neutralität" des Grundgesetzes aus.

Diese Neutralität besagt im Ausgangspunkt nichts anderes, als dass sich das Grundgesetz nicht auf eine spezifische Wirtschaftsordnung festgelegt habe. Daher sei der Gesetzgeber befugt, diese innerhalb der verfassungsrechtlichen Grenzen eigenständig auszugestalten.[21] Die These der wirtschaftspolitischen Neutralität ist damit vor allem ein Verweis auf die Maßgeblichkeit positiver verfassungsrechtlicher Einzelgewährleistungen. Diese lassen allerdings erhebliche Zweifel an der Richtigkeit der Neutralitätsthese in materieller Hinsicht aufkommen (→ Rn. 19 ff.).

17 Nach anderer, im Laufe der Zeit immer wieder neu begründeter Auffassung lässt sich dem Grundgesetz dagegen eine wirtschaftspolitische Entscheidung für die soziale Marktwirtschaft entnehmen.[22] Ohne dass dies einen Niederschlag im Verfassungstext gefunden hätte,[23] dient das Modell der sozialen Marktwirtschaft seit Jahrzehnten jedenfalls als Leitlinie für die Ausgestaltung der Wirtschaftspolitik in der Bundesrepublik Deutschland.

Als Grundlagen für eine verfassungsrechtliche Verankerung der sozialen Marktwirtschaft werden insbesondere die Art. 2 Abs. 1, Art. 11, Art. 12 Abs. 1, Art. 14, Art. 9 Abs. 3 S. 1, Art. 88 GG sowie das Sozialstaatsprinzip genannt. Es bedarf jedoch einer dogmatisch nicht unproblematischen „Gesamtinterpretation", um das Ergebnis zu tragen. Als weitere Anknüpfungspunkte für die Begründung einer wirtschaftsverfassungsrechtlichen Entscheidung zugunsten der sozialen Marktwirtschaft dienen die auf das deutsche Recht einwirkenden europarechtlichen Vorgaben, welche die EU und ihre Mitgliedstaaten auf marktwirtschaftliche Grundsätze verweisen. Insoweit stellt sich jedoch nicht nur die Frage nach ihrem konkreten Gehalt (→ Rn. 6 ff.), sondern auch nach der Intensität ihres Einwirkens in die Rechtsordnungen der Mitgliedstaaten. Schließlich sieht der nach Art. 40 Abs. 1 des deutsch-deutschen Einigungsvertrages fortgeltende Art. 1 Abs. 3 S. 1 des Staatsvertrages zur Währungs-, Wirtschafts- und Sozialunion vor, dass „Grundlage der Wirtschaftsunion ... die Soziale Marktwirtschaft als gemeinsame Wirtschaftsordnung beider Vertragsparteien [ist]." Als gemäß Art. 59 Abs. 2 GG vom Bundestag in Gesetzesform ratifiziertem völkerrechtlichen Vertrag fehlt es dieser Festlegung jedoch an der verfassungsrechtlichen Qualität, so dass ihr keine wirtschaftsverfassungsrechtliche Bedeutung zukommen kann. In den Landesverfassungen finden sich schließlich vereinzelt Festlegungen auf die soziale Marktwirtschaft, vgl.

---

21 BVerfGE 4, 7.
22 *Nipperdey*, Soziale Marktwirtschaft und Grundgesetz, 3. Aufl. 1965, S. 21; *Herzog* in: Dürig/Herzog/Scholz, GG, Art. 20 VIII Rn. 60; *Sodan*, DÖV 2000, 361 (366); *Voßkuhle*, in: Schuppert (Hrsg.), Jenseits von Privatisierung und „schlankem" Staat, 1999, S. 47 (63); *Folz*, Die Soziale Marktwirtschaft als Staatsziel?, 1994, S. 69 ff.; *Schmidt-Preuß*, DVBl. 1993, 236 (239 f.).
23 Zur diesbezüglichen rechtspolitischen Diskussion *Möslein*, ORDO 70 (2020), 303 ff.

II. Vorgaben des Grundgesetzes

Art. 51 S. 1 Verf. RP und Art. 42 Abs. 2 S. 1 BrbgVerf., deren Bedeutung jedoch aufgrund der beschränkten Kompetenzen der Länder zur Ausgestaltung der Wirtschaftsordnung begrenzt ist.

Als Problem erweist sich neben der Frage der rechtlichen Herleitung, dass die „soziale Marktwirtschaft" nicht über hinreichend klare Konturen verfügt. Der Begriff kann vielmehr durchaus verschiedene freiheitlich-marktwirtschaftlich geprägte Wirtschaftsmodelle bezeichnen, solange diese eine soziale Dimension aufweisen.[24] Zwischen Gewährleistung einer Grundsicherung und „sozialer Hängematte" sind verschiedene Ausgestaltungen möglich und wurden im Laufe der Zeit auch in Deutschland praktiziert. Keine Aussage lässt sich dem Modell der sozialen Marktwirtschaft schließlich auch im Hinblick auf die Intensität und die Formen der Einflussnahme des Staates auf die Wirtschaft entnehmen, wenngleich grundsätzlich von einem Vorrang von Markt und Wettbewerb auszugehen sei. Erforderlich ist allein die Existenz eigenverantwortlich auszufüllender Entfaltungsspielräume der Marktakteure.

Die Bedenken gegen die Neutralitätsthese wie auch die gegen die Annahme einer Verankerung der sozialen Marktwirtschaft im Grundgesetz haben in der Frühzeit der Bundesrepublik schließlich in Teilen der Rechtswissenschaft zur Annahme einer „gemischten Wirtschaftsverfassung" geführt, die durch ein Neben- und Ineinander der gegenläufigen Prinzipien Sozialstaatlichkeit und wirtschaftlicher Freiheit des Einzelnen gekennzeichnet sei.[25] Basierend auf einer durchaus zutreffenden Beschreibung des positiven Verfassungsrechts lässt diese Auffassung eine darüber hinausgehende konzeptionelle Aussage vermissen.

2. Wirtschaftsrelevante Gewährleistungen

Fehlt es an der expliziten verfassungsrechtlichen Verankerung einer bestimmten, theoretisch-modellhaft fassbaren Wirtschaftsordnung, so nimmt das Verfassungsrecht gleichwohl in vielfältiger Weise auf das Wirtschaftsleben Einfluss. Ungeachtet der weiten, vom Gesetzgeber politisch auszufüllenden Spielräume enthält das Grundgesetz einige zentrale Grundentscheidungen über die Ausgestaltung des Wirtschaftslebens.

An erster Stelle sind diesbezüglich die Grundrechte zu nennen. Insbesondere Berufs- und Eigentumsfreiheit, Art. 12 Abs. 1, Art. 14 GG (→ § 4 Rn. 3 ff., 31 ff.), sowie das Gleichbehandlungsgebot, Art. 3 Abs. 1 GG (→ § 4 Rn. 58 ff.), schützen die Freiheit der wirtschaftlichen Betätigung und ihre Grundlagen und lassen sich daher (auch) als Unternehmergrundrechte qualifizieren. Über ihren unmittelbaren Gewährleistungsgehalt und ihre Abwehrfunktion hinsichtlich einzelner staatlicher Maßnahmen hinaus liegt ihre wirtschaftsverfassungsrechtliche Bedeutung nicht zuletzt in ihrer objektiven Wirkung begründet.

Das BVerfG hat aus den Grundrechten bereits früh eine „objektive Wertordnung" abgeleitet.[26] Ungeachtet der in der Rechtsprechung wechselnden Formulierungen geht damit die Vorstellung einher, dass Grundrechte eine Maßstabwirkung für die gesamte Rechtsordnung und jegliches staatliches Handeln entfalten. Die Wirtschaftsgrundrechte des Grundgesetzes beschränken sich daher nicht darauf, staatliche Eingriffe in wirtschaftliches Handeln im Einzelfall abzuwehren, sondern bedingen eine Ausgestaltung der Rechts- und Wirtschaftsordnung, in der wirtschaftlicher Freiheit ein zentraler Stellenwert zukommt.

---

24 *Karpen*, Soziale Marktwirtschaft und Grundgesetz, 1990, S. 43, verweist auf die Existenz unterschiedlicher Formen der sozialen Marktwirtschaft, die sämtlich mit den grundgesetzlichen Wertungen im Einklang stehen.
25 *Huber*, Bewährung und Wandlung, 1975, S. 226.
26 BVerfGE 7, 198.

§ 2 Wirtschaftsverfassungsrechtliche Vorgaben

21   Insoweit wirken die Grundrechte auch als negative Kompetenznormen.[27] Der gebotene Schutz wirtschaftlicher Betätigung seitens privater Grundrechtsträger begrenzt die Möglichkeiten des grundrechtsgebundenen Staates, den Bereich der Wirtschaft an sich zu ziehen oder diesen zu regeln. Zwar lässt sich grundrechtlich weder ein generelles Verbot der wirtschaftlichen Betätigung der öffentlichen Hand noch ein wirtschaftsbezogenes Rechtsetzungsverbot begründen; notwendig ist jedoch die Bewahrung weiter Freiräume für die Grundrechtsträger, von denen diese ihren eigenen Vorstellungen gemäß Gebrauch machen können. Insoweit wirken die Grundrechte als Begrenzung staatlicher Befugnisse der Wirtschaftsgestaltung.

Deutlich wird dies auch an der in Art. 9 Abs. 3 GG verankerten Koalitionsfreiheit. Danach obliegt es zuvörderst den Interessenvertretungen der am Wirtschaftsleben Beteiligten, mithin Arbeitgeber- und Arbeitnehmervereinigungen, die Arbeitsbedingungen zu gestalten. Wie die Diskussion um die Einführung von staatlich vorgegebenen Mindestlöhnen verdeutlicht, die schließlich durch das Gesetz zur Regelung eines allgemeinen Mindestlohns (Mindestlohngesetz – MiLoG) zum 1.1.2015 bundesweit eingeführt wurden, stößt jedoch auch ein solches Regelungsmodell auf faktische Grenzen.

22   Gleichsam entgegengesetzt ist die Wirkung des Sozialstaatsprinzips, Art. 20 Abs. 1 GG. Dieses verpflichtet den Staat, jedenfalls für ein Mindestmaß an sozialer Absicherung der Bürger zu sorgen. Dies geht nahezu unvermeidbar mit Eingriffen in den Markt einher, da dieser regelmäßig nicht in der Lage ist, uneingeschränkt „sozialverträglich" zu funktionieren. Die konkrete Ausgestaltung von Sozialstaatlichkeit ist Gegenstand gesetzgeberischer Entscheidung.[28] Als Staatsziel kann das Sozialstaatsprinzip auch dazu dienen, Grundrechte und die durch sie gewährleistete wirtschaftliche Freiheit einzuschränken. Besonders deutlich wird dies an den eng mit dem Sozialstaatsprinzip verbundenen, in Art. 14 und 15 GG angelegten Möglichkeiten von Eigentumseingriffen in Form von Enteignungen (→ § 4 Rn. 51 ff.) und Sozialisierungen.

Gerade wegen seiner Unbestimmtheit im Detail wird das Sozialstaatsprinzip im politischen Diskurs vielfach herangezogen. Es bildet die verfassungsrechtliche Grundlage für die soziale Sicherheit (gesetzliche Kranken-, Pflege-, Renten- und Arbeitslosenversicherung), für Sozialgestaltung und sozialen Ausgleich nicht zuletzt im Wege der Umverteilung sowie für Sozialleistungen, die zumindest insoweit verfassungsrechtlich zwingend geboten sind, als das Existenzminimum des Einzelnen zu gewährleisten ist.

23   Eine gewisse verfassungsrechtliche Grundentscheidung im Hinblick auf das Verhältnis von Staat und Wirtschaft ist auch dem jedenfalls in Art. 114 GG verankerten Wirtschaftlichkeitsprinzip zu entnehmen. Dieses verpflichtet den Staat, mit den vorhandenen Mitteln wirtschaftlich umzugehen, mithin diese so einzusetzen, dass bestmögliche Ergebnisse erzielt werden (Maximalprinzip) oder ein vorgegebenes Ergebnis mit möglichst geringem Mitteleinsatz zu erreichen (Minimalprinzip).[29] Im Hinblick auf das Wirtschaftsleben kann dies dazu führen, dass eine Marktbeteiligung des Staates geboten ist, um vorhandene Kapazitäten auszuschöpfen. Ob das Wirtschaftlichkeitsprinzip darüber hinaus auch das Verhältnis von Staat und Privaten erfasst, ist umstritten.[30] Sofern dies angenommen wird, ist jeweils im Einzelfall festzustellen, ob eine staatliche Betätigung auf dem Markt wirtschaftlicher ist als ein vergleichbares Angebot Privater. Nur in diesem Falle sei es verfassungsrechtlich zulässig. Im Ergebnis kann das

---

27 *Ehmke*, VVDStRL 20 (1963), S. 53 (89 ff.).
28 BVerfGE 1, 97 (105); 65, 182 (193); 75, 348 (359 f.).
29 *Müller/Richter/Ziekow*, Handbuch Zuwendungsrecht, A Rn. 113 ff.
30 Näher *Knauff*, Der Gewährleistungsstaat: Reform der Daseinsvorsorge, S. 219 ff. mwN.

Wirtschaftlichkeitsprinzip mithin im Einzelfall für oder gegen staatliche Wirtschaftstätigkeit sprechen. Eine Bindung Privater erfolgt in keinem Falle; diesen ist auch eine „unwirtschaftliche" Marktteilnahme möglich.

Neben den vorstehend genannten verfassungsrechtlichen Grundentscheidungen werden einige weitere Ansatzpunkte diskutiert, bezüglich derer es jedoch weithin an der erforderlichen Klarheit mangelt. Dies gilt zunächst für das Subsidiaritätsprinzip, das sowohl bezüglich seiner verfassungsrechtlichen Verankerung als auch seiner Geltung im Verhältnis von Staat und Wirtschaft umstritten ist.[31] Ähnlich verhält es sich mit dem Prinzip des „Steuerstaates".[32] Zwar setzt das Grundgesetz, wie insbesondere die Finanzverfassungsvorschriften der Art. 104a ff. GG verdeutlichen, voraus, dass der Staat Steuern und sonstige Abgaben erheben kann und sich aus diesem Aufkommen finanziert. Dass damit jedoch zugleich eine Beschränkung auf diese Einnahmeform und somit eine Sperrwirkung gegenüber einer staatlichen Wirtschaftstätigkeit einhergehen soll, erscheint vor dem Hintergrund der vom Grundgesetz vorgefundenen Situation und dem Fehlen einer expliziten Verbotsnorm überaus zweifelhaft.

Bei einer Gesamtbetrachtung der wichtigsten wirtschaftsrelevanten Gewährleistungen des Grundgesetzes tritt das Bekenntnis zu einer (nicht näher definierten) Wirtschaftsordnung zu Tage, die sich durch die Verbindung von freiheitlichen und sozialen Elementen auszeichnet. Eine umfassende staatliche Wirtschaftssteuerung entspricht dem grundgesetzlichen Regelungsansatz ebenso wenig wie eine uneingeschränkte Entfesselung der Marktkräfte. Infolgedessen besteht durchaus eine erkennbare Nähe zum Modell der sozialen Marktwirtschaft (→ § 2 Rn. 17). So sehr das Grundgesetz Wettbewerb grundrechtlich ermöglicht, so wenig lassen sich ihm aber auch ein Vorrang der privaten vor der öffentlichen Wirtschaft oder unüberwindliche verfassungsrechtliche Hindernisse für staatliche Interventionen entnehmen. Innerhalb des verfassungsrechtlich vorgegebenen weiten Rahmens ist der Gesetzgeber letztlich frei, die deutsche Wirtschaftsordnung unter Beachtung der europarechtlichen Vorgaben auszugestalten. Dies ermöglicht es diesem zugleich, mittels des einfachen Rechts auf neue Herausforderungen zu reagieren und Änderungen wirtschaftspolitischer Auffassungen in die Rechtsordnung einfließen zu lassen.

III. Wiederholungs- und Verständnisfragen

1. Was versteht man unter dem Binnenmarkt? Welche Normen spielen eine Rolle? (→ Rn. 3 ff.)
2. Was besagt das Herkunftslandprinzip? (→ Rn. 5)
3. Welche Aussagen zur Wirtschaftsordnung finden sich im Europarecht? Welche Entwicklung hat stattgefunden? (→ Rn. 6 ff.)
4. Was sind Dienstleistungen von allgemeinem wirtschaftlichem Interesse und wo finden sich hierzu Regelungen? (→ Rn. 10 ff.)
5. Gibt das Grundgesetz eine Wirtschaftsordnung vor? Wie äußerten sich das BVerfG und die Gegenmeinungen in der Literatur zu dieser Frage? (→ Rn. 16 ff.)
6. Welche zentralen Grundentscheidungen sind dem Grundgesetz hinsichtlich des Wirtschaftslebens zu entnehmen? (→ Rn. 19 ff.)
7. Was ist soziale Marktwirtschaft? (→ Rn. 17)

---

31 Grundlegend *Isensee*, Subsidiaritätsprinzip und Verfassungsrecht, 1968.
32 *Hösch*, WiVerw 2000, 159 (170 Anm. 70); *Kluth*, in: Stober/Vogel (Hrsg.), Wirtschaftliche Betätigung der öffentlichen Hand, 2000, S. 23 (27); Verwendung der Begrifflichkeit auch in BVerfGE 93, 319 (342).

§ 2 Wirtschaftsverfassungsrechtliche Vorgaben

Zur Vertiefung: *Eich*, Der EU-Binnenmarkt nach 20 Jahren: Erfolge, unerfüllte Erwartungen und weitere Potenziale, EU-Monitor 9/2013, 1 ff.; *Herdegen*, Europarecht, 24. Aufl. 2023 *Haratsch/Koenig/Pechstein*, Europarecht, 12. Aufl. 2020; *Funk*, Wie sozial ist die Marktwirtschaft in der EU?, in: FS Rill, 2010, S. 183 ff.; *Jungbluth*, Überformung der grundgesetzlichen Wirtschaftsverfassung durch Europäisches Unionsrecht?, EuR 2010, 471; *Knauff*, Der Gewährleistungsstaat: Reform der Daseinsvorsorge, 2004; *König*, Zum Verfassungsrang der Grundfreiheiten und des europäischen Wettbewerbsrechts, EuR 2022, 48; *Müller-Graff*, § 1 Europäisches Binnenmarkt- und Wirtschaftsordnungsrecht: Das System in: ders. (Hrsg.), Enzyklopädie Europarecht IV: Europäisches Binnenmarkt- und Wirtschaftsordnungsrecht, 2. Aufl. 2021; *Nowak*, Binnenmarktziel und Wirtschaftsverfassung der Europäischen Union vor und nach dem Reformvertrag von Lissabon, EuR Beiheft 1/2009, 129 ff.; *Papier*, Wirtschaftsordnung und Grundgesetz, APuZ 2007, 3 ff.; *Haucap/Kühling*, Systemwettbewerb durch das Herkunftslandprinzip: ein Beitrag zur Stärkung der Wachstums- und Wettbewerbsfähigkeit in der EU? Eine ökonomische und rechtliche Analyse, in: FS Kirchner, 2012, S. 799 ff.

§ 3 Grundfreiheiten

▶ **Fall 1:**[1] Der deutsche Staatsbürger A ist Händler aus Leidenschaft. Mit gutem Gespür für Geschäftsmöglichkeiten handelt er mit unterschiedlichen Waren in zahlreichen EU-Mitgliedstaaten. Im Januar 2017 beschließt A, in den Schmuckhandel einzusteigen. Er beabsichtigt, Goldschmuck in Deutschland und den Niederlanden bei Großhändlern zu erwerben und in Tschechien an ausgewählte Einzelhändler zu verkaufen. Bereits der erste Versuch des A, Juweliere in Prag zu beliefern, wird von der tschechischen Marktaufsichtsbehörde unterbunden. Diese klärt ihn darüber auf, dass Edelmetallerzeugnisse in Tschechien gemäß dem nationalen Recht einer amtlichen Feingehaltskontrolle unterzogen werden müssen. Der ermittelte Gehalt werde in arabischen Ziffern in Tausendteilen (Promille) in Verbindung mit dem amtlichen Kennzeichen der Behörde auf den Gegenstand geprägt. Bevor A seinen Schmuck in Tschechien verkaufen dürfe, müsse er daher eine entsprechende Untersuchung und Prägung durch die tschechischen Behörden auf seine Kosten vornehmen lassen. A ist empört und sieht sich durch die damit verbundenen Kosten um seinen Gewinn und sein neues Geschäftsfeld gebracht. Er verweist zutreffend darauf, dass auch seine in Deutschland und den Niederlanden erworbenen Schmuckstücke Prägestempel mit der Angabe des Feingehalts aufwiesen. In den Niederlanden wird die amtliche Prägung gemäß den dortigen gesetzlichen Vorgaben unter staatlicher Aufsicht durch einen Beliehenen vorgenommen, der auch berechtigt ist, zu einem kleinen Teil Prägungen nach den niederländischen Vorschriften in Drittstaaten durchzuführen. In Deutschland wird der Feingehalt aufgrund gesetzlicher Verpflichtung vom jeweiligen Hersteller auf die Edelmetallprodukte geprägt; amtliche Prüfstempel existieren nicht, jedoch werde Missbrauch durch öffentlich-rechtliche Sanktionen sowie die Garantiehaftung des Herstellers und einer hervorragenden Ausbildung der deutschen Gold- und Silberschmiede vorgebeugt. A meint, vor diesem Hintergrund müsse der Handel mit Edelmetallen im EU-Binnenmarkt, jedenfalls aber zwischen diesen Ländern frei sein, auch wenn die EU auf den Erlass harmonisierender Regelungen verzichtet habe. Die tschechische Behörde überzeugt dies nicht. Sie ist der Auffassung, die deutsche sowie die niederländische Stempelung würden keinen ausreichenden Verbraucherschutz gewährleisten und betrügerischen Praktiken Vorschub leisten. Den deutschen Prägungen würde ersichtlich nicht die in Tschechien vorgeschriebene Garantiefunktion zukommen. Die niederländischen seien zwar in dieser Hinsicht in Ordnung, allerdings wisse man nicht, ob diese überhaupt in den Niederlanden geprägt worden seien. Waren aus Drittstaaten würden ohnehin nicht von den Grundfreiheiten profitieren. Außerdem könne die niederländische Regierung eine Prägung im Ausland überhaupt nicht wirksam kontrollieren.

Ist die tschechische Praxis mit den europäischen Grundfreiheiten vereinbar?

Zur Illustration: Standardpunzierung für Gold

375 **585** **750** **916** **990** **999**
(9 carat) (14 carat) (18 carat) (22 carat)

Quelle: https://theassayoffice.co.uk/help-with-hallmarks/anatomy-of-a-hallmark ◀

Die notwendig abstrakten wirtschaftsverfassungsrechtlichen Grundentscheidungen des Europarechts und des Grundgesetzes bedürfen der normativen Konkretisierung. Für

---

[1] Nach EuGH, Urt. v. 22.9.2016 – C-525/14 – Kommission/Tschechische Republik.

das Europarecht geschieht dies auf einer mittleren Abstraktionsebene vor allem durch die im AEUV verankerten Grundfreiheiten der Warenverkehrs-, der Niederlassungs-, der Kapital- und Zahlungsverkehrs- sowie der Dienstleistungsfreiheit und der Arbeitnehmerfreizügigkeit. Diese bilden nach Art. 26 Abs. 2 AEUV zugleich die wesentlichen Strukturprinzipien des Binnenmarktes. Für mitgliedstaatliche Maßnahmen, die sich auf die Wirtschaft auswirken, wie auch für die Sekundärrechtsetzung durch die EU dienen sie als zentraler Bewertungsmaßstab.

I. Grundlagen

2 Die Grundfreiheiten bezwecken die Beseitigung von Hindernissen für den Handel zwischen den EU-Mitgliedstaaten. Sie sind daher nur auf Sachverhalte anwendbar, die einen grenzüberschreitenden Bezug aufweisen. Rein innerstaatliche Vorgänge unterfallen ihnen dagegen nicht. Deren Bewertung richtet sich, sofern nicht im Einzelfall spezifische sekundärrechtliche Vorgaben bestehen, ausschließlich nach nationalem Recht. Allerdings ist nicht zwingend ein tatsächlicher Auslandsbezug zu fordern. Vielmehr genügt grundsätzlich bereits ein potenzielles grenzüberschreitendes Interesse, um den Anwendungsbereich der Grundfreiheiten zu eröffnen.[2]

Ein derartiges Interesse hat der EuGH im Hinblick auf den Betrieb eines kommunalen Parkplatzes bejaht.[3] Nach seiner Auffassung genügte das potenzielle Interesse ausländischer Parkplatzbetreiber an der Erteilung der hierfür erforderlichen Konzession, um aus der Dienstleistungsfreiheit eine europaweite Ausschreibungspflicht bezüglich dieser abzuleiten.

3 Trotz ihrer Verankerung in einem völkerrechtlichen Vertrag und ihrer objektiven Formulierung hat der EuGH bereits früh anerkannt, dass Grundfreiheiten subjektive Rechte vermitteln und unmittelbar anwendbar sind.[4] Wegen ihrer spezifischen Zwecksetzung und Anwendungsvoraussetzungen handelt es sich gleichwohl nicht um Grundrechte (→ § 4). Unionsbürger und Unternehmen können sich daher gegenüber mitgliedstaatlichen Behörden und Gerichten auf die Grundfreiheiten berufen. Als unmittelbar geltendes Recht müssen sie bei diesen Beachtung finden. Aufgrund des Vorrangs des Europarechts vor dem nationalen Recht der Mitgliedstaaten setzen sie sich zudem im Konfliktfall gegenüber kollidierenden mitgliedstaatlichen Vorschriften durch (→ § 1 Rn. 36).

4 Nach heute anerkannter Auffassung wirken alle Grundfreiheiten ungeachtet der Unterschiede ihrer Formulierung im AEUV sowohl als Diskriminierungs- als auch als Beschränkungsverbote.[5] In ihrer Funktion als Diskriminierungsverbote konkretisieren die Grundfreiheiten zugleich das allgemeine Diskriminierungsverbot des Art. 18 Abs. 1 AEUV. Eine verbotene Diskriminierung liegt vor, wenn Mitgliedstaaten Unionsbürger bzw. Unternehmen aus anderen Mitgliedstaaten schlechter stellen als eigene Staatsangehörige, mithin eine Ungleichbehandlung zulasten von EU-Ausländern erfolgt.[6]

Inländerdiskriminierungen sind dagegen europarechtlich grundsätzlich unbedenklich. Dabei handelt es sich um Schlechterbehandlungen eigener Staatsangehöriger durch EU-Mitgliedstaaten im Vergleich zu Unionsbürgern, wie dies etwa in Deutschland durch den handwerksrechtlichen Meisterzwang (→ § 5

---

2 EuGH, Slg 1997, I-2343 Rn. 44 f. – Pistre.
3 EuGH, Slg 2005, I-8612 – Parking Brixen.
4 EuGH, Slg 1963, 1 – van Gend & Loos.
5 Siehe nur *Rafii*, in: Schöbener (Hrsg.), Europarecht. Lexikon zentraler Begriffe und Themen, 2019, Rn. 1532 (1567 ff.).
6 Vgl. EuGH, Slg 1989, 216 Rn. 10 ff. – Cowan.

I. Grundlagen § 3

Rn. 122) geschieht. Dieser gilt nur für Personen, die nach einer handwerklichen Ausbildung in Deutschland dort selbstständig ein Handwerk betreiben wollen. Handwerker aus anderen Mitgliedstaaten benötigen dagegen nur eine abgeschlossene Berufsausbildung, die sie nach dem Recht ihres Heimatstaates zum selbstständigen Betrieb eines Handwerks berechtigt, um ihre Tätigkeit in Deutschland auszuüben. Regelmäßig handelt es sich bei dem ausländischen Abschluss nicht um eine dem deutschen Handwerksmeister entsprechende Qualifikationsstufe. Während auf Grundlage der Grundfreiheiten, insbesondere der Niederlassungs- und der Dienstleistungsfreiheit, ein Tätigwerden der im EU-Ausland ausgebildeten oder dort selbstständig tätig gewesenen Handwerker zur Vermeidung von (mittelbaren) Diskriminierungen in Deutschland möglich sein muss, sind die Grundfreiheiten auf die Konstellation der Inländerdiskriminierung nicht anwendbar, da es an einem grenzüberschreitenden Bezug fehlt.[7]

Diskriminierungen können sowohl unmittelbar unter expliziter Bezugnahme auf die Staatsangehörigkeit erfolgen oder mittelbar unter Anknüpfung an Merkmale, die typischerweise nur von In- oder Ausländern erfüllt werden. Während unmittelbare Diskriminierungen wegen ihrer Offensichtlichkeit und der daraus folgenden klaren Erkennbarkeit des Europarechtsverstoßes heute kaum mehr in Bezug auf EU-Ausländer (anders als im Hinblick auf Drittstaatsangehörige, vgl. für das Kindergeld § 62 Abs. 2 EStG) erfolgen, kommt mittelbaren Diskriminierungen nach wie vor eine gewisse praktische Bedeutung zu, da sie als Instrument der Verfolgung protektionistischer Ziele (→ § 1 Rn. 12 f.) dienen können. 5

So werden typischerweise ausländische Anbieter benachteiligt, wenn für ein spezifisches Tätigwerden eine Zertifizierung oder die Erteilung eines Gütesiegels durch eine inländische Stelle oder die Beachtung nationaler technischer Normen wie der Deutschen Industrienorm (DIN) gefordert wird.[8] Zwar ist diese grundsätzlich auch für ausländische Unternehmen zu erlangen. Hierfür müssen sie jedoch besondere Anforderungen erfüllen, die von denjenigen ihres Herkunftsstaates abweichen. Zumindest für Unternehmen, die nur vorübergehend oder nicht schwerpunktmäßig auf dem betreffenden Markt tätig werden wollen, erweisen sich derartige Anforderungen als Marktzutrittshindernisse.

Als Beschränkungen sind alle Maßnahmen der Mitgliedstaaten zu qualifizieren, welche (über Diskriminierungen hinaus) die Inanspruchnahme der Gewährleistungen der Grundfreiheiten und damit die Realisierung ihres Normprogramms weniger attraktiv machen. Jede Vorschrift oder Verwaltungspraxis eines Mitgliedstaates, die zur Folge haben kann, dass EU-Ausländer von einem Marktzutritt absehen, weil dieser mit einem besonderen Aufwand oder auch nur Unannehmlichkeiten verbunden ist, etwa durch Anmeldeerfordernisse, ist als Beschränkung zu werten.[9] 6

Wenngleich sich die Grundfreiheiten primär an die Mitgliedstaaten richten und diese zur Beachtung ihrer Anforderungen verpflichten, hat der EuGH anerkannt, dass auch (materiell) private Organisationen nicht nur Berechtigte, sondern auch Verpflichtete der Grundfreiheiten sein können. Voraussetzung ist allerdings, dass die betroffenen Privaten in dem Mitgliedstaat eine marktgestaltende Stellung einnehmen und somit in ähnlicher Weise wie der Mitgliedstaat die Realisierung der Grundfreiheiten in Frage stellen können. Eine generelle Drittwirkung der Grundfreiheiten besteht jedoch nicht.[10] 7

---

7 Grundlegend mit Bezug zur Warenverkehrsfreiheit EuGH, Slg 1986, 3231 Rn. 10 – Cognet.
8 Zu Fallgruppen im Überblick *Holoubek*, in: Schwarze, EU-Kommentar, Art. 18 AEUV Rn. 15 ff.
9 Siehe etwa EuGH, Slg 2004, I-8961 Rn. 11 – CaixaBank France; Slg 2009, I-519 Rn. 37 – Kommission/Italien.
10 Zusammenfassend *Kahl/Schwind*, EuR 2014, 170 (175 ff.), aktuell *Kainer*, NZA 2018, 894 ff.

Eine Verpflichtung Privater hat der EuGH etwa mit Blick auf die Festlegung der Arbeitsbedingungen für Arbeitgeberverbände und Gewerkschaften angenommen.[11] Des Weiteren müssen nationale Sportverbände die Grundfreiheiten beachten, so dass zB die Festlegung einer maximal zulässigen Zahl ausländischer Spieler in einer Fußballmannschaft wegen Verstoßes gegen die Arbeitnehmerfreizügigkeit ausgeschlossen ist.[12] Auch von nationalen (Land-)Wirtschaftsverbänden durchgeführte Kampagnen zugunsten von Erzeugnissen aus dem betreffenden Mitgliedstaat müssen sich an der Warenverkehrsfreiheit messen lassen.[13]

8 Beschränkungen der Grundfreiheiten und selbst Diskriminierungen verstoßen gleichwohl nicht stets gegen das Europarecht. Die dadurch erfolgenden Eingriffe in den Schutzbereich der Grundfreiheiten können im Einzelfall gerechtfertigt werden. Der AEUV enthält für alle Grundfreiheiten jeweils einige geschriebene Rechtfertigungsgründe. Da diese jedoch selten einschlägig sind und zugleich dem europarechtlich anzuerkennenden mitgliedstaatlichen Regelungsbedarf nur unzureichend Rechnung tragen, hat der EuGH darüber hinaus richterrechtlich ungeschriebene Rechtfertigungsgründe für Beschränkungen entwickelt. Nichtdiskriminierende Maßnahmen der Mitgliedstaaten, die sich negativ auf die Grundfreiheiten auswirken, können danach „aus zwingenden Gründen des Allgemeinwohls" gerechtfertigt werden.[14] Dies hat zur Folge, dass die Mitgliedstaaten eigene (wirtschafts-)politische Konzepte verfolgen können und keine umfassende Angleichung ihrer Rechtsordnungen als mittelbare (und unbeabsichtigte) Folge der Grundfreiheiten und ohne eine kompetenzgemäße Sekundärrechtsetzung der EU erfolgt.

II. Warenverkehrsfreiheit

9 Die in Art. 34 f. AEUV geregelte Warenverkehrsfreiheit ermöglicht den ungehinderten Handel zwischen den EU-Mitgliedstaaten.

Ihre ökonomische Bedeutung ist immens und zeigt sich nicht zuletzt darin, dass knapp 60 % der deutschen Exporte in andere EU-Mitgliedstaaten erfolgen.[15] Insgesamt weist der grenzüberschreitende Warenhandel innerhalb der EU ein Volumen von über 3.500 Mrd. EUR auf.[16]

10 Als Ware gelten dabei alle Erzeugnisse, die einen Geldwert haben und Gegenstand von Handelsgeschäften sein können.[17] Dies sind vor allem Produkte aller Art, wie etwa Maschinen, Artikel des täglichen Lebens oder Druckwerke. Ihr Wert ist ebenso unerheblich wie ihr Alter und Zustand sowie ihre spezifischen Eigenschaften mit Ausnahme ihrer tatsächlichen Verbringbarkeit in einen anderen Mitgliedstaat, so dass etwa Gebäude oder andere ortsfeste Einrichtungen nicht der Warenverkehrsfreiheit unterfallen. Unerheblich ist auch der Ort ihrer Herstellung. Vielmehr unterfallen nach Art. 29 AEUV auch aus Drittstaaten rechtmäßig in einen EU-Mitgliedstaat importierte Waren den Regelungen über die Zollunion und den freien Warenverkehr. Grundsätzlich erfordert der Begriff der Ware in Übereinstimmung mit dem allgemeinen Sprachgebrauch allerdings eine Körperlichkeit des Handelsgegenstands. Daher unterfällt Software, die

---

11 Vgl. EuGH, Slg 2007, I-10779 – Viking Line.
12 EuGH, Slg 1995, I-4921 – Bosman.
13 EuGH, Slg 1982, 4005 – Buy Irish.
14 Grundlegend EuGH, Slg 1979, 649 – Cassis de Dijon.
15 Vgl. https://de.statista.com/statistik/daten/studie/158303/umfrage/deutsche-exporte-und-importe-2010-nach-laendergruppen/.
16 https://ec.europa.eu/eurostat/statistics-explained/index.php?title=International_trade_in_goods/de.
17 Siehe nur EuGH, Slg 2006, I-10341 Rn. 23 – Kommission/Griechenland.

II. Warenverkehrsfreiheit

nicht auf einem Datenträger gespeichert und mit diesem gemeinsam veräußert wird, dem Warenbegriff und damit der Warenverkehrsfreiheit nicht (→ Rn. 44). Dennoch hat der EuGH elektrischen Strom als Ware angesehen und daran anknüpfend dem Schutzbereich der Warenverkehrsfreiheit unterstellt.[18] Schließlich erfasst die Warenverkehrsfreiheit auch solche Güter, deren Handel nur in bestimmten Zusammenhängen erfolgt. Dies gilt insbesondere für Abfall.[19] Zwar ist das Interesse der Allgemeinheit diesbezüglich vor allem auf seine Beseitigung gerichtet; die Entsorgungswirtschaft hat sich jedoch zu einem nicht unbedeutenden Wirtschaftszweig entwickelt, innerhalb dessen der Handel mit Abfall verschiedener Art (zB Altmetall, Sondermüll) und zu verschiedenen Zwecken (zB Deponierung, thermische Verwertung, Recycling) von großer Bedeutung ist.

Im Hinblick auf den Warenverkehr verbieten Art. 34 f. AEUV mengenmäßige Ein- und Ausfuhrbeschränkungen sowie alle Maßnahmen gleicher Wirkung. Bei mengenmäßigen Beschränkungen handelt es sich um mitgliedstaatliche Regelungen, die unmittelbar die Menge der zu importierenden oder exportierenden Güter zum Gegenstand haben.

Eine früher nicht unübliche (und auch heute noch im Handelsverkehr mit Drittstaaten verbreitete) Form der Handelsbeschränkung bestand in der Festsetzung von güter- und staatsbezogenen Kontingenten. Dabei ist unerheblich, ob das Kontingent tatsächlich den Warenhandel beschränkt oder den Handelsbedürfnissen de facto hinreichend Rechnung trägt. Allein seine Existenz ist als Eingriff in die Warenverkehrsfreiheit zu qualifizieren. Eine mengenmäßige Beschränkung liegt aber auch bei einem vollständigen Ein-[20] oder Ausfuhrverbot[21] vor. Es handelt sich in diesem Falle um eine Reduzierung der ein- oder auszuführenden Menge einer Ware auf Null, die im Handel zwischen den Mitgliedstaaten unzulässig ist. Staatliche Maßnahmen wie die Beschränkung des zulässigen Verkaufs von bestimmten Waren an Inhaber einer inländischen Genehmigung hat der EuGH wegen ihrer Wirkung ebenfalls als (implizite) Ausfuhrbeschränkung qualifiziert.[22]

In der Praxis weitaus bedeutsamer ist das Verbot der Maßnahmen gleicher Wirkung. Vor dem Hintergrund des Verbotes mengenmäßiger Ein- und Ausfuhrbeschränkungen haben die Mitgliedstaaten mitunter eine große Kreativität bei der Verfolgung protektionistischer Ziele an den Tag gelegt, um das Kontingentierungsverbot zu umgehen. Eine derartige Praxis war jedoch ebenso vorhersehbar wie sie offensichtlich dem Ziel der Warenverkehrsfreiheit widerspricht. Vor diesem Hintergrund enthielt bereits der EWG-Vertrag das Verbot von Maßnahmen, die eine gleiche Wirkung wie mengenmäßige Ein- und Ausfuhrbeschränkungen entfalten.

Unklar war jedoch zunächst, unter welchen Voraussetzungen eine solche Maßnahme gleicher Wirkung anzunehmen sei. Der EuGH fasste den Begriff zunächst sehr weit. In seiner Dassonville-Entscheidung qualifizierte er jede Handelsregelung der Mitgliedstaaten als Maßnahme gleicher Wirkung, die „geeignet ist, den innergemeinschaftlichen Handel unmittelbar oder mittelbar, tatsächlich oder potenziell zu behindern".[23] Er sah damit zugleich die Warenverkehrsfreiheit erstmalig als Beschränkungsverbot an. Gegenstand der Entscheidung war das Verbot, in Belgien alkoholische Getränke ohne im Erzeugerland ausgestellte behördliche Herkunftsbescheinigung zu verkaufen. Hierdurch wurde der französische Spiri-

---

18 EuGH, Slg 1994, I-1477 – Almelo.
19 EuGH, Slg 1992, I-4431 Rn. 23 ff. – Kommission/Belgien.
20 EuGH, Slg 1979, 3795 Rn. 12 – Henn und Darby.
21 EuGH, Slg 1996, I-2553 Rn. 17 – Hedley Lomas.
22 EuGH, Slg 1983, 555 Rn. 4 f. – Inter-Huiles.
23 EuGH, Slg 1974, 837.

tuosenhändler Dassonville & Sohn daran gehindert, in Frankreich erworbenen schottischen Whisky in Belgien zu vertreiben. Der EuGH sah darin eine Maßnahme gleicher Wirkung.

14 Die sehr weite Interpretation des Verbots der Maßnahmen gleicher Wirkung hatte zur Folge, dass eine Vielzahl mitgliedstaatlicher Maßnahmen diesem unterfiel. In der Folgezeit hatte der EuGH zahlreiche Fälle zu entscheiden, in denen derartige – häufig unbeabsichtigte – Handelsbeschränkungen auftraten. Vor diesem Hintergrund entwickelte er nicht nur die ungeschriebenen Rechtfertigungsgründe (→ Rn. 18 f.), sondern schränkte schließlich im Urteil Keck und Mithouard auch den Begriff der Maßnahmen gleicher Wirkung insoweit wieder ein, als rein vertriebsbezogene, nichtdiskriminierende Regelungen nicht (mehr) als solche zu qualifizieren seien. Danach ist „die Anwendung nationaler Bestimmungen, die bestimmte Verkaufsmodalitäten beschränken oder verbieten, auf Erzeugnisse anderer Mitgliedstaaten nicht geeignet, den Handel zwischen den Mitgliedstaaten im Sinne des Urteils Dassonville ... unmittelbar oder mittelbar, tatsächlich oder potenziell zu behindern, sofern diese Bestimmungen für alle betroffenen Wirtschaftsteilnehmer gelten, die ihre Tätigkeit im Inland ausüben, und sofern sie den Absatz der inländischen Erzeugnisse und der Erzeugnisse aus anderen Mitgliedstaaten rechtlich wie tatsächlich in der gleichen Weise berühren".[24] Produktbezogene und diskriminierende Regelungen sind auf Grundlage dessen jedoch nach wie vor Maßnahmen gleicher Wirkung im Sinne der Dassonville-Formel und verstoßen somit grundsätzlich gegen die Warenverkehrsfreiheit.

Hintergrund der Entscheidung in der Rechtssache Keck und Mithouard war ein Strafverfahren gegen die namensgebenden Personen in Frankreich, weil diese entgegen einem gesetzlichen Verbot Waren unter dem Einkaufspreis weiterverkauft hatten. Ein solches Verbot wirkt sich zwar potenziell auch negativ auf den Absatz von Produkten aus anderen Mitgliedstaaten aus, weshalb es nach der Dassonville-Formel als Maßnahme gleicher Wirkung anzusehen wäre, betrifft diese aber nicht in spezifischer Weise, sondern allein die allgemeinen Rahmenbedingungen für den Verkauf. Vor diesem Hintergrund schränkte der EuGH explizit seine bisherige Rechtsprechung ein. Als weitere rein vertriebsbezogene Vorschriften, die somit nicht als Maßnahmen gleicher Wirkung zu qualifizieren sind, sind etwa allgemein geltende Regelungen über den Ladenschluss[25] sowie über die Produktwerbung[26] anzusehen. Ebenfalls nicht beanstandet hat der EuGH eine nationale Regelung, die es einer Apotheke, die Arzneimittel im Versandhandel verkauft, verbietet, eine Werbeaktion in Form eines Gewinnspiels durchzuführen, bei dem die Teilnehmer Gegenstände des täglichen Gebrauchs, die keine Arzneimittel sind, gewinnen können und die Teilnahme die Einsendung der Bestellung eines verschreibungspflichtigen Humanarzneimittels und des entsprechenden Rezepts voraussetzt.[27]

15 Als Maßnahmen gleicher Wirkung werden darüber hinaus Marktzugangsregeln mit belastenden Wirkungen angesehen. Der EuGH sieht eine Marktzugangsbeeinträchtigung im Falle einer Verringerung des innerunionalen Handels-, vor allem des Einfuhrvolumens durch eine hoheitliche Maßnahme als gegeben an, wenn die Nachfrager durch etwaige Beschränkungen vom Kauf eines Produkts abgehalten werden.[28] Es genügt, wenn sich das Einfuhrvolumen eines Produkts verringert, weil eine hoheitliche Maßnahme den Kreis der nachfragbaren Güter von ökonomischen Opportunitätser-

---

24 EuGH, Slg 1993, I-6097.
25 EuGH, Slg 1994, I-2199 Rn. 12 ff. – Tankstation `t Heuske und Boermans.
26 EuGH, Slg 1993, I-6787 Rn. 19 – Hünermund.
27 EuGH, WRP 2021, 1277 – DocMorris/Apothekerkammer Nordrhein.
28 EuGH, Slg 2009, I-519 Rn. 56 – Kommission/Italien.

II. Warenverkehrsfreiheit § 3

wägungen Dritter abhängig macht und dadurch de facto reduziert.[29] Anderes gilt nur, wenn das Produkt trotz hoheitlicher Regelung alternativ nutzbar ist und diese Option praktikabel und nicht nur theoretisch ist.[30] Des Weiteren kann auch eine Beeinträchtigung der Privatautonomie durch Rechtsvorschriften, welche die Möglichkeit der Konkurrenz mit marktpräsenten Unternehmen erschweren, weil sie die Wettbewerbsbedingungen und namentlich die Preisbildungsmechanismen beeinflussen, eine Marktzugangsbeschränkung mit sich bringen.[31]

Eingriffe in die Warenverkehrsfreiheit sind grundsätzlich einer Rechtfertigung zugänglich. Allerdings sind die Rechtfertigungsgründe eng begrenzt. Grundsätzlich ist zwischen den in Art. 36 AEUV enthaltenen, jedoch selten einschlägigen Rechtfertigungsgründen und den vom EuGH entwickelten ungeschriebenen Rechtfertigungsgründen zu unterscheiden. 16

Nach Art. 36 S. 1 AEUV sind Eingriffe möglich, die „aus Gründen der öffentlichen Sittlichkeit, Ordnung und Sicherheit, zum Schutze der Gesundheit und des Lebens von Menschen, Tieren oder Pflanzen, des nationalen Kulturguts von künstlerischem, geschichtlichem oder archäologischem Wert oder des gewerblichen und kommerziellen Eigentums gerechtfertigt sind." Erfasst werden alle Arten von Eingriffen in den freien Warenverkehr. Allerdings dürfen diese nach Art. 36 S. 2 AEUV „weder ein Mittel zur willkürlichen Diskriminierung noch eine verschleierte Beschränkung des Handels zwischen den Mitgliedstaaten darstellen." Gleichwohl sind auch diskriminierende Maßnahmen nicht von vornherein ausgeschlossen. Wegen ihres Ausnahmecharakters sind die tatbestandlichen Voraussetzungen jedoch eng auszulegen. Zudem müssen die Anforderungen des Verhältnismäßigkeitsprinzips gewahrt sein. Die beschränkende Maßnahme muss daher nicht nur einem der in Art. 36 AEUV genannten Ziele dienen, sondern zu dessen Erreichung auch geeignet sowie erforderlich und schließlich angemessen sein. 17

So beschränkt ein Ausfuhrverbot von antiken Fundstücken zwar die Warenverkehrsfreiheit. Geschieht dies jedoch im Interesse der Wahrung des nationalen Kulturerbes, greift Art. 36 AEUV tatbestandlich ein. Ein solches Verbot kann auch tatsächlich zur Erreichung des Ziels beitragen, ist mithin geeignet iSd Verhältnismäßigkeitsprinzips. Da ein milderes, gleich effektives Mittel nicht denkbar ist, ist das Verbot auch erforderlich. Soweit auf Grundlage einer Interessenabwägung kein Überwiegen der ökonomischen Interessen von Antikenhändlern gegenüber dem Regelungsziel angenommen werden kann, ist das Ausfuhrverbot schließlich auch angemessen und somit insgesamt verhältnismäßig.

Ergänzend zu den im AEUV normierten Rechtfertigungsgründen hat der EuGH in der Cassis-de-Dijon-Entscheidung im Wege der richterrechtlichen Rechtsschöpfung anerkannt, dass unterschiedslos anwendbare Maßnahmen auch aus „zwingenden Gründen des Allgemeinwohls" gerechtfertigt werden können.[32] Als solche anerkennt er seitdem u.a. die Wirksamkeit der steuerlichen Kontrolle, den Umwelt- und den Verbraucherschutz sowie die Lauterkeit des Handelsverkehrs.[33] 18

Gegenstand der Entscheidung war das Verbot, in Deutschland alkoholische Getränke unter dem Begriff „Likör" zu verkaufen, die nicht einen Mindestalkoholgehalt von 32 % aufweisen. Hierdurch wurde die

---

29 EuGH, EuZW 2012, 508 Rn. 40 – ANETT. Hintergrund der Entscheidung war eine rechtliche Verpflichtung von Tabakeinzelhändlern, nur die über Großhändler beziehbaren Tabakprodukte vertreiben zu dürfen.
30 EuGH, Slg 2009, I-519 Rn. 53 ff. – Kommission/Italien.
31 *Klenk*, Die Grenzen der Grundfreiheiten, 2019, S. 43.
32 EuGH, Slg 1979, 649.
33 Im Einzelnen zu den Fallgruppen *Becker*, in: Schwarze, EU-Kommentar, Art. 26 AEUV Rn. 45 ff.

REWE-Handelsgruppe daran gehindert, einen aus Frankreich eingeführten Beerenlikör (Cassis de Dijon) in Deutschland als Likör zu vertreiben, da dieser nur einen geringeren Alkoholgehalt aufweist. Der EuGH sah darin eine Maßnahme gleicher Wirkung, die nicht auf Grundlage des (heutigen) Art. 36 AEUV gerechtfertigt werden könnte. Die daran anschließende Prüfung, ob ein zwingender Grund des Allgemeinwohls für die Festlegung des Mindestalkoholgehalts vorlag, stellte im Wesentlichen auf den Verbraucherschutz ab, den der EuGH jedoch im konkreten Fall nicht als hinreichende Rechtfertigung für die damit verbundene Beschränkung der Warenverkehrsfreiheit erachtete.

19 Eine bedeutsame Einschränkung der ungeschriebenen Rechtfertigungsgründe folgt aus dem Umstand, dass diese anders als Art. 36 AEUV nur Beschränkungen der Warenverkehrsfreiheit, nicht aber Diskriminierungen (→ Rn. 4 f.) rechtfertigen können. Die Abgrenzung zwischen Beschränkungen und mittelbaren Diskriminierungen lässt sich jedoch kaum eindeutig treffen, so dass über den Anwendungsbereich der Cassis-Formel eine Restunsicherheit verbleibt. Auch nach dieser Formel gerechtfertigte Beschränkungen der Warenverkehrsfreiheit müssen schließlich verhältnismäßig sein.[34]

▶ **Zu Fall 1:** Die tschechische Regelung in Bezug auf die Notwendigkeit einer Feingehaltskontrolle betrifft den grenzüberschreitenden Handel mit Gold und anderen Edelmetallen und ist daher am Maßstab der Warenverkehrsfreiheit zu messen. Nach ständiger Rechtsprechung des EuGH ist jede Handelsregelung der Mitgliedstaaten, die geeignet ist, den Handel innerhalb der Union unmittelbar oder mittelbar, tatsächlich oder potenziell zu behindern, als eine Maßnahme mit gleicher Wirkung wie mengenmäßige Beschränkungen im Sinne des Art. 34 AEUV anzusehen. So sind Hemmnisse für den freien Warenverkehr, die sich in Ermangelung einer Harmonisierung der nationalen Rechtsvorschriften daraus ergeben, dass von einem Mitgliedstaat auf Waren aus anderen Mitgliedstaaten, die dort rechtmäßig hergestellt und in den Verkehr gebracht worden sind, Vorschriften über die Voraussetzungen, denen diese Waren entsprechen müssen, angewandt werden, auch wenn diese Vorschriften unterschiedslos für alle Erzeugnisse gelten, nach Art. 34 AEUV verbotene Maßnahmen gleicher Wirkung, sofern sich die Anwendung dieser Vorschriften nicht durch einen Zweck rechtfertigen lässt, der im Allgemeininteresse liegt und den Erfordernissen des freien Warenverkehrs vorgeht.

Nach Art. 28 Abs. 2 AEUV gilt das in den Art. 34 bis 37 AEUV enthaltene Verbot mengenmäßiger Beschränkungen zwischen den Mitgliedstaaten sowohl für Waren, die aus den Mitgliedstaaten stammen, als auch für Waren aus dritten Ländern, die sich in den Mitgliedstaaten im freien Verkehr befinden. Nach Art. 29 AEUV gelten als im freien Verkehr eines Mitgliedstaats befindlich diejenigen Waren aus dritten Ländern, für die in dem betreffenden Mitgliedstaat die Einfuhrförmlichkeiten erfüllt sowie die vorgeschriebenen Zölle und Abgaben gleicher Wirkung erhoben und nicht ganz oder teilweise rückvergütet worden sind. Daraus folgt, dass, was den freien Warenverkehr innerhalb der Union angeht, Waren, die zum freien Verkehr zugelassen sind, den aus den Mitgliedstaaten stammenden Waren endgültig und vollständig gleichgestellt sind und dass folglich Art. 34 AEUV unterschiedslos für aus der Union stammende Waren und für solche gilt, die in einem Mitgliedstaat in den freien Verkehr überführt worden sind, unabhängig davon, woher sie ursprünglich stammen. Aus der Rechtsprechung des Gerichtshofs ergibt sich jedoch auch, dass das Inverkehrbringen eine nach der Einfuhr liegende Phase darstellt. So wie eine rechtmäßig in der Union hergestellte Ware nicht allein aus diesem Grund in den Verkehr gebracht werden kann, beinhaltet die rechtmäßige Einfuhr einer Ware nicht, dass sie automatisch auf dem Markt

---

[34] EuGH, Slg 2009, I-519 Rn. 59 – Kommission/Italien.

II. Warenverkehrsfreiheit § 3

zugelassen ist. Eine aus einem Drittstaat stammende Ware, die sich im freien Verkehr befindet, wird deshalb bezüglich der Abschaffung der Zölle und der Beseitigung der mengenmäßigen Beschränkungen zwischen den Mitgliedstaaten den aus den Mitgliedstaaten stammenden Waren gleichgestellt. Soweit es allerdings keine unionsrechtliche Regelung gibt, die die Voraussetzungen für das Inverkehrbringen der betreffenden Waren harmonisiert, kann sich der Mitgliedstaat, in dem sie in den freien Verkehr überführt worden sind, ihrem Inverkehrbringen widersetzen, wenn sie die unter Beachtung des Unionsrechts hierfür im nationalem Recht festgelegten Voraussetzungen nicht erfüllen. Hieraus folgt, dass der Grundsatz der gegenseitigen Anerkennung auf den Handel innerhalb der Union mit aus Drittländern stammenden Waren, die sich im freien Verkehr befinden, nicht angewandt werden kann, wenn diese Waren nicht vor ihrer Ausfuhr in einen anderen Mitgliedstaat als denjenigen, in dem sie sich im freien Verkehr befinden, im Gebiet eines Mitgliedstaats rechtmäßig in Verkehr gebracht worden sind.

Eine nationale Regelung, wonach Edelmetallarbeiten, die aus anderen Mitgliedstaaten eingeführt werden, in denen sie rechtmäßig in den Verkehr gebracht und gemäß den Rechtsvorschriften dieser Staaten punziert worden sind, im Einfuhrmitgliedstaat erneut punziert werden müssen, erschwert und verteuert die Einfuhren und ist somit eine Maßnahme mit gleicher Wirkung wie eine mengenmäßige Beschränkung im Sinne von Art. 34 AEUV.

Diese Praxis ist durch Art. 34 AEUV verboten, sofern sie nicht objektiv gerechtfertigt werden kann. Eine nationale Regelung, die eine Maßnahme mit gleicher Wirkung wie eine mengenmäßige Beschränkung im Sinne von Art. 34 AEUV darstellt, kann durch einen der in Art. 36 AEUV genannten Gründe des Allgemeininteresses oder durch zwingende Erfordernisse gerechtfertigt sein. Die Verpflichtung des Importeurs, in Edelmetallarbeiten ein Zeichen einzustanzen, das den Feingehalt angibt, kann grundsätzlich geeignet sein, einen wirksamen Schutz der Verbraucher zu gewährleisten und die Lauterkeit des Handelsverkehrs zu fördern. Allerdings darf ein Mitgliedstaat keine erneute Punzierung von Erzeugnissen vorschreiben, die aus einem anderen Mitgliedstaat eingeführt werden, in dem sie rechtmäßig in den Verkehr gebracht und nach den Rechtsvorschriften dieses Mitgliedstaats mit einer Punze versehen worden sind, sofern die in dieser Punze enthaltenen Angaben unabhängig von deren Form den im Einfuhrmitgliedstaat vorgeschriebenen Angaben gleichwertig und für die Verbraucher in diesem Staat verständlich sind.

Im vorliegenden Fall ist das Niveau der Garantie entscheidend, das die Punzierung bietet. Diesbezüglich ist zu differenzieren: Soweit die niederländische Punzierung durch beliehene, unabhängige Stellen in den Niederlanden durchgeführt wird, ist die Garantiefunktion der Punze uneingeschränkt erfüllt, so dass dem Verbraucherschutz umfassend Rechnung getragen ist. Insoweit verfügen andere Mitgliedstaaten nicht über die Befugnis, die Ergebnisse der Kontrolle in Frage zu stellen. Vielmehr ist von einem gleichwertigen Verbraucherschutzniveau auszugehen und eine uneingeschränkte Anerkennung geboten. Andernfalls ist ein Verstoß gegen die Warenverkehrsfreiheit gegeben.

Problematisch ist, wie es sich mit Punzierungen verhält, die nach niederländischem Recht im Gebiet von Drittstaaten durch Zweigniederlassungen einer niederländischen Garantiestelle vorgenommen werden, da es insoweit an vergleichbar effektiven Kontrollmechanismen fehlt. Angesichts der Betrugsgefahr auf dem Markt für Edelmetallarbeiten ist, da kleine Veränderungen des Feingehalts die Gewinnspanne des Herstellers ganz erheblich beeinflussen können, anerkannt, dass in Ermangelung einer Unionsregelung die Wahl geeigneter Maßnahmen, um dieser Gefahr zu begegnen, Sache der Mitgliedstaaten ist, die dabei über ein weites Ermessen verfügen. Ein Mitgliedstaat darf grundsätzlich davon ausgehen, dass die im Gebiet von Drittstaaten angebrachten Garantiepunzen kein Verbraucherschutzniveau bieten, das den von unabhängigen Stellen im Gebiet der Mitgliedstaaten angebrachten Garantiepunzen gleichwertig ist, so dass insoweit eine Rechtfertigung einer eigenständigen Kontrolle durch den Einfuhrmitgliedstaat aus Gründen des Verbraucherschutzes grundsätzlich in Betracht kommt.

Gleiches gilt für die deutsche Hersteller-Punzierung, da diese von vornherein weder unabhängig noch mit einer Garantie verbunden ist.

Obschon die tschechische Praxis daher teilweise gerechtfertigt werden kann, insbesondere weil es sein kann, dass die fraglichen Edelmetalle den Bedingungen eines rechtmäßigen Inverkehrbringens in einem Mitgliedstaat nicht entsprechen, ist für die Zulässigkeit einer solchen Rechtfertigung gleichwohl noch erforderlich, dass diese Praxis geeignet ist, die Verwirklichung dieses Ziels zu gewährleisten, und nicht über das hinausgehen darf, was zu diesem Zweck erforderlich ist.

Soweit die tschechische Praxis die mit niederländischen Punzen gekennzeichneten Edelmetalle generell und nicht nur die Edelmetalle erfasst, die mit im Gebiet von Drittstaaten angebrachten Punzen gekennzeichnet sind, ist dies zwar zur Erreichung des Verbraucherschutzziels geeignet. Es fehlt jedoch an der Erforderlichkeit, da etwa mit dem Verlangen nach einem urkundlichen Nachweis über den Ort, an dem die fragliche Punze angebracht wurde, und gegebenenfalls den Ort der Überführung in den freien Verkehr und des rechtmäßigen Inverkehrbringens der fraglichen Edelmetalle in der Union, ein milderes Mittel zur Verfügung stünde.

Im Hinblick auf mit niederländischen Punzen aus Drittstaaten sowie mit deutschen Punzen versehene Edelmetalle ist die amtliche Feingehaltskontrolle durch tschechische Behörden dagegen verhältnismäßig. Sie ist geeignet, betrügerische Praktiken im Interesse des Verbraucherschutzes aufzudecken. Zugleich ist ein milderes Mittel nicht ersichtlich. Schließlich handelt es sich um eine wenig belastende Maßnahme, die auch als angemessen zu qualifizieren ist. ◄

III. Personenverkehrsfreiheiten

20 Neben der Abschaffung der Hindernisse für den Warenhandel zwischen den Mitgliedstaaten bedarf es zur Verwirklichung des Binnenmarktes auch der Freizügigkeit (zumindest) derjenigen Personen, die am Wirtschaftsleben teilnehmen. In Anknüpfung an die Selbstständigkeit der Tätigkeit differenziert der AEUV zwischen der Niederlassungsfreiheit der Unternehmer und der Freizügigkeit der Arbeitnehmer. Darüber hinaus kann auch die Dienstleistungsfreiheit zur Realisierung des Binnenmarktes in personeller Hinsicht beitragen. Aufgrund ihrer Subsidiarität und spezifischen Funktionen beschränkt sie sich darauf jedoch nicht.

Eine EU-grundrechtliche Ergänzung finden die Personenverkehrsfreiheiten durch Art. 15 Abs. 2 EuGRC, wonach alle Unionsbürger „die Freiheit [haben], in jedem Mitgliedstaat Arbeit zu suchen, zu arbeiten, sich niederzulassen oder Dienstleistungen zu erbringen." Anders als die vornehmlich an die EU-Mitgliedstaaten gerichteten Grundfreiheiten verpflichtet das Grundrecht jedoch primär die EU, vgl. Art. 51 Abs. 1 EuGRC.

III. Personenverkehrsfreiheiten

1. Niederlassungsfreiheit

Die in Art. 49 ff. AEUV normierte Niederlassungsfreiheit gewährleistet das Recht auf eine dauerhafte selbstständige wirtschaftliche Betätigung mittels einer festen Einrichtung in einem anderen Mitgliedstaat (Niederlassung). Es handelt sich mithin um eine strikt wirtschaftsbezogene Gewährleistung,[35] nicht um ein allgemeines (Grund-)Recht der Unionsbürger, ihren Wohnsitz in einem beliebigen Mitgliedstaat zu nehmen, wie es durch Art. 45 Abs. 1 EuGRC gewährleistet wird.

21

Die drei Tatbestandsmerkmale der Selbstständigkeit, der Dauerhaftigkeit und der Tätigkeit mittels eines festen Betriebssitzes grenzen die Niederlassungsfreiheit zugleich von anderen Grundfreiheiten ab. Selbstständigkeit bedeutet Teilnahme am Wirtschaftsleben in eigener Verantwortung und auf eigene Rechnung. Dies schließt neben Unternehme(r)n[36] auch Manager und Geschäftsführer ein.[37] Sie bildet das Unterscheidungsmerkmal zur Arbeitnehmerfreizügigkeit. Die Dauerhaftigkeit des Tätigwerdens und das Agieren von einem festen Betriebssitz unterscheiden die Niederlassungsfreiheit von der Dienstleistungsfreiheit. Sie sind Ausdruck einer starken Integration des Unternehmers in das Wirtschaftsleben des Aufnahmemitgliedstaates.[38] Die erforderliche Dauerhaftigkeit muss zumindest beabsichtigt sein und setzt ein Engagement im Aufnahmemitgliedstaat über einen sehr kurzen Zeitraum hinaus voraus. Eine abstrakte Bestimmung des für die Dauerhaftigkeit notwendigen Zeitraums ist jedoch nicht möglich. Ein Betriebssitz erfordert eine räumliche Verankerung des Unternehmens im aufnehmenden Mitgliedstaat.[39] Daran sind jedoch keine strengen Anforderungen zu stellen. Der Niederlassungsbegriff setzt gleichwohl „eine tatsächliche Ansiedlung der betreffenden Gesellschaft und die Ausübung einer wirklichen wirtschaftlichen Tätigkeit in diesem Staat voraus".[40]

22

Ungeachtet dessen gilt nach der neueren EuGH-Rechtsprechung, „die Niederlassungsfreiheit [auch] für die Verlegung des satzungsmäßigen Sitzes einer nach dem Recht eines Mitgliedstaats gegründeten Gesellschaft in einen anderen Mitgliedstaat ..., durch die diese unter Einhaltung der dort geltenden Bestimmungen ohne Verlegung ihres tatsächlichen Sitzes in eine dem Recht dieses anderen Mitgliedstaats unterliegende Gesellschaft umgewandelt werden soll."[41] Nicht ausreichend ist gleichwohl eine reine Briefkastenfirma, die keine eigene Geschäftstätigkeit im Territorium der EU entfaltet.

Eine Niederlassung kann in verschiedenen Formen erfolgen. Anknüpfend an Art. 49 AEUV lässt sich zwischen der primären und der sekundären Niederlassungsfreiheit unterscheiden. Die primäre Niederlassungsfreiheit gestattet dem Unternehmer, sich mit seinem Unternehmen in einem anderen Mitgliedstaat anzusiedeln. Dies beinhaltet zum einen die Gründung eines Unternehmens im Aufnahmemitgliedstaat, zum anderen aber auch die Verlegung des Unternehmens(haupt)sitzes von einem Mitgliedstaat in einen anderen, wobei eine Wahrung von Rechtspersönlichkeit und Rechtsform des Unternehmens erfolgen kann.

23

Die grenzüberschreitende Sitzverlegung juristischer Personen war traditionell ausgeschlossen. Da sich die Verleihung der Rechtsfähigkeit an ein Unternehmen nach nationalem Recht richtet, wurde es

---

35 Vgl. EuGH, Slg 1991, I-3905 Rn. 20 – Factortame I.
36 EuGH, Slg 1996, I-3089 Rn. 26 – Asscher.
37 EuGH, Slg 1991, I-3905 Rn. 32 – Factortame I.
38 EuGH, Slg 1995, I-4165 Rn. 25 – Gebhard.
39 Vgl. EuGH, Slg 1991, I-3905 Rn. 34 – Factortame I.
40 EuGH, EuZW 2012, 621 Rn. 34 – VALE.
41 EuGH, EuZW 2017, 906 Rn. 44 – Polbud.

als nicht möglich erachtet, dass Unternehmen in gleicher Weise wie natürliche Personen von einem EU-Mitgliedstaat in einen anderen „umziehen" können.[42] Eine Sitzverlegung konnte infolgedessen nur durch Auflösung (Liquidation) der Gesellschaft im Ursprungsstaat und ihre Neugründung im Aufnahmestaat nach dem dortigen Recht erfolgen, so dass eine juristische Identität zwischen den Gesellschaften nicht gegeben war. Die Vermögensgüter mussten zudem einzeln zwischen den Gesellschaften übertragen werden. Dies war nicht nur aufwändig, sondern zwang die Unternehmen auch, ihre Reserven offen zu legen. Der EuGH qualifizierte in einer bahnbrechenden Entscheidung die damit einhergehenden Beschränkungen der Niederlassungsfreiheit als Europarechtsverstoß.[43] Infolgedessen ist eine rechtsformwahrende Sitzverlegung von Unternehmen zwischen den EU-Mitgliedstaaten heute möglich. In Deutschland wurde daraufhin (wegen des geringeren erforderlichen Gründungskapitals) vor dem Austritt Großbritanniens aus der EU in erheblichem Maße von der englischen Limited Company (Ltd.) als Alternative zur GmbH Gebrauch gemacht. Derartige Gesellschaften wurden zunächst in Großbritannien bereits mit dem Ziel der Aufnahme einer Geschäftstätigkeit in Deutschland gegründet und verlegten alsbald unter Inanspruchnahme der primären Niederlassungsfreiheit ihren Sitz dorthin. Sie unterlagen gleichwohl britischem Gesellschaftsrecht. Es steht dem Herkunftsmitgliedstaat jedoch frei, im Falle einer Sitzverlegung, die mit einer Umwandlung in eine Rechtsform des Aufnahmestaates einhergeht, die gleichzeitige Fortführung der ursprünglichen, in seiner Rechtsordnung wurzelnden Rechtsform zu untersagen.[44]

Um grenzüberschreitende Sitzverlegungen zu erleichtern und damit der primären Niederlassungsfreiheit zur Durchsetzung zu verhelfen, existieren heute zudem einige sekundärrechtlich begründete, spezifisch europäische Rechtsformen für Gesellschaften. Die Europäische Wirtschaftliche Interessenvereinigung (EWIV),[45] die Europäische Aktiengesellschaft (SE)[46] sowie die Europäische Genossenschaft[47] haben vor dem Hintergrund der Möglichkeit der rechtsformwahrenden Sitzverlegung nach mitgliedstaatlichem Recht gegründeter Gesellschaften bislang keine große praktische Bedeutung erlangt.

24 Die sekundäre Niederlassungsfreiheit berechtigt Unternehmen zur Gründung von Agenturen, Zweigniederlassungen und Tochtergesellschaften in einem anderen Mitgliedstaat. Es handelt sich dabei um wirtschaftlich unselbstständige Einrichtungen, die der nicht nur vorübergehenden Ausweitung der Geschäftstätigkeit in den Aufnahmemitgliedstaat hinein dienen. Unerheblich ist auch, ob sie über rechtliche Selbstständigkeit verfügen. Die sekundäre Niederlassungsfreiheit untersagt es dem Aufnahmemitgliedstaat in ihrer Funktion als Beschränkungsverbot zugleich, diesbezüglich spezifische Anforderungen aufzustellen.[48]

Um die Realisierung der Niederlassungsfreiheit zu erleichtern, aber auch den Bedürfnissen des Aufnahmemitgliedstaates an die Beachtung der in seiner Rechtsordnung aufgestellten Anforderungen an Wirtschaftsakteure Rechnung zu tragen, enthalten die Art. 49 ff. AEUV zahlreiche Ermächtigungsgrundlagen und Gebote zum Erlass von Sekundärrecht. Von Bedeutung ist insbesondere Art. 53 AEUV, wonach eine gegenseitige Anerkennung der Diplome und Berufsabschlüsse erfolgen soll. Diesem Rechtsetzungsauf-

---

42 So auch noch EuGH, Slg 1988, 5483 – Daily Mail.
43 Grundlegend EuGH, Slg 1999, I-1459 – Centros.
44 EuGH, Slg 2008, I-9641 – Cartesio.
45 Verordnung (EWG) Nr. 2137/85 über die Schaffung einer Europäischen wirtschaftlichen Interessenvereinigung (EWIV), ABl. 1985 L 199/1.
46 Verordnung (EG) Nr. 2157/2001 über das Statut der Europäischen Gesellschaft (SE), ABl. 2001 L 294/1.
47 Verordnung (EG) Nr. 1435/2003 über das Statut der Europäischen Genossenschaft (SCE), ABl. 2003 L 207/1.
48 Zur europarechtlich gebotenen Wahlfreiheit der Unternehmen EuGH, Slg 1986, 273 Rn. 22 – Kommission/Frankreich.

III. Personenverkehrsfreiheiten

trag ist die EU mit dem Erlass der Richtlinie 2005/36/EG über die Anerkennung von Berufsqualifikationen[49] nachgekommen.

Der Kreis der Berechtigten der Niederlassungsfreiheit ist weit gefasst. Unionsbürger und nach dem Recht der EU sowie ihrer Mitgliedstaaten gegründete Unternehmen (Art. 54 AEUV)[50] werden berechtigt. Drittstaatsangehörige unterfallen als solche nicht dem Schutz der Niederlassungsfreiheit. Allerdings profitieren sie mittelbar von dieser, wenn sie an nach dem Recht der EU oder ihrer Mitgliedstaaten gegründeten Unternehmen beteiligt sind. Dies gilt auch dann, wenn sie sämtliche Anteile daran halten, da es allein auf deren Rechtsform, nicht auf die Staatsangehörigkeit der Anteilseigner ankommt.[51]

Will sich also der saudische Scheich S in der EU dauerhaft selbstständig wirtschaftlich betätigen, kann er sich als Drittstaatsangehöriger nicht auf die Niederlassungsfreiheit berufen. Es steht ihm jedoch frei, unter Nutzung der Kapitalverkehrsfreiheit (→ Rn. 49 ff.) zB Mehrheitsaktionär einer deutschen Aktiengesellschaft zu werden. Diese wiederum kann ihre Geschäftstätigkeit in der gesamten EU entfalten und zu diesem Zwecke auch Niederlassungen gründen.

Tatbestandlich nicht einschlägig ist die Niederlassungsfreiheit jedoch nach Art. 51 AEUV für „Tätigkeiten, die in einem Mitgliedstaat dauernd oder zeitweise mit der Ausübung öffentlicher Gewalt verbunden sind". Dies ist dann der Fall, wenn sich die Tätigkeit vor allem durch die unmittelbare und spezifische Teilnahme an der Wahrnehmung hoheitlicher Befugnisse zum Zwecke der Wahrung staatlicher Belange auszeichnet.[52] Die Mitgliedstaaten verfügen diesbezüglich über einen Gestaltungsspielraum, der jedoch der Kontrolle des EuGH unterliegt und nicht mit dem Ziel der Umgehung der Niederlassungsfreiheit ausgefüllt werden darf. Diese Bereichsausnahme hat zur Folge, dass die Art. 49 ff. AEUV in den betreffenden Bereichen nicht anwendbar sind, mithin keine Rechtswirkungen entfalten.

So kann ein Mitgliedstaat vorsehen, dass der Betrieb von Gefängnissen staatlich erfolgen muss und die Bewachung der Insassen ausschließlich durch staatliche Justizvollzugsbeamte erfolgen darf. Ein Betreiber privater Gefängnisse aus einem anderen EU-Mitgliedstaat kann in diesem Falle nicht unter Verweis auf die Niederlassungsfreiheit verlangen, sein „Geschäft" auch in diesem Mitgliedstaat betreiben zu dürfen.

Eingriffe in die Niederlassungsfreiheit sind unter den Voraussetzungen des Art. 52 AEUV einer Rechtfertigung zugänglich; entfalten sie keine diskriminierenden Wirkungen, kommt zudem eine Rechtfertigung aus „zwingenden Gründen des Allgemeinwohls" in Betracht. Nach Art. 52 AEUV können aus Gründen der öffentlichen Ordnung, Sicherheit oder Gesundheit vorgesehene Sonderregelungen für Ausländer Eingriffe in die Niederlassungsfreiheit rechtfertigen. Ungeachtet der Notwendigkeit einer engen Auslegung der Norm[53] und deren Kontrolle durch den EuGH verdeutlicht dies die grundsätzliche Entscheidungsbefugnis der Mitgliedstaaten im Hinblick auf die Aufstellung grundlegender Voraussetzungen für eine Integration von Unternehme(r)n aus anderen Staaten in die innerstaatliche Wirtschaft. Diese Befugnis ist bei der Nieder-

---

49 ABl. 2005 L 255/22.
50 Ablehnend zu in Drittstaaten gegründeten Unternehmen etwa EuGH, EuZW 2015, 61 Rn. 46 – Kronos International.
51 EuGH, Slg 1991, I-3905 Rn. 30 – Factortame I.
52 EuGH, Slg 2010, I-3713 Rn. 78 – Kommission/Deutschland.
53 EuGH, Slg 1999, I-11 Rn. 23 – Calfa.

lassungsfreiheit deutlich ausgeprägter als bei den anderen Grundfreiheiten, was sich gerade aus der Dauerhaftigkeit der Eingliederung rechtfertigt.[54]

So ist es auf Grundlage von Art. 52 AEUV durchaus möglich, dass ein Mitgliedstaat vorbehaltlich harmonisierenden Sekundärrechts Mindestanforderungen an die finanzielle Leistungsfähigkeit stellt oder Nachweise darüber verlangt, dass ein Krankenversicherungsschutz besteht. Auch Gesundheitsuntersuchungen des Unternehmers, handelt es sich bei diesem um eine natürliche Person, die selbst im Aufnahmemitgliedstaat tätig werden soll, können vor Aufnahme der Betätigung vorgesehen werden.

28 Keine grundlegenden Besonderheiten bestehen dagegen für die Rechtfertigung von Eingriffen in den Schutzbereich der Niederlassungsfreiheit aus zwingenden Gründen des Allgemeininteresses (→ Rn. 8). Der EuGH hat zahlreiche derartige Gründe anerkannt, die vom Arbeitnehmer- über den Umweltschutz bis hin zur Kohärenz der nationalen Steuersysteme reichen. Rein wirtschaftliche Interessen, wie etwa dasjenige an der Vermeidung negativer Auswirkungen auf die bereits bestehenden Einzelhandelsgeschäfte durch die Zulassung großer Einzelhandelseinrichtungen, zählen jedoch nicht darunter.[55]

29 Jede Rechtfertigung von Eingriffen in die Niederlassungsfreiheit muss sich schließlich ebenso wie bei den anderen Grundfreiheiten am Verhältnismäßigkeitsprinzip messen lassen.[56] Trotz ihrer weitergehenden Gestaltungsbefugnisse im Rahmen der Niederlassungsfreiheit ist es den Mitgliedstaaten daher nicht möglich, die Niederlassungsfreiheit zu unterlaufen.

2. Arbeitnehmerfreizügigkeit

30 Ungeachtet der Bedeutung selbstständiger Unternehmer für die Wirtschaft in den EU-Mitgliedstaaten genügt allein deren Freizügigkeit nicht, um den Binnenmarkt in personeller Hinsicht zu verwirklichen. Es bedarf vielmehr zusätzlich des Abbaus der Hindernisse, welche der Mobilität sonstiger Arbeitskräfte entgegenstehen.

31 Das Europarecht trägt diesem Umstand seit den Römischen Verträgen durch die in Art. 45 ff. AEUV geregelte Freizügigkeit der Arbeitnehmer Rechnung. „Innerhalb der Union ist" nach Art. 45 Abs. 1 AEUV „die Freizügigkeit der Arbeitnehmer gewährleistet." Da jedoch zugleich eine ungeregelte „Völkerwanderung" und eine Überbelastung mitgliedstaatlicher Sozialsysteme vermieden werden sollen, sehen die primärrechtlichen Vorschriften über die Arbeitnehmerfreizügigkeit vielfach eine Konkretisierung, Ausgestaltung und Ergänzung durch Sekundärrecht vor.

Hieraus entwickelt sich derzeit im Zusammenwirken mit dem allgemeinen Diskriminierungsverbot des Art. 18 AEUV sowie des Freizügigkeitsgrundrechts aus Art. 15 Abs. 2 EuGRC ein allgemeines Freizügigkeitsrecht der Unionsbürger, das weit über den vorliegend interessierenden wirtschaftsrechtlichen Kontext hinausweist.[57]

32 Der Schutzbereich der Arbeitnehmerfreizügigkeit wird maßgeblich durch den Begriff des Arbeitnehmers geprägt. Arbeitnehmer iSv Art. 45 AEUV ist, wer für einen anderen nach dessen Weisung Leistungen mit einem gewissen wirtschaftlichen Wert erbringt,

---

54 Vgl. *Tiedje*, in: von der Groeben/Schwarze/Hatje, Europäisches Unionsrecht, Art. 52 Rn. 2.
55 EuGH, Slg 2011, I-1915 Rn. 74, 98 – Kommission/Spanien.
56 Im Einzelnen dazu *Korte*, in: Calliess/Ruffert, EUV/AEUV, Art. 49 Rn. 78 ff.
57 Ausführlich dazu *Wollenschläger*, Grundfreiheit ohne Markt. Die Herausbildung der Unionsbürgerschaft im unionsrechtlichen Freizügigkeitsregime, 2007.

III. Personenverkehrsfreiheiten

für die er als Gegenleistung eine Vergütung erhält.[58] Die wesentliche Unterscheidung zur Niederlassungsfreiheit liegt in der Unselbstständigkeit der wirtschaftlichen Betätigung. Auf den Wert der erbrachten Leistung kommt es ebenso wenig wie auf die Höhe der Vergütung an. Trotz ihrer „lebensnahen" Fassung werfen die Voraussetzungen des Arbeitnehmerbegriffs im Detail Interpretationsbedarf auf, wenn nicht typische Tätigkeiten von abhängig Beschäftigten (zB Bürosachbearbeiter, Verkäufer, angestellte Handwerker) in Frage stehen.

Leitende Angestellte (insbesondere geschäftsführende Manager) von Unternehmen unterfallen nach Auffassung des EuGH nicht der Arbeitnehmer- sondern der Niederlassungsfreiheit.[59] Zwar fehlt es diesen an der Selbstständigkeit der wirtschaftlichen Betätigung; allerdings treffen sie wesentliche Unternehmensentscheidungen und üben das Weisungsrecht für ihr Unternehmen aus, ohne faktisch selbst einem solchen zu unterliegen.

Deutsche Lehramts- und Rechtsreferendare hat der EuGH dagegen als Arbeitnehmer qualifiziert.[60] Dass ihre Tätigkeit vor allem ihrer Ausbildung dient, ist unerheblich, da die Voraussetzungen der Arbeitnehmerdefinition im Übrigen gegeben sind. Unproblematisch ist insoweit die Weisungsgebundenheit, die unmittelbar aus dem Ausbildungsverhältnis folgt. Die zu erbringende praktische Tätigkeit hat auch nicht nur einen ideellen, sondern grundsätzlich auch einen wirtschaftlichen Wert, da es sich bei den betreffenden juristischen und pädagogischen Leistungen um solche handelt, für die ein Markt besteht. Auch eine Gegenleistung hat der EuGH aufgrund der Zahlung einer Ausbildungsbeihilfe bzw. einer Referendarbesoldung bejaht. Zwar steht diese nicht in einem Gegenseitigkeitsverhältnis mit den erbrachten Leistungen, sondern ist mit dem Referendarstatus verbunden. Da dieser jedoch untrennbar mit der (Verpflichtung zur) Leistungserbringung verbunden ist, ist der für die Bejahung der Arbeitnehmereigenschaft erforderliche Zusammenhang gegeben.

Die Arbeitnehmerfreizügigkeit gewährleistet eine Vielzahl von Rechten, um die Mobilität der Arbeitskräfte in der EU zu gewährleisten. Art. 45 Abs. 2 AEUV gebietet „die Abschaffung jeder auf der Staatsangehörigkeit beruhenden unterschiedlichen Behandlung der Arbeitnehmer der Mitgliedstaaten in Bezug auf Beschäftigung, Entlohnung und sonstige Arbeitsbedingungen." Dabei handelt es sich um ein Gleichbehandlungsgebot, zu dem überdies das in Art. 157 AEUV enthaltene sozialpolitische Gebot der Lohngleichheit von Männern und Frauen hinzutritt.

33

Art. 45 Abs. 3 AEUV normiert die wesentlichen aus der Arbeitnehmerfreizügigkeit erwachsenden konkreten Rechte. Gewährleistet ist den Arbeitnehmern danach „das Recht, a) sich um tatsächlich angebotene Stellen zu bewerben; b) sich zu diesem Zweck im Hoheitsgebiet der Mitgliedstaaten frei zu bewegen; c) sich in einem Mitgliedstaat aufzuhalten, um dort nach den für die Arbeitnehmer dieses Staates geltenden Rechts- und Verwaltungsvorschriften eine Beschäftigung auszuüben; d) nach Beendigung einer Beschäftigung im Hoheitsgebiet eines Mitgliedstaats unter Bedingungen zu verbleiben, welche die EU-Kommission durch Verordnungen festlegt." Garantiert wird mithin nicht nur die Möglichkeit, als Arbeitnehmer in einem anderen EU-Mitgliedstaat tätig zu werden, sondern auch das Recht, sich darum zu bemühen und die hierzu erforderlichen Maßnahmen zu ergreifen. Auch das Ende der Beschäftigung geht – wenngleich unter dem Vorbehalt einer sekundärrechtlichen Ausgestaltung – nicht unmittelbar mit dem Zwang zum Verlassen des Staatsgebietes des anderen Mitgliedstaates einher. Vielmehr bewirkt die Arbeitnehmerfreizügigkeit eine weitgehende (obwohl

34

---

58 Siehe nur EuGH, Slg 2008, I-5939 Rn. 33 – Raccanelli.
59 EuGH, Slg 1996, I-3089 – Asscher.
60 EuGH, Slg 1986, 2121 – Lawrie-Blum; Slg 2005, I-2421 – Kranemann.

nicht vollständige) Angleichung der Rechtsstellung der abhängig beschäftigten bzw. zu beschäftigenden Unionsbürger an diejenige inländischer Arbeitnehmer.[61]

35 Neben den in Art. 45 Abs. 3 AEUV genannten Arbeitnehmern unterfallen nach deren Sinn und Zweck auch Arbeitgeber[62] und Arbeitsvermittler[63] dem Schutzbereich der Arbeitnehmerfreizügigkeit. Eine solche Interpretation der Art. 45 ff. AEUV ist geboten, um eine Beschäftigung von Unionsbürgern und die damit in Verbindung stehenden Erfordernisse, etwa von Stellenanzeigen und anderen Anwerbemaßnahmen in anderen Mitgliedstaaten oder der Anmeldung des Beschäftigten bei der innerstaatlichen Sozialversicherung, zu realisieren.

36 Ähnlich wie Art. 51 AEUV für die Niederlassungsfreiheit (→ Rn. 26) enthält Art. 45 Abs. 4 AEUV eine Bereichsausnahme für die „Beschäftigung in der öffentlichen Verwaltung". Die diesbezügliche Unanwendbarkeit der Arbeitnehmerfreizügigkeit ist aufgrund ihres Ausnahmecharakters allerdings nur unter engen Voraussetzungen zu bejahen. Insbesondere genügt die bloße organisatorische Eingliederung in die mitgliedstaatliche Verwaltung nicht. Gleiches gilt für das Bestehen eines Beamtenverhältnisses. Erfasst werden vielmehr ausschließlich Tätigkeiten, die vornehmlich mit der Ausübung von Hoheitsgewalt einhergehen.[64] Nur insoweit erfordern die Zwecke der Regelung, die in der Wahrung der Funktionsfähigkeit der mitgliedstaatlichen Verwaltungen und dem hierzu erforderlichen Einsatz dem betreffenden Mitgliedstaat besonders verbundenen Personals bestehen, einen Vorbehalt der betreffenden Stellen für die eigenen Staatsangehörigen und den damit verbundenen Ausschluss der Arbeitnehmerfreizügigkeit.

Infolgedessen kann ein Mitgliedstaat Unionsbürgern den Zugang zum Polizeidienst vorenthalten. Zwar unterfallen auch Polizisten dem Arbeitnehmerbegriff. Funktional ist ihre Tätigkeit jedoch durch die Wahrnehmung hoheitlicher Aufgaben für den Staat gegenüber den Bürgern geprägt.[65] Anders ist dies etwa bei Lehrern. Zwar üben auch diese punktuell Hoheitsgewalt aus, insbesondere bei der Bewertung von Schülerleistungen. Prägend für den Lehrerberuf ist jedoch die Vermittlung von Kenntnissen, der gerade keine hoheitliche Qualität zukommt.[66]

37 Neben der Bereichsausnahme des Art. 45 Abs. 4 AEUV, die bereits die tatbestandliche Einschlägigkeit der Arbeitnehmerfreizügigkeit entfallen lässt, enthält Art. 45 Abs. 3 AEUV einen ordre-public-Vorbehalt, aufgrund dessen Eingriffe in deren Schutzbereich gerechtfertigt werden können. Danach kommt die Arbeitnehmerfreizügigkeit nur „vorbehaltlich der aus Gründen der öffentlichen Ordnung, Sicherheit und Gesundheit gerechtfertigten Beschränkungen" zur Anwendung. Ebenso wie die entsprechende Formulierung in Art. 52 Abs. 2 AEUV in Bezug auf die Niederlassungsfreiheit und aus denselben Gründen (→ Rn. 27) können auf Grundlage des Vorbehalts selbst offene Diskriminierungen gerechtfertigt werden. Bloße Beschränkungen der Arbeitnehmerfreizügigkeit sowie mittelbare Diskriminierungen können darüber hinaus ebenso wie bei den anderen Grundfreiheiten auch aus zwingenden Gründen des Allgemeinwohls gerechtfertigt werden. Stets erforderlich ist jedoch die Verhältnismäßigkeit der Maßnahme.[67]

---

61 Vgl. EuGH, Slg 2002, I-10981 Rn. 25 – Oteiza Olazabal.
62 EuGH, Slg 1998, I-2521 Rn. 20 ff. – Clean Car.
63 EuGH, Slg 2007, I-181 Rn. 25 ff. – ITC.
64 EuGH, Slg 1980, 3881 Rn. 10 f. – Kommission/Belgien.
65 Vgl. *Forsthoff*, in: Grabitz/Hilf/Nettesheim, Das Recht der Europäischen Union, Art. 45 AEUV Rn. 433.
66 EuGH, Slg 1986, 2121 Rn. 28 – Lawrie-Blum.
67 EuGH, Slg 1993, I-1663 Rn. 32 – Kraus.

IV. Dienstleistungsfreiheit

Der Bezug einer wirtschaftlichen Betätigung zu einem anderen Mitgliedstaat ist häufig nicht von Dauer. Mit der Dienstleistungsfreiheit trägt das Europarecht diesem Umstand Rechnung. Die Art. 56 ff. AEUV enthalten einige grundlegende und zugleich auf eine Ergänzung durch Sekundärrecht angelegte Vorschriften, welche den Binnenmarkt auch für derartige Tätigkeiten realisieren sollen.

Sekundärrechtlich ist neben zahlreichen sektorspezifischen Regelungen vor allem die Dienstleistungsrichtlinie 2006/123/EG[68] von Bedeutung. Diese enthält ungeachtet ihres eingeschränkten Anwendungsbereichs eine Vielzahl sehr konkreter Vorgaben, welche gerade Hindernisse für die Durchsetzung der Dienstleistungsfreiheit beseitigen sollen, die in der Sphäre der mitgliedstaatlichen Verwaltungen liegen. Sie sieht daher u.a. die Verpflichtung zur Schaffung einer „einheitlichen Stelle" als Ansprechpartner für Dienstleistungsanbieter aus anderen EU-Mitgliedstaaten sowie eine Genehmigungsfiktion für den Fall einer Nichtbescheidung von Anträgen innerhalb bestimmter Fristen vor. Auch sind relevante Informationen von der mitgliedstaatlichen Verwaltung in der Sprache des Dienstleistungserbringers vorzuhalten.

Gegenüber den anderen Grundfreiheiten ist die Dienstleistungsfreiheit subsidiär, vgl. Art. 57 AEUV. Nach Art. 58 AEUV wird sie im Verkehrsbereich nach Maßgabe der gemeinsamen Verkehrspolitik auf Grundlage von Art. 90 ff. AEUV sowie bezüglich Finanz- und Versicherungsdienstleistungen im Kontext der spezifischen Liberalisierungsmaßnahmen verwirklicht.

Der sachliche Schutzbereich der Dienstleistungsfreiheit wird vor allem durch den Begriff der Dienstleistung bestimmt. Dabei handelt es sich um die vorübergehende Durchführung selbstständiger Tätigkeiten gegen Entgelt mit Bezug zu einem anderen Mitgliedstaat.[69]

Dem vorübergehenden Charakter steht nach Auffassung des EuGH nicht entgegen, dass der in einem anderen Mitgliedstaat niedergelassene Wirtschaftsteilnehmer in der Vergangenheit über eine Niederlassung im Aufnahmemitgliedstaat verfügte, seine Dienstleistungen einen wiederkehrenden Charakter haben oder er sich im Aufnahmemitgliedstaat einer gewissen Infrastruktur, zB eines Büros, bedient.[70]

Art. 57 AEUV benennt exemplarisch gewerbliche, kaufmännische, handwerkliche und freiberufliche Tätigkeiten.

Aus dieser Definition ergibt sich zugleich die Abgrenzung der Dienstleistungsfreiheit zu den anderen Grundfreiheiten. Von der Warenverkehrsfreiheit, die an das Vorliegen und den Handel mit einer Ware grundsätzlich iS eines körperlichen Gegenstands anknüpft (→ Rn. 10), unterscheidet sie sich durch ihren Tätigkeitsbezug. Entsprechendes gilt für die Kapital- und Zahlungsverkehrsfreiheit, da auch bei diesen Grundfreiheiten nicht die Tätigkeit der Investition oder Zahlung, sondern der damit bezweckte Erfolg im Fokus steht (→ Rn. 47 ff.). Mit der Niederlassungsfreiheit teilt sie das Erfordernis eines selbstständigen Tätigwerdens (→ Rn. 21), unterscheidet sich aber von dieser durch den nur kurzfristigen Bezug zu einem anderen Mitgliedstaat. Gegenüber der Arbeitnehmerfreizügigkeit dient die geforderte Selbstständigkeit iS einer Weisungsfreiheit als Abgrenzungskriterium.

Dienstleistungen können verschiedene Charakteristika aufweisen. Anknüpfend an die Grenzüberschreitung werden die aktive und die passive Dienstleistungsfreiheit sowie die Freiheit des Angebots von Korrespondenzdienstleistungen unterschieden,[71] ohne

---

68 Richtlinie 2006/123/EG über Dienstleistungen im Binnenmarkt, ABl. 2006 L 376/36.
69 Vgl. EuGH, Slg 2000, I-2549 Rn. 55 – Deliège.
70 EuGH, Urt. v. 2.9.2021 – C-502/20 – Institut des Experts en Automobiles.
71 Ausführlich *Tiedje*, in: von der Groeben/Schwarze/Hatje, Europäisches Unionsrecht, Art. 56 Rn. 18 ff.

dass damit eine grundlegende Differenzierung hinsichtlich der Rechtsfolgen verbunden wäre. Insbesondere können sich sowohl der Anbieter als auch der Empfänger der Dienstleistung in allen Fällen auf die Dienstleistungsfreiheit berufen.

42 Bei der aktiven Dienstleistungsfreiheit wird der Dienstleister im Ausland tätig. Er überquert mithin die Grenze zu einem anderen EU-Mitgliedstaat, um vorübergehend in diesem tätig zu werden. Dabei handelt es sich zugleich um den von den Mitgliedstaaten als Primärrechtsetzer angenommenen Regelfall. Dies verdeutlicht Art. 57 AEUV, wonach „der Leistende zwecks Erbringung seiner Leistungen seine Tätigkeit vorübergehend in dem Mitgliedstaat ausüben [kann], in dem die Leistung erbracht wird, und zwar unter den Voraussetzungen, welche dieser Mitgliedstaat für seine eigenen Angehörigen vorschreibt". Wer Empfänger der Dienstleistung ist, ist unerheblich. Gleiches gilt für den Umstand einer regelmäßigen Wiederholung.

Die aktive Dienstleistungsfreiheit ist etwa in dem Fall des Tätigwerdens eines (selbstständigen) deutschen Reiseführers in Frankreich betroffen, der das Land mit einer deutschen Reisegruppe bereist und mit dieser auch wieder nach Deutschland zurückkehrt.[72] Gleiches gilt für das grenzüberschreitende Angebot von Handwerkerleistungen, wenn dieses ausgehend von einem Standort im Heimatmitgliedstaat des selbstständigen Handwerkers erfolgt.[73] Sobald dieser jedoch aufgrund wirtschaftlichen Erfolges zur Erleichterung seines Tätigwerdens in dem anderen Mitgliedstaat ein (weiteres) Geschäft eröffnet, wird der Anwendungsbereich der Dienstleistungsfreiheit verlassen. Es greift dann die Niederlassungsfreiheit ein.

43 Bei der passiven Dienstleistungsfreiheit begibt sich der Empfänger der Dienstleistung in einen anderen Mitgliedstaat.[74] Der Dienstleister bleibt dagegen in seinem Heimatmitgliedstaat.

Dies ist der Fall, wenn die deutsche Reisegruppe im vorstehenden Beispiel in Frankreich von einem (selbstständigen) französischen Reiseführer betreut wird. Über große Bedeutung verfügt die passive Dienstleistungsfreiheit im „Gesundheitstourismus".[75] Aufgrund von Kostenvorteilen begeben sich vielfach Patienten aus westeuropäischen EU-Mitgliedstaaten in östliche Mitgliedstaaten der EU, um dort zahn-, schönheits- und sonstige medizinische Behandlungen vornehmen zu lassen; zugleich nutzen Patienten EU-weit in anderen Mitgliedstaaten vorhandene Angebote einer qualitativ besseren Gesundheitsversorgung. Die ausführenden Ärzte und Kliniken, welche die medizinischen Leistungen anbieten, bleiben dagegen in ihrem Heimatstaat.

44 Bei Korrespondenzdienstleistungen überquert schließlich nur die Dienstleistung als solche die Grenze zwischen zwei Mitgliedstaaten. Sowohl der Dienstleister als auch der Dienstleistungsempfänger bleiben in ihrem jeweiligen Heimatstaat.

Ein wichtiges Beispiel hierfür sind Radio- und Fernsehsendungen, die in einem Mitgliedstaat ausgestrahlt und in einem anderen empfangen werden.[76] Bei deren Angebot handelt es sich mangels Körperlichkeit anders als etwa bei Zeitungen, die der Warenverkehrsfreiheit unterfallen, um Dienstleistungen. Sowohl der Dienstleister (der Sender bzw. das Studio) als auch der Empfänger (der Konsument) verlassen ihren jeweiligen Heimatstaat nicht. Ebenfalls als Korrespondenzdienstleistung ist der Betrieb eines Call Centers zu qualifizieren, das für Anrufer aus anderen Mitgliedstaaten Beratungsleistungen anbietet. Ob hierfür von den Anrufern oder Dritten (typischerweise dem Unternehmen, für das die

---

72 EuGH, Slg 1991, I-659 – Kommission/Frankreich.
73 EuGH, Slg 1990, I-1417 – Rush Portuguesa.
74 EuGH, Slg 1984, 377 Rn. 16 – Luisi und Carbone.
75 Siehe bereits EuGH, Slg I-1998, 1931 – Kohll; auch zu den Grenzen im Hinblick auf die mitgliedstaatlichen Krankenversicherungssysteme EuGH, Slg 2001, I-5473 – Smits und Peerbooms; EuGRZ 2014, 623 – Petru.
76 EuGH, Slg 1974, 409 Rn. 6 – Sacchi.

V. Kapital- und Zahlungsverkehrsfreiheit § 3

„Hotline" betrieben wird) ein Entgelt erhoben wird, ist unerheblich. Um Korrespondenzdienstleistungen handelt es sich auch bei dem grenzüberschreitenden Angebot von aus dem Internet kostenpflichtig herunterzuladender Software sowie bei grenzüberschreitenden Finanzdienstleistungen, die per Telefon und Internet angeboten werden.[77]

Aufgrund des Verweises in Art. 62 AEUV auf Art. 51 AEUV gilt für die Dienstleistungsfreiheit dieselbe Bereichsausnahme für hoheitliche Tätigkeiten wie für die Niederlassungsfreiheit (→ Rn. 26). 45

Auch bezüglich der Rechtfertigungsgründe besteht ein Gleichlauf mit der Niederlassungsfreiheit. Neben den infolge Art. 62 AEUV relevanten Rechtfertigungsgründen des Art. 52 AEUV (→ Rn. 27) kommt auch eine Rechtfertigung von nichtdiskriminierenden Eingriffen in den Schutzbereich der Dienstleistungsfreiheit aus zwingenden Gründen des Allgemeinwohls in Betracht. 46

Praktische Probleme stellen sich bezüglich der Rechtfertigung von Eingriffen in den Schutzbereich der Niederlassungs- bzw. Dienstleistungsfreiheit in neuerer Zeit häufig im Hinblick auf das kommerzielle (grenzüberschreitende) Angebot von Glücksspielen und Sportwetten. Aus Gründen der Bekämpfung der Spielsucht schränken zahlreiche Mitgliedstaaten die Zulässigkeit eines privaten Angebots bis hin zu einem vollständigen Verbot ein – teilweise bei einem gleichzeitigen staatlichen Angebot. Der EuGH bemüht sich in seiner diesbezüglichen Rechtsprechung, einen angemessenen Ausgleich zwischen der Verwirklichung der jeweils betroffenen Grundfreiheit und den als legitim erachteten Gründen für ihre Einschränkung herzustellen.[78] In einer nationalen Regelung, die es Fernsehveranstaltern untersagt, in ihr im gesamten Inland ausgestrahltes Programm Fernsehwerbung aufzunehmen, die nur regional gezeigt wird, hat der EuGH eine Beschränkung der Dienstleistungsfreiheit gesehen, die aber gerechtfertigt sein kann, sofern sie geeignet ist, die Erreichung des mit ihr verfolgten Ziels des Schutzes des Medienpluralismus auf regionaler und lokaler Ebene zu gewährleisten und nicht über das hinausgeht, was zur Erreichung dieses Ziels erforderlich ist.[79] Der Arbeitnehmerschutz ist nach der Rechtsprechung des EuGH ebenfalls – auch im Hinblick auf sekundärrechtliche Ausgestaltungen insbesondere hinsichtlich der Entlohnung – geeignet, Beschränkungen der Dienstleistungsfreiheit zu rechtfertigen.[80]

V. Kapital- und Zahlungsverkehrsfreiheit

Auch Geld als „Schmiermittel" einer modernen Ökonomie muss schließlich im Binnenmarkt frei beweglich sein. In den Art. 63 ff. AEUV werden daher die Kapital- und die Zahlungsverkehrsfreiheit gewährleistet und näher ausgestaltet. Dabei handelt es sich um jeweils eigenständige Gewährleistungen. 47

Die in Art. 63 Abs. 2 AEUV verankerte Zahlungsverkehrsfreiheit erfasst tatbestandlich die Übertragung von Geld und geldwerten Mitteln als Gegenleistung für empfangene Waren oder Leistungen.[81] Sie bildet damit eine wesentliche Voraussetzung für die Realisierung der übrigen Grundfreiheiten, da ein grenzüberschreitendes wirtschaftliches Tätigwerden nur dann zu erwarten ist, wenn die hierfür regelmäßig in Geld zu entrichtende Gegenleistung den Anbieter erreicht. Darüber hinaus erfasst die Zahlungs- 48

---

77 Vgl. etwa EuGH, Slg 1995, I-1141 – Alpine Investments.
78 Vgl. EuGH, Slg 1999, I-7289 – Zenatti; Slg 2003, I-13031 – Gambelli; Slg 2007, I-1891 – Placanica; Slg 2009, I-7633 – Liga Portuguesa; CR 2018, 526 – Sporting Odds; NZG 2020, 840 – Stanleyparma und Stanleybet Malta; EuZW 2021, 807 – BONVER WIN; ZfWG 2022, 438 – Admiral Gaming Network.
79 EuGH, NJW 2021, 755 – Fussl Modestraße Mayr.
80 EuGH, EuZW 2021, 547 – Ungarn/Europäisches Parlament.
81 Vgl. EuGH, Slg 1984, 377 Rn. 21 – Luisi und Carbone; Slg 1995, I-4821 Rn. 17 – Sanz de Lera.

verkehrsfreiheit weitere mit der Leistungserbringung, die insoweit das stets notwendige Grundgeschäft bildet, zusammenhängende Zahlungen, wie etwa solche zur Erfüllung von Schadensersatzansprüchen. Ob ein derartiger Zusammenhang besteht, ist im Wege einer Gesamtbetrachtung zu ermitteln.

49 Die Kapitalverkehrsfreiheit des Art. 63 Abs. 1 AEUV erfasst alle anderen Finanztransaktionen.[82] Einige hiervon werden aus Art. 64 Abs. 1 S. 1 AEUV deutlich, der auf Regelungen hinsichtlich „Direktinvestitionen einschließlich Anlagen in Immobilien, mit der Niederlassung, der Erbringung von Finanzdienstleistungen oder der Zulassung von Wertpapieren zu den Kapitalmärkten" Bezug nimmt. Darüber hinaus zieht der EuGH zur Bestimmung des Schutzbereichs der Kapitalverkehrsfreiheit regelmäßig Anhang I der Richtlinie 88/361/EG[83] heran.[84] Die darin genannten Finanzgeschäfte reichen von der privaten Darlehensgewährung bis hin zu Investitionen und Wertpapiergeschäften aller Art, Erbschaften sowie versicherungsvertraglich bedingten Transferzahlungen. Eine abschließende Bestimmung des Schutzbereichs der Kapitalverkehrsfreiheit ist auch im Hinblick auf die Dynamik der Finanzmärkte nicht möglich. Letztlich schützt sie alle wert- im Sinne von finanzbezogenen grenzüberschreitenden Vorgänge, die nicht unter die Zahlungsverkehrsfreiheit nach Art. 63 Abs. 2 AEUV fallen. Aufgrund der Qualifikation der Kapitalverkehrsfreiheit als Beschränkungsverbot sind daher auch alle mitgliedstaatlichen Maßnahmen, die sich in irgendeiner Weise negativ auf die Finanzflüsse auswirken, als Eingriffe in die Kapitalverkehrsfreiheit anzusehen.

Der EuGH hat häufig Regelungen, die sich als Investitionshindernisse auswirken können, als Beschränkungen der Kapitalverkehrsfreiheit qualifiziert. Dies gilt etwa für gesellschaftsrechtliche Sonderregeln zugunsten der öffentlichen Hand („goldene Aktie"),[85] welche auch dem Mehrheitsgesellschafter eine eigenständige Steuerung des Unternehmens unmöglich machen, da dies die Investition weniger attraktiv macht. Gleiches gilt für eine Doppelbesteuerung von Gewinnen aus Kapitalanlagen.[86] Eine Verpflichtung der Mitgliedstaaten, ihre Steuervorschriften auf diejenigen der anderen Mitgliedstaaten abzustimmen, um in allen Situationen eine Besteuerung zu gewährleisten, die jede Ungleichheit beseitigt, die sich aus den nationalen Steuerregelungen ergibt, besteht allerdings nicht.[87] Dagegen hat der EuGH auch eine mitgliedstaatliche Regelung, die sanktionierte Registrierungs-, Melde- und Offenlegungspflichten für „aus dem Ausland unterstützte Organisationen" der Zivilgesellschaft vorsieht, die Spenden in einer bestimmten Mindesthöhe erhalten, als ungerechtfertigte Beschränkung der Kapitalverkehrsfreiheit qualifiziert.[88]

50 Sowohl die Zahlungs- als auch die Kapitalverkehrsfreiheit erfassen ausweislich des Wortlauts von Art. 63 AEUV neben Finanztransaktionen innerhalb der EU den Kapitalverkehr mit Drittstaaten. Überdies berechtigen sie neben Unionsbürgern und Unternehmen mit Sitz in der EU auch Drittstaatsangehörige und gehen insoweit deutlich über die anderen Grundfreiheiten hinaus.

51 Eine Differenzierung zwischen dem innerunionalen Kapitalverkehr und demjenigen mit Drittstaaten erfolgt jedoch im Rahmen der geschriebenen Rechtfertigungsgründe.

---

82 Ausführlich dazu *Ress/Ukrow*, in: Grabitz/Hilf/Nettesheim, Das Recht der Europäischen Union, Art. 63 AEUV Rn. 158 ff.
83 ABl. 1988 L 178/5.
84 Siehe nur EuGH, Slg 2009, I-9021 Rn. 20 – Woningstichting Sint Servatius; EuGH, EuZW 2020, 858 Rn. 47 – Kommission/Ungarn.
85 Vgl. EuGH, Slg 2002, I-4781 – Kommission/Frankreich.
86 Dazu systematisierend *Kraft/Hohage*, Ubg 2020, 317 ff.
87 EuGH, DStRE 2020, 385 Rn. 72 – Köln-Aktienfonds Deka.
88 EuGH, EuZW 2020, 858 – Kommission/Ungarn.

Beschränkungen des EU-internen Kapitalverkehrs können – vorbehaltlich ihrer Rechtfertigung auf Grundlage der Bestimmungen über die Niederlassungsfreiheit – nur auf Grundlage von Art. 65 AEUV erfolgen. Danach können die Mitgliedstaaten bestehende steuerliche Ungleichbehandlungen beibehalten, die an Wohnsitz oder Kapitalanlageort anknüpfen, und im Interesse der Durchsetzung ihrer Rechtsordnung „unerlässliche Maßnahmen" treffen sowie sonstige Maßnahmen ergreifen, die aus Gründen der öffentlichen Sicherheit und Ordnung gerechtfertigt sind. Diese Maßnahmen dürfen aber gerade nicht primär darauf abzielen, den freien Kapitalverkehr als solchen zu behindern.[89]

So können im Einzelfall Anzeigeerfordernisse für Geldanlagen in anderen Mitgliedstaaten vorgesehen werden, wenn dadurch Steuerhinterziehungen im Inland vermieden werden sollen. Unzulässig wäre dagegen eine nicht verhältnismäßige Maßnahme bzw. eine nicht zur Erreichung des Ziels geeignete Regelung oder eine solche, die über das zur Erreichung erforderliche Maß hinausgeht.[90]

Eingriffe in den Kapitalverkehr mit Drittstaaten ermöglichen darüber hinaus die Art. 64, 66 und 75 AEUV. Dabei handelt es sich um Regelungen, die zum Zeitpunkt der Neufassung der Vorschriften über den freien Kapitalverkehr durch den Vertrag von Maastricht bestanden, begrenzte Schutzmaßnahmen gegen Kapitalbewegungen, die „unter außergewöhnlichen Umständen das Funktionieren der Wirtschafts- und Währungsunion schwerwiegend stören oder zu stören drohen" und Maßnahmen im Zusammenhang mit der Terrorismusbekämpfung.

52

Nichtdiskriminierende Beschränkungen des freien Kapitalverkehrs können schließlich auch aus zwingenden Gründen des Allgemeinwohls gerechtfertigt werden. Von besonderer Bedeutung sind insoweit die Kohärenz der nationalen Steuersysteme, eine ausgewogene Aufteilung der Steuerhoheit zwischen den Mitgliedstaaten, Erfordernisse im Zusammenhang mit der Sozialwohnungspolitik eines Mitgliedstaats, raumplanerische Ziele wie die Erhaltung einer dauerhaft ansässigen Bevölkerung und einer vom Tourismus unabhängigen Wirtschaftstätigkeit sowie landschaftspflegerische Zielsetzungen.

53

Der Kauf von Ferienimmobilien in landschaftlich reizvollen Gebieten einiger Mitgliedstaaten durch Staatsangehörige anderer Mitgliedstaaten unterfällt (mangels wirtschaftlicher Betätigung) nicht der Niederlassungs-, sondern der Kapitalverkehrsfreiheit. Im nationalen Recht vorgesehene Erwerbsverbote, Genehmigungserfordernisse und Mindestnutzungsanforderungen beschränken diese. Eine Rechtfertigung aus Gründen der öffentlichen Sicherheit und Ordnung gemäß Art. 65 Abs. 1 lit. b AEUV kommt nicht in Betracht, da durch den Immobilienerwerb keine hierfür notwendigen ernsten Bedrohungen grundlegender Interessen des gesellschaftlichen Zusammenlebens und Gefahren für Bestand und Funktionsfähigkeit des jeweiligen Mitgliedstaats hervorgerufen werden. Unter der Voraussetzung, dass die Maßnahmen (potenzielle) Erwerber aus anderen Mitgliedstaaten nicht diskriminieren, können diese jedoch aus zwingenden Gründen des Allgemeinwohls gerechtfertigt sein, wenn damit etwa die Erhaltung einer ausgewogenen Siedlungs- und Bevölkerungsstruktur in dem betreffenden Gebiet beabsichtigt ist.[91]

VI. Wiederholungs- und Verständnisfragen

1. Was ist Anwendungsvoraussetzung für die Grundfreiheiten? (→ Rn. 2)
2. Wovor schützen die Grundfreiheiten? (→ Rn. 4 ff.)

---

89 Instruktiv EuGH, Slg 2004, I-7477 – Manninen.
90 EuGH, Slg 2002, I-4809 – Kommission/Belgien.
91 Siehe etwa EuGH, Slg 2005, I-10309 – Burtscher.

3. Wie können Eingriffe in die Grundfreiheiten gerechtfertigt werden? (→ Rn. 8, 18)
4. Worauf bezieht sich der Schutz der Warenverkehrsfreiheit und wo ist diese normiert? (→ Rn. 9 ff.)
5. Was besagt die Dassonville-Formel und wie wird diese eingeschränkt? (→ Rn. 13 f.)
6. Welche Personenverkehrsfreiheiten gibt es? Anhand welches Kriteriums werden sie voneinander abgegrenzt? (→ Rn. 20)
7. In welcher Vorschrift ist die Niederlassungsfreiheit normiert? Welche drei Tatbestandsvoraussetzungen hat sie? (→ Rn. 21)
8. Wie werden primäre und sekundäre Niederlassungsfreiheit voneinander abgegrenzt? (→ Rn. 23 f.)
9. Wo ist die Arbeitnehmerfreizügigkeit geregelt? Wer ist Arbeitnehmer in diesem Sinne? (→ Rn. 30 ff.)
10. Was umfasst die Dienstleistungsfreiheit und wo ist diese geregelt? (→ Rn. 38 ff.)
11. Welche Richtlinie ist für die Verwirklichung der Dienstleistungsfreiheit von besonderer Bedeutung? (→ Rn. 38)
12. In welchem Verhältnis steht die Dienstleistungsfreiheit zu den anderen Grundfreiheiten? (→ Rn. 39)
13. Was ist von der Kapital- und Zahlungsverkehrsfreiheit umfasst? Wo ist diese geregelt? (→ Rn. 47 ff.)
14. Wodurch lassen sich Eingriffe in die Kapital- und Zahlungsverkehrsfreiheit rechtfertigen? (→ Rn. 51 ff.)

Zur Vertiefung: *Cremer*, Die Grundfreiheiten des Europäischen Unionsrechts, Jura 2015, 39; *Ehlers* (Hrsg.), Europäische Grundrechte und Grundfreiheiten, 4. Aufl. 2015; *Frenz*, Handbuch Europarecht I: Europäische Grundfreiheiten, 2. Aufl. 2012; *Müller-Graff*, § 9 Das Recht des Binnenmarktes: Grundfreiheiten und Wettbewerbsordnung, in: Hatje/Müller-Graff (Hrsg.), Enzyklopädie Europarecht I: Europäisches Organisations- und Verfassungsrecht, 2. Aufl. 2022; *Kahl/Schwind*, Europäische Grundrechte und Grundfreiheiten: Grundbausteine einer Interaktionslehre, EuR 2014, 170; *Gundel*, Die Inländerdiskriminierung zwischen Verfassungs- und Europarecht: neue Ansätze in der deutschen Rechtsprechung, DVBl. 2007, 269 ff.; *Krebber*, § 2 Das Binnenmarktrecht der Arbeitnehmerfreizügigkeit/*Wendland*, § 3 Die binnenmarktliche Niederlassungsfreiheit der Selbstständigen/*Kainer*, § 4 Die binnenmarktliche Niederlassungsfreiheit der Unternehmen/*Lübke*, § 5 Die binnenmarktliche Kapital- und Zahlungsverkehrsfreiheit/*Kellerhals/Uebe*, § 6 Das Binnenmarktrecht der Warenverkehrsfreiheit/*Obwexer/Ianc*, § 7 Das binnenmarktliche Recht der Dienstleistungsfreiheit, in: Müller-Graff (Hrsg.), Enzyklopädie Europarecht IV: Europäisches Binnenmarkt- und Wirtschaftsordnungsrecht, 2. Aufl. 2021; *Lorenzen*, Grundlagen des Europarechts (Teil II): Europäische Grundfreiheiten, Jura 2021, 607; *Röhl*, Die Warenverkehrsfreiheit (Art. 28 EGV), Jura 2006, 321; *Ruffert*, Die Grundfreiheiten im Recht der Europäischen Union, JuS 2009, 97; *Ruffert/Grischek/Schramm*, Europarecht im Examen – Die Grundfreiheiten, JuS 2021, 407; *Sauer*, Die Grundfreiheiten des Unionsrechts. Eine Handreichung für die Fallbearbeitung JuS 2017, 310; *Trautwein*, Die Kapitalverkehrsfreiheit gemäß Art. 56 I EG, JA 2008, 281; *Teichmann*, Gesellschaften und natürliche Personen im Recht der europäischen Niederlassungsfreiheit, in: FS Hommelhoff, 2012, S. 1213

§ 4 Grundrechte

Anders als die Grundfreiheiten des AEUV berechtigen Grundrechte ihren Träger nicht nur unter der spezifischen Voraussetzung eines grenzüberschreitenden Bezugs, sondern stets bei der Erfüllung ihrer tatbestandlichen Voraussetzungen. Grundrechte finden sich heute auf allen Stufen der Rechtsordnung. Völkerrechtliche Grundrechtsgewährleistungen von globaler Bedeutung sind insbesondere in den Internationalen Pakten für bürgerliche und politische sowie für wirtschaftliche, soziale und kulturelle Rechte (IPbpR und IPwskR, 1966) enthalten. Beide Pakte verpflichten die Unterzeichnerstaaten. Formal rechtlich unverbindlich ist dagegen die Allgemeine Erklärung der Menschenrechte (1948). Ebenfalls dem Völkerrecht zugehörig, jedoch nur von regionaler Bedeutung ist die Europäische Menschenrechtskonvention (EMRK), welche die Staaten des Europarats zur Beachtung der darin enthaltenen Rechte verpflichtet. Die heutige Europäische Union verfügte zunächst über keine, dann auf Grundlage der Rechtsprechung des EuGH über ungeschriebene Grundrechte. Seit dem Inkrafttreten des Vertrags von Lissabon im Jahr 2009 hat auch die Charta der Grundrechte der Europäischen Union (EuGRC, 2000) rechtliche Verbindlichkeit mit der Qualität von Primärrecht erlangt. Die EU-Grundrechte verpflichten primär die EU; deren Mitgliedstaaten sind nach Art. 51 Abs. 1 EuGRC nur bei der „Durchführung des Europarechts" gebunden. Im deutschen Recht finden sich Grundrechte sowohl im Grundgesetz für die gesamte deutsche Staatsgewalt als auch in den Landesverfassungen für die Länder.

Ungeachtet der Abweichungen im Detail gewährleisten die Grundrechte aller Rechtsebenen auch wirtschaftliche Freiheiten. Von besonderem Interesse sind an dieser Stelle die Ausprägungen der Berufs- und der Eigentumsfreiheit. Überdies ist der Gleichbehandlungsgrundsatz im Bereich der Wirtschaft von zentraler Bedeutung. Deren nachfolgende Darstellungen gehen von den praktisch für die deutsche Wirtschaft naturgemäß besonders bedeutsamen Gewährleistungen im Grundgesetz aus, nehmen darüber hinaus aber auch die parallelen[1] überstaatlichen Grundrechte, insbesondere die immer wichtiger werdenden EU-Grundrechtsgewährleistungen in den Blick.

In ihrem historischen Ausgangspunkt sind Grundrechte Rechte gegen den Staat. Ob und wie zusätzlich Private durch Grundrechte verpflichtet werden, ist umstritten. Die Rechtsentwicklung legt insoweit ungeachtet der juristischen Konstruktion eine zunehmende Bindungsintensität nahe.

Das BVerfG lehnt eine unmittelbare Drittwirkung der Grundrechte grundsätzlich ab,[2] hat jedoch explizit offengelassen, ob und inwieweit soziale Netzwerke unmittelbar grundrechtsverpflichtet sein können.[3] Zugleich hat es weitgehende mittelbare Grundrechtsverpflichtungen Privater anerkannt.[4] Der EuGH hat für Art. 31 Abs. 2 EuGRC eine unmittelbare Bindung privater Arbeitgeber angenommen.[5]

I. Berufsfreiheit

▶ **Fall 2:**[6] § 40 Abs. 1a LFGB wurde im Jahr 2012 vor dem Hintergrund aktueller Lebensmittelskandale als Reaktion auf eine als zu zögerlich empfundene Behördenpraxis in das seit 2005 geltende Lebensmittel- und Futtermittelgesetzbuch eingefügt. Danach informiert „[d]ie zuständige Behörde ... die Öffentlichkeit unter Nennung der Bezeichnung des Lebens-

---

1 Zum grundsätzlich gebotenen übereinstimmenden Verständnis BVerfGE 158, 1 Rn. 57 ff.
2 Siehe aus neuerer Zeit BVerfGE 128, 226.
3 BVerfG, NJW 2019, 1935.
4 BVerfGE 148, 267.
5 EuGH, NJW 2019, 499 Rn. 87 ff. – Bauer.
6 Nach BVerfGE 148, 40.

mittels oder Futtermittels sowie unter Nennung des Lebensmittel- oder Futtermittelunternehmens, unter dessen Namen oder Firma das Lebensmittel oder Futtermittel hergestellt oder behandelt oder in den Verkehr gelangt ist, wenn der durch Tatsachen ... hinreichend begründete Verdacht besteht, dass 1. in Vorschriften im Anwendungsbereich dieses Gesetzes festgelegte zulässige Grenzwerte, Höchstgehalte oder Höchstmengen überschritten wurden oder 2. gegen sonstige Vorschriften im Anwendungsbereich dieses Gesetzes, die dem Schutz der Verbraucherinnen und Verbraucher vor Gesundheitsgefährdungen oder vor Täuschung oder der Einhaltung hygienischer Anforderungen dienen, in nicht nur unerheblichem Ausmaß oder wiederholt verstoßen worden ist und die Verhängung eines Bußgeldes von mindestens dreihundertfünfzig Euro zu erwarten ist."

Ist ein solcher „Lebensmittelpranger" mit der Berufsfreiheit der betroffenen Unternehmer vereinbar? ◄

3 Die Berufsfreiheit wird im Grundgesetz in Art. 12 Abs. 1 GG gewährleistet. Inhaltlich entsprechende überstaatliche Garantien finden sich in Art. 6 IPwskR und Art. 16 f. EuGRC. Die EMRK enthält keine positive Verankerung der Berufsfreiheit, schützt jedoch vor einer zwangsweisen Inanspruchnahme des Einzelnen (→ Rn. 13).

1. Schutzbereich

a) Sachlicher Schutzbereich

4 Art. 12 Abs. 1 GG wird ungeachtet seiner Formulierung als einheitliches Grundrecht für Berufswahl und -ausübung interpretiert[7] und korrespondiert insoweit mit den überstaatlichen Gewährleistungen der Berufsfreiheit, die nur im Falle des Art. 6 IPwskR eine vergleichbare Differenzierung im Wortlaut aufweisen. Geschützt werden mithin alle berufsbezogenen Tätigkeiten im weitesten Sinne.

5 Zentralbegriff der Berufsfreiheit ist der Beruf. Dabei handelt es sich um jede erlaubte Tätigkeit, die auf den (Beitrag zum) Erwerb des Lebensunterhalts gerichtet ist und für eine gewisse Dauer ausgeübt wird.[8] Dieses Begriffsverständnis liegt im Kern auch den überstaatlichen Gewährleistungen der Berufsfreiheit zugrunde. Es bedarf jedoch der Klarstellung und Abgrenzung.

6 Erfasst werden im Ausgangspunkt alle denkbaren Tätigkeiten, mit denen nicht nur punktuell ein Einkommen erzielt werden kann. Neben überkommenen Berufsbildern[9] (zB Bäcker, Fleischer, Lehrer) werden daher auch neue Tätigkeiten erfasst, wenn diese die einzelnen Elemente der Berufsdefinition erfüllen.[10]

So können Blogger, Influencer und Internetbestatter durchaus Berufe im grundrechtlichen Sinne sein. Voraussetzung ist jedoch, dass die Qualifikation derartiger Tätigkeiten als Beruf nicht an fehlenden Einnahmen scheitert.

7 Es kommt nicht darauf an, in welchem Kontext die Tätigkeit ausgeübt wird. Neben Betätigungen in der freien Wirtschaft werden auch staatlich gebundene Berufe, zB Notar, vom Berufsbegriff erfasst und unterfallen somit dem sachlichen Schutzbereich der Berufsfreiheit.[11] Solche zeichnen sich zwar durch eine starke normative Determi-

---

[7] Grundlegend BVerfGE 7, 377 (400 f.).
[8] Dazu zusammenfassend *Ruffert*, in: Epping/Hillgruber, BeckOK GG, Art. 12 Rn. 40 ff.
[9] Zur gesetzlichen Ausgestaltung BVerfGE 21, 173; zur Änderungsbefugnis des Gesetzgebers siehe nur BVerfGE 75, 246; ausführlich *Scholz*, in: Dürig/Herzog/Scholz, GG, Art. 12 Rn. 280 ff.
[10] BVerfGE 7, 377.
[11] Vgl. BVerfGE 73, 280.

I. Berufsfreiheit

nierung der Tätigkeit und häufig durch eine Einbindung in staatliche Organisationsstrukturen aus. Dies wird jedoch durch die Elemente der Berufsdefinition nicht ausgeschlossen. Gleiches gilt für die noch „staatsnäheren" Tätigkeiten der Beamten, Richter und Soldaten.

Nicht notwendig ist, dass die Tätigkeit wirtschaftlich so tragfähig ist, dass hiervon der gesamte Lebensunterhalt des Grundrechtsträgers bestritten werden kann. Erforderlich ist allein, dass mit der Tätigkeit überhaupt regelmäßige Einnahmen erzielt werden. 8

Die Einnahmeerzielung muss allerdings nicht unmittelbar mit der Aufnahme der Tätigkeit einsetzen. So sind häufig Start-up-Unternehmen anfangs nicht in der Lage, Gewinne zu erwirtschaften. Gleichwohl zielen ihre Gründung und ihr Betrieb darauf ab. Eine vorübergehende Erwirtschaftung von Defiziten schadet daher der Qualifikation als Beruf nicht, sofern absehbar ist, dass dieser Zustand nicht von Dauer ist.

Neben (ggf. mehreren) Haupt- sind daher auch einnahmeorientierte Nebentätigkeiten als Beruf anzusehen. Nicht erfasst werden jedoch ehrenamtliche Tätigkeiten, Hobbys und (mangels Regelmäßigkeit) Gelegenheitsarbeiten.[12] 9

Unerheblich für die Qualifikation als Beruf ist schließlich, ob die Tätigkeit selbstständig oder weisungsgebunden, insbesondere als Arbeitnehmer, ausgeübt wird.[13] Anders als die Grundfreiheiten (Niederlassungs- und Dienstleistungsfreiheit für selbstständige Tätigkeiten, Arbeitnehmerfreizügigkeit für weisungsgebundene Tätigkeiten) und die einfachgesetzlich in § 1 Abs. 1 GewO normierte Gewerbefreiheit, die nur selbstständige Tätigkeiten erfasst (→ § 5 Rn. 5 f.), differenziert das Grundrecht der Berufsfreiheit insoweit nicht. 10

Die EU-Grundrechte unterscheiden gleichwohl zwischen einer „allgemeinen" Berufsfreiheit nach Art. 15 Abs. 1 EuGRC und der unternehmerischen Freiheit nach Art. 16 EuGRC. Eine Beschränkung des Art. 15 Abs. 1 EuGRC auf unselbstständige Tätigkeiten geht damit jedoch nicht einher.

Das Merkmal der „Erlaubtheit" einer Tätigkeit als Voraussetzung für deren Qualifikation als Beruf iSv Art. 12 Abs. 1 GG (sofern die sonstigen Anforderungen erfüllt sind) ist aufgrund seiner Ungenauigkeit zunehmend umstritten.[14] Es kann vor dem Hintergrund des Vorrangs der Verfassung nicht darauf ankommen, ob der Gesetzgeber eine Tätigkeit verbietet. Das einfache Gesetz kann aufgrund seiner normhierarchischen Nachrangigkeit gegenüber der Verfassung deren Begriffe nicht inhaltlich ausfüllen und damit zugleich den Schutzbereich des Grundrechts der Berufsfreiheit festlegen. Unabhängig von gesetzlichen Regelungen über das Erlaubt- oder Verbotensein einer Tätigkeit kommt es für deren Qualifikation als Beruf iSv Art. 12 Abs. 1 GG allein darauf an, ob sie sozial- oder gemeinschaftsschädlich ist.[15] Nur wenn dies der Fall ist, handelt es sich um eine nicht erlaubte Tätigkeit im Sinne der Definition des verfassungsrechtlichen Berufsbegriffs. Auf Grundlage eines solchen Verständnisses ist der Begriffsgehalt auch auf die überstaatlichen Gewährleistungen der Berufsfreiheit übertragbar. 11

Das schon klassische Lehrbuchbeispiel des Auftragsmörders bringt die fehlende Erlaubtheit aufgrund Sozial- und Gemeinschaftsschädlichkeit der prägenden Tätigkeit anschaulich zum Ausdruck. Diese bildet daher keinen Beruf iSv Art. 12 Abs. 1 GG und unterfällt somit nicht dem Schutzbereich des Grundrechts.

---

12 Zur unentgeltlichen Rechtsberatung siehe BVerfG, NJW 2004, 2662.
13 Siehe etwa BVerfGE 149, 126 Rn. 38.
14 Vgl. *Ruffert*, in: Epping/Hillgruber, BeckOK GG, Art. 12 Rn. 42.
15 BVerfGE 115, 276 (301).

Gleiches gilt zB für Drogenhändler, Zuhälter und Waffenschmuggler und sonstige „Berufsverbrecher".[16] Dagegen führt das gesetzliche Verbot des Angebots von Spielbanken durch private Unternehmer nicht dazu, dass die Tätigkeit des Glücksspielanbieters als nicht erlaubt und daher nicht als Beruf iSv Art. 12 Abs. 1 GG anzusehen ist, da die damit einhergehenden Gefahren für die Allgemeinheit nicht derart gravierend sind, wie auch die Existenz eines staatlichen Glücksspielangebots verdeutlicht. Der Schutzbereich der Berufsfreiheit ist daher eröffnet, so dass es einer Rechtfertigung des damit verbundenen Grundrechtseingriffs bedarf.[17] Überdies kann sich das Verständnis dessen, was als sozial- oder gemeinschaftsschädlich anzusehen ist, wandeln. So wurde früher die Prostitution als derartige und somit nicht der Berufsfreiheit unterfallende Tätigkeit angesehen. Heute ist dies nicht mehr der Fall, wie nicht zuletzt die Existenz des Prostitutionsgesetzes (2002) verdeutlicht.[18]

12 Das Grundrecht der Berufsfreiheit berechtigt (vorbehaltlich gerechtfertigter Eingriffe → Rn. 22 ff.) seinen Träger zu allen Handlungen, die mit seiner beruflichen Tätigkeit in Zusammenhang stehen (positive Berufsfreiheit). Hierzu gehören die Berufswahl, das Absolvieren der erforderlichen Ausbildung (jenseits der allgemeinen Schulbildung) und die Durchführung mit dem Beruf verbundener Tätigkeiten und deren Ausformung nach eigenen Vorstellungen.

So kann ein Student mehrfach dem Schutzbereich der Berufsfreiheit unterfallen. Die Wahl seines Studiums und seiner Hochschule einschließlich einer solchen im Ausland, die Teilnahme an Lehrveranstaltungen und Prüfungen sowie die Durchführung von berufsbezogenen Praktika wie auch die hierfür erforderlichen Bewerbungen sind als Aspekte der Berufsausbildung geschützt. Art. 12 Abs. 1 GG vermittelt insoweit zugleich ein derivatives Teilhaberecht: Im Rahmen der zur Verfügung stehenden Kapazitäten ist ihm daher (an staatlichen Hochschulen) ein Studienplatz zur Verfügung zu stellen.[19] Sind diese wegen zu großer Nachfrage ausgeschöpft, folgt aus Art. 12 Abs. 1 GG jedoch kein Anspruch auf Schaffung zusätzlicher Studienplätze (Leistungsrecht). Auch die Betätigung in einem typischen studentischen Nebenjob oder als selbstständiger (Klein-)Unternehmer wird als Berufsausübung von Art. 12 Abs. 1 GG ebenso wie die „eigentliche" Berufstätigkeit nach dem Studienabschluss geschützt.

13 Wie die meisten anderen Grundrechte wirkt die Berufsfreiheit zudem als negative Freiheit. Sie gewährleistet insoweit das Recht, keinen Beruf zu ergreifen und/oder auszuüben („Recht auf Faulheit"),[20] ohne damit allerdings Leistungsansprüche gegen den Staat oder die Solidargemeinschaft zu verbinden.

Das Grundgesetz gestaltet diese negative Freiheit durch das Verbot des Arbeitszwangs und der Zwangsarbeit in Art. 12 Abs. 2 und 3 GG[21] teilweise explizit aus. Arbeitszwang ist die hoheitliche Anordnung einer bestimmten Arbeit, nicht aber ehrenamtlicher Tätigkeiten, da es sich dabei mangels Entgelt nicht um Berufe im verfassungsrechtlichen Sinne handelt.[22] Überkommene Hand- und Spanndienste wie die Feuerwehrpflicht[23] bleiben jedoch nach Art. 12 Abs. 2 GG als herkömmliche allgemeine Dienstleistungspflichten zulässig. Zwangsarbeit bedeutet dagegen den erzwungenen Einsatz der gesamten Arbeitskraft.[24] Sie ist nach Art. 12 Abs. 3 GG nur bei gerichtlich angeordneter Freiheitsentziehung oder bei Jugendstrafe zulässig. Die negative Freiheit ist im Hinblick auf derartig intensive Eingriffe auch in

---

16 BVerwGE 22, 286 (289).
17 BVerfGE 102, 197 (213 f.).
18 Vgl. BVerfG, NVwZ 2009, 905; BVerwG, GewArch 2016, 383.
19 Grundlegend BVerfGE 33, 303 (329 ff.).
20 BVerfGE 58, 358 (364); *Hufen*, NJW 1994, 2913 (2914.).
21 Für ein einheitliches Verständnis BVerfGE 74, 102 (115 ff.).
22 *Scholz*, in: Dürig/Herzog/Scholz, GG, Art. 12 Rn. 492 ff.
23 BVerfGE 22, 380 (383).
24 *Ruffert*, in: Epping/Hillgruber, BeckOK GG, Art. 12 Rn. 146.

I. Berufsfreiheit § 4

den überstaatlichen Grundrechtskodifikationen ausgestaltet. Art. 8 IPbpR, Art. 4 EMRK und Art. 5 Abs. 1 und 2 EuGRC verbieten Sklaverei, Leibeigenschaft, Zwangs- und Pflichtarbeit.

Ein Recht auf Arbeit im Sinne eines Leistungsanspruchs gegenüber staatlichen Stellen auf Verschaffung eines Arbeitsplatzes mit auskömmlicher Entlohnung folgt aus der Berufsfreiheit des Art. 12 Abs. 1 GG[25] ebenso wie aus den europarechtlichen Parallelgewährleistungen nicht. Mit Blick auf das deutsche Recht sowie dasjenige der EU würde dies auch dem marktwirtschaftlichen Grundansatz widersprechen (→ § 2 Rn. 6 ff., 19 ff.). 14

Ein solches Leistungsrecht ist jedoch explizit zB in Art. 48 Abs. 1 der brandenburgischen Landesverfassung verankert. Aufgrund der Fassung der Vorschrift („Das Land ist verpflichtet, im Rahmen seiner Kräfte durch eine Politik der Vollbeschäftigung und Arbeitsförderung für die Verwirklichung des Rechts auf Arbeit zu sorgen, welches das Recht jedes einzelnen umfaßt, seinen Lebensunterhalt durch freigewählte Arbeit zu verdienen.") vermittelt diese dem Grundrechtsträger jedoch keine belastbare Rechtsposition. Gleiches gilt im Ergebnis auch für Art. 6 IPwskR.

b) Persönlicher Schutzbereich

Der persönliche Schutzbereich der Berufsfreiheit variiert zwischen ihren Verankerungen in den einzelnen Grundrechtskatalogen. Während Art. 6 IPwskR – seinem Charakter als menschenrechtliche Gewährleistung entsprechend – bezüglich der Berechtigung keine Differenzierung vornimmt, und auch Art. 16 Abs. 1 EuGRC „(j)ede(r) Person" die Berufsfreiheit (nicht aber das in Art. 16 Abs. 2 EuGRC auf Unionsbürger begrenzte Recht, „in jedem Mitgliedstaat Arbeit zu suchen, zu arbeiten, sich niederzulassen oder Dienstleistungen zu erbringen") zuerkennt, grenzt das deutsche Recht die Trägerschaft ein. Art. 12 Abs. 1 GG nimmt explizit auf „(a)lle Deutschen" Bezug und enthält damit Personen mit anderer als der deutschen Staatsangehörigkeit, vgl. Art. 116 GG, das Grundrecht der Berufsfreiheit vor. 15

In der Praxis wirkt sich diese Einschränkung jedoch kaum aus, da die berufliche Betätigung von Nichtdeutschen durch das „Auffanggrundrecht" der allgemeinen Handlungsfreiheit, Art. 2 Abs. 1 GG, grundrechtlich geschützt wird. Der Unterschied liegt allein in den insoweit in größerem Umfang bestehenden Eingriffsmöglichkeiten. Da Unionsbürger iSv Art. 9 S. 2 EUV aufgrund des Diskriminierungsverbotes des Art. 18 Abs. 1 AEUV deutschen Staatsangehörigen auch hinsichtlich der Schutzintensität gleichzustellen sind, wird mitunter vorgeschlagen, diese durch eine entsprechende Interpretation des Begriffs „Deutscher" in den Schutzbereich des Art. 12 Abs. 1 GG einzubeziehen. Dies überzeugt jedoch weder vor dem Wortlaut der Norm noch wird Art. 116 GG hinreichend Rechnung getragen. Vorzugswürdig ist es daher, ebenso wie bei Drittstaatsangehörigen auf Art. 2 Abs. 1 GG abzustellen, dessen Schrankenregime aber in gleicher Weise wie dasjenige des Art. 12 GG zu interpretieren.[26]

Neben natürlichen Personen nehmen zahlreiche juristische Personen am Wirtschaftsleben teil und üben dabei einen Beruf im grundrechtlichen Sinne aus. 16

Dies ist gleichwohl im Einzelfall festzustellen, insbesondere dann, wenn es sich nicht um typischerweise für wirtschaftliche Zwecke gegründete juristische Personen wie die AG oder die GmbH handelt. So hat das BVerfG mit Blick auf einen (Sterbehilfe-)Verein ausgeführt: „Tätigkeiten eines Vereins bilden dann einen wirtschaftlichen Geschäftsbetrieb, wenn es sich um planmäßige, auf Dauer angelegte und nach außen gerichtete, das heißt über den vereinsinternen Bereich hinausgehende, eigenunternehmerische

---

25 BVerfGE 84, 133 (146).
26 Ausführlich zur Gewährleistung des Schutzstandards *Scholz*, in: Dürig/Herzog/Scholz, GG, Art. 12 Rn. 101 ff.

Tätigkeiten handelt, die auf die Verschaffung vermögenswerter Vorteile zugunsten des Vereins oder seiner Mitglieder abzielen. Entscheidend für das Vorliegen eines wirtschaftlichen Geschäftsbetriebs ist danach, ob sich der Verein unternehmerisch betätigt und das mit einer solchen Tätigkeit typischerweise verbundene Risiko trägt. Dies ist der Fall, wenn der Verein wie ein Kaufmann am Marktgeschehen teilnimmt. Zur Erreichung ideeller Vereinsziele entfaltete unternehmerische Tätigkeiten reichen hierzu nicht aus, wenn sie dem nichtwirtschaftlichen Hauptzweck des Vereins zu- und untergeordnet und damit nur Hilfsmittel zu dessen Erreichung sind (...). Anderes gilt nur, wenn ein Verein seinen Mitgliedern als Anbieter von Leistungen gegenübertritt, die unabhängig von mitgliedschaftlichen Beziehungen üblicherweise auch von Dritten angeboten werden"[27].

Das Grundgesetz bezieht vor diesem Hintergrund inländische juristische Personen durch Art. 19 Abs. 3 GG in den Schutzbereich des Art. 12 Abs. 1 GG ein, da die Berufsfreiheit nicht zwingend am Menschsein anknüpft und somit auf diese „seinem Wesen nach" anwendbar ist. Richtigerweise gilt dies jedoch nur für materiell private juristische Personen, nicht aber für juristische Personen des öffentlichen Rechts oder privatrechtlich organisierte Ausprägungen der (deutschen)[28] öffentlichen Hand, die sich am Wirtschaftsleben beteiligen, etwa Handwerkskammern oder kommunale Stadtwerke-GmbHs. Diese unterliegen der umfassenden Grundrechtsbindung aller öffentlichen Gewalt nach Art. 1 Abs. 3 GG, sind mithin zur Beachtung der Grundrechte verpflichtet, werden aber nicht ihrerseits berechtigt.[29]

Das europarechtliche Diskriminierungsverbot erfordert wiederum, auch juristische Personen aus anderen EU-Mitgliedstaaten in den Schutzbereich einzubeziehen. Das BVerfG hat zu diesem Zwecke eine „Anwendungserweiterung" des Art. 19 Abs. 3 GG vorgenommen[30] und zugleich die Grundrechtsberechtigung auf Staatsunternehmen im Eigentum anderer EU-Mitgliedstaaten erstreckt.[31]

17 Eine Erstreckung des Schutzbereichs der Berufsfreiheit auf juristische Personen erfolgt infolge der Verwendung des neutralen Begriffs „Person" (anstelle von „Mensch", vgl. Art. 6 EuGRC), der neben natürlichen auch juristische Personen erfasst, ebenso bei Art. 16 f. EuGRC. Anderes gilt jedoch für Art. 6 IPwskR, der allein natürliche Personen berechtigt.

2. Eingriff

18 Als Eingriff ist jede den Schutzbereich der Berufsfreiheit verkürzende Maßnahme einer öffentliche Gewalt ausübenden und somit grundrechtsverpflichteten Stelle zu qualifizieren. Der Unterscheidung nach finalen und mittelbar-faktischen Eingriffen kommt jenseits der bei letzteren notwendigen objektiv berufsregelnden Tendenz (→ Rn. 20) keine Bedeutung (mehr) zu.[32]

Mangels Grundrechtsverpflichtung Privater können diese keine Grundrechtseingriffe vornehmen. Bei den einzelnen grundrechtlichen Gewährleistungen der Berufsfreiheit setzt ein Eingriff zudem eine entsprechende Verpflichtung durch das jeweilige Grundrechtsregime voraus (→ Rn. 16). So kann etwa eine Organisationseinheit der deutschen Verwaltung nicht in den Schutzbereich der Art. 16 f. EuGRC eingreifen, sofern sie nicht Europarecht durchführt. Zu beachten ist in diesem Kontext jedoch, dass Eingriffe in Art. 6 IPwskR durch die EU grundsätzlich möglich sind, obwohl diese nicht zu den Unterzeichnern des

---

27 BVerfGE 153, 182 Rn. 321.
28 Vgl. primär mit Bezug zu Art. 14 GG BVerfGE 143, 246 Rn. 196 ff.
29 Ausführlich *Scholz*, in: Dürig/Herzog/Scholz, GG, Art. 12 Rn. 108 ff.
30 BVerfGE 129, 78.
31 BVerfGE 143, 246.
32 Im Einzelnen *Hillgruber*, in: Isensee/Kirchhof, HStR IX, § 200 Rn. 76 ff.

I. Berufsfreiheit § 4

Paktes gehört, da ihre Mitgliedstaaten sämtlich gebunden sind und sich von dieser Bindung nicht durch die Delegation von Maßnahmen an die EU befreien können.[33]

Ein solcher Eingriff ist grundsätzlich bei jeder Erschwerung der Grundrechtsausübung anzunehmen. Für Art. 12 Abs. 1 GG hat das BVerfG im sog. Apotheken-Urteil[34] eine grundlegende Unterscheidung von Eingriffen herausgearbeitet, die für deren Rechtfertigung von Bedeutung sind. Zu unterscheiden sind danach Berufsausübungsregelungen, welche die Art und Weise der Wahrnehmung der beruflichen Tätigkeit betreffen („Wie"), und Berufszulassungsregelungen, deren Gegenstand die Möglichkeit der Ergreifung eines Berufes ist („Ob"). Bei letzteren ist zudem danach zu differenzieren, ob diese an in der Person des Grundrechtsträgers wurzelnde Gründe anknüpfen (subjektive Berufszulassungsregelungen), etwa durch Ausbildung erworbene und durch eine Prüfung nachgewiesene Fähigkeiten, oder ob nicht in der Person des Grundrechtsträgers wurzelnde Gründe für die Versagung des Berufszugangs maßgeblich sind (objektive Berufszulassungsregelungen), zB die Erschöpfung eines Kontingents. 19

Bei mittelbar-faktischen, also nicht zielgerichteten (finalen) Eingriffen setzt ein Eingriff in den Schutzbereich des Art. 12 Abs. 1 GG zudem nach herrschender Auffassung eine objektiv berufsregelnde Tendenz voraus. Die betroffene Tätigkeit muss mithin typischerweise beruflich ausgeübt und darf nicht nur völlig unwesentlich behindert werden.[35] 20

Diese für das deutsche Verfassungsrecht entwickelte Eingriffsdogmatik ist (ebenso wie die zugehörige Rechtfertigungsdogmatik → Rn. 26 ff.) auf die überstaatlichen Gewährleistungen der Berufsfreiheit nicht übertragbar. Auf die Qualifikation einer Maßnahme als Eingriff wirkt sich dies jedoch grundsätzlich nicht aus, da es sich letztlich allein um spezifische Konkretisierungen der den Eingriffscharakter begründenden Schutzbereichsverkürzung als solche handelt.

Gerade nicht als Eingriff sind dagegen nach umstrittener Auffassung der Rechtsprechung die Auswirkungen des von der Rechtsordnung grundsätzlich gewollten Wettbewerbs (→ § 2 Rn. 6 ff., 19 ff.) zu qualifizieren, auch soweit dieser dem Grundrechtsträger die Nutzung seiner Berufsfreiheit de facto unmöglich macht. Dies gilt insbesondere auch für Konkurrenz, die von öffentlichen Unternehmen und damit letztlich durch den Staat und seine Untergliederungen ausgeübt wird (→ § 8),[36] denn Art. 12 GG schützt den Wettbewerb, nicht aber vor Wettbewerb. Eine Ausnahme hiervon wird nur im Falle einer staatlichen Monopolisierung anerkannt, die auf eine Verdrängung des Grundrechtsträgers vom Markt abzielt.[37] 21

3. Rechtfertigung

Das Wirtschaftsleben erfordert es vielfach, dass die Realisierung der Berufsfreiheit durch ihre Träger aufgrund damit kollidierender Interessen und Rechtspositionen eingeschränkt wird. Die damit verbundenen Eingriffe in deren Schutzbereich sind einer Rechtfertigung grundsätzlich zugänglich. Voraussetzung ist, dass hierfür eine zu dem 22

---

33 Parallel zur EMRK EGMR, NJW 2006, 197 Rn. 156 f. – Bosphorus.
34 BVerfGE 7, 377.
35 Siehe etwa BVerfGE 97, 228 (254); kritisch *Ruffert*, in: Epping/Hillgruber, BeckOK GG, Art. 12 Rn. 55 ff.; ausführlich *Klammer*, Das Erfordernis der ‚objektiv berufsregelnden Tendenz' in der Rechtsprechung des Bundesverfassungsgerichts, 2017.
36 BVerwGE 39, 329 (336 f.).
37 BVerwG, NJW 1995, 2938 (2939).

Eingriff berechtigende Rechtsgrundlage besteht (Schranke) und dass der Eingriff normativ festgelegte Mindestanforderungen beachtet (Schranken-Schranken).[38]

a) Schranken

23 Sowohl im Grundgesetz als auch in ihren überstaatlichen Gewährleistungen ist die Berufsfreiheit nicht vorbehaltlos gewährleistet. Art. 12 Abs. 1 S. 2 GG sieht vor, dass in die Berufsfreiheit durch oder aufgrund eines Gesetzes eingegriffen werden darf. Dieser einfache Gesetzesvorbehalt bezieht sich nach allgemeiner Auffassung auf den gesamten Schutzbereich des Grundrechts, nicht nur auf die im Normtext genannte Berufsausübung und somit auch auf Berufszulassungsregelungen.[39] Der Gesetzgeber wird dadurch in erheblichem Umfang und nach Maßgabe politischer Entscheidung zu Eingriffen in die Berufsfreiheit ermächtigt.

Hinzu kommen – ebenso wie bei Grundrechten ohne Gesetzesvorbehalt – verfassungsimmanente Schranken, mithin kollidierende Verfassungsgüter, zB der Gesundheitsschutz von Arbeitnehmern und Verbrauchern, Art. 2 Abs. 2 S. 1 GG. Diesen kommt in Anbetracht des weitreichenden Gesetzesvorbehalts jedoch keine praktische Bedeutung zu.

24 Vergleichbare Schranken enthalten auch die überstaatlichen Gewährleistungen der Berufsfreiheit. Nach Art. 4 IPwskR dürfen die Vertragsstaaten die in diesem Pakt gewährleisteten Rechte „solchen Einschränkungen unterwerfen …, die gesetzlich vorgesehen … sind". Art. 52 Abs. 1 EuGRC enthält ebenfalls einen für alle in der Grundrechtecharta enthaltenen Rechte geltenden Gesetzesvorbehalt.

b) Schranken-Schranken

25 Allein das Bestehen einer Schranke vermag Grundrechtseingriffe nicht zu rechtfertigen. Vielmehr müssen stets einige weitere Voraussetzungen erfüllt sein, welche der Beschränkbarkeit von Grundrechten Grenzen setzen.

Allgemeine Schranken-Schranken enthält das Grundgesetz in Form des rechtsstaatlichen Bestimmtheitsgebots, welches sowohl für den Eingriffsakt als auch seine Grundlagen gilt, sowie im Verbot von Einzelfallgesetzen, dem Zitiergebot und der Wesensgehaltsgarantie nach Art. 19 Abs. 1 und 2 GG. Hinzu kommt der Grundsatz der Verhältnismäßigkeit. Eingriffe müssen einem legitimen, von der Rechtsordnung anerkannten Ziel dienen und geeignet sein, dieses überhaupt zu erreichen. Sie müssen darüber hinaus erforderlich sein; es darf somit kein milderes Mittel von gleicher Effektivität im Hinblick auf die Zielerreichung geben. Schließlich muss der Eingriff angemessen sein, wobei eine Abwägung der betroffenen Rechtspositionen vorzunehmen ist. Die in Art. 52 Abs. 1 EuGRC und Art. 4 IPwskR enthaltenen Schranken-Schranken weichen davon nur unwesentlich ab.

26 Von besonderer praktischer Bedeutung für die Rechtfertigung von Eingriffen in die Berufsfreiheit ist der Verhältnismäßigkeitsgrundsatz.[40] In der Rechtsprechung des BVerfG zu Art. 12 Abs. 1 GG hat dieser in Anknüpfung an die Eingriffsstufen (→ Rn. 19) eine spezifische Ausprägung als „Dreistufentheorie" erfahren.[41] Die Zielerreichung hat dabei auf der jeweils geringstmöglichen Eingriffsstufe zu erfolgen.

---

[38] Umfassend *Hillgruber*, in: Isensee/Kirchhof, HStR IX, § 201.
[39] Siehe nur BVerfGE 54, 237 (246); 110, 304 (321).
[40] Exemplarisch BVerfGE 100, 313 (375).
[41] Zur Kritik siehe im Zusammenhang mit Maßnahmen zur Bekämpfung der Corona-Pandemie *Dapprich*, GewArch 2022, 274 ff.

I. Berufsfreiheit § 4

Grundsätzlich setzt die Verhältnismäßigkeit einen im Lichte der Verfassungsordung legitimen Zweck sowie die Geeignetheit zu dessen Erreichung, die Erforderlichkeit im Sinne des Fehlens eines zugleich milderen und gleich effektiven Mittels und die Angemessenheit der Maßnahme voraus. Dies gilt nach dem BVerfG auch im Hinblick auf eine innerstaatliche Regelung, die der Anpassung an unionsrechtliche Vorgaben dient. Allerdings ist „[f]ür die Rechtfertigung eines Grundrechtseingriffs durch ein Gesetz ... bei der Prüfung der Angemessenheit auch zu berücksichtigen, ob die geringere Wirksamkeit einer die Grundrechte weniger beeinträchtigenden Regelung hingenommen werden könnte. Ist die zu überprüfende Regelung zur Erreichung eines legitimen Zwecks wirksamer als mildere Mittel, ist sie zwar geeignet und erforderlich. An der Angemessenheit der Regelung kann es dann aber dennoch fehlen, etwa wenn ein milderes Mittel zur Verfügung steht, dessen Wirksamkeit nur wenig geringer ist als die zu überprüfende Regelung. In diesem Sinne hat der Gesetzgeber nach Möglichkeit auch eine freiheitsschonende Lösung zu wählen, die besonders intensive Eingriffe durch Befreiungs-, Übergangs- oder Kompensationsregelungen abmildert, was auch für einen zeitlich begrenzteren Einsatz des gewählten Mittels relevant sein kann."[42]

Eingriffe in Form von Berufsausübungsregelungen sind danach durch „vernünftige, zweckmäßige Gründe des Gemeinwohls" gerechtfertigt. Es bedarf mithin eines sachlichen Grundes, der vor der Rechtsordnung Bestand hat. Liegt ein solcher vor, ist der Eingriff gerechtfertigt. 27

So stellt die aus §§ 4, 15 ArbSchG iVm §§ 5 f. BaustellenV folgende Verpflichtung, auf Baustellen einen Schutzhelm zu tragen, einen Eingriff in die Art und Weise der Berufsausübung der dort tätigen Bauarbeiter dar. Da der Helm jedoch vor Gefahren für die nicht zuletzt durch Art. 2 Abs. 2 S. 1 GG grundrechtlich verankerte Gesundheit schützt und dadurch mittelbar auch zu einer geringeren Inanspruchnahme der Solidargemeinschaft für Heilungsmaßnahmen bei Verletzungen führt, ist dieser Eingriff gerechtfertigt. Mit Blick auf das in Art. 20a GG verankerte Gebot des Klimaschutzes[43] hat das BVerfG die landesgesetzlich vorgesehene Pflicht zur Beteiligung von Anwohnern und standortnahen Gemeinden an Windparks als gerechtfertigten Eingriff in die Berufsausübungsfreiheit qualifiziert.[44]

Eingriffe, welche die Ergreifung eines Berufes unmöglich machen, unterliegen dagegen strengeren Rechtfertigungsanforderungen. Subjektive Berufszulassungsregelungen sind nur zum Schutz „wichtiger Gemeinschaftsgüter" gerechtfertigt. Dabei handelt es sich um Schutzgüter, die für die Allgemeinheit von besonderer Bedeutung sind. 28

Beispiele sind das Erfordernis des Bestehens der zweiten juristischen Staatsprüfung für die Ergreifung des Rechtsanwaltsberufs oder des dritten medizinischen Staatsexamens als Voraussetzung für eine Approbation und daran anschließend eine Tätigkeit als Arzt. Dabei handelt es sich um subjektive Berufszulassungsregelungen, da der Eingriff in Form der Nichtzulassung bei Fehlen dieser Voraussetzung jeweils an Umstände anknüpft, die in der Sphäre des Grundrechtsträgers liegen – von der Studienwahl bis hin zum Bestehen der erforderlichen Prüfungen. Gründe für diese Anforderungen sind die Qualität der Rechtspflege einerseits und der Schutz der Gesundheit der Bevölkerung andererseits. In beiden Fällen handelt es sich um wichtige Gemeinschaftsgüter.

Objektive Berufszulassungsregelungen lassen sich schließlich nur zur Abwehr tatsächlicher oder höchstwahrscheinlich auftretender schwerwiegender Gefahren für „überragend wichtige Gemeinschaftsgüter" rechtfertigen. Als solche können nur Schutzgüter angesehen werden, ohne die Staat oder Gesellschaft nicht funktionsfähig wären. Zu- 29

---

42 BVerfG, Beschl. v. 29.9.2022 – 1 BvR 2380/21.
43 Grundlegend BVerfGE 157, 30; siehe dazu sowie zu Einordnung und Konsequenzen auch *Knauff/Chou*, ThürVBl. 2022, 125 ff.
44 BVerfG, NVwZ 2022, 861 Rn. 98 ff.

dem darf deren Beschädigung ohne den Eingriff in die Berufsfreiheit nicht nur als Möglichkeit erscheinen, sondern als (nahezu) gesichert.

Wegen dieser strengen Anforderungen spielen objektive Berufszulassungsregelungen in der Praxis nur eine sehr geringe Rolle. Die nach wie vor personenbeförderungsrechtlich mögliche Beschränkung der Zahl der Taxikonzessionen in einem bestimmten Gebiet hat das BVerfG im Jahr 1960 aus Gründen der Verkehrssicherheit als andernfalls – mangels hinreichender wirtschaftlicher Grundlagen der Taxiunternehmer – gefährdetes überragend wichtiges Gemeinschaftsgut qualifiziert.[45] Diese Einschätzung lässt sich jedoch in Zeiten gesetzlich vorgesehener regelmäßiger technischer Untersuchungen von Kfz nicht mehr aufrechterhalten. Gleichwohl hat sich das BVerfG bislang nicht von dieser Rechtsprechung distanziert.

30 Dieses Rechtfertigungsmodell ist auf Art. 4 IPwskR und Art. 16 f. EuGRC nicht übertragbar. Die Verhältnismäßigkeit von Eingriffen in diese Ausprägungen der Berufsfreiheit ist gleichwohl nur unter vergleichbaren Voraussetzungen zu bejahen.

▶ **Zu Fall 2:** Art. 12 GG gewährt das Recht der freien Berufswahl und -ausübung. Dies schließt die Herstellung und den Handel mit Lebens- und Futtermitteln ein. Allerdings schützt die Berufsfreiheit grundsätzlich nicht vor bloßen Veränderungen der Marktdaten und Rahmenbedingungen der unternehmerischen Tätigkeit. In der bestehenden Wirtschaftsordnung umschließt das Freiheitsrecht des Art. 12 Abs. 1 GG das berufsbezogene Verhalten der Unternehmen am Markt nach den Grundsätzen des Wettbewerbs. Marktteilnehmer haben aber keinen grundrechtlichen Anspruch darauf, dass die Wettbewerbsbedingungen für sie gleich bleiben. Insbesondere gewährleistet das Grundrecht keinen Anspruch auf eine erfolgreiche Marktteilhabe oder künftige Erwerbsmöglichkeiten. Vielmehr unterliegen die Wettbewerbsposition und damit auch die erzielbaren Erträge dem Risiko laufender Veränderung je nach den Verhältnissen am Markt und damit nach Maßgabe seiner Funktionsbedingungen. Regelungen, die die Wettbewerbssituation der Unternehmen lediglich im Wege faktisch-mittelbarer Auswirkungen beeinflussen, berühren den Schutzbereich von Art. 12 Abs. 1 GG grundsätzlich nicht. Demgemäß ist nicht jedes staatliche Informationshandeln, das die Wettbewerbschancen von Unternehmen am Markt nachteilig verändert, ohne Weiteres als Grundrechtseingriff zu bewerten. Die Grundrechtsbindung aus Art. 12 Abs. 1 GG besteht jedoch dann, wenn Normen, die zwar selbst die Berufstätigkeit nicht unmittelbar berühren, aber Rahmenbedingungen der Berufsausübung verändern, in ihrer Zielsetzung und ihren mittelbar-faktischen Wirkungen einem Eingriff als funktionales Äquivalent gleichkommen, die mittelbaren Folgen also kein bloßer Reflex einer nicht entsprechend ausgerichteten gesetzlichen Regelung sind. Das gilt auch für die Grundrechtsbindung des Staates bei amtlichem Informationshandeln. Die amtliche Information der Öffentlichkeit kann in ihrer Zielsetzung und ihren mittelbar-faktischen Wirkungen einem Eingriff als funktionales Äquivalent jedenfalls dann gleichkommen, wenn sie direkt auf die Marktbedingungen konkret individualisierter Unternehmen zielt, indem sie die Grundlagen der Entscheidungen am Markt zweckgerichtet beeinflusst und so die Markt- und Wettbewerbssituation zum wirtschaftlichen Nachteil der betroffenen Unternehmen verändert.

Veröffentlichungen nach § 40 Abs. 1a LFGB berühren die Berufsfreiheit nicht unmittelbar, kommen einem Eingriff in die Berufsfreiheit aber in ihrer Zielgerichtetheit und Wirkung gleich und sind darum an Art. 12 Abs. 1 GG zu messen. § 40 Abs. 1a LFGB verpflichtet die Behörden, der Öffentlichkeit lebensmittel- und futtermittelrechtliche Verstöße von Unternehmen umfassend und in unternehmensspezifisch individualisierter Form mitzuteilen.

---

45 BVerfGE 11, 168.

I. Berufsfreiheit §4

Die umfassende Information der Verbraucher erfolgt zu dem Zweck, diese in die Lage zu versetzen, ihre Konsumentscheidung in Kenntnis der veröffentlichten Missstände zu treffen und gegebenenfalls vom Vertragsschluss mit den benannten Unternehmen abzusehen. Die Information zielt also direkt auf eine Veränderung der Marktbedingungen konkret adressierter Unternehmen. Diese Veränderungen sind für die betroffenen Unternehmen nicht bloßer Reflex einer nicht auf sie ausgerichteten gesetzlichen Regelung. Die informationellen Grundlagen von Konsumentscheidungen zu verändern, ist vielmehr der originäre Zweck der Regelung.

Fraglich ist die Verhältnismäßigkeit der Regelung. Die Information der Öffentlichkeit über lebensmittel- und futtermittelrechtliche Missstände dient legitimen Zwecken, indem sie eine hinreichende Grundlage für eigenverantwortliche Konsumentscheidungen der Verbraucher schafft und zur Einhaltung der Bestimmungen des Lebensmittel- und Futtermittelrechts beiträgt. Der drohende Nachteil der Informationsverbreitung soll das einzelne Unternehmen dazu veranlassen, den Betrieb im Einklang mit den lebensmittel- oder futtermittelrechtlichen Vorschriften zu betreiben. Das dient letztlich der Durchsetzung des allgemeinen Zwecks des Gesetzes, Gesundheitsgefahren vorzubeugen und abzuwehren und die Verbraucher vor Täuschung zu schützen (vgl. § 1 Abs. 1 LFGB). Allerdings sind die vom Gesetzgeber verfolgten legitimen Ziele von unterschiedlichem Gewicht. Sofern die Einhaltung solcher Vorschriften gefördert werden soll, die dem Schutz vor Gesundheitsgefahren dienen, hat dies größeres Gewicht (Art. 2 Abs. 2 S. 1 GG) als etwa die bloße Verbraucherinformation über (behobene) Hygienemängel. Allerdings besitzen auch der Schutz der Verbraucherinnen und Verbraucher vor Täuschung und das Ziel, deren Wissensgrundlage für eigenverantwortliche Entscheidungen zu verbessern, verfassungsrechtliche Bedeutung. Dies stärkt jedenfalls deren Vertragsfreiheit (Art. 2 Abs. 1, Art. 12 Abs. 1 GG). Die mit der Information der Öffentlichkeit einhergehende Beeinträchtigung der betroffenen Unternehmen kann von großem Gewicht sein. Je nach technischer Ausgestaltung können die Informationen insbesondere durch die Veröffentlichung im Internet sehr weite Verbreitung finden. § 40 Abs. 1a LFGB verpflichtet die Behörde zwar nicht ausdrücklich zur Publikation im Internet, schließt dies aber auch nicht aus. Diese weithin einsehbare und leicht zugängliche Veröffentlichung von teilweise nicht endgültig festgestellten, teilweise bereits behobenen Rechtsverstößen kann zu einem erheblichen Verlust des Ansehens des Unternehmens und zu Umsatzeinbußen führen, was im Einzelfall bis hin zur Existenzvernichtung reichen kann. Zwar wird ein betroffenes Unternehmen seinerseits öffentlichkeitsgerichtete Maßnahmen ergreifen können, um dem Ansehensverlust entgegenzuwirken. Dass und in welchem Umfang dies gelingt, ist jedoch nicht gewiss. Dabei hängt das Maß des potenziellen Ansehensverlusts auch von der konkreten Darstellung der Information durch die Behörde ab. So kann die Beeinträchtigung der betroffenen Unternehmen etwa durch einen ausdrücklichen Hinweis abgemildert werden, dass die Veröffentlichung nach § 40 Abs. 1a LFGB nicht auf einer behördlichen Einschätzung des Risikos weiterer künftiger Verstöße beruht, die Information also nicht etwa als amtliche Warnung aufzufassen ist. Im Verhältnis zu konkurrierenden Unternehmen können Wettbewerbsnachteile begrenzt werden, wenn deutlich erkennbar ist, dass es sich womöglich nur um das Ergebnis stichprobenweise erfolgter Kontrollen handelt. Ohne negative Folgen wird die Veröffentlichung für die Betroffenen indessen kaum bleiben. Nach ihrem Regelungszweck soll sie auch durchaus negative Folgen entfalten, weil gerade hierauf die generalpräventive Wirkung der drohenden Veröffentlichung beruht. Allerdings ist der potenziell gewichtige Grundrechtseingriff dadurch relativiert, dass die betroffenen Unternehmen negative Öffentlichkeitsinformationen durch rechtswidriges Verhalten selbst veranlassen, umgekehrt also den Eingriff durch rechtstreues Verhalten verhindern können, und dass ihr Fehlverhalten angesichts seiner Konsequenzen für die Verbraucherinnen und Verbraucher einen Öffentlichkeitsbezug aufweist.

Die angegriffene Bestimmung ist zur Erreichung der damit verfolgten Zwecke geeignet. Dies gilt nicht nur für die Publikation anhaltender, sondern auch die Veröffentlichung bereits beseitigter Verstöße insbesondere im Hinblick auf den generalpräventiven Zweck der Regelung. Die Publikation behobener Verstöße erhöht die abschreckende Wirkung der Informationsregelung und fördert damit die Einhaltung der einschlägigen Vorschriften. Daneben dient die Veröffentlichung behobener Verstöße auch dem Ziel der Verbraucherinformation, weil auch Informationen über rechtsverletzendes Verhalten in der Vergangenheit für die Konsumentscheidung Bedeutung haben können. Der Gesetzgeber hat im Ergebnis auch hinreichend berücksichtigt, dass nur die Verbreitung richtiger Information zur Erreichung des Informationszwecks geeignet ist. Nach § 40 Abs. 4 LFGB ist die Behörde gegebenenfalls zur Richtigstellung verpflichtet. Verfassungsrechtlich unerlässlich ist die Verbindung der Information mit der Mitteilung, ob und wann ein Verstoß behoben wurde. Ansonsten wäre die Veröffentlichung des Verstoßes zur Erreichung des Informationsziels nicht geeignet, weil die Fehlvorstellung entstehen könnte, der Verstoß bestehe fort. Für die Verbraucherentscheidung wird es regelmäßig eine Rolle spielen, ob und wie schnell ein Verstoß abgestellt wurde. Zwar sieht das Gesetz eine solche Mitteilung nicht ausdrücklich vor. Es steht ihr jedoch auch nicht entgegen. Die zuständigen Behörden haben die Regelung insoweit verfassungskonform anzuwenden. Um zu verhindern, dass Informationen verbreitet werden, die nicht richtig und damit zur Erreichung der Gesetzeszwecke ungeeignet sind, darf außerdem von der nach § 40 Abs. 1a LFGB bestehenden Möglichkeit, die Öffentlichkeit bereits im Fall des hinreichend begründeten Verdachts eines Verstoßes zu informieren, nur unter strengen Voraussetzungen Gebrauch gemacht werden. Im Grunde ist eine Einbeziehung von Verdachtsfällen in die Informationsregelung verfassungsrechtlich nicht zu beanstanden, weil dies zur Erreichung der Gesetzeszwecke unverzichtbar ist. Dürfte eine Veröffentlichung erst dann erfolgen, wenn ein Verstoß bestands- oder rechtskräftig festgestellt wäre, würde die Information der Öffentlichkeit durch die vielfach zu erwartende Einlegung von Rechtsbehelfen voraussichtlich häufig herausgezögert und die Informationsregelung damit um ihre Effektivität gebracht. Um eigenverantwortliche Konsumentscheidungen treffen zu können, benötigen Verbraucherinnen und Verbraucher aktuelle Informationen. Eine möglicherweise um Jahre verzögerte Mitteilung über Rechtsverstöße ist zur Verbraucherinformation kaum noch geeignet. Damit aber auch vor der bestandskräftigen Feststellung eines Verstoßes möglichst nur solche Informationen veröffentlicht werden, die sich auch nachträglich noch als richtig erweisen, sind an die Tatsachengrundlage des Verdachts von Verfassungs wegen hohe Anforderungen zu stellen. Dem wird § 40 Abs. 1a LFGB bei entsprechender Anwendung gerecht. § 40 Abs. 1a LFGB verlangt einen hinreichend begründeten Verdacht. Ein in tatsächlicher Hinsicht unaufgeklärter Verdacht der Behörde genügt nicht. Vielmehr muss der Verdacht nach dem Wortlaut der Vorschrift durch Tatsachen hinreichend begründet sein. Für den Fall von Proben ist dies im Gesetz dahin gehend konkretisiert, dass sich der Verdacht auf mindestens zwei unabhängige Untersuchungen gründen muss. Der Gesetzgeber hat die Behörde insoweit praktisch zu einer abschließenden Ermittlung der Tatsachen verpflichtet. Hieran hat sich das Maß erforderlicher Tatsachenaufklärung auch für den Fall zu orientieren, dass dem Verdacht eines Verstoßes nicht durch Proben, sondern auf andere Weise, etwa durch Betriebskontrollen, nachgegangen wird. Auch dann müssen die den Verdacht begründenden Tatsachen aus Sicht der Behörde aufgeklärt und in den Überwachungsergebnissen entsprechend dokumentiert sein.

I. Berufsfreiheit § 4

Die Regelung ist erforderlich. Eine staatliche Maßnahme darf nicht über das zur Verfolgung ihres Zwecks erforderliche Maß hinaus- und nicht weitergehen, als der mit ihr intendierte Schutzzweck reicht. An der Erforderlichkeit fehlt es, wenn dem Normgeber ein gleich wirksames, aber für den Grundrechtsträger weniger und Dritte und die Allgemeinheit nicht stärker belastendes Mittel zur Erreichung des Ziels zur Verfügung steht. Gegen die Erforderlichkeit spricht hier insbesondere nicht, dass kein sogenanntes Selbsteintrittsrecht der Unternehmen gewährt ist, wie es nach § 40 Abs. 2 S. 1 LFGB nur bezüglich Absatz 1, nicht aber bezüglich des Absatzes 1a vorgesehen ist. Ein Selbsteintrittsrecht wäre zwar ein milderes Mittel als die behördliche Information, wäre aber nicht ebenso effektiv. Insbesondere birgt es die Gefahr lückenhafter Verbraucherinformation.

Im Ergebnis verstößt § 40 Abs. 1a LFGB gleichwohl gegen Art. 12 Abs. 1 GG, weil die Vorschrift mangels Befristung der Veröffentlichung unverhältnismäßig im engeren Sinne ist. Das Gebot der Verhältnismäßigkeit im engeren Sinne verlangt, dass die Schwere der gesetzgeberischen Grundrechtsbeschränkung bei einer Gesamtabwägung nicht außer Verhältnis zu dem Gewicht der sie rechtfertigenden Gründe steht. Dabei ist ein angemessener Ausgleich zwischen dem Eingriffsgewicht der Regelung und dem verfolgten gesetzgeberischen Ziel sowie der zu erwartenden Zielerreichung herzustellen. Im Grunde hat der Gesetzgeber mit § 40 Abs. 1a LFGB eine verfassungsrechtlich vertretbare Bewertung und Abwägung der gegenläufigen Interessen vorgenommen. Die angegriffene Regelung verfolgt wichtige Ziele. Im Grundsatz ist es angemessen, die Interessen der Unternehmen im Fall eines im Raum stehenden Rechtsverstoßes hinter die Schutz- und Informationsinteressen der Verbraucherinnen und Verbraucher zurücktreten zu lassen. Dass die Rechtsverstöße nicht notwendig mit einer Gesundheitsgefährdung verbunden sind, steht dem nicht entgegen, weil auch der Schutz vor Täuschung und der Nichteinhaltung hygienischer Anforderungen und die Ermöglichung eigenverantwortlicher Konsumentscheidungen legitime Zwecke des Verbraucherschutzes sind. Im Ergebnis stehen die mit der Regelung einhergehenden Grundrechtsbeeinträchtigungen auch nicht deshalb außer Verhältnis zu den Zwecken des Gesetzes, weil sich die Veröffentlichungspflicht nicht auf den Verstoß gegen kataloghaft herausgehobene Tatbestände beschränkt und der Behörde kein Ermessen eingeräumt ist, das sie nutzen könnte, um die Veröffentlichung auf hinreichend gewichtige Fälle zu beschränken. Die Regelung knüpft die Veröffentlichungspflicht an Tatbestandsvoraussetzungen, die so angewendet werden können und müssen, dass nur über Verstöße von hinreichendem Gewicht informiert wird. Unverhältnismäßig im engeren Sinne ist die Regelung jedoch insofern, als eine zeitliche Begrenzung der Informationsverbreitung im Gesetz fehlt. Die mit der Regelung einhergehenden Grundrechtsbeeinträchtigungen geraten mit der Dauer der Veröffentlichung außer Verhältnis zu den mit der Veröffentlichung erreichbaren Zwecken. Je länger die Verbreitung andauert, umso größer wird die Diskrepanz zwischen der über die Zeit steigenden Gesamtbelastung des Unternehmens einerseits und dem abnehmenden Wert der Information für die Verbraucherinnen und Verbraucher andererseits und umso weniger ist den Betroffenen die Veröffentlichung zuzumuten. Je weiter der Verstoß zeitlich entfernt ist, desto geringer ist auf der einen Seite noch der objektive Informationswert seiner Verbreitung, weil sich vom Verstoß in der Vergangenheit objektiv immer weniger auf die aktuelle Situation des betroffenen Unternehmens schließen lässt. Je länger eine für das Unternehmen negative Information in der Öffentlichkeit verbreitet wird, desto größer ist auf der anderen Seite dessen Belastung, weil umso mehr Verbraucherinnen und Verbraucher im Laufe der Zeit von dieser Information zuungunsten des Unternehmens beeinflusst werden können. Zwar wird auch aus deren Sicht die Bedeutung einer Information mit zunehmender Verbreitungsdauer und zunehmendem Abstand von dem die Informationspflicht auslösenden Rechtsverstoß regelmäßig sinken. Es kann jedoch nicht erwartet werden, dass alte Einträge immer zuverlässig als weniger relevant wahrgenommen werden. Vor allem aber änderte auch ein mit der Zeit sinkender Einfluss auf das Konsumverhalten nichts daran, dass noch lange Zeit nach dem eigentlichen Vorfall, wenn auch in abnehmender Zahl, Verbraucherinnen und Verbraucher von dieser Information zum Nachteil des Unternehmens beeinflusst werden. Eine zeitliche Begrenzung der Veröffentlichung ist daher verfassungsrechtlich geboten. Dem steht nicht entgegen, dass eine zeitliche Begrenzung im Fall der Verbreitung im Internet nicht vollständig realisiert werden könnte. Auf der Internetseite der veröffentlichenden Behörde kann der Inhalt der Veröffentlichung im Unterschied zu einer gedruckten Veröffentlichung nachträglich mit Hinweisen versehen, gelöscht oder auf sonstige Weise modifiziert werden. Soweit darüber hinaus eine zeitlich kaum begrenzte Zugriffsmöglichkeit vermittels des sogenannten „Caches" einer Suchmaschine oder sonstiger Archive besteht, lässt sich immerhin aus der äußeren Gestaltung ersehen, dass es sich nicht mehr um eine aktuelle und offizielle Information durch die Behörde handelt. Eine Zusammenstellung früherer Bekanntmachungen durch Dritte wäre im Übrigen auch im Fall einer gedruckten Veröffentlichung nicht auszuschließen und unterliegt eigenen Rechtmäßigkeitsanforderungen. Vor allem aber ändert der Umstand, dass sich die einmal im Internet verbreiteten Informationen möglicherweise nicht vollständig aus der Öffentlichkeit zurückholen lassen, nichts daran, dass eine zeitliche Begrenzung der unmittelbaren Verbreitung die Belastung abmildert und darum zur Wahrung der Verhältnismäßigkeit geboten ist. ◄

II. Eigentum

▶ **Fall 3:**[46] Mit der Regulierung der Miethöhe bei Mietbeginn durch das Mietrechtsnovellierungsgesetz will der Gesetzgeber den in prosperierenden Städten stark ansteigenden, teilweise erheblich über der ortsüblichen Vergleichsmiete liegenden Mieten bei der Wiedervermietung von Bestandswohnungen begegnen. Insbesondere soll die beabsichtigte Dämpfung des Mietanstiegs auf angespannten Wohnungsmärkten dazu beitragen, der direkten oder indirekten Verdrängung wirtschaftlich weniger leistungsfähiger Bevölkerungsgruppen aus stark nachgefragten Wohnquartieren entgegenzuwirken. Zu diesem Zweck ergänzte das Mietrechtsnovellierungsgesetz die Bestimmungen über die Wohnraummiete um § 556d BGB. Die Vorschrift lautet:

„(1) Wird ein Mietvertrag über Wohnraum abgeschlossen, der in einem durch Rechtsverordnung nach Absatz 2 bestimmten Gebiet mit einem angespannten Wohnungsmarkt liegt, so darf die Miete zu Beginn des Mietverhältnisses die ortsübliche Vergleichsmiete (§ 558 Absatz 2) höchstens um 10 Prozent übersteigen.

(2) Die Landesregierungen werden ermächtigt, Gebiete mit angespannten Wohnungsmärkten durch Rechtsverordnung für die Dauer von höchstens fünf Jahren zu bestimmen. Gebiete mit angespannten Wohnungsmärkten liegen vor, wenn die ausreichende Versorgung der Bevölkerung mit Mietwohnungen in einer Gemeinde oder einem Teil der Gemeinde zu angemessenen Bedingungen besonders gefährdet ist. Dies kann insbesondere dann der Fall sein, wenn

- die Mieten deutlich stärker steigen als im bundesweiten Durchschnitt,
- die durchschnittliche Mietbelastung der Haushalte den bundesweiten Durchschnitt deutlich übersteigt,

---

[46] Nach BVerfG, NJW 2019, 3054.

II. Eigentum § 4

- die Wohnbevölkerung wächst, ohne dass durch Neubautätigkeit insoweit erforderlicher Wohnraum geschaffen wird, oder
- geringer Leerstand bei großer Nachfrage besteht.

Eine Rechtsverordnung nach Satz 1 muss spätestens am 31. Dezember 2020 in Kraft treten. ..."

Eine über die nach § 556d Abs. 1 BGB zulässige Miete hinausgehende Miete darf der Vermieter nach § 556e BGB mit Blick auf die im vorangegangenen Mietverhältnis vereinbarte Miete oder durchgeführte Modernisierungsmaßnahmen vereinbaren. Nicht anzuwenden sind die Vorschriften über die zulässige Miethöhe bei Mietbeginn gemäß § 556f BGB auf erstmals genutzte und vermietete Wohnungen und auf die erste Vermietung nach umfassender Modernisierung. Im Geltungsbereich der Miethöhenregulierung ist eine Vereinbarung über die Miete nach § 556g Abs. 1 S. 1 und 2 BGB unwirksam, soweit die zulässige Miete überschritten wird. Für die Stadt Berlin hat der Senat von Berlin eine Rechtsverordnung nach § 556d Abs. 2 BGB erlassen. § 1 der Verordnung zur zulässigen Miethöhe bei Mietbeginn gemäß § 556d Abs. 2 BGB (Mietenbegrenzungsverordnung) bestimmt das gesamte Stadtgebiet Berlins als Gebiet mit einem angespannten Wohnungsmarkt im Sinne des § 556d Abs. 2 BGB.

Tragen die Regelungen dem Eigentumsrecht der Vermieter hinreichend Rechnung? ◀

Neben der Berufsfreiheit ist das Eigentumsgrundrecht von zentraler Bedeutung für das Wirtschaftsleben. Verankert in Art. 14 GG, Art. 17 EuGRC und Art. 1 des 1. Zusatzprotokolls zur EMRK (nicht jedoch im IPbpR und IPwskR) bildet es die Grundlage für das Funktionieren einer bürgerlich-marktwirtschaftlich ausgerichteten Gesellschaft. Erst das Privateigentum und das damit verbundene Recht, dieses grundsätzlich nach eigenem Belieben zu nutzen, führt zu einer klaren Zuordnung von Gütern und setzt zugleich Anreize zur Teilnahme am Wirtschaftsleben. 31

Es ist daher folgerichtig, dass kollektivistische Staats- und Gesellschaftstheorien das Eigentum als solches ablehnen. Karl Marx und Friedrich Engels erkannten im – damals kaum reglementierten – Eigentum an Land und Produktionsmitteln die Grundlage für die Ausbeutung der Arbeiter und abhängigen Bauern und folgerten daraus die Notwendigkeit seiner Abschaffung.[47] Dieser Ansatz wirkt sich bis heute in den Verfassungen von Staaten aus, die sich (zumindest formal) zur kommunistischen Ideologie bekennen. So verbietet Art. 10 der Verfassung der VR China das Privateigentum an Grund und Boden. Auch das Fehlen des Eigentumsgrundrechts auf internationaler Ebene ist Folge der ideologischen Differenzen zwischen den vertragsschließenden Staaten vor dem Hintergrund seiner Wirkungen.

Die heutigen grundrechtlichen Gewährleistungen des Eigentums erkennen jedoch auch die besondere gesellschaftspolitische Dimension dieses Grundrechts an. Die von ihm ausgehenden Gefahren für die Nichteigentümer wie auch seine Bedeutung für den gesamtgesellschaftlichen Wohlstand haben dazu geführt, dass Eigentum heute stets einer Sozialbindung unterliegt, die ihren Niederschlag unmittelbar im Zusammenhang mit seiner Gewährleistung gefunden hat, vgl. Art. 14 Abs. 2, Art. 15 GG, Art. 17 Abs. 1 S. 2 und 3 EuGRC, Art. 1 Abs. 1 S. 2, Abs. 2 1. ZP EMRK. 32

---

[47] *Marx/Engels*, Manifest der Kommunistischen Partei, 1848, S. 11 f.

§ 4 Grundrechte

1. Schutzbereich
a) Sachlicher Schutzbereich

33 Das Eigentum vermittelt seinem Inhaber eine umfassende Rechtsmacht im Hinblick auf seinen Gegenstand. Die Formulierung des Art. 17 Abs. 1 S. 1 EuGRC bringt dies besonders deutlich zum Ausdruck. Danach hat „[j]ede Person ... das Recht, ihr rechtmäßig erworbenes Eigentum zu besitzen, zu nutzen, darüber zu verfügen und es zu vererben." Damit geht insbesondere die Möglichkeit einher, Dritte vom Zugriff auf das eigene Eigentum auszuschließen oder nur unter selbst festgelegten Bedingungen zuzulassen.

34 Entscheidend für den sachlichen Schutzbereich des Eigentumsgrundrechts und damit zugleich für seine Wirkung ist daher die Frage, was als Eigentum zu qualifizieren ist und worauf sich das Grundrecht mithin bezieht. Der Begriff des Eigentums wird zwar in allen seinen grundrechtlichen Gewährleistungen verwendet, nicht aber definiert. Vor dem Hintergrund der Bedeutung des Grundrechts für die Allgemeinheit weist Art. 14 Abs. 1 S. 2 GG die Festlegung des Schutzbereichs (primär) dem Gesetzgeber zu. Im deutschen Recht geschieht dies maßgeblich[48] durch die §§ 903 ff. BGB.

Grundrechtlich handelt es sich dabei um eine Besonderheit. Alle anderen Grundrechte des Grundgesetzes regeln ihren Schutzbereich abschließend. Mag dieser auch nicht stets deutlich zu Tage treten, so ist seine Ausgestaltung dem Gesetzgeber entzogen, der allein grundrechtsgebunden ist und die grundrechtlich gesetzten Grenzen seiner politischen Gestaltungsfreiheit beachten muss.

35 EuGRC und EMRK enthalten eine derartige Ausgestaltungsermächtigung bezüglich des Schutzbereichs des Eigentumsgrundrechts nicht, ohne dass sich daraus jedoch im Ergebnis aufgrund der weit gefassten Eingriffsmöglichkeiten wesentliche Unterschiede ergäben. Auch der Eigentumsbegriff des Art. 14 Abs. 1 S. 1 GG verfügt ungeachtet der Ermächtigung des Gesetzgebers zur näheren Bestimmung des Schutzbereichs anerkanntermaßen über einen verfassungsrechtlich vorgegebenen Kern, der ungeachtet der Unterschiede im Detail grundsätzlich mit dem Begriffsverständnis in Art. 17 EuGRC und Art. 1 1. ZP EMRK übereinstimmt.

Dies ändert allerdings nichts daran, dass Eigentum stets ein juristisches Konstrukt ist. Während sich der Schutz anderer Grundrechte auf tatsächlich existente Handlungen oder Zustände bezieht, zB das Äußern einer Meinung, einen religiösen Glauben oder eine Versammlung von Personen, kann Eigentum jenseits der Rechtsordnung nicht existieren, sondern setzt diese und seine Anerkennung durch sie voraus.

36 Eigentum im grundrechtlichen Sinne sind alle vermögenswerten Rechte, die in der alleinigen Verfügungsmacht des Grundrechtsträgers stehen.[49] Dieses Verständnis geht über den zivilrechtlichen Eigentumsbegriff deutlich hinaus. Ebenso wie nach diesem werden zwar das Immobiliar- und das Mobiliareigentum erfasst. Darüber hinaus wird aber auch das in Art. 17 Abs. 2 EuGRC explizit erwähnte „geistige Eigentum" geschützt. Dabei handelt es sich um Patente, Geschmacksmuster, Urheberrechte und vergleichbare Rechte, deren Entstehung ein schöpferisches Handeln voraussetzt und dessen Ergebnis dem Schöpfer dahin gehend zugewiesen ist, dass diesem allein ein

---

48 BVerfGE 58, 300 (335), verweist gleichwohl darauf, dass „[d]er Begriff des von der Verfassung gewährleisteten Eigentums ... aus der Verfassung selbst gewonnen werden" muss.
49 Siehe etwa BVerfGE 83, 201 (209).

II. Eigentum § 4

Nutzungs- und Verwertungsrecht zukommt. Dritte dürfen somit ohne dessen Einverständnis die Schöpfung nicht für ihre (insbesondere wirtschaftlichen) Zwecke nutzen.

Während sich die bislang in geringerem Umfang durch Rechtsprechung konkretisierten Eigentumsgewährleistungen der EuGRC und der EMRK weitgehend darauf beschränken, hat das BVerfG den Eigentumsbegriff des Art. 14 GG deutlich ausgeweitet. Geschützt werden danach auch sozialversicherungsrechtliche Anwartschaften, zB der durch Beitragszahlungen begründete Anspruch auf Zahlung eines Arbeitslosengeldes gegen den Träger der gesetzlichen Arbeitslosenversicherung[50] und das Besitzrecht des Mieters an der von ihm genutzten Wohnung.[51] Nicht anerkannt hat das BVerfG dagegen das in der Literatur häufig dem Eigentumsschutz unterstellte, zivilrechtlich anerkannte Recht am eingerichteten und ausgeübten Gewerbebetrieb, welches letztlich die Funktionsfähigkeit eines Unternehmens schützt,[52] sowie Genehmigungen (Anlagenzulassungsentscheidungen) und Verfahrenspositionen.[53]

Nach dem BVerfG unterfallen auch schuldrechtliche Ansprüche, wie etwa der Anspruch des Verkäufers gegen den Käufer auf Zahlung des vereinbarten Kaufpreises, dem Eigentumsbegriff.[54] Das Vermögen als solches wird jedoch nicht vom Schutzbereich des Eigentumsgrundrechts erfasst.[55]

37

Das Vermögen ist letztlich nicht mehr als eine Sammelbezeichnung für einzelne Rechtspositionen, die einer Person zugeordnet sind. Diese können ihrerseits dem Eigentumsschutz unterfallen, wenn sie jeweils einzeln eigentumsfähig sind, zB Grundstücke, Schmuck, Bargeld und Forderungen.

Als Eigentum geschützte Rechtspositionen werden durch das Eigentumsgrundrecht in ihrer Substanz und Nutzungsmöglichkeit geschützt. Der Eigentümer kann das Eigentum mithin „haben" und im Ausgangspunkt frei darüber entscheiden, wie er damit umgehen will.[56] Er kann insbesondere bestimmen, ob er auch einzelnen Dritten oder gar der Allgemeinheit die Nutzung seines Eigentums gestattet, unter welchen Voraussetzungen dies geschieht oder ob er allein eine Nutzung vornimmt.

38

So ist das Eigentum an einem Grundstück eine dem Eigentümer ausschließlich zugewiesene Rechtsposition. Vorbehaltlich konkretisierender normativer Vorgaben kann er zB entscheiden, das Grundstück als Fabrikgelände oder zur Errichtung eines Wohnhauses zu nutzen. Im ersteren Falle geht er bei Betrieb der Fabrik zugleich einer Berufstätigkeit nach. Die Abgrenzung der Schutzbereiche von Eigentums- und Berufsfreiheit erfolgt danach, ob der Erwerbsvorgang (Betrieb der Fabrik: Berufsfreiheit) oder das bereits Erworbene (Existenz und Nutzung des Betriebsgrundstücks: Eigentumsfreiheit) in Frage steht. Errichtet der Grundstückseigentümer jedoch ein Wohnhaus, kann er dieses unter Ausschluss aller anderen für eigene Wohnzwecke nutzen. Er kann aber auch im Wege der Vermietung von Wohnraum einem Dritten ein Nutzungsrecht einräumen. Dies wird allerdings regelmäßig nur dann geschehen, wenn die Höhe der hierfür von diesem zu entrichtenden Miete seinen Vorstellungen entspricht.

Die Schutzwirkung des Eigentumsgrundrechts erschöpft sich darin jedoch nicht. Als Institutsgarantie[57] erfordert es die Existenz von Eigentum „an sich" und steht einer Abschaffung oder weitgehenden Aushöhlung durch den Gesetzgeber entgegen. Grundrechtlich gefordert ist insoweit, dass die Rechtsordnung nicht nur den Begriff des Eigentums kennt, sondern dieses auch mit den herkömmlich damit verbundenen Wir-

39

---

50 BVerfGE 87, 234.
51 BVerfGE 89, 1.
52 Dazu näher *Papier/Shirvani*, in: Dürig/Herzog/Scholz, GG, Art. 14 Rn. 200 ff.
53 BVerfGE 143, 246 Rn. 231; 155, 238 Rn. 75 ff.
54 BVerfGE 42, 263 (293); 112, 93 (107).
55 Siehe nur BVerfGE 65, 196 (209).
56 Exemplarisch BVerfGE 115, 97 (111).
57 BVerfGE 24, 367 (389).

kungen versieht. Als Bestandsgarantie vermittelt das Eigentumsgrundrecht in gleicher Weise wie andere Grundrechte ein Abwehrrecht gegen hoheitliche Eingriffe in konkret bestehende Eigentumspositionen und die daraus erwachsenden Befugnisse des Eigentümers.[58] Dabei erfolgt zugleich eine erhebliche Relativierung der Privatnützigkeit durch die Allgemeinwohlbindung des Eigentums nach Art. 14 Abs. 2 GG, Art. 17 Abs. 1 S. 3 EuGRC und Art. 1 Abs. 2 1. ZP EMRK. Schließlich vermittelt das Eigentumsgrundrecht (auch vor dem Hintergrund der Sozialbindung, die im Einzelfall einen Entzug von Eigentumspositionen rechtfertigen kann → Rn. 51 f.) eine Eigentumswertgarantie. Enteignungen setzen, wie Art. 14 Abs. 3 S. 2 GG und Art. 17 Abs. 1 S. 2 EuGRC explizit anordnen, eine Entschädigung des Betroffenen voraus. Allerdings muss die Höhe dieser Entschädigung nicht dem „Marktwert" entsprechen (→ Rn. 53).

b) Persönlicher Schutzbereich

40 Eigentum ist ein Menschenrecht. Die Gewährleistungen des Eigentumsgrundrechts schränken den persönlichen Schutzbereich der Eigentumsfreiheit in keiner Weise ein. Jede natürliche Person wird daher unabhängig von ihrer Staatsangehörigkeit durch Art. 14 GG, Art. 17 EuGRC und Art. 1 1. ZP EMRK berechtigt.

41 Auch juristische Personen können selbst Träger des Eigentumsgrundrechts sein. Insoweit gilt nichts anderes als im Hinblick auf die Berufsfreiheit (→ Rn. 16 f.). Art. 1 Abs. 1 S. 1 1. ZP EMRK bezieht juristische Personen sogar explizit in den Schutzbereich der Eigentumsfreiheit ein.

2. Eingriff und Inhaltsbestimmungen

42 Ebenso wie bei der Berufsfreiheit und anderen Freiheitsrechten ist grundsätzlich jede Schutzbereichsverkürzung auch bezüglich der Eigentumsfreiheit als Eingriff zu qualifizieren. Gleichwohl ist die Feststellung von Eingriffen in Art. 14 GG mit besonderen Schwierigkeiten verbunden. Diese finden ihre Grundlage in der Normgeprägtheit des Grundrechts: Die Ermächtigung des Gesetzgebers zur Bestimmung des Inhalts des Eigentums durch Art. 14 Abs. 1 S. 2 GG stellt die klare Unterscheidbarkeit von Schutzbereich und Eingriff in Frage. Diese Problematik verliert allein dadurch an Brisanz, dass nach der Rechtsprechung des BVerfG auch schutzbereichsformende Inhaltsbestimmungen ebenso wie schutzbereichsverkürzende Eingriffe im Lichte der Verhältnismäßigkeit zu beurteilen sind.[59]

Bezüglich der Gewährleistungen des Eigentums in Art. 17 EuGRC und Art. 1 1. ZP EMRK lässt der jeweilige Wortlaut nicht eindeutig erkennen, ob den Vorschriften eine entsprechende Differenzierung zugrunde liegt. Die Eigentumsgarantie der EMRK muss eigenständig vom nationalen Recht ausgelegt werden. Der Schutzbereich wird dabei sehr weit verstanden, er umfasst alle vermögenswerten Rechtspositionen.[60] Bei Nutzungsbeschränkungen muss die Verhältnismäßigkeit gewahrt werden, bei Enteignung ist stets eine Entschädigung zu gewähren. Gemäß Art. 52 Abs. 3 EuGRC haben die Grundrechte in der Charta, die einem in der EMRK genannten Recht entsprechen, die gleiche Bedeutung und Tragweite wie dieses Recht. Die Rechtsprechung des EGMR formt daher auch Schutzbereich und zulässige Einschränkungen des Art. 17 EuGRC.

---

58 BVerfGE 42, 263 (295); 50, 290 (341).
59 BVerfGE 58, 300.
60 Vgl. EGMR Urt. v. 23.2.1995 – 15375/89, Rn. 53 – Gasus Dosier ua/Niederlande.

II. Eigentum § 4

Ein Gesetz, welches die Grenzen der ausschließlichen Nutzungsbefugnis des Eigentums festlegt, ist als Inhalts- und Schrankenbestimmung und somit gerade nicht als Eingriff in den Schutzbereich des Eigentumsgrundrechts zu qualifizieren.[61] Die Möglichkeiten des Eigentümers, mit seinem Eigentum allein nach eigenem Willen zu verfahren, werden dadurch insoweit beschränkt, als sich sein Eigentumsrecht nur auf hiervon unberührt bleibende Befugnisse reduziert. 43

Derartige Inhalts- und Schrankenbestimmungen treten in zahlreichen Ausprägungen auf. Hierunter fallen etwa das in § 35 BauGB enthaltene grundsätzliche Verbot, Grundstücke außerhalb beplanter oder im Zusammenhang bebauter Ortsteile (Außenbereich) zu bebauen ebenso wie das Gebot, aus erzieltem Einkommen Steuern zu entrichten. Letzteres gilt nach umstrittener Auffassung jedoch nur, solange diese keine konfiskatorischen Wirkungen entfalten; andernfalls sei die Schwelle zum Eingriff überschritten.[62]

Der klassische Eingriff in das Eigentum ist die Enteignung. Dabei handelt es sich um den vollständigen oder teilweisen Entzug von Eigentumspositionen zum Zwecke der Güterbeschaffung zugunsten der öffentlichen Hand oder des sonst Enteignungsbegünstigten.[63] Ein zuvor bestehendes Eigentumsrecht fällt mithin infolge der Enteignung weg. Als schwerster denkbarer Eingriff hat die Enteignung in Art. 14 Abs. 3 GG, Art. 17 Abs. 1 S. 2 EuGRC und Art. 1 Abs. 1 S. 2 1. ZP EMRK explizit Erwähnung gefunden. Enteignungen sind, wie Art. 14 Abs. 3 S. 2 GG illustriert, unmittelbar durch ein eigentumsentziehendes Gesetz (Legalenteignung) oder durch die Verwaltung aufgrund eines sie zur Enteignung berechtigenden Gesetzes (Administrativenteignung) möglich. Deren Eingriffscharakter unterscheidet sich nicht; wegen des besseren Rechtsschutzes gegen Administrativakte spielt ihre Unterscheidung allerdings auf der Rechtfertigungsebene eine Rolle. 44

Eine besondere Form der Enteignung ist die in Art. 15 GG geregelte Sozialisierung. Dabei handelt es sich um die Überführung von Privateigentum in Gemeineigentum mittels eines (gesetzlichen) Entziehungsakts. Ihre Aufnahme in das GG ist den politischen Kontroversen zur Zeit seiner Entstehung geschuldet. In der Praxis hat sie keine Bedeutung erlangt, wenngleich im Zuge der politischen Überlegungen hinsichtlich der Überführung von Mietwohnungen in öffentliches Eigentum in neuerer Zeit ein zunehmendes Interesse an der Thematik festzustellen ist.[64]

Neben Enteignungen sind Eingriffe denkbar, die weniger stark in den Schutzbereich des Eigentumsgrundrechts eingreifen, welche die Eigentumsstellung mithin unberührt lassen, auf das Eigentum jedoch auf sonstige Art und Weise einwirken. Dabei stellt sich das Problem der Abgrenzung zu Inhalts- und Schrankenbestimmungen mit besonderer Deutlichkeit. Der BGH hatte in seiner Rechtsprechung die Figuren des enteignenden und des enteignungsgleichen Eingriffs entwickelt, die entsprechende Eingriffe charakterisieren sollten.[65] 45

Ein enteignender Eingriff ist dabei jede rechtswidrige, dem Staat zurechenbare faktische und unbeabsichtigte Beeinträchtigung des Eigentums. Ein Beispiel hierfür ist ein Gesetz, welches die dingliche Belastung eines Grundstücks anordnet.[66] 46

---

61 BVerfGE 110, 1 (24 f.).
62 Vgl. BVerfGE 23, 288 (315).
63 BVerfGE 143, 246 Rn. 243 ff.
64 Siehe etwa *Ipsen*, NVwZ 2019, 527 ff.; *Kloepfer*, NJW 2019, 1656 ff.; *Lörler*, NJ 2019, 273 ff.
65 Zur Entwicklung siehe im Überblick *Papier/Shirvani*, in: Dürig/Herzog/Scholz, GG, Art. 14 Rn. 786 ff.
66 Vgl. BVerfGE 45, 297.

47 Ein enteignungsgleicher Eingriff liegt dagegen vor, wenn die staatliche Maßnahme zwar rechtmäßig ist, sie aber ebenfalls eine faktische und unbeabsichtigte Eigentumsbeeinträchtigung vornimmt und dem betroffenen Eigentümer zugleich im Verhältnis zur Allgemeinheit ein Sonderopfer auferlegt.

Dies wäre der Fall beim Abriss eines beschädigten aber aufbaufähigen Hauses ohne gesetzliche Grundlage,[67] bei Bauverzögerung durch die Baubehörde trotz Genehmigungsfähigkeit[68] oder die rechtswidrige Versagung der Teilungsgenehmigung für ein Grundstück.[69]

48 Das BVerfG hat diese Differenzierungen abgelehnt.[70] Die grundgesetzliche Unterscheidung zwischen Inhalts- und Schrankenbestimmung einerseits und Enteignungen andererseits lässt seiner Auffassung nach keinen Raum für sonstige Eingriffe als „Zwischenformen". Dies überzeugt nicht. Die Vielzahl möglicher Eigentumsbeeinträchtigungen durch Hoheitsgewalt ausübende Stellen lässt sich auf diese Weise nicht angemessen erfassen. Auch erzwingt Art. 14 GG entgegen der Ansicht des BVerfG keine derartige Beschränkung. Der BGH hat daher die von ihm entwickelte Unterscheidung in seiner staatshaftungsrechtlichen Rechtsprechung in der Sache zu Recht nicht aufgegeben, stützt diese aber nunmehr auf den Aufopferungsgedanken, mithin die Erbringung eines Sonderopfers.[71] Es handelt sich um praktisch vorkommende Schutzbereichsverkürzungen, die sich weder als Inhalts- und Schrankenbestimmung noch als Enteignung deuten lassen, und damit um Eingriffe eigener Art.

3. Rechtfertigung

49 Eingriffe in das Eigentum bedürfen der Rechtfertigung. Sofern Inhalts- und Schrankenbestimmungen die Eigentumsposition intensiv beschränken, gilt für diese nichts anderes, um den verfassungsrechtlich geschützten Kernbereich des Eigentums (→ Rn. 36) zu wahren.

a) Schranken

50 Art. 14 Abs. 3 GG, Art. 17 Abs. 1 S. 2 EuGRC und Art. 1 Abs. 1 S. 2 1. ZP EMRK ermöglichen Enteignungen, knüpfen deren Rechtmäßigkeit jedoch an die Erfüllung spezifischer Voraussetzungen (→ Rn. 51 ff., qualifizierter Gesetzesvorbehalt). Entsprechendes gilt für Sozialisierungen nach Art. 15 GG. Sonstige Eingriffe in das Eigentum unterliegen dagegen – letztlich ebenso wie Inhalts- und Schrankenbestimmungen – nur einem einfachen Gesetzesvorbehalt, so dass der Gesetzgeber deutlich weitere Gestaltungsspielräume als in Bezug auf Enteignungen hat.

b) Schranken-Schranken

51 Der qualifizierte Gesetzesvorbehalt für Enteignungen knüpft deren Vornahme an strikte Vorgaben. Am deutlichsten sind diese in Art. 14 Abs. 3 GG ausgeprägt. Danach setzt die Rechtmäßigkeit einer Enteignung zunächst zwingend voraus, dass sie „zum Wohle der Allgemeinheit" erfolgt. Art. 17 Abs. 1 S. 2 EuGRC nimmt gleichbedeutend auf das öffentliche Interesse Bezug. Dieser Anforderung ist regelmäßig bei Enteignungen zu-

---

67 BGHZ 13, 88.
68 BGHZ 76, 375.
69 BGHZ 134, 316.
70 BVerfGE 58, 300.
71 Grundlegend BGH, NJW 1984, 1169 (1170); NJW 1984, 1876 (1877).

II. Eigentum

gunsten des Staates im Hinblick auf die Erfüllung seiner Aufgaben entsprochen, zB bei der Enteignung eines Grundstücks für die Inanspruchnahme zum Verkehrswegebau. Ausgeschlossen ist damit aber zugleich jede Enteignung eines Grundrechtsträgers, die primär den Interessen anderer Privater dient.

Diese theoretisch klare Abgrenzung ist in der Praxis weniger eindeutig. Dem Allgemeinwohl kann im Einzelfall auch eine privatnützige Enteignung dienen,[72] etwa wenn ein Investor in einer strukturschwachen Region ein Grundstück benötigt, um darauf und auf benachbarten, von ihm bereits erworbenen Grundstücken eine Fabrik zu errichten, in welcher zahlreiche Personen Arbeit finden, die somit zu Steuerzahlern werden und die sozialen Sicherungssysteme nicht mehr belasten. Für den Standort seiner privaten Villa oder derjenigen des örtlichen Bürgermeisters kommt eine Enteignung dagegen wegen fehlender positiver Wirkungen für die Allgemeinheit nicht in Betracht. In jedem Falle bedarf es nach dem BVerfG „in diesen Fällen gesetzlicher Regeln, die sicherstellen, dass begünstigte Private das enteignete Gut zur Verwirklichung des die Enteignung legitimierenden Ziels verwenden werden und dass diese Nutzung dauerhaft erfolgt, soweit sie nicht der Natur der Verwendung gemäß auf eine einmalige Inanspruchnahme beschränkt ist".[73]

Des Weiteren müssen Enteignungen gesetzlich vorgesehen sein. Hierfür genügt nicht jede Rechtsnorm, sondern nur eine vom zuständigen Gesetzgeber in einem förmlichen Gesetzgebungsverfahren erlassene. Diese Anforderungen erfüllen in Deutschland die vom Bundestag bzw. den Länderparlamenten erlassenen förmlichen Bundes- und Landesgesetze, nicht aber Rechtsverordnungen und Satzungen. Im Anwendungsbereich der EuGRC kommen Sekundärrechtsakte hinzu, die von Rat und Europäischem Parlament in einem Gesetzgebungsverfahren erlassen wurden, nicht aber delegierte Sekundärrechtsakte der EU-Kommission nach Art. 290 AEUV. 52

Derartige Gesetze sind nicht selten. Verwiesen sei auf das Bodenreformabwicklungsgesetz (1992) im Rahmen der deutschen Wiedervereinigung, das Rettungsübernahmegesetz (2009), das die Enteignung von Banken im Rahmen der Finanzkrise ermöglichen sollte, und die Enteignungsgesetze der Länder.

Enteignungen lösen des Weiteren eine Entschädigungspflicht aus. Die Entschädigung muss der Höhe nach angemessen sein. Wenngleich dies grundsätzlich eine Orientierung am Verkehrswert gebietet, ist ein voller Wertausgleich nicht zwingend erforderlich.[74] Dies ist zugleich Ausdruck der Sozialbindung des Eigentums (→ Rn. 32). 53

Wird zB das Grundstück eines Bauern im Außenbereich einer Gemeinde enteignet, welches für den Bau einer Umgehungsstraße benötigt wird, kann dessen Wert in Erwartung des Ankaufs durch die Straßenbauverwaltung kurzfristig ansteigen. Die Enteignungsentschädigung muss jedoch nicht der Höhe des neuen Marktwertes entsprechen, sondern kann sich am früheren Wert orientieren und sogar noch dahinter zurückbleiben – letzteres insbesondere dann, wenn der Betroffene in besonderer Weise von der zu bauenden Straße profitiert.

Das die Enteignung vorsehende oder vornehmende Gesetz muss schließlich nach Art. 14 Abs. 3 S. 2 GG Art und Ausmaß der Entschädigung regeln (Junktimklausel). Dies soll sowohl einen „Aufschub" verhindern als auch den Gesetzgeber zwingen, sich mit den Enteignungskonsequenzen in unmittelbarem Zusammenhang mit der Enteignungsentscheidung zu befassen. Die überstaatlichen Gewährleistungen des Eigentumsgrundrechts bleiben dahinter insoweit zurück, als danach allein eine gesetzliche 54

---

72 BVerfGE 74, 264 (284 ff.).
73 BVerfGE 134, 242 Rn. 179.
74 BVerfGE 24, 367 (421); ausführlich *Papier/Shirvani*, in: Dürig/Herzog/Scholz, GG, Art. 14 Rn. 707 ff.

Regelung über die Entschädigung gefordert ist, nicht aber ein unmittelbarer legislativer Zusammenhang zwischen dieser und der Enteignungsnorm.

55 Zusätzlich zu den spezifischen Anforderungen des qualifizierten Gesetzesvorbehalts beanspruchen die stets zu beachtenden Schranken-Schranken auch für Enteignungen Geltung. Neben den Bestimmtheitsanforderungen gilt dies insbesondere für den Grundsatz der Verhältnismäßigkeit. Danach darf die Enteignung als der schwerstmögliche Eingriff in das Eigentumsgrundrecht nur dann erfolgen, wenn andere Maßnahmen unter Abwägung der betroffenen Rechte und Interessen zur Erreichung des angestrebten Ziels nicht ebenso vorgenommen werden können.

So ist zur Sicherung eines Trinkwasserschutzgebiets eine Enteignung der Grundstückseigentümer nicht notwendig. Vielmehr genügt die Untersagung bestimmter, negativ auf das Grundwasser einwirkender Nutzungen der Grundstücke im Wege von Inhalts- und Schrankenbestimmungen.[75]

56 Darüber hinaus hat der Verhältnismäßigkeitsgrundsatz auch einen Vorrang der Administrativenteignung zur Folge. Da sich der betroffene Eigentümer gegen eine solche deutlich effektiver als gegen ein unmittelbar die Enteignung anordnendes Gesetz, das allein mit der Verfassungsbeschwerde nach Art. 93 Abs. 1 Nr. 4a GG angegriffen werden kann, gerichtlich zur Wehr setzen und somit seine Interessen bestmöglich verfolgen aber auch eine Überprüfung der Entscheidung über die Enteignung auf ihre Rechtmäßigkeit veranlassen kann, ist die Administrativenteignung im Verhältnis zur Legalenteignung regelmäßig das mildere Mittel.[76]

57 Der Verhältnismäßigkeitsgrundsatz kann jedoch nach der Rechtsprechung des BVerfG ungeachtet ihrer fehlenden Eingriffsqualität auch für Inhalts- und Schrankenbestimmungen von Bedeutung sein. Schränken diese die Nutzbarkeit des Eigentums nicht nur unerheblich ein, setzt ihre Verfassungskonformität in Ansehung des Verhältnismäßigkeitsgrundsatzes eine Entschädigung des Eigentümers voraus (ausgleichspflichtige Inhalts- und Schrankenbestimmung).[77]

Wird etwa beim Bau der Umgehungsstraße im Beispiel unter Rn. 53 auf eine Enteignung verzichtet, kann gegenüber dem Grundstückseigentümer bezüglich der Straße eine entsprechende Duldungspflicht verfügt werden. Dabei handelt es sich um eine Inhaltsbestimmung. Diese hat zur Folge, dass er sein Grundstück zumindest auf dem mit der Straße bebauten Teil nicht mehr nutzen kann; sein Eigentumsgrundrecht tritt insoweit zurück. Aufgrund der damit einhergehenden Belastung ist diese Ausgestaltung seines (im Übrigen unveränderten) Eigentums aber nur dann verhältnismäßig, wenn er einen (idR finanziellen) Ausgleich erhält.

▶ **Zu Fall 3:** Die Regulierung der Miethöhe bei Mietbeginn durch § 556d Abs. 1 BGB greift in das durch Art. 14 Abs. 1 S. 1 GG geschützte Eigentum zur Vermietung bereiter Wohnungseigentümer ein. Das nach Art. 14 Abs. 1 GG gewährleistete Eigentum ist von besonderer Bedeutung für den sozialen Rechtsstaat. Der Eigentumsgarantie kommt im Gefüge der Grundrechte insbesondere die Aufgabe zu, dem Träger des Grundrechts einen Freiheitsraum im vermögensrechtlichen Bereich zu sichern. Das verfassungsrechtlich gewährleistete Eigentum ist durch Privatnützigkeit und grundsätzliche Verfügungsbefugnis des Eigentümers über den Eigentumsgegenstand gekennzeichnet. Es soll als Grundlage privater Initiative und in eigenverantwortlichem privatem Interesse von Nutzen sein. Dabei genießt es einen besonders ausgeprägten Schutz, soweit es um die Sicherung der persönlichen Freiheit des

---

75 Vgl. OVG Koblenz Urt. v. 8.10.2015 – 1 C 10843/13, Rn. 107 (juris).
76 BVerfGE 95, 1 (22).
77 BVerfGE 58, 300.

II. Eigentum § 4

Einzelnen geht. Zugleich soll der Gebrauch des Eigentums dem Wohl der Allgemeinheit dienen (Art. 14 Abs. 2 S. 2 GG). Vom Schutz des Eigentums nach Art. 14 Abs. 1 S. 1 GG umfasst ist das zivilrechtliche Sacheigentum, dessen Besitz und die Möglichkeit, es zu nutzen. Dazu gehört es, aus der vertraglichen Überlassung des Eigentumsgegenstands zur Nutzung durch andere den Ertrag zu ziehen, der zur finanziellen Grundlage für die eigene Lebensgestaltung beiträgt.

Nach Art. 14 Abs. 1 S. 2 GG werden Inhalt und Schranken des Eigentums durch Gesetz bestimmt. Ein solches Gesetz ist § 556d Abs. 1 BGB. Bei der Bestimmung von Inhalt und Schranken des Eigentums unterliegt der Gesetzgeber besonderen verfassungsrechtlichen Schranken. Die belastende Maßnahme muss durch Gründe des öffentlichen Interesses unter Beachtung des Grundsatzes der Verhältnismäßigkeit gerechtfertigt sein. Der Gesetzgeber muss die Freiheitssphäre der Einzelnen mit dem Wohl der Allgemeinheit in ein ausgewogenes Verhältnis bringen. Das Wohl der Allgemeinheit ist nicht nur Orientierungspunkt, sondern auch Grenze für die Beschränkung des Eigentums. Zugleich muss das zulässige Ausmaß einer Sozialbindung auch vom Eigentum selbst her bestimmt werden. Die Bestandsgarantie des Art. 14 Abs. 1 S. 1 GG, der Regelungsauftrag des Art. 14 Abs. 1 S. 2 GG und die Sozialpflichtigkeit des Eigentums nach Art. 14 Abs. 2 GG stehen in einem unlösbaren Zusammenhang. Dagegen ist die Befugnis des Gesetzgebers zur Inhalts- und Schrankenbestimmung umso weiter, je stärker der soziale Bezug des Eigentumsobjekts ist; hierfür sind dessen Eigenart und Funktion von entscheidender Bedeutung.

§ 556d Abs. 1 BGB ist hinreichend bestimmt. Soweit rechtsstaatliche Grundsätze gebieten, mietpreisrechtliche Vorschriften nach Inhalt und Voraussetzungen so zu gestalten, dass Vermieter und Mieter in der Lage sind, in zumutbarer Weise die gesetzlich zulässige Miete zu ermitteln, ist das Abstellen auf die ortsübliche Vergleichsmiete nicht zu beanstanden.

Die Miethöhenregulierung in § 556d Abs. 1 BGB wahrt auch den Grundsatz der Verhältnismäßigkeit. Nach dem Verhältnismäßigkeitsprinzip muss der Eingriff zur Erreichung eines legitimen Eingriffsziels geeignet sein und darf nicht weiter gehen, als es die Gemeinwohlbelange erfordern; ferner müssen Eingriffszweck und Eingriffsintensität in einem angemessenen Verhältnis stehen.

Mit der Miethöhenregulierung in § 556d Abs. 1 BGB verfolgt der Gesetzgeber ein legitimes Ziel. Der gesetzgeberische Zweck, durch die Begrenzung der Miethöhe bei Wiedervermietung der direkten oder indirekten Verdrängung wirtschaftlich weniger leistungsfähiger Bevölkerungsgruppen aus stark nachgefragten Wohnquartieren entgegenzuwirken, liegt im öffentlichen Interesse.

Die Regelung ist auch geeignet, dieses Ziel zu erreichen. Verfassungsrechtlich genügt für die Eignung, dass der erstrebte Erfolg gefördert werden kann, dass also die Möglichkeit der Zweckerreichung besteht. Zwar kann eine regulierte Miete die Nachfrage von Wohnungssuchenden in den betroffenen Regionen weiter ansteigen lassen, weil neben einkommensstarken Wohnungssuchenden auch solche mit geringeren Einkommen als Mieter infrage kommen. Trotzdem schneidet die Miethöhenregulierung Preisspitzen auf angespannten Wohnungsmärkten ab und kann damit zumindest die Voraussetzungen für einen Marktzugang einkommensschwächerer Mieter schaffen. Dabei hat sie auch bremsende Wirkung auf die Entwicklung der ortsüblichen Vergleichsmieten, in deren Berechnung die regulierten Wiedervermietungsmieten zeitlich verzögert einfließen. Die Regulierung der Miethöhe bei Mietbeginn kann überdies der Verdrängung von einkommensschwächeren Mieterinnen und Mietern aus ihren angestammten Stadtteilen entgegenwirken.

Die Regelung in § 556d Abs. 1 BGB ist auch erforderlich, um die angestrebten Ziele zu erreichen. Die Erforderlichkeit ist erst dann zu verneinen, wenn ein sachlich gleichwertiges, zweifelsfrei gleich wirksames, die Grundrechte weniger beeinträchtigendes Mittel zur Verfügung steht, um den mit dem Gesetz verfolgten Zweck zu erreichen. Der Gesetzgeber verfügt insoweit über einen Beurteilungs- und Prognosespielraum. Gemessen daran sind die Grenzen der Erforderlichkeit nicht überschritten. Zwar kommt die regulierte Miete nicht allein einkommensschwächeren, sondern unterschiedslos allen Wohnungssuchenden auf angespannten Wohnungsmärkten zugute. Auch kommen weitere staatliche Maßnahmen zur Linderung oder Behebung der Wohnungsnot in Betracht, etwa die Förderung des Wohnungsbaus oder die Verbesserung der finanziellen Lage der Wohnungssuchenden durch erweiterte Gewährung von Wohngeld. Ungeachtet der mit diesen Maßnahmen verbundenen Kosten ist aber nicht erkennbar, dass der Gesetzgeber diese im Rahmen seines Prognose- und Beurteilungsspielraums als gegenüber der Miethöhenregulierung mildere und zweifelsfrei – auch kurzfristig – vergleichbar wirksame Mittel hätte heranziehen müssen.

Die Miethöhenregulierung in § 556d Abs. 1 BGB ist Vermieterinnen und Vermietern auch zumutbar. Dazu ist zwischen der Schwere des Eingriffs einerseits und dem Gewicht und der Dringlichkeit der ihn rechtfertigenden Gründe abzuwägen. Die Regelung muss die Grenze der Zumutbarkeit wahren und darf die betroffenen Eigentümerinnen und Eigentümer nicht übermäßig belasten. Für die Ausgestaltung zwingender mietrechtlicher Vorschriften bedeutet dies: Der Gesetzgeber muss bei solchen Regelungen sowohl die Belange des Mieters als auch die des Vermieters in gleicher Weise berücksichtigen. Das heißt freilich nicht, dass sie zu jeder Zeit und in jedem Zusammenhang dasselbe Gewicht haben müssten. Eine einseitige Bevorzugung oder Benachteiligung steht aber mit den verfassungsrechtlichen Vorstellungen eines sozialgebundenen Privateigentums nicht in Einklang. Die von Art. 14 Abs. 1 GG gezogenen Grenzen wären jedenfalls dann überschritten, wenn die Miethöhenregulierung auf Dauer zu Verlusten für den Vermieter oder zu einer Substanzgefährdung der Mietsache führte. Im Rahmen der Abwägung ist daher zunächst zu berücksichtigen, dass die Eigentumsgarantie dem Grundrechtsträger einen Freiraum im vermögensrechtlichen Bereich erhalten und dem Einzelnen damit die Entfaltung und eigenverantwortliche Gestaltung seines Lebens ermöglichen soll. Geschützt ist auch die Freiheit, aus der vertraglichen Überlassung des Eigentums zur Nutzung durch andere den Ertrag zu ziehen, der zur finanziellen Grundlage für die eigene Lebensgestaltung beiträgt. Soweit das Eigentum die persönliche Freiheit des Einzelnen im vermögensrechtlichen Bereich sichert, genießt es einen besonders ausgeprägten Schutz. Zu berücksichtigen ist insoweit, dass § 556d Abs. 1 BGB unterschiedslos private Vermieter und andere Vermieter, etwa Wohnungsunternehmen, deren Eigentum nur in geringem Maße der persönlichen Freiheit eines Einzelnen dient, erfasst. Die Befugnis des Gesetzgebers zur Inhalts- und Schrankenbestimmung geht auf der anderen Seite umso weiter, je mehr das Eigentumsobjekt in einem sozialen Bezug und in einer sozialen Funktion steht. Das trifft auf die Miethöhenregulierung in besonderem Maße zu. Eine Wohnung hat für den Einzelnen und dessen Familie eine hohe Bedeutung. Zwar gilt dies bei Mietbeginn nur abgeschwächt, weil Wohnungssuchende ihren privaten Lebensmittelpunkt noch nicht in der Mietwohnung genommen haben und sich daher jedenfalls nicht auf ein Besitzrecht als vermögenswerte Rechtsposition berufen können. Abhängig ist das Gewicht ihrer Belange zudem von ihrer tatsächlichen Aussicht auf zumutbaren Wohnraum in anderen Stadtvierteln. Aber auch in nachgefragten Stadtvierteln sind große Teile der Bevölkerung auf Mietwohnungen unausweichlich angewiesen. Ebenso ist das Wohnumfeld ein Gesichtspunkt, den der Gesetzgeber berücksichtigen darf. Zudem ist Wohnraum generell abhängig von Grund und Boden und damit auch auf angespannten

II. Eigentum § 4

Wohnungsmärkten nicht beliebig reproduzierbar. Der Gesetzgeber hat die schutzwürdigen Interessen des Eigentümers und die Belange des Gemeinwohls in einen gerechten Ausgleich und in ein ausgewogenes Verhältnis gebracht. Bei der Abwägung der betroffenen Belange, insbesondere des Eigentums als Sicherung der Freiheit des Einzelnen im persönlichen Bereich einerseits und des Eigentums in seinem sozialen Bezug sowie seiner sozialen Funktion andererseits, verfügt der Gesetzgeber, angesichts des Umstands, dass sich grundrechtlich geschützte Positionen gegenüberstehen, über einen weiten Gestaltungsspielraum. Dieser wird durch die wirtschaftlichen und gesellschaftlichen Verhältnisse geprägt. Insbesondere kann der Gesetzgeber die jeweiligen Verhältnisse und Umstände auf dem Wohnungsmarkt berücksichtigen und dabei den unterschiedlich zu gewichtenden Interessen bei einer Miethöhenregulierung im Bereich von Bestandsmieten einerseits und Wiedervermietungsmieten andererseits Rechnung tragen. Die Grenzen dieses Gestaltungsspielraums überschreitet die in § 556d Abs. 1 BGB gefundene Regelung nicht. Zwar tragen Vermieterinnen und Vermieter für die von der Miethöhenregulierung betroffenen Wohnungen hohe, häufig kreditfinanzierte Investitionskosten, die sich über Mieteinnahmen nur über einen langen Zeitraum rentieren können und insoweit auf Langfristigkeit angelegt sind. Auf dem sozialpolitisch umstrittenen Gebiet des Mietrechts müssen Vermieterinnen und Vermieter aber mit häufigen Gesetzesänderungen rechnen und können nicht auf den Fortbestand einer ihnen günstigen Rechtslage vertrauen. Ihr Vertrauen, mit der Wohnung höchstmögliche Mieteinkünfte erzielen zu können, wird durch die Eigentumsgarantie nicht geschützt, weil ein solches Interesse seinerseits vom grundrechtlich geschützten Eigentum nicht umfasst wird. Verfahrensrechtlich sichert § 556d Abs. 2 BGB, dass die Miethöhenregulierung über das nach den gesetzgeberischen Zielen gebotene Maß nicht hinausgeht. Der Gesetzgeber durfte davon ausgehen, dass die zum Verordnungserlass berufene Landesregierung regelmäßig besser als der Bundesgesetzgeber beurteilen kann, ob in einer Stadt oder einem Stadtviertel eine Regulierung der Miethöhe bei Mietbeginn erforderlich ist. Die Beschränkung ihres Anwendungsbereichs auf Gemeinden oder Gemeindeteile mit angespannten Wohnungsmärkten (§ 556d Abs. 2 S. 2 BGB) gewährleistet zugleich eine Schonung des Vermietereigentums unter Wahrung der mit der Miethöhenregulierung verfolgten Ziele. Es beeinträchtigt das Vermietereigentum auch nicht unzumutbar, dass der Verordnungsgeber nach § 556d Abs. 2 S. 2 BGB den räumlichen Geltungsbereich der Miethöhenregulierung auf Teile einer Gemeinde beschränken kann. Zwar orientiert sich die Mietobergrenze an der ortsüblichen Vergleichsmiete, die nach § 558 Abs. 2 S. 1 BGB gemeindebezogen ermittelt wird. Diese bestimmt aber nicht den Anwendungsbereich der Miethöhenregulierung, sondern bildet lediglich einen am angestrebten Normalzustand orientierten Maßstab für die höchstzulässige Miete. § 556d Abs. 1 BGB schränkt auch die Nutzungsmöglichkeiten von Wohneigentum nicht unzumutbar ein. Die ortsübliche Vergleichsmiete sichert dem Vermieter einen am örtlichen Markt orientierten Mietzins, der die Wirtschaftlichkeit der Wohnung regelmäßig sicherstellen wird. § 556d Abs. 1 BGB entkoppelt die höchstzulässige Miete insofern nicht von der am unregulierten Markt erzielbaren Miete. Zudem werden die Auswirkungen der Miethöhenregulierung dadurch abgemildert, dass § 556d Abs. 1 BGB einen zehnprozentigen Aufschlag auf die ortsübliche Vergleichsmiete zulässt, und dass die Miethöhenregulierung auch in den einer Verordnung nach § 556d Abs. 2 S. 1 BGB unterworfenen Gebieten keine uneingeschränkte Geltung beansprucht. Überdies tragen die zeitliche Beschränkung und die Ausnahmeregelungen den berechtigten Vermieterinteressen Rechnung, so dass die Angemessenheit der Regelung insgesamt gegeben ist. ◄

III. Gleichbehandlung

58 Von zentraler Bedeutung im Bereich der Wirtschaft ist schließlich der allgemeine Gleichheitssatz. Art. 3 Abs. 1 GG, Art. 20 EuGRC und Art. 26 S. 1 IPbpR gewährleisten übereinstimmend das Gebot der Gleichheit aller Menschen vor dem Gesetz. Dies gilt entsprechend auch für juristische Personen.

Der allgemeine Gleichheitssatz wird in den Grundrechtsgewährleistungen durch besondere Gleichheitssätze ergänzt. Diese setzen an spezifischen Gründen für Ungleichbehandlungen an, zB Religion, Herkunft etc, und verbieten deren Verwendung als Rechtfertigungsgrund. Art. 14 EMRK normiert ebenfalls ein an Geschlecht, Rasse, Hautfarbe, Sprache, Religion, Anschauungen, Herkunft, Zugehörigkeit zu einer nationalen Minderheit, Vermögen, Geburt oder sonstigem Status anknüpfendes Diskriminierungsverbot im Hinblick auf die Gewährleistungen der EMRK.

59 Anders als freiheitsrechtliche Grundrechtsgewährleistungen wie Berufs- und Eigentumsfreiheit verfügt der allgemeine Gleichheitssatz über keinen spezifischen Schutzbereich. Er verbietet vielmehr umfassend grundlose rechtliche Ungleichbehandlungen, ohne eine Uniformität aller Menschen zu fordern. Der allgemeine Gleichheitssatz gilt daher nicht nur in tatbestandlich genau umrissenen Situationen, sondern bindet die Ausübung von Hoheitsgewalt jederzeit und in jeder Lage. Infolgedessen kann der allgemeine Gleichheitssatz in sehr verschiedenen Kontexten als Maßstab für hoheitliches Handeln dienen, so etwa bei einer unterschiedlichen Besteuerung, differenzierenden Genehmigungserfordernissen für spezifische Gewerbe (→ § 5 Rn. 27 ff.) oder abweichenden Verhaltensanforderungen.

Diese Besonderheit des Gewährleistungsgehalts schlägt sich auch auf die Prüfung des Grundrechts nieder. Dieses ist verletzt, wenn (1.) eine Ungleichbehandlung durch eine grundrechtsverpflichtete Stelle erfolgt, die (2.) keiner Rechtfertigung zugänglich ist.

1. Feststellung der Ungleichbehandlung

60 Eine rechtlich relevante Ungleichbehandlung liegt nicht stets bei einer unterschiedlichen Behandlung von Grundrechtsträgern vor. Eine Ungleichbehandlung kann vielmehr nur im Verhältnis zu einer geeigneten Vergleichsgruppe bejaht werden, wenn sie auf ein und denselben Hoheitsträger zurückgeht. Beide Voraussetzungen können dazu führen, dass eine tatsächliche nicht auch als rechtliche Ungleichbehandlung zu qualifizieren ist. Ist dies der Fall, bedarf es auch keiner verfassungsrechtlichen Rechtfertigung mehr.

61 Von wesentlicher Bedeutung ist zunächst die Bestimmung der maßgeblichen Vergleichsgruppe. Die Betrachtung eines einzigen Grundrechtsträgers ist für das Gleichbehandlungsgebot nicht weiterführend. Vielmehr bedarf es stets eines Vergleichs mit einem anderen Grundrechtsträger als Grundlage für die Feststellung einer Gleich- oder Ungleichbehandlung. Entscheidend hierfür ist auch die Auswahl der maßgeblichen Vergleichsgruppe. Dabei kommt dem Gesetzgeber ein gewisser Spielraum zu.[78]

Im Gewerberecht finden sich neben nur anzeigepflichtigen auch genehmigungsbedürftige gewerbliche Betätigungen (→ § 5 Rn. 20 ff.), zB für das Angebot von Spielen mit Gewinnmöglichkeit, §§ 33c ff. GewO. Ob darin eine Ungleichbehandlung liegt, hängt davon ab, ob – was im Kontext der Gewerbeordnung nahe liegt – alle Gewerbetreibenden oder nur die stets Genehmigungspflichten unterliegenden Glücksspielanbieter als Vergleichsgruppe heranzuziehen sind.

---

[78] BVerfGE 52, 277 (280); 85, 238 (244).

III. Gleichbehandlung § 4

Des Weiteren sind Ungleichbehandlungen nur durch denselben Hoheitsträger möglich. Bund, Länder und Kommunen sind dabei in Deutschland als getrennte Gleichheitsräume anzusehen.[79] Behandeln verschiedene Hoheitsträger Bürger unterschiedlich, liegt darin allein eine faktische, nicht aber eine rechtliche Ungleichbehandlung. Unterschiedliche Gewerbesteuersätze in verschiedenen Kommunen begründen daher keine am allgemeinen Gleichheitssatz zu messende Ungleichbehandlung der betroffenen Unternehmen. Gleiches gilt für den Fall, dass die Landesbauordnungen unterschiedliche Voraussetzungen für die Erteilung von Baugenehmigungen enthalten. Führt dies bei identischen Situationen dazu, dass in einem Land die beantragte Baugenehmigung erteilt, im anderen aber abgelehnt wird, ist dies nicht als rechtlich relevante Ungleichbehandlung zu qualifizieren. Anders ist dies, wenn die Entscheidung innerhalb eines Landes unterschiedlich ausfällt, wobei es nicht darauf ankommt, ob die Differenzierung im Gesetz oder in dessen Vollzug begründet ist. Auch darf der Bund bei seiner Gesetzgebung nur bundesweit einheitliche Regelungen treffen. 62

Die Trennung der Gleichheitsräume hat im Verhältnis zur EU zur Folge, dass Inländerdiskriminierungen in Deutschland nicht als rechtlich relevante Ungleichbehandlungen zu qualifizieren sind. Eine Gleichstellung der Rechtsposition der eigenen Staatsangehörigen mit Unionsbürgern, die von ihren Grundfreiheiten Gebrauch machen, ist verfassungsrechtlich nicht geboten, da diese tatsächliche Ungleichbehandlung auf unterschiedliche Hoheitsträger zurückgeht. Eine Bindung an den Gleichheitssatz[80] besteht jeweils nur in Bezug auf das eigene Handeln, nicht aber im Gegenseitigkeitsverhältnis. Die sich in der Inländerdiskriminierung niederschlagenden Wertungsdifferenzen bleiben daher für die rechtliche Bewertung am Maßstab des allgemeinen Gleichheitssatzes unberücksichtigt.[81] 63

Folge ist, dass der handwerksrechtliche Meisterzwang (nur) für deutsche Handwerker aus verfassungsrechtlicher Perspektive weiterhin Bestand haben kann. Dass Handwerker aus anderen EU-Mitgliedstaaten auch ohne Meisterbrief in Deutschland selbstständig ein Handwerk betreiben können, das im Übrigen dem Meisterzwang unterliegt (→ § 5 Rn. 122 ff.), folgt aus der Wirkung der Grundfreiheiten als Beschränkungsverbote (→ § 3 Rn. 6). Da diese für deutsche Handwerker jedoch typischerweise mangels grenzüberschreitenden Sachverhalts gerade keine Anwendung finden, kann der deutsche Gesetzgeber eigenständig Regeln setzen, auch wenn diese zu ihrer tatsächlichen Schlechterstellung führen. Dass das Europarecht maßgeblich auf die EU-Mitgliedstaaten und somit auch auf die Bundesrepublik Deutschland zurückgeht, findet nach diesem Verständnis keine Berücksichtigung.

2. Rechtfertigung

Allein die Feststellung einer Ungleichbehandlung führt nicht zu einem Verstoß gegen den allgemeinen Gleichheitssatz. Ebenso wie Eingriffe in Freiheitsrechte können auch Ungleichbehandlungen gerechtfertigt werden. Von vornherein ausgeschlossen sind jedoch alle Rechtfertigungsgründe, die besonderen Gleichheitsrechten widersprechen. 64

Herkömmlich erfolgt die Rechtfertigung von Ungleichbehandlungen mittels einer Willkürprüfung. Danach darf wesentlich Gleiches nicht willkürlich ungleich und wesent- 65

---

[79] Vgl. bereits BVerfGE 21, 54 (68).
[80] BVerwGE 149, 265 Rn. 45, verweist gleichwohl auf die Annäherung der Voraussetzungen durch § 7b HwO, dessen Gleichheitskonformität im Verhältnis zu § 9 HwO nach BVerwGE 140, 276 Rn. 41 ff. gegeben ist.
[81] Vgl. BVerwGE 140, 276; siehe auch BVerfG Beschl. v. 15.12.2016 – 2 BvR 222/11, Rn. 47.

lich Ungleiches nicht willkürlich gleichbehandelt werden. Entscheidend für die Rechtfertigung ist mithin die Existenz eines sachlichen Grundes für die Differenzierung.[82]

Wird hinsichtlich der Genehmigungspflicht für Glücksspielanbieter auf alle Gewerbetreibenden als Vergleichsgruppe abgestellt (→ Rn. 61), liegt eine Ungleichbehandlung vor, die der Rechtfertigung bedarf. Als Differenzierungskriterium kommen vorliegend die mit dem Glücksspiel verbundenen besonderen Gefahren (Betrug zulasten der Spieler, Erzeugung von Spielsucht) in Betracht. Diese bilden einen hinreichenden sachlichen Grund, so dass die Ungleichbehandlung gerechtfertigt ist. Entsprechend lassen sich die mit subjektiven Berufszulassungsregelungen (→ Rn. 19) verbundenen Differenzierungen rechtfertigen. Dass der Zugang zum Beruf des Arztes oder Rechtsanwalts nur dem examinierten Mediziner bzw. Juristen offen steht, stellt zwar gegenüber allen anderen Berufsinteressenten eine Ungleichbehandlung dar. Dies knüpft aber an der individuellen Ausbildung an, welche wiederum spezifische Fähigkeiten vermittelt, die ihrerseits für die ordnungsgemäße und für die Allgemeinheit gefahrlose Berufsausübung unabdingbar sind.

66 Der Gesetzgeber verfügt gleichwohl in gewissem Umfang über Entscheidungsspielräume. Typisierungen, Gruppierungen und Stichtagsregelungen sind grundsätzlich zulässig, auch wenn sie Ungleichbehandlungen mit sich bringen. Dies ist unumgänglich, um dem Gesetzgeber überhaupt ein Tätigwerden zu ermöglichen.[83]

Eine gesetzliche Anhebung des Grunderwerbsteuersatzes differenziert unvermeidlich zwischen denjenigen Immobilienkäufern, die vor und nach dem Termin ihres Inkrafttretens Grundeigentum erwerben. Einen sachlichen Grund für die Festlegung gerade dieses spezifischen Termins für die Rechtsänderung gibt es regelmäßig nicht. Damit der demokratisch legitimierte Gesetzgeber jedoch das Regelungsziel und die damit verbundenen politischen Ziele erreichen kann, ist diese Ungleichbehandlung hinzunehmen.

67 Bei der Rechtsanwendung gelten dagegen strengere Maßstäbe.[84] Die Verwaltung ist verpflichtet, Bürger bei dem Gesetzesvollzug und ihrem sonstigen Handeln gleich zu behandeln. Eine Ungleichbehandlung bei übereinstimmender Situation und Rechtslage ist grundsätzlich keiner Rechtfertigung zugänglich. Dies hat zur Folge, dass die Verwaltung auch bei Fehlen eines aussagekräftigen Normprogramms und der daraus folgenden Gesetzesbindung nicht unterschiedlich vorgehen darf. Aufgrund des allgemeinen Gleichheitssatzes ist sie in diesem Falle grundsätzlich verpflichtet, ihr bisheriges Verhalten fortzuführen (Selbstbindung).[85] Eine Einschränkung ist nur insoweit anerkannt, als rechtswidriges Verhalten keine entsprechende Bindungswirkung entfalten kann („keine Gleichheit im Unrecht")[86] und generelle Änderungen der Verwaltungspraxis nicht ausgeschlossen sind.[87] Schließlich entfaltet der Gleichheitssatz auch Wirkungen im Verwaltungs- wie auch im Gerichtsverfahren und steht insoweit unterschiedlichen Behandlungen der beteiligten Grundrechtsträger entgegen, zB im Hinblick auf Informationserteilung und Äußerungsmöglichkeiten.

68 Während die Willkürprüfung für die überstaatlichen Gewährleistungen des allgemeinen Gleichheitssatzes nach wie vor als wesentlicher Maßstab für die Rechtfertigung von Ungleichbehandlungen dient, hat das BVerfG seine Anwendung in Bezug auf

---

82 Vgl. bereits BVerfGE 1, 14 (52).
83 Siehe nur *Kischel*, in: Epping/Hillgruber, BeckOK GG, Art. 3 Rn. 121 ff.
84 Dazu *Heun*, in: Dreier, GG I, Art. 3 Rn. 56, 62; *Kirchhof*, in: Dürig/Herzog/Scholz, GG, Art. 3 Abs. 1 Rn. 182.
85 Siehe etwa BVerwGE 118, 379 (384).
86 BVerfGE 9, 213 (223); 50, 142 (166).
87 Vgl. zur Änderung einer Sperrzeitregelung VGH Mannheim, NVwZ-RR 2019, 774.

III. Gleichbehandlung § 4

Art. 3 Abs. 1 GG auf Ungleichbehandlungen reduziert, die an individuell beeinflussbaren Umständen anknüpfen oder hoch komplexe Sachverhalte betreffen.
Bei der Anknüpfung an individuell beeinflussbaren Umständen hat es der Grundrechtsträger letztlich in der Hand, ob er sich der Ungleichbehandlung aussetzt oder entzieht. So kann ein Gewerbetreibender frei entscheiden, ob er ein genehmigungsfreies oder -pflichtiges Gewerbe betreiben will. Bei hoher Komplexität eines Sachverhalts, etwa einer Prüfungsentscheidung durch eine Kommission oder einer Überprüfung, die technischen Sachverstand erfordert, ist der Richter zu einer genaueren Kontrolle weder in der Lage noch befugt, seine Wertungen an diejenigen der entscheidungsbefugten Stellen zu setzen.

Jenseits dessen führt das BVerfG auch zur Rechtfertigung von Ungleichbehandlungen eine Verhältnismäßigkeitsprüfung durch. Diese kommt insbesondere bei Ungleichbehandlungen zum Tragen, die an unmittelbar personengebundene Merkmale anknüpfen. 69

Ein Beispiel sind gesetzlich festgelegte Altersgrenzen für die Ausübung einer beruflichen Tätigkeit, zB als Pilot. Das Überschreiten der Altersgrenze durch den Grundrechtsträger führt dazu, dass er im Gegensatz zu jüngeren Berufsträgern seinen Beruf nicht mehr ausüben kann. Da das individuelle Lebensalter kein Umstand ist, den der Einzelne beeinflussen kann, ist diese Ungleichbehandlung nicht nur am groben Maßstab der Willkürformel zu messen, sondern auf ihre Verhältnismäßigkeit hin zu untersuchen. Die Ergebnisse dieser Prüfungen können durchaus abweichen. So ließe sich die Ungleichbehandlung im vorliegenden Fall auf Grundlage der Willkürprüfung dadurch rechtfertigen, dass die Leistungsfähigkeit von Piloten ab einem bestimmten Alter typischerweise abnimmt. Es läge daher im Hinblick auf die damit einhergehenden Gefahren für den Flugverkehr ein sachlicher Grund für die Differenzierung vor. Wird hingegen der Maßstab der Verhältnismäßigkeit angelegt, genügt diese allgemeine Erwägung nicht, um die Altersgrenze in jedem Falle und ohne Ansehung der individuellen Fähigkeiten zu rechtfertigen.[88]

Diese sog. „Neue Formel" ist weitaus präziser als die überkommene Willkürprüfung. Ein Verstoß gegen den allgemeinen Gleichheitssatz ist danach gegeben, wenn Gruppen ungleich behandelt werden, „obwohl zwischen diesen keine Unterschiede von solcher Art und solchem Gewicht bestehen, dass sie die ungleiche Behandlung rechtfertigen können".[89] Entscheidend ist mithin, ob die Ungleichbehandlung einem legitimen Ziel dient, zu dessen Erreichung sie geeignet und erforderlich ist und schließlich insgesamt unter Abwägung aller betroffenen Rechtspositionen und Interessen angemessen ist. 70

In seiner neueren Rechtsprechung fasst das BVerfG den an Ungleichbehandlungen anzulegenden Maßstab wie folgt: „Der allgemeine Gleichheitssatz des Art. 3 Abs. 1 GG gebietet dem Normgeber, wesentlich Gleiches gleich und wesentlich Ungleiches ungleich zu behandeln (vgl. BVerfGE 98, 365 [385]; stRspr). Er gilt sowohl für ungleiche Belastungen als auch für ungleiche Begünstigungen (vgl. BVerfGE 79, 1 [17]; 126, 400 [416] mwN). Verboten ist auch ein gleichheitswidriger Ausschluss (vgl. BVerfGE 93, 386 [396]; 105, 73 [110 ff., 133]), bei dem eine Begünstigung dem einem Personenkreis gewährt, dem anderen aber vorenthalten wird (vgl. BVerfGE 110, 412 [431]; 112, 164 [174]; 126, 400 [416] mwN). Aus dem allgemeinen Gleichheitssatz ergeben sich je nach Regelungsgegenstand und Differenzierungsmerkmalen unterschiedliche Grenzen für den Gesetzgeber, die von gelockerten auf das Willkürverbot beschränkten Bindungen bis hin zu strengen Verhältnismäßigkeitserfordernissen reichen können (vgl. BVerfGE 117, 1 [30]; 122, 1 [23]; 126, 400 [416] mwN). Differenzierungen bedürfen stets der Rechtfertigung durch Sachgründe, die dem Differenzierungsziel und dem Ausmaß der Ungleichbehandlung

---

[88] Vgl. mit Bezug zur Gleichbehandlungsrahmenrichtlinie 2000/78/EG EuGH, NZA 2011, 1039 Rn. 65 ff. – Prigge ua.
[89] BVerfGE 55, 72.

angemessen sind. Art. 3 Abs. 1 GG gebietet nicht nur, dass die Ungleichbehandlung an ein der Art nach sachlich gerechtfertigtes Unterscheidungskriterium anknüpft, sondern verlangt auch für das Maß der Differenzierung einen inneren Zusammenhang zwischen den vorgefundenen Verschiedenheiten und der differenzierenden Regelung, der sich als sachlich vertretbarer Unterscheidungsgesichtspunkt von hinreichendem Gewicht erweist (vgl. BVerfGE 124, 199 [220]). Der Gleichheitssatz ist dann verletzt, wenn eine Gruppe von Normadressaten oder Normbetroffenen im Vergleich zu einer anderen anders behandelt wird, obwohl zwischen beiden Gruppen keine Unterschiede von solcher Art und solchem Gewicht bestehen, dass sie die unterschiedliche Behandlung rechtfertigen können (vgl. BVerfGE 55, 72 [88]; 88, 87 [97]; 93, 386 [397]; 99, 367 [389]; 105, 73 [110]; 107, 27 [46]; 110, 412 [432]). Dabei gilt ein stufenloser am Grundsatz der Verhältnismäßigkeit orientierter verfassungsrechtlicher Prüfungsmaßstab, dessen Inhalt und Grenzen sich nicht abstrakt, sondern nur nach den jeweils betroffenen unterschiedlichen Sach- und Regelungsbereichen bestimmen lassen (vgl. BVerfGE 75, 108 [157]; 93, 319 [348f.]; 107, 27 [46]; 126, 400 [416] mwN). Eine strengere Bindung des Gesetzgebers ist insbesondere anzunehmen, wenn die Differenzierung an Persönlichkeitsmerkmale anknüpft, wobei sich die verfassungsrechtlichen Anforderungen umso mehr verschärfen, je weniger die Merkmale für den Einzelnen verfügbar sind (vgl. BVerfGE 88, 87 [96]) oder je mehr sie sich denen des Art. 3 Abs. 3 GG annähern (vgl. BVerfGE 124, 199 [220]). Eine strengere Bindung des Gesetzgebers kann sich auch aus den jeweils betroffenen Freiheitsrechten ergeben (vgl. BVerfGE 88, 87 [96]). Im Übrigen hängt das Maß der Bindung unter anderem davon ab, inwieweit die Betroffenen in der Lage sind, durch ihr Verhalten die Verwirklichung der Kriterien zu beeinflussen, nach denen unterschieden wird (vgl. BVerfGE 88, 87 [96]; 127, 263 [280])."[90]

IV. Wiederholungs- und Verständnisfragen

1. Welche Grundrechte sind im Bereich des öffentlichen Wirtschaftsrechts von besonderer Bedeutung? (→ Rn. 3, 31, 58)
2. Wo ist die Berufsfreiheit geregelt? (→ Rn. 3)
3. Was ist ein Beruf? (→ Rn. 5 ff.)
4. Unter welchen Voraussetzungen kann die Berufsfreiheit eingeschränkt werden? Welche Dogmatik hat das BVerfG hierzu entwickelt? (→ Rn. 18 ff.)
5. Was ist Eigentum und welche Besonderheit besteht hinsichtlich seines grundrechtlichen Schutzes? (→ Rn. 33 ff.)
6. Welche Eigentumsverkürzungen sind zu unterscheiden? (→ Rn. 42 ff.)
7. Unter welchen Voraussetzungen ist eine Enteignung zulässig? (→ Rn. 51 ff.)
8. Welche Besonderheiten ergeben sich bei der Prüfung des Gleichheitsgrundrechts gegenüber anderen Grundrechten? (→ Rn. 59)
9. Wann liegt eine verfassungsrechtlich relevante Ungleichbehandlung vor? (→ Rn. 60 ff.)
10. Was versteht man unter einer Inländerdiskriminierung und wie ist sie verfassungsrechtlich zu beurteilen? (→ Rn. 63)
11. Wie erfolgt die Willkürprüfung und wann kommt sie zur Anwendung? (→ Rn. 65 ff.)
12. Warum ist die Verwaltung bei der Rechtsanwendung strengeren Rechtfertigungsanforderungen unterworfen als der Gesetzgeber? (→ Rn. 67)
13. Was ist die „Neue Formel"? (→ Rn. 69 f.)

---

90 BVerfGE 129, 49 (68 f.).

IV. Wiederholungs- und Verständnisfragen § 4

Zur Vertiefung: *Achatz,* Grundrechtliche Freiheit im Wettbewerb: eine grundrechtsdogmatische Studie zur Verarbeitung von staatlichen Einflüssen auf das Umfeld wirtschaftlicher Betätigung, 2003; *Albers,* Gleichheit und Verhältnismäßigkeit, JuS 2008, 945 ff.; *Borrmann,* Der Schutz der Berufsfreiheit im deutschen Verfassungsrecht und im europäischen Gemeinschaftsrecht. Eine rechtsvergleichende Studie, 2002; *Cloppenburg,* Erwerbsgrundrechte im Unionsrecht. Zum Verhältnis der Berufsfreiheit und der unternehmerischen Freiheit in der Charta der Grundrechte der Europäischen Union, 2020; *Ehlers* (Hrsg.), Europäische Grundrechte und Grundfreiheiten, 4. Aufl. 2015; *Epping,* Grundrechte, 9. Aufl. 2021; *Glos,* Die deutsche Berufsfreiheit und die europäischen Grundfreiheiten: ein Strukturvergleich, 2003; *Grabenwarter* (Hrsg.), Enzyklopädie Europarecht II: Europäischer Grundrechteschutz, 2. Aufl. 2021; *Greiner/Kalle,* Gleichbehandlung als Produkt der Freiheits- oder der Gleichheitsrechte? Zur Drittwirkung nach der Stadionverbotsentscheidung, JZ 2022, 542; *Isensee/Kirchhof* (Hrsg.), Handbuch des Staatsrechts VIII und IX, 3. Aufl. 2010 und 2011; *Jochum/Durner,* Grundfälle zu Art. 14 GG, JuS 2005, 220 ff., 320 ff., 412 ff.; *Kulick,* Weniger Staat wagen. Zur Geltung der Grundrechte zwischen Privaten, AöR 145 (2020), 649; *Lorenzen,* Grundlagen des Europarechts (Teil I): Europäische Grundrechte, Jura 2021, 482; *Papier,* Der Stand des verfassungsrechtlichen Eigentumsschutzes, in: Depenheuer (Hrsg.), Eigentum, 2005, S. 93 ff.; *Rixen,* Das Verfassungsrecht als vergessener Rahmen der Gewerbeordnung, GewArch 2020, 121; *Stern,* Die Mehrdimensionalität von Grundrechtsregimen in Europa: ein Beitrag zum Verhältnis von Grundrechte-Charta und Konvention zum Schutz der Menschenrechte und Grundfreiheiten zu den Grundrechten des Grundgesetzes, in: FS Schwarze, 2014, S. 244 ff.; *von Arnauld,* Enteignender und enteignungsgleicher Eingriff heute, VerwArch 2002, 394 ff.

TEIL 2: MARKTAUFSICHT UND -ORDNUNG

§ 5 Gewerberecht

1 Das Gewerberecht bildet seit jeher den Kernbereich des Wirtschaftsverwaltungsrechts und damit zugleich einen der zentralen Bestandteile des öffentlichen Wirtschaftsrechts. Als dem Recht der selbstständigen wirtschaftlichen Betätigung kommt ihm im Wirtschaftsleben eine hohe praktische Bedeutung zu.

2 Anders als Bezeichnung und Gegenstand vermuten lassen, ist das heutige Gewerberecht keine einheitliche Rechtsmaterie. Vielmehr lässt sich grundlegend zwischen dem allgemeinen und dem besonderen Gewerberecht unterscheiden. Das allgemeine Gewerberecht ist im Wesentlichen in der Gewerbeordnung (GewO) enthalten. Das besondere Gewerberecht setzt sich aus einer Vielzahl bereichsspezifischer Rechtsnormen zusammen, die jeweils bestimmte Tätigkeitsbereiche betreffen. Praktisch bedeutsam und zugleich von juristischem Interesse sind diesbezüglich etwa das Handwerks- und (wieder) das Personenbeförderungsrecht (→ Rn. 110 ff., 162 ff.). Als weitere traditionelle Bereiche, die im Zuge von Liberalisierung und Deregulierung etwas an Bedeutung verloren haben, sind das Gaststättenrecht, das seit der Föderalismusreform I (2006) der Regelungskompetenz der Länder zugewiesen ist (→ Rn. 142), und das Güterkraftverkehrsrecht[1] zu nennen. Darüber hinaus enthält auch die GewO einige tätigkeitsspezifische Vorgaben, zB für das Bewachungs- und das Glücksspielgewerbe (→ Rn. 28 ff.), die ungeachtet ihrer normativen Verankerung materiell dem besonderen Gewerberecht zuzurechnen sind.

3 In seiner Gesamtheit ist das Gewerberecht stark europarechtlich determiniert. Die Vorschriften des deutschen Gewerberechts setzen zahlreiche EU-Richtlinien um, die ihrerseits zumeist der Verwirklichung des Binnenmarktes (→ § 2 Rn. 3 ff.) dienen. Aufgrund von häufigen Umsetzungsdefiziten in den EU-Mitgliedstaaten geht die EU jedoch in neuerer Zeit zunehmend dazu über, unmittelbar anwendbare Verordnungen anstelle von umsetzungsbedürftigen Richtlinien zu erlassen.

Die Rechtsanwendung wird dadurch tendenziell schwieriger, da die normative Einheit der relevanten Vorschriften und damit deren sofortige Erkennbarkeit verloren geht. Dies gilt umso mehr, als es aus Gründen der mitgliedstaatlichen Vollzugszuständigkeit nahezu ausnahmslos ergänzender Vorschriften bedarf und die Verordnungen überdies zumeist „richtlinienähnlich" und daher auch in materieller Hinsicht auf eine Ergänzung durch mitgliedstaatliches Recht angewiesen sind. Im Personenbeförderungsrecht tritt diese Regelungstechnik deutlich zu Tage (→ Rn. 180 ff.).

I. Allgemeines Gewerberecht

▶ **Fall 4:**[2] A betreibt seit Herbst 2016 in Jena einen Lebensmittelladen, in dem er u.a. Frischfleisch und Gemüse verkauft. Sein Laden befindet sich in unmittelbarer Nachbarschaft zu den Büroräumen des Versicherungsvertreters B, mit dem er seit ihrer gemeinsamen Grundschulzeit befreundet ist. B ist nicht nur beruflich höchst erfolgreich, sondern auch glücklich, da es ihm bei der Silvesterparty 2019 nach Jahren des erfolglosen Werbens

---

1 Dazu *Knauff*, DVBl. 2011, 727 ff.; *Müller-Eiselt*, VR 2012, 9 ff.
2 Nach OVG Münster Beschl. v. 31.3.2017 – 4 B 31/17.

I. Allgemeines Gewerberecht § 5

endlich gelungen ist, Y, die bis dahin die Freundin des Gerüstbauers D war, davon zu überzeugen, diesen zu verlassen und mit ihm in eine gemeinsame Zukunft zu gehen.

Letzteres bleibt nicht folgenlos: Am Mittag des 19.1.2020 versammeln sich in der – ebenfalls in unmittelbarer Nähe gelegenen und höchst angesagten – Matanzas-Bar der D, dessen Bruder und sieben weitere Männer. Sie bewaffnen sich mit Teleskopschlagstöcken und Reizgas und begeben sich zu den Büroräumen des B, um diesem „zu zeigen, wo der Hammer hängt," und Y damit zugleich klarzumachen, „mit was für einem Weichei" sie sich eingelassen habe.

Zum Zeitpunkt des Eintreffens der Gruppe um D halten sich darin der B, zwei seiner Angestellten und drei Kunden sowie zufällig auch der A auf. Absprachegemäß beginnt die Gruppe um D, Mobiliar auf die anwesenden Personen zu werfen, wendet Gewalt gegen diese und die Einrichtung der Räumlichkeiten an. Dabei werden auch die mitgeführten Waffen eingesetzt. Nachdem sie innerhalb von fünf Minuten das Büro des B vollständig verwüstet und diesem eine „ordentliche Abreibung verpasst" haben, kehren sie geschlossen in die Matanzas-Bar zurück, um die erfolgreiche Aktion zu feiern.

Den darauffolgenden Tathergang fasst ein später erstellter Polizeibericht wie folgt zutreffend zusammen: „Kurze Zeit nach dem Angriff auf die Personen in den Büroräumen des B, alarmiert B die Polizei. Zwischenzeitlich bewaffnet sich A in seinem Lebensmittelladen mit einem Fleischerhackbeil und -messer und eilt daraufhin zusammen mit B sowie dessen beiden Angestellten zur Matanzas-Bar. Zu diesem Zeitpunkt befinden sich in der Matanzas-Bar der D, dessen Bruder, die sieben an dem Überfall beteiligten Personen, elf Gäste und zwei Angestellte. Dort angekommen nimmt A eine drohende Haltung ein und beginnt mit dem Hackbeil auf die Theke und das Inventar einzuschlagen, wobei ein mehr als nur unerheblicher Sachschaden entsteht. Dabei werden vier Personen (drei Gäste und ein Angestellter) leicht verletzt. Bei Eintreffen der Polizei ist A nicht freiwillig dazu bereit, das Fleischerhackbeil aus der Hand zu legen, sondern muss hierzu unter Einsatz eines Polizeihundes gezwungen werden."

Hinsichtlich des Hergangs der beiderseitigen Angriffe sowie des Ursprungs der Verletzungen bringt A nichts Abweichendes vor. Einzig gibt er bei der Polizei an, die Tätergruppe verfolgt, in der Bar gestellt und sie dort bis zum Eintreffen der Polizei in Schach gehalten zu haben, um eine polizeiliche Verfolgung der vorangegangenen Taten zu ermöglichen. Aufgrund der Zeitabstände zwischen dem Angriff der Gruppe um D auf die Büroräume des B, deren zwischenzeitlichem Rückzug in die Matanzas-Bar und dem Zeitpunkt des drohenden Gebarens des A in der Matanzas-Bar, verneint die Polizei in dem Bericht jedoch – folgerichtig – das Vorliegen einer Notwehrlage (§ 32 Abs. 2 StGB), eines Notwehrexzesses sowie einer Putativnotwehr und geht demgegenüber von einer Vergeltungsaktion aus.

Als die zuständige Gewerbebehörde von den Vorfällen erfährt, erwägt deren Leiterin die Ergreifung von Maßnahmen gegen A. Zwar sei dieser bis zu dem Vorfall vom 19.1.2020 „unbescholten" gewesen und das Ermittlungsverfahren ruhe derzeit – habe also (noch) keine relevanten Erkenntnisse liefern können. Wer sich aber so gewaltbereit präsentiere und augenscheinlich das „Recht in die eigene Hand" nehme, könne wohl nicht länger auf Kunden „losgelassen" werden. Hierfür müsse es doch auch schon vor einer strafrechtlichen Sanktionierung möglich sein, dem Auftreten des A gewerberechtliche Konsequenzen folgen zu lassen.

Welche Möglichkeiten des Vorgehens gegen A bietet das Gewerberecht? ◀

§ 5 Gewerberecht

4 Ausgehend vom materiellen Grundsatz der Gewerbefreiheit normiert die GewO die grundlegenden Regeln für das stehende, das Reise- und das Marktgewerbe. Sie erfasst damit im Ausgangspunkt alle Erscheinungsformen gewerblicher Betätigung. Ergänzend enthält die GewO einige arbeitsrechtliche und verwaltungsorganisatorische Bestimmungen sowie die im besonderen Verwaltungsrecht häufigen Ordnungswidrigkeitsvorschriften zur Sanktionierung von Verstößen. Punktuell werden diese Vorgaben tätigkeitsspezifisch durch Regelungen des besonderen Gewerberechts teils ergänzt, teils verdrängt.

1. Gewerbebegriff und Anwendungsbereich der GewO

5 Trotz seiner zentralen Bedeutung enthält die GewO keine Legaldefinition des Gewerbebegriffs. Es ist jedoch anerkannt, dass unter einem Gewerbe jede nicht sozial unwertige (erlaubte), auf Gewinnerzielung gerichtete und auf Dauer angelegte selbstständige Tätigkeit jenseits der Urproduktion, der freien Berufe und der Verwaltung eigenen Vermögens zu verstehen ist.[3] Diese Definition stimmt weithin mit derjenigen des Berufs iSv Art. 12 Abs. 1 GG überein und entspricht dieser auch im Hinblick auf das Verständnis der verwendeten Begrifflichkeit (→ § 4 Rn. 5 ff.), unterscheidet sich von dieser aber dadurch, dass nur selbstständige Tätigkeiten erfasst werden.

Die Ausübung eines Gewerbes ist daher stets zugleich Ausübung eines Berufes im verfassungsrechtlichen Sinne. Umgekehrt gilt dies nicht.[4]

6 Für die Bestimmung der für das Vorliegen eines Gewerbes konstitutiven Selbstständigkeit kann auf § 84 Abs. 1 S. 2 HGB zurückgegriffen werden. Danach ist selbstständig, „wer im wesentlichen frei seine Tätigkeit gestalten und seine Arbeitszeit bestimmen kann." Der betreffende Beruf wird mithin auf eigene Verantwortung und insbesondere nicht im Rahmen eines bestehenden Arbeitsverhältnisses ausgeübt.[5] Typische Merkmale einer selbstständigen Betätigung sind neben der freien Zeiteinteilung die Weisungsfreiheit als weiterem Ausdruck der freien Gestaltung sowie die Existenz wirtschaftlicher Chancen und Risiken.[6]

Diese theoretisch klare Abgrenzung kann in der praktischen Anwendung allerdings Schwierigkeiten aufwerfen. In verschiedenen Branchen, etwa dem Hochbau, ist die Beauftragung von „Scheinselbstständigen" mit der Erbringung klar vorgegebener Tätigkeiten oder Erfolge unter Weisungsabhängigkeit auf Grundlage von Dienst- und Werkverträgen verbreitet. Eine solche faktische Arbeitnehmerstellung ist nicht nur in sozialversicherungsrechtlichem Kontext, sondern auch für die Bestimmung des Anwendungsbereichs der GewO und ihres Instrumentariums relevant. Die Unterscheidung zwischen echten gewerblichen und tatsächlich abhängigen Tätigkeiten ist anhand einer Gesamtbewertung vorzunehmen.[7]

7 Auch bei gegebener Selbstständigkeit sind nach der vorstehenden Definition die Urproduktion, freiberufliche Tätigkeiten sowie die Verwaltung eigenen Vermögens nicht als Gewerbe zu qualifizieren, so dass es diesbezüglicher Abgrenzungen bedarf. Diese Unterscheidungen beruhen maßgeblich auf einer traditionell unterschiedlichen Wahr-

---

3 Exemplarisch BVerwG, NJW 2008, 1974; ausführlich dazu *Eisenmenger*, in: Landmann/Rohmer, GewO, § 1 Rn. 3 ff.
4 Zur Bedeutung der Berufsfreiheit im Kontext des Gewerberechts Pielow, in: ders., BeckOK GewO, § 1 Rn. 77 ff.
5 Vgl. *Winkler*, in: Ennuschat/Wank/Winkler, GewO, § 1 Rn. 28 ff.
6 BAG, NZA 1998, 1336 (1338); *Wank*, NZA 1999, 225 (226 f.).
7 BVerwG, NJW 1977, 1250.

I. Allgemeines Gewerberecht § 5

nehmung der genannten Wirtschaftsbereiche und sind nur in geringem Maße sachlich begründet.

Unter den Begriff der Urproduktion sind die Land- und Forstwirtschaft, die in § 6 Abs. 1 S. 1 GewO neben der Viehzucht zur Negativabgrenzung des Anwendungsbereichs der GewO in Bezug genommen Fischerei, das Jagdwesen und der Bergbau zu fassen.[8] Es handelt sich um Tätigkeiten, deren Erträge unmittelbar aus der lebenden und nicht lebenden, ggf. menschlich beeinflussten Natur entnommen werden. Für die Urproduktion bestehen sektorspezifische Sonderregeln, etwa des Agrar- und Jagdrechts. 8

Die Gartengestaltung (Landschaftsgärtnerei) ist demnach auch dann ein Gewerbe, wenn der Gewerbetreibende im Rahmen der Gartengestaltung selbst gezogene Pflanzen einpflanzt.[9]

Freiberufliche Tätigkeiten zeichnen sich durch ihre besondere geistige Prägung aus.[10] Nicht abschließend benennt § 6 Abs. 1 S. 1 GewO zur Negativabgrenzung des Anwendungsbereichs der GewO „die Errichtung und Verlegung von Apotheken, die Erziehung von Kindern gegen Entgelt, das Unterrichtswesen, … die Tätigkeit der Rechtsanwälte und Berufsausübungsgesellschaften nach der Bundesrechtsanwaltsordnung, der Patentanwälte und Berufsausübungsgesellschaften nach der Patentanwaltsordnung, der Notare, der in § 10 Absatz 1 des Rechtsdienstleistungsgesetzes und § 1 Absatz 2 und 3 des Einführungsgesetzes zum Rechtsdienstleistungsgesetz genannten Personen, der Wirtschaftsprüfer und Wirtschaftsprüfungsgesellschaften, der vereidigten Buchprüfer und Buchprüfungsgesellschaften, der Steuerberater und Berufsausübungsgesellschaften nach dem Steuerberatungsgesetz sowie der Steuerbevollmächtigten". Zudem findet die GewO nach § 6 Abs. 1 S. 2 GewO für die Ausübung der ärztlichen und anderen Heilberufe sowie den Verkauf von Arzneimitteln nur insoweit Anwendung, als sie ausdrückliche Bestimmungen hierzu enthält. Dabei handelt es sich ebenso um freiberufliche Tätigkeiten wie bei den in der Norm nicht angesprochenen künstlerischen oder wissenschaftlichen Tätigkeiten, soweit diese selbstständig ausgeübt werden. Für die freien Berufe bestehen jeweils spezifische Sondervorschriften, so das Berufsrecht der Rechtsanwälte u.a. in Gestalt der Bundesrechtsanwaltsordnung (BRAO) und des Gesetzes über die Tätigkeit europäischer Rechtsanwälte in Deutschland (EuRAG). 9

Begrifflich unterfällt schließlich auch die (bloße) Verwaltung eigenen Vermögens nicht dem Gewerbe. Anlageentscheidungen im Hinblick auf eigenes Kapital, mögen sie auch mit dem Ziel der Erwirtschaftung von den Lebensunterhalt sichernden Gewinnen erfolgen, stellen keine gewerberechtlich relevante Teilnahme am Wirtschaftsleben dar, da sie allein dem Einsatz und der Nutzung vorhandener Mittel dienen, ohne dass es auf deren Höhe ankäme. 10

Das BVerwG begründet dies wie folgt: „Durch das Abgrenzungsmerkmal ‚Verwaltung und Nutzung eigenen Vermögens' werden solche Betätigungen ausgenommen, die nicht oder nur geringfügig die Schutzzwecke der Gewerbeordnung berühren, so dass ihre Einbindung in den gewerberechtlichen Ordnungsrahmen nicht erforderlich ist. Die Notwendigkeit, die Allgemeinheit und Beschäftigte in dieser Weise zu schützen, ist zwar grundsätzlich gegeben, wenn sich jemand im Rahmen einer auf Erwerb gerichteten selbstständigen Tätigkeit an Verbraucher wendet und/oder Beschäftigte heranzieht. Sie ist aber um so geringer, je mehr sich die Betätigung im Bereich des ‚Privaten' abspielt, hingegen um so

---

8 Näher Winkler, in: Ennuschat/Wank/Winkler, GewO, § 1 Rn. 51 ff.
9 BVerwG, NVwZ-RR 1990, 347.
10 Vgl. BVerwG, NJW 1977, 772.

größer, je mehr sie sich ‚nach außen' entfaltet. Sie hängt auch von dem Gefahrenpotential ab, das objektiv durch den Betrieb und seine Anlagen in Bezug auf die angeführten Schutzgüter entsteht. Je stärker und häufiger Dritte mit der auf Erwerb gerichteten Tätigkeit des Betreibers in Berührung kommen, desto mehr stellt sich das Erfordernis der persönlichen Zuverlässigkeit; je mehr Anlagen zum Betrieb eingesetzt werden, desto stärker rückt das Erfordernis ihrer Geeignetheit in den Vordergrund. ‚Bloße' Verwaltung und Nutzung eigenen Vermögens und damit die Unanwendbarkeit der Gewerbeordnung kann mit Blick darauf nur angenommen werden, wenn die Auswirkungen der Betätigung Dritte nicht oder doch nur in geringer, eine ‚Bagatellschwelle' nicht überschreitender Weise berühren."[11]

Allerdings wird die Grenze zur Gewerblichkeit übersprungen, wenn der Anleger infolge seiner Investition gleichsam zum Unternehmer wird. So betreibt eine Handelsgesellschaft, deren Zweck die Errichtung und Nutzung von eigenen Wohnhäusern und Geschäftshäusern ist, in Bezug auf das Vermieten von Räumen wegen des primär damit verbundenen Gewinnstrebens ein Gewerbe.[12] Gleiches gilt für den Betrieb eines Campingplatzes mit 1200 Dauerstellplätzen durch den Grundstückseigentümer.[13] Im Einzelnen bestehen jedoch erhebliche Abgrenzungsschwierigkeiten.[14] Die Verwaltung fremden Vermögens und die damit einhergehende Vornahme von Investitionsentscheidungen für Dritte sind schließlich zweifelsfrei als gewerbliche Betätigung zu qualifizieren.[15]

11 Sind die definitorischen Voraussetzungen des Gewerbebegriffs erfüllt, findet die GewO auf die betreffenden Tätigkeiten Anwendung, sofern keine der in § 6 Abs. 1 GewO genannten Ausnahmen eingreift. Keine Anwendung findet die GewO danach für den „Gewerbebetrieb der Auswandererberater, das Seelotsenwesen und die Tätigkeit der Prostituierten" sowie mit Ausnahme der Vorschriften über das Gewerbezentralregister auf Beförderungen mit Krankenkraftwagen iSv § 1 Abs. 2 Nr. 2 iVm Abs. 1 PBefG. Nur aufgrund ausdrücklicher gesetzlicher Anordnung gelten die Vorschriften der GewO nach § 6 Abs. 1 S. 2 GewO für das Bergwesen, den Gewerbebetrieb der Versicherungsunternehmen, die Ausübung der ärztlichen und anderen Heilberufe, den Verkauf von Arzneimitteln, den Vertrieb von Lotterielosen und die Viehzucht. Für diese Gewerbe bestehen Sondervorschriften, etwa das Versicherungsaufsichtsgesetz (VAG) oder das Rennwett- und Lotteriegesetz (RennwLottG). Für andere Gewerbe bestehen teilweise ebenfalls besondere Regelungen. Zu nennen sind etwa die Handwerksordnung (HwO), das Gaststättengesetz (GastG) oder das Personenbeförderungsgesetz (PBefG). Im Verhältnis dieser Normen zur GewO gilt der Spezialitätsgrundsatz.[16] Die GewO wird mithin nur insoweit verdrängt, als das besondere Gewerberecht eine Frage spezifisch regelt; ist dies nicht der Fall, kommen die Vorschriften der GewO (ggf. ergänzend) zur Anwendung. Von grundlegender Bedeutung ist diesbezüglich insbesondere der in § 1 Abs. 1 GewO enthaltene Grundsatz der Gewerbefreiheit, der vorbehaltlich sektorspezifischer Ausgestaltungen für alle gewerblichen Tätigkeiten gilt, die nicht durch § 6 Abs. 1 GewO dem Anwendungsbereich der GewO entzogen sind.

So richtet sich (auf bundesrechtlicher, nicht mehr in allen Ländern anwendbarer Grundlage) der Widerruf einer Gaststättenerlaubnis nach den besonderen Regelungen des § 15 GastG. Die allgemeine Vorschrift des § 35 GewO über die Gewerbeuntersagung wegen Unzuverlässigkeit (→ Rn. 46 ff.) tritt

---

11 BVerwG, NVwZ 1993, 775 (776).
12 BVerwG, GewArch 1973, 265.
13 BVerwG, NJW 1977, 772.
14 Näher *Friauf*, in: Korte/Repkewitz/Schulze-Werner, GewO, § 1 Rn. 193 ff.
15 OVG Münster Beschl. v. 30.6.2016 – 4 A 2649/13.
16 *Eisenmenger*, in: Landmann/Rohmer, GewO, Einl. Rn. 25.

I. Allgemeines Gewerberecht § 5

insoweit zurück. Da das GastG allerdings keine Vorschrift über die Schließung einer Gaststätte infolge der Untersagung ihres weiteren Betriebs enthält, ist insoweit auf § 15 Abs. 2 GewO zurückzugreifen.[17]

2. Gewerbefreiheit

Nach § 1 Abs. 1 GewO ist „[d]er Betrieb eines Gewerbes ... jedermann gestattet, soweit nicht durch dieses Gesetz Ausnahmen oder Beschränkungen vorgeschrieben oder zugelassen sind." Die damit gewährleistete Gewerbefreiheit ist die zentrale Grundentscheidung des deutschen Gewerberechts.[18] Die Entscheidung über die Aufnahme einer jeden gewerblichen Betätigung obliegt danach vorbehaltlich spezifischer anderweitiger Vorschriften nicht primär staatlichen Stellen, sondern dem Unternehmer selbst, der damit vermutete Marktchancen nutzen kann. Als subjektiv-öffentliches Recht[19] kann die Gewerbefreiheit gerichtlich durchgesetzt werden und ist zudem im Rahmen gesetzlich vorgesehener behördlicher Zulassungsentscheidungen zu berücksichtigen. 12

In persönlicher Hinsicht berechtigt § 1 Abs. 1 GewO „jedermann". Anders als für die Berufsfreiheit des Art. 12 Abs. 1 GG (→ § 4 Rn. 15 ff.) besteht mithin keine Beschränkung des Kreises der Berechtigten. Vielmehr kommt die Gewerbefreiheit allen natürlichen Personen unabhängig von ihrer Staatsangehörigkeit zu, so dass neben Deutschen und Unionsbürgern auch Drittstaatsangehörige erfasst werden.[20] 13

Ungeachtet dessen setzt die gewerbliche Betätigung von Drittstaatsangehörigen in Deutschland das Bestehen eines Aufenthaltstitels voraus, der zur Arbeitsaufnahme berechtigt. Die Erteilung richtet sich nach den ausländerrechtlichen Bestimmungen, die von § 1 Abs. 1 GewO unberührt bleiben.[21]

Daneben kommt die Gewerbefreiheit auch juristischen Personen zu, etwa Aktiengesellschaften (AG) und Gesellschaften mit beschränkter Haftung (GmbH). Dabei besteht keine Beschränkung auf inländische juristische Personen sowie solche des Privatrechts.[22] Personengesellschaften, zB die Kommanditgesellschaft (KG), die Offene Handelsgesellschaft (OHG) und die Gesellschaft bürgerlichen Rechts (GbR bzw. BGB-Gesellschaft), werden entgegen der älteren Rechtsprechung[23] richtigerweise unabhängig von ihrer Rechtsfähigkeit ebenfalls erfasst,[24] ohne dass es eines Rückgriffs auf die diese bildenden natürlichen oder juristischen Personen bedarf. 14

Der Vorstand einer Aktiengesellschaft, die Gesellschafter und Geschäftsführer einer Gesellschaft mit beschränkter Haftung sowie die Kommanditisten einer Kommanditgesellschaft sind in diesen Fällen nicht selbst Gewerbetreibende.[25]

Der sachliche Gewährleistungsgehalt der Gewerbefreiheit erfasst die Aufnahme und den Betrieb eines Gewerbes (→ Rn. 5 ff.), aber auch die Beendigung einer gewerblichen Betätigung. Diese unternehmerischen Entscheidungen können kraft Gesetzes ohne weitere administrative Zulassung realisiert werden. Dabei besteht, wie § 3 GewO verdeutlicht, grundsätzlich keine Beschränkung auf ein Gewerbe oder einen Betrieb. 15

---

17 Siehe nur BVerwG Urt. v. 27.3.1990 – 1 C 39/88, Rn. 8 (juris).
18 *Pielow*, in: ders., BeckOK GewO, § 1 Rn. 132.
19 Näher *Friauf*, in: Korte/Repkewitz/Schulze-Werner, GewO, § 1 Rn. 217 ff.
20 *Eisenmenger*, in: Landmann/Rohmer, GewO, § 1 Rn. 69 f.
21 Dazu im Einzelnen *Friauf*, in: Korte/Repkewitz/Schulze-Werner, GewO, § 1 Rn. 247 ff.
22 *Winkler*, in: Ennuschat/Wank/Winkler, GewO, § 1 Rn. 87 f.; aA für öffentliche Unternehmen *Eisenmenger*, in: Landmann/Rohmer, GewO, § 1 Rn. 68.
23 Siehe etwa OVG Lüneburg, NVwZ-RR 2009, 103 f.
24 Dahin gehend auch BVerwGE 153, 99 Rn. 29.
25 BVerwG, GewArch 1977, 14.

Punktuell steht das Gesetz jedoch bestimmten Kombinationen entgegen. So dürfen Honorar-Finanzanlagenberater nach § 34h Abs. 2 S. 1 GewO nicht zugleich als Finanzanlagenvermittler iSv § 34f Abs. 1 GewO tätig werden, um Interessenkollisionen zu verhindern.

Die Freiheit der Art und Weise der Gewerbeausübung wird demgegenüber von § 1 Abs. 1 GewO nicht gewährleistet.[26]

16 Im Hinblick auf den Gegenstand des Gewerbes bestehen ebenfalls keine Einschränkungen, so dass die Gewerbefreiheit grundsätzlich auch im Anwendungsbereich der speziellen Vorgaben des besonderen Gewerberechts, etwa des Handwerksrechts, gilt.

17 Allerdings steht die Gewerbefreiheit explizit unter dem Vorbehalt von Ausnahmen und Beschränkungen. Eine gesetzliche Ausgestaltung der Gewerbeausübung ist (aus normhierarchischen Gründen auch unabhängig von § 1 Abs. 1 GewO) möglich und wird durch zahlreiche Vorschriften der GewO und des besonderen Gewerberechts vorgenommen. Darüber hinaus sind Ausnahmen von der Gewerbefreiheit aufgrund besonderer gesetzlicher Regelungen möglich. § 5 GewO lässt diesbezüglich explizit, jedoch nicht abschließend, die „Beschränkungen des Betriebs einzelner Gewerbe, welche auf den Zoll-, Steuer- und Postgesetzen beruhen", unberührt. Derartige Beschränkungen müssen sich jedoch am Maßstab der Berufsfreiheit messen lassen (→ § 4 Rn. 3 ff.). Vormals bestehende Privilegien und andere der Gewerbefreiheit widersprechende Sonderrechte[27] wurden mit Inkrafttreten der GewO abgeschafft und dürfen nicht neu begründet werden, vgl. §§ 7 ff. GewO.

18 Damit Unionsbürger und Unternehmen aus anderen EU-Mitgliedstaaten von ihren Grundfreiheiten (→ § 3) und auch von ihrer Gewerbefreiheit in Deutschland tatsächlich Gebrauch machen können, sehen die GewO und andere Normen verfahrensrechtliche Erleichterungen und Anerkennungsregelungen vor. Diese Regelungen dienen zugleich der Umsetzung der Dienstleistungsrichtlinie 2006/123/EG sowie der Berufsanerkennungsrichtlinie 2005/36/EG[28].

§ 6b GewO ermöglicht die Durchführung von Verwaltungsverfahren über eine einheitliche Stelle nach §§ 71a ff. VwVfG. Dabei handelt es sich um eine Behörde, die eine Funktion als Ansprechpartner des Unternehmens übernimmt und das bzw. die notwendigen Verwaltungsverfahren begleitet und koordiniert.[29] In den Ländern sind vielfach die Industrie- und Handelskammern als einheitlicher Ansprechpartner benannt.[30] Eine Beschränkung auf Unternehmen aus anderen EU-Mitgliedstaaten besteht insoweit nicht,[31] wohl aber im Hinblick auf die besonderen Informationspflichten, § 6 Abs. 1a iVm § 6c GewO. Weitere verfahrensrechtliche Erleichterungen für das gewerbliche Angebot von Dienstleistungen durch Anbieter aus anderen EU-Mitgliedstaaten enthält § 4 GewO, wonach die in der Vorschrift genannten Anzeige- und Genehmigungspflichten entfallen.

Die europarechtlich vorgesehene gegenseitige Anerkennung von Ausbildungsabschlüssen zur Erleichterung der grenzüberschreitenden beruflichen Betätigung ist für die Verwirklichung der Gewerbefreiheit ebenfalls von Bedeutung, soweit für bestimmte gewerbliche Betätigungen Qualifikationsanforderungen vorgesehen sind, etwa für Handwerker nach der HwO (→ Rn. 121 ff.) oder auf Grundlage der §§ 30 ff. GewO. Die §§ 13a ff. GewO enthalten diesbezüglich für die vorübergehende „gewerbliche Tätigkeit, deren Aufnahme oder Ausübung nach deutschem Recht einen Sachkunde- oder Unterrichtungsnachweis

---

26 BVerwGE 38, 209 (213).
27 Vgl. zu Apothekenrealrechten BayObLGZ 1957, 60.
28 ABl. 2005 L 255/22, zuletzt geändert durch Delegierten Beschluss (EU) 2019/608, ABl. 2019 L 104/1.
29 Im Überblick dazu *Schmitz/Prell*, NVwZ 2009, 1 (3 ff.).
30 Siehe im Einzelnen *Unger*, in: Pielow, BeckOK GewO, § 6b Rn. 6.1 ff.
31 Vgl. BT-Drs. 16/12784, S. 15.

I. Allgemeines Gewerberecht § 5

vorausetzt und zu deren Ausübung er in einem dieser Staaten rechtmäßig niedergelassen ist," Anzeigeerfordernisse, aufgrund derer zwar eine Nachprüfung der Berufsqualifikation vorgenommen werden kann, die aber der Durchführung der Tätigkeit grundsätzlich nicht entgegenstehen. Für die Aufnahme einer Erwerbstätigkeit einschließlich einer gewerblichen Betätigung in einem nichtreglementierten Beruf oder in einem reglementierten Beruf auf Dauer ist dagegen das Gesetz über die Feststellung der Gleichwertigkeit von Berufsqualifikationen (Berufsqualifikationsgesetz – BQFG) maßgeblich.[32] Dieses dient nach § 1 BQFG „der besseren Nutzung von im Ausland erworbenen Berufsqualifikationen für den deutschen Arbeitsmarkt, um eine qualifikationsnahe Beschäftigung zu ermöglichen". Es ist nicht auf Unionsbürger beschränkt und vermittelt einen Rechtsanspruch auf eine grundsätzlich innerhalb von drei Monaten durchzuführende Gleichwertigkeitsprüfung. Weitere berufsbezogene Anerkennungsvorschriften sind u.a. in Regelungen des besonderen Gewerberechts enthalten, etwa in der HwO (→ Rn. 124).

3. Stehendes Gewerbe

Die §§ 14 ff. GewO enthalten ergänzend zu den allgemeinen Bestimmungen der GewO besondere Vorschriften für das stehende Gewerbe. Dieses zeichnet sich durch eine grundsätzlich ortsfeste Durchführung aus. Regelmäßig setzt dies eine Niederlassung voraus,[33] die nach § 4 Abs. 3 GewO „besteht, wenn eine selbstständige gewerbsmäßige Tätigkeit auf unbestimmte Zeit und mittels einer festen Einrichtung von dieser aus tatsächlich ausgeübt wird." Ein stehendes Gewerbe ist daher regelmäßig mit der Existenz von Geschäftsräumen verbunden, in denen oder von denen aus das Gewerbe ausgeübt wird.[34] Letztlich handelt es sich aber um „jedes Gewerbe, das nicht zum Reisegewerbe und zum Marktverkehr rechnet. [Es] muss lediglich ein sog. gewerblicher Mittelpunkt erkennbar sein, von dem aus das Gewerbe (Handwerk) betrieben wird. Dies braucht nicht der Sitz einer gewerblichen Niederlassung zu sein. Es genügt vielmehr, wenn der Gewerbetreibende an seinem Wohnsitz eine entsprechende Tätigkeit entfaltet."[35] Es ist daher insbesondere auch nicht notwendig, dass die Räumlichkeiten für Kundenkontakte genutzt werden oder es sich um den Ort der Leistungserbringung handelt. Allein die Anbringung eines Briefkastens bewirkt die Schaffung eines gewerblichen Mittelpunkts allerdings nicht.[36]

Als genügend für das Vorliegen eines stehenden Gewerbes ist bereits ein Tätigwerden des Gewerbetreibenden an beliebigen Orten anzusehen, jedoch nur auf vorherige Bestellung des Kunden, vgl. § 55 Abs. 1 GewO.[37] Daran fehlt es, wenn die Initiative zum Vertragsabschluss vom Gewerbetreibenden in der Weise ausgeht, dass er unangemeldet zum möglichen Kunden und nicht der Kunde zu ihm kommt.[38]

a) Aufnahme des Gewerbes

(1) Gewerbeanzeige

Die Aufnahme eines stehenden Gewerbes sowie die Einrichtung einer Zweigniederlassung oder einer unselbstständigen Zweigstelle, eine Betriebsverlegung, ein Wechsel

---

32 Näher *Maier/Rupprecht*, WiVerw 2012, 62 ff.
33 Zu damit verbundenen Fragen mit Europarechtsbezug *Korte*, GewArch 2021, 434 (436 f.).
34 Siehe auch OVG Münster, NWVBl 2022, 420 (421).
35 BVerwG, VerwRspr 1979, 840 (842).
36 BayVGH, GewArch 2007, 158 (159).
37 Vgl. BGH, NJW 1983, 868 (869).
38 VGH Mannheim, NVwZ-RR 1995, 261; siehe auch BVerfG, NVwZ 2001, 189.

des Gegenstands des Gewerbes sowie die Aufgabe des Betriebs setzen gemäß § 14 Abs. 1 GewO grundsätzlich (nur) eine Anzeige bei der nach Landesrecht für die Gewerbeaufsicht zuständigen Behörde voraus. Diese entfällt allein in den in § 4 Abs. 1 S. 2 GewO genannten Konstellationen einer vorübergehenden grenzüberschreitenden gewerblichen Betätigung durch einen Gewerbetreibenden aus einem anderen EU-Mitgliedstaat, sofern es sich um eine von der Dienstleistungsrichtlinie erfasste Betätigung handelt (→ § 3 Rn. 38), sowie in den abschließend normierten Fällen des Bestehens einer Genehmigungspflicht (→ Rn. 27 ff.). Bei der Gewerbeanzeige handelt es sich um ein formelles Erfordernis, welches vor allem die behördliche Kenntnis der gewerblichen Betätigung als Voraussetzung für ihre Überwachung und ggf. zur Durchsetzung der Beachtung der mit ihr verbundenen Pflichten bezweckt.[39] Einer behördlichen Entscheidung vor Aufnahme des Gewerbes bedarf es jedoch nicht; vielmehr folgt die Berechtigung zum gewerblichen Tätigwerden unmittelbar aus der Gewerbefreiheit des § 1 Abs. 1 GewO.

21 Die Gewerbeanzeige muss nach § 14 Abs. 1 S. 1 GewO „gleichzeitig" mit dem anzuzeigenden Vorgang erfolgen. Dies schließt vorbereitende Tätigkeiten wie die Einstellung von Personal und die Anmietung von Geschäftsräumen ein, die vielfach selbst bereits als Gewerbeausübung zu qualifizieren sind.[40] Zwar ist dem Gewerbetreibenden ungeachtet der Formulierung der Norm eine angemessene Frist für die Anzeige einzuräumen,[41] gefordert ist aber unverzügliches Handeln iSv § 121 Abs. 1 S. 1 BGB.[42]

Vorsorgliche Gewerbeanmeldungen ohne unmittelbaren zeitlichen Bezug zur Aufnahme des Gewerbes sind dagegen nicht nur von § 14 Abs. 1 S. 1 GewO nicht erfasst, sondern widersprechen dem Zweck der Vorschrift. Sie sind daher nur aufgrund spezialgesetzlicher Anordnung zulässig.[43]

22 Die inhaltlichen Anforderungen an die Gewerbeanzeige folgen aus der Verordnung zur Ausgestaltung des Gewerbeanzeigeverfahrens (Gewerbeanzeigeverordnung – GewAnzV). Danach sind die für das Gewerbe wesentlichen Angaben (insbes. Name, Rechtsform, Gegenstand, Betriebssitz und sonstige Betriebsorte) der Gewerbeaufsichtsbehörde unter Nutzung der in den Anlagen zur GewAnzV enthaltenen Formulare mitzuteilen. Dies kann auch elektronisch geschehen. Der Verstoß gegen die Pflicht zur ordnungsgemäßen Anzeige ist nach § 146 Abs. 2 Nr. 2 GewO eine Ordnungswidrigkeit. Den Eingang der Anzeige hat die Gewerbeaufsichtsbehörde nach § 15 Abs. 1 GewO innerhalb von drei Tagen zu bestätigen. Im Hinblick auf die Vielfalt der von Gewerbetreibenden zu beachtenden gesetzlichen Vorgaben gestatten § 14 GewO und § 3 GewAnzV die Weitergabe der Daten der Gewerbeanzeige an zahlreiche Fachbehörden.

23 Abhängig vom Gegenstand des Gewerbes ist nach § 38 GewO die Zuverlässigkeit des Gewerbetreibenden (→ Rn. 30) von der Gewerbeaufsichtsbehörde zu prüfen, nachdem die Gewerbeanzeige bei dieser eingegangen ist. Entsprechende Regelungen sind teilweise auch spezialgesetzlich normiert, so in den meisten Landesgaststättengesetzen (→ Rn. 152 ff.).

---

39 BVerwG, VerwRspr. 1972, 362 (363).
40 Dazu im Überblick *Marcks*, in: Landmann/Rohmer, GewO, § 14 Rn. 45b.
41 *Winkler*, in: Ennuschat/Wank/Winkler, GewO, § 14 Rn. 28.
42 OLG Düsseldorf, NVwZ-RR 1998, 494.
43 *Heß*, in: Korte/Repkewitz/Schulze-Werner, GewO, § 14 Rn. 82 f.

I. Allgemeines Gewerberecht § 5

Eine derartige Prüfung geschieht nach § 4 Abs. 1 S. 1 GewO allerdings nicht im Falle des vorübergehenden grenzüberschreitenden Tätigwerdens durch einen Gewerbetreibenden aus einem anderen EU-Mitgliedstaat.

Es handelt sich dabei um bestimmte Gewerbe, deren Gegenstand der An- und Verkauf gebrauchter hochwertiger Waren ist, vermögensbezogene Auskunfteien (sofern diese keiner Erlaubnis nach dem Kreditwesengesetz bedürfen oder entsprechenden Gestattungen nach dem Recht anderer EU-Mitgliedstaaten unterliegen) und Detekteien, Ehe-, Partnerschafts- und Bekanntschaftsvermittlungen, den Betrieb von Reisebüros und die Vermittlung von Unterkünften, den Vertrieb und Einbau von Gebäudesicherungseinrichtungen einschließlich der Schlüsseldienste sowie das Herstellen und Vertreiben spezieller einbruchsgeeigneter Öffnungswerkzeuge. Stets stehen dabei Tätigkeiten in Frage, die nach der Einschätzung des Gesetzgebers potenziell mit besonderen Gefahren für den Geschäftsverkehr und insbesondere für die Kunden einhergehen.[44] Diesen soll durch eine Prüfung der Zuverlässigkeit des Gewerbetreibenden bereits bei Betriebsaufnahme entgegengewirkt werden, ohne dass diese Prüfung aber (wie im Falle der Notwendigkeit einer Genehmigung) den Betriebsbeginn verzögern würde. Der Gewerbetreibende kann vielmehr wie in allen anderen Fällen des Bestehens einer bloßen Anzeigepflicht unmittelbar tätig werden. Um der Gewerbeaufsichtsbehörde die Vornahme der Zuverlässigkeitsprüfung zu ermöglichen, ist vom Gewerbetreibenden ein Führungszeugnis und eine Auskunft aus dem Gewerbezentralregister (→ Rn. 46) beizubringen. Geschieht dies nicht, erfolgt eine Einholung von Amts wegen.

24

Bei anderen Gegenständen des Unternehmens erfolgt eine Zuverlässigkeitsprüfung nicht, sofern nicht im Einzelfall eine „begründet[e] Besorgnis der Gefahr der Verletzung wichtiger Gemeinschaftsgüter" besteht, § 38 Abs. 2 GewO. Dies setzt tatsächliche Anhaltspunkte für eine bevorstehende Schädigung derartiger Güter infolge der Gewerbeausübung voraus. Als wichtige Gemeinschaftsgüter sind dabei zum einen überindividuelle Schutzgüter, etwa die Verhinderung von Straftaten, aber auch hochrangige subjektive Rechtsgüter, zB Leben oder Gesundheit, zu qualifizieren. Grundsätzlich kann die Bestimmung anhand des in § 38 Abs. 1 GewO enthaltenen Katalogs erfolgen.[45]

25

Die bloße Möglichkeit, dass Dritte Vermögensschäden erleiden können, ist nahezu jeder gewerblichen Tätigkeit inhärent. Eine Gefährdung wichtiger Gemeinschaftsgüter liegt daher grundsätzlich nicht vor. Anderes kann jedoch gelten, wenn die möglichen Schäden typischerweise bei einer Vielzahl von Betroffenen auftreten können.

Zu beachten ist jedoch die gesetzliche Wertung, wonach jenseits dem einer Genehmigungspflicht unterfallenden und dem in § 38 GewO aufgeführten Gewerbe grundsätzlich keine vorherige Prüfung der Zuverlässigkeit des Gewerbetreibenden vor Betriebsaufnahme erfolgen soll. Es handelt sich bei § 38 Abs. 2 GewO um eine eng auszulegende Ausnahmevorschrift, die nicht zur Herstellung einer umfassenden Vorabkontrolle aller Gewerbetreibenden herangezogen werden kann.[46]

26

---

44 Vgl. *Schönleiter*, in: Landmann/Rohmer, GewO, § 38 Rn. 4.
45 *Ennuschat*, in: Pielow, BeckOK GewO, § 38 Rn. 30 f.
46 BT-Drs. 13/9109, S. 16, verweist diesbezüglich auf die Notwendigkeit eines vergleichbaren Gefährdungspotentials.

(2) Genehmigung

27 Für nach Ansicht des Gesetzgebers mit besonderen Gefahren verbundene gewerbliche Betätigungen ist die Notwendigkeit einer Genehmigung vorgesehen, die in der GewO auch als Zulassung oder Erlaubnis bezeichnet wird. Der Grundsatz der Gewerbefreiheit wird hierdurch insoweit beschränkt, als eine Betriebsaufnahme vor Erteilung der Genehmigung nicht zulässig ist. Sie kommt jedoch zum Tragen, als der Antragsteller bei Erfüllung der Genehmigungsvoraussetzungen einen Anspruch auf Genehmigungserteilung hat, der zudem grundrechtlich begründet ist.[47]

Ausnahmen von der Genehmigungspflichtigkeit bestehen nach § 4 Abs. 1 S. 1 GewO für das vorübergehende grenzüberschreitende Tätigwerden durch einen Gewerbetreibenden aus einem anderen EU-Mitgliedstaat für das Versteigerergewerbe (§ 34b GewO) sowie das Immobilienmakler-, Bauträger- und Baubetreuergewerbe (§ 34c Abs. 1 Nr. 1 und 3 GewO).

28 Die der Genehmigungspflicht unterfallenden Gewerbe sowie die jeweils spezifischen Genehmigungsvoraussetzungen sind abschließend normiert. Dies geschieht zum einen durch Normen des besonderen Gewerberechts, wie etwa §§ 7 ff. HwO (→ Rn. 121 ff.). Zum anderen sehen die §§ 30 ff. GewO für bestimmte Arten des Gewerbes Genehmigungspflichten vor. Dabei handelt es sich um Privatkrankenanstalten (§ 30 GewO), das Bewachungsgewerbe auf Seeschiffen (§ 31 GewO), die Zurschaustellung von Personen (§ 33a GewO), das Angebot von Spielen mit Gewinnmöglichkeit (§§ 33c ff. GewO),[48] das Pfandleihgewerbe (§ 34 GewO), das Bewachungsgewerbe (§ 34a GewO), das Versteigerergewerbe (§ 34b GewO), das Immobilienmakler-, Darlehensvermittler-, Bauträger-, Baubetreuer- und Wohnimmobilienverwaltergewerbe (§ 34c GewO), die Gewerbe der Versicherungsvermittler und -berater (§ 34d GewO), der Finanzanlagenvermittler (§ 34f GewO), der Honorar-Finanzanlagenberater (§ 34h GewO) sowie der Immobiliendarlehensvermittler (§ 34i GewO).

29 Die Genehmigungsvoraussetzungen sind für diese Gewerbe nicht einheitlich, sondern jeweils gesondert normiert und tragen den mit der Ausübung des jeweiligen Gewerbes verbundenen Besonderheiten Rechnung. Sie werden teilweise durch ergänzende Rechtsverordnungen konkretisiert. Gleichwohl lassen sich bei einer übergreifenden Betrachtung einige übereinstimmende Anforderungen identifizieren.

30 Stets erforderlich ist die Zuverlässigkeit des Gewerbetreibenden bzw. der mit der Leitung des Gewerbebetriebes beauftragten Person.

Handelt es sich bei dem Gewerbetreibenden um eine juristische Person, ist unmittelbar an diese anzuknüpfen, auch wenn sie stets menschlicher Akteure zur Vornahme von Handlungen bedarf.[49] Im Hinblick darauf muss jenseits der Fälle der Begründung der Unzuverlässigkeit aus nicht personenbezogenen Gründen wie einer anhaltenden wirtschaftliche Leistungsunfähigkeit[50] eine Zurechnung menschlichen Verhaltens erfolgen, um den Maßstab auf juristische Personen zur Anwendung bringen zu können. Diese Zurechnung erfolgt ohne Weiteres in Bezug auf diejenigen Personen, die eine Organstellung

---

47 Vgl. auch *Friauf*, in: Korte/Repkewitz/Schulze-Werner, GewO, § 1 Rn. 303 ff.
48 Für Spielhallen bestehen aufgrund der Beschränkung der Gesetzgebungskompetenz des Bundes in Art. 74 Abs. 1 Nr. 11 GG teils spezifische landesrechtliche Regelungen; siehe zu deren Verfassungskonformität BVerfGE 145, 20 Rn. 97 ff.; zur Abgrenzung der Kompetenz von Bund und Ländern BVerwGE 157, 126 Rn. 19 ff.
49 Parallel in abfallrechtlichem Kontext OVG Lüneburg, NVwZ-RR 2019, 97 (100).
50 BayVGH, NVwZ-RR 2019, 182 (183).

I. Allgemeines Gewerberecht § 5

für die juristische Person ausüben, insbesondere Geschäftsführer,[51] sofern sie in dieser Eigenschaft handeln.[52]

Die Zuverlässigkeit ist nicht positiv nachzuweisen. Vielmehr geht das Gesetz von ihrem Vorliegen aus und normiert einen Versagungsgrund für den Fall, dass Tatsachen vorliegen, welche die Annahme rechtfertigen, dass der Antragsteller „die für den Gewerbebetrieb erforderliche Zuverlässigkeit nicht besitzt". Dies ist der Fall, wenn er nach dem Gesamteindruck seines Verhaltens keine Gewähr dafür bietet, dass er sein Gewerbe künftig ordnungsgemäß betreiben wird.[53] Der Feststellung der (Un-)Zuverlässigkeit liegt mithin eine tatsachenbasierte und personenbezogene Prognose auf Grundlage vorangegangenen Verhaltens zugrunde, das einen Bezug zu dem beantragten Gewerbe aufweisen muss.[54] Gewerbespezifisch wird dies durch Regelbeispiele konkretisiert. So besitzt etwa hinsichtlich des Versteigerergewerbes „die erforderliche Zuverlässigkeit" nach § 34b Abs. 4 Nr. 1 GewO „in der Regel nicht, wer in den letzten fünf Jahren vor Stellung des Antrages wegen eines Verbrechens oder wegen Diebstahls, Unterschlagung, Erpressung, Betruges, Untreue, Geldwäsche, Urkundenfälschung, Hehlerei, Wuchers oder wegen Vergehens gegen das Gesetz gegen den unlauteren Wettbewerb zu einer Freiheitsstrafe rechtskräftig verurteilt worden ist".

Nach der Rechtsprechung kann „[d]ie Regelvermutung der fehlenden Zuverlässigkeit ... nur bei Vorliegen solcher Umstände als ausgeräumt erachtet werden, die einen Ausnahmefall kennzeichnen. Zu prüfen ist, ob die Umstände der abgeurteilten Tat die Verfehlung des Betroffenen ausnahmsweise derart in einem milden Licht erscheinen ließen, dass die nach der Wertung des Gesetzgebers in der Regel durch eine solche Straftat begründeten Zweifel an der für die Erlaubnis vorausgesetzten Vertrauenswürdigkeit des Betroffenen bezüglich des jederzeitigen ordnungsgemäßen Umgangs mit fremdem Vermögen nicht gerechtfertigt sind."[55]

Aufgrund der häufigen Arbeitsteilung der Gewerbeausübung erstrecken die §§ 30 ff. GewO das Zuverlässigkeitserfordernis teilweise auf weitere damit befasste Personen, insbesondere Betriebs- und Zweigstellenleiter, vgl. § 31 Abs. 2 S. 3 Nr. 2, § 34c Abs. 2 Nr. 1 GewO.

Als häufige weitere Voraussetzung für die Erteilung einer Genehmigung für ein genehmigungsbedürftiges Gewerbe muss der Antragsteller wirtschaftlich leistungsfähig sein. Für mehrere Gewerbe, die einen besonders engen Bezug zum Vermögen Dritter und damit die Gefahr eines unrechtmäßigen Zugriffs darauf aufweisen, ist vorgesehen, dass die Genehmigung zu versagen ist, wenn „der Antragsteller in ungeordneten Vermögensverhältnissen lebt; dies ist in der Regel der Fall, wenn über das Vermögen des Antragstellers das Insolvenzverfahren eröffnet worden oder er in das vom Vollstreckungsgericht zu führende Verzeichnis (§ 26 Abs. 2 Insolvenzordnung, § 882b Zivilprozeßordnung) eingetragen ist", vgl. § 34b Abs. 4 Nr. 2, § 34c Abs. 2 Nr. 2, § 34d Abs. 2 Nr. 2, § 34i Abs. 2 Nr. 2 GewO. Bei anderen Gewerben knüpft die wirtschaftliche Leistungsfähigkeit dagegen nicht an die Vermögensverhältnisse des Antragstellers insgesamt an. Stattdessen muss der Antragsteller nachweisen, dass er über „die für den Gewerbebetrieb erforderliche[n] Mittel oder entsprechende Sicherheiten" verfügt,

31

---

[51] OVG Münster Beschl. v. 8.8.2018 – 4 B 441/18, Rn. 41 (juris).
[52] OVG Saarlouis Beschl. v. 28.8.2020 – 1 B 174/20, Rn. 19 ff. (juris); BayVGH Beschl. v. 11.1.2022 – 22 ZB 21.1937, Rn. 13 (juris).
[53] Siehe nur BVerwGE 65, 1 (1 f.).
[54] BVerwG, NJW 1961, 1834.
[55] OVG Hamburg, NVwZ-RR 2022, 24.

vgl. § 34a Abs. 1 S. 3 Nr. 2 GewO, so dass eine wirtschaftlich ordnungsgemäße und somit für die Kunden gefahrlose Durchführung des Gewerbes zu erwarten ist.[56] Hieran sind jedoch vor dem Hintergrund von Berufs- und Gewerbefreiheit keine überspannten Anforderungen zu stellen. Dies gilt sowohl in zeitlicher Hinsicht als auch in der Höhe. Die jeweils einschlägigen Verwaltungsvorschriften sehen diesbezüglich zulässigerweise vor, dass die Mittel ausreichend sein müssen, um den Gewerbebetrieb während der ersten sechs Monate nach Geschäftsaufnahme zu sichern, wobei die erwartbaren Einnahmen und Ausgaben zu berücksichtigen sind.[57]

32 Bei einigen, potenziell mit besonderen Gefahren für Dritte verbundenen gewerblichen Betätigungen sieht die GewO zusätzlich den Nachweis spezifischer Sachkunde vor. Diese bezieht sich insbesondere auf die rechtlichen Rahmenbedingungen der Tätigkeit, vgl. § 33c Abs. 2 Nr. 2, § 34a Abs. 1 S. 3 Nr. 3 GewO, aber auch auf sonstige fachlich relevante Aspekte, vgl. § 34d Abs. 2 S. 4, § 34f Abs. 2 Nr. 4, § 34i Abs. 2 Nr. 4 GewO. Hierfür bedarf es einer Bescheinigung der Industrie- und Handelskammer, deren Erteilung gewerbespezifisch die Ablegung einer Prüfung durch die mit der spezifischen Tätigkeit im Unternehmen verantwortlich befassten natürlichen Personen voraussetzt. Die diesbezüglichen Anforderungen werden durch Rechtsverordnungen, etwa die Verordnung über das Bewachungsgewerbe (BewachV), ausgestaltet.

33 Schließlich enthalten die §§ 30 ff. GewO für die jeweils erfassten Gewerbe teilweise spezifische weitere Genehmigungsvoraussetzungen. Sie stellen entweder weitere Anforderungen an den Antragsteller auf, etwa im Falle des § 33c Abs. 2 Nr. 3 GewO den Nachweis, „dass er über ein Sozialkonzept einer öffentlich anerkannten Institution verfügt, in dem dargelegt wird, mit welchen Maßnahmen den sozialschädlichen Auswirkungen des Glücksspiels vorgebeugt werden soll", oder knüpfen an Umstände an, die einer Beeinflussung durch den Antragsteller zumindest teilweise entzogen sind. So sieht § 33a Abs. 2 Nr. 3 GewO vor, dass die Erlaubnis für eine beantragte Zurschaustellung von Personen zu untersagen ist, wenn „der Gewerbebetrieb im Hinblick auf seine örtliche Lage oder auf die Verwendung der Räume dem öffentlichen Interesse widerspricht, insbesondere schädliche Umwelteinwirkungen im Sinne des Bundes-Immissionsschutzgesetzes oder sonst erhebliche Nachteile, Gefahren oder Belästigungen für die Allgemeinheit befürchten läßt." Bei der Anwendung derartiger Versagungsgründe sind die Berufs-[58] und Gewerbefreiheit von der Gewerbeaufsichtsbehörde bei der Interpretation unbestimmter Rechtsbegriffe angemessen zu berücksichtigen. Sie unterliegt dabei einer uneingeschränkten gerichtlichen Kontrolle.[59]

34 Liegen die jeweiligen Genehmigungsvoraussetzungen vor, ist die beantragte Genehmigung zu erteilen. Es handelt sich dabei um einen gebundenen Verwaltungsakt iSv § 35 S. 1 VwVfG. Der Anspruch auf seinen Erlass kann im Wege der Verpflichtungsklage nach § 42 Abs. 1 Alt. 2 VwGO durchgesetzt werden. Eine Ergänzung der Genehmigung um Nebenbestimmungen iSv § 36 Abs. 2 VwVfG, insbesondere um Auflagen, wird durch die §§ 30 ff. GewO teilweise explizit zum Schutz Dritter oder der Allgemeinheit ermöglicht. Darüber hinaus sind Nebenbestimmungen nach § 36 Abs. 1 VwVfG (nur) zulässig, wenn sie der Sicherstellung der gesetzlichen Genehmigungsvoraussetzungen dienen.

---

56 *Marcks*, in: Landmann/Rohmer, GewO, § 34 Rn. 21.
57 Exemplarisch Nr. 2.2.2 PfandVwV.
58 BVerfG, GewArch 1990, 275.
59 *Dickersbach*, in: Korte/Repkewitz/Schulze-Werner, GewO, § 33a Rn. 16.

I. Allgemeines Gewerberecht § 5

Sofern über eine beantragte Genehmigung nicht innerhalb von drei Monaten entschieden wird, kann der Antragsteller eine Untätigkeitsklage nach § 75 VwGO erheben. Darüber hinaus sieht § 6a Abs. 1 GewO für das Versteigerergewerbe (§ 34b GewO) sowie das Immobilienmakler-, Bauträger- und Baubetreuergewerbe (§ 34c Abs. 1 S. 1 Nr. 1 und 3 GewO) nach Ablauf dieser Zeit eine Genehmigungsfiktion bei unterbliebener Bescheidung über den Genehmigungsantrag durch die Gewerbeaufsichtsbehörde vor. Entsprechendes gilt vorbehaltlich anderweitiger landesrechtlicher Vorgaben für das Schaustellungsgewerbe (§ 33a GewO) sowie gaststättenrechtliche Genehmigungen.[60] In diesen Fällen darf das Gewerbe vom Antragsteller nach Ablauf der behördlichen Entscheidungsfrist aufgenommen werden.

Eine Untätigkeitsklage ist dann nicht nur überflüssig; sie ist auch mangels Rechtsschutzbedürfnisses unzulässig. Jedoch kommt die Erhebung einer Feststellungsklage in Betracht.[61] Sofern die Gewerbeaufsichtsbehörde eine Ergänzung der fingierten Genehmigung, die nicht als Verwaltungsakt zu qualifizieren ist,[62] um „Auflagen" für erforderlich hält, kann sie diese als eigenständige Verwaltungsakte unter Beachtung der jeweiligen gesetzlichen Voraussetzungen erlassen. Hiergegen kann der betroffene Gewerbetreibende Rechtsschutz durch Widerspruch und Anfechtungsklage, §§ 68 ff., 42 Abs. 1 Alt. 1 VwGO, erlangen.

Wurde eine Genehmigung erteilt oder fingiert, berechtigt sie den Antragsteller zur Ausübung des jeweiligen Gewerbes gemäß den geltenden gesetzlichen Vorgaben sowie etwaigen Nebenbestimmungen. Eine Befristung der Genehmigung ist nur in wenigen Fällen zulässig, vgl. etwa § 33i Abs. 1 S. 2 GewO, jenseits derer sie eine dauerhafte Berechtigung zur Ausübung des jeweiligen Gewerbes vermittelt. Wird eine Genehmigung jedoch innerhalb eines Jahres nicht genutzt, führt dies nach § 49 Abs. 2 GewO bei Privatkrankenanstalten (§ 30 GewO), der Schaustellung von Personen (§ 33a GewO) sowie dem Betrieb von Spielhallen (§ 33i GewO) zu ihrem Erlöschen.

b) Gewerbebefugnisse

Die §§ 41 ff. GewO normieren einige bedeutsame Rechte, die allen Gewerbetreibenden zukommen. Für genehmigungsbedürftige Gewerbe werden diese teilweise durch die jeweils einschlägigen Vorschriften der §§ 30 ff. GewO sowie des besonderen Gewerberechts konkretisiert und modifiziert.

§ 41 Abs. 1 GewO enthält das „Recht ..., in beliebiger Zahl Gesellen, Gehilfen, Arbeiter jeder Art und, soweit die Vorschriften des gegenwärtigen Gesetzes nicht entgegenstehen, Lehrlinge anzunehmen" sowie die Berechtigung zur freien „Wahl des Arbeits- und Hilfspersonals". Diese umfassende Berechtigung zur Beschäftigung von Arbeitnehmern ist allein deklaratorischer Natur. Bereits aus dem Grundrecht der Berufsfreiheit folgt, dass eine Beschränkung des Gewerbetreibenden auf Eigenleistungen nicht erfolgen, sondern dass sich dieser Dritter bedienen kann.[63] Überdies würde die Gewerbefreiheit nach § 1 Abs. 1 GewO andernfalls für juristische Personen gänzlich,

---

[60] Nach BGHZ 214, 360, ist die Gaststättenbehörde verpflichtet, den anwaltlich nicht vertretenen Antragsteller auf den Eintritt der Genehmigungsfiktion gemäß § 6a Abs. 1 und 2 GewO, § 31 GastG hinzuweisen, wenn sie ihm zuvor mitgeteilt hat, dass sein Antrag auf Erteilung einer Gaststättenerlaubnis noch nicht beschieden werden könne, und insoweit um etwas Geduld gebeten hat.
[61] OVG Hamburg Urt. v. 26.8.1999 – 2 Bf 17/96; OVG Hamburg Urt. v. 11.6.2008 – 2 Bf 89/02; VG Wiesbaden Urt. v. 18.12.2017 – 6 K 56/17.WI.
[62] Näher *Knauff*, VerwArch 109 (2018), 480 (488).
[63] Vgl. zur „Unternehmerfreiheit" BVerfGE 50, 290 (363).

für natürliche Personen aufgrund der Arbeitsteiligkeit der Wirtschaftsprozesse weitgehend leerlaufen. Das Recht zur Beschäftigung und Ausbildung entbindet allerdings nicht von der Beachtung aller darauf bezogenen weiteren Vorschriften, etwa des Arbeits-, Sozialversicherungs- oder Berufsbildungsrechts.

39 Die Notwendigkeit der Arbeitsteilung ist auch Hintergrund von § 45 GewO. Danach können die „Befugnisse zum stehenden Gewerbebetrieb ... durch Stellvertreter ausgeübt werden; diese müssen jedoch den für das in Rede stehende Gewerbe insbesondere vorgeschriebenen Erfordernissen genügen." Derartige Stellvertreter handeln nicht in eigener Verantwortung, sondern für den Gewerbetreibenden, der aus ihrem Handeln berechtigt und verpflichtet wird. Sie müssen über gewisse Entscheidungsspielräume verfügen (zu bejahen zB bei GmbH-Geschäftsführern, AG-Vorständen und Prokuristen), üben aber kein eigenes Gewerbe aus.[64] Wegen ihrer Entscheidungsbefugnisse unterliegen Stellvertreter allerdings grundsätzlich denselben Anforderungen an Fachkenntnisse und Zuverlässigkeit wie der vertretene Gewerbetreibende selbst. Für einige genehmigungsbedürftige Gewerbe delegiert § 47 GewO die Entscheidung über die Zulässigkeit einer Stellvertretung an die Genehmigungsbehörde, der dabei allerdings kein freies Ermessen zukommt. Vielmehr ist vor dem Hintergrund der Berufsfreiheit eine Stellvertretung auch in diesen Fällen regelmäßig als zulässig anzusehen.

40 Stirbt der Gewerbetreibende, hat dies grundsätzlich keine Auswirkungen auf das Gewerbe, auch wenn dessen Aufnahme einer Genehmigung bedurfte. Vielmehr gestattet § 46 GewO seine Fortführung durch die Erben, auch wenn diese nicht selbst die hierfür notwendigen Voraussetzungen erfüllen. In diesem Falle ist ein geeigneter Stellvertreter nach § 45 GewO einzusetzen. Andernfalls wird der Erbe selbst zum Gewerbetreibenden, so dass § 46 GewO nicht zur Anwendung kommt.

c) Kontrolle

41 Bei der Ausübung eines Gewerbes sind zahlreiche Vorschriften zu beachten. Diese finden ihre Grundlage in einer Vielzahl von Einzelgesetzen vom Arbeits- über das Feiertags-, das Ladenschluss- (→ Rn. 92 ff.) und das Straßen- bis hin zum Umweltrecht. Soweit es sich um spezifisch gewerberechtliche Anforderungen handelt, unterliegen Gewerbetreibende dabei der Überwachung durch die Gewerbeaufsichtsbehörden. Für bestimmte Konstellationen, in denen der Gesetzgeber von einem erhöhten Überwachungsbedarf ausgeht, vermittelt § 29 GewO diesen Behörden besondere Auskunfts- und Nachschaubefugnisse.

Soweit § 29 GewO tatbestandlich nicht einschlägig ist, sind die Gewerbeaufsichtsbehörden bei der Durchführung ihrer Kontrollaufgabe wegen des Vorbehalts des Gesetzes grundsätzlich nicht zu Maßnahmen gegenüber dem Gewerbetreibenden berechtigt, sofern nicht im Einzelfall eine spezielle Rechtsgrundlage besteht.

42 Nicht alle Gewerbetreibenden werden von § 29 GewO erfasst. Vielmehr bestimmt die Norm ihren Adressatenkreis abschließend. Unter dem Begriff der Betroffenen fasst § 29 Abs. 1 GewO Gewerbetreibende zusammen, die bestimmten Tätigkeiten nachgehen (Nr. 1, 2, 3 und 5) oder gegen die ein Untersagungsverfahren eröffnet oder abgeschlossen wurde (Nr. 4). Bei den erfassten Tätigkeiten handelt es sich um eine Vielzahl genehmigungspflichtiger (→ Rn. 27 ff.) und überwachungsbedürftiger (→ Rn. 23 f.) Gewerbe, darüber hinaus öffentlich bestellte Versteigerer und Sachverständige. Die

---

[64] Vgl. BVerwG, VerwRspr 1961, 111.

aus § 29 GewO insoweit folgenden Befugnisse der Gewerbeaufsichtsbehörden dienen dazu, die jeweils spezifischen Anforderungen an die Gewerbeausübung sicherzustellen. Die Einbeziehung von Gewerbetreibenden, gegen die ein Untersagungsverfahren durchgeführt wird oder wurde, soll der Gewerbeaufsichtsbehörde die Entscheidungsgrundlagen für Untersagungen oder Wiedergestattungen zugänglich machen.[65] Entsprechendes gilt für die Erweiterung des personellen Anwendungsbereichs der Norm auf sonstige Gewerbetreibende ohne weitere Beschränkung, „wenn Tatsachen die Annahme rechtfertigen, daß ein erlaubnispflichtiges, überwachungsbedürftiges oder untersagtes Gewerbe ausgeübt wird", durch § 29 Abs. 4 GewO.

In sachlicher Hinsicht normiert § 29 Abs. 1 GewO eine umfassende Auskunftspflicht der von der Norm erfassten Gewerbetreibenden gegenüber den Gewerbeaufsichtsbehörden und deren Beauftragten. Sie haben „auf Verlangen die für die Überwachung des Geschäftsbetriebs erforderlichen mündlichen und schriftlichen Auskünfte unentgeltlich zu erteilen." Eine Auskunft ist für die Überwachung erforderlich, wenn sie sich auf Gegenstände bezieht, welche einen Bezug zu dem jeweils ausgeübten Gewerbe und seine spezifischen Zulässigkeitsvoraussetzungen haben. Insbesondere kann sich die Auskunft auf Umstände beziehen, die für eine mögliche Gewerbeuntersagung nach § 35 GewO von Bedeutung sind (→ Rn. 46 ff.). Ein Auskunftsverweigerungsrecht besteht nach § 29 Abs. 3 GewO allein für den Fall, dass der Auskunftspflichtige sich selbst oder (nahe) Angehörige iSv § 383 Abs. 1 Nr. 1 bis 3 ZPO einer Verfolgung wegen Straftaten oder Ordnungswidrigkeiten aussetzen würde. Die verfassungsrechtlich garantierte Selbstbelastungsfreiheit[66] findet darin eine spezifisch gewerberechtliche Ausprägung. Wird jenseits dessen „eine Auskunft nicht, nicht richtig, nicht vollständig oder nicht rechtzeitig erteilt", handelt der Gewerbetreibende nach § 146 Abs. 2 Nr. 4 GewO ordnungswidrig.

Die Auskunftspflicht wird durch Nachschaubefugnisse der Gewerbeaufsichtsbehörden ergänzt. Nach § 29 Abs. 2 GewO sind deren Beauftragte „befugt, zum Zwecke der Überwachung Grundstücke und Geschäftsräume des Betroffenen während der üblichen Geschäftszeit zu betreten, dort Prüfungen und Besichtigungen vorzunehmen, sich die geschäftlichen Unterlagen vorlegen zu lassen und in diese Einsicht zu nehmen. Zur Verhütung dringender Gefahren für die öffentliche Sicherheit oder Ordnung können die Grundstücke und Geschäftsräume tagsüber auch außerhalb der in Satz 1 genannten Zeit sowie tagsüber auch dann betreten werden, wenn sie zugleich Wohnzwecken des Betroffenen dienen". Eine dringende Gefahr für die öffentliche Sicherheit oder Ordnung iSv § 29 Abs. 2 S. 2 GewO setzt voraus, dass mit hinreichender Wahrscheinlichkeit der baldige, nicht notwendig unmittelbar bevorstehende Eintritt eines Schadens an einem wichtigen Rechtsgut von bedeutendem Wert zu befürchten ist.[67]

Diese Befugnisse ermöglichen der zuständigen Gewerbeaufsichtsbehörde, sich selbst und unabhängig von etwaigen Auskünften Kenntnis von den Eigenarten eines Gewerbebetriebs zu verschaffen. Ihre Nutzung ist nicht an ein vorheriges Auskunftsverlangen geknüpft. Aus Gründen der Verhältnismäßigkeit ist ein solches jedoch regelmäßig als weniger eingriffsintensive Maßnahme geboten; dies gilt jedoch nicht, wenn die begründete Gefahr der Beseitigung belastender Informationen durch den Gewerbetreibenden

---

[65] Vgl. BT-Drs. 14/8796, S. 14.
[66] Grundlegend BVerfGE 38, 105 (114 f.); übergreifend zum Auskunftsverweigerungsrecht im Wirtschaftsverwaltungsrecht *Gabriel*, NVwZ 2020, 19 ff.
[67] BVerfGE 17, 232 (251 f.).

infolge des Auskunftsverlangens besteht. Ein Recht zur Beschlagnahme von Unterlagen vermittelt § 29 Abs. 2 GewO nicht.[68]

d) Untersagung

46 In verschiedenen Fällen kann ein Gewerbe von der Gewerbeaufsichtsbehörde untersagt werden, um rechtmäßige Zustände (wieder)herzustellen. Von großer praktischer Bedeutung ist die Gewerbeuntersagung wegen Unzuverlässigkeit des Gewerbetreibenden nach § 35 GewO. Daneben bestehen verschiedene weitere Sanktionsnormen und Eingriffsbefugnisse. Die Wiederzulassung eines untersagten Gewerbes ist grundsätzlich möglich (→ Rn. 60 ff.).

Ergreift eine Gewerbeaufsichtsbehörde Maßnahmen gegen einen Gewerbetreibenden, zieht dies regelmäßig eine Eintragung in das Gewerbezentralregister gemäß den §§ 149 ff. GewO nach sich. Die damit verwirklichte Transparenz dient vor allem dem Zweck, anderen Gewerbeaufsichtsbehörden die Berücksichtigung der dokumentierten Umstände bei eigenen Entscheidungen, zB über die Genehmigung eines Zulassungsantrags, zu ermöglichen.[69]

(1) Untersagung wegen Unzuverlässigkeit

47 Nach § 35 Abs. 1 S. 1 GewO ist „[d]ie Ausübung eines Gewerbes ... von der zuständigen Behörde ganz oder teilweise zu untersagen, wenn Tatsachen vorliegen, welche die Unzuverlässigkeit des Gewerbetreibenden oder einer mit der Leitung des Gewerbebetriebes beauftragten Person in Bezug auf dieses Gewerbe dartun, sofern die Untersagung zum Schutze der Allgemeinheit oder der im Betrieb Beschäftigten erforderlich ist." Die Gewerbeaufsichtsbehörde erhält hierdurch die Befugnis, auf aufgetretene Missstände zu reagieren. § 35 GewO kommt daher eine zentrale Funktion im System des Gewerberechts zu.

Der Anwendungsbereich der Vorschrift ist jedoch insoweit begrenzt, als das besondere Gewerberecht teilweise speziellere Rechtsgrundlagen für eine Untersagung genehmigter Gewerbe enthält, vgl. § 15 GastG, § 3 Abs. 5 GüKG, § 25 PBefG, die nach § 35 Abs. 8 GewO vorrangig sind. Dies gilt für den Fall, dass die Zuverlässigkeit Genehmigungsvoraussetzung war, auch für § 49 Abs. 2 Nr. 3 VwVfG.[70] Im Übrigen treten bei genehmigungspflichtigen Gewerben die sonstigen Vorschriften über Rücknahme und Widerruf von Verwaltungsakten nach §§ 48 ff. VwVfG aufgrund des Spezialitätsgrundsatzes hinter § 35 GewO zurück.

48 Die Untersagung eines Gewerbes, die von einer (bloßen) Betriebsschließung zu unterscheiden ist (→ Rn. 56) und eine (zunächst) rechtmäßige und tatsächliche[71] gewerbliche Betätigung voraussetzt, ist auf Grundlage von § 35 GewO nur für den Fall der Unzuverlässigkeit des Gewerbetreibenden vorgesehen. Korrespondierend mit der Bestimmung der Zuverlässigkeit bei genehmigungs- oder überwachungsbedürftigen Gewerben (→ Rn. 30) gilt als unzuverlässig, wer nach dem Gesamteindruck seines Verhaltens keine Gewähr dafür bietet, dass er sein Gewerbe künftig ordnungsgemäß betreiben wird. Diese Prognose muss auf das konkret ausgeübte Gewerbe bezogen

---

68 VG Stuttgart, GewArch 2012, 33.
69 BT-Drs. 7/626, S. 13.
70 OVG Münster, NVwZ-RR 2017, 233; vgl. auch BVerwG, NVwZ 1992, 167.
71 Eine bloße Gewerbeanzeige nach § 14 GewO steht einer tatsächlichen Ausübung nicht gleich, BVerwG, NVwZ 2004, 103, wohl aber konkrete Vorbereitungshandlungen, BVerwG, NJW 1993, 1346. Auch bei vorheriger Betriebsaufgabe scheidet eine Gewerbeuntersagung aus, BVerwG, GewArch 1995, 117.

sein und, wie § 35 Abs. 1 S. 1 GewO ausdrücklich hervorhebt, auf Tatsachen basieren, mithin am bisherigen Verhalten des Gewerbetreibenden oder seines Leitungspersonals, vgl. auch § 35 Abs. 7a GewO, anknüpfen. Solange derartige Tatsachen nicht feststehen, wird die Zuverlässigkeit eines Gewerbetreibenden vermutet. Die Beweislast für das Vorliegen der zur Prognose der Unzulässigkeit führenden Tatsachen liegt mithin bei der Behörde.[72] Dabei „begegnet die Einbeziehung auch länger zurückliegender Vorgänge in die Entscheidung über die Unzuverlässigkeit eines Gewerbetreibenden jedenfalls dann keinen Bedenken, wenn das die Bagatellschwelle überschreitende Verhalten im Zusammenhang mit der konkreten Gewerbeausübung steht und sich über einen längeren Zeitraum kontinuierlich bis in die Gegenwart hinzieht."[73] Die zeitliche Grenze der Berücksichtigung früherer Straftaten folgt aus § 51 BZRG.[74]

Die Unzuverlässigkeit kann sich aus vielfältigen Umständen ergeben.[75] In der Praxis spielt die Nichtabführung von Steuern oder Sozialabgaben eine wichtige Rolle.[76] Dabei ist wegen der Geltung der zugrunde liegenden Pflichten für alle Gewerbetreibenden bzw. Arbeitgeber nicht zwischen einzelnen Gewerben zu differenzieren. Bei anderen Rechtsverstößen ist zu unterscheiden. So ist das Fahren unter Alkoholeinfluss geeignet, die Unzuverlässigkeit eines Taxiunternehmers zu begründen,[77] nicht aber diejenige des Inhabers eines Lebensmittelgeschäfts. Zuverlässigkeit im gewerberechtlichen Sinne kann nicht mit uneingeschränkter Rechtstreue gleichgesetzt werden. Damit gewerbespezifisch relevante Verstöße zur Unzuverlässigkeit führen, müssen sie zudem von gewissem Gewicht sein oder wiederholt auftreten.[78] Auf ein Verschulden kommt es aber nicht an.[79]

Bei gegebener Unzuverlässigkeit setzt die Untersagung des Gewerbes nach § 35 Abs. 1 S. 1 GewO des Weiteren deren Erforderlichkeit zum Schutz der Allgemeinheit oder der Beschäftigten voraus. Es handelt sich dabei um eine positivierte Ausprägung des Grundsatzes der Verhältnismäßigkeit. Die Gewerbeuntersagung dient anders als die Vorschriften über Ordnungswidrigkeiten (§§ 144 ff. GewO) nicht der Sanktionierung von Fehlverhalten, sondern der Abwehr von Gefahren für wichtige Rechtsgüter.[80] Nur soweit die Allgemeinheit einschließlich konkreter Dritter, etwa Vertragspartner des Gewerbetreibenden, oder dessen Beschäftigte vor (weiteren) Schädigungen nicht durch ein milderes Mittel als durch die Untersagung des Gewerbes geschützt werden können, kann (und muss) diese erfolgen. Eine abstrakte Gefährdung der geschützten Rechtsgüter ist hierfür ausreichend.[81]

49

Führt ein Gewerbetreibender regelmäßig Steuern nicht ab, schadet er damit der Allgemeinheit, da er seinen Anteil an der Finanzierung des Staates als Ausdruck eines organisierten Gemeinwesens nicht erbringt und dadurch das Vermögen der öffentlichen Hand schädigt.[82] Wiederholtes betrügerisches Handeln gegenüber Vertragspartnern schadet zwar unmittelbar zunächst nur diesen, gefährdet aber darüber hinaus zugleich den Rechtsfrieden, so dass eine darauf gestützte Untersagung ebenfalls dem Schutz der Allgemeinheit dient.[83] Der Schutz der Beschäftigten als Untersagungsgrund steht zB in Frage,

---

72 *Ennuschat*, in: Ennuschat/Wank/Winkler, GewO, § 35 Rn. 35.
73 BVerwG Beschl. v. 23.5.1995 – 1 B 78/95, Rn. 7 (juris).
74 Näher *Ennuschat*, in: Ennuschat/Wank/Winkler, GewO, § 35 Rn. 41 ff.
75 Siehe auch vertiefend *Knauff*, Jura 2022, 1418 (1422 ff.).
76 Siehe nur *Marcks*, in: Landmann/Rohmer, GewO, § 35 Rn. 49 ff.
77 BVerwGE 13, 326.
78 VGH Mannheim, NVwZ-RR 1990, 186 (186 f.).
79 BVerwGE 24, 38 (41); 65, 1 (4).
80 Vgl. etwa VGH München, GewArch 2017, 162.
81 BT-Drs. 7/111, S. 5.
82 OVG Bautzen Beschl. v. 8.3.2011 – 3 B 354/10.
83 Vgl. *Heß* in: Korte/Repkewitz/Schulze-Werner, GewO, § 35 Rn. 161 ff.

wenn der Gewerbetreibende dauerhaft gegen Arbeitnehmerschutzbestimmungen verstößt, etwa des Arbeitszeit- oder des Arbeitssicherheitsrechts,[84] aber auch wenn er die Etablierung oder die Tätigkeit gesetzlich vorgesehener Arbeitnehmervertretungen behindert.[85]

50 § 35 Abs. 1 S. 1 GewO enthält kein Ermessen hinsichtlich der Gewerbeuntersagung. Liegen die tatbestandlichen Voraussetzungen vor, „ist" das Gewerbe von der Gewerbeaufsichtsbehörde vielmehr zwingend zu untersagen.[86] Allerdings handelt es sich dabei um einen sehr intensiven Eingriff in (Grund-)Rechte des Gewerbetreibenden. Im Hinblick darauf sieht § 35 GewO die Möglichkeit weniger eingriffsintensiver Alternativmaßnahmen vor, die im Rahmen der Prüfung der Erforderlichkeit der Gewerbeuntersagung zu berücksichtigen sind.

51 Die Untersagung der Ausübung eines Gewerbes muss nicht umfassend, sondern kann gemäß § 35 Abs. 1 S. 1 GewO auch nur teilweise erfolgen. Im Hinblick auf spezifische Aktivitäten ist Voraussetzung jedoch zum einen, dass das betreffende Gewerbe verschiedene Teilaspekte aufweist, die jeweils über eine gewisse Eigenständigkeit verfügen und daher auch unabhängig voneinander ausgeübt werden können. Zum anderen darf sich die Unzuverlässigkeit als Untersagungsgrund nicht gleichermaßen auf alle diese Teilaspekte beziehen.[87]

Wird ein Gewerbetreibender als Warenproduzent tätig und betreibt er zugleich ein Ladengeschäft, in dem er diese Waren an Endverbraucher verkauft, kommt eine teilweise Untersagung nur im Hinblick auf das Ladengeschäft in Betracht.[88]

52 Eine Teiluntersagung kann sich aber auch auf die Organisation der Gewerbeausübung beziehen, etwa hinsichtlich der Notwendigkeit des Ausschlusses eines unzuverlässigen Mitgesellschafters aus der das Gewerbe betreibenden Personengesellschaft.[89] Insbesondere bei Verstößen gegen die Pflicht zur Abführung von Sozialversicherungsbeiträgen oder gegen Bestimmungen des Arbeitnehmerschutzes kann eine teilweise Untersagung in dem Verbot der Beschäftigung von Arbeitnehmern bestehen.[90]

53 Folge einer Gewerbeuntersagung ist, dass der betreffende Gewerbetreibende dasjenige Gewerbe, welches Gegenstand der Untersagungsverfügung ist, nicht mehr ausüben darf. Nach § 35 Abs. 1 S. 2 GewO kann die Untersagung „auch auf die Tätigkeit als Vertretungsberechtigter eines Gewerbetreibenden oder als mit der Leitung eines Gewerbebetriebes beauftragte Person sowie auf einzelne andere oder auf alle Gewerbe erstreckt werden, soweit die festgestellten Tatsachen die Annahme rechtfertigen, daß der Gewerbetreibende auch für diese Tätigkeiten oder Gewerbe unzuverlässig ist."[91]

54 Das Verfahren der Gewerbeuntersagung ist ein nichtförmliches Verwaltungsverfahren iSv §§ 9 f. VwVfG. Infolgedessen finden die allgemeinen Regelungen über die Ausgestaltung eines solchen, etwa im Hinblick auf die Notwendigkeit einer Anhörung des Betroffenen, § 28 VwVfG, Anwendung. Ergänzend enthält § 35 GewO einige spezifische Vorgaben. Örtlich zuständig ist nach § 35 Abs. 7 GewO die Gewerbeaufsichts-

---

84 Zur zwischenbehördlichen Mitteilungspflicht positiv *Kollmer*, RdA 1997, 155 (159); negativ *Wiebauer*, GewArch 2017, 413 (415).
85 *Scheidler*, GewArch 2005, 445 (448); ebenso *Marcks*, in: Landmann/Rohmer, GewO, § 35 Rn. 76; aA *Leisner*, GewArch 2008, 225 (229).
86 BVerwGE 23, 280 (286).
87 Näher *Marcks*, in: Landmann/Rohmer, GewO, § 35 Rn. 84.
88 OVG Hamburg, NJW 1991, 1500.
89 Siehe dazu *Marcks*, in: Landmann/Rohmer, GewO, § 35 Rn. 64.
90 BVerwGE 23, 280 (286 f.).
91 Siehe dazu BVerwG, GewArch 1995, 116; GewArch 1995, 200.

behörde, in deren Bezirk sich die gewerbliche Niederlassung iSv § 4 Abs. 3 GewO befindet oder mangels einer solchen das Gewerbe tatsächlich ausgeübt wird. Spezifische Anhörungspflichten sieht § 35 Abs. 4 GewO für etwaige besondere staatliche Aufsichtsbehörden, für die zuständigen Industrie- und Handels- bzw. die Handwerkskammern sowie bei Genossenschaften für den Prüfungsverband iSv § 54 GenG vor. Die Verwertung vorangegangener strafgerichtlicher Entscheidungen richtet sich nach § 35 Abs. 3 GewO. Das Verfahren kann nach § 35 Abs. 1 S. 3 GewO auch dann fortgesetzt werden, wenn die Gewerbeausübung während seiner Dauer eingestellt wurde. Dies ist Voraussetzung dafür, dass die mit der Untersagung verbundenen Wirkungen eintreten können, die über die konkret wahrgenommene Form der gewerblichen Betätigung hinausgehen. Die – ggf. teilweise – Gewerbeuntersagung ergeht durch Verwaltungsakt iSv § 35 S. 1 VwVfG, der nicht durch Nebenbestimmungen ergänzt werden darf[92] und ohne diesbezügliche behördliche Anordnung nicht sofort vollziehbar ist.[93] Rechtsschutz kann vom Adressaten durch Widerspruch und Anfechtungsklage erlangt werden. Die Entscheidung der Gewerbeaufsichtsbehörde unterliegt dabei einer uneingeschränkten gerichtlichen Kontrolle.[94]

Ein erst nach Abschluss des Verwaltungsverfahrens eröffnetes Insolvenzverfahren bewirkt nicht die Rechtswidrigkeit einer Gewerbeuntersagung wegen einer auf ungeordneten Vermögensverhältnissen beruhenden Unzuverlässigkeit des Gewerbetreibenden.[95]

(2) Sonstige Untersagungstatbestände

Neben § 35 GewO besteht eine Vielzahl weiterer Rechtsgrundlagen, welche der Gewerbeaufsichtsbehörde die Verhinderung der Fortführung des Gewerbes gänzlich oder im Hinblick auf bestimmte Modalitäten seiner Ausübung ermöglichen. Zu nennen sind diesbezüglich zunächst die gewerbespezifischen Vorschriften über Rücknahme und Widerruf einer erteilten Genehmigung, vgl. § 33d Abs. 4, § 33e Abs. 2 GewO, § 15 GastG, §§ 25 f. PBefG.

Wird ein zulassungspflichtiges Gewerbe ohne die entsprechende Zulassung betrieben, „kann" nach § 15 Abs. 2 S. 1 GewO zudem „die Fortsetzung des Betriebes von der zuständigen Behörde verhindert werden." Die Norm erfasst sowohl die Situation vor der Erteilung einer notwendigen Genehmigung als auch den Fall, dass diese weggefallen ist, etwa infolge einer Aufhebung der Gewerbeerlaubnis.[96] In beiden Fällen verfügt die Gewerbeaufsichtsbehörde über ein Ermessen. Liegt ein Genehmigungsentfall nicht vor, bedarf es nach zutreffender Auffassung zur Herstellung der Verhältnismäßigkeit der vorherigen Aufforderung zur Stellung eines Genehmigungsantrags, sofern nicht offenkundig ist, dass der Gewerbetreibende die Genehmigungsvoraussetzungen nicht erfüllt.[97] Eine Schließung kommt dann nur in Betracht, wenn dieser Antrag nicht gestellt oder abgelehnt wird. § 15 Abs. 2 S. 2 GewO erstreckt die Möglichkeit der Schließung auf Gewerbe, die von ausländischen juristischen Personen begonnen werden, deren Rechtsfähigkeit im Inland nicht anerkannt wird.

---

[92] *Brüning*, in: Pielow, BeckOK GewO, § 35 Rn. 44.
[93] Vgl. dazu VGH Mannheim, NVwZ-RR 2006, 395; weniger strikt hinsichtlich der Anordnungsanforderungen OVG Münster, VerwRspr 1981, 753 (754).
[94] Zur Erforderlichkeit vgl. BVerwGE 23, 280 (286 f.).
[95] BVerwGE 152, 39 Rn. 15 f.
[96] *Winkler*, in: Ennuschat/Wank/Winkler, GewO, § 15 Rn. 21.
[97] *Marcks*, in: Landmann/Rohmer, GewO, § 15 Rn. 24.

Im Hinblick auf juristische Personen aus anderen EU-Mitgliedstaaten kann diese Vorschrift wegen der aus der Niederlassungs- und der Dienstleistungsfreiheit folgenden Rechte grenzüberschreitenden Tätigwerdens unter Wahrung der Rechtsform (→ § 3 Rn. 23) keine Anwendung finden.[98] Für Unternehmen aus Drittstaaten gelten derartige Privilegierungen dagegen grundsätzlich nicht. Wollen diese in Deutschland gewerblich tätig werden, bedarf es der Gründung einer Tochtergesellschaft nach den Vorschriften des deutschen Rechts, etwa in Gestalt einer GmbH.

57 Sofern ein Gewerbe unter der Nutzung von Anlagen betrieben wird, kann auch diese untersagt werden. Vorrangig geschieht dies gemäß § 51 S. 3 GewO nach dem BImSchG. Die §§ 20, 25 BImSchG enthalten spezifische Voraussetzungen für die Untersagung immissionsschutzrechtlich genehmigungs- und nicht genehmigungsbedürftiger Anlagen, die in § 3 Abs. 5 BImSchG definiert werden als „1. Betriebsstätten und sonstige ortsfeste Einrichtungen, 2. Maschinen, Geräte und sonstige ortsveränderliche technische Einrichtungen sowie Fahrzeuge, soweit sie nicht der Vorschrift des § 38 unterliegen, und 3. Grundstücke, auf denen Stoffe gelagert oder abgelagert oder Arbeiten durchgeführt werden, die Emissionen verursachen können, ausgenommen öffentliche Verkehrswege." Diese Begrifflichkeit entspricht derjenigen der GewO. Für diejenigen (wenigen) Anlagen, die wegen § 2 BImSchG nicht dem BImSchG unterfallen, sieht § 51 S. 1 GewO vor, dass deren Benutzung „[w]egen überwiegender Nachteile und Gefahren für das Gemeinwohl ... durch die zuständige Behörde zu jeder Zeit untersagt werden" kann. Da die Anlagennutzung in einem derartigen Fall gleichwohl rechtmäßig erfolgte,[99] sieht § 51 S. 2 GewO vor, dass dem Betreiber „alsdann für den erweislichen Schaden Ersatz geleistet werden" muss. Das Recht zur Ausübung des Gewerbes an sich bleibt von einer solchen Nutzungsuntersagung unberührt, da sich diese allein auf eine konkrete, für gewerbliche Zwecke genutzte Anlage bezieht.

58 Für einzelne Gewerbe bestehen schließlich besondere Eingriffsermächtigungen, mit denen der Gesetzgeber auf gewerbespezifische Gefahren reagiert. So kann nach § 34a Abs. 4 GewO „[d]ie Beschäftigung einer Person, die in einem Bewachungsunternehmen mit Bewachungsaufgaben beschäftigt ist, ... dem Gewerbetreibenden untersagt werden, wenn Tatsachen die Annahme rechtfertigen, dass die Person die für ihre Tätigkeit erforderliche Zuverlässigkeit nicht besitzt." Die Gewerbeerlaubnis als solche bleibt hiervon unberührt.

Die Beschäftigung unzuverlässigen Personals durch einen Bewachungsunternehmer kann allerdings ein Indiz für seine eigene Unzuverlässigkeit sein. Im Falle der Unzuverlässigkeit des Unternehmers ist ihm die Fortführung des Gewerbes nach § 35 GewO zu untersagen (→ Rn. 46 ff.).

(3) Fortführung und Wiedergestattung

59 Auf Antrag des unzuverlässigen Gewerbetreibenden kann ihm gemäß § 35 Abs. 2 GewO gestattet werden, den untersagten Gewerbebetrieb[100] durch einen Stellvertreter iSv § 45 GewO fortzuführen. Diesbezüglich verfügt die Gewerbeaufsichtsbehörde über ein Ermessen.[101] Voraussetzung für eine derartige Stellvertretung ist neben der Erfüllung der gewerbespezifischen Anforderungen durch den Stellvertreter, dass der

---

98 *Marcks*, in: Landmann/Rohmer, GewO, § 15 Rn. 36.
99 Vgl. BVerwGE 38, 209 (216).
100 Zur Erforderlichkeit der wirksamen Untersagung siehe nur BayVGH, NVwZ-RR 2019, 182 Rn. 10.
101 Vgl. VG Ansbach Beschl. v. 27.4.2016 – AN 4 E 16.00662, Rn. 22 (juris).

I. Allgemeines Gewerberecht § 5

Gewerbetreibende selbst keinen Einfluss mehr auf den Geschäftsbetrieb ausübt,[102] sondern nur mehr an den Erträgen partizipiert.

Eine Wiedergestattung der persönlichen Ausübung des untersagten Gewerbes ist schließlich unter den Voraussetzungen des § 35 Abs. 6 GewO möglich. Sie erfolgt nicht von Amts wegen, sondern setzt stets einen darauf gerichteten schriftlichen oder elektronischen Antrag des Adressaten der Untersagung voraus.

60

Unabhängig von § 35 Abs. 6 GewO steht es der Gewerbeaufsichtsbehörde frei, die Untersagung unter den Voraussetzungen der §§ 48 f. VwVfG aufzuheben. Hierzu bedarf es nicht notwendig eines Antrags des Betroffenen.

Da die Gewerbeuntersagung infolge der Unzuverlässigkeit des Gewerbetreibenden erlassen wurde, darf dieser Umstand nicht mehr vorliegen, damit eine Wiedergestattung erfolgen kann. § 35 Abs. 6 S. 1 GewO bestimmt daher, dass „Tatsachen die Annahme rechtfertigen [müssen], daß eine Unzuverlässigkeit im Sinne des Absatzes 1 nicht mehr vorliegt." Die Zuverlässigkeit wird in diesem Falle jedoch nicht vermutet, sondern muss positiv festgestellt werden.[103] Der Antragsteller muss ungeachtet der Geltung des Amtsermittlungsgrundsatzes, § 24 VwVfG,[104] die Umstände darlegen, aus denen sich seine Zuverlässigkeit nunmehr ergibt.[105]

61

Über ein Ermessen verfügt die nach § 35 Abs. 7 GewO zuständige Gewerbeaufsichtsbehörde hinsichtlich der Wiedergestattung nicht. Liegen die tatbestandlichen Voraussetzungen hierfür vor, muss dem Wiedergestattungsantrag durch einen eigenständigen Verwaltungsakt, der die Wirkungen der Untersagung, nicht aber diese selbst beseitigt, stattgegeben werden.[106] Liegen im Einzelfall keine besonderen Umstände vor, darf die Wiedergestattung gemäß § 35 Abs. 6 S. 2 GewO nicht früher als ein Jahr nach Realisierung der Gewerbeuntersagung erfolgen.

62

Vor dem Hintergrund der Berufsfreiheit sind an das Vorliegen besonderer Umstände keine besonders strengen Maßstäbe anzulegen.[107] Insgesamt genügt diese „Sperrfrist" allerdings den verfassungsrechtlichen Anforderungen,[108] zumal die Überwindung einer zur Gewerbeuntersagung führenden Unzuverlässigkeit (→ Rn. 47 f.) innerhalb kürzerer Zeiträume kaum möglich erscheint.

▶ **Zu Fall 4:** Mangels vorrangig anzuwendender Bestimmungen kommt die Untersagung des Betriebs des Lebensmittelladens durch A nach § 35 Abs. 1 S. 1 GewO in Betracht. Das Betreiben eines Lebensmittelladens ist als Gewerbe zu qualifizieren, da es sich um eine nicht sozial unwertige (erlaubte), auf Gewinnerzielung gerichtete und auf Dauer angelegte selbstständige Tätigkeit jenseits der Urproduktion, der freien Berufe und der Verwaltung eigenen Vermögens handelt.

Die Unzuverlässigkeit des A ist gegeben, wenn der Gewerbetreibende nach dem Gesamteindruck seines Verhaltens nicht die Gewähr dafür bietet, dass er sein Gewerbe künftig ordnungsgemäß betreiben wird. Diesbezüglich bedarf es einer tatsachenbasierten Prognose des künftigen gewerblichen Verhaltens des A. Vorliegend kann das gewaltbereite Auftreten des A gegenüber Dritten als Anknüpfungspunkt dienen. Allerdings liegt bislang

---

102 *Brüning*, in: Pielow, BeckOK GewO, § 35 Rn. 67.
103 Vgl. OVG Lüneburg, GewArch 2018, 37 (37 f.).
104 Zur damit verbundenen Beweislast der Gewerbeaufsichtsbehörde OVG Lüneburg NVwZ-RR 2012, 271.
105 VG München Urt. v. 30.1.1996 – M 16 K 95.1654.
106 BVerwGE 28, 202.
107 Näher *Marcks*, in: Landmann/Rohmer, GewO, § 35 Rn. 177 f.
108 BverfG, NVwZ 1995, 1096; BVerwG, NVwZ 1991, 372 (373).

nur ein Polizeibericht vor. Ein Strafurteil ist nicht ergangen und auch das strafrechtliche Ermittlungsverfahren ruht derzeit. Jedoch ist es für die Frage der Zuverlässigkeit eines Gewerbetreibenden im Sinne von § 35 Abs. 1 S. 1 GewO unbeachtlich, ob aufgrund des zu bewertenden Lebenssachverhaltes, aus dem sich der Vorwurf eines mit Kriminalstrafe bedrohten Tuns oder Unterlassen herleitet, tatsächlich eine strafrechtliche Sanktion verhängt wurde. Maßgeblich ist vielmehr, ob zur Überzeugung der zuständigen Amtsträger in der öffentlichen Verwaltung und der zur Kontrolle ihrer Entscheidungen berufenen Gerichte der Verwaltungsgerichtsbarkeit feststeht, dass der Gewerbetreibende ein Verhalten an den Tag gelegt hat, das den Schluss rechtfertigt, er werde seinen beruflichen Pflichten künftig (weiterhin) nicht nachkommen. Auch dann, wenn dieses Verhalten den Tatbestand eines Strafgesetzes erfüllt, befinden die Entscheidungsträger in der vollziehenden Gewalt und bei den Gerichten der Verwaltungsgerichtsbarkeit grundsätzlich eigenverantwortlich darüber, ob der Betroffene den ihm zur Last gelegten Lebenssachverhalt nachweislich verwirklicht hat, und welche Prognose vor diesem Hintergrund über sein künftiges gewerbliches Verhalten anzustellen ist.

Problematisch ist, ob sich aus dem im Polizeibericht geschilderten Verhalten des A am 19.1.2020 Rückschlüsse auf sein künftiges gewerbliches Verhalten treffen lassen. Grundsätzlich müssen die die Unzuverlässigkeit stützenden Tatsachen nicht im Rahmen des Gewerbebetriebs eingetreten zu sein; sie müssen nur gewerbebezogen sein, also Rückschlüsse auf die zuverlässige Ausübung des jeweiligen Gewerbes zulassen. Denkbar ist hier der Rückschluss, dass wegen des aggressiven und gewalttätigen Verhaltens des A bei dem Vorfall am 19.1.2020 dieser nicht mehr die Gewähr dafür bietet, im persönlichen Kundenkontakt die körperliche Unversehrtheit anderer sowie fremden Eigentums zu respektieren. Hierfür sprechen mehrere Aspekte: So war das Einschlagen auf die Theke und das Inventar einer Bar, ohne (zeitliches) Vorliegen einer Notwehrlage nicht nötig, um die Gruppe in Schach zu halten. Auch weist das hohe Maß an Gewaltanwendung auf eine Vergeltungsaktion hin. Des Weiteren hat A in seinem Laden leichten Zugang zu den als Waffen eingesetzten Werkzeugen, die ein hohes Gefährdungspotenzial aufweisen, und steht damit in dauerhaftem Umgang, insbesondere auch bei persönlichem Kundenkontakt. Dass in der Bar zum fraglichen Zeitpunkt unbeteiligte Dritte anwesend waren, lässt darauf schließen, dass A gleichgültig ist gegenüber der Gewaltanwendung trotz anwesender Unbeteiligter und damit die Gefährdung des Leibs und Lebens Dritter in Kauf nimmt. Schließlich hat A das staatliche Gewaltmonopol missachtet, indem er das Hackbeil auch nach Aufforderung durch die Polizei nicht freiwillig niedergelegt hat. Dies spricht für eine unkontrollierbare Gewaltanwendung und fehlende Hemmungen, auf ladeneigenes Inventar zurückzugreifen, um dieses für die eigenmächtige Verfolgung von Straftaten zu verwenden. Damit geht ein besonderes Gefahrenpotential einher, welches die Besorgnis eines ähnlichen Vorgehens in der Zukunft erweckt. Insgesamt belegt das Verhalten des A seine Gleichgültigkeit gegenüber den Rechtsgütern anderer und geltenden Rechtsvorschriften. Dabei ist es ohne Belang, dass die nicht zu den Kunden A oder B zählende Tätergruppe die beiden massiv angegriffen hatte. Da der von dieser Gruppe ausgehende Angriff abgeschlossen war, gab es keine Rechtfertigung für die Gewalttätigkeiten des A, zumal die Tätlichkeiten auch noch unbeteiligte Gäste der Matanzas-Bar gefährdeten.

Dass A bis dahin „unbescholten" war, stellt die Prognose seiner Unzuverlässigkeit nicht in Frage, da er erhebliche Sachschäden und Rechtsgutverletzungen bezüglich der Beeinträchtigung der körperlichen Integrität verursacht hat. Das Ausmaß der Gewaltanwendung und seine Uneinsichtigkeit bei Eintreffen der Polizei sprechen dafür, die Zuverlässigkeit trotz

I. Allgemeines Gewerberecht § 5

erstmaliger Auffälligkeit zu verneinen. Infolge der Vorkommnisse am 19.1.2020 kann mithin nicht mehr gewährleistet werden, dass A sein Gewerbe künftig ordnungsgemäß betreiben wird.

Die Untersagung muss darüber hinaus zum Schutze der Allgemeinheit oder der im Betrieb Beschäftigten erforderlich sein. Hier kommt der Schutz der Allgemeinheit insoweit in Betracht als der potenzielle/künftige Kundenstamm des A vor dessen Gewaltpotential zu schützen ist. Dabei genügt eine zu bejahende abstrakte Gefährdung. Als milderes Mittel wäre zwar grundsätzlich daran zu denken, den Betrieb nur teilweise insoweit zu untersagen, als A für seinen Laden gefährliche Werkzeuge verwenden muss. Eine derartige Einschränkung erscheint aber im Hinblick auf das Sortiment des Ladens nicht nur kaum praktikabel, sondern würde auch dem Gewaltpotential des A und der damit einhergehenden Gefahr für den Kundenstamm sowie seiner Einstellung gegenüber dem staatlichen Gewaltmonopol nicht entgegenwirken.

Mithin ist der Tatbestand des § 35 Abs. 1 S. 1 GewO erfüllt, so dass das Betreiben des Lebensmittelladens durch A aufgrund seiner Unzuverlässigkeit zwingend zu untersagen ist. ◀

4. Reisegewerbe

Für das Reisegewerbe normieren die §§ 55 ff. GewO[109] besondere Vorgaben, die zu den allgemeinen Vorschriften über den Betrieb eines Gewerbes (→ Rn. 5 ff.) hinzutreten und sich von denjenigen über das stehende Gewerbe (→ Rn. 19 ff.) deutlich unterscheiden. Der Anwendungsbereich dieser Vorgaben wird durch die Legaldefinition des Reisegewerbes in § 55 Abs. 1 GewO festgelegt. Danach betreibt ein Reisegewerbe, „wer gewerbsmäßig ohne vorhergehende Bestellung außerhalb seiner gewerblichen Niederlassung (§ 4 Abs. 3) oder ohne eine solche zu haben 1. Waren feilbietet oder Bestellungen aufsucht (vertreibt) oder ankauft, Leistungen anbietet oder Bestellungen auf Leistungen aufsucht oder 2. unterhaltende Tätigkeiten als Schausteller oder nach Schaustellerart ausübt." Es handelt sich mithin regelmäßig um gewerbliche Tätigkeiten, die ohne feste örtliche Verankerung durchgeführt werden. Dem gleichgestellt sind solche Betätigungen, bei denen der Bezug zu dieser fehlt und durch ein nicht angefordertes Herantreten an Geschäftspartner ersetzt wird.

63

Allein der Umstand, dass ein Gewerbetreibender zur Wahrnehmung seiner Geschäfte zu seinen Kunden reist, führt nicht notwendig zur Qualifikation seines Gewerbes als Reisegewerbe. Vielfach geschieht dies von seiner Niederlassung aus und nur nach Anforderung. Ein typisches Beispiel für Reisegewerbetreibende iSv § 55 Abs. 1 Nr. 1 GewO sind (selbstständige) Handelsvertreter, die Produkte eines Unternehmens, zB Staubsauger, durch unangemeldete Hausbesuche aus dem Kofferraum ihres Fahrzeugs heraus vertreiben. Nicht notwendig ist allerdings die Bereitschaft zur sofortigen Leistungserbringung.[110] Eine gewerbliche Betätigung ohne vorhergehende Bestellung liegt zudem auch dann vor, wenn sich der Kunde – aufgrund vorausgegangener Werbung oder bei Gelegenheit – zu dem außerhalb seiner Niederlassung tätigen Gewerbetreibenden begibt. Entscheidend ist, dass die Initiative zum geschäftlichen Verkehr nicht vom Kunden ausgeht, sondern anders als im stehenden Gewerbe regelmäßig vom Gewerbetreibenden.[111] Unter § 55 Abs. 1 Nr. 2 GewO fallen etwa neben dem Angebot von Fahrgeschäften,

---

[109] Siehe ergänzend die Allgemeine Verwaltungsvorschrift für den Vollzug des Titels III der Gewerbeordnung (ReisegewVwV).
[110] BVerfG, NVwZ 2001, 189 (189 f.).
[111] OVG Münster, NWVBl 2022, 420 (421); siehe auch OVG Greifswald Beschl. v. 4.4.2022 – 1 LZ 400/20 OVG.

Geisterbahnen, Schießbuden etc auf Volksfesten, Kirmessen und ähnlichen Veranstaltungen auch die Betreiber von Zirkussen.[112]

64 Die fehlende örtliche Gebundenheit des Gewerbetreibenden oder die Ausnutzung eines „Überraschungsmoments" ist für dessen Kunden wie auch für die Allgemeinheit mit erhöhten Gefahren verbunden. Insbesondere die Durchsetzung von Ansprüchen kann sich bei fehlender Auffindbarkeit des Gewerbetreibenden als äußerst problematisch gestalten. Auch eine behördliche Überwachung ist gegenüber stehenden Gewerben deutlich erschwert.[113] Aufgrund dessen dürfen bestimmte, vom Gesetzgeber für besonders problematisch erachtete gewerbliche Betätigungen im Reisegewerbe nicht ausgeübt werden. § 56 GewO enthält diesbezüglich eine (abschließende) Auflistung, die allerdings regelmäßig Änderungen unterliegt.

Es handelt sich im Wesentlichen um Betätigungen, bei denen größere wirtschaftliche oder gesundheitliche Schädigungen von Verbrauchern hervorgerufen werden können. Eine konsequente Einschränkung enthält § 56 Abs. 3 S. 1 iVm § 55b Abs. 1 GewO. Danach gelten die Verbote nicht für den Verkehr zwischen Gewerbetreibenden.

65 Im Übrigen sieht § 55 Abs. 2 GewO mit der Notwendigkeit einer Reisegewerbekarte eine grundsätzliche Erlaubnispflichtigkeit des Reisegewerbes vor. Anderes gilt allein für die in §§ 55a f. GewO explizit als reisegewerbekartenfrei bezeichneten Tätigkeiten.

Diese Ausnahmen erfassen zum einen Tätigkeiten, für die eine anderweitige Erlaubnis erforderlich ist, vgl. § 55a Abs. 1 Nr. 5 bis 8a GewO. Zum anderen handelt es sich um nach Auffassung des Gesetzgebers auch bei einer Erbringung im Reisegewerbe mit geringen Gefahren verbundene gewerbliche Betätigungen, vgl. § 55a Abs. 1 Nr. 1 bis 3, 9, 10, § 55b Abs. 1 GewO, oder nach § 55a Abs. 2 GewO im Einzelfall gewerbeaufsichtsbehördlich freigestellte Ausnahmen für besondere Verkaufsveranstaltungen. Eine weitere Freistellung folgt für Gewerbetreibende aus anderen EU-Mitgliedstaaten aus § 4 Abs. 1 GewO (→ Rn. 20, 23). Die Aufnahme von auf Grundlage von § 55a Abs. 1 Nr. 3, 9 und 10 GewO erlaubnisfreien Betätigungen im Reisegewerbe müssen jedoch nach § 55c GewO der zuständigen Gewerbeaufsichtsbehörde angezeigt werden, sofern nicht eine Anzeige des (verbundenen stehenden) Gewerbes nach § 14 GewO ohnehin erforderlich ist (→ Rn. 20 ff.).

66 Soweit Tätigkeiten im Reisegewerbe erbracht werden dürfen und keiner der genannten Ausnahmefälle vorliegt, setzt die Erteilung einer Reisegewerbekarte neben einem darauf gerichteten Antrag nach § 57 Abs. 1 GewO die Zuverlässigkeit des Gewerbetreibenden (→ Rn. 30) voraus, die gewerbespezifisch und damit unter Berücksichtigung der besonderen Situation im Reisegewerbe[114] zu bestimmen ist. Liegen Tatsachen vor, welche die Annahme rechtfertigen, dass es an der Zuverlässigkeit fehlt, darf die Reisegewerbekarte nicht erteilt werden. Besondere Versagungsgründe folgen für die reisegewerbliche Ausübung des Bewachungsgewerbes, des Gewerbes der Makler, Bauträger und Baubetreuer, des Versicherungsvermittlergewerbes, des Versicherungsberatergewerbes, des Gewerbes des Finanzanlagenvermittlers und Honorar-Finanzanlagenberaters, des Gewerbes des Immobiliardarlehensvermittlers sowie des Versteigerergewerbes aus § 57 Abs. 2 und 3 GewO iVm den darin in Bezug genommenen Vorschriften über die Ausübung dieser Tätigkeiten als stehendes Gewerbe. Besondere Voraussetzungen bestehen nach § 60a GewO auch für die Veranstaltung von Spielen

---

112 *Schönleiter*, in: Landmann/Rohmer, GewO, § 55 Rn. 94, 97.
113 Näher *Korte*, in: Korte/Repkewitz/Schulze-Werner, Vorb. Titel III Rn. 35 ff.
114 VG Gelsenkirchen Urt. v. 20.11.2013 – 7 K 4435/12; zur grundsätzlichen Parallelität der Maßstäbe siehe aber BVerwG Beschl. v. 27.11.1992 – 1 B 204/92.

I. Allgemeines Gewerberecht § 5

im Reisegewerbe. Nach § 55 Abs. 3 GewO kann die Reisegewerbekarte zudem „inhaltlich beschränkt, mit einer Befristung erteilt und mit Auflagen verbunden werden, soweit dies zum Schutze der Allgemeinheit oder der Verbraucher erforderlich ist; unter denselben Voraussetzungen ist auch die nachträgliche Aufnahme, Änderung und Ergänzung von Auflagen zulässig." Bei der Ausübung ihres diesbezüglichen Ermessens hat die Gewerbeaufsichtsbehörde die aus Art. 12 Abs. 1 GG und § 1 Abs. 1 GewO folgende Grundentscheidung für eine freie Gewerbeausübung angemessen zu berücksichtigen.[115] Über den Antrag hat die Gewerbeaufsichtsbehörde, deren örtliche Zuständigkeit sich nach § 61 GewO in Anknüpfung an den gewöhnlichen Aufenthalt des antragstellenden Gewerbetreibenden bestimmt, innerhalb von drei Monaten zu entscheiden. Andernfalls greift die Genehmigungsfiktion des § 6a Abs. 1 GewO ein.

Personen, die für ein Unternehmen mit Sitz in Deutschland das Reisegewerbe in einem anderen Staat ausüben wollen, können eine Gewerbelegitimationskarte nach § 55b Abs. 2 GewO erhalten. Hierfür gelten dieselben Voraussetzungen wie für die Reisegewerbekarte.

Wurde die Reisegewerbekarte erteilt, ist diese von dem Gewerbetreibenden nach § 60c GewO stets mitzuführen. Beschäftigten ist eine Zweitschrift oder eine beglaubigte Kopie auszuhändigen, die diese ebenfalls mitführen müssen. Das Dokument ist „auf Verlangen den zuständigen Behörden oder Beamten vorzuzeigen"; liegt es nicht vor, hat der Gewerbetreibende oder sein Beschäftigter „seine Tätigkeit auf Verlangen bis zur Herbeischaffung der Reisegewerbekarte einzustellen." Mit Ausnahme von unterhaltenden Tätigkeiten als Schausteller ist die Ausübung des Reisegewerbes nach § 55e GewO an Sonn- und Feiertagen grundsätzlich untersagt. Für die Bestimmung der Feiertage ist auf die Feiertagsgesetze der Länder zurückzugreifen.[116] Das Erfordernis einer Haftpflichtversicherung folgt für das Schaustellergewerbe aus § 55f GewO iVm der Schaustellerhaftpflichtverordnung. Im Übrigen erklärt § 61a GewO für zahlreiche Betätigungen im Reisegewerbe die für die Ausübung als genehmigungspflichtiges stehendes Gewerbe geltenden Vorschriften für entsprechend anwendbar. 67

Erweist sich ein Reisegewerbebetreibender nachträglich als unzuverlässig, kann die Gewerbeaufsichtsbehörde die weitere Betätigung untersagen. Bei reisegewerbekartenpflichtigen Tätigkeiten geschieht dies durch Aufhebung der Erlaubnis nach §§ 48 ff. VwVfG.[117] Für reisegewerbekartenfreie Tätigkeiten enthält § 59 GewO eine Rechtsgrundlage für die Untersagung im Falle der Unzuverlässigkeit. Die Vorschrift verweist inhaltlich weitgehend auf § 35 GewO (→ Rn. 47 ff.). Erweist sich ein Mitarbeiter des Reisegewerbebetreibenden als unzuverlässig, kann dessen Beschäftigung auf Grundlage von § 60 GewO untersagt werden. Gegenüber der Gewerbeuntersagung handelt es sich dabei zugleich um eine weniger eingriffsintensive Maßnahme.[118] Die unzulässige Ausübung eines Reisegewerbes kann schließlich nach § 60d GewO verhindert werden. Die Vorschrift entspricht funktional § 15 Abs. 2 GewO und ist entsprechend auszulegen (→ Rn. 56). 68

Besondere Regelungen bestehen für Wanderlager (§ 56a GewO) und Volksfeste (§ 60b GewO). Es handelt sich dabei um untypische Erscheinungsformen des Reisegewerbes, denen gleichwohl eine nicht geringe praktische Bedeutung zukommt. 69

---

115 Vgl. *Schönleiter*, in: Landmann/Rohmer, GewO, § 55 Rn. 112.
116 Zum Zusammenwirken des § 55e GewO mit diesen *Korte*, GewArch 2018, 175 (180 f.).
117 Im Einzelnen dazu *Schönleiter*, in: Landmann/Rohmer, GewO, § 57 Rn. 31 ff.
118 Näher unter Auseinandersetzung mit den gaststättenrechtlichen Vorbildern *Lenski*, GewArch 2008, 388 ff.

Wanderlager sind feste Verkaufsstätten, von denen aus ein Gewerbetreibender außerhalb einer gewerblichen Niederlassung und außerhalb einer Messe, Ausstellung oder eines Marktes vorübergehend Waren vertreibt oder Dienstleistungen anbietet. Diese sind nach § 56a Abs. 2 ff. GewO vorab anzuzeigen, sofern eine öffentliche Ankündigung des Wanderlagers erfolgen soll, die ihrerseits besonderen Anforderungen unterliegt. Verstöße können nach § 56a Abs. 7 GewO zur Untersagung führen. Bei der Ausübung ihres diesbezüglichen Ermessens hat die Gewerbeaufsichtsbehörde insbesondere den Grundsatz der Verhältnismäßigkeit zu beachten.[119]

Ein Volksfest ist nach § 60b Abs. 1 GewO „eine im allgemeinen regelmäßig wiederkehrende, zeitlich begrenzte Veranstaltung, auf der eine Vielzahl von Anbietern unterhaltende Tätigkeiten im Sinne des § 55 Abs. 1 Nr. 2 ausübt und Waren feilbietet, die üblicherweise auf Veranstaltungen dieser Art angeboten werden." Es wird mithin weniger durch Verkaufs- als durch Vergnügungsangebote, wie etwa Fahrgeschäfte und Geisterbahnen, geprägt und unterscheidet sich dadurch vom Jahrmarkt iSv § 68 Abs. 2 GewO.[120] § 60b Abs. 2 GewO erklärt hierfür neben den Vorschriften über das Reisegewerbe auch einige Bestimmungen über das Marktgewerbe für anwendbar.

5. Marktgewerbe

70 Als dritte Ausprägung der gewerblichen Betätigung normieren die §§ 64 ff. GewO schließlich das Marktgewerbe.

Von der Möglichkeit des Erlasses landesgesetzlicher Regelungen, vgl. Art. 74 Abs. 1 Nr. 11 GG, hat nur Rheinland-Pfalz Gebrauch gemacht. Das Landesgesetz über Messen, Ausstellungen und Märkte (LMAMG)[121] enthält jedoch nur geringe sachliche Abweichungen gegenüber den Regelungen der GewO.[122]

a) Veranstaltungstypen

71 Die möglichen Erscheinungen des Marktgewerbes werden in den §§ 64 bis 68 GewO abschließend bestimmt. Es handelt sich um Messen, Ausstellungen, Groß-, Wochen-, Spezial- und Jahrmärkte.[123] Diese zeichnen sich sämtlich durch eine Anbietervielfalt am Veranstaltungsort aus. Mit Ausnahme von Großmärkten handelt es sich zugleich um zeitlich begrenzte Veranstaltungen.

72 Eine Messe ist nach § 64 Abs. 1 GewO „eine zeitlich begrenzte, im allgemeinen regelmäßig wiederkehrende Veranstaltung, auf der eine Vielzahl von Ausstellern das wesentliche Angebot eines oder mehrerer Wirtschaftszweige ausstellt und überwiegend nach Muster an gewerbliche Wiederverkäufer, gewerbliche Verbraucher oder Großabnehmer vertreibt." Eine beschränkte Öffnung für Letztverbraucher ist nach § 64 Abs. 2 GewO unschädlich. Messen können in unterschiedlichen Erscheinungsformen auftreten.

Erfasst werden die Internationale Automobilausstellung (IAA) und die Frankfurter Buchmesse ebenso wie von der Öffentlichkeit wenig beachtete Fachveranstaltungen.

73 Eine Ausstellung ist nach § 65 GewO „eine zeitlich begrenzte Veranstaltung, auf der eine Vielzahl von Ausstellern ein repräsentatives Angebot eines oder mehrerer Wirtschaftszweige oder Wirtschaftsgebiete ausstellt und vertreibt oder über dieses Angebot

---

[119] VGH Kassel, GewArch 1977, 90.
[120] *Rossi*, in: Pielow, BeckOK GewO, § 60b Rn. 5 ff.
[121] RhPfGVBl. 2014, 40.
[122] Näher *Bickenbach*, LKRZ 2014, 265 ff.; *Hilderscheid*, GewArch 2016, 49 (53 f.).
[123] Zu deren Bedeutung *Wagner*, in: Korte/Repkewitz/Schulze-Werner, GewO, Vorb. Titel IV Rn. 1 ff.

I. Allgemeines Gewerberecht § 5

zum Zweck der Absatzförderung informiert." Derartige Ausstellungen haben häufig einen regionalen Schwerpunkt.[124]

Ein Großmarkt ist gemäß § 66 GewO „eine Veranstaltung, auf der eine Vielzahl von Anbietern bestimmte Waren oder Waren aller Art im Wesentlichen an gewerbliche Wiederverkäufer, gewerbliche Verbraucher oder Großabnehmer vertreibt." Es handelt sich regelmäßig um dauerhafte Einrichtungen.[125] 74

Zu nennen sind etwa die in allen Großstädten existierenden Großmärkte für frisches Obst und Gemüse, die der Versorgung des lokalen Einzelhandels dienen.

Ein Wochenmarkt wird in § 67 Abs. 1 GewO legaldefiniert als „regelmäßig wiederkehrende, zeitlich begrenzte Veranstaltung, auf der eine Vielzahl von Anbietern eine oder mehrere der folgenden Warenarten feilbietet: 1. Lebensmittel ...; 2. Produkte des Obst- und Gartenbaus, der Land- und Forstwirtschaft und der Fischerei; 3. rohe Naturerzeugnisse mit Ausnahme des größeren Viehs." Derartige Wochenmärkte dienen häufig dem Verkauf regionaler Produkte an Letztverbraucher und bilden insoweit eine Alternative zum Angebot von Lebensmittelgeschäften. 75

Ein Spezialmarkt wird in § 68 Abs. 1 GewO als „eine im Allgemeinen regelmäßig in größeren Zeitabständen wiederkehrende, zeitlich begrenzte Veranstaltung, auf der eine Vielzahl von Anbietern bestimmte Waren feilbietet", definiert. Er zeichnet sich mithin durch eine Fokussierung auf gattungsmäßig bestimmte Handelsgüter aus, etwa Pferde, Antiquitäten, Töpferwaren oder Briefmarken. Ob er sich an Gewerbetreibende oder Letztverbraucher richtet, ist unerheblich. Nach Auffassung des BVerwG muss zwischen den einzelnen sowie vergleichbaren Marktveranstaltungen im selben Ort oder Ortsteil ein Mindestzeitabstand von etwa einem Monat liegen.[126] 76

Ein Jahrmarkt ist gemäß § 68 Abs. 2 GewO „eine im Allgemeinen regelmäßig in größeren Zeitabständen wiederkehrende, zeitlich begrenzte Veranstaltung, auf der eine Vielzahl von Anbietern Waren aller Art feilbietet." Derartige Veranstaltungen werden in vielen Kommunen regelmäßig zu bestimmten Terminen abgehalten. 77

Ob ein Weihnachtsmarkt gewerberechtlich als Spezial-[127] oder Jahrmarkt[128] zu qualifizieren ist, hängt wesentlich vom jeweiligen Warenangebot ab. Je vielfältiger dieses ist, umso eher ist ein Jahrmarkt anzunehmen.

b) Festsetzung von Veranstaltungen

Sämtliche Messen, Ausstellungen und Märkte werden von der zuständigen Gewerbeaufsichtsbehörde nach § 69 Abs. 1 S. 1 GewO durch Verwaltungsakt festgesetzt. Dies setzt einen darauf gerichteten Antrag des Veranstalters voraus. Als solcher ist der jeweilige Initiator zu qualifizieren, der zugleich die gesetzlich vorgesehenen Veranstalterrechte und -pflichten wahrnimmt und die wirtschaftlichen Risiken trägt.[129] Häufig handelt es sich dabei um Gemeinden oder spezialisierte (Messe-)Gesellschaften. 78

---

124 Zur Abgrenzung instruktiv BVerwG, GewArch 1987, 124.
125 BT-Drs. 7/3859, S. 11.
126 BVerwGE 88, 1.
127 VG Köln, NVwZ-RR 2009, 327.
128 OVG Bremen, GewArch 2018, 422.
129 *Pielow*, in: ders., BeckOK GewO, § 69 Rn. 3.

Die Annahme des Verbots einer materiellen Privatisierung (→ § 8 Rn. 5) hinsichtlich bestimmter, traditionell von einer Gemeinde veranstalteter Märkte,[130] überzeugt auch im Hinblick auf den überkommenen Aufgabenbestand der Kommunen grundsätzlich nicht.

79 Der Veranstalter hat einen Anspruch auf die Festsetzung, sofern nicht einer der in § 69a Abs. 1 GewO abschließend normierten Versagungsgründe vorliegt.[131] Bei konkurrierenden Anträgen – etwa infolge eines Ausschreibungs- oder Interessenbekundungsverfahrens[132] – haben die potenziellen Veranstalter jeweils einen Anspruch auf ermessensfehlerfreie Entscheidung.[133]

Anderes gilt für die künftigen Marktteilnehmer. Für diese stellt sich die Festsetzung allein als Rechtsreflex dar. Sie haben auch keinen Anspruch gegen den Veranstalter auf Beantragung der Festsetzung.[134]

80 Der Antrag ist nach § 69a Abs. 1 GewO abzulehnen, wenn die Veranstaltung nicht einem der in den §§ 64 bis 68 GewO normierten Typen entspricht (Nr. 1), dem Veranstalter oder der mit der Leitung der Veranstaltung beauftragten Person die erforderliche Zuverlässigkeit fehlt (Nr. 2), „die Durchführung der Veranstaltung dem öffentlichen Interesse widerspricht, insbesondere der Schutz der Veranstaltungsteilnehmer vor Gefahren für Leben oder Gesundheit nicht gewährleistet ist oder sonstige erhebliche Störungen der öffentlichen Sicherheit oder Ordnung zu befürchten sind" (Nr. 3) oder ein Spezial- oder Jahrmarkt „vollständig oder teilweise in Ladengeschäften abgehalten werden soll" (Nr. 4).

80a Über den Festsetzungsantrag ist grundsätzlich innerhalb von drei Monaten zu entscheiden. Andernfalls greift vorbehaltlich einer abweichenden landesgesetzlichen Regelung nach § 6a Abs. 2 i.V.m. § 69 Abs. 1 GewO eine Genehmigungsfiktion ein.

Von der Möglichkeit des bereichsspezifischen Erlasses landesgesetzlicher Regelungen hat nur Rheinland-Pfalz Gebrauch gemacht, so dass § 6a Abs. 2 GewO insoweit nicht zur Anwendung kommt. Das Landesgesetz über Messen, Ausstellungen und Märkte (LMAMG)[135] enthält zwar nur geringe sachliche Abweichungen gegenüber den Regelungen der GewO,[136] sieht den Eintritt einer Festsetzungsfiktion allerdings nicht vor, so dass diese in Rheinland-Pfalz auch auf landesgesetzlicher Grundlage nicht eintritt.

Einbezogen werden dabei sowohl einmalige als auch wiederkehrende oder dauerhafte Veranstaltungen. Die Festsetzungsfiktion vermittelt allerdings nicht „automatisch" einen Anspruch auf Erteilung einer straßenverkehrsrechtlichen Ausnahmeerlaubnis nach § 29 Abs. 2 StVO[137] oder sonstiger zusätzlicher Gestattungen.

81 Die Festsetzung enthält alle wesentlichen Parameter der Veranstaltung. § 69 Abs. 1 S. 1 GewO benennt diesbezüglich Gegenstand, Zeit, Öffnungszeiten[138] und Platz. Auf allen Veranstaltungen dürfen zudem bereits nach § 68a S. 1 GewO Kostproben zum Verzehr an Ort und Stelle,[139] auf Märkten darüber hinaus alkoholfreie Getränke und zubereitete Speisen angeboten werden. Die Festsetzung kann nach § 69 Abs. 1 S. 2 GewO bei sich wiederholenden oder auf Dauer angelegten Veranstaltungen für längere

---

130 BVerwG, NVwZ 2009, 1305.
131 BVerwG Urt. v. 13.11.1986 – 1 C 34/85, Rn. 10 (juris); OVG Bremen, GewArch 2018, 422 (423).
132 Vgl. OVG Berlin-Brandenburg, NVwZ-RR 2011, 293.
133 BVerwG, GewArch 2006, 164.
134 OVG Koblenz, NVwZ-RR 1993, 76.
135 RhPfGVBl. 2014, 40.
136 Näher *Bickenbach*, LKRZ 2014, 265 ff.; *Hilderscheid*, GewArch 2016, 49 (53 f.).
137 OVG Berlin-Brandenburg, NVwZ-RR 2022, 348.
138 Zur Verbindlichkeit für die Händler eines Wochenmarktes OVG Berlin-Brandenburg, NVwZ-RR 2021, 1011.
139 Diese müssen nicht zwingend unentgeltlich sein, VGH Mannheim, GewArch 2000, 155.

Zeiträume erfolgen. Die Gewerbeaufsichtsbehörde kann zudem gemäß § 69a Abs. 2 GewO „im öffentlichen Interesse, insbesondere wenn dies zum Schutz der Veranstaltungsteilnehmer vor Gefahren für Leben oder Gesundheit oder sonst zur Abwehr von erheblichen Gefahren für die öffentliche Sicherheit oder Ordnung erforderlich ist, die Festsetzung mit Auflagen verbinden; unter denselben Voraussetzungen ist auch die nachträgliche Aufnahme, Änderung und Ergänzung von Auflagen zulässig." Bei der Ausübung ihres diesbezüglichen Ermessens sind jedoch die aus Art. 12 Abs. 1 GG und § 1 Abs. 1 GewO folgenden Wertungen zu berücksichtigen.[140] Nachträglich kann die Gewerbeaufsichtsbehörde nach § 69b Abs. 1 GewO „in dringenden Fällen vorübergehend die Zeit, die Öffnungszeiten und den Platz der Veranstaltung abweichend von der Festsetzung regeln", um auf unvorhersehbare Entwicklungen zu reagieren. Sofern bei Erteilung der Festsetzung übersehen wurde, dass die Veranstaltung dem öffentlichen Interesse widerspricht oder tritt eine solche Unvereinbarkeit mit dem öffentlichen Interesse nachträglich ein, muss die Gewerbeaufsichtsbehörde die Festsetzung aufheben; bei der nachträglichen Erkenntnis sonstiger Versagungsgründe kommt ihr hinsichtlich der Aufhebung der Festlegung ein Ermessen zu, § 69b Abs. 2 GewO.

Die Festsetzung einer Veranstaltung hat nach § 69 Abs. 2 GewO bei Wochen-, Jahr- und Spezialmärkten eine Durchführungspflicht zur Folge. Messen, Ausstellungen und Großmärkte können dagegen vom Veranstalter ohne Beseitigung ihrer behördlichen Festsetzung abgesagt werden; nach § 69 Abs. 3 GewO ist die Nichtdurchführung jedoch unverzüglich anzuzeigen. In allen Fällen ist die Festsetzung gemäß § 69b Abs. 3 GewO auf Antrag des Veranstalters zu ändern oder aufzuheben. Auch hierauf hat dieser einen Anspruch.[141] Bei Wochen-, Jahr- und Spezialmärkten gilt dies nur im Falle der Unzumutbarkeit der Durchführung. Diese kann sich vor allem aus wirtschaftlichen Gründen ergeben. Dabei „ist jedoch ein strenger Maßstab anzulegen. Das Marktgewerbe und die Verbraucher sollen sich darauf verlassen können, daß die für die Versorgung der Bevölkerung mit frischen Lebensmitteln wichtigen Märkte auch abgehalten werden."[142]

c) Teilnahme an Veranstaltungen

Wurde eine Veranstaltung nach § 69 GewO festgesetzt, vermittelt § 70 Abs. 1 GewO „[j]edermann, der dem Teilnehmerkreis der festgesetzten Veranstaltung angehört", ein grundsätzliches Teilnahmerecht. Dies bezieht Besucher, vor allem aber auch Gewerbetreibende ein, die als Aussteller bzw. Anbieter tätig werden wollen.[143] Verpflichteter dieses Anspruchs ist der Veranstalter, nicht aber die Gewerbeaufsichtsbehörde, die die Veranstaltung festgesetzt hat.

Der Teilnahmeanspruch unterliegt gleichwohl mehreren Einschränkungen. Dieser bezieht von vornherein nur diejenigen Personen und Unternehmen ein, die dem Teilnehmerkreis der Veranstaltung zuzurechnen sind. Dieser ist für jede Veranstaltung gesondert zu bestimmen und richtet sich sowohl nach der Art der Veranstaltung iSv §§ 64 ff. GewO als auch nach ihrem in der Festsetzung vorgesehenen Gegenstand.

So ist der Anbieterkreis bei einem Jahrmarkt iSv § 68 Abs. 2 GewO nur insoweit beschränkt, als irgendein Warenangebot erfolgen muss. Auf einer § 64 GewO unterfallenden Kunst- und Antiquitätenmesse

---

140 Vgl. auch *Ennuschat*, in: Ennuschat/Wank/Winkler, GewO, § 69a Rn. 51 ff.
141 *Pielow*, in: ders., BeckOK GewO, § 69b Rn. 16, 20.
142 BT-Drs. 7/3859, S. 15.
143 *Pielow*, in: ders., BeckOK GewO, § 70 Rn. 5.

zählen dagegen auf Anbieterseite nur Kunst- und Antiquitätenhändler, nicht aber die Versteigerer derartiger Waren zum Teilnehmerkreis iSv § 70 Abs. 1 GewO.[144] Auf Publikumsseite bestehen vergleichbare Einschränkungen teilweise ebenfalls. So zählen Letztverbraucher bei Großmärkten nach § 66 GewO nicht sowie bei Messen nach § 64 GewO nur im Ausnahmefall zum veranstaltungsbezogenen Teilnehmerkreis.

85 Der Teilnehmerkreis kann durch den Veranstalter nach § 70 Abs. 2 GewO noch weiter beschränkt werden, „wenn es für die Erreichung des Veranstaltungszwecks erforderlich ist", mithin die Charakteristika der Veranstaltung ohne die Beschränkung verloren zu gehen drohen.

So kann bei einem Jahrmarkt, auf dem traditionell handwerklich gefertigte Produkte aus der Region angeboten werden, das Zulassungsbegehren eines Gewerbetreibenden zurückgewiesen werden, der internationalen Modeschmuck anbieten will.[145] Allerdings umfasst „[d]er Anwendungsbereich des § 70 Abs. 2 GewO ... nicht diejenigen Fälle, in denen Bewerbungen eines Kreises von Anbietern lediglich deshalb abgelehnt werden, weil sie im Vergleich mit anderen gleichartigen Anbietern ein konzeptionelles Bevorzugungskriterium nicht erfüllen, ohne dass das Konzept der Veranstaltung den Anspruch erhebt, die Nichtteilnahme des abgelehnten Anbieterkreises sei schlechthin erforderlich."[146]

86 Die Beschränkungen können alle Teilnehmergruppen betreffen, dürfen aber keine diskriminierenden Wirkungen entfalten. Hinsichtlich deren Bestimmung ist ein kartellrechtlicher Maßstab anzulegen.[147]

87 Des Weiteren schränkt § 70 Abs. 1 GewO den Teilnahmeanspruch dahin gehend ein, dass dieser nur „nach Maßgabe der für alle Veranstaltungsteilnehmer geltenden Bestimmungen zur Teilnahme an der Veranstaltung" bestehe. Diese Bestimmungen werden vom Veranstalter formuliert und müssen schriftlich vorliegen. Sofern der Veranstalter eine öffentlich-rechtliche Körperschaft, etwa eine Gemeinde, ist, kann und sollte dieser wegen der Grundrechtsrelevanz eine Satzung erlassen; im Übrigen handelt es sich um Allgemeine Geschäftsbedingungen, die neben den spezifisch gewerberechtlichen Vorgaben für das Marktgewerbe auch den Anforderungen der §§ 305 ff. BGB entsprechen müssen.[148] Gegenstand derartiger Bestimmungen können neben der Vergütung des Veranstalters in den Grenzen des § 71 GewO sonstige Maßgaben für die Nutzung (Öffnungszeiten und Personaleinsatz, Modalitäten des Auf- und Abbaus, Anforderungen an den Stand etc) sein.

88 Eine Teilnahme ist schließlich nur im Rahmen bestehender Kapazitäten möglich. Da aus § 70 Abs. 1 GewO kein Anspruch der Teilnehmer auf Kapazitätsausweitung abzuleiten ist,[149] bedarf es bei einem Überhang grundsätzlich zulassungsfähiger Bewerber zwingend der Auswahl durch den Veranstalter, so dass einige interessierte Gewerbetreibende nicht zum Zuge kommen. In der Praxis führt dies häufig zu Rechtsstreitigkeiten. § 70 Abs. 2 GewO sieht zwar vor, dass potenzielle Teilnehmer in einem derartigen Fall nicht zugelassen werden können; spezifische Auswahlkriterien sind gesetzlich jedoch nicht vorgegeben. Die Bezugnahme der Norm auf sachlich gerechtfertigte Gründe schließt allein eine willkürliche Auswahl aus. Als grundsätzlich zulässige Auswahlkriterien sind anerkannt das Prioritätsprinzip (Reihenfolge der Teilnahmeanträ-

---

144 OLG München, GRUR 1989, 370.
145 Vgl. zu einem Volksfest BayVGH, GewArch 1996, 477.
146 OVG Lüneburg, GewArch 2014, 486 (486 f.).
147 BT-Drs. 7/3859, S. 16.
148 Vgl. OLG München, GRUR 1989, 370 (371).
149 Siehe nur BayVGH, NVwZ-RR 2003, 837.

ge), Los- und Versteigerungsverfahren, Rotationsmodelle (die zu einer turnusmäßigen Berücksichtigung führen), Attraktivität und Qualität des Angebots sowie die anbieterbezogenen Grundsätze „bekannt und bewährt" sowie „neu vor alt".[150] Unzulässig ist aber grundsätzlich das alleinige Abstellen auf eines dieser Kriterien bei der Auswahlentscheidung.[151] Keine Berücksichtigung dürfen veranstaltungsfremde Aspekte[152] und grundsätzlich auch die Ortsansässigkeit eines Anbieters finden.[153] Überdies muss sichergestellt sein, dass Neubewerber innerhalb absehbarer Zeit eine Zulassungschance haben.[154]

Auch die zulässigen Kriterien sind für sich betrachtet kaum rechtssicher handhabbar. Wenngleich dem jeweiligen Veranstalter diesbezüglich ein Auswahlermessen zukommt, sollten die Kriterien und ihre vorgesehene Gewichtung im Hinblick auf die aus Art. 3 Abs. 1, Art. 12 Abs. 1 GG folgenden Wertungen vorab in den Teilnahmebestimmungen verankert werden.[155] Einer Auschreibung, die alle Einzelheiten einschließlich der Gewichtung der Bewertungskriterien enthält, bedarf es jedoch nicht.[156]

Einzelnen Anbietern und Ausstellern, nicht aber Besuchern,[157] kann die Gewerbeaufsichtsbehörde die Teilnahme an festgesetzten Veranstaltungen nach § 70a Abs. 1 GewO wegen Unzuverlässigkeit untersagen. Hierfür müssen Tatsachen vorliegen, welche die Unzuverlässigkeit (→ Rn. 47 f.) gerade im Hinblick auf die Veranstaltungsteilnahme begründen.[158] Für einige genehmigungspflichtige Gewerbe verweist § 70a Abs. 2 und 3 GewO auf weitere, auf die Ausübung als stehendes Gewerbe bezogene Versagungsgründe. Der Veranstalter ist in diese Untersagungsentscheidungen nicht eingebunden. Darüber hinaus kommen der Gewerbeaufsichtsbehörde nach § 71b GewO dieselben Überprüfungs- und Auskunftsbefugnisse wie im Hinblick auf das stehende Gewerbe zu.

Die Ausgestaltung des Rechtsschutzes gegen Nichtzulassungs- und Untersagungsentscheidungen differiert. Gegen eine gewerbebehördliche Untersagung der Teilnahme nach § 70a GewO kann sich der betroffene Gewerbetreibende (nicht aber der Veranstalter) vor den Verwaltungsgerichten mit der Anfechtungsklage nach § 42 Abs. 1 Alt. 1 VwGO wenden. Ebenfalls auf dem Verwaltungsrechtsweg sind Rechtsschutzbegehren zu verfolgen, mit denen eine durch den Veranstalter nach § 70 GewO abgelehnte Zulassung begehrt wird, sofern es sich bei dem Veranstalter um eine öffentlich-rechtliche Körperschaft, etwa eine Gemeinde, handelt.[159] Als öffentlich-rechtliche Streitigkeit iSv § 40 Abs. 1 S. 1 VwGO ist jedenfalls die Frage der Zulassung als solcher („Ob") zu qualifizieren. Davon zu unterscheiden sind Fragen der Ausgestaltung („Wie"), die auch zivilrechtlich geregelt werden können, mit der Folge, dass dann für die Entscheidung von Streitigkeiten die Zivilgerichte zuständig sind (Zweistufentheorie).[160]

---

150 Dazu im Einzelnen *Pielow*, in: ders., BeckOK GewO, § 70 Rn. 32 ff.
151 Näher mit Bezug zur Situation der Kapazitätserschöpfung *Ennuschat*, in: Ennuschat/Wank/Winkler, GewO, § 70 Rn. 40 ff.
152 Bezogen auf die Zuverlässigkeit OVG Bremen, NVwZ-RR 2007, 171.
153 BVerwG Urt. v. 18.2.1976 – VIII C 14.75.
154 BVerwG, NVwZ 1984, 585; HGZ 2012, 412.
155 Zutreffend *Schönleiter*, in: Landmann/Rohmer, GewO, § 70 Rn. 11.
156 OVG Münster, NVwZ-RR 2021, 254 (255).
157 Zu deren Ausschluss auf Grundlage von § 70 Abs. 3 GewO siehe HessVGH Beschl. v. 11.11.1992 – 8 TH 1983/92.
158 Vgl. BT-Drs. 7/3859, S. 17.
159 Ausführlich *Pielow*, in: ders., BeckOK GewO, § 70 Rn. 51 ff.
160 Zur Zweistufentheorie näher *Stelkens*, in: Stelkens/Bonk/Sachs, VwVfG, 9. Aufl. 2018, § 35 Rn. 107 ff.

91 Derartige Zulassungsbegehren sind mittels einer Verpflichtungsklage gemäß § 42 Abs. 1 Alt. 2 VwGO auf dem Verwaltungsrechtsweg zu verfolgen. Sofern für die Realisierung des Begehrens zugleich die einem anderen Gewerbetreibenden erteilte Zulassung beseitigt werden muss, ist diese nach Auffassung der Rechtsprechung mit einer Anfechtungsklage gegen diese Zulassung zu verbinden (Konkurrentenklage).[161] Im Falle der Nichtzulassung eines Teilnehmers durch einen privat(rechtlich)en Veranstalter, etwa eine Messe-GmbH, ist dagegen Rechtsschutz vor den Zivilgerichten in Anspruch zu nehmen. Unabhängig von der Rechtswegfrage muss aufgrund der regelmäßigen Eilbedürftigkeit der Entscheidung das Rechtsschutzbegehren im Wege des vorläufigen Rechtsschutzes verfolgt werden.

6. Exkurs 1: Zeitliche Vorgaben für die gewerbliche Betätigung

▶ **Fall 5:**[162] Am Sonntag, den 15.10.2015, fand im Bereich einer Rheinfähre nahe Mannheim eine Überprüfung durch die Wasserschutzpolizei statt, bei der mehrere Standbetreiber, darunter B, beim Verkauf von Waren (Reiseproviant, Süßwaren und Ähnliches, Honig aus eigener Imkerei, Urprodukte und Speiseeis) angetroffen wurden. Darauf hingewiesen, beantragte B am 31.3.2016 mündlich bei der hierfür zuständigen Gemeinde eine Ausnahme vom Verbot an Sonn- und Feiertagen landwirtschaftliche Produkte aus eigener Produktion am badischen Rheinufer auf einem Grundstück in Höhe der Fähre, dessen Nutzung ihm vom Eigentümer gestattet worden war, zu verkaufen. Mit Bescheid vom 20.5.2016 lehnte die Gemeinde den Antrag des B ab und forderte ihn auf, die allgemeinen Ladenöffnungszeiten zu beachten. Zur Begründung wurde im Wesentlichen ausgeführt: Gemäß § 3 Abs. 2 LadÖG BW seien Verkaufsstellen für den geschäftlichen Verkehr mit Kunden an Sonn- und Feiertagen grundsätzlich geschlossen zu halten. § 9 Abs. 1 Nr. 4 LadÖG BW sei lediglich für Verkaufsstellen auf landwirtschaftlichen Betriebsflächen einschlägig, in seinem Fall nicht. Die von ihm feilgehaltenen Waren würden nicht in die besonderen Warengruppen nach § 9 Abs. 1 LadÖG BW fallen. Deshalb sei eine Genehmigung nach § 9 Abs. 4 LadÖG BW geprüft worden. Danach habe die zuständige Behörde Ausnahmen vom sonn- und feiertäglichen Öffnungsverbot zuzulassen, wenn leicht verderbliche Waren oder Waren zum sofortigen Verzehr, Gebrauch oder Verbrauch feilgehalten würden und dies zur Befriedigung örtlich auftretender Bedürfnisse notwendig sei. Die von ihm angebotenen Waren, Obst und Gemüse aus eigener Produktion, seien augenscheinlich nicht als leicht verderbliche Waren einzuordnen, sie würden auch nicht zum sofortigen Verzehr angeboten. Dagegen legte B am 2.6.2016 Widerspruch ein, zu dessen Begründung er geltend machte: Er biete saisonabhängig Äpfel, Birnen, Himbeeren, Johannisbeeren sowie Erdbeeren an, außerdem Apfelsaft aus eigener Herstellung. Bis auf den Apfelsaft handele es sich um leicht verderbliche Waren. Das Obst und der Apfelsaft würden in so kleinen Verpackungseinheiten angeboten, dass sie zum sofortigen Verzehr geeignet seien. Mit dem Angebot dieses Obstes würden örtlich auftretende Bedürfnisse befriedigt. Im betreffenden Bereich würden sich vor allem am Wochenende sehr viele Erholungssuchende aufhalten, die dankbar das angebotene Obst kaufen und sofort verzehren würden.

Hat B einen Anspruch darauf, seine Produkte wie gewünscht anzubieten? ◀

92 Die Zulässigkeit gewerblicher Betätigung mit Wirkung gegenüber Dritten, insbesondere Kunden und Arbeitnehmern, wird in zeitlicher Hinsicht durch öffentlich-rechtliche

---

161 So BVerwG, NVwZ 2001, 322.
162 Nach VG Karlsruhe Urt. v. 18.10.2017 – 4 K 4738/16.

I. Allgemeines Gewerberecht § 5

Vorgaben ausgestaltet. Diese werden im Hinblick auf den Schutz der Beschäftigten durch das Arbeitszeitgesetz (ArbZG) ergänzt.

a) Sonn- und Feiertagsschutz

Die deutsche Rechtsordnung statuiert – im Widerspruch zu den Erwerbsinteressen zahlreicher Gewerbetreibender und den „Shopping"-Interessen von Konsumenten[163] – ein grundsätzliches Gebot der Sonn- und Feiertagsruhe.[164] Dieses wird sowohl verfassungs- als auch einfachrechtlich umfassend unter Einschluss zulässiger Ausnahmen ausgestaltet.

93

(1) Verfassungsrechtliche Grundlagen

Nach Art. 140 GG iVm Art. 139 WRV[165] sowie den inhaltlich (weitgehend) übereinstimmenden Bestimmungen in den (meisten) Landesverfassungen[166] bleiben „[d]er Sonntag und die staatlich anerkannten Feiertage ... als Tage der Arbeitsruhe und der seelischen Erhebung gesetzlich geschützt." Verfassungsrechtlich wird damit ein unantastbarer Kernbestand an Sonn- und Feiertagsruhe gewährleistet.[167]

94

Das BVerfG hat diesen wie folgt charakterisiert: „Art. 139 WRV enthält einen Schutzauftrag an den Gesetzgeber (vgl. BVerfGE 87, 363 [393]), der für die Arbeit an Sonn- und Feiertagen unter anderem ein Regel-Ausnahme-Verhältnis statuiert (vgl. BVerfGE 87, 363 [393]; 111, 10 [53]). Grundsätzlich hat die typische ‚werktägliche Geschäftigkeit' an Sonn- und Feiertagen zu ruhen. Der verfassungsrechtlich garantierte Sonn- und Feiertagsschutz ist nur begrenzt einschränkbar. Ausnahmen von der Sonn- und Feiertagsruhe sind zur Wahrung höher- oder gleichwertiger Rechtsgüter möglich; in jedem Falle muss der ausgestaltende Gesetzgeber aber ein hinreichendes Niveau des Sonn- und Feiertagsschutzes wahren (vgl. BVerfGE 111, 10 [50]).

Im Einzelnen gilt insoweit: Der Schutz der Sonn- und Feiertage wird in Art. 139 WRV als gesetzlicher Schutz beschrieben. Dies bedeutet, dass die Institution des Sonn- und Feiertags unmittelbar durch die Verfassung garantiert ist, die Art und das Ausmaß des Schutzes aber einer gesetzlichen Ausgestaltung bedürfen. Der Gesetzgeber darf in seinen Regelungen auch andere Belange als den Schutz der Arbeitsruhe und der seelischen Erhebung zur Geltung bringen. Ihm ist deshalb ein Ausgleich zwischen Art. 140 GG in Verbindung mit Art. 139 WRV einerseits und Art. 12 Abs. 1, aber auch Art. 2 Abs. 1 GG anderseits aufgegeben (vgl. BVerfGE 111, 10 [50]).

Der Schutz des Art. 140 GG in Verbindung mit Art. 139 WRV ist nicht auf einen religiösen oder weltanschaulichen Sinngehalt der Sonn- und Feiertage beschränkt. Umfasst ist zwar die Möglichkeit der Religionsausübung an Sonn- und Feiertagen. Die Regelung zielt in der säkularisierten Gesellschafts- und Staatsordnung aber auch auf die Verfolgung profaner Ziele wie die der persönlichen Ruhe, Besinnung, Erholung und Zerstreuung. An den Sonn- und Feiertagen soll grundsätzlich die Geschäftstätigkeit in Form der Erwerbsarbeit, insbesondere der Verrichtung abhängiger Arbeit, ruhen, damit der Einzelne diese Tage allein oder in Gemeinschaft mit anderen ungehindert von werktäglichen Verpflichtungen und

---

163 Vgl. BVerfGE 125, 39 (87).
164 Zur historischen Entwicklung *Mattner*, Sonn- und Feiertagsrecht, 2. Aufl. 1991, S. 15 ff.; *Mosbacher*, Sonntagsschutz und Ladenschluß, S. 28 ff.; für einen Rechtsvergleich siehe *Häberle*, Der Sonntag als Verfassungsprinzip, 2. Aufl. 2006, S. 15 ff., 99 ff.
165 Zur Qualifikation als geltendes Verfassungsrecht BVerfGE 19, 206 (219); 19, 226 (236).
166 Art. 5 VerfBW, Art. 147 BayVerf, Art. 35 BerlVerf, Art. 14 BrbgVerf, Art. 55 Abs. 3 f. BremVerf, Art. 53 HessVerf, Art. 9 Abs. 1 VerfMV, Art. 25 Abs. 1 VerfNW, Art. 47 VerfRP, Art. 41 SaarlVerf, Art. 109 Abs. 4 SächsVerf, Art. 32 Abs. 5 VerfLSA, Art. 40 ThürVerf.
167 BVerfGE 111, 10 (50).

Beanspruchungen nutzen kann. Geschützt ist damit der allgemein wahrnehmbare Charakter des Tages, dass es sich grundsätzlich um einen für alle verbindlichen Tag der Arbeitsruhe handelt. Die gemeinsame Gestaltung der Zeit der Arbeitsruhe und seelischen Erhebung, die in der sozialen Wirklichkeit seit jeher insbesondere auch im Freundeskreis, einem aktiven Vereinsleben und in der Familie stattfindet, ist insoweit nur dann planbar und möglich, wenn ein zeitlicher Gleichklang und Rhythmus, also eine Synchronität, sichergestellt ist. Auch insoweit kommt gerade dem Sonntag im Sieben-Tage-Rhythmus und auch dem jedenfalls regelhaft landesweiten Feiertagsgleichklang besondere Bedeutung zu. Diese gründet darin, dass die Bürger sich an Sonn- und Feiertagen von der beruflichen Tätigkeit erholen und das tun können, was sie individuell für die Verwirklichung ihrer persönlichen Ziele und als Ausgleich für den Alltag als wichtig ansehen. Die von Art. 139 WRV ebenfalls erfasste Möglichkeit seelischer Erhebung soll allen Menschen unbeschadet einer religiösen Bindung zuteilwerden (vgl. BVerfGE 111, 10 [51])."[168]

95 Allerdings ist verfassungsrechtlich kein striktes Verbot gewerblicher Betätigung an Sonn- und Feiertagen gegeben. Vielmehr bestehen Spielräume für eine gesetzliche Ausgestaltung.[169] Dabei ist eine grundlegende Unterscheidung vorzunehmen zwischen Arbeiten, die einen engen Bezug zur Funktion von Sonn- und Feiertagen aufweisen und solchen, bei denen dies nicht der Fall ist. Während Erstere als grundsätzlich zulässig qualifiziert werden, sind Letztere im Zweifel unzulässig: „Grundsätzlich hat die ‚werktägliche Geschäftstätigkeit' zu ruhen."[170] Ausnahmen bedürfen daher „eines dem Sonntagsschutz gerecht werdenden Sachgrundes"[171] und „müssen ... als solche für die Öffentlichkeit erkennbar bleiben".[172]

(2) Ausgestaltung durch die Sonn- und Feiertagsgesetze der Länder

96 Abgesehen von arbeits(zeit)rechtlichen Vorgaben erfolgt die gesetzliche Ausgestaltung des Sonn- und Feiertagsschutzes im Wesentlichen auf landesrechtlicher Grundlage. Nur der Tag der deutschen Einheit (3. Oktober) ist nach Art. 2 Abs. 2 des Vertrags zwischen der Bundesrepublik Deutschland und der Deutschen Demokratischen Republik über die Herstellung der Einheit Deutschlands (Einigungsvertrag)[173] bundesrechtlich als gesetzlicher Feiertag festgelegt. Auf Grundlage übereinstimmender Regelungen in den Sonn- und Feiertagsgesetzen der Länder sind darüber hinaus bundesweit Neujahr, Karfreitag, Ostermontag, Christi Himmelfahrt, Pfingstmontag, Tag der Arbeit (1. Mai), sowie erster und zweiter Weihnachtstag gesetzliche Feiertage.[174] Hinzu kommen in einigen Ländern Heilige Drei Könige (6. Januar),[175] Frauentag (8. März),[176] Fronleichnam,[177] Mariä Himmelfahrt (15. August),[178] Weltkindertag

---

168 BVerfGE 125, 39 (85 f.).
169 Siehe näher *Knauff*, GewArch 2016, 217 (219 ff., 272 ff.).
170 BVerfGE 111, 10 (50); BayVerfGH, NVwZ-RR 2012, 537 (539).
171 SächsVerfGH, LKV 2012, 309 (312).
172 BayVerfGH, NVwZ-RR 2012, 537 (539).
173 BGBl. 1990 II, S. 885, 889.
174 § 1 FTG BW; Art. 1 Abs. 1 Nr. 1 BayFTG; § 1 Abs. 1 FTG Bln; § 2 BbgFTG; § 2 FTG HB; § 1 FTG HH; § 1 Abs. 1 HFtG; § 2 Abs. 1 FTG MV; § 2 Abs. 1 NFtG; § 2 Abs. 1 FTG NW; § 2 Abs. 1 FTG RP; § 2 Abs. 1 SaarlSFG; § 1 Abs. 1 SächsSFG; § 2 FTG LSA; § 2 Abs. 1 SFTG SH; § 2 Abs. 1 ThürFGtG.
175 § 1 FTG BW; Art. 1 Abs. 1 Nr. 1 BayFTG; § 2 Nr. 2 FTG LSA.
176 § 1 Abs. 1 Nr. 2 FTG Bln.
177 § 1 FTG BW, Art. 1 Abs. 1 Nr. 1 BayFTG; § 1 Abs. 1 Nr. 7 HFtG; § 2 Abs. 1 Nr. 7 FTG NW, § 2 Abs. 1 Nr. 7 FTG RP; § 2 Abs. 1 Nr. 7 SaarlSFG; teilweise gemäß § 1 Abs. 1 SächsSFG.
178 Nur in Gemeinden mit überwiegend katholischer Bevölkerung, Art. 1 Abs. 1 Nr. 2 BayFTG; § 2 ABs. 1 Nr. 8 SaarlSFG.

I. Allgemeines Gewerberecht § 5

(20. September),[179] Reformationstag (31. Oktober),[180] Allerheiligen (1. November),[181] Buß- und Bettag[182] sowie einzelne weitere Feiertage.[183]

Für Sonn- und gesetzliche Feiertage ist eine allgemeine Arbeitsruhe vorgesehen. Darüber hinaus sind alle öffentlich bemerkbaren Tätigkeiten verboten, die geeignet sind, die äußere Ruhe zu beeinträchtigen oder die dem Wesen des Sonn- oder Feiertags widersprechen.[184] An religiösen Feiertagen ist den Angehörigen der jeweiligen Religionsgemeinschaft die Teilnahme am Gottesdienst grundsätzlich zu ermöglichen.[185]

97

Ungeachtet des säkularen Sonn- und Feiertagsschutzes sehen die Sonn- und Feiertagsgesetze der Länder einen besonderen Schutz des – religiös neutral zu verstehenden[186] – Gottesdienstes vor. Danach sind an Sonntagen, den gesetzlichen Feiertagen und an religiösen Feiertagen in der Nähe von religiösen Zwecken dienenden Gebäuden und Örtlichkeiten alle Handlungen verboten, die geeignet sind, den Gottesdienst zu stören.[187] Eine Störung ist gegeben, sobald eine Beeinträchtigung der gemeinsamen religiösen Betätigung zu besorgen ist.[188]

98

Einem besonders intensiven Schutz unterfallen die sog. stillen Tage,[189] die allerdings nicht sämtlich als Feiertage qualifiziert werden. Vielfach sind am Karfreitag, dem Volkstrauertag (vorletzter Sonntag vor dem ersten Advent) und am Totensonntag (Ewigkeitssonntag) sowie Fronleichnam und Allerheiligen jeweils musikalische und sonstige unterhaltende Darbietungen jeder Art in Gaststätten und in Nebenräumen mit Schankbetrieb, öffentliche sportliche Veranstaltungen sowie alle sonstigen öffentlichen Veranstaltungen, wenn sie nicht der Würdigung des Tags oder der Kunst,[190] Wissenschaft oder Volksbildung dienen und auf den Charakter des Tags Rücksicht nehmen, verboten, sofern keine gesetzlich vorgesehene Ausnahme eingreift. Die beiden letztgenannten Verbote gelten auch am Heiligen Abend ab dem frühen Nachmittag.

99

Dies betrifft etwa den Betrieb einer gewerblichen Bowlinganlage[191] oder einer Spielhalle.[192]

---

179 § 2 Abs. 1 ThürFGtG.
180 § 2 Abs. 1 Nr. 10 BbgFTG; § 2 Abs. 1 lit. j FTG HB; HH, § 2 Abs. 1 Nr. 8 FTG MV; § 2 Abs. 1 lit. h NFtG; § 1 Abs. 1 SächsSFG; § 2 Nr. 9 FtG LSA; § 2 Abs. 1 Nr. 8 SFTG SH; § 2 Abs. 1 ThürFGtG.
181 § 1 FTG BW, Art. 1 Abs. 1 Nr. 1 BayFTG, § 2 Abs. 1 Nr. 9 FTG NW; § 2 Abs. 1 Nr. 9 FtG RP; § 2 Abs. 1 Nr. 10 SaarlSFG.
182 § 1 Abs. 1 SächsSFG.
183 Exemplarisch: Friedensfest in Augsburg (8. August), Art. 1 Abs. 2 BayFTG.
184 § 5, § 6 Abs. 1 FTG BW; Art. 2 Abs. 1 BayFTG; § 1 Abs. 3 FTG Bln iVm § 3 FSchVO Bln.; § 3 BbgFTG; § 3, § 4 Abs. 1 FTG HB; § 1 FtSchV HH; § 3 FTG MV; § 3, § 4 Abs. 1 NFtG; § 3 FTG NW; § 3 FTG RP; § 4 SaarlSFG; § 4 Abs. 1 und 2 SächsSFG; § 3 Abs. 1 und 2 FtG LSA; § 4 Abs. 1 und 2 SFTG SH; § 4 Abs. 1 und 2 ThürFGtG.
185 § 4 FTG BW; Art. 4 BayFTG; § 2 Abs. 2 FTG Bln; § 7 BbgFTG; §§ 9, 10 FTG HB; § 3, 3a FTG HH; § 4 HFtG; § 7 FTG MV; §§ 10, 11 NFtG; § 8 Abs. 2, § 9 Abs. 3 FTG NW; § 9 Abs. 2 FtG RP; § 6a SaarlSFG; § 3 Abs. 3 SächsSFG; § 6 FtG LSA; § 7 SFTG SH; § 3 Abs. 3 ThürFGtG.
186 *Renck*, ThürVBl 2002, 173 (174 f.).
187 § 7 FTG BW; Art. 2 Abs. 2 Nr. 1, Art. 4 Nr. 1, Art. 6 BayFTG; § 3 FSchVO Bln.; § 5 Abs. 1 BbgFTG; § 3 FtSchV HH; §§ 7, 8 FTG HB; § 6 Abs. 1 HFtG; § 5 Abs. 1 Nr. 1 FTG MV; §§ 5, 9 FTG NW; § 5 FtG RP; § 6 SaarlSFG; § 5 SächsSFG; § 4 FtG LSA; § 5 SFTG SH; §§ 3, 5 ThürFGtG.
188 Näher zum feiertagsrechtlichen Störungsbegriff *Hufen*, Der Ausgleich verfassungsrechtlich geschützter Interessen bei der Ausgestaltung des Sonn- und Feiertagsschutzes, 2014, S. 37 ff.
189 §§ 8, 10, 11 FTG BW; Art. 3 BayFTG; § 4 FSchVO Bln.; § 5 Abs. 2, § 6 BbgFTG; §§ 6, 7 FTG HB; § 4 FtSchV HH und § 2 VTrauertV HH; § 8 HFtG; § 5 Abs. 1, § 6 FTG MV; § 6 NFtG; § 6 FTG NW; § 6 ff. FtG RP; §§ 8 ff. SaarlSFG; § 5 SächsSFG; § 5 FtG LSA; § 6 SFTG SH; § 6 ThürFGtG; dazu monographisch aus juristischer Perspektive *Kroboth*, Der Schutz stiller Feiertage, 2015.
190 Restriktiv VG Gera, NVwZ-RR 1999, 579, in Anknüpfung an BVerwG, NJW 1994, 1975 (1976).
191 OVG Weimar, NVwZ-RR 2010, 763.
192 OLG Jena Beschl. v. 19.4.2012 – 1 Ss Bs 21/12.

129

100 Ausgenommen von den Betätigungsverboten sind regelmäßig Tätigkeiten der Unternehmen, die Post- und Fernmelde-, Versorgungs- sowie Personenbeförderungsdienstleistungen für die Öffentlichkeit anbieten, einschließlich hierfür notwendiger Hilfseinrichtungen des Verkehrs, unaufschiebbare Tätigkeiten, die zur Befriedigung häuslicher oder landwirtschaftlicher Bedürfnisse, zur Abwendung eines Schadens an Gesundheit oder Eigentum, im Interesse öffentlicher Einrichtungen oder zur Verhütung oder Beseitigung eines Unfalls oder eines Notstands erforderlich sind, sowie die Öffentlichkeit nicht störende, nichtgewerbsmäßige Tätigkeiten in Haus und Garten.[193] Zum Teil treten Betätigungen, die der Erholung im Rahmen der Freizeitgestaltung dienen,[194] sowie im Fremdenverkehr übliche Dienstleistungen persönlicher Art[195] hinzu. Verbreitet bestehen auch Ausnahmen für Videotheken.[196]

101 Des Weiteren sind sonstige gesetzlich zugelassene Arbeiten von den Verboten ausgenommen.[197] Diesbezüglich sind insbesondere das Ladenschluss- und das Gaststättenrecht von Bedeutung. §§ 10, 12 ArbZG sowie die Bedarfsgewerbeverordnungen[198] ermöglichen in den erfassten Fällen die Beschäftigung von Arbeitnehmern. Sonderregeln bestehen überdies teilweise für Autowaschanlagen.[199]

102 Neben den gesetzlich stets an Sonn- und Feiertagen zulässigen Betätigungen ermöglichen die Sonn- und Feiertagsgesetze die Zulassung weiterer Ausnahmen durch Verwaltungsakt im Einzelfall.[200] Grundsätzlich ist hierfür das Vorliegen eines wichtigen Grundes oder eines dringenden Bedürfnisses erforderlich. Die Vorschriften sollen atypische Fallgestaltungen erfassen, in denen das Betätigungsverbot unverhältnismäßige Auswirkungen hat, die vom Zweck der Gesetze nicht beabsichtigt sind und ein gewichtiges und schutzwürdiges öffentliches oder privates Interesse ein Abweichen von den Schutzvorschriften der Feiertagsgesetze rechtfertigt. Daran fehlt es etwa bei einem Trödelmarkt,[201] sofern hierfür keine gesetzliche Ausnahme besteht.[202] Als wichtiger Grund ist insbesondere auch die Realisierung von Grundrechten anzusehen, wenn diese unmittelbar auf die Inanspruchnahme gerade des Sonn- oder Feiertages angewiesen ist. Ist dies der Fall, besteht zugleich ein Anspruch auf Erteilung der Ausnahmegenehmigung.

---

193 § 6 Abs. 3 FTG BW; Art. 2 Abs. 3 BayFTG; § 2 Nr. 2 und 3 FSchVO Bln.; § 4 Abs. 1 BbgFTG; § 2 Abs. 1 FtSchV HH; § 4 Abs. 2 FTG HB; § 6 Abs. 2 HFtG; § 4 Abs. 1 FTG MV; § 4 Abs. 2 NFtG; § 4 Nr. 2 bis 4 FTG NW; § 4 Abs. 1 FtG RP; § 5 Abs. 1 SaarlSFG; § 4 Abs. 3 S. 1 Nr. 1 bis 3 SächsSFG; § 3 Abs. 2 FtG LSA; § 4 Abs. 1 Nr. 1 bis 5 SFTG SH; § 4 Abs. 3 S. 1 ThürFTG.
194 § 4 Abs. 4 Nr. 6 BbgFTG; § 4 Abs. 1 Nr. 7 FTG MV; § 4 Nr. 5 FTG NW; § 5 Abs. 1 Nr. 8 SaarlSFG; § 4 Abs. 1 Nr. 4 SFTG SH; § 4 Abs. 3 S. 1 Nr. 5 ThürFTG.
195 § 4 Abs. 1 Nr. 8 FTG MV; § 4 Abs. 1 Nr. 5 FTG RP; § 5 Abs. 1 Nr. 4 SaarlSFG; § 4 Abs. 3 S. 1 Nr. 5 ThürFTG.
196 § 4 Abs. 3 FTG HB; § 2a S. 1 FTG HH; § 6 Abs. 2 Nr. 5 HFtG; § 4 Abs. 1 Nr. 9 FTG MV; § 14 Abs. 3 Nr. 2 NFtG; § 4 Abs. 2 FtG RP; § 4 Abs. 3 S. 1 Nr. 5 SächsSFG; § 3 Abs. 4 FtG LSA; § 4 Abs. 1 Nr. 4 SFTG SH.
197 Explizit § 2 Nr. 1 FSchVO Bln.; § 4 Abs. 1 Nr. 1 BbgFTG; § 6 Abs. 1 HFtG; § 4 Abs. 1 Nr. 1 FTG MV; § 4 Abs. 2 NFtG; § 4 Abs. 1 FTG NW; § 4 Abs. 1 Nr. 1 FtG RP; § 5 Abs. 1 Nr. 1 SaarlSFG; § 4 Abs. 2 SächsSFG; § 3 Abs. 2 Nr. 1 FtG LSA; § 4 Abs. 2 S. 1 SFTG SH; § 4 Abs. 3 S. 1 Nr. 1 ThürFTG.
198 Zur Teilnichtigkeit der hessischen Bedarfsgewerbeverordnung BVerwGE 150, 327.
199 Art. 2 Abs. 3 Nr. 5 BayFTG; § 4 Abs. 3 BbgFTG; § 2 Abs. 1a FtSchV HH; § 14 Abs. 2 HFtG; § 4 Abs. 2 FTG MV; § 4 Abs. 2 FtG RP; § 4 Abs. 3 S. 1 Nr. 5 SächsSFG; § 3 Abs. 4 FtG LSA; § 4 Abs. 1 Nr. 4 SFTG SH; § 7 Abs. 2 ThürFTG; zur Verfassungskonformität BayVerfGH, GewArch 2012, 260.
200 § 12 FTG BW; Art. 5 BayFTG; § 5 FSchVO Bln.; § 8 BbgFTG; § 11 FTG HB; § 14 HFtG; § 8 FTG MV; § 14 NFtG; § 10 FTG NW; § 10 FtG RP; § 12 SaarlSFG; § 7 SächsSFG; §§ 7, 9 FtG LSA; § 8 SFTG SH; § 7 ThürFTG.
201 OVG Weimar, LKV 1997, 463 (464).
202 § 2 Nr. 4 FSchVO Bln.; möglich auch auf Grundlage von § 4 Abs. 4 FTG HB.

I. Allgemeines Gewerberecht § 5

b) Ladenöffnungsrecht

Das Recht der Ladenöffnungszeiten war herkömmlich bundesgesetzlich und überaus restriktiv ausgestaltet. Mit der Föderalismusreform 2006 ist die Kompetenz auf die Länder übergegangen.[203] Diese haben mit Ausnahme von Bayern, wo das (Bundes-)Gesetz über den Ladenschluß (LadSchlG) fortgilt, eigenständige Regelungen geschaffen. Die landesrechtlichen Vorgaben haben zugleich eine erhebliche Liberalisierung bewirkt, die sich mit Ausnahme Bremens[204] bereits in der Abkehr von der herkömmlichen Qualifikation als „Ladenschlussrecht" und der Bezeichnung der neuen Regelungen als „Ladenöffnungsgesetze"[205] manifestiert. Teilweise wird explizit im Normtext dem Bestreben Ausdruck verliehen, die Rahmenbedingungen für flexible Öffnungs- und Verkaufszeiten zu verbessern.[206]

103

Das Ladenöffnungsrecht regelt die Öffnungszeiten für Verkaufsstellen und darüber hinaus teilweise das gewerbliche Anbieten von Waren außerhalb von Verkaufsstellen.[207] Der Begriff der Verkaufsstelle ist dabei weit gefasst und umfasst in der Formulierung von § 1 Abs. 1 LadSchlG „1. Ladengeschäfte aller Art, Apotheken, Tankstellen und Bahnhofsverkaufsstellen, 2. sonstige Verkaufsstände und -buden, Kioske[208], Basare und ähnliche Einrichtungen, falls in ihnen ebenfalls von einer festen Stelle aus ständig Waren zum Verkauf an jedermann feilgehalten werden. Dem Feilhalten steht das Zeigen von Mustern, Proben und ähnlichem gleich, wenn Warenbestellungen in der Einrichtung entgegengenommen werden, 3. Verkaufsstellen von Genossenschaften."[209] Nicht erfasst wird somit der Online-Handel.[210] Ebenfalls nicht einbezogen sind Tätigkeiten, die sich nicht auf den Verkauf von Waren beziehen. Dabei umfasst der ladenschlussrechtliche Warenbegriff alle beweglichen Sachen, die Gegenstand des Handelsverkehrs sein können, so auch Banknoten und Münzen, soweit sie nicht Mittel des Güterumsatzes sind, sondern – wie beim Geldsortenhandel bzw. Geldwechselgeschäft

104

---

203 Zu verbleibenden Kompetenzfragen *Mosbacher*, Sonntagsschutz und Ladenschluß, S. 242 ff.
204 Bremisches Ladenschlussgesetz (BremLadSchlG).
205 Gesetz über die Ladenöffnung in Baden-Württemberg (LadÖG BW); Berliner Ladenöffnungsgesetz (BerlLadÖffG); Brandenburgisches Ladenöffnungsgesetz (BbgLöG); Hamburgisches Gesetz zur Regelung der Ladenöffnungszeiten (Ladenöffnungsgesetz – LÖG HH); Hessisches Ladenöffnungsgesetz (HLöG); Gesetz über die Ladenöffnungszeiten für das Land Mecklenburg-Vorpommern (Ladenöffnungsgesetz – LöffG MV); Niedersächsisches Gesetz über Ladenöffnungs- und Verkaufszeiten (NLÖffVZG); Gesetz zur Regelung der Ladenöffnungszeiten (Ladenöffnungsgesetz – LÖG NRW); Ladenöffnungsgesetz Rheinland-Pfalz (LadÖffnG RP); Gesetz zur Regelung der Ladenöffnungszeiten (Ladenöffnungsgesetz – SaarLÖG); Gesetz über die Ladenöffnungszeiten im Freistaat Sachsen (Sächsisches Ladenöffnungsgesetz – SächsLadÖffG); Gesetz über die Ladenöffnungszeiten im Land Sachsen-Anhalt (Ladenöffnungszeitengesetz Sachsen-Anhalt – LÖffZeitG LSA); Gesetz über die Ladenöffnungszeiten (Ladenöffnungszeitengesetz – LöffZG SH); Thüringer Ladenöffnungsgesetz (ThürLadÖffG).
206 § 1 Nr. 1 HLöG; Präambel LöffG MV; § 1 LadÖffnG RP.
207 § 1 LadÖG BW; § 1 BerlLadÖffG; § 1 BbgLöG; § 1 BerlLadÖffG; § 1 BremLadSchlG; § 1 LÖG HH; Präambel LöffG MV; § 1 NLÖffVZG; § 1 S. 1, § 2 LÖG NRW; § 1 LadÖffnG RP; § 1 SaarLÖG; § 1 Abs. 1 SächsLadÖffG; § 1 LÖffZeitG LSA; § 1 LöffZG SH; § 1 ThürLadÖffG.
208 Dabei handelt es sich um „eine kleine ortsfeste, meist nur aus einem einzigen Raum bestehende bauliche Anlage, die in der Regel von Kundinnen und Kunden nicht betreten werden kann und bei der die Warenabgabe in Form des Schalterverkaufs stattfindet", OLG Frankfurt, NStZ-RR 2020, 382 (383).
209 Weithin gleichsinnig § 2 Abs. 1 LadÖG BW; § 2 Abs. 1 BerlLadÖffG, mit zusätzlicher Einbeziehung von „mobile[n] Verkaufsstände[n], insbesondere Bauchläden, Kraftfahrzeuge und sonstige mobile Verkaufseinrichtungen, in denen von einer nicht ortsfesten Stelle aus Waren zum Verkauf an jedermann angeboten werden"; § 2 Abs. 1 BbgLöG; § 2 Abs. 1 BremLadSchlG; § 2 Abs. 1 LÖG HH; § 2 Abs. 1 Nr. 1 HLöG; § 2 Abs. 1 NLÖffVZG; § 3 Abs. 1 LÖG NRW; § 2 Abs. 1 LadÖffnG RP; § 2 Abs. 1 SaarLÖG; § 2 Abs. 1 SächsLadÖffG; § 2 Abs. 1 LÖffZeitG LSA; § 2 Abs. 1 LöffZG SH; § 2 Abs. 1 ThürLadÖffG.
210 § 1 Abs. 1 S. 3 LöffG MV; zur Verfassungskonformität BVerwGE 168, 338 (352).

– dessen Gegenstand,[211] nicht aber Grundstücke.[212] Nicht erfasst werden auch reine Dienstleistungsangebote, wie etwa Friseurgeschäfte und Sonnenstudios, die daher allein dem Sonn- und Feiertagsrecht unterfallen.[213]

105 Die allgemeinen Ladenöffnungszeiten werden im Sinne einer (bloßen) Berechtigung zur Ladenöffnung[214] unterschiedlich festgelegt. Die meisten Länder gestatten werktäglich eine uneingeschränkte Ladenöffnung.[215] Samstags wird diese in einzelnen Ländern auf 20[216] bzw. 22 Uhr[217] begrenzt. Anknüpfend am überkommenen Regelungsmodell halten einige Länder zudem an einer grundsätzlichen Beschränkung der allgemeinen Ladenöffnungszeit von 6 bis 20[218] bzw. 22 Uhr[219] fest.

106 Während der nicht den allgemeinen Ladenöffnungszeiten unterfallenden Zeiträume (Ladenschluss-/Schutzzeiten) müssen Verkaufsstellen grundsätzlich geschlossen sein und auch ein gewerbliches Anbieten von Waren an jedermann außerhalb von Verkaufsstellen ist verboten. Dies betrifft insbesondere die Sonn- und Feiertage iSd jeweiligen Sonn- und Feiertagsgesetzes (→ Rn. 96) sowie stets den 24.,[220] teils zusätzlich den 31. Dezember[221] ab 14.00 Uhr, wenn diese Tage auf einen Werktag fallen.

107 Jeweils spezifisch ausgestaltete, insgesamt jedoch weitreichende Ausnahmen sind für Apotheken, Tankstellen in Bezug auf den Verkauf von Betriebsstoffen, Ersatzteilen für Kraftfahrzeuge und von Reisebedarf sowie für Verkaufsstellen auf[222] Personenbahn- und Flughäfen sowie in Fährhäfen vorgesehen.[223] Auch besteht an Sonn- und Feiertagen weithin die Möglichkeit des auf einige Stunden begrenzten Verkaufs von Waren des täglichen Kleinbedarfs durch darauf spezialisierte Verkaufsstellen, insbesondere von Bäcker- oder Konditorwaren, Zeitungen und Zeitschriften, Pflanzen und Blumen sowie selbst erzeugten landwirtschaftlichen Produkten, sowie des Verkaufs von leicht verderblichen Waren und Waren zum sofortigen Verzehr.[224] Verbreitet sind zudem Ausnahmeregelungen für Kur-, Erholungs- Ausflugs- und Wallfahrtsorte mit erhöhtem

---

211 BVerwG, NJW 1985, 2042.
212 OVG Bautzen Beschl. v. 16.11.2012 – 3 A 716/11.
213 *Mosbacher*, Sonntagsschutz und Ladenschluß, S. 72 f.
214 Siehe nur *Meixner*, Hessisches Ladenöffnungsgesetz, § 3 Rn. 3.
215 § 3 Abs. 1 LadÖG BW; § 3 Abs. 1 BerlLadÖffG; § 3 Abs. 1 BbgLöG; § 3 BremLadSchlG; § 3 Abs. 1 LÖG HH; § 3 Abs. 1 HLöG; § 3 Abs. 1 NLöffVZG; § 3 Abs. 1 Nr. 1 LÖG NRW; § 3 Abs. 1 LöffZG SH.
216 § 3 S. 1 LÖffZeitG LSA; § 3 S. 1 ThürLadÖffG.
217 § 3 Abs. 1 LöffG MV.
218 § 3 S. 1 Nr. 2 LadSchlG; § 3 S. 1 Nr. 1 SaarlLÖG.
219 § 3 S. 1 Nr. 2 LadöffnG RP; § 3 Abs. 1 S. 1 SächsLadÖffG.
220 § 3 S. 1 LadSchlG, § 3 Abs. 2 Nr. 2 BerlLadÖffG; § 3 Abs. 2 Nr. 2 BbgLöG; § 3 Abs. 2 Nr. 2 LÖG HH; § 3 Abs. 2 Nr. 2 LöffG MV; § 4 Abs. 1 Nr. 2 LÖG NRW; § 3 S. 1 Nr. 3 LadöffnG RP; § 3 S. 1 Nr. 3 SaarlLÖG; § 3 Abs. 1 S. 2 SächsLadÖffG; § 3 S. 3 LÖffZeitG LSA; § 3 Abs. 2 Nr. 2, Abs. 3 LöffZG SH mit partieller Erstreckung auf Sonntage.
221 § 3 Abs. 1 Nr. 2 BremLadSchlG; § 3 Abs. 2 S. 1 Nr. 3 und 4 HLöG mit zusätzlicher Beschränkung in Nr. 2 für den Gründonnerstag ab 20 Uhr; § 3 Abs. 3 NLöffVZG mit Erstreckung auf Sonntage; § 4 Abs. 1 Nr. 3 ThürLadÖffG.
222 Zum genügenden räumlich-sachlichen Zusammenhang *Meixner*, Hessisches Ladenöffnungsgesetz, § 4 Rn. 10; *Neumann*, Ladenschlussrecht, § 8 Rn. 3, § 9 Rn. 1; zu den wirtschaftlichen Auswirkungen der Ausnahmen vgl. *Schmitz*, NVwZ 2008, 18 (19).
223 §§ 4 ff. LadSchlG; §§ 4 ff. LadÖG BW; § 5 BerlLadÖffG; §§ 6 ff. BbgLöG; §§ 4 ff. BremLadSchlG; § 4 f. LÖG HH; § 4 Abs. 1 Nr. 1 und 2, Abs. 2 HLöG; § 4, § 5 Abs. 2 und 3 LöffG MV; § 4 Abs. 1. S. 1 Nr. 1 NLöffVZG; §§ 7 ff. LÖG NRW; §§ 5 ff. LadöffnG RP; §§ 4 ff. SaarlLÖG; §§ 4 ff. SächsLadÖffG; § 4 LÖffZeitG LSA; §§ 6 ff. LöffZG SH; §§ 5 ff. ThürLadÖffG.
224 § 12 LadSchlG; § 9 LadÖG BW; § 4 BerlLadÖffG; § 4 BbgLöG; § 8 BremLadSchlG; § 6 Abs. 2 LÖG HH; § 4 Abs. 1 Nr. 3 bis 4 HLöG; § 5 Abs. 1 LöffG MV; § 4 Abs. 1 S. 1 Nr. 3 bis 5 NLöffVZG; § 5 LÖG NRW; § 9 Abs. 1 LadöffnG RP; § 7 SaarlLÖG; § 7 Abs. 1 SächsLadÖffG; § 5 LÖffZeitG LSA; § 4 LöffZG SH; § 9 ThürLadÖffG.

Fremdenverkehrsaufkommen vorgesehen, die zeitlich und gegenständlich ausgestaltet sind.[225] Soweit dabei eine Ladenöffnung an mehr als 20 Sonn- und Feiertagen im Jahr vorgesehen ist, ist dies verfassungsrechtlich problematisch.[226]

Sämtliche Ladenöffnungs- bzw. -schlussgesetze gestatten schließlich unmittelbar oder mittels Erlass einer Rechtsverordnung oder einer Allgemeinverfügung die Durchführung „verkaufsoffener Sonntage", also die auf regelmäßig fünf Stunden und ggf. räumlich und branchenbezogen begrenzte Ladenöffnung am Sonntag. Zudem bedarf es hierzu stets[227] eines spezifischen Anlasses, welcher die Abweichung von der Sonntagsruhe rechtfertigt.[228]

108

Nach der zu § 14 LadSchlG ergangenen Rechtsprechung des BVerwG ist „[d]ie Sonntagsöffnung von Verkaufsstellen mit uneingeschränktem Warenangebot ‚aus Anlass' eines Marktes ... nur zulässig, wenn die prägende Wirkung des Marktes für den öffentlichen Charakter des Tages gegenüber der typisch werktäglichen Geschäftigkeit der Ladenöffnung überwiegt, weil sich letztere lediglich als Annex zum Markt darstellt. Das setzt regelmäßig voraus, dass die Ladenöffnung in engem räumlichen Bezug zum konkreten Marktgeschehen steht und prognostiziert werden kann, dass der Markt für sich genommen einen beträchtlichen Besucherstrom anzieht, der die bei einer alleinigen Öffnung der Verkaufsstellen zu erwartende Zahl der Ladenbesucher übersteigt".[229] Als beträchtlichen Besucherstrom hat das BVerwG einen solchen qualifiziert, „der es erwarten lässt, dass die Angebote der geöffneten Verkaufsstellen in einem auch unter wirtschaftlichen Gesichtspunkten relevanten Maße in Anspruch genommen werden."[230]

Die Frage, ob die beabsichtigte sonntägliche Ladenöffnung durch einen hinreichend gewichtigen Sachgrund gerechtfertigt ist, unterliegt grundsätzlich der uneingeschränkten gerichtlichen Kontrolle.[231] Daran fehlt es, wenn die wirtschaftlichen Auswirkungen einer Krisensituation bekämpft werden sollen.[232] Allerdings ist „[d]ie der Öffnungsregelung zugrunde liegende Besucherzahlenprognose ... gerichtlich nur auf Schlüssigkeit und Vertretbarkeit zu überprüfen."[233]

Die jährliche Zahl zulässiger Verkaufssonntage ist unterschiedlich. Sie reicht von drei[234] über vier[235] (mit möglichen Erweiterungen auf bis acht[236] bzw. neun)[237] über fünf (bis sechs)[238] bis zu acht (erweitert bis zehn[239] bzw. 16).[240] Regelmäßig sind bestimmte Termine ausgenommen. Zudem darf nach den vom BVerfG aus Art. 140 GG iVm Art. 136 WRV abgeleiteten Anforderungen die Freigabe grundsätzlich nicht

---

225 § 10 LadSchlG; § 7 LadÖG BW; § 5 Abs. 4 BbgLÖG; §§ 9 f. BremLadSchlG; § 7 LÖG HH; § 5 HLöG; § 10 LöffG MV; § 4 Abs. 1 S. 1 Nr. 2 NLöffVZG; § 6 Abs. 2 LÖG NRW; § 9 Abs. 2 LadöffnG RP; 7 Abs. 2 SaarlLÖG; § 7 Abs. 2 SächsLadÖffG; § 6 LÖffZeitG LSA; § 9 LöffZG SH; § 8 ThürLadÖffG.
226 *Hufen*, Der Ausgleich verfassungsrechtlich geschützter Interessen bei der Ausgestaltung des Sonn- und Feiertagsschutzes, 2014, S. 407 ff.
227 BVerwGE 168, 338 (343 f.).
228 Vgl. exemplarisch zum Zusammenhang OVG Weimar, ThürVBl. 2017, 93 (95); OVG Münster Beschl. v. 22.9.2022 – 4 B 1057/22.NE.
229 BVerwGE 153, 183; siehe auch BVerwGE 168, 338 (347).
230 BVerwG Beschl. v. 6.3.2003 – 6 BN 6/02, Rn. 10 (juris).
231 BVerwGE 159, 27 Rn. 17.
232 Mit Bezug zur Corona-Pandemie OVG Münster, NVwZ-RR 2021, 25 ff.
233 BVerwGE 164, 64.
234 § 8 LadÖG BW; zum tatsächlich erforderlichen Ausnahmecharakter BVerwGE 168, 338 (343 ff.).
235 § 14 LadSchlG; § 10 BremLadSchlG; § 8 Abs. 1 LÖG HH; § 6 HLöG; § 6 LöffG MV; § 10 LadöffnG RP; § 8 SaarlLÖG; § 4 LöffZeitG LSA; § 5 LöffZG SH; § 10 ThürLadÖffG.
236 § 8 SächsLadÖffG.
237 § 5 NLöffVZG.
238 § 5 Abs. 1 bis 3 BbgLÖG.
239 § 6 BerlLadÖffG.
240 § 6 Abs. 1, 3 bis 5 LÖG NRW.

an mehreren aufeinanderfolgenden Sonntagen pro Monat erfolgen.[241] Ergänzend ist in den meisten Ländern die Gestattung einzelner zusätzlicher Ausnahmen vom sonn- und feiertäglichen Ladenschluss möglich, wenn diese im öffentlichen Interesse dringend notwendig sind.[242] In diesen Fällen gelten allerdings keine geringeren verfassungsrechtlichen Anforderungen als für Verkaufsöffnungen an Sonn- und Feiertagen aus besonderem Anlass (→ Rn. 94 ff.).[243]

109 Ergänzend zu den insoweit nicht abschließenden[244] Bestimmungen des ArbZG sowie der dieses ergänzenden Bedarfsgewerbeverordnungen enthalten die Ladenöffnungs- bzw. -schlussgesetze einige die Arbeitszeit der Beschäftigten betreffende Vorgaben.[245] Diese ermöglichen einerseits die Inanspruchnahme der vorgesehenen Ausnahmen von der Sonn- und Feiertagsruhe, andererseits dienen sie dem Schutz der Arbeitnehmer. Insbesondere dürfen diese an Sonn- und Feiertagen nur während der ausnahmsweise zugelassenen Öffnungszeiten zuzüglich regelmäßig insgesamt weiterer 30 Minuten für die Erledigung unerlässlicher Vorbereitungs- und Abschlussarbeiten beschäftigt werden. Überdies bestehen weitere zeitliche Beschränkungen und Vorgaben für Ausgleichszeiten. Diese beziehen sich neben Sonn- und Feiertagen auch auf die Beschäftigung an Samstagen.[246]

▶ **Zu Fall 5:** Bei dem Stand des B handelt es sich um eine Verkaufsstelle iSv § 2 Abs. 1 Nr. 2 LadÖG BW, von der aus B Waren zum Verkauf an jedermann feilbietet. Dies ist nach § 3 Abs. 2 Nr. 1 LadÖG BW an Sonn- und Feiertagen nicht gestattet. Eine grundsätzlich denkbare Ausnahme nach § 9 Abs. 1 Nr. 4 LadÖG BW kommt schon deshalb nicht in Betracht, weil die Verkaufsstelle nicht auf einer landwirtschaftlichen Betriebsfläche gelegen ist. Allerdings kann nach § 9 Abs. 4 LadÖG BW die zuständige Behörde über Abs. 1 hinaus abweichend von § 3 Abs. 2 Nr. 1 LadÖG BW Ausnahmen für das Feilhalten von leicht verderblichen Waren und Waren zum sofortigen Verzehr, Gebrauch oder Verbrauch zulassen, sofern dies zur Befriedigung örtlich auftretender Bedürfnisse notwendig ist.

Zur Auslegung des § 9 Abs. 4 LadÖG BW ist die nahezu gleichlautende bundesrechtliche Regelung in § 20 Abs. 2a LadSchlG heranziehbar. Die Ausnahme nach § 20 Abs. 2a LadSchlG setzt als Dispens (Befreiung) von dem allgemeinen, unbedingten Verbot, während der allgemeinen Ladenschlusszeiten gewerbliche Waren zum Verkauf an jedermann außerhalb von Verkaufsstellen feilzubieten (§§ 20 Abs. 1 S. 1, 3 LadSchlG), durch Verwaltungsakt dieses allgemeine und unbedingte gesetzliche Verbot aufgrund einer diesbezüglichen gesetzlichen Ermächtigung im Einzelfall außer Kraft. Hierzu bedarf sie der besonderen sachlichen Rechtfertigung. Dementsprechend ist die Ermächtigung des Gesetzes an die Verwaltung zur Zulassung von Ausnahmen von den Ladenschlusszeiten in Einzelfällen eng begrenzt. Der Gesetzgeber hat eine solche Abweichung nicht nur durch die Worte „Ausnahme" und „kann" gekennzeichnet, sondern auch den Ausnahmetatbestand genauer gefasst. Dass das Regel-Ausnahme-System im Ladenschlussgesetz strengen Anforderungen unterliegt, zeigt

---

241 BVerfGE 125, 39 (95 ff.).
242 § 23 LadSchlG; § 11 LadÖG BW; § 9 BbgLöG; § 12 BremLadSchlG; § 8 Abs. 2 LÖG HH; § 7 HLöG; § 11 LöffG MV; § 5a NLÖffVZG; § 12 LadöffnG RP; § 9 SaarlLÖG; § 8 LÖffZeitG LSA; § 11 LöffZG SH; § 11 ThürLadÖffG; vgl. dazu auch *Meixner*, Hessisches Ladenöffnungsgesetz, § 7 Rn. 7 f.
243 BVerwG, NVwZ 2022, 1466.
244 BVerfGE 138, 261 (279 ff.); siehe dazu *Ulber*, NVwZ 2015, 1026 (1027 ff.).
245 § 17 LadSchlG; § 12 LadÖG BW; § 7 BerlLadÖffG; § 10 BbgLöG; § 13 BremLadSchlG; § 9 LÖG HH; § 9 HLöG; § 7 LöffG MV; § 7 NLöffVZG; § 10 LÖG NRW; § 13 LadöffnG RP; § 10 SaarlLÖG; § 10 SächsLadÖffG; § 9 LÖffZeitG LSA; § 13 LöffZG SH; § 12 ThürLadÖffG.
246 Zur Vereinbarkeit mit dem Grundrecht der Berufsfreiheit der Arbeitgeber BVerfGE 138, 261 (284 ff.).

sich auch an anderen Vorschriften des Ladenschlussgesetzes, unter anderem an der Regelung des § 14 LadSchlG zu weiteren Verkaufssonntagen.

Bei der Rechtfertigung von Ausnahmen vom Verbot der Sonn- und Feiertagsarbeit hat der Gesetzgeber dem Auftrag des Artikel 139 WRV Rechnung zu tragen. Er darf aber auch die erheblichen Änderungen im Freizeitverhalten der Bevölkerung berücksichtigen. Die Befriedigung der Freizeitbedürfnisse an diesen Tagen ist in gestiegenem Maße auf die Bereitstellung von entgeltlichen Leistungen als Arbeit für den Sonn- und Feiertag angewiesen. So verursachen insbesondere die gewachsene Mobilität der Bevölkerung, die Nutzung von vielfältigen Angeboten der sogenannten Freizeitindustrie und der Ausbau von Urlaubs- und Erholungsgebieten einen vermehrten Bedarf an Einkaufsmöglichkeiten. Dennoch sind die Tatbestandsvoraussetzungen des § 9 Abs. 4 LadÖG BW wegen seines Ausnahmecharakters eng auszulegen und es ist Aufgabe des Gesetzgebers, Ausnahmetatbestände zu schaffen.

Leicht verderbliche Waren iSv § 9 Abs. 4 LadÖG BW sind solche, die mangels längerer Lagerfähigkeit alsbald verzehrt, gebraucht oder verbraucht werden müssen. Waren zum sofortigen Verzehr, Gebrauch oder Verbrauch sind solche, die unabhängig von ihrer Lagerfähigkeit bestimmungsgemäß alsbald verzehrt, gebraucht oder verbraucht werden sollen. Ausnahmen für das Feilhalten dieser Waren während der allgemeinen Ladenschlusszeiten außerhalb von Verkaufsstellen dienen hiernach der Befriedigung eines kurzfristig – noch innerhalb der jeweiligen Ladenschlusszeit – zur Deckung anstehenden Bedürfnisses. Dabei ist die Verpackungsgröße kein entscheidungserhebliches Kriterium für diese Begriffsbestimmung. Zu den leicht verderblichen Waren und solchen zum sofortigen Verzehr rechnen u.a. frisches und zum sofortigen Verzehr bearbeitetes Fleisch, Käse, Speiseeis und Blumen. Die von B angebotenen landwirtschaftlichen Produkte erfüllen die Kriterien leicht verderblicher Waren nicht. Erdbeeren und Himbeeren lassen sich zwar nicht lange, aber jedenfalls ein bis zwei Tage lagern, so dass die im Laufe des Samstags und Sonntags geernteten Erdbeeren und Himbeeren am Montag innerhalb der Ladenöffnungszeiten käuflich sind, sofern sie nicht in Hofläden gemäß § 9 Abs. 1 Nr. 4 LadÖG BW verkauft werden. Nicht leicht verderblich sind ferner Äpfel und Birnen. Bei diesen Obstsorten handelt es sich auch nicht um Waren, die unabhängig von ihrer Lagerfähigkeit bestimmungsgemäß alsbald verzehrt, gebraucht oder verbraucht werden sollen. Beispielsweise werden Erdbeeren, Johannisbeeren und Himbeeren im Laden gekauft, fachgerecht kühl gelagert und erst an den folgenden Tagen verzehrt oder verarbeitet.

Unabhängig von der Qualifizierung als leicht verderbliche Ware oder Waren zum sofortigen Verzehr fehlt es auch an einem örtlich auftretenden Bedürfnis für den Verkauf der streitgegenständlichen landwirtschaftlichen Produkte am Rheinufer an der Fähre. Das kurzfristig zur Deckung anstehende Bedürfnis muss ein „örtlich" auftretendes Bedürfnis für das Feilhalten dieser Waren während der allgemeinen Ladenschlusszeiten sein. Hierzu reicht es nicht aus, dass der Bedarf an leicht verderblichen Waren oder an Waren zum sofortigen Verzehr, Gebrauch oder Verbrauch überhaupt oder jedenfalls während der Ladenschlusszeiten nicht hinreichend gedeckt werden kann; das Gesetz verlangt vielmehr positiv, dass infolge örtlicher Besonderheiten gerade während der Ladenschlusszeiten ein anderen Ortes so nicht bestehender Bedarf nach den genannten Waren „auftritt". „Örtlich" meint deshalb eine Nachfrage, die anderen Ortes so nicht vorhanden ist und „auftretend" ein ortsgebundenes Ereignis, das die Nachfrage hervorruft und mit dessen Ende sie wieder erlischt. Dazu gehören zB Sportveranstaltungen und Sportfeste, politische Kundgebungen unter freiem Himmel, örtliche Erholungsgebiete der Bevölkerung wie Vogelparks, zoologische Gärten und Badeseen mit beschränkter Öffnungs- oder Besuchszeit, Zirkusveranstaltungen, Volksmärsche, Volksgruppentreffen, Festivals und Volksfeste, die nicht den Vorschriften des III. Titels der Gewerbeordnung unterliegen. Mit solchen örtlich begrenzten Veranstaltungen ist der Bereich der Fähre am badischen Rheinufer nicht vergleichbar. Allein der Umstand, dass an der Fähre und am dortigen Rheinufer an Sonn- und Feiertagen viele Besucher eintreffen, um dort ihre Freizeit zu verbringen, rechtfertigt nicht die Annahme, dass deshalb ein örtliches Bedürfnis nach Erdbeeren, Johannisbeeren und Himbeeren sowie Äpfeln, Birnen sowie selbst gemachtem Apfelsaft aus eigener Produktion des Anbieters besteht. Das starke Besucheraufkommen an Sonn- und Feiertagen an einem Ort der Freizeitgestaltung verschafft dem Ort noch kein „ortsgebundenes Ereignis", das die Nachfrage für solche Waren aus eigener Produktion auslöst. Denn nicht allein die Interessen und Wünsche der Kunden an einem Ort bestimmen, ob an diesem Ort außerhalb der Ladenschlusszeiten ein Bedürfnis beispielsweise nach frischem Obst und Früchten auftritt, das an einem anderen Ort so nicht auftritt. Hinzu kommen müssen örtliche Besonderheiten, aufgrund derer ein Bedürfnis nach Waren der genannten Art „auftritt". An einem solchen ortsgebunden Ereignis fehlt es an dem streitgegenständlichen Verkaufsort.

Hinzu kommt Folgendes: Selbst wenn es zuträfe, dass die Besucher an der Fähre an Sonn- und Feiertagen gerne Obst und Früchte erwerben und essen würden, wären die Anforderungen an eine Ausnahme nach § 9 Abs. 4 LadÖG BW nicht gegeben, weil die Erfüllung eines solchen Bedürfnisses nicht notwendig wäre. Es sind keine örtlichen Besonderheiten ersichtlich, die es rechtfertigen könnten, etwaige Wünsche des Publikums nach Obst und Früchten am Rheinufer an der Fähre an Sonn- und Feiertagen derart hoch zu gewichten, dass es notwendig erscheinen würde, sie als „Bedürfnisse" zu werten und ihnen unter Zurückstellung des grundsätzlichen Öffnungsverbots an Sonn- und Feiertagen (§ 3 Abs. 2 Nr. 1 LadÖG BW) durch Zulassung einer Ausnahme nachzukommen. Soweit B der Auffassung ist, es bestehe an der Fähre eine starke Nachfrage nach Obst, Früchten und Apfelsaft aus eigener Herstellung ist anzumerken, dass es Sache des Gesetzgebers ist, in den Grenzen des Ladenschlussgesetzes Ausnahmen von den Ladenschlusszeiten an Sonn- und Feiertagen zu schaffen, um den gegebenenfalls auch gewandelten Wünschen der Bevölkerung, an Ausflugszielen frische Produkte wie Obst zu essen, Rechnung zu tragen. Dies ist für die vorliegende Konstellation nicht geschehen.

Die eng auszulegenden tatbestandlichen Anforderungen an die gemäß § 9 Abs. 4 LadÖG BW im Ermessen der Behörde stehende Erteilung einer Ausnahme sind mithin nicht erfüllt. ◂

7. Exkurs 2: Verantwortlichkeit für Menschenrechte und Umwelt in Lieferketten

109a Die universellen Menschenrechte zählen zu den Grundpfeilern der modernen (internationalen) Rechtsordnung. Ihre Missachtung ist gleichwohl nicht selten. Regelmäßig werden mit Bezug zum Wirtschaftsleben menschenrechtswidrige Zustände angeprangert, welchen die Beschäftigten ausgesetzt sind, zumeist in den Ländern der Dritten Welt, die als Produktionsstandorte dienen.[247] Deren Existenz lässt sich dabei ebenso wenig bestreiten wie die menschenrechtlich unselige Allianz aus (an sich legitimem) Gewinnstreben der Unternehmen und dem Wunsch der Verbraucher der Ersten Welt, zahlreiche und vor allem billige Waren erwerben zu können. Die regelmäßig ökonomisch wie politisch unterentwickelten Staaten, in denen höchst problematische Ar-

---

[247] Siehe etwa die bei *Voland*, BB 2015, 67, genannten Beispiele.

I. Allgemeines Gewerberecht § 5

beitsbedingungen existieren, sind häufig weder in der Lage noch willens, für eine Verbesserung der Situation der Arbeitskräfte zu sorgen.[248]

Auch die Bedeutung des Umweltschutzes, der aus heutiger Perspektive den Klimaschutz einschließt, steht heute außer Frage. Allen diesbezüglichen politischen Bekenntnissen zum Trotz findet er in zahlreichen Staaten dennoch im Wirtschaftsleben nur unzureichend Berücksichtigung. Global ist eine Verlagerung von Umweltproblemen von der ersten in die dritte Welt festzustellen, die sowohl Produktionsprozesse als auch Abfälle betrifft.

109b

a) Internationale Regelungsansätze

Vor diesem Hintergrund liegt es nicht fern, eine Beachtung anerkannter menschenrechtlicher Standards durch die von der Globalisierung profitierenden Unternehmen einzufordern und sie hierfür verantwortlich zu machen.[249] Auf internationaler Ebene hat sich dies in mehreren als Soft Law[250] zu qualifizierenden Texten niedergeschlagen.

109c

Politisch besonders bedeutsam sind die UN-Leitprinzipien für Wirtschaft und Menschenrechte.[251] Diese wurden vom UN-Menschenrechtsrat in seiner Resolution 17/4 vom 16. Juni 2011 verabschiedet. Insgesamt 31 Grundsätze formulieren grundlegende Anforderungen für Staaten und Unternehmen, die auf eine menschenrechtskonforme Ausgestaltung der globalisierten Wirtschaft abzielen.

109d

Die ersten 10 Grundsätze haben die staatliche Pflicht zum Schutz der Menschenrechte zum Gegenstand. Sie betonen insoweit sowohl die völkerrechtliche Pflicht der Staaten zur uneingeschränkten Durchsetzung der internationalen Menschenrechte in ihrem jeweiligen Hoheitsgebiet als auch statuieren sie eine explizite Verpflichtung der Beachtung menschenrechtlicher Standards durch öffentliche Unternehmen und im Kontext anderer Formen marktbezogenen staatlichen Handelns einschließlich der öffentlichen Auftragsvergabe. Im Hinblick auf das Tätigwerden von Unternehmen insbesondere in Konfliktgebieten ist eine Sensibilisierung und Beratung geboten. Auch ist nach Grundsatz 7 lit. c in einem solchen Kontext „einem Wirtschaftsunternehmen, das an groben Menschenrechtsverletzungen beteiligt ist und sich weigert, bei der Handhabung der Situation zu kooperieren, de[r] Zugang zu öffentlicher Förderung und öffentlichen Dienstleistungen [zu] verwehren".

Die folgenden 14 Grundsätze wenden sich unmittelbar an Unternehmen. Diese „sollten die Menschenrechte achten", konkret die „international anerkannten Menschenrechte, worunter mindestens die Menschenrechte, die in der Internationalen Menschenrechtscharta ausgedrückt sind, sowie die in der Erklärung der Internationalen Arbeitsorganisation über die grundlegenden Prinzipien und Rechte bei der Arbeit genannten zu verstehen sind." Dabei wird neben eigenem Handeln auch das Bemühen adressiert, „negative Auswirkungen auf die Menschenrechte zu verhüten oder zu mindern, die auf Grund einer Geschäftsbeziehung mit ihrer Geschäftstätigkeit, ihren Produkten oder Dienstleistungen unmittelbar verbunden sind, selbst wenn sie nicht zu diesen Auswirkungen beitragen." Hierzu bedarf es neben einer Selbstverpflichtung in Form einer Grundsatzerklärung der Schaffung geeigneter Verfahren zur Ermittlung und Bewertung menschenrechtsrelevanten Handelns und der Etablierung von Wieder-

---

248 *Hennings*, Über das Verhältnis von Multinationalen Unternehmen zu Menschenrechten, 2009, S. 17 ff.; *Saage-Maaß*, in: Sandkühler (Hrsg.), Menschenrechte in die Zukunft denken, 2009, S. 159 (169).
249 Siehe im Überblick zur Problemstellung und Diskussion *Staubach*, Forum Recht 2010, 52 (53 f.).
250 Zu Soft Law im Einzelnen *Knauff*, Der Regelungsverbund: Recht und Soft Law im Mehrebenensystem, 2010, S. 213 ff.
251 Abrufbar unter https://www.auswaertiges-amt.de/blob/266624/b51c16faf1b3424d7efa060e8aaa8130/un-leitprinzipien-de-data.pdf.

gutmachungsmechanismen.[252] Die Anforderungen hieran werden in den Grundsätzen 16 bis 24 im Einzelnen ausgeführt. Zentrales Ziel ist die Sicherstellung eines bewusst menschenrechtskonformen Agierens der Unternehmen. Dies schließt eine weitgehende Transparenz ein.

Die letzten 7 Grundsätze befassen sich mit Rechtsschutzerfordernissen und richten sich wiederum an die Staaten. Diese haben im Hinblick auf mit Unternehmen zusammenhängenden Menschenrechtsverletzungen „dafür Sorge zu tragen, dass die Betroffenen Zugang zu wirksamer Abhilfe haben, sofern solche Verletzungen in ihrem Hoheitsgebiet und/oder unter ihrer Jurisdiktion vorkommen." Dies schließt neben der staatlichen Gerichtsbarkeit „außergerichtliche Beschwerdemechanismen" staatlicher und nichtstaatlicher Art einschließlich solcher, die von den Unternehmen eingerichtet werden, ein, an die zudem gewisse Mindestanforderungen gestellt werden.

109e Von Bedeutung ist weiterhin der sog. UN Global Compact (2000)[253]. Dabei handelt es sich um eine Vereinbarung auf internationaler Ebene unter Beteiligung der Vereinten Nationen, der Internationalen Arbeitsorganisation (ILO), staatlicher Stellen und (quantitativ überwiegend) Wirtschaftsunternehmen. Ihr wesentlicher Gegenstand ist die Beachtung bestimmter sozialer und ökologischer Mindestanforderungen durch die Unternehmen. Diese sind in zehn Prinzipien verankert, die von bestehenden Deklarationen der Vereinten Nationen, der ILO und der Staatenkonferenz von Rio abgeleitet wurden.

Anspruch und Detailgenauigkeit des UN Global Compact bleiben allerdings deutlich hinter denjenigen der UN-Leitprinzipien zurück. Die Prinzipien 1 und 2 adressieren die Menschenrechte: Danach sollen Unternehmen den Schutz der internationalen Menschenrechte unterstützen, achten und sicherstellen, dass sie sich nicht an Menschenrechtsverletzungen mitschuldig machen. Arbeitsnormen sind Gegenstand der Prinzipien 3 bis 6: Diesbezüglich sollen Unternehmen die Vereinigungsfreiheit und die wirksame Anerkennung des Rechts auf Kollektivverhandlungen wahren sowie für die Beseitigung aller Formen der Zwangsarbeit, die Abschaffung der Kinderarbeit und die Beseitigung von Diskriminierung bei Anstellung und Beschäftigung eintreten. Auf den Umweltschutz zielen die Prinzipien 7 bis 9: Unternehmen sollen im Umgang mit Umweltproblemen dem Vorsorgeprinzip folgen und Initiativen ergreifen, um größeres Umweltbewusstsein zu fördern und die Entwicklung und Verbreitung umweltfreundlicher Technologien beschleunigen. Nach dem 10. Prinzip sollen Unternehmen gegen alle Arten der Korruption eintreten, einschließlich Erpressung und Bestechung. Der Durchsetzung des Global Compact durch die teilnehmenden Unternehmen dient ein – allerdings wenig effektives – Berichtssystem.[254] So werden die Übereinstimmungsberichte der Unternehmen nicht nachgeprüft. Die zweimalige Nichtbeachtung der Berichtspflicht führt zu einem Ausscheiden des betreffenden Unternehmens aus dem UN Global Compact, der somit seinen Verbindlichkeitsanspruch für den Fall seiner Missachtung selbst zurücknimmt.

109f Ambitionierter sind die umfangreichen und thematisch weit ausgreifenden OECD-Leitsätze für multinationale Unternehmen.[255] Dies gilt auch für die Menschenrechte und die Umwelt, die Gegenstand jeweils eigener Kapitel (IV. und VI.) sind. Allerdings ist

---

252 Zu den damit verbundenen Problemen *Spießhofer*, NJW 2014, 2473 (2476).
253 https://www.globalcompact.de.
254 Im Überblick zum Global Compact *Baumann*, in: v. Arnim u.a. (Hrsg.), Jahrbuch Menschenrechte 2003, 2002, S. 184 ff.; *Kell*, JCC 11 (2003), S. 35 ff.; *Rieth*, Die Friedens-Warte 79 (2004), S. 151 ff.; *Şahin*, ZfRV 2011, 135 ff.; ausführlich *v. Schorlemmer*, in: dies. (Hrsg.), Praxishandbuch UNO, 2003, S. 507 ff.; von einem „Marketinginstrument" sprechen diesbezüglich *Fischer-Lescano/Möller*, Der Kampf um globale soziale Rechte, 2012, S. 73.
255 Abrufbar unter https://www.oecd.org/berlin/publikationen/oecd-leitsaetze-fuer-multinationale-unternehmen.htm; siehe dazu *Koeltz*, Menschenrechtsverantwortung multinationaler Unternehmen, 2010, S. 98 ff.; *Hamm*, in: v. Arnim u.a. (Hrsg.), Jahrbuch Menschenrechte 2003, 2002, S. 191 ff.; *Voland*, BB 2015, 67 (69).

b) Lieferkettensorgfaltspflichtengesetz

auch der Geltungsanspruch der OECD-Leitsätze beschränkt. Diese stellen gemeinsame Empfehlungen der beteiligten 42 Regierungen an multinationale Unternehmen dar. Ihre Beachtung durch die Unternehmen beruht auf dem Prinzip der Freiwilligkeit.

Die internationalen Bemühungen um eine Stärkung der Menschenrechte im Wirtschaftsleben haben auf nationaler Ebene intensive Diskussionen um eine Gesetzgebung hervorgerufen. Als deren Ergebnis[256] ist am 1.1.2023 das Gesetz über die unternehmerischen Sorgfaltspflichten zur Vermeidung von Menschenrechtsverletzungen in Lieferketten (Lieferkettensorgfaltspflichtengesetz – LkSG) in Kraft getreten, das zudem umweltbezogene Risiken einbezieht. Das Gesetz „begründet eine Bemühenspflicht, aber weder eine Erfolgspflicht noch eine Garantiehaftung."[257]

Zudem hat die EU-Kommission einen Entwurf für eine Richtlinie über die Sorgfaltspflichten von Unternehmen im Hinblick auf Nachhaltigkeit[258] vorgelegt. Perspektivisch ist daher mit einer europarechtlichen Überformung des deutschen Lieferkettenrechts zu rechnen. Spezielle europarechtliche Regelungen bestehen bereits mit der Verordnung (EU) Nr. 995/2010 über die Verpflichtungen von Marktteilnehmern, die Holz und Holzerzeugnisse in Verkehr bringen,[259] und der Verordnung (EU) 2017/821 zur Festlegung von Pflichten zur Erfüllung der Sorgfaltspflichten in der Lieferkette für Unionseinführer von Zinn, Tantal, Wolfram, deren Erzen und Gold aus Konflikt- und Hochrisikogebieten[260]. Zudem folgen spezifische Berichtspflichten aus Art. 19a, 29a Richtlinie 2013/34/EU über den Jahresabschluss, den konsolidierten Abschluss und damit verbundene Berichte von Unternehmen bestimmter Rechtsformen[261], deren Regelungsgehalt mit dem CSR-Richtlinie-Umsetzungsgesetz im Wesentlichen in §§ 289b ff., §§ 315b f. HGB überführt wurde.

Das Gesetz richtet sich ausweislich § 1 LkSG nicht an alle Unternehmen, sondern setzt eine Mindestgröße voraus. Im Jahr 2023 werden Unternehmen adressiert, die im Inland mindestens 3000 Arbeitnehmer einschließlich mehr als sechs Monate eingesetzter Leiharbeitnehmer beschäftigen; ab dem Jahr 2024 beträgt die Anwendungsschwelle 1000 Arbeitnehmer. Zudem muss der territoriale Bezug des Unternehmens zu Deutschland durch die Hauptniederlassung, den Verwaltungssitz, den satzungsmäßigen Sitz oder eine Zweigniederlassung gemäß § 13d HGB gegeben sein.[262] Unerheblich ist dagegen die Rechtsform, so dass neben Einzelkaufleuten sämtliche deutschen, europarechtlichen und EU-ausländischen (→ § 3 Rn. 23) Formen von Kapital- und Personengesellschaften erfasst werden. Auch auf den Tätigkeitsbereich kommt es nicht an.

Die zentrale Verpflichtung formuliert § 3 Abs. 1 S. 1 LkSG. Danach sind Unternehmen „verpflichtet, in ihren Lieferketten die ... menschenrechtlichen und umweltbezogenen Sorgfaltspflichten in angemessener Weise zu beachten mit dem Ziel, menschenrechtlichen oder umweltbezogenen Risiken vorzubeugen, sie zu minimieren oder die Verletzung menschenrechtsbezogener oder umweltbezogener Pflichten zu beenden." Damit wird eine globale Verantwortlichkeit der in den Anwendungsbereich des Gesetzes

---

256 Bereits 2016 wurde der Nationalen Aktionsplan für Wirtschaft und Menschenrechte von der Bundesregierung beschlossen.
257 BT-Drs. 19/28649, S. 2.
258 COM(2022) 71 final.
259 ABl. 2010 L 295/23, geändert durch Verordnung (EU) 2019/1010, ABl. 2019 L 170/115.
260 ABl. 2017 L 130/1, geändert durch Delegierte Verordnung (EU) 2020/1588, ABl. 2020 L 360/1.
261 ABl. 2013 L 182/19, zuletzt geändert durch Richtlinie (EU) 2021/2101, ABl. 2021 L 429/1.
262 Zum Anwendungsbereich des LkSG vgl. *Nietsch/Wiedmann*, NJW 2022, 1 ff.; spezifisch zur Wirkungsweise im Konzern *Ott/Lüneborg/Schmelzeisen*, DB 2022, 238 ff.; *Passarge*, CB 2021, 332 ff.

fallenden Unternehmen für die Beachtung grundlegender menschenrechtlicher[263] und umweltschutzbezogener Erfordernisse begründet.

109j Der Begriff der Lieferkette, der sich auf alle Produkte und Dienstleistungen eines Unternehmens bezieht, bezeichnet nach § 2 Abs. 5 S. 2 LkSG „alle Schritte im In- und Ausland, die zur Herstellung der Produkte und zur Erbringung der Dienstleistungen erforderlich sind, angefangen von der Gewinnung der Rohstoffe bis zu der Lieferung an den Endkunden".[264]

Instruktiv sind die diesbezüglichen Ausführungen in der Gesetzesbegründung: „Die Lieferkette beginnt mit der Gewinnung der Rohstoffe und endet mit der Lieferung des Produktes an den Endkunden. Dabei können die Bestandteile einer Lieferkette je nach Art des Produktes oder der Leistung variieren. Die Lieferkette zur Herstellung eines Sachgutes enthält typischerweise die Phase der Beschaffung (d.h. die Gewinnung und Lieferung von Rohstoffen für die Herstellung von Produkten), der Produktion (die Verarbeitung der Rohstoffe zu den Fertigprodukten) und des Vertriebs (Aktivitäten, die dafür sorgen, dass das Produkt seinen endgültigen Bestimmungsort erreicht, zum Beispiel mit Hilfe von Distributoren, Lagern, physischen Geschäften oder Online-Plattformen). Bei der Anbietung einer Finanzdienstleistung, zum Beispiel durch Kreditinstitute, findet ein wesentlicher Teil der Produktion zeitgleich mit der Erbringung der Dienstleistung gegenüber dem Kunden statt und setzt, zum Beispiel durch Investition oder Kreditvergabe, weitere Produktionsprozesse frei. Deshalb werden für solche Dienstleistungen auch die Beziehung zum Endkunden und die nachgelagerten Stufen der Lieferkette erfasst. Wenn beispielsweise ein Zulieferer, der einen Hersteller beliefert, einen Kredit zur Finanzierung seiner Produktion aufnimmt, ist auch der Kredit und die kreditgebende Bank von der Lieferkette des Herstellers umfasst. ... Beschränkt sich die Dienstleistung auf die Vermittlung von Finanzdienstleistungen, erstrecken sich die Sorgfaltspflichten wie bei anderen Dienstleistungen auch nicht auf den Endkunden. Bei Versicherungsunternehmen ist die Anlage von Vermögenswerten nicht Bestandteil der Lieferkette, aufgrund derer das Unternehmen seine Dienstleistungen erbringt. Als Dienstleistungen erfasst sind auch Wiederverwertung oder Entsorgung bei Unternehmen, deren Geschäftszweck die Wiederverwertung und Entsorgung ist."[265]

Die Lieferkette erfasst also, wie § 2 Abs. 5 S. 2 Nr. 1-3 LkSG klarstellt, das Handeln eines Unternehmens im eigenen Geschäftsbereich ebenso wie das Handeln unmittelbarer und mittelbarer Zulieferer, so dass all diejenigen einbezogen werden, die einen Beitrag zur Produktion oder Dienstleistungserbringung leisten. Ein Verantwortungsentzug durch „Auslagerung" von Vor- oder Teilleistungen scheidet damit aus.

Der eigene Geschäftsbereich erfasst nach § 2 Abs. 6 LkSG „jede Tätigkeit des Unternehmens zur Erreichung des Unternehmensziels. Erfasst ist damit jede Tätigkeit zur Herstellung und Verwertung von Produkten und zur Erbringung von Dienstleistungen, unabhängig davon, ob sie an einem Standort im In- oder Ausland[266] vorgenommen wird. In verbundenen Unternehmen zählt zum eigenen Geschäftsbereich der Obergesellschaft eine konzernangehörige Gesellschaft, wenn die Obergesellschaft auf die konzernangehörige Gesellschaft einen bestimmenden Einfluss ausübt." Unmittelbarer Zulieferer ist gemäß § 2 Abs. 7 LkSG „ein Partner eines Vertrages über die Lieferung von Waren oder die Erbringung von Dienstleistungen, dessen Zulieferungen für die Herstellung des Produktes des Unternehmens oder zur Erbringung und Inanspruchnahme der betreffenden Dienstleistung notwendig sind." Mittelbarer Zulieferer ist dagegen nach § 2 Abs. 8 LkSG „jedes Unternehmen, das kein unmittelbarer Zulieferer ist

---

263 Siehe insoweit auch *Wiater*, JZ 2022, 859 ff.
264 Dazu näher *Goßler/Palder*, BB 2022, 906 ff.; *Harings/Zegula*, CCZ 2022, 165 ff.
265 BT-Drs. 19/28649, S. 40.
266 Dazu *Frank-Fahle/Falder*, RIW 2022, 261 ff.

und dessen Zulieferungen für die Herstellung des Produktes des Unternehmens oder zur Erbringung und Inanspruchnahme der betreffenden Dienstleistung notwendig sind."

Menschenrechtliche Risiken, die in den Lieferketten zu vermeiden sind, definiert § 2 Abs. 2 LkSG als einen Zustand, bei dem aufgrund tatsächlicher Umstände mit hinreichender Wahrscheinlichkeit ein Verstoß gegen eines der in der Norm enumerativ aufgeführten Verbote droht.[267] Diese erfassen – häufig mit weiterer normativer Konkretisierung – das Verbot der Beschäftigung eines Kindes unter dem Alter, mit dem nach dem Recht des Beschäftigungsortes die Schulpflicht endet (Nr. 1), das Verbot der schlimmsten Formen der Kinderarbeit für Kinder unter 18 Jahren (Nr. 2), das Verbot der Beschäftigung von Personen in Zwangsarbeit (Nr. 3), das Verbot aller Formen der Sklaverei, sklavenähnlicher Praktiken, Leibeigenschaft oder anderer Formen von Herrschaftsausübung oder Unterdrückung im Umfeld der Arbeitsstätte (Nr. 4), das Verbot der Missachtung der nach dem Recht des Beschäftigungsortes geltenden Pflichten des Arbeitsschutzes, wenn hierdurch die Gefahr von Unfällen bei der Arbeit oder arbeitsbedingte Gesundheitsgefahren entstehen (Nr. 5), das Verbot der Missachtung der Koalitionsfreiheit (Nr. 6), das Verbot der Ungleichbehandlung in Beschäftigung (Nr. 7), das Verbot des Vorenthaltens eines angemessenen Lohns (Nr. 8), das Verbot der Herbeiführung einer schädlichen Bodenveränderung, Gewässerverunreinigung, Luftverunreinigung, schädlichen Lärmemission oder eines übermäßigen Wasserverbrauchs mit ernährungs- oder gesundheitsrelevanten Folgen (Nr. 9), das Verbot der widerrechtlichen Zwangsräumung sowie von Enteignungen, welche die Lebensgrundlage einer Person in Frage stellen (Nr. 10) sowie das Verbot der Beauftragung oder Nutzung privater oder öffentlicher Sicherheitskräfte zum Schutz des unternehmerischen Projekts, wenn aufgrund mangelnder Unterweisung oder Kontrolle seitens des Unternehmens bei dem Einsatz der Sicherheitskräfte Folter, Verletzungen oder eine Missachtung der Koalitionsfreiheit erfolgen (Nr. 11). Zusätzlich wird jedes sonstige Tun oder pflichtwidrige Unterlassen erfasst, das unmittelbar geeignet ist, in besonders schwerwiegender Weise eine international-menschenrechtlich geschützte Rechtsposition iSv § 2 Abs. 1 LkSG zu beeinträchtigen und dessen Rechtswidrigkeit bei verständiger Würdigung aller in Betracht kommenden Umstände offensichtlich ist (Nr. 12). Realisiert sich ein derartiges Risiko, liegt nach § 2 Abs. 4 S. 1 LkSG eine Verletzung einer menschenrechtsbezogenen Pflicht vor.

Als umweltbezogenes Risiko bezeichnet § 2 Abs. 3 LkSG einen Zustand, bei dem auf Grund tatsächlicher Umstände mit hinreichender Wahrscheinlichkeit ein Verstoß gegen eines der normativ wiederum abschließend und mit Konkretisierungen versehenen Verbote droht. Erfasst werden Verbote im Zusammenhang mit der Verwendung und Behandlung von Quecksilber (Nr. 1-3) und persistenten organischen Schadstoffen (Nr. 4 und 5)[268] sowie abfallbezogene Verbote (Nr. 6-8). Dabei handelt es sich stets um solche Verbote, bei denen Verstöße sich zumindest auch unmittelbar auf Leben und Gesundheit von Menschen auszuwirken geeignet sind.[269] Realisiert sich ein derartiges Risiko, liegt nach § 2 Abs. 4 S. 2 LkSG die Verletzung einer umweltbezogenen Pflicht vor.

Um menschenrechts- und umweltbezogenen Risiken vorzubeugen oder sie zu minimieren sowie entsprechende Verletzungen zu beenden, formuliert § 3 Abs. 1 S. 2

---

267 Im Einzelnen zu den zu gewährleistenden Mindestarbeitsbedingungen *Rudkowski*, CCZ 2022, 329 ff.
268 Dazu *Öttinger/Reidick*, StoffR 2022, 2 ff.
269 Näher *Öttinger*, CB 2022, 345 ff.; siehe auch allgemein *Walker*, Umweltbezogene Sorgfaltspflichten, 2022.

LkSG iVm den jeweils in Bezug genommenen Bestimmungen spezifische Sorgfaltspflichten.[270] Diese sind von den adressierten Unternehmen zu beachten. Sie begründen keine Erfolgspflicht und stehen sämtlich unter dem Vorbehalt der Angemessenheit. Dabei bestimmt sich die angemessene Weise eines Handelns, das den Sorgfaltspflichten genügt, gemäß § 3 Abs. 2 LkSG nach Art und Umfang der Geschäftstätigkeit des Unternehmens (Nr. 1), dem Einflussvermögen des Unternehmens auf den unmittelbaren Verursacher eines menschenrechtlichen oder umweltbezogenen Risikos oder der Verletzung einer menschenrechtsbezogenen oder einer umweltbezogenen Pflicht (Nr. 2), der typischerweise zu erwartenden Schwere der Verletzung, der Umkehrbarkeit der Verletzung und der Wahrscheinlichkeit der Verletzung einer menschenrechtsbezogenen oder einer umweltbezogenen Pflicht (Nr. 3) sowie nach der Art des Verursachungsbeitrages des Unternehmens zu dem menschenrechtlichen oder umweltbezogenen Risiko oder zu der Verletzung einer menschenrechtsbezogenen oder einer umweltbezogenen Pflicht (Nr. 4). Infolge dessen bestehen für die Wahrnehmung der Sorgfaltspflichten keine abstrakten, sondern vielmehr auf das jeweilige Unternehmen bezogene konkrete Maßstäbe.[271]

Dies trägt der grundrechtlichen Betroffenheit der adressierten Unternehmen Rechnung.[272] Der damit einhergehende Mangel an Bestimmtheit des normativ Gebotenen ist jedoch vor allem in Hinblick auf die nach § 24 LkSG vorgesehene Sanktionierung von Verstößen verfassungsrechtlich bedenklich.

109n Geboten ist nach § 3 Abs. 1 S. 2 Nr. 1 LkSG zunächst die Einrichtung eines wirksamen Risikomanagements iSv § 4 Abs. 1 LkSG.[273]

Ein solches ist in alle maßgeblichen Geschäftsabläufe durch angemessene Maßnahmen zu verankern. Es umfasst eine Risikoanalyse nach § 5 LkSG, die in § 3 Abs. 1 S. 2 Nr. 3 LkSG nochmals gesondert angesprochen wird.

109o Des Weiteren muss gemäß § 3 Abs. 1 S. 2 Nr. 2 LkSG die Festlegung einer betriebsinternen Zuständigkeit für die Überwachung des Risikomanagements nach § 4 Abs. 3 LkSG erfolgen.

Der normativ als Möglichkeit angesprochene Menschenrechtsbeauftragte[274] findet in der Praxis nach dem Vorbild von betriebsinternen Beauftragten mit umweltschutzbezogenen Aufgaben (vgl. § 53 BImSchG iVm 5. BImSchV, § 60 KrWG) zunehmend Verbreitung.

109p Aus § 3 Abs. 1 S. 2 Nr. 3 LkSG folgt das Gebot der Durchführung regelmäßiger Risikoanalysen nach § 5 LkSG. Diese zielen darauf ab, die menschenrechtlichen und umweltbezogenen Risiken im eigenen Geschäftsbereich des Unternehmens sowie bei seinen unmittelbaren Zulieferern zu ermitteln.[275]

Die Risikoanalyse ist einmal im Jahr sowie zusätzlich anlassbezogen durchzuführen, wenn das Unternehmen mit einer wesentlich veränderten oder wesentlich erweiterten Risikolage in der Lieferkette rechnen muss. Die ermittelten Risiken sind angemessen zu gewichten und zu priorisieren. Die Ergebnisse müssen intern an die maßgeblichen Entscheidungsträger kommuniziert werden, so dass sie in der Unternehmenspraxis Berücksichtigung finden können.

---

[270] Vgl. auch *Fleischer*, CCZ 2022, 205 ff.
[271] BT-Drs. 19/28649, S. 42.
[272] Siehe dazu auch *Knauff*, in: Graf/Eisenmenger/Paschke, Die UN-Leitprinzipien für Wirtschaft und Menschenrechte: Was kommt auf die Unternehmen zu?, 2017, S. 29 (43 ff.).
[273] Vertiefend *Korch*, NJW 2022, 2065 ff.
[274] Dazu *Ruttloff/Wagner/Hahn/Freihoff*, CCZ 2022, 20 ff.
[275] Näher *Schork/Schreier*, CB 2022, 334 ff.

I. Allgemeines Gewerberecht § 5

Weiterhin ist ein Unternehmen nach § 3 Abs. 1 S. 2 Nr. 4 LkSG zur Abgabe einer Grundsatzerklärung über seine Menschenrechtsstrategie nach § 6 Abs. 2 LkSG als Präventionsmaßnahme verpflichtet, wenn es im Rahmen einer Risikoanalyse nach § 5 ein Risiko festgestellt hat. 109q

Diese muss seitens der Unternehmensleitung erfolgen und Auskunft geben über das Risikomanagement, die Risikoanalyse, Präventions- und Abhilfemaßnahmen, das Beschwerdeverfahren sowie über Maßnahmen im Hinblick auf mittelbare Zulieferer, über die für das Unternehmen auf Grundlage der Risikoanalyse festgestellten prioritären menschenrechtlichen und umweltbezogenen Risiken und über die auf Grundlage der Risikoanalyse erfolgte Festlegung der menschenrechtsbezogenen und umweltbezogenen Erwartungen, die das Unternehmen an seine Beschäftigten und Zulieferer in der Lieferkette richtet.

Gefordert ist überdies gemäß § 3 Abs. 1 S. 2 Nr. 5 LkSG die Verankerung von Präventionsmaßnahmen im eigenen Geschäftsbereich und gegenüber unmittelbaren Zulieferern. Ihre Ergreifung ist unverzüglich nach Feststellung eines Risikos geboten. Sie sind zudem mindestens einmal jährlich sowie anlassbezogen auf ihre Wirksamkeit zu überprüfen und bei Bedarf unverzüglich zu aktualisieren, § 6 Abs. 5 LkSG. 109r

Präventionsmaßnahmen im eigenen Geschäftsbereich des Unternehmens sind nach § 6 Abs. 3 LkSG insbesondere die Umsetzung der in der Grundsatzerklärung dargelegten Menschenrechtsstrategie in den relevanten Geschäftsabläufen (Nr. 1), die Entwicklung und Implementierung geeigneter Beschaffungsstrategien und Einkaufspraktiken, durch die festgestellte Risiken verhindert oder minimiert werden (Nr. 2), die Durchführung von Schulungen in den relevanten Geschäftsbereichen (Nr. 3) sowie die Durchführung risikobasierter Kontrollmaßnahmen, mit denen die Einhaltung der in der Grundsatzerklärung enthaltenen Menschenrechtsstrategie im eigenen Geschäftsbereich überprüft wird (Nr. 4). Präventionsmaßnahmen gegenüber einem unmittelbaren Zulieferer beinhalten gemäß § 6 Abs. 4 LkSG insbesondere die Berücksichtigung der menschenrechtsbezogenen und umweltbezogenen Erwartungen bei der Auswahl eines unmittelbaren Zulieferers (Nr. 1), die vertragliche Zusicherung eines unmittelbaren Zulieferers, dass dieser die von der Geschäftsleitung des Unternehmens verlangten menschenrechtsbezogenen und umweltbezogenen Erwartungen einhält und entlang der Lieferkette angemessen adressiert (Nr. 2), die Durchführung von Schulungen und Weiterbildungen zur Durchsetzung dieser vertraglichen Zusicherungen (Nr. 3), die Vereinbarung angemessener vertraglicher Kontrollmechanismen sowie deren risikobasierte Durchführung, um die Einhaltung der Menschenrechtsstrategie bei dem unmittelbaren Zulieferer zu überprüfen (Nr. 4).

§ 3 Abs. 1 S. 2 Nr. 6 LkSG verpflichtet Unternehmen zum unverzüglichen Ergreifen von Abhilfemaßnahmen nach § 7 Abs. 1 bis 3 LkSG, wenn dieses feststellt, dass die Verletzung einer menschenrechtsbezogenen oder einer umweltbezogenen Pflicht in seinem eigenen Geschäftsbereich oder bei einem unmittelbaren Zulieferer bereits eingetreten ist oder unmittelbar bevorsteht. Ziel ist es, diese Verletzung zu verhindern, zu beenden oder das Ausmaß der Verletzung zu minimieren. 109s

Im eigenen Geschäftsbereich muss die Abhilfemaßnahme grundsätzlich zu einer Beendigung der Verletzung führen, § 7 Abs. 1 S. 3 f. LkSG. Bei unmittelbaren Zulieferern fordert § 7 Abs. 2 LkSG für den Fall, dass das betreffende Unternehmen die Verletzung nicht in absehbarer Zeit beenden kann, die unverzügliche Erstellung und Umsetzung eines mit einem Zeitplan versehenen Konzepts zur Beendigung oder Minimierung. Als mögliche Maßnahmen kommen insbesondere die gemeinsame Erarbeitung und Umsetzung eines Plans zur Beendigung oder Minimierung der Verletzung mit dem Unternehmen, durch das die Verletzung verursacht wird, der Zusammenschluss mit anderen Unternehmen im Rahmen von Brancheninitiativen und Branchenstandards, um die Einflussmöglichkeit auf den Verursacher zu erhöhen, sowie ein temporäres Aussetzen der Geschäftsbeziehung während der Bemühungen zur Risikominimierung in Betracht. Der Abbruch einer Geschäftsbeziehung ist nach § 7 Abs. 3 LkSG aber nur geboten, wenn die Verletzung einer geschützten Rechtsposition oder einer umweltbezogenen Pflicht als sehr schwerwiegend bewertet wird (Nr. 1), die Umsetzung der im Konzept erarbeiteten Maßnahmen nach Ablauf der im Konzept festgelegten Zeit keine Abhilfe bewirkt (Nr. 2) oder dem Unternehmen keine anderen milderen Mittel zur Verfügung stehen und eine Erhöhung des Einflussvermögens nicht aussichtsreich erscheint (Nr. 3).

109t Damit menschenrechts- und umweltbezogene Risiken und Verletzungen auch unabhängig von der Effektivität einer unternehmensinternen Risikoanalyse erkannt werden können, sieht § 3 Abs. 1 S. 2 Nr. 7 LkSG die Einrichtung eines formalisierten und unparteiischen Beschwerdeverfahrens vor, das in § 8 LkSG näher ausgestaltet wird.[276] Dieses muss Personen ermöglichen, auf menschenrechtliche und umweltbezogene Risiken sowie auf Verletzungen menschenrechtsbezogener oder umweltbezogener Pflichten hinzuweisen, die durch das wirtschaftliche Handeln eines Unternehmens im eigenen Geschäftsbereich oder eines unmittelbaren Zulieferers entstanden sind. Zudem müssen nach § 9 Abs. 1 LkSG auch Defizite im Handeln mittelbarer Zulieferer vorgetragen werden können.

109u Liegen einem Unternehmen tatsächliche Anhaltspunkte vor, die eine Verletzung einer menschenrechts- oder einer umweltbezogenen Pflicht bei mittelbaren Zulieferern möglich erscheinen lassen und damit eine „substantiierte Kenntnis"[277] begründen, entstehen nach § 3 Abs. 1 S. 2 Nr. 8 iVm § 9 Abs. 3 LkSG spezifische, anlassbezogene Sorgfaltspflichten. In diesem Fall hat das Unternehmen unverzüglich eine Risikoanalyse durchzuführen (Nr. 1), angemessene Präventionsmaßnahmen gegenüber dem Verursacher zu verankern, etwa die Durchführung von Kontrollmaßnahmen, die Unterstützung bei der Vorbeugung und Vermeidung eines Risikos oder die Umsetzung von branchenspezifischen oder branchenübergreifenden Initiativen, denen das Unternehmen beigetreten ist (Nr. 2), ein Konzept zur Verhinderung, Beendigung oder Minimierung zu erstellen und umzusetzen (Nr. 3) und ggf. seine Grundsatzerklärung zu aktualisieren (Nr. 4).

Damit geht zugleich gemäß § 9 Abs. 2 LkSG eine Anpassung des Risikomanagementsystems einher. Konkretisierende Vorgaben kann eine Rechtsverordnung auf Grundlage von § 9 Abs. 4 LkSG enthalten, die bislang nicht erlassen wurde.

109v Die Erfüllung der Sorgfaltspflichten, insbesondere festgestellte menschenrechts- oder umweltbezogene Risiken und Verletzungen sowie die daraufhin ergriffenen Maßnahmen sind nach § 3 Abs. 1 S. 2 Nr. 9 iVm § 10 Abs. 1 LkSG fortlaufend zu dokumentieren. Zudem ist hierüber jährlich auf der Internetseite des Unternehmens Bericht zu erstatten, § 10 Abs. 2 LkSG. Der Bericht ist zudem gemäß § 12 Abs. 1 LkSG der zuständigen Aufsichtsbehörde zu übermitteln.

109w Die §§ 12 ff. LkSG gestalten die behördliche Kontrolle der Beachtung der Anforderungen nach dem LkSG aus. Zuständig ist das Bundesamt für Wirtschaft und Ausfuhrkontrolle (BAFA), dem weitgehende Befugnisse eingeräumt werden.[278]

109x Im Hinblick darauf, dass die bei Verstößen gegen Sorgfaltspflichten in ihren Rechten Betroffenen regelmäßig nicht die Möglichkeit haben, in Deutschland Klage zu erheben, normiert § 11 LkSG einen besonderen Fall der gesetzlichen Prozessstandschaft.

---

276 Näher *Sagan*, ZIP 2022, 1419 ff.; *Stemberg*, CCZ 2022, 92 ff.
277 Dazu *Stemberg*, NZG 2022, 1093 ff.
278 Kritisch hinsichtlich der „Durchschlagskraft" *Schmidt*, CCZ 2022, 214 ff.

I. Allgemeines Gewerberecht § 5

Danach kann, wer geltend macht, in einer überragend wichtigen geschützten Rechtsposition aus § 2 Abs. 1 LkSG verletzt zu sein, zur gerichtlichen Geltendmachung seiner Rechte einer inländischen Gewerkschaft oder Nichtregierungsorganisation, die eine auf Dauer angelegte eigene Präsenz unterhält und sich nach ihrer Satzung nicht gewerbsmäßig und nicht nur vorübergehend dafür einsetzt, die Menschenrechte oder entsprechende Rechte im nationalen Recht eines Staates zu realisieren, die Ermächtigung zur Prozessführung erteilen.

In Anbetracht des Umstandes, dass die Initiative hierfür nicht vom einzelnen Betroffenen ausgehen muss, und die Ermächtigung zur Prozessführung formlos und auch durch konkludentes Handeln erteilt werden kann,[279] handelt es sich um ein potenziell wirkungsvolles Instrument iSd „private enforcement" (→ § 6 Rn. 50).

Der Risikobegrenzung für die Unternehmen dient dagegen § 3 Abs. 3 LkSG. Danach begründet eine Verletzung der Pflichten aus dem LkSG keine zivilrechtliche Haftung. Diese kann sich jedoch aus allgemeinem Zivilrecht, insbesondere dem Deliktsrecht, ergeben.[280]

109y

8. Wiederholungs- und Verständnisfragen

1. Was ist unter einem Gewerbe zu verstehen? (→ Rn. 5 ff.)
2. Wo ist der Grundsatz der Gewerbefreiheit normiert und was besagt er? (→ Rn. 12 ff.)
3. Welche Arten von Gewerbe sind zu unterscheiden? (→ Rn. 19, 63, 70)
4. Was setzt die Aufnahme eines stehenden Gewerbes voraus? (→ Rn. 20 ff.)
5. Welchen Zweck verfolgt die Genehmigung eines Gewerbes? (→ Rn. 27)
6. Unter welchen Voraussetzungen kann ein Gewerbe untersagt werden und welche Folgen zieht dies nach sich? (→ Rn. 47 ff.)
7. In welchen Vorschriften finden sich weitere Untersagungstatbestände? (→ Rn. 55 ff.)
8. Was setzt die Fortführung und Wiedergestattung eines wegen Unzuverlässigkeit untersagten Gewerbetriebs voraus und wonach richtet sie sich? (→ Rn. 59 ff.)
9. Wo ist das Reisegewerbe geregelt und welche Besonderheiten bestehen gegenüber dem stehenden Gewerbe? (→ Rn. 63 ff.)
10. Welche Erscheinungsformen des Marktgewerbes gibt es und welche Voraussetzungen müssen für die Teilnahme an Veranstaltungen vorliegen? (→ Rn. 70 ff.)
11. Weshalb ist die Arbeit an Sonn- und Feiertagen grundsätzlich unzulässig (→ Rn. 93 ff.)
12. Unter welchen Voraussetzungen ist eine gewerbliche Betätigung an Sonn- und Feiertagen gestattet? (→ Rn. 100 ff.)
13. Was regelt das Ladenschluss- bzw. -öffnungsrecht? (→ Rn. 103 ff.).
14. Inwiefern sind Unternehmen für die Beachtung menschenrechtlicher Gewährleistungen verantwortlich? (→ Rn. 109g ff.)

---

[279] BGHZ 94, 117 (122).
[280] Näher *Fleischer*, DB 2022, 920 ff.; *Schneider*, ZIP 2022, 407 ff.; im Hinblick auf Zulieferer *Treffer*, ZAP 2022, 335 ff.; umfassend *Heinen*, Deliktische Sorgfaltspflichten in transnationalen Lieferketten, 2022.

Zur Vertiefung: zu 1.-5.: *Braun,* Zulassung auf Märkten und Veranstaltungen, NVwZ 2009, 747; *Bruckert,* Grundwissen Gewerberecht, VR 2021, 149; *Dietz,* Abwägungslinien bei sofort vollziehbaren Gewerbeuntersagungen, GewArch 2014, 225; *Dürr,* Kuriosum Reisegewerbe im Handwerk, GewArch 2011, 8; *Grundhewer,* Die Systematik der gewerberechtlichen Eingriffsbefugnisse – eine Hilfestellung für die Klausur, JuS 2021, 412; *Guckelberger,* Einführung in das Gewerberecht, Jura 2007, 598; *Handan,* Grundzüge des Gewerberechts, JA 2007, 249; *Kluth,* 150 Jahre Gewerbeordnung aus dem Blickwinkel der Gesetzgebungslehre, GewArch 2019, 278; *Knauff,* (Un-)Zuverlässigkeit als Rechtsmaßstab im Besonderen Verwaltungsrecht, Jura 2022, 1418; *Korte/Repkewitz/Schulze-Werner* (Hrsg.), Kommentar zur Gewerbeordnung (Loseblatt); *Landmann/Rohmer* (Hrsg.), Gewerbeordnung und ergänzende Vorschriften (Loseblatt); *Leisner,* Unzuverlässigkeit im Gewerberecht (§ 35 Abs. 1 S. 1 GewO), GewArch 2008, 225; *Pielow* (Hrsg.), BeckOK GewO (https://beck-online.beck.de); *Ennuschat/Wank/Winkler* (Hrsg.), Gewerbeordnung, 9. Aufl. 2020; *Wormit,* Einführung in das allgemeine Gewerberecht, JuS 2017, 641; **zu 6.:** *Dietlein,* „Verkaufsoffene Sonntage" in der Diskussion – Zu den legislativen Gestaltungsspielräumen in Fragen der sonn- und feiertäglichen Ladenöffnung, WiVerw 2018, 153; *Knauff,* Sonntagsruhe zwischen Verfassungsgebot und Kommerzialisierung, GewArch 2016, 217 und 272; *Kollmer,* Ladenöffnungsrecht der Länder: Basisinhalte und Entwicklungen 2012 bis 2022, GewArch 2022, 408; *Kühn,* Sonntagsschutz und Ladenschluss. Gesetzgeberische Spielräume zur Regelung von Sonn- und Feiertagsöffnungen, KuR 2019, 32; *Meixner,* Hessisches Ladenöffnungsgesetz, 2006; *Mosbacher,* Sonntagsschutz und Ladenschluß, 2007; *Neumann,* Ladenschlussrecht, 5. Aufl. 2008; *Reimer/Roth,* Regel, Ausnahme, Restriktionsexzess? Sonntagsschutz und Ladenöffnung in der postsäkularen Gesellschaft, DÖV 2020, 845; **zu 7.:** *Depping/Walden* (Hrsg.), LkSG, 2022; Gehling/Ott (Hrsg.), LkSG, 2022; *Fuchs,* Das Lieferkettensorgfaltspflichtengesetz und sein europäischer Kontext, ZESAR 2022, 355; *Giesberts,* Sorgfaltspflichten für die Lieferkette. Das deutsche Gesetz und der EU-Richtlinienentwurf, NVwZ 2022, 1497; *Hamm,* Die UN-Leitprinzipien für Wirtschaft und Menschenrechte. Auswirkungen auf das Menschenrechtsregime, KJ 2016, 479; *Johann/Sangi* (Hrsg.), LkSG, 2023; *Koch,* Das Lieferkettensorgfaltspflichtengesetz. Compliance, Sorgfaltspflichten und zivilrechtliche Haftung, MDR 2022, 1; *Krajewski/Bozorgzad/Heß,* Menschenrechtliche Pflichten von multinationalen Unternehmen in den OECD-Leitsätzen: Taking Human Rights More Seriously?, ZaöRV 76 (2016), 309; *Mittwoch/Bremenkamp,* Das Lieferkettensorgfaltspflichtengesetz – Ein nachhaltiger Ordnungsrahmen für international tätige Marktakteure?, KritV 2021, 207; *Nasse,* Das neue Lieferkettensorgfaltspflichtengesetz. Pflicht zur Entkopplung der deutschen Wirtschaft vom chinesischen Markt?, RAW 2022, 3; *Sagan/Schmidt,* Das Lieferkettensorgfaltspflichtengesetz. Ein Überblick aus der Perspektive des Arbeitsrechts, NZA-RR 2022, 281; *Spindler,* Verantwortlichkeit und Haftung in Lieferantenketten – das Lieferkettensorgfaltspflichtengesetz aus nationaler und europäischer Perspektive, ZHR 2022, 67; *Teichmann,* Ausgewählte Schwachstellen des Gesetzes über die unternehmerischen Sorgfaltspflichten zur Vermeidung von Menschenrechtsverletzungen in Lieferketten (Lieferkettensorgfaltspflichtengesetz – LkSG), ZWH 2022, 133

II. Handwerksrecht

▶ **Fall 6:**[281] Der seit jeher im thüringischen Greiz wohnhafte deutsche Staatsbürger H legte im Jahre 2013 die Gesellenprüfung im Maler- und Lackiererhandwerk (Fachrichtung Bauten- und Korrosionsschutz) ab und war anschließend mehrere Jahre lang als angestellter Geselle tätig. Im Jahr 2018 meldete er ein Gewerbe des Holz- und Bautenschutzes an. Seinen zusätzlich Anfang Februar 2020 gestellten Antrag auf Erteilung einer Ausübungsberechtigung gemäß § 7b HwO für das Maler- und Lackiererhandwerk lehnte die zuständige Handwerkskammer Ostthüringen unter Verweis auf die Verordnung über die Berufsausbildung im Maler- und Lackierergewerbe ab. H meint jedoch, dass er auch ohne Eintragung in

---

281 Nach BVerwGE 149, 265.

II. Handwerksrecht § 5

die Handwerksrolle zur selbstständigen Ausübung der von ihm beabsichtigten Tätigkeiten im stehenden Gewerbe berechtigt sei. Dabei handelt es sich um Folgendes:
- Fassaden streichen mit mineralischer Fassadenfarbe, Silikat-Fassadenfarbe oder Silikon-Harz-Fassadenfarbe
- Fassaden verputzen mit Mineralputz, Silikatputz oder Silikon-Harzputz
- Fassaden mit Vollwärmeschutz dämmen
- Tapezieren von Mustertapeten, Raufaser oder Glasgewebe
- Wände im Innenbereich mit Füll- und Glättespachtel verspachteln
- Streicharbeiten im Gebäude-Innenbereich mit Dispersionsfarbe, Silikatfarbe oder Latexfarbe
- Lackieren von Türen und Fenstern mit Acryllasur, lösemittelhaltigem Lack oder lösemittelhaltiger Lasur.

H meint, bei diesen Tätigkeiten handele es sich nicht um ein eintragungspflichtiges Maler- und Lackiererhandwerk, da nicht sämtliche Tätigkeiten aus diesem Berufsbild ausgeübt werden sollten, und um einen nicht in der Anlage A zur HwO bezeichneten Beruf. Darüber hinaus könne auch deswegen keine Eintragungspflicht bestehen, da alle genannten Tätigkeiten – was zutrifft – in frei ausübbaren Berufen enthalten seien, insbesondere den Berufen des Bauwerkabdichters, Fassadenmonteurs, Raumausstatters, Verputzers und Trockenbauers.

Treffen seine rechtlichen Einschätzungen zu? ◀

Das Handwerksrecht ist eine praktisch höchst bedeutsame Ausprägung des besonderen Gewerberechts. Seine zentrale Rechtsgrundlage ist die Handwerksordnung (HwO), die durch einige Rechtsverordnungen ergänzt wird. Gegenständlich befasst es sich im Wesentlichen mit dem Betrieb eines zulassungspflichtigen Handwerks. Zusätzlich normiert es einige Vorgaben für das zulassungsfreie Handwerk, handwerksähnliche Gewerbe sowie die Berufsbildung. Ergänzend und außerhalb des Anwendungsbereichs der HwO sowie des ergänzenden Verordnungsrechts sind die Regelungen des allgemeinen Gewerberechts maßgeblich, insbesondere also die GewO.

110

1. Handwerk

Das Handwerksrecht findet Anwendung auf Gewerbe (→ Rn. 5 ff.), die handwerksmäßig durchgeführt werden. Trotz der zentralen Bedeutung des Handwerksbegriffs enthält sich das Handwerksrecht einer entsprechenden Legaldefinition. Es ist jedoch anerkannt, dass die Besonderheit des Handwerks in der nicht industriellen Durchführung der betreffenden Tätigkeiten besteht.[282]

111

Nicht primär entscheidend ist mithin der Gegenstand der Tätigkeit. Sowohl die Herstellung von Waren als auch Dienstleistungen können handwerklich erbracht werden. Zahlreiche Gewerbe, wie etwa die Herstellung von Backwaren, lassen sich sowohl handwerklich als auch industriell betreiben.[283] Im letzteren Falle findet das Handwerksrecht keine Anwendung. Vielmehr ist, sofern keine Spezialvorschriften bestehen, auf das allgemeine Gewerberecht zurückzugreifen.

---

282 Siehe nur BVerwGE 58, 217 (224); 95, 363 (370).
283 Vgl. hierzu BVerwG, GewArch 1979, 262.

112 Die Unterscheidung von handwerklicher und industrieller Durchführung ist anhand einer Gesamtbetrachtung der Gewerbeausübung vorzunehmen,[284] die allerdings nicht stets zu eindeutigen Ergebnissen führt. Für die Qualifikation eines Gewerbes als Handwerk sprechen einige typische Charakteristika: Es handelt sich um einen kleinen Betrieb, der mit einem relativ geringen Kapitaleinsatz operiert und in dem vor allem handwerklich ausgebildete Mitarbeiter beschäftigt sind. Die Arbeitsteilung ist tendenziell wenig ausgeprägt; vielmehr nehmen alle Mitarbeiter zahlreiche Arbeitsschritte vor. Handarbeit kommt eine prägende Bedeutung zu. Bei der Produktion von Waren erfolgt im Wesentlichen eine individuelle Fertigung. Häufig arbeitet der Betriebsinhaber zudem selbst handwerklich mit.[285]

Negativ bedeutet dies, dass ein hoher Automatisierungsgrad in der Produktion, der Einsatz zahlreicher und „ungelernter" Beschäftigter und die Herstellung genormter Erzeugnisse am Fließband, mithin die fabrikmäßige Produktion, gegen die Qualifikation eines Gewerbes als Handwerk sprechen.

2. Ausübung eines zulassungspflichtigen Handwerks

113 Das Handwerksrecht unterscheidet grundlegend zwischen dem zulassungspflichtigen Handwerk und sonstigen handwerklichen Tätigkeiten. Während die Aufnahme des Ersteren nach § 1 Abs. 1 S. 1 HwO die Eintragung des Gewerbetreibenden in die Handwerksrolle voraussetzt, die wiederum an weitere Voraussetzungen geknüpft ist (→ Rn. 121 ff.) mit der Folge, dass der Zugang zum zulassungspflichtigen Handwerk streng reglementiert ist, gilt dies für sonstige Betätigungen grundsätzlich nicht.

a) Zulassungspflichtiges Handwerk

114 Als zulassungspflichtiges Handwerk ist nach § 1 Abs. 2 S. 1 HwO ein Gewerbebetrieb anzusehen, „wenn er handwerksmäßig betrieben wird und ein Gewerbe vollständig umfaßt, das in der Anlage A aufgeführt ist, oder Tätigkeiten ausgeübt werden, die für dieses Gewerbe wesentlich sind (wesentliche Tätigkeiten)." Die Norm knüpft explizit daran an, dass es sich bei dem Gewerbe um ein Handwerk handelt (→ Rn. 111 f., „Handwerksmäßigkeit"). Hinsichtlich der betroffenen Gewerbe erfolgt durch den Verweis auf die Anlage A zur HwO eine grundsätzlich abschließende gesetzliche Bestimmung („Handwerksfähigkeit").

Derzeit sind darin 53 Gewerbe vom Maurer und Betonbauer über Dachdecker, Chirurgiemechaniker, Kraftfahrzeugtechniker, Elektrotechniker, Bäcker und Friseur bis hin zum Mechaniker für Reifen- und Vulkanisationstechnik aufgeführt. Ihre Einbeziehung erfolgt „aus Gründen der präventiven Gefahrenabwehr sowie zur Sicherung der Ausbildungsleistung und Nachwuchsförderung im gesamtwirtschaftlichen Interesse".[286] Ob sich damit aber tatsächlich eine Zulassungspflicht für Orgel- und Harmoniumbauer (Anlage A Nr. 53) begründen lässt, wenn diese zugleich für sonstige traditionelle Instrumentenbauer (Anlage B1 Nr. 45 bis 51) nicht besteht, erscheint fraglich. Änderungen dieses Katalogs durch Streichungen, Zusammenfassungen, Trennungen oder Bezeichnungsänderungen sind aufgrund von § 1 Abs. 3 HwO durch Rechtsverordnung möglich; Erweiterungen erfasst die Verordnungsermächtigung nicht.[287]

---

284 BVerwGE 18, 226 (229 f.); 20, 263; 58, 217 (221); BVerwG, NVwZ-RR 1995, 23 (25).
285 Näher *Detterbeck*, HwO, § 1 Rn. 25 ff.; *Leisner*, in: Leisner, BeckOK HwO, § 1 Rn. 22 ff.
286 Vgl. BT-Drs. 15/1206, S. 2; 19/14335, S. 13.
287 Näher *Thiel*, in: Honig/Knörr/Thiel, HwO, § 1 Rn. 63 ff.

II. Handwerksrecht §5

Ob ein Gewerbe als eines der in Anlage A zur HwO aufgeführten zu qualifizieren ist, knüpft am jeweiligen Berufsbild[288] an. Dieses wird zum einen durch spezifische Ausbildungserfordernisse bestimmt,[289] aber auch durch typischerweise wahrgenommene Tätigkeiten, die dem Handwerk somit sein spezifisches Gepräge geben.[290] 115

So beschränkt sich das Berufsbild des Maurers nicht auf das Errichten von Mauern, sondern umfasst auch die Prüfung der Baupläne und die Bestellung der notwendigen Materialien vor Baubeginn. Darüber hinaus verarbeiten Maurer auch selbst Steine und Naturmaterialien und stellen Bauteile aus Beton her.

Allerdings müssen, wie § 1 Abs. 2 S. 1 HwO klarstellt, nicht notwendig alle der mit einem dem Anhang A zur HwO unterfallenden Handwerksgewerbe verbundenen Tätigkeiten ausgeübt werden, damit das Handwerk als zulassungspflichtig zu qualifizieren ist. Vielmehr genügt die Ausübung wesentlicher Tätigkeiten, hinsichtlich derer § 1 Abs. 2 S. 2 HwO eine Negativabgrenzung vornimmt. Als unwesentlich gelten danach schnell erlernbare (Nr. 1) und nach dem Gesamtbild des Handwerks nebensächliche Tätigkeiten (Nr. 2) sowie Tätigkeiten, die nicht aus einem zulassungspflichtigen Handwerk entstanden sind (Nr. 3). Letzteres ist insbesondere bei der Herausbildung neuer Handwerksberufe von Bedeutung. 116

Das BVerwG qualifiziert Tätigkeiten als wesentlich, wenn „es sich um Tätigkeiten handelt, die nicht nur fachlich zu dem betreffenden Handwerk gehören, sondern gerade den Kernbereich dieses Handwerks ausmachen und ihm sein essentielles Gepräge verleihen, während Arbeitsvorgänge, die aus der Sicht des vollhandwerklich arbeitenden Betriebs als untergeordnet erscheinen, also lediglich einen Randbereich des betreffenden Handwerks erfassen, die Annahme eines handwerklichen Betriebs nicht rechtfertigen."[291] Dabei kommt es maßgeblich auf die notwendigen Kenntnisse und Fertigkeiten an.[292]

Soweit nur unwesentliche Tätigkeiten in diesem Sinne wahrgenommen werden, handelt es sich um ein „Minderhandwerk", das der Zulassungspflicht nicht unterfällt.[293]

Im Streit um die Eintragungspflicht eines Handwerkbetriebes ist es Sache des Handwerkers, das beabsichtigte Gewerbe zu konkretisieren. Es ist nicht Aufgabe des Gerichts, gutachtlich diejenigen Einzeltätigkeiten zu ermitteln, mit denen ein Gewerbe noch eintragungsfrei betrieben werden könnte.[294]

Der Zulassungspflicht nach § 1 Abs. 1 S. 1 HwO unterfallen nicht nur organisatorisch und wirtschaftlich eigenständige Handwerksbetriebe, welche diese begründende Tätigkeiten vornehmen. 117

Dabei kann es sich um natürliche und juristische Personen (nach deutschem Recht, also GmbH, AG und KGaA, oder dem Recht der EU oder anderer EU-Mitgliedstaaten, → § 3 Rn. 33) handeln, oder um Personengesellschaften, wobei nach § 1 Abs. 1 S. 2 HwO eine Beschränkung auf Personenhandelsgesellschaften (OHG, KG) und Gesellschaften des bürgerlichen Rechts iSv §§ 705 ff. BGB besteht.

Zusätzlich erstreckt § 2 HwO die Zulassungspflicht auf gewerbliche Betriebe der öffentlichen Hand, „in denen Waren zum Absatz an Dritte handwerksmäßig hergestellt 118

---

288 BVerwGE 25, 66 (67); zur Bedeutung von Berufsbildern in verfassungsrechtlichem Kontext BVerfGE 21, 173; siehe auch BVerfGE 75, 246.
289 Vgl. BVerwGE 87, 191 (194).
290 Vgl. zur Abgrenzung BVerwG, GewArch 1994, 200.
291 BVerwG Urt. v. 30.3.1993 – 1 C 26/91, Rn. 11 (juris). Nach OVG Münster Beschl. v. 16.7.2021 – 4 E 965/20, stellt bereits die Durchführung von Haarverlängerungen nach der „brasilianischen Methode" eine für das zulassungspflichtige Friseurhandwerk wesentliche Tätigkeit dar, so dass diese nicht als minderhandwerkliche Tätigkeit qualifiziert werden können.
292 Siehe auch BVerwG, NVwZ-RR 1992, 472 (473).
293 Vgl. BVerwG, VerwRspr 1963, 351; OLG München, GewArch 1994, 247.
294 BVerwGE 140, 276.

oder Leistungen für Dritte handwerksmäßig bewirkt werden" (Nr. 1), auf handwerkliche Nebenbetriebe von öffentlichen Unternehmen (Nr. 2, → § 8) sowie auf privatwirtschaftliche Unternehmungen aller Art (Nr. 3). Infolgedessen werden sämtliche Unternehmen erfasst, welche die zur Zulassungspflichtigkeit führenden handwerklichen Betätigungen in ähnlicher Weise wie ein „klassischer" Handwerksbetrieb vornehmen.

119 Darüber hinaus werden handwerkliche Nebenbetriebe nicht von der Zulassungspflicht nach § 1 Abs. 1 S. 1 HwO erfasst. Ein solcher Nebenbetrieb liegt nach § 3 Abs. 1 HwO „vor, wenn in ihm Waren zum Absatz an Dritte handwerksmäßig hergestellt oder Leistungen für Dritte handwerksmäßig bewirkt werden, es sei denn, daß eine solche Tätigkeit nur in unerheblichem Umfang ausgeübt wird, oder daß es sich um einen Hilfsbetrieb handelt." Positiv ist mithin ein Handwerk (→ Rn. 111 f.) erforderlich. Negativ setzt ein handwerklicher Nebenbetrieb zum einen voraus, dass die handwerklichen Leistungen nicht nur für den verbundenen Hauptbetrieb, sondern in einem relevanten Maße auch für sonstige, davon unabhängige Abnehmer erbracht werden.

Die fachliche Verbundenheit mit dem Hauptbetrieb beurteilt sich nach der Rechtsprechung des BVerwG „unter anderem nach dem Interesse des Kunden an einer sinnvollen Ergänzung und Erweiterung des Leistungsangebots des Hauptbetriebs. Dieses Interesse ist nach objektiven Gesichtspunkten zu bestimmen. Es kann nämlich nicht allein darauf ankommen, ob die Ergänzung bzw. Erweiterung aus der Sicht des Kunden wünschenswert ist. Entscheidend ist insoweit allein, ob das objektive Interesse des Kunden es als berechtigt erscheinen lässt, dass dem Hauptbetrieb ein bestimmter Nebenbetrieb angegliedert wird."[295] Dies ist etwa bei einer Kfz-Reparaturwerkstatt in Bezug auf eine Tankstelle der Fall, wenn deren „Leistungen vom wirtschaftlichen Standpunkt und vom Interesse der Kunden her gesehen eine sinnvolle Ergänzung und Erweiterung des Leistungsangebots der Tankstelle darstellen."[296] Einer betriebsorganisatorischen Eigenständigkeit vom Hauptbetrieb bedarf es nicht.[297] Als unerheblich gilt eine Tätigkeit für Dritte nach § 3 Abs. 2 HwO, „wenn sie während eines Jahres die durchschnittliche Arbeitszeit eines ohne Hilfskräfte Vollzeit arbeitenden Betriebs des betreffenden Handwerkszweigs nicht übersteigt." Dies ist anhand eines sektorspezifischen Vergleichs ohne regionale Differenzierung festzustellen.[298]

120 Zum anderen darf es sich nicht um einen bloßen Hilfsbetrieb handeln.[299] Als Hilfsbetriebe legaldefiniert § 3 Abs. 3 HwO „unselbstständige, der wirtschaftlichen Zweckbestimmung des Hauptbetriebs dienende Betriebe eines zulassungspflichtigen Handwerks," die entweder für den Hauptbetrieb oder andere Unternehmen desselben Inhabers (Nr. 1) oder zwar für Dritte tätig werden (Nr. 2), dabei aber nur Arbeiten durchführen die „a) als handwerkliche Arbeiten untergeordneter Art zur gebrauchsfertigen Überlassung üblich sind oder b) in unentgeltlichen Pflege-, Installations-, Instandhaltungs- oder Instandsetzungsarbeiten bestehen oder c) in entgeltlichen Pflege-, Installations-, Instandhaltungs- oder Instandsetzungsarbeiten an solchen Gegenständen bestehen, die in einem Hauptbetrieb selbst hergestellt worden sind oder für die der Hauptbetrieb als Hersteller im Sinne des Produkthaftungsgesetzes gilt."

---

295 BVerwG Beschl. v. 4.11.1993 – 1 B 90/93.
296 BVerwG Beschl. v. 6.8.1996 – 1 B 38/96.
297 BVerwGE 34, 56 (58).
298 Zu den Folgen einer Überschreitung der Unerheblichkeitsgrenze BVerwGE 59, 5.
299 Im Einzelnen dazu *Leisner*, GewArch 2019, 383 ff.

II. Handwerksrecht §5

Daran kann es etwa bei der Montage industriell vorgefertigter Normfenster durch den Lieferanten fehlen.[300] Demgegenüber kann die Ausführung von Kfz-Reparaturen und Lackierarbeiten an gebrauchten Fahrzeugen ein handwerklicher Hilfsbetrieb eines Gebrauchtwagenhandels sein.[301]

b) Eintragung in die Handwerksrolle

Zwingende Voraussetzung für den Betrieb eines zulassungspflichtigen Handwerks[302] ist nach § 1 Abs. 1 S. 1 HwO die Eintragung des Betriebsinhabers in die von der Handwerkskammer (→ Rn. 137 f.) zu führende Handwerksrolle iSv § 6 Abs. 1 HwO. Bei diesem kann es sich um eine natürliche oder juristische Person oder eine Personengesellschaft iSv § 1 Abs. 1 S. 2 HwO handeln. Voraussetzung für dessen Eintragung ist nach § 7 Abs. 1 S. 1 HwO, dass „der Betriebsleiter die Voraussetzungen für die Eintragung in die Handwerksrolle mit dem zu betreibenden Handwerk oder einem mit diesem verwandten Handwerk erfüllt", so dass die fachgemäße Ausübung des Handwerks gewährleistet ist. Ob Handwerke miteinander verwandt sind, bestimmt sich abschließend nach der Verordnung über verwandte Handwerke (HwVerwdtV).[303]

Der Betriebsleiter muss nicht zwingend mit dem Betriebsinhaber identisch sein, auch wenn dies im Handwerk häufig der Fall ist. Relevant wird die Unterscheidung im Falle der Fortführung eines Handwerksbetriebs nach dem Tod eines in die Handwerksrolle eingetragenen Betriebsinhabers durch seine die Eintragungsvoraussetzungen selbst nicht erfüllenden Erben nach § 4 HwO sowie bei juristischen Personen als Betriebsinhabern.[304]

121

Die Eintragung natürlicher Personen in die Handwerksrolle, welche ihre Eignung als Betriebsleiter für ein bestimmtes zulassungspflichtiges Handwerk begründet, erfolgt in verschiedenen Konstellationen. Die nach wie vor bedeutsamste Variante ist die Eintragung infolge der erfolgreichen Ablegung einer Meisterprüfung nach § 7 Abs. 1a iVm §§ 45 ff. HwO.[305]

122

Der traditionelle, verfassungsrechtlich nicht zu beanstandende[306] „Meisterzwang" als Voraussetzung für den Betrieb eines Handwerks hat durch die Schaffung der nachstehend dargestellten alternativen Zugangsvoraussetzungen sowie die Herausnahme zahlreicher Handwerksberufe aus dem Kreis der zulassungspflichtigen Handwerke durch den Gesetzgeber in den letzten Jahren allerdings deutlich an Relevanz verloren. Dies ist insbesondere auf die Einwirkungen des Europarechts zurückzuführen.[307] In neuerer Zeit wurde die Meisterpflicht jedoch für zwölf Handwerke wieder eingeführt.[308]

---

300 BVerwGE 67, 273.
301 BVerwG, NVwZ 1986, 742.
302 Zur Eintragungspflichtigkeit von eigenständig agierenden Zweigniederlassungen in einem anderen Kammerbezirk BVerwGE 95, 363.
303 BVerwG, GewArch 1994, 115.
304 Siehe insoweit BVerwGE 88, 122; BVerwG, NVwZ-RR 1995, 325; GewArch 1997, 481.
305 Siehe ergänzend die Verordnung über das Zulassungs- und allgemeine Prüfungsverfahren für die Meisterprüfung im Handwerk und in handwerksähnlichen Gewerben (Meisterprüfungsverfahrensverordnung – MPVerfV) und die Verordnung über die Meisterprüfung in den Teilen III und IV im Handwerk und in handwerksähnlichen Gewerben (Allgemeine Meisterprüfungsverordnung – AMVO). Hinzu kommen die handwerksspezifischen Anforderungen, wie sie exemplarisch in der Verordnung über das Meisterprüfungsberufsbild und über die Prüfungsanforderungen in den Teilen I und II der Meisterprüfung im Augenoptiker-Handwerk enthalten sind.
306 BVerfGE 13, 97 (106 ff.).
307 Vgl. BT-Drs. 15/1206, S. 21 f.
308 Viertes Gesetz zur Änderung der Handwerksordnung und anderer handwerksrechtlicher Vorschriften, BGBl. 2020 I, S. 142.

123 Des Weiteren erfolgt nach § 7 Abs. 2 HwO die Eintragung von Hochschulabsolventen, wenn die Inhalte des jeweiligen Studiums mit den Anforderungen eines zulassungspflichtigen Handwerks korrespondieren. Entsprechend ausgebildete Unionsbürger sowie Staatsangehörige des EWR und der Schweiz sind nach § 7 Abs. 2a HwO iVm der Verordnung über die für Staatsangehörige eines Mitgliedstaates der Europäischen Union oder eines anderen Vertragsstaates des Abkommens über den Europäischen Wirtschaftsraum oder der Schweiz geltenden Voraussetzungen für die Ausübung eines zulassungspflichtigen Handwerks (EU/EWR HwV) in die Handwerksrolle einzutragen.

124 Schließlich kommt eine Eintragung in die Handwerksrolle aufgrund einer Ausnahmebewilligung, einer Gleichwertigkeitsfeststellung nach § 50c HwO, die einen der Meisterprüfung entsprechenden ausländischen Abschluss voraussetzt, oder einer Ausübungsberechtigung in Betracht, § 7 Abs. 3, 7 HwO. Dabei handelt es sich nach der gesetzlichen Konzeption um Sonderfälle.

Eine Ausnahmebewilligung wird antragstellenden natürlichen Personen[309] nach § 8 HwO in Ausnahmefällen[310] erteilt, wenn diese dieselben Kenntnisse und Fähigkeiten wie ein Meister des jeweiligen zulassungspflichtigen Handwerks aufweisen, was positiv festzustellen ist und den Nachweis des zur ordnungsmäßigen Betriebsführung in eigener Verantwortung erforderlichen Mindestmaßes betriebswirtschaftlichen, kaufmännischen und rechtlichen Grundlagenwissens voraussetzt[311] und die für die Meisterprüfung erforderlichen Deutschkenntnisse einschließt, die für die spätere selbstständige Betriebsführung im Umgang mit Kunden, Lieferanten, Behörden und Mitarbeitern unerlässlich sind.[312] Überdies müsste „die Ablegung einer Meisterprüfung zum Zeitpunkt der Antragstellung oder danach für ihn eine unzumutbare Belastung bedeuten". Dies ist der Fall, „wenn die mit ihr verbundene Belastung nach den Umständen des Einzelfalls deutlich höher als in der Vielzahl der Fälle ist. Die Kosten für die Prüfungsvorbereitung und für die Ablegung der Meisterprüfung sind dafür regelmäßig ohne Bedeutung. Es kommt auch nicht darauf an, aus welchen Gründen der Antragsteller die Meisterprüfung in der Vergangenheit nicht abgelegt hat."[313] Ein Ausnahmefall ist aber weder beim lediglichen Vorliegen einer jahrelangen selbstständig ausgeübten Erwerbstätigkeit gegeben[314] noch „wenn die Ablegung der Meisterprüfung für den Handwerker zwar im Zeitpunkt der behördlichen Entscheidung eine unzumutbare Belastung bedeutet, er aber eine frühere Möglichkeit zur Ablegung der Prüfung ohne triftigen Grund nicht genutzt hat."[315] Die Ablegung einer anderen berufsbildenden Prüfung mit vergleichbaren Inhalten begründet einen Ausnahmefall, lässt aber die Erteilungsvoraussetzungen der Ausnahmebewilligung unberührt.

Eine spezifische Ausnahmebewilligung für Unionsbürger, EWR- und schweizerische Staatsangehörige, die über die Berechtigung zur Handwerksausübung nach dem Recht ihres jeweiligen Herkunftsstaates verfügen, normiert § 9 HwO iVm der EU/EWR HwV. Diese dient vor allem der Realisierung der Grundfreiheiten[316] bei gleichzeitigem Festhalten des deutschen Gesetzgebers an der Eintragung in

---

309 BVerwG Beschl. v. 12.4.1991 – 1 B 34/91.
310 Zur Notwendigkeit des Vorliegens eines solchen auch bei beabsichtigter Ausübung nur eines Teilbereichs des Handwerks BVerwGE 39, 15.
311 BVerwG, NVwZ 1994, 1014.
312 OVG Münster, NVwZ-RR 2021, 838.
313 BVerwGE 115, 70; ausführlich *Leisner*, in: Leisner, BeckOK HwO, § 8 Rn. 19 ff.
314 BVerwG, NVwZ-RR 1990, 242.
315 BVerwG, NVwZ 1992, 791.
316 Der EuGH, Slg 2000, I-7919 – Corsten, hatte vor der Einführung der Vorschrift die Unvereinbarkeit von handwerksrechtlichen Regelungen mit der Dienstleistungsfreiheit erkannt, „die die Verrichtung handwerklicher Tätigkeiten in dessen Hoheitsgebiet durch in anderen Mitgliedstaaten ansässige Dienstleistende von einem Verfahren zur Erteilung der Erlaubnis abhängig macht, das geeignet ist, die Ausübung des Rechts auf freien Dienstleistungsverkehr zu verzögern oder zu erschweren, nachdem die Voraussetzungen

II. Handwerksrecht § 5

die Handwerksrolle als Voraussetzung für eine selbstständige gewerbliche Betätigung in einem zulassungspflichtigen Handwerk. Die daraus regelmäßig[317] folgende Inländerdiskriminierung ist europa- und verfassungsrechtlich nicht zu beanstanden (→ § 3 Rn. 4, § 4 Rn. 63).

Wer bereits ein zulassungspflichtiges Handwerk nach § 1 HwO betreibt, kann für ein anderes zulassungspflichtiges Handwerk oder wesentliche Tätigkeiten eines solchen nach § 7a HwO eine Ausübungsberechtigung erhalten. Dies setzt das Vorhandensein der erforderlichen Kenntnisse und Fähigkeiten voraus. Unter den Voraussetzungen des § 7b HwO kann in zahlreichen zulassungspflichtigen Handwerken auch Gesellen eine Ausübungsberechtigung erteilt werden. Hierfür „muss sich die Tätigkeit des Gesellen ... von den Tätigkeiten idealtypischer Durchschnittsgesellen und anderer betrieblicher Mitarbeiter qualitativ deutlich unterscheiden; der Geselle muss in ‚qualifizierter Funktion' leitend tätig sein. Diese Funktion muss zumindest auch im fachlich-technischen Bereich des Betriebs ausgeübt worden sein."[318] Dabei können Zeiträume der handwerksrechtlich unzulässigen selbstständigen Ausübung eines zulassungspflichtigen Handwerks ohne die erforderliche Eintragung in die Handwerksrolle nicht als Berufserfahrung in leitender Stellung angerechnet werden, wohl aber eine legale selbstständige Handwerksausübung im Ein-Mann-Betrieb.[319]

125 Die Eintragung in die Handwerksrolle erfolgt nach § 10 Abs. 1 S. 1 HwO von Amts wegen oder auf Antrag. Sie muss gemäß § 6 Abs. 1 HwO die „Inhaber von Betrieben zulassungspflichtiger Handwerke" des Bezirks der zuständigen Handwerkskammer „mit dem von ihnen zu betreibenden Handwerk enthalten", wobei die in Anlage D zur HwO vorgesehenen Daten aufzunehmen sind. Die Eintragungsnotwendigkeit gilt unabhängig von der Begründung der Berechtigung zur Eintragung und deren Eintragungswillen. § 10 Abs. 1 S. 2 HwO sieht vor, dass über einen Antrag innerhalb von drei Monaten zu entscheiden ist; andernfalls gilt die Eintragung als erfolgt und greift die Genehmigungsfiktion des § 10 Abs. 1 S. 3 HwO iVm § 42a VwVfG[320] ein. Eine beabsichtigte Eintragung hat die Handwerkskammer dem Gewerbetreibenden sowie der Industrie- und Handelskammer nach § 11 HwO mitzuteilen. Betrifft eine Eintragungsentscheidung einen Gewerbetreibenden, der der Industrie- und Handelskammer angehört, kann diese die Entscheidung nach § 12 HwO ebenfalls anfechten. Über die (ggf. fingierte) Eintragung ist eine Bescheinigung (Handwerkskarte) auszustellen, die dem Handwerker als Nachweis dient, vgl. § 16 Abs. 1 S. 1 HwO.

126 Infolge der Eintragung dürfen das zulassungspflichtige Handwerk sowie nach § 5 HwO Arbeiten in anderen zulassungspflichtigen Handwerken, „wenn sie mit dem Leistungsangebot seines Gewerbes technisch oder fachlich zusammenhängen oder es wirtschaftlich ergänzen", ausgeführt sowie idR Lehrlinge eingestellt und gemäß §§ 21 ff. HwO ausgebildet werden. Der Betriebsbeginn ist der Gewerbeaufsichtsbehörde nach § 14 GewO sowie der Handwerkskammer nach § 16 Abs. 2 HwO anzuzeigen, der auch die Bestellung eines Betriebsleiters mitzuteilen ist.

---

für die Aufnahme der betreffenden Tätigkeiten bereits geprüft worden sind und festgestellt worden ist, dass diese Voraussetzungen erfüllt sind."
317 Nach BVerwG, GewArch 1998, 470, können sich grundsätzlich auch deutsche Staatsangehörige auf die EU/EWR HwV berufen, wenn diese entsprechend ihren Anforderungen „in einem anderen Mitgliedstaat" tätig waren.
318 OVG Münster Beschl. v. 24.1.2020 – 4 E 451/19, Beschl. v. 15.3.2022 – 4 E 816/21.
319 BVerwGE 152, 132.
320 Vgl. zu den Voraussetzungen übergreifend *Knauff*, VerwArch 109 (2018), 480 (483 ff.).

c) Aufsicht und Kontrolle

127 Die selbstständige Ausübung eines zulassungspflichtigen Handwerks unterliegt schließlich der behördlichen Kontrolle. Dabei ist zwischen Maßnahmen zu unterscheiden, welche die Richtigkeit der Handwerksrolle sicherstellen sollen und solchen, die die Beachtung handwerks- und gewerberechtlicher Voraussetzungen im Übrigen bezwecken.

128 Im Hinblick auf die Richtigkeit der Handwerksrolle verpflichtet § 17 Abs. 1 S. 1 HwO (nur)[321] die in diese eingetragenen oder einzutragenden Gewerbetreibenden (→ Rn. 121 ff.) „der Handwerkskammer die für die Prüfung der Eintragungsvoraussetzungen erforderliche Auskunft über Art und Umfang ihres Betriebs, über die Betriebsstätte, über die Zahl der im Betrieb beschäftigten gelernten und ungelernten Personen und über handwerkliche Prüfungen des Betriebsinhabers und des Betriebsleiters sowie über die vertragliche und praktische Ausgestaltung des Betriebsleiterverhältnisses zu erteilen sowie auf Verlangen hierüber Nachweise vorzulegen." Diese sachlich umfassende, jedoch strikt zweckbezogene Auskunftspflicht, deren Erfüllung innerhalb einer bestimmten Frist verlangt und nach § 17 Abs. 3 HwO allein im Falle der andernfalls zu erwartenden Verfolgung wegen Straftaten und Ordnungswidrigkeiten verweigert werden darf, wird durch ein Zutrittsrecht der Beauftragten der Handwerkskammer gemäß § 17 Abs. 2 HwO iVm § 29 Abs. 2 GewO ergänzt (→ Rn. 41 ff.). Die vorzunehmenden Prüfungen und Besichtigungen dürfen sich ebenfalls nur darauf beziehen, ob die Voraussetzungen für die Eintragung in die Handwerksrolle vorliegen.[322] Damit korrespondiert das in § 17 Abs. 1 S. 2 HwO enthaltene Verbot, erlangte Informationen für andere Zwecke zu verwerten.

Für den Sonderfall, dass „ein Gewerbetreibender ohne Angabe von Name und Anschrift unter einem Telekommunikationsanschluß Handwerksleistungen anbietet und Anhaltspunkte dafür bestehen, daß er den selbstständigen Betrieb eines Handwerks als stehendes Gewerbe entgegen den Vorschriften dieses Gesetzes ausübt," normiert § 17 Abs. 4 HwO die Pflicht des Telekommunikationsanbieters zur Auskunft über Name und Anschrift des Gewerbetreibenden. Diese Informationen versetzen die Handwerkskammer in die Lage zur Ausübung ihrer Befugnisse nach § 17 Abs. 1 und 3 HwO gegenüber dem Betroffenen.

129 Wird ein zulassungspflichtiges Handwerk unter Missachtung der Vorschriften der HwO durchgeführt, kann die nach Landesrecht zuständige Aufsichtsbehörde, die regelmäßig mit der Gewerbeaufsichtsbehörde identisch ist,[323] nach § 16 Abs. 3 S. 1 HwO „die Fortsetzung des Betriebs untersagen."

Fehlt es nicht an spezifischen handwerksrechtlichen Voraussetzungen, sondern an der Zuverlässigkeit des Gewerbetreibenden, erfolgt eine Untersagung dagegen nach § 35 GewO (→ Rn. 47 ff.). Auch kann auf Grundlage von § 16 Abs. 3 HwO „lediglich die Fortsetzung eines konkreten Handwerksbetriebes, nicht aber die Ausübung einer bestimmten Gewerbeart ... untersagt werden."[324]

130 Neben dem Handwerksrechtsverstoß durch den Gewerbetreibenden setzt diese Untersagung gemäß § 16 Abs. 3 S. 2 HwO eine Anhörung und Zustimmung sowohl der Handwerkskammer als auch der Industrie- und Handelskammer voraus.

Dieses zusätzliche Erfordernis soll verhindern, dass Betriebe untersagt werden, die nicht dem Handwerksrecht unterliegen. In Grenzfällen, in denen die Handwerksmäßigkeit und damit die Anwendbarkeit

---

321 BVerwG, NVwZ-RR 2011, 314.
322 BVerfG, NVwZ 2007, 1049.
323 Zur Unzuständigkeit der Handwerkskammer BVerwGE 140, 267 (271 ff.).
324 BVerwG, VerwRspr. 1971, 487.

des Handwerksrechts fraglich ist (→ Rn. 111 f.), gewichtet das Gesetz mithin die Wertung der (örtlich zuständigen) berufsständischen Kammern zunächst stärker als diejenige der Aufsichtsbehörde. Können sich die Kammern nicht auf die geforderte gemeinsame Erklärung einigen, ist die aus Mitgliedern des Deutschen Industrie- und Handelskammertages und des Deutschen Handwerkskammertages bestehende Schlichtungskommission nach § 16 Abs. 4 bis 6 HwO iVm der Verordnung über das Schlichtungsverfahren nach § 16 Handwerksordnung (SchlichtVfVO) zur Entscheidung berufen. Hält die Aufsichtsbehörde die Erklärung für rechtswidrig, entscheidet die oberste Landesbehörde, mithin das für die Handwerksaufsicht zuständige Landesministerium. Bei Gefahr im Verzug kann nach § 16 Abs. 8 HwO eine vorläufige Untersagung ohne Beteiligung der Kammern erfolgen.

Zur Durchsetzung einer Betriebsuntersagung kann nach § 16 Abs. 9 HwO durch die Untersagungsbehörde eine Betriebsschließung erfolgen, um die weitere handwerksrechtswidrige Ausübung des Gewerbes zu verhindern. Alternativ können auch „andere geeignete Maßnahmen" ergriffen werden, etwa die Versiegelung und die Sperrung des Betriebs, in Ausnahmefällen auch die Wegnahme von Werkzeugen und Maschinen sowie die Verhängung eines Zwangsgeldes.[325] Bei diesen Maßnahmen handelt es sich um solche der Verwaltungsvollstreckung. Die gleichzeitige Androhung mehrerer Zwangsmittel zur Durchsetzung einer Handwerksuntersagung ist rechtswidrig.[326]

131

Wird ein zulassungspflichtiges Handwerk nicht mehr ausgeübt, sei es wegen Beendigung der Betätigung, Untersagung nach § 35 Abs. 1 GewO[327] oder wegen Umwandlung des Gewerbes in ein industrielles Unternehmen, ist schließlich die Eintragung in der Handwerksrolle nach §§ 13 f. HwO zu löschen.

132

3. Ausübung sonstiger Tätigkeiten

Sonstige Tätigkeiten werden handwerksrechtlich nur erfasst, wenn es sich dabei um ein zulassungsfreies Handwerk oder ein handwerksähnliches Gewerbe iSv § 18 Abs. 2 iVm Anlage B HwO handelt. Die Differenzierung zwischen beiden Erscheinungsformen ist rechtlich bedeutungslos und allein historisch begründet;[328] zur Abgrenzung von sonstigen Gewerben ist allerdings die Handwerksmäßigkeit positiv festzustellen. Dies „setzt einen mindestens mittleren Schwierigkeitsgrad der Kenntnisse und Fertigkeiten voraus, die für die fachgerechte und einwandfreie Ausführung der zum Betriebsgegenstand gehörenden Tätigkeiten erforderlich sind. Daran fehlt es, wenn eine Anlernzeit von weniger als drei Monaten genügt, diese Kenntnisse und Fertigkeiten zu erwerben."[329]

133

Nach § 18 Abs. 1 HwO ist der Betriebsbeginn eines zulassungsfreien Handwerks oder eines handwerksähnlichen Gewerbes (zusätzlich zur Gewerbeanzeige nach § 14 GewO)[330] bei der Handwerkskammer anzuzeigen. Diese nimmt den Gewerbetreibenden sodann in ein nach § 19 HwO zu führendes Verzeichnis auf. Im Hinblick auf die Richtigkeit dieses Verzeichnisses hat die Handwerkskammer die in § 20 HwO abschließend durch Verweis normierten Befugnisse. Hierzu zählen insbesondere die Auskunftspflichten und das Zutrittsrecht nach § 17 HwO (→ Rn. 128).

134

---

325 Vgl. OVG Magdeburg, NVwZ 1995, 614.
326 BayVGH, GewArch 1984, 126.
327 BVerwG, NVwZ-RR 1992, 547.
328 Vgl. BT-Drs. 15/1206, S. 33.
329 Insoweit ablehnend für einen „Make-up Artist" BVerwGE 174, 58 (59); für das Fotografengewerbe vor dem Hintergrund der Digitalisierung siehe OVG Hamburg, GewArch 2018, 384 (386 f.).
330 Winkler, in: Ennuschat/Wank/Winkler, GewO, § 14 Rn. 10.

135 Spezifische Zugangsvoraussetzungen zum zulassungsfreien Handwerk und zum handwerksähnlichen Gewerbe bestehen nicht. Insbesondere muss der Gewerbetreibende keine einschlägige Ausbildung absolviert oder seine Befähigung anderweitig nachgewiesen haben. Allerdings besteht nach den §§ 51a ff. HwO die Möglichkeit der Ablegung einer fakultativen Meisterprüfung.

Das Problem der Inländerdiskriminierung (→ Rn. 124) stellt sich daher nicht. Dies ist zugleich der Hintergrund für die erhebliche Ausweitung zulassungsfreier handwerklicher Tätigkeiten im Zuge der HwO-Novelle im Jahr 2004.[331]

4. Öffentlich-rechtliche Handwerksorganisation

136 Ebenso wie für zahlreiche andere Wirtschaftssektoren ist auch für das Handwerk eine berufsständische, öffentlich-rechtliche Selbstverwaltung vorgesehen. Diese ist zugleich besonders ausdifferenziert und soll an dieser Stelle exemplarisch für die Selbstverwaltung der Wirtschaft umrissen werden.

Im Bereich der nichthandwerklichen gewerblichen Wirtschaft erfolgt eine solche Selbstverwaltung im Rahmen der Industrie- und Handelskammern auf Grundlage des IHK-Gesetzes. Für freiberufliche Betätigungen ist etwa auf die Architekten-, die Ärzte- und die Rechtsanwaltskammern zu verweisen, die jeweils aufgrund spezifischer gesetzlicher Grundlagen tätig werden.

a) Handwerkskammern

137 Die Handwerkskammern sind nach der gesetzlichen Konzeption die zentralen Ausprägungen der Selbstverwaltung im Handwerk. Es handelt sich nach § 90 Abs. 1 HwO um Körperschaften des öffentlichen Rechts. Sie weisen eine organschaftliche Struktur gemäß §§ 92 ff. HwO auf und finanzieren sich im Wesentlichen durch Beiträge.[332] Alle Handwerker und Lehrlinge im Handwerk sind nach § 90 Abs. 2 bis 4 HwO Pflichtmitglieder in der örtlich zuständigen Handwerkskammer.

Verfassungsrechtlich ist diese Pflichtmitgliedschaft nicht zu beanstanden. Der Schutzbereich der Vereinigungsfreiheit, Art. 9 Abs. 1 GG, ist nach herrschender Auffassung nicht eröffnet, da die Norm nur privatrechtliche Vereinigungen erfasst.[333] Hinsichtlich der Berufsfreiheit nach Art. 12 Abs. 1 GG handelt es sich um eine gerechtfertigte Berufsausübungsregelung.[334]

138 Die Aufgaben der Handwerkskammern sind vielfältig, vgl. § 91 Abs. 1 HwO. Im Zentrum stehen die Vertretung der Interessen des Handwerks in seiner Gesamtheit,[335] die Führung der Handwerksrolle sowie die Regelung von Berufsausbildungen und Prüfungen. Sie soll zu diesem Zweck nach § 91 Abs. 3 HwO „in allen wichtigen das Handwerk und das handwerksähnliche Gewerbe berührenden Angelegenheiten gehört werden" und verfügt insoweit auch über ein politisches Mandat. Aus § 112 HwO folgt die Ermächtigung der Handwerkskammer zur eigenständigen Sanktionierung von Verstößen von Gewerbetreibenden gegen von ihr zuständigerweise erlassene Vorschriften und Anordnungen. Nach Maßgabe des Landesrechts dient sie darüber hinaus gemäß § 91 Abs. 1a HwO als einheitliche Stelle iSv § 71a VwVfG (→ Rn. 18) oder kann

---

[331] BT-Drs. 15/1206, S. 23.
[332] Zu den Grenzen der Rücklagenbildung BVerwGE 167, 259; BayVGH, GewArch 2022, 39.
[333] BVerfGE 10, 89.
[334] BVerfGE 15, 235; im Ergebnis identisch, jedoch bezogen auf Art. 2 Abs. 1 GG BVerwGE 108, 169 (172 ff.).
[335] Vgl. zur Bedeutung des Solidarprinzips *Wiemers*, GewArch 2022, 232 ff.; zum Fehlen eines allgemeinpolitischen Mandats *Heusch*, GewArch 2022, 218 ff.

II. Handwerksrecht § 5

sich nach § 91 Abs. 2a HwO an einer solchen beteiligen. Bei der Wahrnehmung ihrer Aufgaben unterliegen die Handwerkskammern nach § 115 HwO der Aufsicht durch die obersten Landesbehörden, idR das Landeswirtschaftsministerium.

b) Innungen

Für die einzelnen Handwerke sehen die §§ 52 ff. HwO die fakultative Einrichtung von Innungen als Körperschaften des öffentlichen Rechts vor.[336] Gründungsvoraussetzung ist die Existenz einer Ausbildungsordnung für das betreffende Handwerk oder handwerksähnliche Gewerbe. In ihrem jeweiligen, örtlich recht eng begrenzten Bezirk[337] kann keine weitere Innung desselben Handwerks bestehen. Die Mitgliedschaft ist anders als bei den Handwerkskammern freiwillig und auf die Inhaber von Betrieben des gleichen Handwerks und handwerksähnlicher Gewerbe beschränkt.[338] Die wesentliche Aufgabe der Innungen besteht in der Förderung der gemeinsamen gewerblichen Interessen ihrer Mitglieder. Die Innungen unterstehen der Rechtsaufsicht durch die Handwerkskammer.

139

Schließt eine Innung Tarifverträge ab, hat dies die Bindung aller ihrer Mitglieder zur Folge, denn „[d]er gesetzgeberische Zweck, einen hinreichenden Schutz der Beschäftigten in den zumeist vergleichsweise kleinen Handwerksbetrieben zu erreichen, kann nur gewährleistet werden, wenn nicht jedes einzelne Mitglied seine Tarifgebundenheit durch Erklärung ausschließen und gleichzeitig die fachlich-berufsständischen Vorteile der Mitgliedschaft in der Innung genießen kann."[339]

Fachgleiche Innungen können sich nach §§ 79 ff. HwO zu Innungsverbänden zusammenschließen. Diese umfassen grundsätzlich das Gebiet eines Bundeslandes und sind als juristische Personen des Privatrechts organisiert. Ihre Hauptaufgabe besteht in der Unterstützung der angeschlossenen Innungen sowie in der handwerksspezifischen Interessenvertretung.[340]

140

Sämtliche Innungen bilden auf kommunaler Ebene schließlich die Kreishandwerkerschaften, §§ 86 ff. HwO. Es handelt sich dabei um Körperschaften des öffentlichen Rechts, deren Mitglieder die beteiligten Handwerksinnungen sind und für die die Kreishandwerkerschaften vor allem Unterstützungsaufgaben wahrnehmen.

141

▶ **Zu Fall 6:** Nach § 1 Abs. 1 S. 1 HwO ist der selbstständige Betrieb eines zulassungspflichtigen Handwerks als stehendes Gewerbe nur den in der Handwerksrolle eingetragenen natürlichen und juristischen Personen und Personengesellschaften gestattet. Ein Gewerbebetrieb ist ein Betrieb eines zulassungspflichtigen Handwerks, wenn er handwerksmäßig betrieben wird und ein Gewerbe vollständig umfasst, das in der Anlage A zur Handwerksordnung aufgeführt ist, oder Tätigkeiten ausgeübt werden, die für dieses Gewerbe wesentlich sind (wesentliche Tätigkeiten), § 1 Abs. 2 S. 1 HwO. Das Streichen und Verputzen von Fassaden sowie das Lackieren und Lasieren von Türen und Fenstern sind als wesentliche Tätigkeiten im Sinne des § 1 Abs. 2 S. 1 und 2 HwO anzusehen. Eine Tätigkeit ist wesentlich, wenn sie nicht nur fachlich zu dem betreffenden Handwerk gehört, sondern gerade den

---

[336] Näher *Günther*, GewArch 2021, 136 ff. und 180 ff.
[337] Zur Zulässigkeit einer Abweichung von Gemeindegrenzen und Änderungen BVerwGE 90, 88; BVerwG, NVwZ-RR 1996, 385; NVwZ-RR 2000, 778.
[338] Zur Möglichkeit des Ausschlusses eines Mitglieds BVerwG Beschl. v. 13.11.1997 – 1 B 213/97.
[339] BVerwGE 154, 311 Rn. 15.
[340] Zur damit zusammenhängenden Frage der Zulässigkeit der Tätigkeit eines Geschäftsführers der Kreishandwerkerschaft als Syndikusanwalt bejahend im Hinblick auf den nicht hoheitlichen Charakter der Aufgaben BGH, GewArch 2022, 337 ff.

Kernbereich dieses Handwerks ausmacht und ihm sein essentielles Gepräge verleiht. Arbeitsvorgänge, die aus der Sicht des vollhandwerklich arbeitenden Betriebes als untergeordnet erscheinen, also lediglich einen Randbereich des betreffenden Handwerks erfassen, können demnach die Annahme eines handwerklichen Betriebes nicht rechtfertigen. Dies trifft nicht nur auf Arbeitsvorgänge zu, die wegen ihres geringen Schwierigkeitsgrades keine qualifizierten Kenntnisse und Fertigkeiten voraussetzen. Vielmehr gehören hierzu auch solche Tätigkeiten, die zwar anspruchsvoll, aber im Rahmen des Gesamtbildes des entsprechenden Handwerks nebensächlich sind und deswegen nicht die Kenntnisse und Fertigkeiten verlangen, auf welche die einschlägige handwerkliche Ausbildung hauptsächlich ausgerichtet ist. Nach diesem Maßstab gehört das Verbringen von Farben oder Lacken und Lasuren auf Oberflächen zum Kernbereich des Maler- und Lackiererhandwerks, wie sich insbesondere aus der Verordnung über die Berufsausbildung im Maler- und Lackierergewerbe (MalerLackAusbV) nebst dem beigefügten Ausbildungsrahmenplan ergibt. Das darin veröffentlichte (Ausbildungs-)Berufsbild kann für die Frage der fachlichen Zugehörigkeit einer Tätigkeit zu einem handwerksfähigen Gewerbe herangezogen werden. Nach § 5 Nr. 12 MalerLackAusbV ist das Herstellen, Bearbeiten, Behandeln und Gestalten von Oberflächen Gegenstand der Berufsausbildung zum Bauten- und Objektbeschichter/zur Bauten- und Objektbeschichterin, die gemäß § 2 Abs. 1, 2 und 4 MalerLackAusbV eine Vorstufe für den Ausbildungsberuf Maler(in) und Lackierer(in) darstellt. Ferner sieht § 5 Nr. 10 und 11 MalerLackAusbV vor, dass in der Ausbildung Fertigkeiten und Kenntnisse im Be- und Verarbeiten von Werk-, Hilfs- und Beschichtungsstoffen sowie von Bauteilen (Nr. 10) und dem Prüfen, Bewerten und Vorbereiten von Untergründen (Nr. 11) zu vermitteln sind. Diese Tätigkeiten erfordern jeweils eine Anlernzeit von mehr als drei Monaten (§ 1 Abs. 2 S. 2 Nr. 1 HwO). Nach dem einschlägigen Ausbildungsrahmenplan (Anlage 1 I. und II. zu § 7 MalerLackAusbV) betragen die zeitlichen Richtwerte für das Herstellen, Bearbeiten, Behandeln und Gestalten von Oberflächen 29 Wochen, für das Be- und Verarbeiten von Werk-, Hilfs- und Beschichtungsstoffen sowie Bauteilen 18 Wochen und für das Prüfen, Bewerten und Vorbereiten von Untergründen 20 Wochen. Die vorgenannten Tätigkeiten sind auch weder nach § 1 Abs. 2 S. 2 Nr. 2 HwO für das Gesamtbild des Maler- und Lackiererhandwerks nebensächlich noch aus einem nicht zulassungspflichtigen Handwerk entstanden (§ 1 Abs. 2 S. 2 Nr. 3 HwO).

Die Eintragungspflicht entfällt auch nicht deshalb, weil H durch das Herausgreifen einzelner Tätigkeiten aus dem Katalog der möglichen Betätigungen im Maler- und Lackiererhandwerk nicht den Beruf des Malers und Lackierers im Sinne der Anlage A zur HwO, sondern einen anderen Beruf ausübte. Zwar ist es möglich, dass durch eine Reduzierung auf einzelne Betätigungen der Kernbereich des Handwerks verlassen wird, so dass eine minderhandwerkliche Tätigkeit vorliegen kann. Hieraus folgt jedoch nicht, dass jede von dem gesamten Spektrum des jeweiligen Berufsbildes abweichende Kombination von Tätigkeiten zur Folge hat, dass für dieses Gewerbe keine Eintragungspflicht mehr besteht. Vielmehr ist im Einzelfall zu prüfen, ob und inwieweit die (jeweils) angestrebten Tätigkeiten den Kernbereich des Handwerks ausmachen und ihm sein essentielles Gepräge verleihen, was hier aus den dargelegten Gründen der Fall ist.

Die Erheblichkeitsgrenze nach § 3 Abs. 2 HwO hat für die Frage der Wesentlichkeit einer Tätigkeit für ein zulassungspflichtiges Handwerk keine Bedeutung. Es kommt für die Frage, ob Tätigkeiten ausgeübt werden, die für das betreffende Gewerbe wesentlich sind, nicht darauf an, ob sie während eines Jahres die durchschnittliche Arbeitszeit eines ohne Hilfskräfte in Vollzeit arbeitenden Betriebes übersteigen (vgl. § 3 Abs. 2 HwO). Denn das Wesentlichkeitsmerkmal ist ein qualitatives, nicht ein quantitatives Kriterium, weshalb

II. Handwerksrecht § 5

es unerheblich ist, welchen zeitlichen Umfang die betreffenden Arbeiten im Rahmen des Gewerbebetriebes haben.

Auch folgt eine Unwesentlichkeit der bezeichneten Tätigkeiten für das Berufsbild des Malers und Lackierers nicht daraus, dass sie nach anderen Berufsbildern zulassungs- und eintragungsfrei ausgeübt werden dürften. Zwar kann eine Tätigkeit nicht dem Kernbereich eines Handwerks zuzuordnen sein, wenn sie als zulassungsfreies Handwerk oder handwerksähnliches Gewerbe der Anlage B zur HwO unterfällt. Dies ist hier aber nicht der Fall. Das (Ausbildungs-)Berufsbild des zulassungsfreien Handwerks des Raumausstatters (§ 18 Abs. 2 S. 1 HwO iVm Anlage B Abschnitt I Nr. 27 zur HwO) umfasst zwar ausweislich der Verordnung über die Berufsausbildung zum Raumausstatter/zur Raumausstatterin (RaumAAusbV) unter anderem das Be- und Verarbeiten von Werk- und Hilfsstoffen (§ 4 Nr. 10 RaumAAusbV), das Prüfen, Vorbereiten und Bearbeiten von Untergründen (§ 4 Nr. 12 RaumAAusbV), das Behandeln von Oberflächen (§ 4 Nr. 14 RaumAAusbV) und das Gestalten, Bekleiden und Beschichten von Wand- und Deckenflächen (§ 4 Nr. 19 RaumAAusbV). Diese Tätigkeiten sind aber bereits deshalb nicht mit denen nach § 5 Nr. 10 bis 12 MalerLackAusbV identisch, weil sie sich – im Gegensatz zum Maler- und Lackiererhandwerk – ausschließlich auf Innenräume beziehen. Zum Berufsbild des Fassadenmonteurs gehören zwar das Auftragen von Putzen (§ 5 Nr. 13 der Verordnung über die Berufsausbildung zum Fassadenmonteur/zur Fassadenmonteurin [FMontAusbV]) sowie das Behandeln von Oberflächen, § 5 Nr. 14 FMontAusbV). Dieser Ausbildungsberuf erfasst aber nicht das das Maler- und Lackiererhandwerk prägende Anstreichen von Fassaden sowie das Lackieren und Lasieren von Türen und Fenstern (insbesondere unter Beachtung gestalterischer Gesichtspunkte). Das Aufgabenspektrum des Trockenbaumonteurs/der Trockenbaumonteurin ist auf das Herstellen, Sanieren und Instandsetzen von Trockenbaukonstruktionen für den Innen- und Außenbereich gerichtet (vgl. § 63 Nr. 8 und 9 der Verordnung über die Berufsausbildung in der Bauwirtschaft [BauWiAusbV]). Eine Überschneidung mit dem Maler- und Lackiererhandwerk besteht nicht. Die Tätigkeit des Bauwerksabdichters/der Bauwerksabdichterin umfasst ausweislich der einschlägigen Verordnung über die Berufsausbildung zum Bauwerksabdichter/zur Bauwerksabdichterin (BauwAbdAusbV) zwar auch das Ausführen von Putzarbeiten (§ 5 Nr. 11 BauwAbdAusbV). Nach der Konkretisierung in Teil I Nr. 11 des Ausbildungsrahmenplanes sind darunter jedoch bloße Ausbesserungsarbeiten zu verstehen. Ein eigenständig geregeltes Berufsbild des Verputzers gibt es schließlich nicht, sondern ist die Verputzertätigkeit verschiedenen Bauberufen, u.a. dem zulassungspflichtigen Stukkateurhandwerk (Anlage A Nr. 9 zur HwO), zugeordnet.

Sind das Streichen und Verputzen von Fassaden sowie das Lackieren bzw. Lasieren von Türen und Fenstern für das Maler- und Lackiererhandwerk wesentliche Tätigkeiten, so kommt es nicht mehr darauf an, ob die übrigen von H angestrebten Tätigkeiten wesentliche Tätigkeiten gemäß § 1 Abs. 2 HwO sind. Nach § 1 Abs. 2 S. 1 HwO genügt für ein Vollhandwerk, dass mindestens eine wesentliche Tätigkeit ausgeübt wird. Aus demselben Grund bedarf es auch keiner Gesamtbetrachtung nach § 1 Abs. 2 S. 3 HwO und ist eine Eintragungspflicht gegeben. ◄

5. Wiederholungs- und Verständnisfragen

1. Was versteht man unter „Handwerk"? (→ Rn. 111 f.)
2. Welche Voraussetzungen werden an die Ausübung eines zulassungspflichtigen Handwerks gestellt und wonach richtet sich die Zulassungspflicht? (→ Rn. 113 ff.)

3. Was ist eine Betriebsuntersagung und welche Maßnahmen kommen zu ihrer Durchsetzung in Betracht? (→ Rn. 129 ff.)
4. Welche Aufgaben kommen den Handwerkskammern zu? (→ Rn. 137 f.)

Zur Vertiefung: *Bulla,* Freiheit der Berufswahl – Verfassungs- und gemeinschaftsrechtliche Determinanten des Berufszugangs am Beispiel des Handwerksrechts, 2009; *Detterbeck* (Hrsg.), Handwerksordnung, 3. Aufl. 2016; *Dürr,* Verhältnismäßigkeit der Meisterpflicht im Handwerk, GewArch 2007, 18; *Honig/Knörr/Thiel* (Hrsg.), Handwerksordnung, 5. Aufl. 2017; *Kramer,* Die Meisterpflicht im Handwerk – Relikt oder Weg in die Zukunft?, GewArch 2013, 105; *Leisner,* BeckOK HwO (https://beck-online.beck.de).

III. Gaststättenrecht

▶ **Fall 7:**[341] G betreibt seit dem 1.10.2016 im Stadtgebiet Kassel eine Rauchergaststätte ohne Ausschank alkoholischer Getränke. Es werden warme, kalte und koffeinhaltige Getränke sowie Wasserpfeifen mit Fruchttabak (Shishas) zum Rauchen angeboten. Bereits mit Anordnung vom 28.10.2016 wurde G das Zubereiten und Rauchen von Shisha-Pfeifen in seiner Gaststätte untersagt, bis im Gastraum je 25 m² ein funktionsfähiger Kohlenmonoxid-Melder und im Zubereitungsraum ein Kohlenmonoxid-Melder angebracht wurden. Erst nach erneuter Kontrolle und Aufforderung durch Mitarbeiter des Ordnungsamtes wurden die Melder schließlich montiert. Bei einer Kontrolle des Betriebs am 12.4.2019 beanstandete ein Mitarbeiter des zuständigen Ordnungsamtes, dass keine Kohlenmonoxid-Melder angebracht waren. Am 23.4.2019 erließ das Ordnungsamt gegenüber G erneut eine Anordnung, wonach unter anderem

- in den gesamten Räumlichkeiten ein Kohlenmonoxid-Wert von 60 ppm (parts per million) nicht zu überschreiten war, wobei im Zubereitungsraum ein Wert von 30 ppm nicht überschritten werden durfte und, sollte dieser nicht durch eine Tür abgeschlossen sein, in den gesamten Räumlichkeiten ein Wert von 30 ppm einzuhalten war,
- im Raucherraum funktionsfähige Kohlenmonoxid-Melder nach EN 50291–1:2010 anzubringen waren; dabei mindestens ein Melder je 25 m² Gastraumfläche und im Zubereitungsraum mindestens ein Melder.

Am 14.8.2019 erließ das Ordnungsamt gegenüber G unter Bezugnahme auf eine Bewertungshilfe der Länderarbeitsgruppe Umweltbezogener Gesundheitsschutz (LAUG) erneut eine im Wesentlichen gleichlautende Anordnung. Überdies wurde klarstellend angeordnet, dass in den gesamten Räumlichkeiten ein Kohlenmonoxid-Wert von 30 ppm nicht überschritten werden darf. Zusätzlich wurde angeordnet, dass an den Eingangstüren ein Hinweis auf die Gesundheitsgefahren bei Zubereitung und Rauchen von Shishas anzubringen war.

Bei einer Kontrolle am 12.12.2019 zeigte ein Kohlenmonoxid-Messgerät der Mitarbeiter des Ordnungsamtes einen Wert von 240 ppm an. Der Betrieb wurde daraufhin geräumt, mittels Öffnung der Eingangstür und eines Fensters 10 Minuten gelüftet und die Feuerwehr alarmiert. Diese maß Kohlenmonoxid-Werte von 180 ppm (Thekenbereich), 370 ppm (Zubereitungsraum) und 240 ppm (Toilette). Es wurde weiter beanstandet, dass im gesamten Betrieb weder Kohlenmonoxid-Melder noch der Hinweis auf die Gesundheitsgefahren im Eingangsbereich angebracht waren. Der Betrieb wurde daraufhin mündlich untersagt. Am

---

341 Nach VG Kassel Beschl. v. 21.1.2020 – 3 L 3166/19.KS.

III. Gaststättenrecht   § 5

13.12.2019 sprach G beim Ordnungsamt vor und gab an, nicht zu verstehen, weshalb der Betrieb untersagt worden sei.

Mit Bescheid vom 16.12.2019 untersagte das Ordnungsamt die weitere Ausübung des Gaststättengewerbes unter Bezugnahme auf § 4 Hessisches Gaststättengesetz (HGastG). Zur Begründung bezog das Ordnungsamt sich im Wesentlichen auf die vorgenannten Verstöße gegen die angeführten Anordnungen. Seine Vorgaben seien wissentlich über Jahre hinweg nicht befolgt und damit vorsätzlich gesundheitliche Schädigungen der Gäste und Mitarbeiter in Kauf genommen worden. Es sei unerlässlich, den weiteren Betrieb zu untersagen, da kein anderes angemessenes Mittel geeignet sei, die Allgemeinheit vor Schäden zu bewahren. Eine Anhörung sei aufgrund Gefahr in Verzug nicht durchgeführt worden. G sei jedoch bei der Vielzahl von Kontrollen informiert worden und habe ausreichend Möglichkeit gehabt, sich zu den Vorwürfen zu äußern. Die Anordnung der sofortigen Vollziehbarkeit begründete das Ordnungsamt damit, dass aus dem Verhalten des G zu schließen sei, dass er auch in Zukunft nicht willens oder in der Lage sei, einen Gewerbebetrieb in Einklang mit den gesetzlichen Bestimmungen zu führen. Es sei zu befürchten, dass Gäste und die Allgemeinheit auch künftig Gefährdungen ausgesetzt seien.

Am 17.12.2019 legte G hiergegen Widerspruch ein. Zur Begründung führt G an, die Lüftungsanlage habe am 12.12.2019 einwandfrei funktioniert. Sie sei erst im November 2019 erneuert worden und auf die gleichzeitige Nutzung von 45 Wasserpfeifen ausgelegt. Da die Anlage in Betrieb gewesen sei, hätten die vom Ordnungsamt angegebenen Messwerte nicht erreicht werden können. Die vom Ordnungsamt angegebenen Höchstwerte von 30 ppm entbehrten einer gesetzlichen Grundlage und seien willkürlich gewählt. Es habe zu keinem Zeitpunkt Gefahr für die Gäste oder das Personal bestanden. Gesundheitliche Beeinträchtigungen seien bisher noch nie aufgetreten. Die vier in der Gaststätte angebrachten Kohlenmonoxid-Melder seien am 12.12.2019 nicht in Betrieb gewesen, weil aufgrund einer Anordnung des Ordnungsamtes neue, digitale Melder angeschafft worden seien. Diese seien jedoch noch nicht montiert gewesen. Vorfälle aus den Jahren 2016 und 2018 sowie die Beanstandungen aus dem Jahr 2019 seien nicht geeignet, die Untersagung zu rechtfertigen. Die Untersagung gefährde die wirtschaftliche Existenz des G, auch aufgrund der Investition in die Lüftungsanlage.

Ist die Anordnung des Ordnungsamtes materiell rechtmäßig? ◄

Das Gaststättenrecht unterfällt seit der Föderalismusreform 2006 der Gesetzgebungszuständigkeit der Länder. Allerdings haben nur Brandenburg, Bremen, Hessen, Niedersachsen, Saarland, Sachsen, Sachsen-Anhalt und Thüringen eigenständige Gaststättengesetze erlassen. In den übrigen Ländern gilt das Gaststättengesetz des Bundes (GastG) weiterhin; in Baden-Württemberg besteht die Besonderheit, dass der Landesgesetzgeber die bundesrechtlichen Regelungen in ein Landesgesetz überführt und nur punktuell ergänzt hat. Konzeptionell konkurrieren damit zwei entgegengesetzte Regelungsansätze: Während das traditionelle Gaststättenrecht ähnlich wie das Handwerksrecht einen eher kontrollorientierten Grundansatz verfolgt, verfolgen die meisten Landesgaststättengesetze das wirtschaftspolitische Ziel der Deregulierung (→ § 1 Rn. 27). Ergänzende Vorgaben enthalten die Gaststättenverordnungen der Länder.   142

Übereinstimmend ordnen die Gaststättengesetze eine subsidiäre Geltung der Gewerbeordnung an.[342] Unberührt von den gaststättenrechtlichen Voraussetzungen für die   143

---

[342] § 31 GastG; § 31 GastG BW; § 1 Abs. 2 BbgGastG; § 8 BremGastG; § 2 Abs. 1 HGastG; § 1 Abs. 2 NGastG; § 1 Abs. 2 SaarlGastG; § 13 Abs. 1 SächsGastG; § 1 Abs. 3 GastG LSA; § 9 Abs. 1 ThürGastG.

Aufnahme und den Betrieb des Gaststättengewerbes bleiben überdies die aus anderen Rechtsmaterien folgenden Anforderungen, insbesondere des Bau-, Immissions- und Jugendschutz- sowie des Lebensmittelrechts. Die Aufstellung von Spielgeräten in Gaststätten richtet sich nach dem Glücksspielrecht.[343] Von großer Bedeutung sind überdies die Nichtraucherschutzgesetze der Länder.[344]

Letztere verbieten das Rauchen in Gaststätten (ohne Außengastronomie) und Diskotheken grundsätzlich. Anderes gilt nur für abgetrennte und gekennzeichnete Nebenräume in Gaststätten[345] und außer in Bayern, Nordrhein-Westfalen und dem Saarland für eindeutig gekennzeichnete Einraumgaststätten mit einer Grundfläche des Gastraumes von unter 75 Quadratmetern, zu denen Personen unter 18 Jahren der Zutritt nicht gestattet ist und in denen keine oder nur einfache vor Ort zubereiteten Speisen verabreicht werden (sog. Rauchergaststätten).

1. Gaststättengewerbe

144 Ein Gaststättengewerbe betreibt – in der Formulierung des § 1 Abs. 1 GastG – „wer im stehenden Gewerbe 1. Getränke zum Verzehr an Ort und Stelle verabreicht (Schankwirtschaft) oder 2. zubereitete Speisen zum Verzehr an Ort und Stelle verabreicht (Speisewirtschaft), … wenn der Betrieb jedermann oder bestimmten Personenkreisen zugänglich ist." Dem steht nach § 1 Abs. 2 GastG gleich, „wer als selbstständiger Gewerbetreibender im Reisegewerbe von einer für die Dauer der Veranstaltung ortsfesten Betriebsstätte aus Getränke oder zubereitete Speisen zum Verzehr an Ort und Stelle verabreicht, wenn der Betrieb jedermann oder bestimmten Personenkreisen zugänglich ist."[346] Gegenstand ist mithin das an die Allgemeinheit gerichtete Angebot von Nahrungsmitteln durch eine natürliche oder juristische Person zum sofortigen Konsum vor Ort. Es muss also eine räumliche und zeitliche Beziehung zwischen Verabreichen und Verzehr bestehen. Auf die Art und Weise eines solchen Angebots wie auch auf dessen konkrete Ausgestaltung kommt es nicht an, so dass der Betrieb eines Stehimbisses ebenso erfasst wird wie Bars, Diskotheken und klassische Speiserestaurants. Unerheblich ist auch, ob jedermann zu jeder Zeit ungehindert Zugang zu dem Angebot hat oder eine Inanspruchnahme nur bei Zahlung eines Eintrittspreises oder einer Einladung möglich ist, sofern die Möglichkeit, derartige Zugangshürden zu überwinden,

---

343 Siehe dazu einführend *Gebhardt/Korte* (Hrsg.), Glücksspiel, 2. Aufl. 2018, 3. Teil.
344 Landesnichtraucherschutzgesetz BW (LNRSchG); Bayerisches Gesetz zum Schutz der Gesundheit (Gesundheitsschutzgesetz – GSG); Berliner Gesetz zum Schutz vor den Gefahren des Passivrauchens in der Öffentlichkeit (Nichtraucherschutzgesetz – NRSG); Gesetz zum Schutz vor den Gefahren des Passivrauchens in der Öffentlichkeit (Brandenburgisches Nichtraucherndenschutzgesetz – BbgNiRSchG); Nichtraucherschutzgesetz (BremNiSchG); Hamburgisches Gesetz zum Schutz vor den Gefahren des Passivrauchens in der Öffentlichkeit (Hamburgisches Passivraucherschutzgesetz – HmbPSchG); Gesetz zum Schutz vor den Gefahren des Passivrauchens (Hessisches Nichtraucherschutzgesetz – HessNRSG); Nichtraucherschutzgesetz Mecklenburg-Vorpommern (NichtRSchutzG MV); Niedersächsisches Nichtraucherschutzgesetz (Nds. NiRSG); Gesetz zum Schutz von Nichtraucherinnen und Nichtrauchern in Nordrhein-Westfalen (Nichtraucherschutzgesetz NRW – NiSchG NRW); Nichtraucherschutzgesetz Rheinland-Pfalz (NRauchSchG RP); Saarl. Gesetz zum Schutz vor den Gefahren des Passivrauchens (Nichtraucherschutzgesetz); Gesetz zum Schutz von Nichtrauchern im Freistaat Sachsen (Sächsisches Nichtraucherschutzgesetz – SächsNSG); Gesetz zur Wahrung des Nichtraucherschutzes im Land Sachsen-Anhalt (Nichtraucherschutzgesetz); Gesetz zum Schutz vor den Gefahren des Passivrauchens (NRauchSchG SH); Thüringer Gesetz zum Schutz vor den Gefahren des Passivrauchens (Thüringer Nichtraucherschutzgesetz – ThürNRSchutzG).
345 Zur verfassungsrechtlich gebotenen Gleichstellung von Schank- und Speisewirtschaften BVerfGE 130, 131.
346 Gleichsinnig § 1 GastG BW; § 1 Abs. 1 BbgGastG; § 1 BremGastG; § 1 Abs. 2 HGastG; § 1 Abs. 3 NGastG; § 1 Abs. 1 SaarlGastG; § 1 Abs. 1 S. 1 SächsGastG; § 1 Abs. 1 GastG LSA; § 1 Abs. 1 ThürGastG.

III. Gaststättenrecht § 5

grundsätzlich jedem oder allen Personen, die zu einer anhand bestimmter Merkmale abgrenzbaren Gruppe zu zählen sind, offensteht.

Die Abgrenzung gegenüber sonstigen Bewirtungstätigkeiten erfolgt mittels des Merkmals der Gewerbsmäßigkeit. Diese liegt – entsprechend dem allgemeinen gewerberechtlichen Verständnis – vor, wenn die Bewirtung gerade zum Zweck der Erzielung von Einnahmen, nicht nur sporadisch und durch einen selbstständigen Unternehmer erfolgt.[347] Ausgeschlossen sind damit insbesondere Bewirtungen im privaten Kreis oder ohne Gewinnerzielungsabsicht.

Der Anwendungsbereich des Gaststättenrechts wird unabhängig vom begrifflichen Vorliegen eines Gaststättengewerbes punktuell modifiziert. Außer in Thüringen findet dieses keine Anwendung auf Kantinen und die Erbringung gastgewerblicher Leistungen anlässlich der Beförderung in einem Luftfahrzeug, in dem Eisenbahnwagen oder Wagen einer anderen Schienenbahn eines Verkehrsunternehmens, auf einem Schiff oder in einem Bus.[348] Dagegen ist seine Anwendung weithin auf nicht im Gaststättengewerbe tätige Vereine und Gesellschaften nahezu vollständig[349] oder teilweise in Bezug auf die Regelungen über den Ausschank von alkoholischen Getränken[350] vorgesehen, sofern nicht nur der Ausschank an Arbeitnehmer dieser Vereine und Gesellschaften betroffen ist.

145

Letzteres betrifft etwa das Angebot von Speisen und Getränken zum sofortigen Verbrauch auf Dorffesten durch örtliche Vereine.

2. Aufnahmevoraussetzungen

Die Voraussetzungen für die Aufnahme eines Gaststättengewerbes, das ohne Einschränkungen und insbesondere einschließlich des Ausschanks alkoholischer Getränke betrieben werden soll, unterscheiden sich in den Ländern in Abhängigkeit von der Ausgestaltung des jeweils anwendbaren Gaststättenrechts.

146

a) Modell 1: Erlaubnispflicht

In denjenigen Ländern, in denen das GastG fortgilt, auf Grundlage der Parallelregelung in Baden-Württemberg sowie in Bremen ist die Aufnahme des Gaststättengewerbes erlaubnispflichtig.[351] Ausnahmen bestehen allein für Straußwirtschaften, die zeitlich begrenzt selbsterzeugten Wein oder Apfelwein anbieten.[352] Will der Gewerbetreibende das Gaststättengewerbe durch einen Stellvertreter ausüben, bedarf es im Anwendungsbereich des GastG einer individualisierten Stellvertretungserlaubnis mit übereinstimmenden Anforderungen.[353]

147

Überdies kann im Einzelfall der Betrieb eines erlaubnisbedürftigen Gaststättengewerbes aus besonderem Anlass unter erleichterten Voraussetzungen vorübergehend auf Widerruf gestattet werden.[354]

---

347 Vgl. nur *Winkler*, in: Ennuschat/Wank/Winkler, GewO, § 1 Rn. 12 ff.
348 § 25 Abs. 1 GastG; § 25 Abs. 1 GastG BW; § 1 Abs. 3 BbgGastG; § 11 BremGastG; § 1 Abs. 5 HGastG; § 1 Abs. 4 NGastG; § 13 SaarlGastG; § 1 Abs. 3 SächsGastG; § 1 Abs. 2 GastG LSA.
349 § 1 Abs. 2 ThürGastG.
350 § 23 GastG; § 23 GastG BW; § 8 BbgGastG; § 10 BremGastG; § 1 Abs. 2 HGastG; § 14 SaarlGastG; § 1 Abs. 2 SächsGastG; § 4 GastG LSA.
351 § 2 Abs. 1 S. 1 GastG; § 2 Abs. 1 S. 1 GastG BW; § 2 Abs. 1 S. 1 BremGastG.
352 § 14 GastG iVm §§ 4 f. BayGastV, §§ 10 ff. GastVO RP; § 14 GastG BW iVm §§ 5 ff. GastVO BW.
353 § 9 GastG; § 9 GastG BW.
354 § 12 GastG, § 12 GastG BW.

148 Die Erlaubnis wird auf Antrag für eine bestimmte Betriebsart und für bestimmte Räume erteilt. Die Betriebsart bestimmt sich dabei nach der Art und Weise der Betriebsgestaltung, insbesondere nach den Betriebszeiten und der Art der Getränke, der zubereiteten Speisen, der Beherbergung oder der Darbietungen,[355] so dass etwa eine Erlaubnis als Imbiss, Bar, Schankwirtschaft oder Tanzlokal erfolgt. Der Antragsteller hat auf die Erteilung der Erlaubnis einen Anspruch, sofern keine Versagungsgründe vorliegen (→ Rn. 149).[356] Die Erlaubnis kann – auch nachträglich – mit Auflagen zum Schutze der Gäste gegen Ausbeutung und ebenfalls zu deren Schutz sowie zu demjenigen der im Betrieb Beschäftigten gegen Gefahren für Leben, Gesundheit oder Sittlichkeit, darüber hinaus zum Schutz gegen schädliche Umwelteinwirkungen und sonst gegen erhebliche Nachteile, Gefahren oder Belästigungen für die Bewohner des Betriebsgrundstücks oder der Nachbargrundstücke sowie der Allgemeinheit erteilt werden.[357]

149 Eine Versagung der Erlaubnis erfolgt, wenn Tatsachen die Annahme rechtfertigen, dass der Antragsteller die für den Gaststättenbetrieb erforderliche Zuverlässigkeit nicht besitzt.[358] Dies ist insbesondere der Fall, wenn er „dem Trunke ergeben ist oder befürchten läßt, daß er Unerfahrene, Leichtsinnige oder Willensschwache ausbeuten wird oder dem Alkoholmißbrauch, verbotenem Glücksspiel, der Hehlerei oder der Unsittlichkeit[359] Vorschub leisten wird oder die Vorschriften des Gesundheits- oder Lebensmittelrechts, des Arbeits- oder Jugendschutzes nicht einhalten wird".[360] Letztlich gelten hinsichtlich der Zuverlässigkeit dieselben Maßstäbe wie im allgemeinen Gewerberecht (→ Rn. 30). Zusätzliche Versagungsgründe sind im Anwendungsbereich des GastG die Verwendung ungeeigneter Räumlichkeiten, deren fehlende Barrierefreiheit (mit Befreiungsmöglichkeit),[361] fehlende Nachweise lebensmittelrechtlicher Kenntnisse sowie der Umstand, dass „der Gewerbebetrieb im Hinblick auf seine örtliche Lage oder auf die Verwendung der Räume dem öffentlichen Interesse widerspricht, insbesondere schädliche Umwelteinwirkungen ... oder sonst erhebliche Nachteile, Gefahren oder Belästigungen für die Allgemeinheit befürchten läßt".[362] Auch muss „[e]in Gastwirt ... zur Gewährleistung einer ordnungsgemäßen Betriebsführung die nötige Bereitschaft zeigen, Verstöße gegen gesetzliche Bestimmungen zu unterbinden und dafür in gebotenem Maße mit der Polizei und den Ordnungsbehörden zusammenzuarbeiten"[363] und „vollziehbare behördliche Anordnungen betreffend seine Betriebsführung von sich aus und nicht nur unter dem Druck von Vollstreckungsmaßnahmen ... befolgen."[364]

150 Da es sich bei der Gaststättenerlaubnis um eine höchstpersönliche Gestattung handelt, kommt ihre Übertragung grundsätzlich nicht in Betracht. Im Anwendungsbereich des GastG bestehen gleichwohl einige Ausnahmetatbestände. Für den Fall der beabsichtig-

---

355 § 3 Abs. 1 GastG; § 3 Abs. 1 GastG BW.
356 BVerwG, NVwZ 2003, 603.
357 § 5 GastG; § 5 GastG BW; gleichsinnig § 2 Abs. 2 S. 2 BremGastG.
358 § 2 Abs. 2 S. 1 BremGastG.
359 Zum Verständniswandel am Beispiel der Anbahnung von Kontakten zwischen Prostituierten und ihren Kunden BVerwG, NVwZ 2009, 909; *Öttinger*, GewArch 2016, 365 ff.; für den Betrieb eines Swinger-Clubs BVerwG, NVwZ 2003, 603.
360 § 4 Abs. 1 S. 1 Nr. 1 GastG; § 4 Abs. 1 S. 1 Nr. 1 GastG BW.
361 § 3 Abs. 3 BremGastG verweist diesbezüglich auf die Anforderungen der Bremischen Landesbauordnung.
362 § 4 Abs. 1 GastG; § 4 Abs. 1 GastG BW; zur von einer Gaststätte ausgehenden Lärmbelastung BVerwG Urt. v. 12.12.2019 – 8 C 3.19.
363 OVG Münster Beschl. v. 15.11.2019 – 4 B 1105/19; siehe auch in Bezug auf Verstöße gegen das Betäubungsmittelrecht in einem Bordell OVG Münster Beschl. v. 29.3.2021 – 4 B 387/20.
364 OVG Münster Beschl. v. 18.7.2022 – 4 B 115/21.

ten Übernahme eines bestehenden erlaubnisbedürftigen Gaststättenbetriebs von dem bisherigen Erlaubnisinhaber besteht im Interesse der reibungslosen Betriebsfortführung die Möglichkeit der Erteilung einer vorläufigen Erlaubnis oder Stellvertretungserlaubnis. Diese ist widerruflich und grundsätzlich auf höchstens drei Monate befristet.[365] Für den weiteren Betrieb der Gaststätte bedarf der Erwerber einer eigenen Erlaubnis oder Stellvertretungserlaubnis. Zudem darf das Gaststättengewerbe nach dem Tode des Erlaubnisinhabers aufgrund der bisherigen Erlaubnis durch den Ehegatten, Lebenspartner oder die minderjährigen Erben während der Minderjährigkeit weitergeführt werden. Gleiches gilt für Nachlassverwalter, Nachlasspfleger oder Testamentsvollstrecker bis zur Dauer von zehn Jahren nach dem Erbfall. Der Eintritt eines solchen Falles ist der Erlaubnisbehörde unverzüglich anzuzeigen.[366]

Die Beendigung der Gaststättenerlaubnis kann verschiedene Ursachen haben. Für Rücknahme und Widerruf bestehen im Anwendungsbereich des GastG spezialgesetzliche Vorgaben. Danach haben diese zwingend bei – ursprünglicher bzw. nachträglich eingetretener – Unzuverlässigkeit des Gewerbetreibenden zu erfolgen, die auch darin begründet sein kann, dass der Gastgewerbetreibende einem unzuverlässigen Dritten maßgeblichen Einfluss auf die Geschäftsführung einräumt oder diese Person nicht an weiterer Tätigkeit hindert.[367] Im Übrigen kann ein Widerruf erfolgen, wenn einer der zahlreichen normativ in Bezug genommenen Verstöße gegen eine ordnungsgemäße Ausübung des Gaststättengewerbes vorliegt.[368] In Bremen richten sich Rücknahme und Widerruf der Gaststättenerlaubnis mangels spezifischer Sonderregeln nach den §§ 48 f. BremVwVfG. Ein Erlöschen der Gaststättenerlaubnis ist vorgesehen, wenn sie nach Erteilung innerhalb eines Jahres oder zu einem späteren Zeitpunkt nach zunächst erfolgter Betriebsaufnahme ein Jahr lang nicht genutzt wird. Eine Verlängerung dieser Frist kann bei Vorliegen eines wichtigen Grundes erfolgen.[369] Dieser muss vom Erlaubnisinhaber dargelegt werden und kann etwa in einer Erkrankung des Genehmigungsinhabers oder einer noch nicht erfolgten Fertigstellung der Räume ohne dessen Verschulden bestehen.[370]

b) Modell 2: Anzeigepflicht

Soweit die Länder im Zuge des Erlasses eigener Landesgaststättengesetze eine Deregulierung des Gaststättenrechts vorgenommen haben, bedarf die Aufnahme des Gaststättengewerbes oder des Wechsels eines gesetzlichen Vertreters einer juristischen Person, die das Gaststättengewerbe ausübt, nur mehr einer Gewerbeanzeige iSv § 14 GewO (→ Rn. 20 ff.).[371] Diese muss regelmäßig spätestens vier Wochen vor der geplanten Betriebsaufnahme erfolgen,[372] in Hessen sechs Wochen vorab, wenn ein Alkoholausschank beabsichtigt ist.[373] Die Gewerbeaufsichtsbehörde übermittelt die Anzeige nach Eingang unverzüglich an die Bauaufsichtsbehörde und die für die Lebensmittelüber-

---

365 § 11 GastG; § 11 GastG BW.
366 § 10 GastG; § 10 GastG BW.
367 BayVGH Beschl. v. 16.5.2022 – 22 ZB 21.2390.
368 § 15 GastG; § 15 GastG BW.
369 § 8 GastG; § 8 GastG BW; § 2 Abs. 5 BremGastG.
370 *Metzner/Thiel*, in: Metzner/Thiel, GastG, § 8 Rn. 17.
371 § 2 Abs. 1 S. 1 BbgGastG; § 2 Abs. 2 HGastG; § 2 Abs. 1 S. 1 NGastG; § 3 Abs. 1 SaarlGastG; § 2 Abs. 1 S. 1 SächsGastG; § 1 Abs. 1 GastG LSA; § 2 Abs. 1 S. 1 ThürGastG.
372 § 2 Abs. 1 S. 1 BbgGastG; § 2 Abs. 1 S. 1 NGastG; § 2 Abs. 1 S. 1 SächsGastG; § 2 Abs. 1 S. 1 GastG LSA; § 2 Abs. 1 S. 1 ThürGastG.
373 § 3 HGastG.

wachung zuständige Behörde sowie nach Maßgabe des jeweiligen Landesrechts an weitere Ordnungs- und Finanzbehörden.[374] Zugleich mit der Gewerbeanzeige sind weitere Erklärungen abzugeben, die sich landesspezifisch auf Art und Umfang der angebotenen Speisen und Getränke,[375] insbesondere das Angebot alkoholischer Getränke,[376] die Betriebsart[377] und eine etwaige außengastronomische Bewirtschaftung[378] beziehen. Nach einigen Landesgaststättengesetzen kann die zuständige Behörde bei unterbliebener, nicht rechtzeitiger, unvollständiger oder nicht wahrheitsgemäßer Anzeige den Betrieb untersagen.[379]

153 Im Falle des beabsichtigten Ausschanks alkoholischer Getränke, der nicht nur als unentgeltliche Kostproben bzw. Nebenleistungen oder an Hausgäste in Verbindung mit einem Beherbergungsbetrieb erfolgt, stellen die Landesgaststättengesetze das Gaststättengewerbe den überwachungsbedürftigen Gewerben iSv § 38 Abs. 1 GewO (→ Rn. 23 f.) gleich. Daher sind mit der Gewerbeanzeige grundsätzlich der Nachweis der Beantragung eines Führungszeugnisses und einer Auskunft aus dem Gewerbezentralregister zur Vorlage bei der zuständigen Behörde[380] sowie teils zusätzlich eine steuerliche Unbedenklichkeitsbescheinigung[381] und ein Auszug aus dem Schuldnerverzeichnis[382] beizubringen. Auf Grundlage der dadurch zugänglichen Informationen hat die Gewerbeaufsichtsbehörde die Zuverlässigkeit des Gewerbetreibenden zu prüfen.[383] Die anzulegenden Maßstäbe entsprechen den in § 4 Abs. 1 Nr. 1 GastG aufgeführten. Als unzuverlässig sind daher insbesondere Personen anzusehen, die wegen Vermögens- oder Körperverletzungsdelikten vorbestraft, wegen Verstößen gegen Jugendschutzrecht sanktioniert worden oder alkoholabhängig sind.[384] Bei Unzuverlässigkeit untersagt die Behörde die Aufnahme oder, sofern diese bereits erfolgt ist, die Fortführung des Gaststättengewerbes nach § 35 GewO (→ Rn. 46 ff.).[385]

Sonderregeln bestehen für Gewerbetreibende, deren Zuverlässigkeit aufgrund früherer Prüfungen feststeht,[386] sowie für ein nur vorübergehendes Tätigwerden im Gaststättengewerbe.[387]

---

374 § 2 Abs. 6 BbgGastG; § 7 HGastG; § 2 Abs. 3 NGastG; § 3 Abs. 5 SaarlGastG; § 2 Abs. 6 SächsGastG; § 2 Abs. 3 GastG LSA; § 2 Abs. 5 ThürGastG.
375 § 2 Abs. 1 S. 2 GastG LSA; § 2 Abs. 1 S. 1 ThürGastG.
376 § 3 Abs. 1 S. 2 SaarlGastG; § 2 Abs. 1 S. 2 SächsGastG.
377 § 2 Abs. 2 HGastG; § 2 Abs. 1 S. 2 ThürGastG.
378 § 2 Abs. 2 HGastG.
379 § 2 Abs. 5 BbgGastG; §§ 11 Abs. 2 und 3 GastG LSA; § 2 Abs. 4 S. 3 ThürGastG; beschränkt auf Gaststätten, in denen alkoholische Getränke angeboten werden sollen § 4 Abs. 1 S. 1 SaarlGastG; § 4 Abs. 4 S. 1 SächsGastG.
380 § 2 Abs. 1 S. 2, § 1 Abs. 4 S. 2 Nr. 2 und 3 NGastG; § 2 Abs. 2 S. 1, Abs. 7 ThürGastG.
381 § 3 Abs. 1 S. 2, Abs. 4 BbgGastG; § 4 Abs. 1 S. 2, § 5 Abs. 2 SaarlGastG.
382 § 3 Abs. 1 S. 1, Abs. 2 HGastG; § 4 Abs. 1 S. 2, Abs. 2 SächsGastG; § 8 Abs. 1 S. 2, Abs. 2 GastG LSA.
383 § 3 Abs. 2 S. 1 BbgGastG; § 3 Abs. 3 S. 1 HGastG; § 3 Abs. 1 NGastG; § 4 Abs. 1 SaarlGastG; § 4 Abs. 1 SächsGastG; § 8 Abs. 1 GastG LSA; § 3 S. 1 ThürGastG.
384 *Metzner/Thiel*, in Metzner/Thiel, GastG, § 4 Rn. 31 f., 50; *Klement*, in: Schmidt/Wollenschläger, Kompendium Öffentliches Wirtschaftsrecht, § 11 Rn. 41 f.
385 § 3 Abs. 2 S. 4 BbgGastG; § 2 Abs. 1 HGastG; § 1 Abs. 2 NGastG; § 4 Abs. 1 S. 4 SaarlGastG; § 4 Abs. 1 S. 6 SächsGastG; § 11 Abs. 1 GastG LSA; § 9 Abs. 1 ThürGastG.
386 § 3 Abs. 4 HGastG; § 3 Abs. 2 NGastG; § 4 Abs. 6 und 7 SaarlGastG; § 10 Abs. 1 SächsGastG; § 6 Abs. 1 GastG LSA.
387 § 2 Abs. 2 BbgGastG; §§ 6, 15 HGastG; § 3 Abs. 4, § 5 Abs. 1 SaarlGastG; § 2 Abs. 2, § 10 Abs. 2 SächsGastG; § 2 Abs. 2, § 6 Abs. 2 GastG LSA.

III. Gaststättenrecht § 5

3. Betrieb der Gaststätte

Für die Ausübung des Gaststättengewerbes bestehen nur wenige gaststättenrechtliche Vorgaben. Hinsichtlich der räumlichen Gegebenheiten und technischen Ausrüstung von Gaststätten stellen die Länder teilweise spezifische Anforderungen auf.[388]

154

Verhaltensvorgaben beziehen sich abgesehen von dem Verbot, die Abgabe von Speisen von der Bestellung von Getränken abhängig zu machen oder bei Nichtbestellung von Getränken die Preise von Speisen zu erhöhen, vor allem auf den Umgang mit alkoholischen Getränken. Insbesondere ist es untersagt, diese in einer Art und Weise anzubieten, die dazu geeignet ist, dem Alkoholmissbrauch Vorschub zu leisten. Überdies ist es verboten, Branntweine oder überwiegend branntweinhaltige Lebensmittel durch Automaten anzubieten, in Ausübung eines Gewerbes alkoholische Getränke an erkennbar Betrunkene abzugeben oder die Abgabe alkoholfreier Getränke von der Bestellung alkoholischer Getränke abhängig zu machen oder bei Nichtbestellung alkoholischer Getränke die Preise zu erhöhen. Zudem sind bei Gestattung des Ausschanks alkoholischer Getränke auf Verlangen auch alkoholfreie Getränke zum Verzehr an Ort und Stelle anzubieten, wobei grundsätzlich mindestens ein alkoholfreies Getränk – bezogen auf den Literpreis – nicht teurer sein darf als das billigste alkoholische Getränk.[389]

155

In zeitlicher Hinsicht haben Gewerbetreibende etwaige Sperrzeiten einzuhalten, während der die Ausübung des Gaststättengewerbes untersagt ist. Diese werden seit jeher von den Ländern festgelegt, vgl. § 18 GastG, und überaus unterschiedlich ausgestaltet. Soweit eine allgemeine Sperrzeit für Schank- und Speisewirtschaften sowie für öffentliche Vergnügungsstätten vorgesehen ist, dauert diese regelmäßig von 2 Uhr,[390] 3 Uhr[391] oder 5 Uhr[392] bis 6 Uhr. Überdies bestehen teilweise Sperrzeiten für bestimmte Betriebsarten[393] und kann bei Vorliegen besonderer Umstände im Einzelfall eine Sperrzeitverlängerung verfügt werden.[394]

156

Übereinstimmend gestatten die Gaststättengesetze als Nebenleistungen die Abgabe von Zubehörwaren oder die Erbringung von Zubehörleistungen durch den Gewerbetreibenden oder Dritte auch außerhalb der gesetzlichen Ladenöffnungszeiten.[395] Derartige Waren und Leistungen „dienen nach den beim Publikum herrschenden Gewohnheiten und nach der Verkehrsanschauung zur Befriedigung von Bedürfnissen der Empfänger der Hauptleistung und stellen eine Ergänzung der Hauptleistung dar. Hierunter fallen beispielsweise Ansichtspostkarten, Streichhölzer, Zigaretten, Süßwaren oder Zeitungen."[396] Darüber hinaus dürfen außer in Bremen die Gewerbetreibenden zum alsbaldigen Verzehr oder Verbrauch Getränke und zubereitete Speisen, die sie in ihren

157

---

[388] § 4 Gast VO BW; § 4 BerlGastV; §§ 2 ff. GastV HH; §§ 4 ff. GastVO RP.
[389] §§ 6, 20 GastG; §§ 6, 20 GastG BW; § 4, 7 BbgGastG; § 3 Abs. 2, § 4 Abs. 1 BremGastG; § 11 Abs. 3 und 4 HGastG; §§ 7, 9 NGastG mit ergänzendem Verbot der Erhebung eines Toilettenbenutzungsentgelts für Gäste; §§ 6, 10 SaarlGastG; § 8 SächsGastG; § 11 Abs. 1 GastG LSA; § 8 ThürGastG.
[390] § 1 BremGastV.
[391] § 9 GastVO BW.
[392] § 7 BayGastV; § 6 Abs. 1 BerlGastV; § 1 SperrzeitV HH; § 1 HSperrV; § 4 GastV NRW unter Vorbehalt anderweitiger Festsetzung durch die örtliche Ordnungsbehörde; § 17 GastVO RP; § 11 Abs. 1 SaarlGastG; § 9 Abs. 1 S. 1 SächsGastG.
[393] § 2 BremGastV; § 2 HSperrV; § 1 NSperrzeitVO; § 4 GastV NRW; § 18 GastVO RP; § 11 Abs. 2 bis 4 SaarlGastG; § 9 Abs. 1 S. 2 SächsGastG; § 1 Sperrzeit GAVO LSA; § 5 Abs. 1 ThürGastG.
[394] Siehe etwa BayVGH Beschl. v. 16.6.2020 – 22 ZB 20.678.
[395] Darauf beschränkt § 3 Abs. 1 BremGastG.
[396] ThürLT-Drs. 4/3950, S. 13.

Betrieben ausschenken oder verabreichen, sowie Flaschenbier, alkoholfreie Getränke und Tabak- und Süßwaren an jedermann über die Straße abgeben.[397]

Als zubereitete Speisen sind alle essfertig gemachten Lebensmittel zu qualifizieren, ohne dass es auf den bei der Zubereitung betriebenen Aufwand ankommt. Dies erfasst auch unbelegte Brötchen und Brot, die daher von einem Bäckereibetrieb mit angeschlossenem Café ohne Bindung an die gesetzlichen Bestimmungen über den Ladenschluss zum alsbaldigen Verzehr an jedermann über die Straße abgegeben werden dürfen.[398]

4. Behördliche Befugnisse

158 Die Gaststättengesetze enthalten über die an die Erlaubnis bzw. Anzeige der Betätigung im Gaststättengewerbe anknüpfenden behördlichen Befugnisse hinaus eine Anzahl weiterer Eingriffstatbestände. Ungeachtet der im Detail abweichenden Ausgestaltung ermöglichen diese eine effektive Gefahrenabwehr.

159 Einige Befugnisse sind bundesweit übereinstimmend normiert. So bestehen Auskunftspflichten der Gewerbetreibenden und Nachschaubefugnisse der zuständigen Behörden, die § 29 GewO nachgebildet sind (→ Rn. 41 ff.).[399] Sofern Personen im gaststättenrechtlichen Sinne als unzuverlässig anzusehen sind (→ Rn. 48), kann deren Beschäftigung untersagt werden.[400] Dabei handelt es sich um eine den Gewerbetreibenden weniger belastende Maßnahme als der andernfalls ggf. erforderlich werdende Widerruf der Gaststättenerlaubnis bzw. die Betriebsuntersagung.

160 Überdies besteht in einigen Ländern eine spezifische Ermächtigungsgrundlage, nach der der gewerbsmäßige Ausschank alkoholischer Getränke vorübergehend für bestimmte Zeit und für einen bestimmten örtlichen Bereich ganz oder teilweise, also im Hinblick auf bestimmte Alkoholika, untersagt werden kann.[401] Dies setzt einen besonderen Anlass, etwa eine sportliche Großveranstaltung oder Demonstration mit hohem Besucheraufkommen, und die Erforderlichkeit der Untersagung zur Aufrechthaltung der öffentlichen Sicherheit und Ordnung voraus. Wenn die Länder Sperrzeiten vorsehen, können auch diese einzelfallbezogen modifiziert werden.[402]

161 Soweit keine spezifischen Eingriffsbefugnisse bestehen, können die jeweils zur Gefahrenabwehr notwendigen Maßnahmen aufgrund der in einigen Ländern bestehenden gaststättenrechtlichen Generalklausel[403] ergriffen werden. Wo eine solche nicht existiert, ist auf das allgemeine Ordnungsrecht zurückzugreifen.

---

397 § 7 GastG; § 7 GastG BW; § 5 BbgGastG; § 11 Abs. 1 und 2 HGastG; § 8 NGastG; §§ 12 SaarlGastG; § 7 SächsGastG; § 5 GastG LSA; § 6 ThürGastG; zur Unabhängigkeit von ladenöffnungsrechtlichen Vorgaben OVG Berlin-Brandenburg, NVwZ-RR 2020, 873.
398 BGH, MDR 2020, 301 (302).
399 § 22 GastG; § 22 GastG BW; § 9 BbgGastG; § 7 BremGastG; § 8 HGastG; § 6 NGastG; § 7 SaarlGastG; § 6 SächsGastG; § 9 GastG LSA; § 4 ThürGastG.
400 § 21 Abs. 1 GastG; § 21 Abs. 1 GastG BW; § 6 Abs. 3 BbgGastG; § 5 Abs. 1 BremGastG; § 10 Abs. 1 HGastG; § 5 Abs. 3 NGastG; § 8 SaarlGastG; § 5 Abs. 2 SächsGastG; § 11 Abs. 4 GastG LSA; § 7 Abs. 3 ThürGastG.
401 § 19 GastG; § 19 GastG BW; § 6 Abs. 2 BbgGastG; § 4 Abs. 2 BremGastG; § 11 Abs. 5 GastG LSA; § 7 Abs. 2 ThürGastG.
402 §§ 11 f. GastVO BW; § 8 BayGastV; § 6 f. BerlGastV; §§ 3 f. BremGastV; § 2 SperrzeitV HH; §§ 3 f. HSperrV; § 4 Abs. 2 und 3 GastV NRW; §§ 19 f. GastVO RP; § 11 Abs. 5 SaarlGastG; § 9 Abs. 2 SächsGastG; §§ 2 f. Sperrzeit GAVO LSA; § 5 Abs. 2 ff. ThürGastG.
403 § 6 Abs. 1 S. 1 BbgGastG; § 10 Abs. 1 HGastG; § 5 Abs. 1 NGastG; § 9 SaarlGastG; § 5 Abs. 1 SächsGastG; § 10 GastG LSA; § 7 Abs. 1 ThürGastG.

III. Gaststättenrecht § 5

▶ **Zu Fall 7:** Ermächtigungsgrundlage für die Untersagung des Betriebs des Gaststättengewerbes ist § 4 Abs. 1 HGastG. Gemäß § 4 Abs. 1 S. 1 HGastG hat die zuständige Behörde die Ausübung des Gaststättengewerbes zu untersagen, wenn Tatsachen die Annahme rechtfertigen, dass der Gewerbetreibende, seine gesetzliche Vertretung oder Stellvertretung die erforderliche Zuverlässigkeit nicht besitzen. G betreibt ein Gaststättengewerbe entsprechend § 1 Abs. 2 HGastG, da er gewerbsmäßig Getränke zum Verzehr an Ort und Stelle anbietet und der Zugang zu seinem Lokal jedermann eröffnet ist.

Das Tatbestandsmerkmal der Unzuverlässigkeit ist in § 4 Abs. 1 S. 1 HGastG durch die Regelbeispiele des Alkoholmissbrauchs, des übermäßigen Alkoholkonsums, des Vorschubleistens von Straftaten oder Ordnungswidrigkeiten und der Missachtung der Vorschriften des Gesundheits- und Lebensmittelrechts sowie des Arbeits- und Jugendschutzes gesetzlich näher dargestellt, schließt dabei aber durch die Verwendung des Wortes „insbesondere" die Verwirklichung durch anderweitiges Tun oder Unterlassen nicht aus. Der hessische Gesetzgeber hat die Vorschrift damit den klassischen gewerberechtlichen Untersagungsmöglichkeiten des § 35 Abs. 1 GewO und § 4 Abs. 1 S. 1 Nr. 1 GastG nachgebildet. Als unzuverlässig ist derjenige anzusehen, der nach dem Gesamteindruck seines Verhaltens nicht die Gewähr dafür bietet, dass er das von ihm ausgeübte Gewerbe künftig ordnungsgemäß betreiben wird. Es ist auf die im maßgeblichen Zeitpunkt der letzten Behördenentscheidung bestehenden Umstände abzustellen.

Der vorliegende Sachverhalt gibt hinreichenden Anlass zu der Prognose, dass G keine Gewähr für eine ordnungsgemäße Gewerbeausübung bietet. Ihm fehlt die erforderliche Zuverlässigkeit für die Führung einer Gaststätte, weil er wiederholt Anordnungen des Ordnungsamtes nach § 10 Abs. 2 HGastG missachtet hat und zu erwarten ist, dass er diese auch künftig nicht befolgen wird.

Das zuständige Ordnungsamt hat mehrfach gemäß § 10 Abs. 2 HGastG angeordnet, dass in Zubereitungs- und Gastraum der Gaststätte Kohlenmonoxid-Melder anzubringen sind und ein Höchstwert von 30 ppm in den Räumen der Gaststätte nicht zu überschreiten ist. Diese Anordnungen waren auch rechtmäßig. Nach § 10 Abs. 2 HGastG kann die zuständige Behörde jederzeit Anordnungen zum Schutz der Gäste gegen Ausbeutung und Gefahren für Leben oder Gesundheit und zum Schutz gegen schädliche Umwelteinwirkungen und gegen sonstige erhebliche Nachteile, Gefahren oder Belästigungen für die Bewohnerinnen und Bewohner des Betriebsgrundstücks oder der Nachbargrundstücke sowie der Allgemeinheit erlassen. Entsprechend hat das Ordnungsamt zum Schutz der Gäste und des Personals der von G betriebenen Shisha-Bar vor den gesundheitlichen Beeinträchtigungen durch eine Kohlenmonoxid-Vergiftung die Anordnungen vom 28.10.2016, 23.4.2019 und 14.8.2019 erlassen, wonach unter anderem eine ausreichende Belüftung der Räumlichkeiten sicherzustellen war und Kohlenmonoxid-Melder sowie ein Hinweis für gefährdete Personen anzubringen waren. Diese Anordnungen betreffen das von § 10 Abs. 2 HGastG in Bezug genommene Schutzgut des Lebens und der Gesundheit von Gästen, Personal und der Allgemeinheit. Infolge der Verbrennung von Kohle beim Gebrauch von Wasserpfeifen wird Kohlenmonoxid in die Raumluft abgegeben. Dies kann zu erheblichen gesundheitlichen Belastungen bis hin zum Tod führen. Bereits bei einer Konzentration von 35 ppm können innerhalb von 6 – 8 Stunden Kopfschmerzen und Schwindel, bei 200 ppm innerhalb von 2 – 3 Stunden leichte Kopfschmerzen und ein Verlust des Urteilsvermögens, bei 400 ppm innerhalb von 1–2 Stunden starke Kopfschmerzen und bei 800 ppm innerhalb von 45 Minuten Schwindel, Übelkeit und Krämpfe sowie innerhalb von 2 Stunden Bewusstlosigkeit auftreten. Ab einem Wert von 1.600 ppm besteht die Gefahr des Todes.

Das Ordnungsamt hat auch das ihm gem. § 10 Abs. 2 HGastG zustehende Ermessen ordnungsgemäß ausgeübt. Der Höchstwert von 30 ppm ist insbesondere nicht willkürlich gewählt, sondern entspricht der Handlungsempfehlung der 92. Gesundheitsministerkonferenz vom 5./6. Juni 2019 unter Bezugnahme auf einen Bericht der Länderarbeitsgruppe Umweltbezogener Gesundheitsschutz zur Gefahr von Kohlenmonoxid-Vergiftungen in Shisha-Betrieben sowie den Arbeitsplatzgrenzwerten nach den Technischen Regeln für Gefahrstoffe. Daraus ergibt sich unter anderem die Empfehlung, dass eine Kohlenmonoxid-Konzentration von 30 ppm in der Raumluft als Maximalwert vorgegeben werden soll und ab einem Wert von 60 ppm der Betrieb vorübergehend zu schließen ist. Diese Handlungsempfehlung berücksichtigt dabei auch, dass einerseits die individuelle Toleranzschwelle für Kohlenmonoxid stark variiert und die Gefährdung durch Kohlenmonoxid von der Aufenthaltszeit im Raum abhängt sowie andererseits, dass vulnerable Personengruppen (Kinder, Schwangere, ungeborenes Leben, Personen mit verringerter Sauerstoffaufnahmefähigkeit) empfindlicher reagieren können. Dieser Empfehlung entsprechend hat das Ordnungsamt gegenüber G einen Höchstwert von 30 ppm angeordnet. Dass das Ordnungsamt sich bei Ausübung seines Ermessens an dieser Empfehlung orientiert, ergab sich für G auch aus der Anordnung von 14.8.2019. Einer gesetzlichen Grenzwertfestsetzung bedarf es nicht.

G ist den Anordnungen des Ordnungsamtes jedoch nicht nachgekommen. Er hat hierdurch nach § 12 Nr. 4 HGastG auch ordnungswidrig gehandelt. Das Vorbringen des G, die Melder seien bloß aufgrund von Renovierungsarbeiten bzw. aufgrund der Anordnung, dass digitale Melder anzubringen seien, demontiert worden, entlastet ihn nicht. Selbst wenn dies der Wahrheit entspräche, wäre er verpflichtet gewesen, erst nach Montage der Melder wieder den Verzehr von Shishas anzubieten. Das Verhalten des G lässt – auch im Hinblick auf sein geäußertes Unverständnis für die Maßnahme – darauf schließen, dass er auch künftig Anordnungen nicht nachkommen wird. Die Anordnung des Ordnungsamtes ist somit materiell rechtmäßig. ◀

5. Wiederholungs- und Verständnisfragen

1. Was ist Gegenstand des Gaststättengewerbes? (→ Rn. 144)
2. Wie gestalten die Länder die Voraussetzungen für die Aufnahme des Gaststättengewerbes aus? (→ Rn. 146 ff.)
3. Wie ist der Umgang mit Alkohol in Gaststätten geregelt? (→ Rn. 153, 155)
4. Was sind Sperrzeiten? (→ Rn. 156)
5. Welche Möglichkeiten haben die Behörden, auf Rechtsverstöße im Gaststättengewerbe zu reagieren? (→ Rn. 158 ff.)

Zur Vertiefung: *Barthel/Kalmer/Weidemann*, Niedersächsisches Gaststättengesetz, 2012; *Glaser*, Gaststättenrecht im Wandel: Zwischen föderaler Vielfalt und rechtsstaatlichen Herausforderungen, GewArch 2013, 1; *Koehler*, Gaststättengesetz des Landes Sachsen-Anhalt (GastG LSA), 2015; *Meixner*, Hessisches Gaststättengesetz, 2012; *Metzner/Thiel*, Gaststättengesetz, 7. Aufl. 2023; *Weidtmann-Neuer*, Hessisches Gaststättengesetz (HGastG), 2. Aufl. 2019; *Weidtmann-Neuer*, Niedersächsisches Gaststättengesetz (NGastG), 2012; *Vahle*, Das Gaststättenrecht, DVP 2009, 486

IV. Personenbeförderungsrecht

▶ **Fall 8:**[404] Die B GmbH besaß eine Genehmigung für den Linienverkehr mit Kraftfahrzeugen der Linie 403 Spangdahlem-Bitburg, die in erheblichem Maße dem Schülerverkehr dient und bis zum 31.5.2020 gültig war. Der Verkehr wurde während der Genehmigungsdauer ohne Beanstandungen durchgeführt. Sie beantragte unter dem 28.5.2019 die Wiedererteilung der Genehmigung für die Dauer von 10 Jahren für den ab Juni 2020 beginnenden Zeitraum. Das Busverkehrsunternehmen K KG, das den Verkehr auf der betreffenden Linie in den vergangenen Jahren teilweise als Subunternehmer erbracht hat, beantragte unter dem 29.5.2019 ebenfalls die Erteilung der Linienverkehrsgenehmigung für diese Linie im gleichen Zeitraum. K gab in ihrem Antrag neun verbindliche Zusicherungen ab:

- Vorhalten eines Verkaufs- und Informationsbüros in unmittelbarer Nähe zum Linienverlauf (30 Meter).
- Bereithalten von elektronischen Fahrscheindruckern an jedem Fahrerarbeitsplatz.
- Verkaufs- und Informationsbüro mindestens 45 Stunden die Woche (Montag-Freitag) zur Verfügung der Kunden.
- Beibehaltung des Fahrplanangebots, solange eine regelmäßige Nutzung von mindestens vier Personen besteht.
- Anpassung des Fahrtenangebots für Schüler in Abstimmung mit den Aufgabenträgern entsprechend der Nachfrageentwicklung.
- Einsatz von kompetentem, mindestens einmal jährlich geschultem Fahrpersonal.
- Angebot einer Busschule für Erstklässler zur Unfallverhütung nach den Richtlinien der Unfallkasse Rheinland-Pfalz.
- Planerische Inanspruchnahme von lediglich 70 v.H. der in den Zulassungsunterlagen freigegebenen Stehplätze, um sicherzustellen, dass keine überfüllten Busse eingesetzt werden und der Fahrgastkomfort auch zu Hauptlastzeiten erhalten bleibt.
- Ständig besetzte Einsatz- und Dispositionszentrale während der Einsatzzeit und Vorhalten eines Ersatzfahrzeugs für einen Schadens- oder Notfall.

Nach Durchführung des Anhörungsverfahrens erteilte die zuständige Genehmigungsbehörde mit Bescheid vom 18.10.2019 der B die beantragte Linienverkehrsgenehmigung und lehnte zugleich den Antrag der K ab. Zur Begründung führte sie aus: Die subjektiven Genehmigungsvoraussetzungen würden von beiden Unternehmen erfüllt. Soweit B in der jüngeren Vergangenheit öffentlich bekundet habe, für die Verkehrserbringung in dem Gebiet, in dem auch die streitgegenständliche Linie verlaufe, Zuschüsse zu benötigen, stelle dies ihre wirtschaftliche Leistungsfähigkeit für den dauerhaften Betrieb der Linie nicht in Zweifel, da sie einen Ergebnisabführungsvertrag mit der DB Regio AG besitze, nach dem sie nicht nur Gewinne, sondern auch Verluste abführe. In der vorliegenden Situation eines Genehmigungswettbewerbes habe die Genehmigungsbehörde eine in ihrem Ermessen stehende Auswahlentscheidung zu treffen, wobei in erster Linie darauf abzustellen sei, wer die beste Verkehrsbedienung anbiete. Im Rahmen der Auswahlentscheidung sei die langjährige beanstandungsfreie Bedienung der Linie durch einen Bewerber angemessen zu berücksichtigen. Dies bedeute, dass dem Altunternehmer gegenüber einem Neubewerber ein starker Schutz zukomme, der nur durch gewichtige Gründe bzw. ein überzeugend besseres Angebot überwunden werden könne. Die Fahrplanangebote unterschieden sich nur

---

[404] Nach OVG Koblenz, GewArch 2015, 321.

marginal und seien daher im Ergebnis als gleichwertig anzusehen. Für die zu treffende Auswahlentscheidung könne es neben dem Fahrplanangebot auch darauf ankommen, mit welchen Standards die Antragsteller den beantragten Verkehr durchführen wollten. Die von K mit dem Antrag abgegebenen verbindlichen Zusicherungen seien daher zu prüfen und dahin gehend zu gewichten, ob hierdurch ein so überzeugend besseres Angebot vorliege, dass damit das Altunternehmerprivileg der B überwunden werden könne. Dies sei nicht der Fall. K habe aufgrund der Zusicherungen zwar ein leicht besseres Angebot vorgelegt. Die Zusicherungen seien in ihrer Bedeutung aber nicht so gewichtig, dass hierdurch ein überzeugend besseres Angebot bestehen würde. So sei eine Verkaufs- und Informationsstelle in räumlicher Nähe, wie von der K am Betriebssitz der Firma vorgehalten und zugesichert, für die Kunden von Vorteil. B besitze allerdings ebenfalls elektronische Fahrscheindrucker an jedem Fahrerarbeitsplatz und stimme ihr Fahrplanangebot auch mit den Aufgabenträgern ab. Die von K zugesicherte Unterweisung der Erstklässler sei vergleichbar mit der bereits seit Jahren bestehenden Busschule der B. Zudem sei dies kein Kriterium für eine bessere Verkehrsbedienung. Der Zusicherung der K, dass nur 70 v.H. der Stehplätze bei der Beförderung in Anspruch genommen würden, wie dies das Schulgesetz Rheinland-Pfalz für den sogenannten freigestellten Schülerverkehr fordere, könne keine große praktische Bedeutung zukommen, da diese Zusicherung schon bisher als informelle Vereinbarung zwischen den Verkehrsunternehmen und den Aufgabenträgern innerhalb des Verkehrsverbundes Region Trier (VRT) existiere. Im Übrigen wäre die Einhaltung einer solchen Zusicherung bzw. einer daraus resultierenden Auflage in der Genehmigung kaum zu kontrollieren, da im Zweifel Stehplätze im allgemeinen Linienverkehr entsprechend den in den Fahrzeugpapieren festgelegten Angaben genutzt werden dürften. B habe in der Vergangenheit bei Ausfall von Fahrzeugen ebenfalls Ersatzbusse gestellt, um die Beförderung in Schadens- und Notfällen sicherzustellen. Die Zusicherung, dass das Fahrplanangebot garantiert werde, solange eine regelmäßige Nutzung von mindestens vier Personen bestehe, erfolge unter einer auflösenden Bedingung, über deren Eintritt derzeit keinerlei Aussage möglich sei. Sie sei deshalb hier auch nicht zu berücksichtigen.

Ist die Auswahlentscheidung – bei unterstellter Richtigkeit der tatsächlichen Ausführungen der Genehmigungsbehörde – rechtmäßig? ◄

162 Eine weitere bedeutsame und zugleich überaus dynamische Ausprägung des besonderen Gewerberechts ist das Personenbeförderungsrecht als Teilbereich des Verkehrsgewerberechts. Erst im Zuge seiner Veränderungen in neuerer Zeit ist dieses (wieder) zum Gegenstand vertiefter rechtswissenschaftlicher Betrachtungen geworden.[405] Zugleich verdeutlicht es sowohl die Europäisierung des Gewerberechts als auch die Besonderheiten gewerblicher Betätigung im Bereich der Daseinsvorsorge (→ § 2 Rn. 10 ff.) und die daraus folgende Komplexität der Rechtslage.

163 Zentrale deutsche Rechtsgrundlage ist das Personenbeförderungsgesetz (PBefG), das durch zahlreiche Rechtsverordnungen ergänzt wird. Exemplarisch sei auf die Verordnung über den Betrieb von Kraftfahrunternehmen im Personenverkehr (BOKraft), die Verordnung über den Bau und Betrieb der Straßenbahnen (BOStrab) und die Berufszugangsverordnung für den Straßenpersonenverkehr (PBZugV) verwiesen. Ergänzend treten die Landesnahverkehrsgesetze hinzu. Zusätzlich zu diesen nationalen, wenn auch infolge der Umsetzung von EU-Richtlinien bereits partiell europarechtlich geprägten Vorschriften bilden unmittelbar anwendbare Rechtsakte der EU einen we-

---

[405] Zu fortbestehenden Herausforderungen *Knauff*, Die Verwaltung 2020, 347 ff.

IV. Personenbeförderungsrecht § 5

sentlichen Bestandteil des Personenbeförderungsrechts. Sehr bedeutsam sind diesbezüglich die Verordnung (EG) Nr. 1370/2007 über öffentliche Personenverkehrsdienste auf Schiene und Straße[406] sowie die Verordnung (EG) Nr. 1071/2009 zur Festlegung gemeinsamer Regeln für die Zulassung zum Beruf des Kraftverkehrsunternehmers.[407] Insgesamt erweist sich das Personenbeförderungsrecht daher nach seiner Normstruktur als wenig übersichtliche Rechtsmaterie.

Dem Personenbeförderungsrecht unterfällt nach § 1 Abs. 1 S. 1 PBefG „die entgeltliche oder geschäftsmäßige Beförderung von Personen mit Straßenbahnen, mit Oberleitungsomnibussen (Obussen) und mit Kraftfahrzeugen." Es erfolgt mithin eine Anknüpfung an die verwendeten Transportmittel, die in § 4 PBefG näher bestimmt werden, sowie deren Nutzung. Funktional differenziert das PBefG weiter zwischen dem Öffentlichen Personennahverkehr (ÖPNV, → Rn. 166 ff.), der mit Straßenbahnen, Obussen und Bussen im Linienverkehr iSv § 42 PBefG erfolgt, Fernbuslinienverkehren, Gelegenheitsverkehren mit Taxen sowie in Gestalt von Ausflugsfahrten und Ferienziel-Reisen oder Verkehren mit Mietomnibussen und -wagen. Mit dem Linienbedarfsverkehr, § 44 PBefG, und dem gebündelten Bedarfsverkehr, § 50 PBefG, hat der Gesetzgeber zudem zwei Varianten von on demand-Verkehren normiert und diese dem Linien- bzw. Gelegenheitsverkehr zugeordnet.[408]

164

Alle diese Verkehre unterstellt § 2 PBefG einer Genehmigungspflicht. Der Grundsatz der Gewerbefreiheit nach § 1 Abs. 1 GewO gilt zwar auch für die gewerbliche Personenbeförderung. Aufgrund der damit verbundenen Gefahren sowie der Bedeutung des Personenverkehrs für die Allgemeinheit ist ein Verkehrsangebot ohne vorherige behördliche Genehmigung jedoch nicht zulässig. Die Genehmigungsvoraussetzungen weichen zudem für die einzelnen Verkehrsarten voneinander ab, um deren jeweiligen Besonderheiten Rechnung zu tragen. Die reine Vermittlung von Verkehrsleistungen ist nicht genehmigungspflichtig, § 2 Abs. 1b i.V.m. § 1 Abs. 3 PBefG, wohl aber eine solche, die mit der Kontrolle der Beförderung durch den „Vermittler" einher geht, § 1 Abs. 1a PBefG.[409]

165

1. ÖPNV

Der ÖPNV ist sowohl als Rückgrat der lokalen Personenverkehrssysteme von zentraler Bedeutung für die Mobilität der Bevölkerung als auch aus Sicht der leistungsanbietenden Verkehrsunternehmen gewerbliche Betätigung. Er wird in § 8 Abs. 1 PBefG legaldefiniert als „die allgemein zugängliche Beförderung von Personen mit Straßenbahnen, Obussen und Kraftfahrzeugen im Linienverkehr, die überwiegend dazu bestimmt sind, die Verkehrsnachfrage im Stadt-, Vorort- oder Regionalverkehr zu befriedigen. Das ist im Zweifel der Fall, wenn in der Mehrzahl der Beförderungsfälle eines Verkehrsmittels die gesamte Reiseweite 50 Kilometer oder die gesamte Reisezeit eine Stunde nicht übersteigt." Obwohl es sich dabei streng genommen nicht um Linienverkehr i.S.v. § 42 PBefG handelt, qualifiziert § 44 PBefG den Linienbedarfsverkehr, der der Beförderung von Fahrgästen auf vorherige Bestellung ohne festen Linienweg zwischen bestimmten Einstiegs- und Ausstiegspunkten innerhalb eines festgelegten Gebietes und

166

---

[406] ABl. 2007 L 315/1, geändert durch Verordnung (EU) 2016/2338, ABl. 2016 L 354/22.
[407] ABl. 2009 L 300/51, zuletzt geändert durch Verordnung (EU) Nr. 517/2013, ABl. 2013 L 158/1.
[408] Näher *Linke*, NVwZ 2021, 1001 ff.; *Wüstenberg*, RdTW 2021, 250 ff.
[409] Siehe zur Abgrenzung noch auf Grundlage des vorherigen Rechtsstands OLG Frankfurt, CR 2022, 56; OVG Greifswald, NordÖR 2021, 598.

festgelegter Bedienzeiten dient, ebenfalls als solchen und rechnet ihm dem ÖPNV zu.[410] Das Personenbeförderungsrecht unterscheidet anknüpfend an Organisation und Finanzierung zwischen eigenwirtschaftlichen und seitens der öffentlichen Hand bestellten Verkehren. Während Erstere Ausdruck eines unternehmerorientierten, markt- und gewerberechtlich geprägten Regelungskonzepts sind, liegt Letzteren ein die staatliche Verantwortung für die Daseinsvorsorge zum Ausdruck bringender Ansatz mit starken Bezügen zum Beihilfe- und Vergaberecht (→ § 9, 10) zugrunde. Wegen der Bedeutung für die Allgemeinheit ist der gesamte ÖPNV zudem Gegenstand der Nahverkehrsplanung nach § 8 Abs. 3 PBefG.

Nahverkehrspläne werden von den landesrechtlich zu bestimmenden Aufgabenträgern, idR Kreisen und kreisfreien Städten, anknüpfend an die existierenden Verkehrsstrukturen und unter Beteiligung der vorhandenen Verkehrsunternehmer aufgestellt und regelmäßig fortgeschrieben. Sie zielen auf die „Sicherstellung einer ausreichenden den Grundsätzen des Klimaschutzes und der Nachhaltigkeit entsprechenden Bedienung der Bevölkerung mit Verkehrsleistungen" im ÖPNV ab und enthalten zu diesem Zweck Rahmenvorgaben für dessen künftige Entwicklung. Sie sind nicht rechtsverbindlich, entfalten aber Wirkungen im Genehmigungsverfahren (→ Rn. 174 f.). Im Detail sind viele Fragen umstritten.[411]

a) Eigenwirtschaftliche Verkehre

(1) Begriff und Vorrang der Eigenwirtschaftlichkeit

167 Verkehrsleistungen im ÖPNV sind nach § 8 Abs. 4 S. 1 PBefG grundsätzlich eigenwirtschaftlich zu erbringen.[412] Eigenwirtschaftlich sind nach der Legaldefinition des § 8 Abs. 4 S. 2 PBefG „Verkehrsleistungen, deren Aufwand gedeckt wird durch Beförderungserlöse, Ausgleichsleistungen auf der Grundlage von allgemeinen Vorschriften nach Art. 3 Abs. 2 und 3 der Verordnung (EG) Nr. 1370/2007 ... und sonstige Unternehmenserträge im handelsrechtlichen Sinne, soweit diese keine Ausgleichsleistungen für die Erfüllung gemeinwirtschaftlicher Verpflichtungen nach Artikel 3 Abs. 1 der Verordnung (EG) Nr. 1370/2007 darstellen und keine ausschließlichen Rechte gewährt werden." Entscheidend ist mithin die Art der Finanzierung. Erfolgt diese durch Fahrgeldeinnahmen, Ausgleichsleistungen aufgrund allgemeiner Vorschriften[413] sowie solcher außerhalb des Anwendungsbereichs der Verordnung (EG) Nr. 1370/2007 (vgl. § 8 Abs. 4 S. 3 PBefG) und Beihilfen, die nicht in den Anwendungsbereich der Verordnung (EG) Nr. 1370/2007 fallen, ist ein Verkehr als eigenwirtschaftlich zu qualifizieren. Ausgeschlossen sind dagegen Einnahmen aus Ausgleichsleistungen aufgrund öffentlicher Dienstleistungsaufträge im Anwendungsbereich der Verordnung (EG) Nr. 1370/2007 (→ Rn. 180 ff.) sowie aufgrund von Ausschließlichkeitsrechten iSv Art. 2 lit. f Verordnung (EG) Nr. 1370/2007 iVm § 8a Abs. 8 PBefG, deren Verleihung allein in öffentlichen Dienstleistungsaufträgen erfolgen darf.

Die Linienverkehrsgenehmigung vermittelt nach Auffassung des Gesetzgebers kein ausschließliches Recht.[414] Ob diese Einschätzung im Hinblick auf deren Wirkungen (→ Rn. 178) europarechtskonform

---

410 Dazu im Einzelnen *Saxinger*, GewArch 2022, 183 ff.
411 Näher *Brenner/Arnold*, NVwZ 2015, 385 ff.; zum hoheitlichen Charakter LG Köln, WuW 2016, 320.
412 Für eine Qualifikation als subjektives Recht VG Minden Urt. v. 3.12.2014 – 7 K 1047/13. Diese kann aber nach OLG Frankfurt, VergabeR 2017, 407, nicht im vergaberechtlichen Nachprüfungsverfahren – und damit im „Ernstfall" – geltend gemacht werden.
413 Zum fehlenden Anspruch auf ihren Erlass BVerwG, NVwZ 2020, 244.
414 Vgl. BT-Drs. 18, 9008, S. 5; 18/11160, S. 8.

IV. Personenbeförderungsrecht §5

ist, ist in der Literatur umstritten[415] und wird auch vereinzelt in der Rechtsprechung[416] sowie von der EU-Kommission[417] in Zweifel gezogen.[418]

Aus dem Vorrang der eigenwirtschaftlichen Verkehrsleistung folgt, dass eine hoheitliche Verkehrsorganisation und -finanzierung nur dann erfolgen soll, wenn ein unternehmerisches Verkehrsangebot nicht oder nicht unter hinreichender Verwirklichung der Daseinsvorsorgefunktion des ÖPNV erfolgt. Der gewerberechtliche Grundansatz des Personenbeförderungsrechts tritt darin klar zu Tage. Er spiegelt sich neben § 8 Abs. 4 S. 1 PBefG in zahlreichen weiteren Vorschriften wider und erfährt vielfache Absicherungen. Voraussetzung ist jedoch die (häufig in Anbetracht der kritischen Einnahmesituation problematische) Erfüllung der Anforderungen der Legaldefinition der Eigenwirtschaftlichkeit (→ Rn. 167). 168

Das PBefG enthält zahlreiche Sicherungsmechanismen zugunsten des Vorrangs der Eigenwirtschaftlichkeit. Bei der Aufstellung des Nahverkehrsplans dient ihm sowohl die Beteiligung der vorhandenen Unternehmen nach § 8 Abs. 3 S. 6 PBefG als auch in konzeptioneller Hinsicht die Beschränkung auf Rahmenvorgaben, vgl. § 8 Abs. 3 S. 8 PBefG. Die Beachtung dieser Erfordernisse wird durch § 8 Abs. 3a S. 2 PBefG abgesichert, wonach die Genehmigungsbehörde bei der Entscheidung über einen Genehmigungsantrag nur einen damit übereinstimmenden Nahverkehrsplan berücksichtigen darf. Weitere Sicherungsmechanismen für den Vorrang der Eigenwirtschaftlichkeit bilden die unterschiedliche Ausgestaltung der Antragsfristen für die Genehmigung eigenwirtschaftlicher und bestellter Verkehre in § 12 Abs. 5 und 6 PBefG sowie die grundsätzliche Bevorzugung eines Antrags auf Genehmigung eines eigenwirtschaftlichen Verkehrs bei beabsichtigter Beauftragung gemäß § 12 Abs. 6, § 13 Abs. 2a S. 3 ff. PBefG. Auch bei den Genehmigungswirkungen weisen eigenwirtschaftliche Verkehre Besonderheiten auf, die letztlich der Sicherung ihres Vorrangs dienen. Nur bei diesen bestehen die Möglichkeit von Fahrplanänderungen nach § 40 Abs. 3 S. 2 PBefG, das Ausgestaltungsrecht des vorhandenen Unternehmers nach § 13 Abs. 2 S. 1 Nr. 3 lit. c PBefG sowie das Altunternehmerprivileg des § 13 Abs. 3 PBefG. Allerdings ist der Vorrang der eigenwirtschaftlichen Verkehrserbringung nicht absolut. Eigenwirtschaftliche Verkehre müssen sowohl gemäß § 13 Abs. 2a S. 2 PBefG qualitative Mindestvoraussetzungen erfüllen, um gegenüber einer beabsichtigten Bestellung zum Zuge zu kommen, als auch nicht in bestehende ausschließliche Rechte eingreifen, § 13 Abs. 2 S. 1 Nr. 2 PBefG. Derartige Rechte können ihre Grundlage allein in einem öffentlichen Dienstleistungsauftrag finden, also nur bei bestellten Verkehren bestehen. Nach § 8a Abs. 8 S. 4 PBefG ist das Ausschließlichkeitsrecht jedoch seinerseits beschränkt, was ebenfalls Ausdruck des Vorrangs der Eigenwirtschaftlichkeit ist.[419]

(2) Genehmigung

Für die Genehmigung von Verkehren normiert das PBefG spezifische formelle und materielle Voraussetzungen. Diese unterscheiden sich bei eigenwirtschaftlichen und bestellten Verkehren im ÖPNV (und sonstigen dem PBefG unterfallenden Verkehren) zwar nur in einigen Details. Da bei bestellten Verkehren jedoch der Genehmigung stets die Erteilung eines öffentlichen Dienstleistungsauftrags und damit eine weitere 169

---

415 Anders etwa *Fandrey*, Direktvergabe von Verkehrsleistungen, 2010, S. 127 ff.; *Heinze*, DVBl. 2011, S. 534 (536); *Sitsen*, IR 2011, 76 ff.; ausführlich *Linke*, Die Gewährleistung des Daseinsvorsorgeauftrags im öffentlichen Personennahverkehr, S. 172 ff.
416 VG Augsburg Urt. v. 24.3.2015 – Au 3 K 13.2063, Au 3 K 14.34; aus § 13 Abs. 2 PBefG ist nach VG Münster Urt. v. 6.3.2015 – 10 K 2747/13, jedenfalls ein „allgemeine(s) Verbot der Doppelbedienung" abzuleiten.
417 Mitteilung der Kommission über die Auslegungsleitlinien zu der Verordnung (EG) Nr. 1370/2007 über öffentliche Personenverkehrsdienste auf Schiene und Straße, ABl. 2014 C 92/1, 7.
418 Näher *Knauff*, in: Immenga/Mestmäcker, Wettbewerbsrecht V, Art. 2 VO (EG) Nr. 1370/2007 Rn. 114.
419 Näher *Knauff*, GewArch 2013, 283 (285 ff.).

behördliche Prüfung und Entscheidung vorgelagert ist (→ Rn. 180 ff.), kommt der Genehmigung vor allem bei eigenwirtschaftlichen Verkehren eine zentrale Funktion zu.

170 Das Genehmigungsverfahren wird teilweise normativ ausgestaltet. Die wesentlichen Anforderungen an die Genehmigungsanträge sind in § 12 PBefG normiert. Neben den verkehrs- und unternehmerbezogenen Angaben ist insbesondere die spezifische Fristenregelung zu beachten. Gemäß § 12 Abs. 5 PBefG ist der Antrag vom Verkehrsunternehmer spätestens ein Jahr vor der vorgesehenen Verkehrsaufnahme bei der landesrechtlich zu bestimmenden Genehmigungsbehörde einzureichen. Später eingehende Anträge werden grundsätzlich nicht berücksichtigt.[420]

Soweit der betreffende Verkehr bereits aufgrund einer Genehmigung durchgeführt wird, stellt die in § 18 PBefG vorgesehene jährliche Bekanntmachung der Genehmigungsbehörde über die Laufzeit der bestehenden Genehmigungen die hierfür notwendige Transparenz her. Ausnahmen für die Geltung der Jahresfrist sind grundsätzlich nur vorgesehen, wenn zum betreffenden Zeitpunkt keine anderen Anträge auf Genehmigung eines entsprechenden eigenwirtschaftlichen Verkehrs vorliegen sowie für den Fall, dass der Aufgabenträger die Vorabbekanntmachung einer beabsichtigten Auftragsvergabe, mithin einer Verkehrsbestellung, veröffentlicht hat.

171 Vor ihrer Entscheidung über den Antrag, jedoch nicht vor Ablauf der Antragsfrist, hat die Genehmigungsbehörde ein Anhörungsverfahren nach § 14 PBefG durchzuführen. Dieses zielt darauf ab, die Prüfung der Erfüllung der Genehmigungsvoraussetzungen zu erleichtern.[421]

Hierbei erhalten u.a. die bereits in dem Gebiet tätigen Verkehrsunternehmer die Möglichkeit zur Stellungnahme. Hieraus erwachsen ihnen jedoch weder Befugnisse zur Konkurrenzabwehr noch können wegen Verfristung auf Grundlage der erlangten Kenntnisse eigene Genehmigungsanträge eingereicht werden.

172 Die materiellen Genehmigungsvoraussetzungen normiert § 13 PBefG. Die Norm unterscheidet zwischen subjektiven und objektiven Voraussetzungen; diese dienen sämtlich der Gewährleistung einer ordnungsgemäßen Leistungserbringung. Ungeachtet der negativen Formulierung des § 13 PBefG hat der antragstellende Unternehmer vor dem Hintergrund von Art. 12 Abs. 1 GG bei Erfüllung aller Voraussetzungen einen Anspruch auf Erteilung der Genehmigung.[422]

173 § 13 Abs. 1 S. 1 PBefG stellt einige Voraussetzungen auf, deren Erfüllung vom antragstellenden Unternehmer beeinflusst werden können. Diese subjektiven Genehmigungsvoraussetzungen sind unternehmerbezogen und zielen auf die Einhaltung von Mindestanforderungen ab. Danach müssen zunächst „die Sicherheit und die Leistungsfähigkeit des Betriebs gewährleistet" sein (Nr. 1). Dies gilt sowohl in technischer als auch in finanzieller Hinsicht. In Bezug auf die finanzielle Leistungsfähigkeit konkretisiert § 2 Abs. 1 S. 1 PBZugV, dass diese „als gewährleistet anzusehen [ist], wenn die finanziellen Mittel verfügbar sind, die zur Aufnahme und ordnungsgemäßen Führung des Betriebes erforderlich sind." Des Weiteren dürfen der antragstellende Unternehmer oder der Verkehrsleiter nicht unzuverlässig (Nr. 2 iVm § 1 PBZugV) und müssen fachlich geeignet sein, mithin über die notwendigen Kenntnisse verfügen (Nr. 3 iVm S. 2 und § 3 PBZugV). Schließlich muss der Unternehmer seinen Betriebssitz oder eine Niederlassung im Inland haben. Nach § 13 Abs. 6 PBefG gelten diese subjektiven Genehmi-

---

420 OVG Münster Beschl. v. 18.1.2017 – 13 A 208/16.
421 Vgl. OVG Berlin-Brandenburg Urt. v. 18.6.2009 – OVG 1 B 1.08, Rn. 21 (juris).
422 Siehe nur *Heinze*, in: ders./Fehling/Fiedler, PBefG, § 13 Rn. 7 ff.

IV. Personenbeförderungsrecht § 5

gungsvoraussetzungen bei juristischen Personen des öffentlichen Rechts (nicht aber bei öffentlichen Unternehmen in Privatrechtsform, → § 8 Rn. 10, 40 ff.) als gegeben. Für Verkehre mit Kraftomnibussen iSv § 4 Abs. 4 Nr. 2 PBefG gilt § 13 Abs. 1 PBefG nach § 13 Abs. 1a PBefG nicht, sondern sind die in Art. 3 Abs. 1 Verordnung (EG) Nr. 1071/2009 vorgesehenen subjektiven Genehmigungsvoraussetzungen maßgeblich, die sich von den in § 13 Abs. 1 PBefG normierten allerdings nur im Detail unterscheiden;[423] eine Privilegierung öffentlich-rechtlich organisierter Unternehmen ist diesbezüglich nicht vorgesehen.

Auf die Erfüllung der objektiven Genehmigungsvoraussetzungen hat der antragstellende Unternehmer nur insoweit einen Einfluss, als er bei der Konzeption des Antrags diejenigen Probleme berücksichtigen kann, die für ihn erkennbar sind. Dies gilt jedenfalls für den in § 13 Abs. 2 Nr. 1 PBefG normierten Versagungsgrund der beabsichtigten Nutzung ungeeigneter Straßen.[424] Des Weiteren darf durch den beantragten Verkehr nach § 13 Abs. 2 Nr. 2 PBefG kein ausschließliches Recht (→ Rn. 168) verletzt werden. Schließlich darf der beantragte Verkehr nach § 13 Abs. 2 Nr. 3 PBefG keine öffentlichen Verkehrsinteressen beeinträchtigen. Dies ist nach der Norm „insbesondere" der Fall, wenn bereits eine befriedigende Verkehrsbedienung erfolgt (lit. a) oder der beantragte Verkehr nicht zu einer wesentlichen Verkehrsverbesserung führt (lit. b), wobei auch ein deutlich günstigerer Tarif als eine solche Verkehrsverbesserung zu qualifizieren ist.[425] Zudem weist das Gesetz den vorhandenen, also aufgrund einer früheren Genehmigung tätigen Verkehrsunternehmern ein Ausgestaltungsrecht ihrer Verkehre zu, dessen Inanspruchnahme ebenfalls ein entgegenstehendes öffentliches Verkehrsinteresse begründet (lit. c). Dabei ist jedoch zu beachten, dass eine grundlegende Umgestaltung ebenso wenig erfolgen darf wie eine Neueinrichtung von Verkehren.[426] Schließlich ist dem antragstellenden Unternehmer ein „Rosinenpicken" untersagt:[427] Der beantragte Verkehr darf nicht „einzelne ertragreiche Linien oder ein Teilnetz aus einem vorhandenen Verkehrsnetz oder aus einem im Nahverkehrsplan im Sinne des § 8 Abs. 3 festgelegten Linienbündel herauslösen" (lit. d). Daneben können ungeschriebene öffentliche Verkehrsinteressen einer Genehmigung entgegenstehen. Dies ist etwa der Fall, wenn die Stetigkeit der Verkehrserbringung während der Genehmigungsdauer wegen fehlender finanzieller Ressourcen nicht zu erwarten ist.[428] Im Falle des Vorliegens eines dieser Gründe ist die beantragte Genehmigung stets zu versagen.

174

Zwingend ist die Genehmigung darüber hinaus nach § 13 Abs. 2a S. 2 ff. PBefG in dem Sonderfall zu versagen, dass ein Antrag auf Genehmigung eines eigenwirtschaftlichen Verkehrs erst nach der Vorabbekanntmachung für einen zu beauftragenden Verkehr gestellt wurde, aber hinter diesem wie auch dem bisherigen Verkehrsangebot qualitativ zurückbleibt, sofern der Aufgabenträger sich nicht mit den Abweichungen einverstanden erklärt.

Einen weiteren, jedoch fakultativen Versagungsgrund normiert § 13 Abs. 2a S. 1 PBefG für den Fall, dass der beantragte Verkehr nicht mit den Vorgaben des Nahverkehrs-

175

---

423 Vgl. mit Bezug zur Zuverlässigkeit OVG Lüneburg Beschl. v. 23.11.2016 – 7 ME 111/16.
424 Zur fehlenden drittschützenden Wirkung VGH Mannheim Beschl. v. 21.7.2017 – 9 S 1452/16; OVG Greifswald Beschl. v. 21.2.2019 – 1 M 664/18.
425 BVerwGE 137, 199.
426 BVerwGE 30, 257 (262).
427 Siehe auch BVerwGE 173, 154.
428 BVerwGE 148, 175; BayVGH Beschl. v. 8.3.2016 – 11 ZB 15.1901; OVG Münster Urt. v. 25.8.2016 – 13 A 788/15; OVG Schleswig Urt. v. 6.10.2022 – 5 LB 13/19.

plans in Einklang steht.[429] Bei der Ausübung des ihr insoweit zustehenden Ermessens muss die Genehmigungsbehörde die Berufsfreiheit des antragstellenden Unternehmers wie auch den personenbeförderungsrechtlichen Grundsatz des Vorrangs der Eigenwirtschaftlichkeit (→ Rn. 168) angemessen berücksichtigen.

176 Für den Fall kollidierender Genehmigungsanträge mehrerer Unternehmer kann im Hinblick auf Voraussetzungen und Wirkungen der Linienverkehrsgenehmigung nur einem Antrag stattgegeben werden. Nach § 13 Abs. 2b PBefG ist in einem solchen Fall der „bessere" Verkehr zu genehmigen.[430] Dieser ist insbesondere anhand des Nahverkehrsplans zu bestimmen. Darüber hinaus kommt etwaigen verbindlichen Zusicherungen der antragstellenden Unternehmen iSv § 12 Abs. 1a PBefG eine wesentliche Bedeutung für die Bestimmung des besten Verkehrsangebots zu.[431] Konkurrieren Genehmigungsanträge des bisherigen Genehmigungsinhabers und eines anderen Unternehmers, ist nach dem Altunternehmerprivileg des § 13 Abs. 3 PBefG zugunsten des Ersteren angemessen zu berücksichtigen, dass der Verkehr von diesem „jahrelang in einer dem öffentlichen Verkehrsinteresse entsprechenden Weise betrieben worden" ist. Unter der Voraussetzung der Übereinstimmung des vom Altunternehmer beantragten Verkehrs mit den Vorgaben des Nahverkehrsplans ist dessen Genehmigungsantrag daher auch dann stattzugeben, wenn er qualitativ im Detail hinter dem konkurrierenden Antrag zurückbleibt.[432]

177 Liegen alle Genehmigungsvoraussetzungen vor, wird dem Antragsteller die beantragte Genehmigung nach § 3 Abs. 1 PBefG „für einen bestimmten Verkehr (§ 9) und für seine Person (natürliche oder juristische Person) erteilt."

Trotz der Personengebundenheit der Genehmigung kann der Betrieb bei Tod des Unternehmers nach § 19 PBefG von dessen Erben vorläufig weitergeführt werden.

178 Die Entscheidung über die Genehmigung hat gemäß § 15 Abs. 1 PBefG nach spätestens sechs Monaten zu ergehen, andernfalls greift eine Genehmigungsfiktion ein.[433] Eine Erteilung der Genehmigung unter Bedingungen und Auflagen ist unter den Voraussetzungen des § 15 Abs. 3 PBefG zulässig. Über die unanfechtbar erteilte Genehmigung ist nach § 15 Abs. 2 PBefG eine Genehmigungsurkunde iSv § 17 PBefG auszustellen. Die Genehmigung bezieht sich nach § 9 Abs. 1 PBefG im ÖPNV stets auf Einrichtung bzw. Bau, Linienführung und Betrieb und ist gemäß § 16 PBefG bei Busverkehren auf maximal zehn, bei Straßenbahn- und Obusverkehren, bei denen es zusätzlich der Planfeststellung der Streckenführung nach §§ 28 ff. PBefG bedarf, auf höchstens 15 Jahre zu befristen.[434] Das durch die Genehmigung vermittelte Recht zur Verkehrsleistung ist mit Betriebs-, Fahrplan- und Tarifpflichten gemäß §§ 21 f. PBefG verbunden. Eine Entbindung hiervon ist nur teilweise möglich.

---

429 Vgl. auch VGH Mannheim, KommJur 2018, 337.
430 Vgl. dazu auch OVG Münster Beschl. v. 18.1.2017 – 13 A 30/16; OVG Lüneburg Beschl. v. 19.2.2019 – 7 LA 90/18.
431 In diesem Fall bestimmt sich der Maßstab für die Frage der Zumutbarkeit der Erfüllung der Betriebspflicht hinsichtlich dieser verbindlichen Zusicherungen ausschließlich nach § 21 Abs. 4 S. 3 PBefG, VGH Mannheim Beschl. v. 13.6.2022 – 6 S 2469/21.
432 BVerwGE 148, 321.
433 Dazu BayVGH, BayVBl 2022, 787; VGH Kassel Urt. v. 5.4.2011 – 2 A 1593/10, Urt. v. 18.11.2020 – 2 A 611/16; OVG Lüneburg Urt. v. 22.1. 2014 – 7 LB 70/10; VGH Mannheim, GewArch 2017, 151; OVG Münster Beschl. v. 1.8.2022 – 13 A 2646/20.
434 Bezüglich der Festlegung der Geltungsdauer besteht nach VG Ansbach Urt. v. 12.12.2016 – AN 10 K 16.00531, kein Ermessen, sondern ist der Genehmigungsanspruch allein durch die öffentlichen Verkehrsinteressen beschränkt.

IV. Personenbeförderungsrecht § 5

Eine vollständige Entbindung führt nach § 26 Nr. 1 PBefG ebenso wie die Nichtaufnahme des Verkehrs unmittelbar zum Erlöschen der Genehmigung.

Besondere Vorschriften bestehen schließlich für den Widerruf der Genehmigung. Nach § 25 Abs. 1 S. 1 PBefG hat dieser zwingend zu erfolgen, wenn die subjektiven Genehmigungsvoraussetzungen des § 13 Abs. 1 S. 1 Nr. 1 bis 3 PBefG nicht mehr vorliegen (Nr. 1), wobei § 25 Abs. 1 S. 2 PBefG hinsichtlich der Zuverlässigkeit konkretisiert, dass diese dem Genehmigungsinhaber insbesondere fehle, „wenn in seinem Verkehrsunternehmen trotz schriftlicher Mahnung die der Verkehrssicherheit dienenden Vorschriften nicht befolgt" oder personenbeförderungsrechtliche Verpflichtungen nicht beachtet werden. Daneben kommen die allgemeinen gewerberechtlichen Bewertungen hinsichtlich der Zuverlässigkeit zur Anwendung (→ Rn. 47 ff.). Auch die Nichterfüllung der Betriebspflicht hat bei eigenwirtschaftlichen Verkehren den Widerruf der Genehmigung zur Folge (Nr. 2). Fakultativ kommt ein Widerruf nach § 25 Abs. 2 PBefG in Betracht, wenn der nach § 13 Abs. 1 S. 1 Nr. 4 PBefG erforderliche Unternehmenssitz im Inland entfällt „oder der Unternehmer die ihm gesetzlich obliegenden arbeitsrechtlichen, sozialrechtlichen oder die sich aus seinem Unternehmen ergebenden steuerrechtlichen Verpflichtungen wiederholt nicht erfüllt oder in schwerwiegender Weise dagegen verstoßen hat." Für Genehmigungen, die sich auf Verkehre mit Kraftomnibussen beziehen, bestehen nach § 25 Abs. 3a PBefG und Art. 13 Abs. 3 Verordnung (EG) Nr. 1071/2009 Sonderregelungen. Im Hinblick auf solche Verkehre kommt zudem eine Untersagung von Personenkraftverkehrsgeschäften für den Unternehmer und den Verkehrsleiter nach § 25a PBefG in Betracht.

▶ **Zu Fall 8:** Rechtsgrundlage für die Erteilung der nach § 2 Abs. 1 S. 1 Nr. 3 PBefG erforderlichen Genehmigung für den Linienverkehr mit Kraftfahrzeugen im Sinne von § 42 PBefG ist § 13 PBefG. Die in § 13 Abs. 1 PBefG normierten subjektiven Genehmigungsvoraussetzungen werden von K erfüllt. Gleiches gilt für B. Etwas anderes ergibt sich in Bezug auf die Gewährleistung der Leistungsfähigkeit des Betriebes im Sinne von § 13 Abs. 1 S. 1 Nr. 1 2. Alt. PBefG nicht aus dem Umstand, dass B öffentlich erklärt habe, Zuschüsse für die Verkehrserbringung in dem Gebiet, in dem auch die streitgegenständliche Linie liegt, zu benötigen. Denn etwaige zu erwartende Defizite aus dem zur Genehmigung gestellten Verkehr sind bei der Beurteilung der Leistungsfähigkeit im Sinne des § 13 Abs. 1 S. 1 Nr. 1 2. Alt. PBefG nicht zu berücksichtigen. Bestünden konkrete Anhaltspunkte dafür, dass sie die Linie wegen fehlender Kostendeckung nicht dauerhaft betreiben könne, so würde die Erteilung der Linienverkehrsgenehmigung an die B öffentliche Verkehrsinteressen im Sinne von § 13 Abs. 2 Nr. 3 PBefG beeinträchtigen. Die genannte Äußerung der B rechtfertigt diesen Schluss jedoch nicht. Die Äußerung bezieht sich schon nicht konkret auf die hier in Rede stehende Linie 403. Vor allem aber ist die wirtschaftliche Leistungsfähigkeit der B für den dauerhaften Betrieb der Linie wegen des Ergebnisabführungsvertrags mit der DB Regio AG als gesichert anzusehen.

Die Auswahlentscheidung bei mehreren genehmigungsfähigen konkurrierenden Anträgen auf Erteilung einer Linienverkehrsgenehmigung richtet sich nach § 13 Abs. 2b PBefG. Nach dieser Vorschrift ist die Auswahl des Unternehmers danach vorzunehmen, wer die beste Verkehrsbedienung anbietet, wenn im öffentlichen Personennahverkehr mehrere Anträge gestellt werden, die sich ganz oder zum Teil auf die gleiche oder im Wesentlichen gleiche Verkehrsleistung beziehen (Satz 1). Hierbei sind insbesondere die Festlegungen eines Nahverkehrsplans im Sinne des § 8 Abs. 3 PBefG zu berücksichtigen (Satz 2). Außerdem ist nach § 13 Abs. 3 PBefG der Umstand, dass ein Verkehr von einem Unternehmer jahrelang in einer dem öffentlichen Verkehrsinteresse entsprechenden Weise betrieben worden ist, angemessen zu berücksichtigen. Die von der Genehmigungsbehörde zu treffende Auswahlentscheidung bei mehreren genehmigungsfähigen konkurrierenden Anträgen auf Erteilung einer Linienverkehrsgenehmigung ist eine Ermessensentscheidung. Der Wortlaut des § 13 Abs. 2b PBefG spricht nicht entscheidend gegen diese Auslegung der Vorschrift. Insbesondere die Verwendung der Formulierung „ist die Auswahl des Unternehmers danach vorzunehmen, wer die beste Verkehrsbedienung anbietet" schließt ein der Genehmigungsbehörde zustehendes Ermessen nicht aus. Das Wort „ist" beschreibt hier nicht – im Unterschied zu dem regelmäßig einen Ermessensspielraum anzeigenden Wort „kann" – eine gebundene Entscheidung. Die genannte Formulierung bezeichnet hier lediglich das maßgebliche Kriterium bei der von der Behörde nach Ermessen zu treffenden Auswahlentscheidung, nämlich die beste Verkehrsbedienung. Für einen Ermessensspielraum der Genehmigungsbehörde spricht schließlich auch, dass nicht erkennbar ist, wie eine gebundene Auswahlentscheidung getroffen werden kann, wenn zwei gleich gute Angebote vorliegen. Der Genehmigungsbehörde kommt darüber hinaus bei der Bewertung von öffentlichen Verkehrsbedürfnissen der unterschiedlichsten Art und ihrer befriedigenden Bedienung und damit auch bei der Beantwortung der Frage, wie gewichtig einzelne öffentliche Verkehrsinteressen sowohl für sich gesehen als auch im Verhältnis zu anderen sind, ein gerichtlich nur eingeschränkt überprüfbarer Beurteilungsspielraum zu. Dies gilt auch im Rahmen der nach § 13 Abs. 2b PBefG vorzunehmenden Prüfung, wer – gemessen an den öffentlichen Verkehrsbedürfnissen – die beste Verkehrsbedienung anbietet. Hiervon ausgehend konnte die Genehmigungsbehörde rechtsfehlerfrei annehmen, dass die Fahrplanangebote der K und der B den Vorgaben des Nahverkehrsplans des Eifelkreises Bitburg-Prüm entsprechen, sich nur marginal unterscheiden und im Ergebnis als gleichwertig anzusehen sind.

Im Ausgangspunkt fehlerfrei ist die weitere Annahme der Genehmigungsbehörde, dass K aufgrund ihrer verbindlichen Zusicherungen ein besseres Angebot abgegeben hat als B. Nach § 12 Abs. 1a PBefG kann der Antragsteller dem Genehmigungsantrag weitere Bestandteile hinzufügen, die als verbindliche Zusicherungen zu bezeichnen sind, um bestimmte Standards des beantragten Verkehrs verbindlich zuzusichern. Gegenstand einer verbindlichen Zusicherung können alle Standards des geplanten Verkehrs sein, zum Beispiel Tarife, Fahrpläne und technische Spezifikationen der eingesetzten Fahrzeuge. Die Einhaltung einer verbindlichen Zusicherung ist gemäß § 15 Abs. 3 S. 2 PBefG durch eine Auflage zur Genehmigung abzusichern. Verbindliche Zusicherungen verbessern die Ausgangsstellung des Antragstellers, sind aber bei erfolgreichem Antrag auch grundsätzlich für die gesamte Laufzeit der Genehmigung einzuhalten. Denn für Bestandteile des Genehmigungsantrags, die vom Unternehmer verbindlich zugesichert werden, bleibt die Erfüllung der Betriebspflicht in der Regel zumutbar (vgl. § 21 Abs. 4 S. 3 PBefG). Ein Antrag nach § 21 Abs. 4 S. 1 PBefG auf Entbindung von der Betriebspflicht, weil deren Erfüllung dem Unternehmer nicht mehr zugemutet werden könne, wird daher hinsichtlich der verbindlich zugesicherten Bestandteile grundsätzlich keinen Erfolg haben. Ebenso wird die erforderliche Zustimmung zu einer Änderung des Fahrplans oder der Beförderungsentgelte und -bedingungen in der Regel nicht erteilt, wenn diese einer verbindlichen Zusicherung widerspricht (vgl. §§ 40 Abs. 2a, 39 Abs. 2 S. 2 und Abs. 6 S. 3 PBefG). Daher ist ein Angebot, in dem Bestandteile des Genehmigungsantrags nach § 12 Abs. 1a PBefG verbindlich zugesichert werden, aufgrund der dadurch – bei Erfolg des Antrags – begründeten rechtlichen Bindung besser als ein Angebot ohne eine entsprechende Zusicherung. Daraus folgt jedoch nicht, dass bei der Beantwortung der Frage, wer die beste Verkehrsbedienung im Sinne von § 13 Abs. 2b PBefG anbietet, generell der Abgabe verbindlicher Zusicherungen gegenüber dem Fehlen entsprechender Zusicherungen ausschlaggebende Bedeutung zuzumessen ist. Vielmehr hängt die Beantwortung der Frage nach dem besten Angebot bei Abgabe verbindlicher Zusicherungen von der Bedeutung des zugesicherten Standards ab. Keine ausschlaggebende Bedeutung kommt einer verbindlichen Zusicherung zu, die nur eine Bagatelle betrifft. Gleiches gilt in den Fällen, in denen die berechtigte Erwartung besteht, dass der von einem Unternehmer verbindlich zugesicherte Standard von dem konkurrierenden Unternehmer auch ohne entsprechende Zusicherung ebenfalls für die gesamte Laufzeit der Genehmigung eingehalten wird. Eine solche Erwartung ist insbesondere berechtigt, wenn die Einhaltung des zugesicherten Standards gesetzlich vorgeschrieben ist oder in der Praxis so allgemein verbreitet ist, dass dies als selbstverständlich anzusehen ist. Eine solche Erwartung kann darüber hinaus bei einem Altunternehmer berechtigt sein, der bereits jahrelang den von einem Neubewerber verbindlich zugesicherten Standard eingehalten hat, etwa wenn die weitere Aufrechterhaltung dieses Standards im wohlverstandenen eigenen Interesse des Altunternehmers liegt. Besteht die berechtigte Erwartung, dass der Altunternehmer auch ohne verbindliche Zusicherung den jahrelang praktizierten Standard weiter aufrechterhalten wird, so ist der Vorteil, den die verbindliche Zusicherung dieses Standards und die dadurch begründete rechtliche Bindung enthält, nicht von solch einem Gewicht, dass ihm bei der Bestimmung des besten Angebots im Sinne des § 13 Abs. 2b PBefG ausschlaggebende Bedeutung zukommen müsste. In der Berücksichtigung der bisherigen Verkehrsbedienung des Altunternehmers liegt keine unzulässige Vermischung der Prüfung der besten Verkehrsbedienung nach § 13 Abs. 2b PBefG und der Berücksichtigung des sogenannten Altunternehmerprivilegs nach § 13 Abs. 3 PBefG. Aus den dargelegten Gründen ist vielmehr die bisherige Verkehrsbedienung des Altunternehmers auch im Rahmen der Bewertung von verbindlichen Zusicherungen eines Neubewerbers für die Frage des besten Angebots von Bedeutung. Nach Maßgabe dieser Grundsätze ist die Einschätzung nicht zu beanstanden, dass die K durch die Abgabe folgender verbindlicher Zusicherungen keine bedeutsam bessere Verkehrsbedienung im Sinne von § 13 Abs. 2b PBefG angeboten hat als die B, die keine entsprechenden Zusicherungen gemacht hat: Bereithalten von elektronischen Fahrscheindruckern an jedem Fahrerarbeitsplatz (Nr. 2 der verbindlichen Zusicherungen der K), Verkehrs- und Informationsbüro mindestens 45 Stunden/Woche von Montag bis Freitag (Nr. 3), Anpassung des Fahrtenangebots für Schüler in Abstimmung mit den Aufgabenträgern entsprechend der Nachfrageentwicklung (Nr. 5), Einsatz von kompetentem, mindestens einmal jährlich geschultem Fahrpersonal (Nr. 6), Angebot einer Busschule für Erstklässler zur Unfallverhütung nach den Richtlinien der Unfallkasse Rheinland-Pfalz (Nr. 7) sowie eine ständig besetzte Einsatz- und Dispositionszentrale während der Einsatzzeit und Vorhalten eines Ersatzfahrzeugs für einen Schadens- oder Notfall (Nr. 9). Insofern besteht nämlich die berechtigte Erwartung, dass die B, die als Altunternehmer jahrelang entsprechende Standards eingehalten hat, dies auch künftig während der Laufzeit der Genehmigung aufrechterhalten wird. Die Aufrechterhaltung dieser Standards, soweit sie nicht wie der Einsatz von einmal jährlich geschultem Fahrpersonal ohnehin gesetzlich vorgeschrieben sind, liegt letztlich auch im wohlverstandenen eigenen Interesse der B. Die Genehmigungsbehörde ist ferner zutreffend bei ihrer Entscheidung davon ausgegangen, dass dies nicht für die verbindlichen Zusicherungen der K für das Vorhalten eines Verkaufs- und Informationsbüros in unmittelbarer Nähe zum Linienverlauf (Nr. 1) und für die Garantie der Beibehaltung des Fahrplanangebots, solange eine regelmäßige Nutzung von mindestens vier Personen besteht (Nr. 4), gilt. Die B hat weder entsprechende Standards verbindlich zugesichert noch als Altunternehmer bisher eingehalten. Die räumliche Nähe einer Verkaufs- und Informationsstelle zur Linie stellt – gerade für ältere Kunden – durchaus einen gewissen qualitativen

Vorteil dar. Die Garantie des Fahrplanangebots bei einer regelmäßigen Mindestnutzung von vier Fahrgästen ist nicht eine lediglich auflösend bedingte Zusicherung, die nicht zu berücksichtigen wäre, sondern eine verbindliche Zusicherung hinsichtlich der Beibehaltung des Fahrplanangebots. Sie bedeutet angesichts der bestehenden Verwaltungspraxis in Rheinland-Pfalz, Anträgen auf Betriebspflichtentbindungen und Fahrplanänderungen erst ab einer regelmäßigen Nutzung von weniger als fünf Personen zu entsprechen, eine Verbesserung des Angebots um eine Person gegenüber dem Angebot der B, das keine verbindlichen Zusicherungen enthält. Insoweit ist das Angebot der K besser als das der B. Fehlerhaft ist aber die Annahme des Beklagten, dass der verbindlichen Zusicherung der K (Nr. 8), lediglich 70 v.H. der in den Zulassungsunterlagen freigegebenen Stehplätze in Anspruch zu nehmen, keine große praktische Bedeutung zukomme, weil diese Zusicherung schon bisher als informelle Vereinbarung zwischen den Verkehrsunternehmen und den Aufgabenträgern des Verkehrsverbundes Region Trier (VRT) existiere. Eine informelle Vereinbarung ist mangels rechtlicher Bindung von deutlich geringerem Gewicht als eine verbindliche Zusicherung. Die vom Beklagten angeführte informelle Vereinbarung rechtfertigt als solche nicht die Erwartung, dass der von der K zugesicherte Standard von der B auch ohne entsprechende Zusicherung ebenfalls für die gesamte Laufzeit der Genehmigung eingehalten wird. Eine solche Erwartung wäre allerdings dann berechtigt, wenn die B als Altunternehmerin bereits jahrelang den von der K zugesicherten Standard aufgrund der informellen Vereinbarung eingehalten hätte. Dies ist jedoch nicht der Fall. Die verbindliche Zusicherung der K zur Inanspruchnahme von lediglich 70 v.H. der zugelassenen Stehplätze betrifft schließlich auch keine Bagatelle. Der zugesicherte Standard entspricht vielmehr den dargelegten günstigeren Bedingungen für Schulbusse nach § 69 Abs. 5 SchulG. Die Zusicherung dient vor allem ebenso wie die gesetzliche Vorgabe für Schulbusse dem Zweck, die Sicherheit der Fahrgäste zu erhöhen. Überdies soll mit ihr der Fahrgastkomfort auch zu Hauptlastzeiten erhalten bleiben. Ihr kann daher ein bedeutsames Gewicht bei der Beantwortung der Frage, wer die beste Verkehrsbedienung nach § 13 Abs. 2b PBefG anbietet, nicht abgesprochen werden. Dies gilt umso mehr, als die Linie stark am Schülerverkehr ausgerichtet ist. Nach alledem ist das Angebot der K nicht nur aufgrund der verbindlichen Zusicherungen Nr. 1 und 4 besser als das der B ohne entsprechende Zusicherungen. Gleiches gilt vielmehr auch bezüglich der verbindlichen Zusicherung Nr. 8.

Das Altunternehmerprivileg der B nach § 13 Abs. 3 PBefG führt nicht dazu, den Rückstand ihres Angebots gegenüber dem besseren Angebot der K auszugleichen. Nach § 13 Abs. 3 PBefG ist der Umstand, dass ein Verkehr von einem Unternehmer jahrelang in einer dem öffentlichen Verkehrsinteresse entsprechenden Weise betrieben worden ist, angemessen zu berücksichtigen. Diese den Altunternehmer begünstigende Regelung verweist zum einen mit dem Kriterium der jahrelangen erfolgreichen Verkehrsbedienung auf den im Gewerberecht anerkannten Grundsatz „bekannt und bewährt". Das entspricht einem berechtigten Verkehrsinteresse, bei der Erteilung einer neuen Genehmigung denjenigen zu bevorzugen, der in Jahren bewiesen hat, dass er den fraglichen Verkehr ordnungsgemäß betreibt. Darüber hinaus liegt der Regelung der Gedanke des Besitzstandsschutzes zugrunde. Die für die Durchführung eines rechtmäßigen Linienverkehrs getätigten Investitionen sollen nicht ohne Not entwertet werden. Die Genehmigungsbehörde hat die jahrelange beanstandungsfreie Verkehrsbedienung durch den Altunternehmer bei ihrer Auswahlentscheidung im Rahmen des ihr hierbei zustehenden Ermessens „angemessen" zu berücksichtigen. Eine allgemeine Regel, wie die gebotene Abwägung vorzunehmen ist, damit die Verkehrsbedienung durch den Altunternehmer ihre angemessene Berücksichtigung findet, lässt sich nicht aufstellen. Hierfür kommt es auf die besonderen Umstände des Einzelfalls mit Blick auf den Sinn und Zweck des Altunternehmerprivilegs an. Das Altunternehmerprivileg kommt nicht nur dann zum Tragen, wenn die konkurrierenden Angebote annähernd gleichwertig sind. Die angemessene Berücksichtigung einer jahrelang den öffentlichen Verkehrsinteressen entsprechenden Verkehrsbedienung durch den Altunternehmer kann nach Maßgabe der Umstände des Einzelfalls dazu führen, dass ein gewisser Rückstand seines Angebots gegenüber dem konkurrierenden Anbieter ausgeglichen werden kann. Die B hat in dem abgelaufenen Genehmigungszeitraum, in dem sie die Linienverkehrsgenehmigung besaß, einen Teil des Verkehrs selbst und nicht durch beauftragte Subunternehmer betrieben. Sie kann sich daher auch mit Blick auf den mit der Regelung des § 13 Abs. 3 PBefG bezweckten Besitzstandsschutz auf den Schutz der von ihr getätigten Investitionen und mithin auf das Altunternehmerprivileg berufen. Sie kann sich auf das Altunternehmerprivileg auch gegenüber der K berufen, obgleich diese von ihr auf der hier in Rede stehenden Linie als Subunternehmerin eingesetzt worden ist.

Ermessensfehlerhaft ist die Auswahlentscheidung zugunsten der B, weil die angemessene Berücksichtigung ihrer jahrelangen beanstandungsfreien Verkehrsbedienung nur einen „gewissen" Rückstand ihres Angebots gegenüber einem konkurrierenden Angebot ausgleichen kann, nicht aber den hier vorliegenden, darüber hinausgehenden Rückstand gegenüber dem besseren Angebot der K. Deren Angebot ist nicht nur aufgrund ihrer verbindlichen Zusicherungen zum Vorhalten eines Verkaufs- und Informationsbüros in unmittelbarer Nähe zum Linienverlauf und der Garantie des Fahrplanangebots bei einer regelmäßigen Nutzung von mindestens vier Personen besser als das der B, das keine verbindlichen Zusicherungen enthält. Wie oben ausgeführt, kommt vielmehr eine weitere Verbesserung hinzu durch die verbindliche Zusicherung der K zur Inanspruchnahme von lediglich 70 v.H. der zugelassenen Stehplätze. Die Erhöhung der Sicherheit der Fahrgäste, der diese Zusicherung dient, kann insbesondere auf einer Linie, die – wie im vorliegenden Fall – stark am Schülerverkehr ausgerichtet ist, nicht als unbedeutende Verbesserung angesehen werden. Sie führt in Verbindung mit den genannten beiden anderen verbindlichen Zusicherungen zu einem so großen Vorsprung des Angebots der K gegenüber dem der B, dass die Einschätzung der Genehmigungsbehörde, das Altunternehmerprivileg könne hier den Rückstand des Angebots der B ausgleichen, der jahrelangen beanstandungsfreien Verkehrsbedienung ermessensfehlerhaft ein unangemessen hohes Gewicht beimisst. Kann das Altunternehmerprivileg demnach den Rückstand des Angebots der B gegenüber dem besseren Angebot der K hier nicht ausgleichen, ist die Auswahlentscheidung rechtswidrig. Eine rechtmäßige Ermessensentscheidung zugunsten der B ist danach ebenfalls ausgeschlossen. Im vorliegenden Fall kommt dem besseren Angebot der K ausschlaggebende Bedeutung für die Auswahl zwischen den beiden genehmigungsfähigen Anträgen nach § 13 Abs. 2b PBefG zu. Der K steht daher nicht nur ein Anspruch auf Neubescheidung, sondern auf Erteilung der von ihr beantragten Genehmigung zu. ◄

b) Bestellung von Verkehrsleistungen

Kann eine ausreichende Verkehrsbedienung nicht eigenwirtschaftlich sichergestellt werden, kann nach § 8a Abs. 1 PBefG eine behördliche Bestellung von Verkehrsleistungen erfolgen. Grundsätzlich sind hierfür die Aufgabenträger zuständig, die nicht mit den Genehmigungsbehörden identisch sind.

Der Begriff der „ausreichenden Verkehrsbedienung", der auch im Hinblick auf die Ziele der Nahverkehrsplanung in § 8 Abs. 3 S. 1 PBefG Verwendung findet, ist nicht abschließend bestimmt. Im Zentrum steht die Befriedigung der vorhandenen Nachfrage und damit die Erfüllung der Daseinsvorsorgefunktion des ÖPNV.[435]

181 Eine solche Bestellung erfolgt gemäß Art. 3 Abs. 1 Verordnung (EG) Nr. 1370/2007 durch die Vergabe eines öffentlichen Dienstleistungsauftrags iSv Art. 2 lit. i Verordnung (EG) Nr. 1370/2007. Darin sind gemäß Art. 4 Abs. 1 und 2 Verordnung (EG) Nr. 1370/2007 die vom Verkehrsunternehmer zu erbringenden Leistungen ebenso festzulegen wie die Parameter für die Berechnung der Ausgleichsleistung sowie die Aufteilung der Einnahmen und Kosten, soweit diese nicht zulässigerweise in Allgemeinen Vorschriften enthalten sind, vgl. Art. 3 Abs. 2 Verordnung (EG) Nr. 1370/2007. Ein öffentlicher Dienstleistungsauftrag ist stets zu befristen. Die maximale Laufzeit beträgt bei Eisen- und U-Bahnen grundsätzlich 15, bei sonstigen Verkehren zehn Jahre.[436]

182 Sofern ein öffentlicher Dienstleistungsauftrag dem allgemeinen Vergaberecht unterfällt, richtet sich die Beschaffung gemäß Art. 5 Abs. 1 Verordnung (EG) Nr. 1370/2007, § 8a Abs. 2 S. 1 PBefG nach diesem (→ § 10), andernfalls nach dem sogleich näher in den Blick zu nehmenden spezifischen Verkehrsvergaberecht der Verordnung (EG) Nr. 1370/2007. Die sonstigen Vorgaben der Verordnung (EG) Nr. 1370/2007 finden stets Anwendung.[437]

Der Vorrang des allgemeinen Vergaberechts greift nur ein, soweit dieses tatsächlich Anwendung findet. Dies ist nicht der Fall bei der Vergabe von Dienstleistungskonzessionen (→ § 10 Rn. 41 ff.),[438] die daher den Vergaberegeln der Verordnung (EG) Nr. 1370/2007 unterfallenden. Trotz Erklärung der Unanwendbarkeit vergaberechtlicher Vorgaben in § 108 GWB und den zugrunde liegenden Richtlinienbestimmungen sieht die EuGH-Rechtsprechung den Vorrang des allgemeinen Vergaberechts bei der Inhouse-Vergabe (→ § 10 Rn. 44 ff.) als gegeben an.[439] Letztere umfasst nach Auffassung des BGH „auch Direktvergaben, die nicht durch den Abschluss eines Vertrags, sondern durch einen anderen rechtsverbindlichen Akt erfolgen, etwa durch Gesellschafterbeschluss oder ... durch gesellschaftsrechtliche Weisung."[440]

183 Sofern die Verordnung (EG) Nr. 1370/2007 zur Anwendung kommt, ist grundsätzlich ein sog. wettbewerbliches Vergabeverfahren nach Art. 5 Abs. 3 Verordnung (EG) Nr. 1370/2007, §§ 8a, 8b PBefG durchzuführen. Dabei handelt es sich nicht um ein normativ umfassend ausgestaltetes Verfahren. Vielmehr haben sich sowohl der europäische als auch der deutsche Gesetzgeber auf die Vorgabe einiger grundlegender sowie spezifischer Aspekte beschränkt. Entsprechend der Rechtsprechung des EuGH zur Vergabe von Dienstleistungskonzessionen[441] wird explizit die Beachtung der Grund-

---

435 Siehe dazu im Einzelnen *Heinze*, in: ders./Fehling/Fiedler, PBefG, § 8 Rn. 26 ff.; *Knauff*, in: ders., Vorrang der Eigenwirtschaftlichkeit im ÖPNV, S. 11 (20 ff.) mwN.
436 Zu Verlängerungsmöglichkeiten in Sonderkonstellationen *Knauff*, GewArch 2022, 96 ff.
437 EuGH, NZBau 2017, 48 Rn. 38 ff. – Hörmann Reisen; siehe auch EuGH, NZBau 2018, 773 – Stefan Rudigier.
438 Eine solche ist nach OLG Koblenz, NZBau 2015, 577, nicht gegeben, wenn der Auftragnehmer eine sich aus den Einnahmen (einschließlich Netzeffekte) und einem variablen Zuschuss des Auftraggebers zusammensetzende und von den vereinbarten Fahrkilometern, nicht aber vom Fahrgastaufkommen abhängige Gesamtvergütung erhalten soll. Soll neben dem Recht zur Nutzung der Dienstleistung zusätzlich ein Preis gezahlt werden, kann der Vertrag jedenfalls dann nicht als Dienstleistungskonzession angesehen werden, wenn die zusätzliche Vergütung oder (Aufwands-)Entschädigung ein solches Gewicht hat, dass ihr bei wertender Betrachtung kein bloßer Zuschusscharakter mehr beigemessen werden kann, sondern sich darin zeigt, dass die aus der Erbringung der Dienstleistung möglichen Einkünfte allein ein Entgelt darstellen würden, das weitab von einer äquivalenten Gegenleistung läge, OLG Düsseldorf Beschl. v. 19.2.2020 – Verg 1/19.
439 EuGH, EuZW 2019, 388 – Hüttebräucker, mit kritischer Anmerkung *Knauff*.
440 BGH, NVwZ 2020, 330 Rn. 31; zum Ganzen auch kritisch *Hübner*, VergabeR 2020, 559 ff.; positiver *Lenz/Jürschik*, EuZW 2021, 59 ff.
441 Grundlegend EuGH, Slg 2000, I-10745 – Telaustria.

IV. Personenbeförderungsrecht § 5

sätze des Wettbewerbs, der Transparenz und der Nichtdiskriminierung angeordnet (→ § 10 Rn. 55 ff.). Dies setzt grundsätzlich eine Ausschreibung und ein geordnetes Verfahren voraus, die durch einzelne Bekanntmachungs- und Dokumentationspflichten konkretisiert werden. Hinsichtlich der vorgeschriebenen Angemessenheit der Fristen im Verfahren fehlt es an klaren Vorgaben; diesbezüglich bietet sich eine Orientierung am allgemeinen Vergaberecht an. Anders als nach diesem sind Verhandlungen nach Angebotsabgabe jedoch bei besonderer Komplexität zulässig (nicht aber reine Preisverhandlungen). Der Zuschlag ist auf das wirtschaftlichste Angebot gemäß den bekannt gemachten Kriterien zu erteilen. Eine Unterauftragsvergabe durch den erfolgreichen Bieter ist nur zulässig, wenn sie vom Aufgabenträger in den Vergabeunterlagen ausdrücklich gestattet wird; diesbezüglich kann zudem eine Verpflichtung zur wettbewerblichen Durchführung vorgesehen werden.

Aus der geringen Regelungsdichte folgen erhebliche Freiräume für die Aufgabenträger hinsichtlich der Ausgestaltung des wettbewerblichen Vergabeverfahrens. Diesen sind insbesondere zugänglich die Verfahrensausgestaltung im Detail einschließlich der Zulässigkeit von Verhandlungen und der Verfahrensdauer, die Festlegung der Eignungs- und Zuschlagskriterien sowie die Zulassung von Nebenangeboten. Die Nutzung dieser Spielräume hat erhebliche Folgen für die Wettbewerbsintensität im Verfahren.[442]

Alternativ zur Durchführung eines wettbewerblichen Verfahrens kann die Vergabe des öffentlichen Dienstleistungsauftrags nach Art. 5 Abs. 3 S. 1 Verordnung (EG) Nr. 1370/2007, § 8a Abs. 3 PBefG in den normativ abschließend bestimmten Fällen im Wege einer Direktvergabe erfolgen. Dabei erfolgt die Beauftragung eines leistungserbringenden Verkehrsunternehmens durch den Aufgabenträger nach freier Auswahl und damit ohne Wettbewerb, vgl. Art. 2 lit. h Verordnung (EG) Nr. 1370/2007. Wegen der in diesem Fall fehlenden marktmäßigen Bestimmung der Ausgleichsleistung muss diese (anders als bei der Vergabe im Wettbewerb, sofern keine Gewährung aufgrund allgemeiner Vorschriften erfolgt) nach den spezifischen Berechnungsvorgaben des Anhangs zur Verordnung (EG) Nr. 1370/2007 ermittelt werden, wodurch die Vermeidung von Überkompensationen sichergestellt werden soll. 184

Die in der Praxis wichtigste Ausprägung der Direktvergabe ist diejenige an interne Betreiber nach Art. 5 Abs. 2 Verordnung (EG) Nr. 1370/2007. Ein solcher ist gemäß Art. 2 lit. j Verordnung (EG) Nr. 1370/2007 „eine rechtlich getrennte Einheit, über die eine zuständige örtliche Behörde", also der Aufgabenträger, „eine Kontrolle ausübt, die der Kontrolle über ihre eigenen Dienststellen entspricht".[443] Hierfür ist es ausweislich Art. 5 Abs. 2 lit. a Verordnung (EG) Nr. 1370/2007 (anders als im allgemeinen Vergaberecht bezüglich der funktionsgleichen Inhouse-Vergabe[444], → § 10 Rn. 44 ff.) nicht notwendig, dass sämtliche Anteile des direkt zu beauftragenden Unternehmens vom Aufgabenträger gehalten werden, so dass auch Öffentlich-Private Partnerschaften (→ § 8 Rn. 51 ff.) als interner Betreiber in Betracht kommen. Die Attraktivität dieser gerade für die Beauftragung von kommunalen Verkehrsunternehmen durch ihre Trägerkommune beliebte Form der Direktvergabe wird jedoch durch einige in Art. 5 Abs. 2 Verordnung (EG) Nr. 1370/2007 vorgesehene tätigkeitsbezogene Restriktionen relativiert. Danach ist die Unterauftragsvergabe durch direkt beauftragte interne Be- 185

---

442 Näher *Knauff*, NZBau 2011, 655 (657 f.).
443 Dies kann auch bei einer Urenkelgesellschaft gegeben sein, OLG München, NZBau 2016, 583.
444 Zur Zulässigkeit im ÖPNV OLG Düsseldorf, VergabeR 2020, 783, und Beschl. v. 19.2.2020 – Verg 27/17.

treiber nur in einem recht geringen Umfang zulässig.[445] Diese unterliegen zudem einer grundsätzlichen Beschränkung auf das geografische Gebiet ihrer Trägerkommune. Eine auswärtige Wettbewerbsteilnahme ist ihnen untersagt.

Dies gilt allerdings nicht für das Angebot eigenwirtschaftlicher Verkehre, das aber regelmäßig durch das für Gemeinden und ihre Unternehmen geltende Örtlichkeitsprinzip (→ § 8 Rn. 16, 33 f.) ausgeschlossen wird. Ausnahmen gelten für den Fall, dass künftig der betreffende öffentliche Dienstleistungsauftrag im Wettbewerb vergeben werden soll.

186 Eine Direktvergabe im ÖPNV ist des Weiteren bei sog. De-minimis-Vergaben nach Art. 5 Abs. 4 Verordnung (EG) Nr. 1370/2007 möglich. Es handelt sich dabei um vergleichsweise geringwertige öffentliche Dienstleistungsaufträge, deren wettbewerbsfreie Vergabe nach Auffassung des europäischen Gesetzgebers keine relevanten Beeinträchtigungen des Binnenmarktes bewirkt.

187 Des Weiteren ist eine Direktvergabe von ÖPNV-Leistungen als Notmaßnahme zulässig, um eine unmittelbar drohende Verkehrsunterbrechung zu verhindern. Dies geschieht entweder im Anwendungsbereich des allgemeinem Vergaberechts als Verhandlungsverfahren ohne vorherige Vergabebekanntmachung (→ § 10 Rn. 88 f.) oder nach Art. 5 Abs. 5 Verordnung (EG) Nr. 1370/2007. Die Laufzeit des öffentlichen Dienstleistungsauftrags ist dabei auf zwei Jahre beschränkt.

188 Die Verkehrsaufnahme setzt schließlich auch bei bestellten Verkehren eine Genehmigung nach § 13 PBefG (→ Rn. 169 ff.) voraus. Um widersprechende Wertungen von Aufgabenträger und Genehmigungsbehörde zu verhindern, ermöglicht § 13 Abs. 2c PBefG eine Einbeziehung Letzterer bereits vor der Vergabe des öffentlichen Dienstleistungsauftrags. Entfällt der öffentliche Dienstleistungsauftrag nachträglich, ist nach § 25 Abs. 1 S. 1 Nr. 3 PBefG auch die Genehmigung zu widerrufen.

189 Der Dualismus von öffentlichem Dienstleistungsauftrag und Genehmigung hat schließlich prozessrechtliche Konsequenzen. Während Streitigkeiten im Zusammenhang mit der Genehmigung nach § 40 Abs. 1 S. 1 VwGO in die Zuständigkeit der Verwaltungsgerichte fallen,[446] ordnet § 8a Abs. 7 S. 1 PBefG für den Rechtsschutz in Bezug auf die Vergabe öffentlicher Dienstleistungsaufträge die Anwendbarkeit des vergaberechtlichen Nachprüfungsverfahrens (→ § 10 Rn. 109 ff.) an.

2. Taxiverkehre

190 Taxiverkehre bilden neben dem liniengebundenen ÖPNV eine weitere wichtige Ausprägung des lokalen Verkehrs und zugleich eine bedeutsame Ausprägung des Transportgewerbes. Gemäß § 47 Abs. 1 S. 1 PBefG ist der „Verkehr mit Taxen ... die Beförderung von Personen mit Personenkraftwagen, die der Unternehmer an behördlich zugelassenen Stellen bereithält und mit denen er Fahrten zu einem vom Fahrgast bestimmten Ziel ausführt." Personenbeförderungsrechtlich handelt es sich dabei – jenseits § 8 Abs. 2 PBefG – um eine Form des Gelegenheitsverkehrs, vgl. § 46 Abs. 2 Nr. 1 PBefG.

---

445 Nach OLG München, NZBau 2011, 701, ist dies im öffentlichen Dienstleistungsauftrag sicherzustellen. Nach OLG Düsseldorf, VergabeR 2021, 127, muss der Eigenleistungsanteil 20-30 % betragen und kann „auch durch Leistungen in der Betriebsorganisation, der Wartung oder technischen Unterstützungsleistungen erbracht werden, solange diese einen spezifischen Bezug zu dem öffentlichen Verkehrsdienst aufweisen und nicht Vorleistungen mit bloßer Hilfsfunktion sind".

446 Die örtliche Zuständigkeit des Verwaltungsgerichts richtet sich in solchen Fällen nach § 52 Nr. 3 VwGO, BVerwG, NVwZ-RR 2017, 713.

Die Genehmigung der Verkehrsdurchführung mit Taxen („Taxikonzession")[447] setzt die Erfüllung der in § 13 Abs. 1 PBefG enthaltenen subjektiven Anforderungen voraus (→ Rn. 173)[448] und darf gemäß § 13 Abs. 4 S. 1 PBefG einem Unternehmer nicht erteilt werden, „wenn die öffentlichen Verkehrsinteressen dadurch beeinträchtigt werden, daß durch die Ausübung des beantragten Verkehrs das örtliche Taxengewerbe in seiner Funktionsfähigkeit bedroht wird". Die Beurteilung erfolgt maßgeblich anhand der in § 13 Abs. 4 S. 2 PBefG genannten Kriterien, die regelmäßig eine strikte Begrenzung der Anzahl der Taxikonzessionen zur Folge haben. Danach sind die spezifische Nachfrage (Nr. 1), die Taxendichte (Nr. 2), betriebswirtschaftliche Erwägungen (Nr. 3) und die Anzahl und Ursachen der Geschäftsaufgaben (Nr. 4) zu berücksichtigen. Bei Erfüllung dieser restriktiven Voraussetzungen hat der Antragsteller gleichwohl einen Anspruch auf die Erteilung der Genehmigung.[449]

191

Kann konkurrierenden Genehmigungsanträgen nicht sämtlich stattgegeben werden, sind nach § 13 Abs. 5 S. 1 PBefG „Neubewerber und vorhandene Unternehmer angemessen zu berücksichtigen".[450] Nachrangig sind Anträge unter den Voraussetzungen des § 13 Abs. 5 S. 3 PBefG zu behandeln, wenn also der Unternehmer das Taxengewerbe nicht als Hauptbeschäftigung betreiben will oder (selbst) betrieben hat oder Verstöße gegen die Betriebspflicht nach § 47 Abs. 3 S. 1 PBefG[451] erfolgt sind. Im Übrigen richtet sich die Genehmigungserteilung gemäß § 13 Abs. 5 S. 2 PBefG nach dem Prioritätsprinzip. Um möglichst viele Interessenten berücksichtigen zu können, bestimmt § 13 Abs. 5 S. 4 PBefG, dass jeder Antragsteller nur eine Genehmigung erhält, wenn die Gesamtzahl der nach § 13 Abs. 4 PBefG zu erteilenden Genehmigungen andernfalls überschritten würde. Darüber hinaus muss der Betriebssitz des Taxiunternehmers grundsätzlich in der Gemeinde liegen, in der das Taxi bereitgehalten werden soll, § 47 Abs. 2 PBefG.

192

Genehmigungsverfahren und -formalitäten entsprechen grundsätzlich denjenigen im ÖPNV (→ Rn. 170 f., 177 ff.). Hinzu kommt die Pflicht der Genehmigungsbehörde zur Marktbeobachtung nach § 13 Abs. 4 S. 3, 4 PBefG.

193

Die Genehmigung wird für ein Fahrzeug, vgl. § 46 Abs. 3 PBefG, und gemäß § 16 Abs. 3 PBefG für höchstens fünf Jahre erteilt. Davon abweichend bestimmt § 13 Abs. 5 S. 5 PBefG, dass die Laufzeit der Genehmigung bei Neubewerbern zwingend zwei Jahre beträgt. Diesen ist während dieser Zeit eine Übertragung der Rechte und Pflichten aus der Genehmigung auch in Form der im Übrigen zulässigen Unternehmensübertragung abweichend von § 2 Abs. 3 PBefG untersagt.

194

Aufgrund der Genehmigung unterliegt der Taxiunternehmer innerhalb des Pflichtfahrbereichs, der sich nach Maßgabe der auf Grundlage von § 51 PBefG erlassenen Rechtsverordnungen bestimmt und regelmäßig das Gebiet eines Landkreises bzw. einer kreisfreien Stadt umfasst, nach § 47 Abs. 3 S. 1, Abs. 4 PBefG einer Beförderungspflicht.[452]

195

---

447 Näher zur Regulierung *Scheidler*, DAR 2009, 125 ff.; *König*, BB 2015, 1095 ff.; siehe auch *Kupfer*, Die Verteilung knapper Ressourcen im Wirtschaftsverwaltungsrecht, 2005, S. 170 ff.
448 Zur Unzuverlässigkeit eines Taxiunternehmers wegen eines Hangs zur Missachtung der Rechtsordnung BayVGH Beschl. v. 30.6.2021 – 11 CE 20.2844; spezifisch im Hinblick auf die Verwendung eines Tachoblockers VGH Mannheim Beschl. v. 17.2.2022 – 6 S 3699/21.
449 BVerwGE 82, 295 (299 f.).
450 Zur hieraus folgenden Notwendigkeit einer Zurverfügungstellung eines Teils der zu vergebenden Genehmigungen für Neubewerber vgl. auch OVG Münster, DÖV 1989, 1045.
451 Siehe dazu BVerwGE 61, 9; BVerwG, NJW 1977, 449.
452 Siehe dazu OLG Celle, RdTW 2018, 468.

Darüber hinausgehend kann er gemäß § 47 Abs. 2 S. 2 PBefG (nur) nach vorheriger Bestellung und insoweit abweichend von § 47 Abs. 1 PBefG[453] Fahrten durchführen, die ihren Ausgangspunkt in einer anderen als der Betriebssitzgemeinde nehmen. Hinsichtlich der Beförderungsbedingungen und -tarife besteht eine grundsätzlich uneingeschränkte Bindung an die Vorgaben in Rechtsverordnungen, die auf Grundlage von § 51 PBefG erlassen wurden. Als Taxen verwendete Kraftfahrzeuge sind nach § 26 BOKraft stets als solche zu kennzeichnen. Einer Vermietung von Taxen an Selbstfahrer steht § 47 Abs. 5 PBefG entgegen. Die Genehmigung erlischt nach § 26 PBefG, wenn der Taxenunternehmer den Betrieb nicht durchführt oder seinen Sitz in eine andere Gemeinde verlegt.

3. Sonstige Gelegenheits- und Fernbuslinienverkehre

196 Zeichnet sich das Personenbeförderungsrecht auch tendenziell durch eine hohe Regulierungsdichte aus, so gilt dies nicht (mehr) für Gelegenheitsverkehre, die nicht mit dem Taxi durchgeführt werden (Ausflugsfahrten und Ferienziel-Reisen nach § 48 PBefG sowie Verkehre mit Mietomnibussen und Mietwagen nach § 49 PBefG[454]) sowie für Fernbuslinienverkehre nach §§ 42a f. PBefG.[455] Zwar bedürfen auch diese einer Genehmigung; deren Anforderungen und Wirkungen werden in § 13 PBefG und den jeweils spezifischen Vorschriften jedoch deutlich weniger anspruchsvoll ausgestaltet. Die Gewerbefreiheit kommt somit in diesen Sektoren des Verkehrsmarktes deutlich stärker zum Tragen.

197 Taxiähnliche Verkehrsangebote, bei denen internetgestützt entgeltliche Mitfahrten bei Privaten vermittelt werden (zB Uber Pop), waren nach überkommenem Personenbeförderungsrecht wegen des Typenzwangs weithin unzulässig.[456] Nachdem allerdings verschiedene Formen von on demand-Verkehren vornehmlich als atypische Verkehre nach § 2 Abs. 6 PBefG oder auf Grundlage der Erprobungsklausel, § 2 Abs. 7 PBefG, genehmigt wurden,[457] hat der Gesetzgeber 2021 mit dem in § 50 normierten gebündelten Bedarfsverkehr eine spezifische Ausprägung des „Ride pooling" im Gelegenheitsverkehr normiert, zugleich aber den Aufgabenträgern weitgehende Befugnisse zu seiner Beschränkung zugewiesen. Derzeit ist nicht absehbar, ob diese Verkehrsform insbesondere jenseits der Metropolregionen praktische Bedeutung erlangen wird, zumal parallel mit dem Linienbedarfsverkehr (→ Rn. 166) eine konkurrierende, gesetzlich jedoch weniger anspruchsvoll ausgestaltete Ausprägung von on demand-Verkehren eingeführt wurde.

4. Wiederholungs- und Verständnisfragen

1. Welche Rechtsquellen bestehen im Personenbeförderungsrecht? (→ Rn. 163)
2. Gilt der Grundsatz der Gewerbefreiheit auch im Personenbeförderungsrecht? (→ Rn. 165)
3. Was ist unter dem ÖPNV zu verstehen? (→ Rn. 166)

---

453 Zur Standplatzpflicht für Taxen BVerwGE 167, 267.
454 Zur Einschlägigkeit der Regelungen für Kranken- bzw. Patientenfahrten jenseits des Rettungsdienstrechts OVG Schleswig Beschl. v. 31.1.2022 – 5 LA 308/20.
455 Ausführlich dazu *Maier*, Die Liberalisierung des Fernlinienbusverkehrs, S. 257 ff.
456 OVG Hamburg, NVwZ 2014, 1528 (1530); OVG Berlin-Brandenburg, CR 2015, 376; OLG Frankfurt GRUR-RR 2017, 17 (20 ff.); zur Parallelwertung des Europarechts grundlegend EuGH, GewArch 2018, 105 ff.
457 Vgl. *Baumeister/Fiedler*, Verkehr und Technik 2019, 1 ff.

IV. Personenbeförderungsrecht § 5

4. Welche Verkehrsleistungen fallen unter den Begriff der Eigenwirtschaftlichkeit? (→ Rn. 167)
5. Welche Voraussetzungen müssen für die Erteilung einer Genehmigung vorliegen? (→ Rn. 169 ff.)
6. Wann erfolgt die Bestellung von Verkehrsleistungen und wonach richtet sie sich? (→ Rn. 180 ff.)
7. Welcher Anforderungen bedarf es für die Erteilung einer Taxikonzession? (→ Rn. 190 ff.)

Zur Vertiefung: *Baumeister* (Hrsg.), Recht des ÖPNV, 2013; *Berschin*, 7. Teil Personenverkehrs-VO – VO (EG) 1370/2007, in: Säcker/Ganske/Knauff (Hrsg.), Münchener Kommentar zum Wettbewerbsrecht IV, 4. Aufl. 2022; *Bidinger*, Personenbeförderungsrecht (Loseblatt); *Fielitz/Grätz*, Personenbeförderungsgesetz (Loseblatt); *Fromm/Sellmann/Zuck* (Hrsg.), Personenbeförderungsrecht, 5. Aufl. 2022; *Gleich*, Grundrechtliche Determinanten des Verkehrsmarktrechts, 2021; *Heinze/Fehling/Fiedler*, Personenbeförderungsgesetz, 2. Aufl. 2014; *Jürschik*, Verordnung über öffentliche Personenverkehrsdienste. Kommentierung der VO (EG) 1370/2007 inkl. VO (EU) 2016/2338, 2018; *Knauff* (Hrsg.), Vorrang der Eigenwirtschaftlichkeit im ÖPNV, 2017; *ders.* (Hrsg.), Bestellung von Verkehrsleistungen im ÖPNV, 2018; *ders.*, VO (EG) Nr. 1370/2007 über öffentliche Personenverkehrsdienste (Verkehrsbeihilfen), in: Immenga/Mestmäcker (Begr.), Wettbewerbsrecht V, 6. Aufl. 2022; *Linke*, Die Gewährleistung des Daseinsvorsorgeauftrags im öffentlichen Personennahverkehr, 2010; *ders.* (Hrsg.), VO (EG) Nr. 1370/2007. VO über öffentliche Personenverkehrsdienste, 2. Aufl. 2019; *Maier*, Die Liberalisierung des Fernlinienbusverkehrs, DÖV 2013, 180 ff.; *Saxinger/Winnes* (Hrsg.), Recht des öffentlichen Personenverkehrs. Kommentar zur Personenbeförderung auf Straße und Schiene (Loseblatt); *Scheidler*, Die Taxikonzession – eine Sonderform der gewerblichen Erlaubnis, GewArch 2011, 848 ff.; *Spanka*, Gewährleistung des öffentlichen Personennahverkehrs durch allgemeine Vorschriften. Unter Berücksichtigung der beihilferechtlichen Rechtfertigung nach der Verordnung (EG) 1370/2007, 2019; *von Wietersheim* (Hrsg.), Vergaben im ÖPNV – Umsetzung der VO 1370/2007, 2013

§ 6 Kartellrecht

▶ **Fall 9:**[1] G betreibt ein weltweites elektronisches Hotelportal auf der Basis einer Datenbank von über 250.000 Hotels in allen Preiskategorien. In Deutschland ist G mit 35 % Marktanteil der größte Anbieter. Das G-System ermöglicht Direktbuchungen mit Sofortbestätigungen zu den jeweils aktuellen Hotelzimmerpreisen. G unterhält Vertragsbeziehungen zu den Hotelkunden und den Hotels. Mit der Buchung eines Hotelzimmers über das Hotelportal kommt zwischen dem Hotelkunden und G ein Vermittlungsvertrag zustande. Dem Hotelkunden werden für die Vermittlungsleistung von G keine Kosten in Rechnung gestellt; er zahlt ausschließlich den Zimmerpreis an das gebuchte Hotel. Zwischen G und den Hotelunternehmen besteht ein Vertrag über die Aufnahme des Hotels in das G-Hotelreservierungssystem, in dem für jede realisierte Einzelbuchung eine Provision in prozentual bestimmter Höhe auf den Übernachtungspreis vom Hotel an G zu zahlen ist. Bestandteil der Verträge ist auch unter Ziff. 5 eine sog. Bestpreisklausel mit folgendem Wortlaut:

„G erwartet von seinen Hotelpartnern grundsätzlich die günstigsten Zimmerpreise inklusive aller Steuern und Gebühren (sog. Endpreise) sowie eine höchstmögliche Verfügbarkeit. Das Hotel verpflichtet sich somit, dass

a) G immer die mindestens gleich günstigen Preise und Preisbedingungen (nachfolgend gemeinsam ‚Preis' oder ‚Rate') erhält, die das Hotel auf anderen Buchungs- und Reiseplattformen im Internet und den eigenen Vertriebskanälen anbietet oder anbieten lässt (sog. parityrate). Das Hotel verpflichtet sich in diesem Zusammenhang auch, seine sonstigen Vertriebspartner (wie zB Reiseveranstalter) entsprechend zu verpflichten und dafür Sorge zu tragen, dass G für den Fall, dass das Hotel zu einem günstigeren Preis buchbar ist, diesen Preis ebenfalls erhält,

b) es eine wirksame Forderung eines G-Kunden aufgrund einer Verletzung der Best-Preis-Garantie mit dem Gast im Rahmen der Rechnungsstellung begleicht. Zusätzlich ändert das Hotel unverzüglich den G-Preis entsprechend ab,

c) G in Bezug auf die Verfügbarkeit nicht schlechter behandelt wird als andere Vertriebskanäle, so dass auf anderen Vertriebskanälen noch verfügbare Zimmer immer auch bei G verfügbar gemacht werden,

d) G in Bezug auf die Buchungs- und Stornierungskonditionen für den Kunden nicht schlechter behandelt wird als andere Vertriebskanäle, so dass günstigere Konditionen, die das Hotel auf anderen Buchungs- und Reiseplattformen im Internet sowie den eigenen Vertriebskanälen online oder offline anbietet oder anbieten lässt, auch bei G gelten".

Ziff. 18 b) der Vertragsbedingungen sieht überdies vor, dass G bei einem Verstoß gegen die Best-Preis-Garantie oder Parität bei Verfügbarkeit oder Buchungsbedingungen zur unmittelbaren, auch zeitweiligen Sperrung des Hotels für alle weiteren Buchungen verpflichtet ist. G hat die Einhaltung der Bestpreisklausel systematisch überwacht und Verstöße mit der Drohung einer Auslistung abgemahnt.

Ist die Bestpreisklausel rechtmäßig? ◀

1 Das Kartellrecht ist ein wesentliches Instrument hoheitlicher Marktaufsicht und -ordnung, indem es das Verhalten von Unternehmen im Wettbewerb regelt und einer

---

1 Nach OLG Düsseldorf, BB 2015, 593; zu im Detail anderweitig ausgestalteten „engen Bestpreisklauseln" siehe auch BGH, EuZW 2021, 844.

behördlichen Kontrolle unterstellt. Insoweit ist es dem öffentlichen Wirtschaftsrecht zugehörig. Soweit es darüber hinaus Ansprüche von Wirtschaftsteilnehmern gegeneinander normiert, handelt es sich jedoch materiell um Zivilrecht. Aufgrund dessen, aber auch infolge der Zuweisung von kartellrechtlichen Streitigkeiten an die ordentliche Gerichtsbarkeit (→ Rn. 48), wird das Kartellrecht häufig aus zivilrechtlicher Perspektive wahrgenommen und bearbeitet. Seine Spezialität begünstigt diese Betrachtung außerhalb öffentlich-rechtlicher Kontexte und Bezüge zusätzlich. Allerdings ist deren Einbeziehung für ein zutreffendes Verständnis kartellrechtlicher Vorschriften ebenso unentbehrlich wie die Einbeziehung des Kartellrechts in das Gesamtgefüge des öffentlichen Wirtschaftsrechts (→ § 1 Rn. 8 ff.), um dessen Funktionalität in allen relevanten Facetten zu erfassen.

I. Gegenstand

Das Kartellrecht zielt auf einen Schutz des Wettbewerbs im volkswirtschaftlichen Interesse ab.[2] Ausgehend von der ökonomischen Grundannahme, dass ein funktionierender Wettbewerb am besten in der Lage ist, Bedürfnisse zu befriedigen, Innovationen zu erzeugen und Wohlfahrtsgewinne hervorzurufen, wird dieser als solcher und um seiner selbst willen geschützt. Angebot und Nachfrage sollen ohne Störungen durch die Marktakteure zu einem Ausgleich kommen. Nur in einem unverzerrten Wettbewerb haben auch neue Unternehmen eine Chance auf Zutritt und Durchsetzung am Markt.

Ein derartiger Wettbewerb liegt jedoch nicht notwendig im Interesse der einzelnen auf dem Markt tätigen Unternehmen. Die volkswirtschaftliche Zielsetzung kollidiert vielmehr mit betriebswirtschaftlichen Anreizen, wenn ein Unternehmen gerade aufgrund seiner starken Marktstellung wirtschaftliche Vorteile erzielen kann. Wettbewerb erscheint dann aus betriebswirtschaftlicher Perspektive als nicht wünschenswert.

Besonders deutlich wird dies anhand von Monopolrenditen. Ein Unternehmen, dem es gelingt, als einziger Anbieter auf einem Markt tätig zu werden, ist nicht mehr dem Preisdruck des Wettbewerbs ausgesetzt und kann daher für seine Produkte oder Leistungen ohne größeren Aufwand höhere Einnahmen erzielen. Dies ist für das betreffende Unternehmen ebenso positiv (so dass die Erreichung einer Monopolstellung betriebswirtschaftlich sinnvoll ist) wie für die Abnehmer negativ, die die zusätzlichen Unternehmensgewinne durch höhere Preise finanzieren müssen. Doch auch Unternehmen, die über keine Monopolstellung, aber über große Marktmacht verfügen, können wirtschaftliche Vorteile aufgrund ihrer Größe erreichen, indem sie etwa als Nachfrager von Produkten wegen großer Abnahmemengen geringere Einkaufspreise durchsetzen können.

Dennoch zielt das Kartellrecht nicht darauf ab, starke Marktstellungen einzelner Unternehmen und die dadurch hervorgerufenen Einschränkungen des Wettbewerbs in jedem Falle zu verhindern, bilden die damit verbundenen positiven betriebswirtschaftlichen Effekte doch zugleich einen Anreiz für Innovationen. Wettbewerb kennt notwendig Gewinner und Verlierer; seine Funktionalität setzt voraus, dass Gewinner wirtschaftlich belohnt werden. Eine Vorgabe von maximalen Marktanteilen würde diesen Anreiz deutlich reduzieren. Dies hätte wiederum negative Folgen für den Wettbewerb und somit volkswirtschaftliche Nachteile.

---

2 Zu den ökonomischen Grundlagen des Kartellrechts siehe näher *Kling/Thomas*, Kartellrecht, § 2; ausführlich *Kerber/Schwalbe*, in: MüKo Wettbewerbsrecht I, Grundlagen Rn. 34 ff.

5　Das Kartellrecht beschränkt sich vor diesem Hintergrund darauf, wettbewerbsverzerrende Maßnahmen von Unternehmen zu bekämpfen.[3] Es statuiert zu diesem Zweck ein Verbot wettbewerbsbeschränkender Verhaltensweisen und stellt Voraussetzungen für Unternehmenszusammenschlüsse auf. Zur Erreichung seiner Ziele sieht es sowohl öffentlich-rechtliche Instrumente, insbesondere die Kartellaufsicht einschließlich einer spürbaren Sanktionierung von Verstößen durch spezialisierte Behörden, als auch privatrechtliche Reaktionsmöglichkeiten von Geschädigten vor.

II. Rechtsgrundlagen

6　Das geltende Kartellrecht setzt sich aus einer Vielzahl unmittelbar anwendbarer europäischer und nationaler Rechtsakte zusammen. Diese unterscheiden sich vor allem in ihren Anwendungsbereichen, dagegen nur in geringem Maße in ihren Inhalten.

Das deutsche Kartellrecht, das Anfang der 1950er Jahre orientiert am US-amerikanischen Modell geschaffen wurde, entfaltete anfangs eine Vorbildwirkung für das europäische Kartellrecht. Dieses wiederum entwickelte sich im Verlauf der europäischen Integrationsgeschichte zunehmend eigenständig und beeinflusste seinerseits insbesondere die neueren Novellen des deutschen Kartellrechts maßgeblich.[4]

7　Das Europarecht enthält auf verschiedenen normhierarchischen Stufen kartellrechtliche Regelungen. Deren Geltung knüpft jeweils daran an, ob ein wettbewerbsrelevantes Verhalten von Unternehmen Auswirkungen auf dem Binnenmarkt oder einem wesentlichen Teil desselben haben kann. Von zentraler Bedeutung sind die Art. 101 ff. AEUV. Grundlegende Aspekte des EU-Kartellrechts (mit Ausnahme der Fusionskontrolle) werden mithin bereits im Primärrecht und damit gleichsam auf „europaverfassungsrechtlicher" Ebene normiert.

Seit ihrer erstmaligen Verankerung im EWG-Vertrag durch die Römischen Verträge haben die heutigen Art. 101 ff. AEUV keine grundlegende Veränderung erfahren. Ihr Vollzug obliegt – anders als dies von wenigen Ausnahmen abgesehen sonst im Hinblick auf europarechtliche Normen der Fall ist – der EU-Kommission, deren Verständnis daher eine prägende Bedeutung für das Rechtsgebiet zukommt.

8　Die primärrechtlichen Vorgaben werden durch zahlreiche Sekundärrechtsakte ergänzt. Von großer praktischer Bedeutung sind die sog. Gruppenfreistellungsverordnungen, die für bestimmte, abschließend benannte Fälle die Vereinbarkeit von Verhaltensweisen von Unternehmen, die sich negativ auf den Wettbewerb auswirken (können), mit dem Kartellverbot positiv feststellen.

Grundlage bilden die Verordnung (EWG) Nr. 19/65 über die Anwendung von Artikel 85 Absatz 3 des Vertrags auf Gruppen von Vereinbarungen und aufeinander abgestimmten Verhaltensweisen[5] (1. Grundverordnung) und die Verordnung (EWG) Nr. 2821/71 über die Anwendung von Artikel 85 Absatz 3 des Vertrages auf Gruppen von Vereinbarungen, Beschlüssen und aufeinander abgestimmten Verhaltensweisen[6] (2. Grundverordnung). Gestützt darauf hat die Kommission eine erhebliche Anzahl von Freistellungsregelungen erlassen. Zu nennen sind u.a. die Verordnung (EU) 2022/720 über die Anwendung des Artikels 101 Absatz 3 des Vertrags über die Arbeitsweise der Europäischen Union auf Gruppen von vertikalen Vereinbarungen und abgestimmten Verhaltensweisen,[7] die Verordnung (EU)

---

[3] Vgl. nur *Wiedemann*, in: ders., Kartellrecht, § 1 Rn. 1 ff.
[4] Zur Entwicklung des deutschen Kartellrechts im Einzelnen *Säcker*, in: MüKo Wettbewerbsrecht II, Einl. Rn. 1 ff.
[5] ABl. 1965 Nr. 36/533.
[6] ABl. 1971 L 285/46.
[7] ABl. 2022 L 134/4.

III. Verbot wettbewerbsbeschränkender Verhaltensweisen § 6

Nr. 1217/2010 über die Anwendung von Artikel 101 Absatz 3 des Vertrags über die Arbeitsweise der Europäischen Union auf bestimmte Gruppen von Vereinbarungen über Forschung und Entwicklung,[8] die Verordnung (EU) Nr. 1218/2010 über die Anwendung von Artikel 101 Absatz 3 des Vertrags über die Arbeitsweise der Europäischen Union auf bestimmte Gruppen von Spezialisierungsvereinbarungen[9] und die Verordnung (EU) Nr. 316/2014 über die Anwendung von Artikel 101 Absatz 3 des Vertrags über die Arbeitsweise der Europäischen Union auf Gruppen von Technologietransfer-Vereinbarungen.[10]

Die Regelungen über Unternehmenszusammenschlüsse werden ebenfalls sekundärrechtlich in der Fusionskontrollverordnung (EG) Nr. 139/2004[11] normiert. In verfahrensrechtlicher Hinsicht ist schließlich die Kartellverfahrensverordnung (EG) Nr. 1/2003[12] von wesentlicher Bedeutung. Wichtig für die Rechtsdurchsetzung sind zudem die Richtlinie 2014/104/EU über bestimmte Vorschriften für Schadensersatzklagen nach nationalem Recht wegen Zuwiderhandlungen gegen wettbewerbsrechtliche Bestimmungen der Mitgliedstaaten und der Europäischen Union[13] und die Richtlinie (EU) 2019/1 zur Stärkung der Wettbewerbsbehörden der Mitgliedstaaten im Hinblick auf eine wirksamere Durchsetzung der Wettbewerbsvorschriften und zur Gewährleistung des reibungslosen Funktionierens des Binnenmarkts[14]. Ergänzend treten zahlreiche Mitteilungen und Leitlinien der EU-Kommission, zB die sog. Kronzeugenmitteilung[15] und die Leitlinien für vertikale Beschränkungen[16], hinzu. Als Soft Law sind diese anders als die primär- und sekundärrechtlichen Bestimmungen rechtlich nicht verbindlich; gleichwohl kommt ihnen eine große praktische Bedeutung zu.

Zentrale Rechtsgrundlage des deutschen Kartellrechts ist das Gesetz gegen Wettbewerbsbeschränkungen (GWB). Hinzu kommen einzelne Vorschriften in anderen Gesetzen, welche Sonderregeln für spezifische Konstellationen enthalten, vgl. § 8 Abs. 3b PBefG. Auch das deutsche Kartellrecht wird durch Soft Law ergänzt. Insbesondere das Bundeskartellamt (BKartA) legt regelmäßig Bekanntmachungen und andere rechtlich unverbindliche Texte vor, in denen es seine Rechtsauffassung zu spezifischen kartellrechtlichen Fragestellungen darlegt und die als Handlungsleitlinie für die betroffenen Unternehmen zu dienen bestimmt sind.

III. Verbot wettbewerbsbeschränkender Verhaltensweisen

Das Verbot wettbewerbsbeschränkender Verhaltensweisen bildet den Kerngehalt des europäischen und deutschen Kartellrechts. Es umfasst das Verbot wettbewerbsbeschränkender Absprachen (Kartellverbot ieS) sowie das Verbot des Missbrauchs einer marktbeherrschenden Stellung (Missbrauchsverbot).

1. Kartellverbot

Das in Art. 101 AEUV sowie § 1 GWB normierte Kartellverbot steht Vereinbarungen zwischen Unternehmen aller Art, Beschlüssen von Unternehmensvereinigungen und

---

8 ABl. 2010 L 335/36, geändert durch Verordnung (EU) 2022/2455, ABl. 2022 L 321/1.
9 ABl. 2010 L 335/43, geändert durch Verordnung (EU) 2022/2456, ABl. 2022 L 321/3.
10 ABl. 2014 L 93/17.
11 ABl. 2004 L 24/1.
12 ABl. 2003 L 1/1, zuletzt geändert durch Verordnung (EG) Nr. 487/2009, ABl. 2009 L 148/1.
13 ABl. 2014 L 349/1.
14 ABl. 2019 L 11/3.
15 Mitteilung der Kommission über den Erlass und die Ermäßigung von Geldbußen in Kartellsachen, ABl. 2006 C 298/17.
16 ABl. 2022 C 248/1.

abgestimmten Verhaltensweisen von Unternehmen mit (potenziell) wettbewerbsbehindernder Wirkung entgegen. Maßnahmen, die hiergegen verstoßen, sind, wie Art. 101 Abs. 2 AEUV explizit anordnet und auch aus § 1 GWB iVm § 134 BGB folgt,[17] nichtig, entfalten mithin keine Rechtswirkungen. Dies gilt nur dann nicht, soweit derartige Verhaltensweisen normativ freigestellt sind (→ Rn. 20 ff.).

a) Erfasste Unternehmen

13 Adressaten dieses Verbots sind alle selbstständig am Markt tätigen Wirtschaftssubjekte unabhängig von ihrer Rechtsform und Eigentümerstruktur (funktionaler Unternehmensbegriff).[18] Infolgedessen gilt es insbesondere auch für öffentliche Unternehmen, vgl. § 185 Abs. 1 S. 1 GWB. Auf die jeweiligen Tätigkeitsbereiche und die Position als Anbieter oder Nachfrager[19] kommt es nicht an. Nicht als Unternehmen im funktionalen Sinne sind allein solche Akteure anzusehen, die nicht am wirtschaftlichen Wettbewerb teilnehmen, sondern ausschließlich andere Aufgaben erfüllen, etwa hoheitlicher oder kultureller Natur.[20]

Die Abgrenzung kann in der Praxis Schwierigkeiten entfalten. Auch sind die Wertungen des europäischen und des nationalen Kartellrechts nicht uneingeschränkt deckungsgleich.[21] Nicht entscheidend für die Zuordnung zum wirtschaftlichen oder hoheitlichen Bereich ist grundsätzlich die Art der Finanzierung, vgl. § 185 Abs. 1 S. 2 GWB. Als eindeutig hoheitlich sind jedoch solche Betätigungen der öffentlichen Hand zu qualifizieren, die sich auf den Gesetzesvollzug beschränken. Im Hinblick auf kulturelle Angebote stellt sich das Problem, dass deren Nutzung häufig gegen ein von den Nutzern zu zahlendes Entgelt erfolgt, etwa bei Bibliotheken oder einem Theaterbesuch, bzw. bestimmte Kulturgüter, etwa Bücher, zugleich ein Handelsgut sind. In diesem Falle ist die Anwendbarkeit des Kartellverbots danach zu bestimmen, ob die Betätigung schwerpunktmäßig als ökonomisch oder kulturell zu qualifizieren ist.

b) Unzulässige Verhaltensweisen

14 In der Sache steht das Kartellverbot jeglichen Absprachen von Unternehmen entgegen, welche den Wettbewerb auf dem relevanten Markt (→ Rn. 16 f.) zu beeinträchtigen geeignet sind. Art. 101 Abs. 1 AEUV benennt exemplarisch einige typische Verhaltensweisen, die hiervon erfasst werden. Es handelt sich dabei um „a) die unmittelbare oder mittelbare Festsetzung der An- oder Verkaufspreise oder sonstiger Geschäftsbedingungen; b) die Einschränkung oder Kontrolle der Erzeugung, des Absatzes, der technischen Entwicklung oder der Investitionen; c) die Aufteilung der Märkte[22] oder Versorgungsquellen; d) die Anwendung unterschiedlicher Bedingungen bei gleichwertigen Leistungen gegenüber Handelspartnern, wodurch diese im Wettbewerb benachteiligt werden; e) die an den Abschluss von Verträgen geknüpfte Bedingung, dass

---

17 BT-Drs. 13/9720, S. 46.
18 Siehe nur EuGH, Slg 1991, I-1979, Rn. 21 – Höfner und Elser; BGH, WuW/E DE-R 289, 291 Rn. 20 ff.; umfassend *Weiß*, Der Unternehmensbegriff im europäischen und deutschen Kartellrecht, 2012.
19 Vgl. BGHZ 36, 91 (103); BGH, WuW/E DE-R 1144, 1145; beschränkt auf den Fall, dass die nachgefragten Produkte anschließend wiederum wirtschaftlich verwendet werden EuGH, Slg I-2006, 6295 Rn. 26 – FENIN.
20 Vgl. BGH, NVwZ 2003, 1012 (1013).
21 Näher *Schwensfeier/Knauff*, in: Loewenheim/Meessen/Riesenkampff/Kersting/Meyer-Lindemann, Kartellrecht, § 185 GWB Rn. 23 ff.
22 Zur Zulässigkeit von „Sternverträgen", die dadurch gekennzeichnet sind, dass durch eine Mehrzahl vertikaler Vereinbarungen eine horizontale Abstimmung zwischen den Vertragspartnern bewirkt wird, siehe BGH, NZKart 2019, 492.

III. Verbot wettbewerbsbeschränkender Verhaltensweisen § 6

die Vertragspartner zusätzliche Leistungen annehmen, die weder sachlich noch nach Handelsbrauch in Beziehung zum Vertragsgegenstand stehen."

In der Praxis kommen Verstöße gegen diese Verbote trotz des hohen Entdeckungsrisikos nicht selten vor. So konnten mehrere große deutsche Brauereien aufgrund einer Preisabsprache über Jahre hinweg etwa 1 EUR mehr pro verkaufter Bierkiste einnehmen, als dies in einem ungestörten Wettbewerb möglich gewesen wäre.[23] Die Instabilität von Kartellen, welche daraus resultiert, dass es für mindestens eines der beteiligten Unternehmen zu einem bestimmten Zeitpunkt wirtschaftlich vorteilhafter ist, sich nicht mehr an eine Kartellabsprache zu halten oder das Kartell als „Kronzeuge" sanktionsfrei aufzudecken (→ Rn. 46), führt jedoch regelmäßig zu einer zeitlichen Begrenzung von Kartellen.

Auf welche Art die verbotene Abstimmung von Unternehmen erfolgt, ist letztlich unerheblich. Die in Art. 101 Abs. 1 AEUV und § 1 GWB genannten Vereinbarungen, Beschlüsse und abgestimmten Verhaltensweisen iSd Kombination eines Abstimmungsvorgangs (Fühlungnahme) und einem konkreten Marktverhalten in Umsetzung der Abstimmung[24] sind jeweils Ausdruck eines bewussten und gewollten Zusammenwirkens zu einem wettbewerbsbeschränkenden Zweck. Diesem Zusammenwirken kommt für das Eingreifen des Kartellverbots eine konstitutive Bedeutung zu. 15

Darunter fallen nicht nur solche Verhaltensweisen, die offensichtlich den Wettbewerb auf dem relevanten Markt verhindern, einschränken oder verfälschen. Eine bezweckte Wettbewerbsbeschränkung muss nicht bereits auf den ersten Blick erkennbar sein. Entscheidend sind ihr Inhalt, die damit verfolgten Ziele sowie der wirtschaftliche und rechtliche Zusammenhang, in dem die beanstandete Vereinbarung steht.[25]

Ein bloßes Parallelverhalten, also die Orientierung eines Unternehmens an dem Marktverhalten eines Wettbewerbers ohne eine Willensübereinstimmung mit diesem, ist kartellrechtlich irrelevant.[26] Dies gilt auch dann, wenn es sich um ein prägendes Verhalten handelt, dessen Wirkungen den Wettbewerb in gleicher Weise beeinträchtigen wie eine verbotene Absprache. 15a

Im Detail stellen sich gleichwohl zahlreiche Abgrenzungsfragen im Hinblick auf die Erlaubtheit oder das Verbotensein eines Verhaltens. Deutlich wird dies anhand der Preispolitik der Tankstellen beim Kraftstoffverkauf. Das Vorliegen einer unzulässigen Abstimmung zwischen den Betreiberunternehmen wird zwar vom BKartA vermutet, konnte aber bislang nicht nachgewiesen werden,[27] so dass bis zum Vorliegen anderweitiger Erkenntnisse von einem Fall kartellrechtlich irrelevanten bloßen Parallelverhaltens auszugehen ist. Der Gesetzgeber hat auf diese Unklarheit mit der Schaffung der Markttransparenzstelle für Kraftstoffe, § 47k GWB, reagiert, die zumindest für eine größere Nachvollziehbarkeit der Preisbildung und -entwicklung sorgen soll.[28]

c) Spürbarkeit auf dem relevanten Markt

Ein Zusammenwirken von Unternehmen ist schließlich nur dann kartellrechtlich relevant, wenn es sich auf den (potenziellen) Wettbewerb gerade zwischen diesen auswirkt, mithin auf dem relevanten Markt spürbar ist. Der Bestimmung des relevanten Marktes kommt daher eine zentrale Bedeutung zu. Sie wird aus Sicht der Marktgegen- 16

---

23 BKartA, Entscheidungen v. 27.12.2013 und 31.3.2014, B10–105/11.
24 BGHSt 65, 75 (Rn. 20).
25 BGH, NZKart 2020, 321 Rn. 13; siehe auch *Nagy*, NZKart 2022, 238 ff.
26 EuGH, Slg 1975, 1663 Rn. 173/174 – Suiker Unie.
27 Vgl. BKartA, Abschlussbericht zur Sektoruntersuchung Kraftstoffe, B8–200/09.
28 Näher *Knauff*, in: Immenga/Mestmäcker, Wettbewerbsrecht II, § 47k Rn. 3 ff.

seite vorgenommen und erfolgt nach geographischen und funktionalen Gesichtspunkten. Im Hinblick auf Letzteres kommt es auf die Austauschbarkeit von Produkten und Leistungen an (sog. „Bedarfsmarktkonzept").[29]

Marktgegenseite sind die Handelspartner des an einer Absprache beteiligten Unternehmens. Bietet dieses Waren oder Leistungen an und bezieht sich die Absprache darauf, ist die Bestimmung des relevanten Marktes aus der Perspektive der Abnehmer vorzunehmen. Bezieht sich die Absprache dagegen auf das Nachfrageverhalten, ist auf die Zulieferer abzustellen. Die geographische und funktionale Bestimmung des relevanten Marktes erfolgt aus dieser Perspektive im Hinblick auf das konkret in Frage stehende Produkt. Am Beispiel der bereits oben (→ Rn. 14) erwähnten Preisabsprache zwischen verschiedenen Brauereien lässt sich dies verdeutlichen: Die Absprache bezog sich auf erhöhte Großhandelspreise für Fass- und Flaschenbiere (da eine unmittelbare Vorgabe der von den Einzelhandelsunternehmen vorzusehenden Verkaufspreise an die Endverbraucher, welche die Mehrausgaben infolge der idR erfolgenden Weitergabe aber letztlich tragen mussten, tatsächlich nicht möglich ist). Infolgedessen ist für die Bestimmung des relevanten Marktes auf die Abnehmer der Brauereien, die Großhandelsunternehmen, abzustellen. Diese kaufen (anders als nur lokal Bier erwerbende Endverbraucher) Bier üblicherweise im gesamten Gebiet der Bundesrepublik Deutschland, so dass dieses als relevanter Markt in geographischer Hinsicht anzusehen ist. In funktionaler Hinsicht ist zu bestimmen, inwieweit die betroffenen Biere aus Sicht der Abnehmer durch andere Produkte substituiert werden können. Dies ist vorliegend im Hinblick auf die Präferenzen der Endverbraucher zu bestimmen, welche auch die Großhandelsunternehmen zugrunde legen müssen, um ihre Waren weiterverkaufen zu können. Eine Austauschbarkeit von Bieren ist danach weder mit anderen alkoholischen noch nichtalkoholischen Getränken gegeben. Infolgedessen bildet der deutsche Markt für Biere den relevanten Markt (auf dem die aus der Preisabsprache folgende Wettbewerbsbeeinträchtigung auch spürbar war).

17 Mithin besteht nicht ein einheitlicher Markt, sondern es existieren zahlreiche räumlich und sachlich voneinander zu unterscheidende Märkte. Für die kartellrechtliche Beurteilung eines Sachverhalts ist jeweils auf den konkret betroffenen Markt abzustellen.[30]

So gibt es aus kartellrechtlicher Perspektive keinen einheitlichen Markt für Zeitschriften.[31] Vielmehr gliedert sich der „Gesamtzeitschriftenmarkt" in eine kaum überschaubare Vielzahl von (Teil-)Märkten auf, die funktional nach dem Inhalt der Zeitschriften und damit letztlich nach den Interessen der Leser zu bestimmen sind. So sprechen etwa Garten-, Jagd- und Autozeitschriften unterschiedliche Lesergruppen an, sind mithin nicht austauschbar und gehören daher (sowohl hinsichtlich des Leser- als auch des Anzeigenmarktes) unterschiedlichen Märkten an. Infolgedessen kann eine Absprache zwischen zwei gesamtwirtschaftlich betrachtet unbedeutenden Verlagen über den Verkaufspreis der von ihnen in geringer Auflagenhöhe produzierten Spezialzeitschriften zu einem bestimmten Themengebiet den Wettbewerb auf dem funktional darauf beschränkten Markt erheblich beeinträchtigen.

18 Die Spürbarkeit der Wettbewerbsbeeinträchtigung ist zu bejahen, sobald auf dem relevanten Markt negative Effekte auftreten, welche nicht völlig unbedeutend sind.[32]

So sind Preis- oder Demarkationsabsprachen zwischen zwei Unternehmen, die gemeinsam einen Marktanteil von 1 % haben, regelmäßig nicht spürbar. Anders kann dies in Abhängigkeit von der Marktstruktur, insbesondere der Zahl und Größe der Wettbewerber, bei einem höheren gemeinsamen Marktanteil

---

29 Ausführlich zum Ganzen *Füller*, in: MüKo Wettbewerbsrecht I, Art. 102 AEUV Rn. 90 ff.
30 Vgl. EuGH, Slg 1973, 215 Rn. 32 – Continental Can.
31 Siehe im Überblick *Jungheim*, Medienordnung und Wettbewerbsrecht im Zeitalter der Digitalisierung und Globalisierung, 2012, S. 527 ff.
32 Siehe bereits EuGH, Slg 1969, 295 Rn. 7 – Völk.

III. Verbot wettbewerbsbeschränkender Verhaltensweisen § 6

sein. Die EU-Kommission geht ab einem gemeinsamen Marktanteil von regelmäßig mindestens 10 % von einer Spürbarkeit aus.[33]

Das europarechtliche Kartellverbot nach Art. 101 Abs. 1 AEUV setzt schließlich eine potenzielle Beeinträchtigung des Handels zwischen den Mitgliedstaaten voraus. Diese ist gegeben, wenn durch die Abstimmung von Unternehmen der Binnenmarkt (→ § 2 Rn. 3 ff.) negativ tangiert, insbesondere der Warenverkehr zwischen den Mitgliedstaaten gestört wird.[34] Andernfalls kommt das nationale Kartellrecht zur Anwendung. 19

d) Ausnahmen

Wenngleich die Bildung von Kartellen regelmäßig wegen der damit verbundenen volkswirtschaftlichen Nachteile grundsätzlich untersagt ist, normieren das europäische und das deutsche Kartellrecht einige Ausnahmen. Diese sind abschließend und beruhen auf der Annahme, dass in den erfassten Fällen die negativen Wirkungen durch positive Effekte für die Volkswirtschaft ausgeglichen werden. Solche können ökonomischer Natur sein, aber etwa auch in Innovationen bestehen. 20

Ungeachtet des Wortlauts ist Art. 101 Abs. 3 AEUV eine unmittelbare Freistellung vom Kartellverbot zu entnehmen,[35] wenn Vereinbarungen, Beschlüsse oder abgestimmte Verhaltensweisen „unter angemessener Beteiligung der Verbraucher an dem entstehenden Gewinn zur Verbesserung der Warenerzeugung oder -verteilung oder zur Förderung des technischen oder wirtschaftlichen Fortschritts beitragen, ohne dass den beteiligten Unternehmen a) Beschränkungen auferlegt werden, die für die Verwirklichung dieser Ziele nicht unerlässlich sind, oder b) Möglichkeiten eröffnet werden, für einen wesentlichen Teil der betreffenden Waren den Wettbewerb auszuschalten." Aufgrund des Ausnahmecharakters der Vorschrift sind ihre tatbestandlichen Voraussetzungen jedoch nach zutreffender Auffassung eng auszulegen.[36] Jedenfalls müssen die vier zentralen Voraussetzungen kumulativ vorliegen.[37] In der Praxis kommt der Bestimmung nur eine geringe Bedeutung zu.[38] Anders ist dies jedoch für die Vielzahl der sekundärrechtlich auf Grundlage von Art. 103, 105 Abs. 3 AEUV normierten Ausnahmebestimmungen. Hervorzuheben sind diesbezüglich insbesondere die Gruppenfreistellungsverordnungen (→ Rn. 8). 21

Für Kartelle, die vom europäischen Kartellrecht nicht erfasst werden und für die somit das deutsche Kartellrecht gilt, gelten nach § 2 GWB hinsichtlich der Ausnahmen grundsätzlich identische Maßstäbe wie im Europarecht.[39] Konkretisierend erklärt § 3 GWB Vereinbarungen und Beschlüsse, „die die Rationalisierung wirtschaftlicher 22

---

33 Bekanntmachung über Vereinbarungen von geringer Bedeutung, die im Sinne des Artikels 101 Absatz 1 des Vertrags über die Arbeitsweise der Europäischen Union den Wettbewerb nicht spürbar beschränken (De-minimis-Bekanntmachung), ABl. 2014 C 291/1.
34 EuGH, Slg 1966, 322 – Consten und Grundig; siehe auch die Bekanntmachung der Kommission – Leitlinien über den Begriff der Beeinträchtigung des zwischenstaatlichen Handels in den Artikeln 81 und 82 des Vertrags, ABl. 2004 C 101/81.
35 Siehe nur *Hengst*, in: Langen/Bunte, Kommentar zum deutschen und europäischen Kartellrecht, Art. 101 AEUV Rn. 366.
36 *Ellger*, in: Immenga/Mestmäcker, Wettbewerbsrecht I, Art. 101 Abs. 3 AEUV Rn. 15; aA *Nordemann*, in: Loewenheim/Meessen/Riesenkampff/Kersting/Meyer-Lindemann, Kartellrecht, Art. 101 Abs. 3 AEUV Rn. 15.
37 Exemplarisch EuGH, EuZW 2006, 753 Rn. 65 – Asnef-Equifax; siehe auch die Bekanntmachung der Kommission – Leitlinien zur Anwendung von Artikel 81 Absatz 3 EG-Vertrag, ABl. EU 2004 C 101/97.
38 Zu den Potenzialen im Hinblick auf den Umwelt- und Klimaschutz *Schley/Symann*, WuW 2022, 2 ff.
39 Vgl. *Bechtold/Bosch*, in: dies., GWB, § 2 Rn. 6.

Vorgänge durch zwischenbetriebliche Zusammenarbeit zum Gegenstand haben," für zulässig iSv § 2 Abs. 1 GWB, „wenn 1. dadurch der Wettbewerb auf dem Markt nicht wesentlich beeinträchtigt wird und 2. die Vereinbarung oder der Beschluss dazu dient, die Wettbewerbsfähigkeit kleiner oder mittlerer Unternehmen zu verbessern." Die Hervorhebung der Zulässigkeit derartiger „Mittelstandskartelle" ist Ausdruck einer auch in anderen Bereichen des öffentlichen Wirtschaftsrechts vorgesehenen (eingeschränkten) Privilegierung der erfassten Unternehmen, welche deren Wettbewerbsnachteile gegenüber Konzernen ausgleichen sollen, und korrespondiert mit entsprechenden europarechtlichen Sonderregeln.

2. Missbrauchsverbot

23 Neben dem Verbot wettbewerbsbeschränkender Verhaltensweisen normieren das europäische und das deutsche Kartellrecht das Verbot des Missbrauchs einer marktbeherrschenden Stellung. Art. 102 AEUV und §§ 19 ff. GWB stehen zwar nicht der Marktbeherrschung durch ein Unternehmen als solcher, wohl aber einer wettbewerbsschädigenden Ausnutzung derselben durch spezifische Handlungen entgegen. Unternehmen, die über keine derartige Stellung verfügen, sind nicht Adressaten des Verbots.[40]

a) Marktbeherrschung

24 Entscheidende Anwendungsvoraussetzung des kartellrechtlichen Missbrauchsverbots ist das Vorliegen einer marktbeherrschenden Stellung.

Im Anwendungsbereich des europäischen Kartellrechts muss sich diese nach Art. 102 Abs. 1 AEUV auf den Binnenmarkt oder einen wesentlichen Teil desselben beziehen. Letzteres ist stets der Fall, wenn ein Unternehmen in einem Mitgliedstaat marktbeherrschend ist.[41] Für das nationale Recht lässt § 20 GWB zudem eine relative oder überlegene Marktmacht von Unternehmen gegenüber von ihnen abhängigen kleinen und mittleren Unternehmen als Anknüpfung für ein Missbrauchsverbot genügen.[42] Eine derartige Verschärfung ist europarechtlich nicht zu beanstanden.[43]

25 Ein Unternehmen ist marktbeherrschend, wenn es auf dem relevanten Markt (→ Rn. 16 f.) unabhängig von anderen Marktteilnehmern agieren kann.[44] Seine Geschäftspolitik einschließlich der Preissetzung darf daher weder von der Marktgegenseite, insbesondere den Kunden, noch von den Wettbewerbern maßgeblich beeinflusst werden. Vielmehr ist ein marktbeherrschendes Unternehmen in der Lage, seine wirtschaftlichen Interessen weitgehend autonom zu verfolgen. Für das deutsche Kartellrecht verdeutlicht § 18 Abs. 1 GWB die hierfür in Frage kommenden Konstellationen. Danach ist ein Unternehmen „marktbeherrschend, soweit es als Anbieter oder Nachfrager einer bestimmten Art von Waren oder gewerblichen Leistungen auf dem sachlich und räumlich relevanten Markt 1. ohne Wettbewerber ist, 2. keinem wesentlichen Wettbewerb ausgesetzt ist oder 3. eine im Verhältnis zu seinen Wettbewerbern überragende Marktstellung hat." In Bezug auf Letzteres sind bei der Bewertung nach § 18 Abs. 3 GWB insbesondere Marktanteil, Finanzkraft, der Zugang zu wettbewerbsrele-

---

[40] Zur „besondere(n) Verantwortung" marktbeherrschender Unternehmen für den Wettbewerb siehe bereits EuGH, Slg 1983, 3461 Rn. 57 – Michelin.
[41] EuGH, Slg 1991, I-2925 – ERT.
[42] Siehe insoweit etwa zum Verhältnis eines großen Lebensmittelfilialisten und Sektherstellern BGH, NZKart 2018, 136.
[43] Näher *Säcker*, in: MüKo Wettbewerbsrecht II, Einl. Rn. 33 f.
[44] EuGH, Slg 1979, 461 Rn. 38 – Hoffmann-La Roche.

III. Verbot wettbewerbsbeschränkender Verhaltensweisen § 6

vanten Daten sowie den Beschaffungs- oder Absatzmärkten, Verflechtungen mit anderen Unternehmen, rechtliche oder tatsächliche Schranken für den Marktzutritt anderer Unternehmen, der tatsächliche oder potenzielle Wettbewerb durch Unternehmen, die Fähigkeit, das Angebot oder die Nachfrage auf andere Waren oder gewerbliche Leistungen umzustellen, und die Möglichkeit der Marktgegenseite, auf andere Unternehmen auszuweichen, zu berücksichtigen. Beträgt der Marktanteil eines Unternehmens 40 % oder mehr, wird seine Marktbeherrschung nach § 18 Abs. 4 GWB vermutet.

Eine kartellrechtlich relevante Marktbeherrschung muss allerdings nicht notwendig durch ein Unternehmen allein, sondern kann auch durch eine (geringe) Anzahl von Unternehmen gemeinsam erfolgen, wenn diese nicht in einem merklichen Wettbewerb stehen, sondern als Oligopol unabhängig von den übrigen Marktteilnehmern sind. Für das deutsche Kartellrecht konkretisiert § 18 Abs. 5 bis 7 GWB diese Anforderung in Bezug auf verschiedene Konstellationen, wobei der gemeinsame Marktanteil ebenfalls mindestens 40 % betragen muss. 26

Das europäische Kartellrecht enthält keine explizite Regelung zur Bestimmung der Marktbeherrschung. Die von der EU-Kommission unter Billigung des EuGH herangezogenen Maßstäbe entsprechen jedoch inhaltlich grundsätzlich den in § 18 GWB normierten Voraussetzungen.[45]

b) Missbrauch

Unternehmen agieren am Markt stets mit dem Ziel wirtschaftlichen Erfolges. Die Maximierung von Gewinnen ist ein grundsätzlich legitimer Zweck und Antrieb unternehmerischen Handelns. Zugleich muss jedes Unternehmen nach Abzug aller Kosten profitabel sein, um dauerhaft bestehen zu können. Dies gilt für alle Unternehmen unabhängig von ihrer Marktstärke. Bei marktbeherrschenden Unternehmen führt jedoch ihre Unabhängigkeit von anderen Marktteilnehmern dazu, dass ihr Gewinnstreben nicht an „natürliche" Grenzen stößt, da der Wettbewerb als regulierende Kraft ausfällt. Vor diesem Hintergrund verbieten das europäische und das nationale Kartellrecht marktbeherrschenden Unternehmen einige Verhaltensweisen als missbräuchlich, welche in einem funktionierenden Wettbewerb idR nicht realisierbar oder unproblematisch sind. 27

Das europäische und das deutsche Kartellrecht benennen für ihren jeweiligen Anwendungsbereich einige Missbrauchsformen. Es handelt sich dabei um exemplarische, sich nicht widersprechende Aufzählungen, denen vor allem eine Klarstellungsfunktion zukommt. Die zugrunde liegenden Wertungen stimmen überein, so dass sie jeweils auch als Erkenntnisquelle für unbenannte Missbrauchsformen dienen können. 28

Nach Art. 102 Abs. 2 AEUV missbraucht ein Unternehmen seine marktbeherrschende Stellung in den Fällen „a) der unmittelbaren oder mittelbaren Erzwingung von unangemessenen Einkaufs- oder Verkaufspreisen oder sonstigen Geschäftsbedingungen; b) der Einschränkung der Erzeugung, des Absatzes oder der technischen Entwicklung zum Schaden der Verbraucher; c) der Anwendung unterschiedlicher Bedingungen bei gleichwertigen Leistungen gegenüber Handelspartnern, wodurch diese im Wettbewerb benachteiligt werden; d) der an den Abschluss von Verträgen geknüpften Bedingung, dass die Vertragspartner zusätzliche Leistungen annehmen, die weder sachlich noch nach Handelsbrauch in Beziehung zum Vertragsgegenstand stehen." Nach § 19 Abs. 2 GWB liegt ein Missbrauch „insbesondere vor, wenn ein marktbeherrschendes Unternehmen als Anbieter oder Nachfrager einer bestimmten Art von Waren oder gewerblichen Leistungen 1. ein anderes Unternehmen unmittelbar oder mittelbar

---

45 Vgl. EuGH, Slg 1991, I-3359 – AKZO.

unbillig behindert oder ohne sachlich gerechtfertigten Grund unmittelbar oder mittelbar anders behandelt als gleichartige Unternehmen; 2. Entgelte oder sonstige Geschäftsbedingungen fordert, die von denjenigen abweichen, die sich bei wirksamem Wettbewerb mit hoher Wahrscheinlichkeit ergeben würden …; 3. ungünstigere Entgelte oder sonstige Geschäftsbedingungen fordert, als sie das marktbeherrschende Unternehmen selbst auf vergleichbaren Märkten von gleichartigen Abnehmern fordert, es sei denn, dass der Unterschied sachlich gerechtfertigt ist; 4. sich weigert, einem anderen Unternehmen gegen angemessenes Entgelt Zugang zu den eigenen Netzen oder anderen Infrastruktureinrichtungen zu gewähren, wenn es dem anderen Unternehmen aus rechtlichen oder tatsächlichen Gründen ohne die Mitbenutzung nicht möglich ist, auf dem vor- oder nachgelagerten Markt als Wettbewerber des marktbeherrschenden Unternehmens tätig zu werden …[sog. essential facilities-Doktrin[46]]; 5. seine Marktstellung dazu ausnutzt, andere Unternehmen dazu aufzufordern oder zu veranlassen, ihm ohne sachlich gerechtfertigten Grund Vorteile zu gewähren."

29 Bei einer systematisierenden Betrachtung lassen sich drei typische Missbrauchsformen unterscheiden: Der Behinderungsmissbrauch richtet sich gegen Wettbewerber. Er liegt vor, wenn das marktbeherrschende Unternehmen seine Stellung nutzt, um im gleichen Markt tätige andere Unternehmen zu schädigen oder aus diesem zu verdrängen und dadurch die eigene Marktposition noch mehr (bis hin zum Monopol) auszubauen.[47]

Eine typische Form des Behinderungsmissbrauchs ist die Kampfpreisunterbietung.[48] Sofern der Wettbewerb in einem Markt wesentlich über den Preis eines Produkts oder einer Leistung ausgetragen wird, kann es für ein Unternehmen für eine gewisse Zeit sinnvoll erscheinen, seine Preise besonders niedrig, möglicherweise sogar unter den Herstellungs- und Vertriebskosten anzusetzen. Dies hat regelmäßig zur Folge, dass die Abnehmer dieses Produkt erwerben, so dass die Wettbewerber Marktanteile verlieren. In einem funktionierenden Wettbewerb ist dies grundsätzlich unproblematisch, da alle Unternehmen in gleicher Weise agieren können und wegen der sinkenden oder gar fehlenden Gewinne längerfristig ein derartiges Vorgehen betriebswirtschaftlich ausgeschlossen ist. Ein marktbeherrschendes Unternehmen ist jedoch idR wirtschaftlich stark genug, um ein derartiges Verhalten solange durchzuführen, bis Wettbewerber, welche den Preiskampf nicht finanzieren können, vom Markt verdrängt wurden, um danach den Preis wieder (im Zweifel deutlich) zu steigern und die zwischenzeitlich entgangenen Gewinne aufgrund einer noch stärkeren Marktstellung zu realisieren. Wegen dieser Gefahr einer dauerhaften (weiteren) Schädigung des Wettbewerbs wertet das Kartellrecht ein solches Verhalten als missbräuchlich, obwohl der konkurrenzbedingte Marktaustritt von Unternehmen an sich wettbewerbliche Normalität ist.

30 Eine weitere Missbrauchsform ist der Ausbeutungsmissbrauch. Dieser besteht in der Durchsetzung von im Wettbewerb nicht erzielbaren Preisen und Vertragsbedingungen gegenüber Vertragspartnern.[49] Hierbei werden deren Interessen missachtet, so dass sie wirtschaftliche Schäden erleiden, denen sie sich nicht entziehen können und die zugleich mit Vorteilen des marktbeherrschenden Unternehmens korrespondieren.

So hat jedes Unternehmen ein Interesse daran, die Einkaufspreise für Zulieferprodukte möglichst gering zu halten. In einem funktionierenden Wettbewerb sind die Zulieferer jedoch in der Lage, Vertragsangebote mit für sie zu geringen Preisen abzulehnen und sich ggf. anderen Abnehmern zuzuwenden.

---

46 Zu dieser ausführlich *Eilmansberger/Bien*, in: MüKo Wettbewerbsrecht I, Art. 102 AEUV Rn. 462 ff.; zu insoweit unzulässigen Verwendung intransparenter Preisbildungssysteme BGH, EuZW 2022, 169 ff.
47 Siehe auch die Mitteilung der Kommission – Erläuterungen zu den Prioritäten der Kommission bei der Anwendung von Artikel 82 des EG-Vertrags auf Fälle von Behinderungsmissbrauch durch marktbeherrschende Unternehmen, ABl. 2009 C 45/19 ff.
48 EuGH, Slg 1991, I-3359 Rn. 71 f. – AKZO.
49 EuGH, Slg 1975, 1367 Rn. 11/12 – General Motors; siehe auch BGH, NZKart 2021, 51; NZKart 2021, 363 (365); NZKart 2022, 280.

III. Verbot wettbewerbsbeschränkender Verhaltensweisen   § 6

Gegenüber einem marktbeherrschenden Unternehmen gelingt dies mangels Alternativen aber nicht oder nicht im notwendigen Maße, so dass die von diesem angebotenen Preise regelmäßig akzeptiert werden müssen, auch wenn sie nicht auskömmlich sind.

Nach der Rechtsprechung des BGH setzt die Ausnutzung einer marktbeherrschenden Stellung nach § 19 Abs. 1 GWB nicht stets einen Kausalzusammenhang zwischen der Marktbeherrschung und dem missbilligten Verhalten (Verhaltenskausalität) voraus. Ein kausaler Zusammenhang zwischen der Marktbeherrschung und dem Marktergebnis (Ergebniskausalität) kann genügen, wenn aufgrund der besonderen Marktbedingungen das Verhalten des marktbeherrschenden Unternehmens zu Marktergebnissen führt, die bei funktionierendem Wettbewerb nicht zu erwarten wären, und zudem das beanstandete Verhalten nicht nur eine Ausbeutung darstellt, sondern gleichzeitig auch geeignet ist, den Wettbewerb zu behindern. Ein solcher kausaler Zusammenhang zwischen Marktbeherrschung und Marktergebnis kann bei zweiseitigen Plattformmärkten insbesondere dann gegeben sein, wenn die Ausbeutung auf der einen Marktseite durch den Intermediär zugleich geeignet ist, den Wettbewerb auf dem beherrschten Markt sowie auf der anderen Marktseite zu beeinträchtigen. Bedingt sich der marktbeherrschende Betreiber eines sozialen Netzwerks in den Nutzungsbedingungen aus, dem Nutzer ein „personalisiertes Erlebnis" bereitzustellen, für dessen Inhalt personenbezogene Daten des Nutzers verwendet werden, die durch die Erfassung des Aufrufs von Internetseiten außerhalb des sozialen Netzwerks gewonnen werden, kann hierin die missbräuchliche Ausnutzung seiner marktbeherrschenden Stellung liegen.[50]

Der Marktstrukturmissbrauch ist schließlich ein Eingriff seitens des marktbeherrschenden Unternehmens in die Struktur der Märkte mit dem Ziel, den Wettbewerb einzuschränken.[51]   31

Dies kann etwa durch den Einsatz von Mitteln oder Ressourcen, die von denen eines normalen Wettbewerbs abweichen,[52] oder durch die Beteiligung an Konkurrenten geschehen. Eine solche ist dann missbräuchlich, „wenn ein Unternehmen in beherrschender Stellung diese dergestalt verstärkt, daß der erreichte Beherrschungsgrad den Wettbewerb wesentlich behindert, daß also nur noch Unternehmen auf dem Markt bleiben, die in ihrem Marktverhalten von dem beherrschenden Unternehmen abhängen."[53] Regelmäßig ist diese auch Gegenstand der Fusionskontrolle.

Nach der Rechtsprechung des EuGH kann ein derartiger Verstoß gegen Art. 102 AEUV auch unabhängig vom tatsächlichen Vorliegen eines Missbrauchs aufgrund staatlicher Eingriffe in den Markt vorliegen, wenn nämlich „die betreffenden staatlichen Maßnahmen die Struktur des Marktes dadurch beeinträchtigen, dass sie ungleiche Wettbewerbsbedingungen zwischen den Unternehmen schaffen, indem sie es dem öffentlichen Unternehmen oder dem Unternehmen, dem besondere oder ausschließliche Rechte gewährt wurden, ermöglichen, seine beherrschende Stellung – beispielsweise durch Behinderung neuer Markteintritte – aufrechtzuerhalten oder zu stärken oder auf einen anderen Markt auszudehnen, wodurch der Wettbewerb beschränkt würde."[54] Daran anknüpfend hat der EuGH überdies entscheiden, dass Art. 102 AEUV dahin auszulegen sei, „dass eine außerhalb des Wettbewerbsrechts rechtmäßige Praxis, die von einem Unternehmen in beherrschender Stellung angewandt wird, als ‚missbräuchlich' im Sinne dieser Bestimmung eingestuft werden kann, wenn sie eine Verdrängungswirkung entfalten kann und auf dem Einsatz anderer Mittel als denen eines Leistungswettbewerbs beruht."[55]

---

50 BGHZ 226, 67.
51 Ausführlich *Eilmansberger/Bien*, in: MüKo Wettbewerbsrecht I, Art. 102 AEUV Rn. 790 ff.
52 Im Zusammenhang mit Energiemarktliberalisierung in Italien EuGH, EuZW 2022, 749 Rn. 47 – Servizio Elettrico Nazionale u.a.
53 EuGH, Slg 1973, 215 Rn. 26 – Continental Can.
54 EuGH, EuZW 2014, 756 Rn. 46 – Kommission/DEI.
55 EuGH, EuZW 2022, 749 Rn. 103 – Servizio Elettrico Nazionale u.a.

▶ **Zu Fall 9:** Die Bestpreisklausel verstößt gegen § 1 GWB und Art. 101 AEUV, wenn es sich dabei um eine Vereinbarung zwischen Unternehmen handelt, die eine Verhinderung, Einschränkung oder Verfälschung des Wettbewerbs bezweckt oder bewirkt. Sowohl G als auch die am Buchungsportal teilnehmenden Hotels sind wirtschaftlich tätig und damit Unternehmen. Die Bestpreisklausel ist in eine vertragliche Vereinbarung zwischen ihnen.

Deren wettbewerbliche Auswirkungen sind auf den relevanten Markt zu beziehen. Dieser ist aus Sicht der Marktgegenseite zu bestimmen. Vorliegend steht die Vermittlung von Hotelzimmerbuchungen aus der Perspektive der Hotels, nicht aber der nur mittelbar betroffenen Endkunden, in Frage. In sachlicher Hinsicht betrifft die Bestpreisklausel damit den Angebotsmarkt für die Vermittlungsdienstleistungen der Hotelportale (Hotelportalmarkt), auf dem sich die Hotelportale als Anbieter und die Hotelunternehmen als Nachfrager gegenüberstehen. Nicht zum Markt gehören mangels funktioneller Austauschbarkeit die eigene Buchungswebseite des Hotels, spezialisierte Portale, Online-Reisebüros, Portale der Reiseveranstalter und Metasuchmaschinen. In räumlicher Hinsicht handelt es sich um einen deutschlandweiten Markt.

Die von G praktizierte Bestpreisklausel bewirkt auf diesem Markt eine Einschränkung des Wettbewerbs im Sinne von § 1 GWB und Art. 101 AEUV. Die Bestpreisklausel schränkt die Handlungsfreiheit der Hotelunternehmen ein. Sie enthält eine Verhaltensbindung im Vertikalverhältnis zwischen den Hotelunternehmen und G. Durch die Bestpreisklausel werden die Hotelunternehmen gehindert, die Hotelzimmerpreise und sonstigen Konditionen gegenüber den übrigen Vermittlern ihrer Hotelzimmer und gegenüber den Hotelkunden frei festzulegen. Eine Bevorzugung dieser Vertragspartner im Verhältnis zu G ist ausgeschlossen.

Die durch die Bestpreisklausel hervorgerufene Beschränkung der Handlungsfreiheit bewirkt zugleich eine Beeinträchtigung des Wettbewerbs auf dem Hotelportalmarkt und dem Markt für Hotelzimmer. Lässt sich ein wettbewerbsbeschränkender Zweck der Vereinbarung – so wie hier – nicht ermitteln, kommt es auf die zu erwartenden wettbewerbsbeschränkenden Auswirkungen im Einzelfall an. Denn bei den nur „bewirkten" Wettbewerbsbeschränkungen kann nicht schon aufgrund der Art der Vereinbarung darauf geschlossen werden, dass negative Marktauswirkungen eintreten werden. Vielmehr müssen im Einzelfall negative Marktauswirkungen zu erwarten sein. Die Vereinbarung muss den gegenwärtigen oder potenziellen Wettbewerb in einem solchen Ausmaß beeinträchtigen können, dass mit hinreichender Wahrscheinlichkeit negative Auswirkungen auf Preise, Produktionsmengen, Innovationen oder Vielfalt bzw. Qualität von Waren und Dienstleistungen erwartet werden können. Um dies festzustellen, sind die Auswirkungen der Vereinbarung auf die bestehenden wirtschaftlichen, rechtlichen und tatsächlichen Markt- und Wettbewerbsverhältnisse umfassend zu untersuchen. Hierbei spielen die Marktstellung der Beteiligten und der Wettbewerber sowie die existierenden Marktzutrittsschranken und die Marktentwicklung eine Rolle. Ausschlaggebend ist dabei, ob die zu beurteilende vertikale Inhaltsbindung zu Marktabschottungseffekten oder zu einer messbaren Einschränkung des intrabrand-Wettbewerbs führt. Nach Maßgabe dieser Voraussetzungen ist eine durch die Bestpreisklausel bewirkte Beschränkung des Wettbewerbs zwischen den Hotelportalen auf dem Hotelportalmarkt und zwischen den Hotelunternehmen auf dem Endkundenmarkt für Hotelzimmer gegeben. Auf dem Portalmarkt wird der Wettbewerb um niedrigere Buchungsvermittlungsentgelte sowie vorstoßender Wettbewerb der Portale um die besten Konditionen beeinträchtigt. Der Markteintritt neuer Wettbewerber wird erschwert. Auf dem Endkundenmarkt für Hotelzimmer bewirkt die Bestpreisklausel eine Beschränkung des Wettbewerbs zwischen den Hotelunternehmen um die besten Preise gleichartiger Zimmer.

Die Bestpreisklausel stellt auch eine spürbare Beschränkung des Wettbewerbs dar. Eine Spürbarkeit ist nicht gegeben, wenn die Wettbewerbsbeschränkung den Markt wegen der schwachen Stellung der Beteiligten auf dem relevanten Markt nur geringfügig beeinträchtigt. Hierzu bedarf es einer quantitativen Beurteilung der tatsächlichen oder möglichen Auswirkungen der zu untersuchenden Vereinbarung, die anhand der Stellung und der Bedeutung der beteiligten Unternehmen auf dem Markt durchgeführt wird. Relevanz kommt dabei in erster Linie den Marktanteilen der beteiligten Unternehmen zu. Ausgehend von diesen Voraussetzungen ist die durch die Bestpreisklausel bewirkte Wettbewerbsbeeinträchtigung nicht bloß als geringfügig oder unbedeutend einzustufen. Hierfür sprechen bereits die Marktstellung und der Marktanteil von G.

Von einer Beeinträchtigung des zwischenstaatlichen Handels durch die Bestpreisklausel ist auszugehen. Die Bestpreisklausel ist auch nicht vom Verbot des Art. 101 Abs. 1 AEUV und § 1 GWB freigestellt. Insbesondere ist eine Freistellung nach der Verordnung (EU) 2022/720 über die Anwendung von Artikel 101 Absatz 3 des Vertrags über die Arbeitsweise der Europäischen Union auf Gruppen von vertikalen Vereinbarungen und abgestimmten Verhaltensweisen nicht gegeben, da deren Voraussetzungen schon wegen der Überschreitung der Marktanteilsschwelle von 30 % nicht erfüllt sind.

Die Bestpreisklausel erfüllt nicht die Voraussetzungen einer Einzelfreistellung nach Art. 101 Abs. 3 AEUV und § 2 GWB. Eine Freistellung hängt von dem kumulativen Vorliegen von zwei positiven und zwei negativen Voraussetzungen ab: Zum einen muss in positiver Hinsicht ein Beitrag zur Verbesserung der Warenerzeugung oder -verteilung oder zur Förderung des technischen oder wirtschaftlichen Fortschritts geleistet werden und eine angemessene Beteiligung der Verbraucher an dem entstehenden Gewinn garantiert sein; zum anderen ist in negativer Hinsicht die Unerlässlichkeit der auferlegten Wettbewerbsbeschränkungen erforderlich sowie die Unmöglichkeit, für einen wesentlichen Teil der betreffenden Waren den Wettbewerb auszuschalten. Hier scheitert eine Einzelfreistellung bereits an der ersten Voraussetzung. Art. 101 Abs. 3 AEUV verlangt über das Merkmal der Verbesserung der Warenverteilung hinaus, dass die Vereinbarung zu deutlichen Effizienzvorteilen führt. Erforderlich sind echte nachvollziehbare objektive Vorteile, die aufgrund der Vereinbarung prognostiziert werden können. Ob sich Vorteile ergeben, ist durch Vergleich mit dem Zustand zu beurteilen, der ohne die betreffende wettbewerbsbeschränkende Vereinbarung bestand oder bestehen würde. Dabei müssen die Vorteile, die sich aus der Absprache ergeben, größer als die sich aus ihr ergebenen Nachteile sein, um einen Vorteil im Sinne von Art. 101 Abs. 3 AEUV darstellen zu können. Die Behauptungs- und Beweislast für die Effizienzgewinne liegt gemäß Art. 2 S. 2 Verordnung 1/2003 bei den Unternehmen, die sich auf die Freistellung berufen. Hierzu bedarf es eines – nach dem Sachverhalt fehlenden – substantiierten und nachvollziehbaren Sachvortrags einschließlich entsprechender Nachweise.

Die Bestpreisklausel verstößt mithin gegen § 1 GWB und Art. 101 AEUV. ◀

IV. Fusionskontrolle

Störungen im Wettbewerb können nicht nur durch ein Zusammenwirken von Unternehmen und durch die missbräuchliche Ausnutzung einer marktbeherrschenden Stellung entstehen. Problematisch und somit regelungsbedürftig ist auch der Zusammenschluss zuvor eigenständiger Unternehmen (Fusion), sofern diese auf demselben Markt

32

Konkurrenten waren oder auf zusammenhängenden Märkten tätig sind. Eine Fusion hat stets eine Stärkung der Stellung der beteiligten Unternehmen im Markt zur Folge, die nicht auf eigenem unternehmerischen Erfolg beruht. Das Kartellrecht trägt dem in seiner Ausgestaltung Rechnung, qualifiziert Fusionen dennoch nicht notwendig als unzulässig, sondern knüpft an die konkreten wettbewerblichen Auswirkungen eines Zusammenschlusses an.

Fusionen können auch wettbewerbsfördernde Wirkungen haben. Dies ist insbesondere der Fall, wenn sich kleinere Unternehmen mit geringen Marktanteilen zusammenschließen, der Markt im Übrigen aber durch einige Großunternehmen geprägt wird. Erst die Fusion versetzt die daran beteiligten Unternehmen dann in die Lage, Größenvorteile zu nutzen, die sich wiederum positiv auf ihre Aktionsmöglichkeiten im Wettbewerb und damit auf dessen Qualität insgesamt auswirken können.

33 Die Fusionskontrollverordnung (EG) Nr. 139/2004[56] und §§ 35 ff. GWB regeln die Voraussetzungen, unter denen eine Kontrolle von Unternehmenszusammenschlüssen auf europäischer oder nationaler Ebene erfolgt, sowie die Voraussetzungen für ihre Gestattung. Geschieht letztere auf europäischer Ebene, kann eine Untersagung durch die deutschen Kartellbehörden nicht mehr erfolgen, vgl. § 35 Abs. 3 GWB.

1. Zusammenschluss

34 Der Zusammenschluss ist der zentrale Begriff des Fusionskontrollrechts. Er zielt stets auf eine auf Dauer angelegte, intensive Verbindung von Unternehmen durch strukturelle Verknüpfung ab und unterscheidet sich dadurch von sonstigen Absprachen und Kooperationsformen.[57] Unternehmenszusammenschlüsse können auf verschiedene Weise erfolgen. Gleichwohl spricht das europäische Recht stets von einer Veränderung der Kontrolle, vgl. Art. 3 Abs. 1 Verordnung (EG) Nr. 139/2004.

35 Eine Fusion ieS liegt vor, wenn Unternehmen verschmelzen, mithin ein Unternehmen in einem anderen rechtlich und wirtschaftlich aufgeht. Dabei erfolgt insbesondere eine Vermögensübertragung von dem übernommenen auf das übernehmende Unternehmen, vgl. Art. 3 Abs. 1 lit. a Verordnung (EG) Nr. 139/2004, § 37 Abs. 1 Nr. 1 GWB.

36 Im Falle des (sonstigen) Kontrollerwerbs erlangt ein Unternehmen oder dessen Mehrheitsanteilseigner die Mehrheit der Anteile an einem anderen oder auf andere Art die Möglichkeit der Kontrolle über dieses, welches infolgedessen von diesem beherrscht wird und seine wirtschaftliche Eigenständigkeit verliert. Art. 3 Verordnung (EG) Nr. 139/2004 und § 37 GWB konkretisieren die diesbezüglichen Voraussetzungen.

Ein Kontrollerwerb kann im gegenseitigen Einverständnis, aber auch als „feindliche Übernahme" erfolgen. Dem Schutz der sonstigen Anteilseigner dienen in diesem Falle gesellschafts- und börsenrechtliche Vorschriften.[58]

37 Bei einem einvernehmlichen Zusammenschluss kann alternativ die Gründung eines Gleichordnungskonzerns iSv § 18 Abs. 2 AktG mit gemeinsamer Leitung oder einer Holding als gemeinsame Obergesellschaft, welche die (Mehrheit der) Anteile an diesen Unternehmen hält, erfolgen. Die beteiligten Unternehmen werden dann zu wirtschaft-

---

56 ABl. 2004 L 24/1.
57 Vgl. *Körber*, in: Immenga/Mestmäcker, Wettbewerbsrecht III, Art. 3 FKVO Rn. 1; siehe auch die Konsolidierte Mitteilung der Kommission zu Zuständigkeitsfragen gemäß der Verordnung (EG) Nr. 139/2004 des Rates über die Kontrolle von Unternehmenszusammenschlüssen (berichtigte Fassung), ABl. 2009 C 43/10 Rn. 7 ff.
58 Exemplarisch hierzu *Schanz*, NZG 2000, 337 ff.

IV. Fusionskontrolle § 6

lich unselbstständigen Konzerngesellschaften. Auch Überkreuzbeteiligungen iSv § 19 AktG bilden fusionskontrollrechtlich einen Zusammenschluss.

Eine dauerhafte Kooperation von Unternehmen kann schließlich auch durch die Gründung eines sog. vollfunktionsfähigen, also zu eigenständigem Agieren am Markt befähigten Gemeinschaftsunternehmens erfolgen, welches durch die beteiligten Unternehmen gemeinsam kontrolliert wird und mittels dessen sie gemeinsame wirtschaftliche Interessen verfolgen.[59] Auch diese Konstellation qualifiziert Art. 3 Abs. 4 Verordnung (EG) Nr. 139/2004 explizit als fusionskontrollrechtlich relevanten Zusammenschluss.

38

2. Anwendungs- und Freistellungsvoraussetzungen

Die Fusionskontrolle kommt zur Anwendung, wenn das Zusammenschlussvorhaben eine wirtschaftliche Bedeutung hat, welche nach Auffassung des europäischen und des deutschen Rechtsetzers das Potenzial zur Beeinträchtigung der Funktionsfähigkeit des Wettbewerbs hat. Dies bestimmt sich anhand der Überschreitung von Umsatzschwellen durch die beteiligten Unternehmen. Dabei erfolgt eine globale Betrachtung.

39

Eine „gemeinschaftsweite Bedeutung", die zur Anwendung der europäischen Fusionskontrolle führt, haben nach Art. 1 Abs. 2 Verordnung (EG) Nr. 139/2004 Zusammenschlüsse von Unternehmen, deren weltweiter Umsatz 5 Mrd. EUR beträgt, wovon mindestens 250 Mio. EUR je Unternehmen auf den Binnenmarkt entfallen müssen. Gleichgestellt sind nach Art. 1 Abs. 3 Verordnung (EG) Nr. 139/2004 Unternehmenszusammenschlüsse, wenn der Gesamtumsatz weltweit 2,5 Mrd. EUR und in mindestens drei Mitgliedstaaten je 100 Mio. EUR übersteigt, wobei in jedem davon der Gesamtumsatz von mindestens zwei beteiligten Unternehmen je 25 Mio. EUR übersteigt und ebenfalls mindestens zwei beteiligte Unternehmen einen gemeinschaftsweiten Gesamtumsatz von jeweils mehr als 100 Mio. EUR aufweisen. Auch bei Überschreitung der Umsatzschwellen keine gemeinschaftsweite Bedeutung haben in beiden Fällen jedoch Fusionen, „wenn die beteiligten Unternehmen jeweils mehr als zwei Drittel ihres gemeinschaftsweiten Gesamtumsatzes in ein und demselben Mitgliedstaat erzielen." In diesem Falle erfolgt eine Beurteilung nach nationalem Fusionskontrollrecht. § 35 Abs. 1 GWB erklärt dieses ebenfalls in Abhängigkeit von der Überschreitung von Umsatzschwellen für anwendbar. Diese sind mit weltweiten Umsatzerlösen von mehr als 500 Mio. EUR, wovon „im Inland mindestens ein beteiligtes Unternehmen Umsatzerlöse" iSv § 38 GWB „von mehr als 50 Mio. EUR und ein anderes beteiligtes Unternehmen Umsatzerlöse von mehr als 17,5 Mio. EUR erzielt haben" muss, jedoch deutlich geringer.

Beabsichtigte Zusammenschlüsse, welche diese Schwellen überschreiten, müssen vor ihrer Realisierung nach Art. 4 Verordnung (EG) Nr. 139/2004 bei der EU-Kommission bzw. nach §§ 39 f. GWB beim BKartA angemeldet werden und bedürfen der Freigabe (Genehmigung). Die Entscheidung darüber wird im Rahmen der durch die Verordnung (EG) Nr. 139/2004 iVm der von der EU-Kommission erlassenen Durchführungsverordnung (EG) Nr. 802/2004[60] bzw. in §§ 39 ff. GWB ausgestalteten Verfahren getroffen.

40

Für die Freigabeerteilung kommt es gemäß Art. 2 Verordnung (EG) Nr. 139/2004 bzw. § 36 Abs. 1 S. 1 GWB maßgeblich darauf an, ob der Zusammenschluss zu einer erheblichen Behinderung des wirksamen Wettbewerbs, insbesondere zur Begründung oder Verstärkung einer marktbeherrschenden Stellung (→ Rn. 24 ff.) führen würde. In einem solchen Falle ist der Zusammenschluss unzulässig und zu untersagen. Im Falle horizontaler Zusammenschlüsse, also von Unternehmen, die auf demselben relevanten

41

---

59 Näher *Wiedemann*, in: ders., Kartellrecht, § 15 Rn. 60 ff.
60 ABl. 2004 L 133/1, zuletzt geändert durch Durchführungsverordnung (EU) Nr. 1269/2013, ABl. 2013 L 336/1.

Markt tätig werden, ist für die Beurteilung des verbleibenden Wettbewerbs auf diesen abzustellen. Bei vertikalen Zusammenschlüssen, welche Unternehmen verbinden, die auf verschiedenen, häufig allerdings miteinander verbundenen Märkten agieren, etwa entlang einer Lieferkette, sind die wettbewerblichen Auswirkungen auf allen betroffenen Märkten in den Blick zu nehmen.

Die EU-Kommission hat ihre Auffassung, wann ein Zusammenschluss (un)zulässig ist, in mehreren Leitlinien dargelegt. Von Bedeutung sind insbesondere die Leitlinien für die Beurteilung horizontaler (2004)[61] und nichthorizontaler Zusammenschlüsse (2008).[62]

42 Art. 8 Abs. 2 Verordnung (EG) Nr. 139/2004 und § 40 Abs. 3 S. 1 GWB sehen übereinstimmend vor, dass eine Freigabeentscheidung bezüglich eines Zusammenschlusses mit Bedingungen und Auflagen verbunden werden kann, um – in der Formulierung des nationalen Rechts – „sicherzustellen, dass die beteiligten Unternehmen den Verpflichtungen nachkommen, die sie" gegenüber der zuständigen Aufsichtsbehörde „eingegangen sind, um eine Untersagung abzuwenden."

Derartige Verpflichtungen bestehen in der Praxis häufig in der Zusage, dass sich das fusionierte Unternehmen von bestimmten Unternehmensteilen oder Aktivitäten trennen wird. Diese erfolgt, wenn deren Beibehaltung zur Untersagung des Zusammenschlusses führen müsste. Für das deutsche Recht stellt § 40 Abs. 3 S. 2 GWB explizit klar, dass infolge solcher Auflagen und Bedingungen keine laufende behördliche Kontrolle des Verhaltens des zusammengeschlossenen Unternehmens begründet werden darf. Allerdings kann die Freigabe nach § 40 Abs. 3a GWB „widerrufen oder geändert werden, wenn sie auf unrichtigen Angaben beruht, arglistig herbeigeführt worden ist oder die beteiligten Unternehmen einer mit ihr verbundenen Auflage zuwiderhandeln."

43 Das europäische Recht sieht keine Ausnahmen im Hinblick auf die Erfüllung der Zusammenschlussvoraussetzungen vor. Demgegenüber ermöglicht § 42 GWB eine „Ministererlaubnis",[63] durch welche ein vom BKartA wegen Nichterfüllung der gesetzlichen Voraussetzungen untersagter Zusammenschluss auf Antrag durch den Bundeswirtschaftsminister doch gestattet werden kann, „wenn im Einzelfall die Wettbewerbsbeschränkung von gesamtwirtschaftlichen Vorteilen des Zusammenschlusses aufgewogen wird oder der Zusammenschluss durch ein überragendes Interesse der Allgemeinheit gerechtfertigt ist."

Eine Ministererlaubnis wurde seit ihrer Einführung im Jahr 1973 23 Mal beantragt. So erfolgte sie im Jahr 2008 im Hinblick auf die Übernahme der Anteilsmehrheit an dem Kreiskrankenhaus Wolgast durch das Universitätsklinikum Greifswald. Diese hatte das BKartA mit der Begründung untersagt, durch die Übernahme des Kreiskrankenhauses werde eine marktbeherrschende Stellung des Universitätsklinikums auf dem Markt für Krankenhausleistungen in der Region verstärkt.[64] Die Ministererlaubnis wurde damit begründet, dass, obwohl der Markt der Krankenhausleistungen ein hoch regulierter Markt sei, auf dem Preis- und Mengenwettbewerb ebenso wie Markteintritte ausgeschlossen seien und Restwettbewerb als besonders schützenswert anzusehen sei, hier die Gemeinwohlgründe „langfristiger Erhalt und nachhaltige Profilierung von medizinischer Fakultät und angegliedertem Universitätsklinikum der Universität Greifswald" und „Ausbau des Forschungsschwerpunktes der ‚Community Medicine' der medizinischen Fakultät" nach Ansicht des Bundesministers für Wirtschaft und Technologie die mit dem

---

61 ABl. 2004 C 31/5.
62 ABl. 2008 C 265/6.
63 Näher dazu *Steinvorth*, in: Wiedemann, Kartellrecht, § 21 Rn. 161 ff.; *Budzinski/Stöhr*, ZWeR 2020, 437 ff.; ausführlich *Konrad*, Das Gemeinwohl, die öffentliche Meinung und die fusionsrechtliche Ministererlaubnis, 2019; kritisch zu diesem Instrument etwa *Podszun*, NJW 2016, 617 ff.
64 BKartA, Beschl. v. 11.12.2006 – B 3–1002/06.

V. Sanktionierung und Rechtsschutz § 6

Zusammenschluss verbundene erhebliche Wettbewerbsbeschränkung aufwögen. Die Gefährdung der medizinischen Fakultät und des Universitätsklinikums seien besonders schwerwiegend. Der Zusammenschluss sei auch für die Erreichung dieser Gemeinwohlgründe erforderlich.[65]

V. Sanktionierung und Rechtsschutz

Zuwiderhandlungen gegen kartellrechtliche Vorschriften haben im Falle ihrer Aufdeckung[66] erhebliche Konsequenzen für die beteiligten Unternehmen. Neben ordnungsrechtlichen Maßnahmen sind diese regelmäßig auch Adressaten zivilrechtlicher Schadensersatzansprüche von geschädigten Marktteilnehmern. 44

1. Ordnungsrechtliche Maßnahmen

Den Kartellbehörden (EU-Kommission, BKartA und Landeskartellbehörden, vgl. § 48 Abs. 2 S. 2 GWB) obliegt die hoheitliche Durchsetzung des Kartellrechts. Sie werden von Amts wegen (ggf. nach einem Hinweis auf ein mögliches wettbewerbsbeschränkendes Verhalten durch einen Geschädigten oder einen Kartellbeteiligten, der die Kronzeugen-Privilegien nutzen will, → Rn. 46) oder – v.a. im Falle der Fusionskontrolle – auf Antrag tätig. Sie verfügen über weitgehende Ermittlungsbefugnisse gegenüber den betroffenen Unternehmen, können insbesondere umfassend Beweise erheben und Auskunft verlangen, Art. 18 ff. Verordnung (EG) Nr. 1/2003, Art. 11 f. Verordnung (EG) Nr. 139/2004 bzw. §§ 57, 59, 59a GWB. Sie sind dabei zu Durchsuchungen und Beschlagnahmen berechtigt, Art. 18 Verordnung (EG) Nr. 1/2003, Art. 13 Verordnung (EG) Nr. 139/2004 bzw. §§ 58, 59b GWB. Im Verfahren ist den Beteiligten, insbesondere betroffenen Unternehmen, nach Art. 27 Verordnung (EG) Nr. 1/2003, Art. 18 Abs. 1 Verordnung (EG) Nr. 139/2004 bzw. § 56 GWB die Möglichkeit zur Stellungnahme einzuräumen. 45

Eine kartellrechtliche Besonderheit der Verfahrensausgestaltung ist die sog. „Kronzeugenregelung". Danach wird dasjenige am Kartell beteiligte Unternehmen, welches als Erstes und ohne Anlass und Einschränkung der zuständigen Kartellbehörde Informationen über die Wettbewerbsbeschränkung zukommen lässt, nicht hoheitlich sanktioniert. Diese Vorgehensweise ist rechtsstaatlich nicht unbedenklich und rechtspolitisch höchst umstritten. In der Praxis stellt sie jedoch einen Anreiz für Unternehmen dar, Kartelle aufzudecken und ist insoweit ein wichtiges Instrument zur Durchsetzung des Kartellrechts.[67] Für die Anwendung des EU-Kartellrechts bildet vor allem die – rechtlich unverbindliche – Kronzeugenmitteilung der Kommission[68] ihre Grundlage. Für die Kartellrechtsdurchsetzung durch nationale Kartellbehörden enthalten §§ 81h ff. GWB spezifische Vorgaben für Kronzeugenprogramme.[69] 46

---

65 Bundesminister für Wirtschaft und Technologie, WuW/E DE-V 1691.
66 Zum Nachweis durch die Kommission EuGH, NZKart 2021, 234 – Pometon; eine Umkehr der Beweislast erfolgt dabei nicht, BGH, NZKart 2021, 457 (458), WuW 2021, 715 (715 f.).
67 Grundlegend *Schroeder*, in: FS Bechtold, 2006, S. 437 ff.; *Schwalbe*, in: FS Canenbley, 2012, S. 423 ff.
68 Mitteilung der Kommission über den Erlass und die Ermäßigung von Geldbußen in Kartellsachen, ABl. 2006 C 298/17; ausführlich dazu *Häberle*, Die Kronzeugenmitteilung der Europäischen Kommission im EG-Kartellrecht, 2005; siehe auch EuGH, NZKart 2021, 415 – Recylex u.a./ Kommission.
69 Siehe ergänzend BKartA, Bekanntmachung Nr. 14/2021 über allgemeine Verwaltungsgrundsätze über die Ausübung des Ermessens bei der Gestaltung des Verfahrens und der Anwendung des kartellrechtlichen Kronzeugenprogramms nach §§ 81h-81n GWB („Leitlinien zum Kronzeugenprogramm"); näher *Roth*, WuW 2021, 10 ff.

47 Die von den Kartellbehörden zu ergreifenden Maßnahmen sind vielfältig und zielen sowohl auf eine Abstellung des Kartellrechtsverstoßes als auch auf dessen Sanktionierung und die Beseitigung der darin wurzelnden wirtschaftlichen Vorteile ab. Möglich sind Unterlassungsverfügungen nach Art. 7 Verordnung (EG) Nr. 1/2003, § 32 GWB, die Verbindlicherklärung von Verpflichtungszusagen der Unternehmen gemäß Art. 9 Verordnung (EG) Nr. 1/2003, § 32b GWB und ein Entzug von vorherigen Freistellungen, Art. 29 Abs. 2 Verordnung (EG) Nr. 1/2003, § 32d GWB. Wirtschaftliche Vorteile können nach §§ 34 f. GWB abgeschöpft werden. Die für die Unternehmen „schmerzhafteste" Maßnahme ist jedoch die Verhängung von Bußgeldern nach Art. 23 Abs. 2 Verordnung (EG) Nr. 1/2003, § 81d GWB, deren Höhe bis zu 10 % des Gesamtumsatzes eines beteiligten Unternehmens innerhalb des letzten Geschäftsjahres beträgt.[70] Bei unter Verstoß gegen das Vollzugsverbot durchgeführten Unternehmenszusammenschlüssen kann eine Entflechtung angeordnet werden, Art. 8 Abs. 4 Verordnung (EG) Nr. 139/2004, § 41 Abs. 3 GWB. Einstweilige Maßnahmen sind aufgrund von Art. 8 Verordnung (EG) Nr. 1/2003, Art. 8 Abs. 5 Verordnung (EG) Nr. 139/2003 und § 60 GWB möglich. Die Maßnahmen können grundsätzlich nebeneinander zur Anwendung kommen. Zusätzlich können geschädigte Private zivilrechtliche Schadensersatzansprüche geltend machen (→ Rn. 49 f.).

Nach der Rechtsprechung des EuGH verstößt es nicht gegen den in Art. 50 EuGRC verankerten ne bis in idem-Grundsatz, wenn ein Unternehmen von der Wettbewerbsbehörde eines Mitgliedstaats wegen eines Verhaltens, das im Hoheitsgebiet dieses Mitgliedstaats einen wettbewerbswidrigen Zweck verfolgte oder eine wettbewerbswidrige Wirkung hatte, wegen Verstoßes gegen Art. 101 AEUV und die entsprechenden Bestimmungen des nationalen Wettbewerbsrechts verfolgt und gegebenenfalls mit einer Geldbuße belegt wird, obwohl dieses Verhalten bereits von einer Wettbewerbsbehörde eines anderen Mitgliedstaats in einer endgültigen Entscheidung erwähnt wurde, die sie in Bezug auf dieses Unternehmen am Ende eines Verfahrens wegen Verstoßes gegen Art. 101 AEUV und die entsprechenden Bestimmungen des Wettbewerbsrechts dieses anderen Mitgliedstaats erlassen hat, sofern diese Entscheidung nicht auf der Feststellung eines wettbewerbswidrigen Zwecks oder einer wettbewerbswidrigen Wirkung im Hoheitsgebiet des erstgenannten Mitgliedstaats beruht.[71] Auch steht der Grundsatz nicht der Verhängung einer Geldbuße gegen eine juristische Person wegen eines Verstoßes gegen das Wettbewerbsrecht der Union entgegen, wenn gegen diese Person im Hinblick auf denselben Sachverhalt am Ende eines Verfahrens wegen eines Verstoßes gegen eine sektorspezifische Regelung über die Liberalisierung des betreffenden Marktes bereits eine endgültige Entscheidung ergangen ist, sofern es klare und präzise Regeln gibt, anhand deren sich vorhersehen lässt, bei welchen Handlungen und Unterlassungen eine Kumulierung von Verfolgungsmaßnahmen und Sanktionen in Frage kommt, und die eine Koordinierung zwischen den beiden zuständigen Behörden ermöglichen, sofern die beiden Verfahren in hinreichend koordinierter Weise und in engem zeitlichen Zusammenhang geführt wurden und sofern die Gesamtheit der verhängten Sanktionen der Schwere der begangenen Straftaten entspricht.[72]

48 Rechtsschutz gegen kartellbehördliche Maßnahmen kann bei einem Handeln der EU-Kommission im Wege der Nichtigkeitsklage beim EuG gemäß Art. 256, 263 AEUV in Anspruch genommen werden, gegen dessen Entscheidung ein Rechtsmittel zum EuGH ergriffen werden kann. Maßnahmen nationaler Kartellbehörden unterliegen der Beschwerde zum Oberlandesgericht nach §§ 73 ff., 83 GWB. Eine Überprüfung dessen

---

70 Zur gesamtschuldnerischen Bußgeldhaftung siehe EuGH, NZKart 2021, 39 – Kommission/GEA Group.
71 EuGH, NZKart 2022, 200 – Zuckermarkt Österreich.
72 EuGH, NZKart 2022, 203 – bpost.

V. Sanktionierung und Rechtsschutz § 6

Entscheidung ist durch eine Rechtsbeschwerde zum BGH gemäß §§ 77 ff., 84 GWB möglich.

2. „Private enforcement"

Die hoheitliche Rechtsdurchsetzung des Kartellrechts durch die Kartellbehörden wird flankiert durch eine Erleichterung der Geltendmachung von Schadensersatzansprüchen durch geschädigte Private sowie Verbände. Die allgemeinen zivilrechtlichen Anspruchsgrundlagen, die in der Praxis häufig nicht durchgesetzt werden können, werden durch eine spezielle kartellrechtliche Anspruchsgrundlage ergänzt. Die §§ 33 ff. GWB sehen insbesondere vor, dass ein kartellbehördlich festgestellter Kartellrechtsverstoß bei der zivilrechtlichen Beurteilung zugrunde zu legen und somit nicht mehr vom Geschädigten nachzuweisen ist. Auch wird der Einwand, dieser habe keinen Schaden erlitten,[73] wenn er von einer Kartellabrede erfasste Produkte überteuert erworben, sie dann aber (ohne Verlust) weiterveräußert habe, gesetzlich ausgeschlossen.[74]

49

Das wirtschaftliche Interesse der Geschädigten korrespondiert insoweit mit den Zielen des Kartellrechts und trägt somit mittelbar, aber sehr effektiv zu deren Realisierung bei. „Private enforcement" entwickelt sich daher in diesem Rechtsgebiet, aber auch in anderen Teilbereichen des öffentlichen Wirtschaftsrechts, zu einem bedeutsamen Instrument zur Durchsetzung öffentlich-rechtlicher Vorgaben.[75]

50

Nicht zuletzt, um einer „Flucht in die Umstrukturierung" vorzubeugen,[76] hat der EuGH die Haftung für Kartellrechtsverstöße für konzernangehörige Unternehmen weit gefasst. Danach kann das Opfer einer wettbewerbswidrigen Verhaltensweise eines Unternehmens eine Schadensersatzklage sowohl gegen eine Muttergesellschaft, die von der Europäischen Kommission wegen dieser Verhaltensweise in einem Beschluss mit einer Sanktion belegt wurde, als auch gegen eine Tochtergesellschaft dieser Gesellschaft, die von diesem Beschluss nicht betroffen ist, erheben, sofern sie zusammen eine wirtschaftliche Einheit bilden. Deren Vorliegen ist bei einer einheitlichen Organisation persönlicher, materieller und immaterieller Mittel, die dauerhaft einen bestimmten wirtschaftlichen Zweck verfolgt, zu bejahen.[77]

50a

Zugleich hat der EuGH jedoch klargestellt, dass die betreffende Tochtergesellschaft ihre Verteidigungsrechte sachdienlich ausüben können muss, um nachzuweisen, dass sie nicht Teil der wirtschaftlichen Einheit ist, etwa im Rahmen einer Unternehmensgruppe des Typs „Konglomerat". Zudem ist sie, wenn die Kommission keinen Beschluss nach Art. 101 AEUV erlassen hat, auch berechtigt, das Vorliegen der behaupteten Zuwiderhandlung selbst zu bestreiten.

---

73 Generell zum Nachweis für den Käufer eines kartellbefangenen Lkw BGHZ 227, 84 ff.; BGH, WuW 2022, 49 ff.
74 Im Überblick zur Ausgestaltung des Kartellschadensersatzrechts *Kersting*, VersR 2017, 581 ff.; *ders.*, NZKart 2022, 309 ff.; *Weitbrecht*, NJW 2017, 1574 ff.; zur Offenlegung von Beweismitteln EuGH, NZKart 2022, 693 – PACCAR.
75 Vgl. näher *Knauff*, ZVglRWiss 112 (2013), S. 136 ff.
76 Zur damit verbundenen „Wurstlücke" im früheren deutschen Kartellrecht und deren Schließung siehe *Achenbach*, wistra 2018, 185 ff.
77 EuGH, EuZW 2021, 1049 – Sumal; siehe auch ausführlich *Fischer/Zickgraf*, ZHR 2022, 125 ff.

51 Im Hinblick auf die Funktionsfähigkeit von Kronzeugenprogrammen sieht § 33e GWB die Privilegierung von Kronzeugen in Bezug auf die zivilrechtliche Haftung vor.[78] In der Praxis ist gleichwohl ein Rückgang der Kronzeugenanträge zu beobachten.[79]

VI. Wiederholungs- und Verständnisfragen

1. Welches Ziel verfolgt das Kartellrecht? (→ Rn. 2 ff.)
2. Auf welche Rechtsgrundlagen stützt sich das Kartellrecht? (→ Rn. 6 ff.)
3. Wo ist das Kartellverbot geregelt und welche Voraussetzungen werden an dieses gestellt? (→ Rn. 12 ff.)
4. Welche Ausnahme vom Kartellverbot gibt es? (→ Rn. 20 ff.)
5. Wann sind die Voraussetzungen des Missbrauchsverbots erfüllt? (→ Rn. 27 ff.)
6. Wo sind die Anforderungen an die Fusionskontrolle geregelt und sind danach Fusionen von Unternehmen als stets unzulässig anzusehen? (→ Rn. 32 f.)
7. Wann liegt ein Unternehmenszusammenschluss im Sinne des Kartellrechts vor? (→ Rn. 34 ff.)
8. Welche ordnungsbehördlichen Maßnahmen bestehen im Fall der Zuwiderhandlung gegen kartellrechtliche Vorschriften? (→ Rn. 45 ff.)
9. Was versteht man unter „private enforcement"? (→ Rn. 49 f.)

Zur Vertiefung: *Alexander,* Fälle zum Kartellrecht, 3. Aufl. 2022; *Bechtold/Bosch,* Gesetz gegen Wettbewerbsbeschränkungen, 10. Aufl. 2021; *Bechtold/Bosch/Brinker,* EU-Kartellrecht, 3. Aufl. 2014; *Dompke/Schulz,* Grundzüge des Kartellrechts, Jura 2015, 822 und 951; *Dreher/Kulka,* Wettbewerbs- und Kartellrecht. Eine systematische Darstellung des deutschen und europäischen Rechts, 11. Aufl. 2021; *Frenz,* Handbuch Europarecht II: Kartellrecht, 2. Aufl. 2015; *Emmerich,* Kartellrecht, 15. Aufl. 2021; *Fuchs/Weitbrecht* (Hrsg.), Handbuch private Kartellrechtsdurchsetzung, 2019; *Immenga/Mestmäcker* (Begr.), Wettbewerbsrecht I: EU, 6. Aufl. 2019, II: GWB, 6. Aufl. 2020, III: Fusionskontrolle, 6. Aufl. 2020; *Lettl,* Kartellrecht, 5. Aufl. 2021; *Kling/Thomas,* Kartellrecht, 2. Aufl. 2016; *Küster,* Das deutsche Kartellrecht – Einführung und Wiederholung. Eine Aufarbeitung geordnet nach Anspruchsgrundlagen, Jura 2017, 805; *Langen/Bunte* (Hrsg.), Kartellrecht, 14. Aufl. 2021; *Loewenheim/Meessen/Riesenkampff/Kersting/Meyer-Lindemann* (Hrsg.), Kartellrecht, 4. Aufl. 2020; *Säcker/Bien/Meier-Beck/Montag* (Hrsg.), Münchener Kommentar zum Wettbewerbsrecht I: Europäisches Wettbewerbsrecht, 3. Aufl. 2020; *Säcker/Meier-Beck* (Hrsg.), Münchener Kommentar zum Wettbewerbsrecht II: GWB, 4. Aufl. 2022; *Schweitzer,* § 8 Das binnenmarktliche Kartellverbot und Freistellungsrecht/*Schuhmacher,* § 9 Das binnenmarktrechtliche Verbot des Missbrauchs einer marktbeherrschenden Stellung/*Becker/Bulst/Weitbrecht,* § 10 Die privatrechtliche Durchsetzung des binnenmarktlichen Kartellrechts/*Fuchs,* § 11 Das Binnenmarktrecht der Zusammenschlusskontrolle von Unternehmen, in: Müller-Graff (Hrsg.), Enzyklopädie Europarecht IV: Europäisches Binnenmarkt- und Wirtschaftsordnungsrecht, 2. Aufl. 2021; *Uebele,* Kartellrecht. Einführung in das Rechtsgebiet, unter Berücksichtigung der Änderungen durch die 10. GWB-Novelle, Jura 2022, 706 und 827; *Volmar/Kranz,* Einführung ins Kartellrecht, JuS 2018, 14; *Wiedemann* (Hrsg.), Handbuch des Kartellrechts, 4. Aufl. 2020

---

[78] Umfassend dazu *Katt,* Die gesamtschuldnerische Haftung des Kronzeugen, 2019; siehe auch *Dawirs,* Der vorprozessuale und innerprozessuale Zugriff auf Kronzeugenerklärungen im Private Enforcement unter der Kartellschadensersatzrichtlinie 2014/104/EU, 2017, insbes. S. 227 ff.
[79] Dazu *Stammwitz,* WuW 2022, 477 (481 f.).

§ 7 Regulierungsrecht

§ 7 Regulierungsrecht

Das Regulierungsrecht ist eine besondere, neuartige Form des öffentlichen Wirtschaftsaufsichtsrechts.[1] Ebenso wie das Kartellrecht ist es stark europäisiert und weist öffentlich-rechtliche und zivilrechtliche Elemente auf, die sich gegenseitig ergänzen. Anders als das Kartellrecht zielt es jedoch nicht auf eine punktuelle hoheitliche Beeinflussung des Verhaltens von Unternehmen zur Verhinderung negativer Folgen für den Wettbewerb ab, sondern dient als Instrument der aktiven staatlichen Wettbewerbsschaffung und -lenkung in spezifischen Märkten.

I. Gegenstand

Der Begriff des Regulierungsrechts ist unscharf und findet mit verschiedenen Bedeutungen Verwendung. Im Ausgangspunkt ist das Regulierungsrecht als Privatisierungsfolgenrecht zu qualifizieren,[2] darüber hinaus ist es aber auch Ausdruck von Gewährleistungsstaatlichkeit[3] (→ § 1 Rn. 27). Das herausragende und normprägende Ziel des Regulierungsrechts ist die Schaffung von Wettbewerb in vormals staatlich monopolisierten Bereichen,[4] die durch spezifische, nicht beliebig vermehrbare Infrastrukturen geprägt sind und somit zugleich ein „natürliches Monopol" darstellen. Konkret handelt es sich um die Sektoren Telekommunikation, Post, Eisenbahn und Energie.

Die betroffenen Sektoren gehören zugleich der Daseinsvorsorge (→ § 2 Rn. 10) an. Mit der Regulierung kompensiert der Staat nicht zuletzt seinen Rückzug aus der unmittelbaren Leistungserbringung und deren Übernahme durch private Wirtschaftsunternehmen. Regelmäßig ist die Schaffung von Wettbewerb daher verbunden mit der Notwendigkeit der Sicherstellung einer Grundversorgung der Bevölkerung mit den jeweiligen Leistungen und der Verwirklichung sonstiger öffentlicher Belange, die vor den Privatisierungen (→ § 8 Rn. 4 ff.) unmittelbar durch öffentliche Unternehmen erfolgten, und die danach durch behördliche Einflussnahme auf die an deren Stelle getretenen privaten Leistungserbringer gewährleistet werden muss.

Auf Grundlage eines weiteren Regulierungsbegriffs lassen sich auch staatliche Einflussnahmen auf andere Sektoren der Wirtschaft unter diesen fassen, soweit damit öffentliche Belange durchgesetzt werden sollen. Exemplarisch sei auf die „Finanzmarktregulierung" verwiesen, die auf gänzlich anderen tatsächlichen und rechtlichen Voraussetzungen beruht. Letztlich handelt es sich dabei jedoch weithin um klassische Wirtschafts(gewerbe)aufsicht, die punktuell durch dem Regulierungsrecht im herkömmlichen Sinne entstammende Instrumente erweitert wird.[5]

Die besondere Schwierigkeit des Regulierungsrechts besteht darin, dass die zu regulierenden Sachverhalte in der Regel dynamisch und in ihrer Entwicklung kaum vorhersehbar, die Regulierungsziele komplex und die Auswirkungen von Regulierungsentscheidungen vielfach nicht hinreichend bekannt sind. Regulierung erfolgt zudem nicht allein auf nationaler Ebene, sondern im europäischen Regulierungsverbund, der

---

1 Zu dessen Vorbildern im US-amerikanischen Recht siehe *Masing*, AöR 128 (2003), 558 ff.; *Säcker*, AöR 130 (2005), 180 (191 ff.).
2 *Ruffert*, AöR 124 (1999), 237 (246); ablehnend aber für die Energiewirtschaft *Pielow*, in: ders., Grundsatzfragen der Energiemarktregulierung, 2005, S. 16 (20).
3 Ausführlich *Inkook*, Regulierung als Erscheinungsform der Gewährleistungsverwaltung, 2013; kritisch *Röhl*, JZ 2006, 831 (832 f.).
4 *Badura*, in: FS Großfeld, 1999, S. 35 (42); *Masing*, Gutachten D zum 66. DJT, 2006, S. D45 f.
5 Vgl. zur Bankenaufsicht *Ohler*, in: Ehlers/Fehling/Pünder, Besonderes Verwaltungsrecht I, § 32 Rn. 12.

neben den Regulierungsbehörden der EU-Mitgliedstaaten auch die EU-Kommission einbezieht.[6] Insgesamt sind eine hohe rechtliche und politische Komplexität und Dynamik zu konstatieren.

II. Rechtsgrundlagen

5 Das Regulierungsrecht setzt sich aus mehreren Gesetzen zusammen, die in erheblichem Maße europarechtlich geprägt sind. Es handelt sich dabei um sektorspezifische Normkomplexe mit jeweils eigenständigen Regelungsansätzen, welche den Besonderheiten der jeweiligen Märkte Rechnung tragen. Zu nennen sind insbesondere das Telekommunikationsgesetz (TKG), das Postgesetz (PostG), das Eisenbahnregulierungsgesetz (ERegG) sowie das Energiewirtschaftsgesetz (EnWG). Diese werden jeweils durch konkretisierende Rechtsverordnungen ergänzt.

6 Zu den (europäisierten) nationalen Rechtsnormen treten einige unmittelbar anwendbare Vorschriften des Europarechts hinzu, die ebenfalls auf einem sektorbezogenen Regelungsansatz basieren. Exemplarisch sei die Verordnung (EU) 2019/942 zur Gründung einer Agentur der Europäischen Union für die Zusammenarbeit der Energieregulierungsbehörden[7] genannt, die zugleich die Herausbildung eines europäischen Regulierungsverbundes zum Ausdruck bringt.

Ein positiviertes „Allgemeines Regulierungsrecht" existiert dagegen (bislang) nicht. Rechtspolitisch wird die Idee eines allgemeinen Regulierungsgesetzes allerdings diskutiert, so etwa auf dem 66. Deutschen Juristentag (2006).[8]

III. Allgemeine Grundsätze

7 Ungeachtet der aus ihrer Sektorbezogenheit notwendig folgenden Spezifizität der Rechtsgrundlagen des Regulierungsrechts weisen diese wesentliche Gemeinsamkeiten auf. Anknüpfend daran können einige allgemeine regulierungsrechtliche Grundsätze identifiziert werden.

Diese geben dem Rechtsgebiet zum einen sein spezifisches Gepräge und können bei der Auslegung von einzelnen Normen von Nutzen sein. Zum anderen sind sie für seine harmonische Weiterentwicklung von zentraler rechtspolitischer Bedeutung.

8 Die Offenheit des Marktzutritts bildet das primäre Ziel des Regulierungsrechts,[9] das sich infolgedessen in allen einschlägigen Gesetzen findet. Deren Existenz verdankt sich der politischen Grundentscheidung, dass vormals geschlossene, monopolisierte in offene, wettbewerblich geprägte Märkte überführt werden sollen. Regulierung dient insoweit auch der Realisierung der Berufs- und der Gewerbefreiheit (→ § 4 Rn. 3 ff., § 5 Rn. 12 ff.). Grundsätzlich soll jeder interessierte Unternehmer die Möglichkeit haben, Leistungen auf den regulierten Märkten anzubieten.[10]

9 Damit dies in der Praxis geschehen kann, bedarf es ergänzender Vorgaben, welche den Umständen Rechnung tragen, dass in den betroffenen Märkten mit dem früheren

---

6 Dazu exemplarisch *Westermann*, Legitimation im europäischen Regulierungsverbund, 2017, insbes. S. 25 ff.
7 ABl. 2019 L 158/22.
8 Die Beschlüsse sind unter https://www.djt.de/fileadmin/downloads/66/66_DJT_Beschluesse.pdf (S. 15 ff.) abrufbar.
9 Siehe dazu *Masing*, Die Verwaltung 36 (2003), S. 1 ff.; umfassend und detailreich *Kühling*, Sektorspezifische Regulierung in den Netzwirtschaften, 2004, S. 164 ff.
10 Zum Verhältnis von Regulierung und Freiheit umfassend *Cremer*, in: Fehling/Ruffert, Regulierungsrecht, § 5.

III. Allgemeine Grundsätze

(ggf. regionalen) Monopolisten jeweils ein marktbeherrschendes Unternehmen (→ § 6 Rn. 25) existiert und zugleich eine Infrastrukturgebundenheit der Leistungen besteht. Infolgedessen enthalten alle dem Regulierungsrecht zugehörigen Gesetze ähnliche Vorschriften über die Monopolkontrolle sowie über die Nutzung der nicht beliebig vermehrbaren notwendigen Infrastrukturen und deren Konditionen.

Die regulierungsrechtlichen Regelungen über die Monopolkontrolle ergänzen die Vorschriften des Kartellrechts über die Entstehung und Nutzung einer marktbeherrschenden Stellung (→ § 6 Rn. 24 ff., 32 ff.), ohne diese zu verdrängen.[11] Regulierungsrechtlich unterliegen die vormaligen Monopolunternehmen dabei einer intensivierten Kontrolle sowohl hinsichtlich ihres Wettbewerbsverhaltens als auch ihrer Preispolitik. 10

Bezüglich der Nutzung der Infrastrukturen, die sich idR im Eigentum des vormaligen Monopolisten befinden, vermitteln die regulierungsrechtlichen Normen dessen Wettbewerbern zunächst diesem gegenüber einen grundsätzlichen Zugangsanspruch. Die Nutzung der vorhandenen Infrastruktur darf am Marktzutritt interessierten Unternehmen nicht versagt werden. Vielmehr ist eine gemeinsame Nutzung der Infrastruktur durch alle Unternehmen, die ihre Leistungen im jeweiligen Marktsektor anbieten, nach den jeweils eigenen Präferenzen zu gewährleisten. 11

In der Praxis erweist sich dies als problematisch, da das Normziel der Öffnung der Infrastrukturen für den Wettbewerb mit den wirtschaftlichen Interessen des früheren Monopolisten kollidiert, die grundsätzlich auf eine Wahrung seiner Marktstellung gerichtet sind (und aus betriebswirtschaftlichen Gründen gerichtet sein müssen). Die naheliegende Konsequenz einer strikten Entflechtung von Infrastruktur (Netz) und dem Leistungsangebot unter deren Nutzung (Betrieb) wird jedoch – auch wegen der damit verbundenen, wenngleich nicht unüberwindlichen grundrechtlichen Hindernisse[12] – nur punktuell vorgesehen, vgl. § 8 EnWG.

Anstelle der eigentumsrechtlichen Entflechtung, die sich durch das Verbot einer gegenseitigen Beteiligung von Netzbetreibern und leistungserbringenden Unternehmen auszeichnet, werden weniger intensive Entflechtungsanforderungen zur Verhinderung von Wettbewerbsverzerrungen vorgesehen. Hierbei lassen sich einige Grundformen unterscheiden, die in den regulierungsrechtlichen Vorschriften angelegt sind: Die buchhalterische Entflechtung erfordert die getrennte Rechnungslegung von Geschäftsbereichen. Die informationelle Entflechtung zielt auf die Verhinderung des Informationsflusses zwischen diesen ab. Aus dem Gebot der personellen Entflechtung folgt das Verbot des Einsatzes derselben Personen in verschiedenen Geschäftsbereichen. Als operationelle Entflechtung wird das Gebot eines eigenständigen Auftretens und Agierens der Geschäftsbereiche bezeichnet. Von einer juristischen Entflechtung wird schließlich im Hinblick auf die (formale) juristische Eigenständigkeit der Geschäftsbereiche gesprochen.[13] Seine stärkste Ausprägung findet das Entflechtungsgebot im Energiewirtschaftsrecht, wobei für (regionale) Verteiler- und (überregionale) Übertragungsnetzbetreiber unterschiedliche Anforderungen gelten, vgl. §§ 6 ff. EnWG.

Der Anspruch der Wettbewerber auf Zugang zur Infrastruktur darf schließlich nicht faktisch an überhöhten Preisen für seine Realisierung scheitern. Übereinstimmend statuieren die regulierungsrechtlichen Vorschriften daher ergänzend eine Entgeltkontrolle in Bezug auf die Netznutzung, die zu den an die marktbeherrschende Stellung des 12

---

11 Vgl. EuGH, WuW 2022, 268 – bpost; EuZW 2022, 1066 – DB Station & Service; BGH, EuZW 2020, 286 (288); NZKart 2021, 699.
12 Näher (mit unterschiedlichen Ergebnissen) *Mayen/Karpenstein*, RdE 2008, 33 ff.; *Kaiser/Wischmeyer*, VerwArch 101 (2010), S. 34 ff.
13 Siehe dazu näher *Rasbach*, Unbundling-Regulierung in der Energiewirtschaft, 2009, insbes. S. 42 ff.

vormaligen Monopolunternehmens anknüpfenden Bestimmungen über die allgemeine Preiskontrolle hinzutritt.

Die Bestimmung einer angemessenen Höhe des Entgelts für die Netznutzung ist schwierig. Dieses muss hoch genug sein, um die Unterhaltung der Infrastruktur zu finanzieren, darf keine Monopolrenditen enthalten und soll den Wettbewerb fördern. Die sektorspezifischen Vorschriften des Regulierungsrechts sehen dabei unterschiedliche Berechnungsmethoden vor. Grundsätzlich ist zwischen einer kosten- und einer anreizorientierten Entgeltregulierung zu unterscheiden. Während Erstere die tatsächlichen Aufwendungen für die Unterhaltung der Infrastruktur als Maßstab heranzieht, zielt Letztere darauf ab, den Infrastrukturbetreiber im Interesse der Reduktion der Netzentgelte und der damit verbundenen Intensivierung des Wettbewerbs zu einem möglichst effizienten Handeln anzuregen.[14]

13 Das zweite grundlegende Ziel der Regulierung, die Sicherstellung einer Grundversorgung für die Verbraucher zu angemessenen, dh sozialverträglichen Konditionen als Ausdruck der Daseinsvorsorge,[15] hat sich ebenfalls in allen regulierungsrechtlichen Normkomplexen niedergeschlagen. Adressaten der Verpflichtung sind stets die leistungsanbietenden Unternehmen, denen insoweit der Einwand der Unwirtschaftlichkeit (weitgehend) verwehrt wird.

14 In organisatorischer Hinsicht hat die Einheit des Regulierungsrechts in der Bundesnetzagentur (BNetzA) als Regulierungsbehörde ihren Ausdruck gefunden. Neben den sektorspezifischen Vorgaben, vgl. §§ 116 ff. TKG, § 14 AEG, §§ 54 ff. EnWG, beruhen ihre Organisation und ihr Tätigwerden auf dem Gesetz über die Bundesnetzagentur für Elektrizität, Gas, Telekommunikation, Post und Eisenbahnen (BEGTPG). Die BNetzA ist in ihren Entscheidungen grundsätzlich unabhängig,[16] wenngleich punktuelle Einschränkungen bestehen, vgl. § 193 TKG. Soweit detailgenaue normative Vorgaben fehlen, welche die Strukturierung des Wettbewerbs vorsehen (können), bildet die ökonomische Rationalität den wesentlichen Maßstab ihres Handelns. In allen Bereichen verfügt die BNetzA über weitgehende Befugnisse gegenüber den regulierten Unternehmen, vgl. §§ 202 ff. TKG, §§ 65 ff. EnWG. Ihre Entscheidungen unterliegen einer gerichtlichen Kontrolle, die jedoch in den einzelnen Sektoren unterschiedlich ausgestaltet ist.

Im Telekommunikations-, Post- und Eisenbahnrecht erfolgt die gerichtliche Kontrolle der Entscheidungen der BNetzA durch die Verwaltungsgerichtsbarkeit. Im Energiewirtschaftsrecht wird der Rechtsschutz dagegen nach dem kartellrechtlichen Modell (→ § 6 Rn. 48) durch Zivilgerichte gewährleistet. Für die konsistente Interpretation und Entwicklung des Regulierungsrechts ist diese Rechtswegspaltung nicht förderlich.[17]

15 Die Intensität der gerichtlichen Kontrolle wird durch die Anerkennung eines Regulierungsermessens beschränkt. Soweit regulierungsrechtliche Normen der BNetzA im Hinblick auf die Schaffung von Wettbewerb Entscheidungsspielräume einräumen, beschränkt sich die Überprüfung ihrer Ausfüllung durch die Gerichte auf die Abwägungsfehlerfreiheit der Entscheidung.[18]

---

14 Vgl. zusammenfassend zu den Modellen und ihrer Bewertung *Ludwigs*, NVwZ 2008, 954 ff.
15 Vgl. *Schebstadt*, WuW 2005, 6 (8); *Schmidt*, DÖV 2005, 1025 (1026).
16 Strikt für den Energiesektor EuGH, EuZW 2021, 893 – Kommission/Deutschland.
17 Näher *Knauff*, VerwArch 98 (2007), S. 382 ff.; *Schneider*, in: Fehling/Ruffert, Regulierungsrecht, § 22.
18 BVerwGE 120, 263 (265); 130, 39 (48); 131, 41; *Ludwigs*, JZ 2009, 290 ff.; *Proelß*, AöR 136 (2011), S. 402 (411 ff.); kritisch *Gärditz*, NVwZ 2009, 1005; zur Abgrenzung vom „herkömmlichen" Ermessen im Telekommunikationsrecht BVwG, NVwZ 2014, 1034 (1035 f.); NVwZ-RR 2016, 952 (956).

IV. Telekommunikationsrecht

▶ **Fall 10:**[19] Die B betreibt bundesweit ein öffentliches Telekommunikationsnetz in Form eines digitalen zellularen Mobilfunknetzes, das mit dem öffentlichen Telekommunikationsnetz der K zusammengeschaltet ist, wobei die Netzkoppelung in beide Richtungen durchgeführt wird. Die Zusammenschaltung der Netze erfolgt ausschließlich am Vermittlungsstellenstandort der B, wobei die K mithilfe einer von ihr selbst bereitgestellten Carrier-Festverbindung die Verbindung zwischen ihrem eigenen Vermittlungsstellenstandort und der jeweiligen Vermittlungsstelle der B herstellt. Für die von ihr erbrachte Terminierungsleistung in ihr Netz muss die B Intra-Building -Abschnitte und Zentrale Zeichengabekanäle bereitstellen. Rechtliche Grundlage betreffend die Zusammenschaltung der Netze der K und der B ist eine 2003 geschlossene Zusammenschaltungsvereinbarung. Für die Bereitstellung und Überlassung der Infrastrukturleistungen durch die B wurde in dem ursprünglichen Vertrag keine Entgeltzahlung vorgesehen und von einer reinen Mitwirkungspflicht ausgegangen. Seit 2006 wurden der B in mehreren Regulierungsverfügungen der BNetzA verschiedene Pflichten der Zugangsgewährung auferlegt, darunter die Verpflichtung, Betreibern von öffentlichen Telefonnetzen die Zusammenschaltung mit ihrem öffentlichen Mobiltelefonnetz an ihrem Vermittlungsstellenstandort zu ermöglichen sowie Kollokation zu gewähren und in deren Rahmen Nachfragern bzw. deren Beauftragten jederzeit Zutritt zu diesen Kollokationen zu gewähren. Die Entgelte für die von der Pflicht zur Zugangsgewährung erfassten Leistungen wurden der Genehmigungspflicht nach § 31 TKG unterworfen. Ab 2007 verlangte die B von der K mehrfach erfolglos eine Vertragsanpassung zur Aufnahme der Bereitstellung und Überlassung von Intra-Building-Abschnitten und Kollokationsbereichen als entgeltliche Leistungen in den Zusammenschaltungsvertrag. Auf Antrag der B ordnete die BNetzA rückwirkend eine Änderung der Zusammenschaltungsvereinbarung dahin gehend an, dass für die Bereitstellung und Überlassung der Intra-Building-Abschnitte je Netzanschluss von B an K sowie die Bereitstellung und Überlassung von Kollokationsbereichen und die Überlassung von Zentralen Zeichengabekanälen von K an B die jeweils von der BNetzA genehmigten Entgelte zuzüglich der gesetzlichen Umsatzsteuer zu zahlen seien.

Ist diese – um detaillierte Erfassungs- und Abrechnungsvorgaben ergänzte – Anordnung (auf Grundlage der aktuellen Rechtslage) rechtmäßig? ◀

Besonders deutlich treten die Besonderheiten des Regulierungsrechts am Beispiel des Telekommunikationsrechts zu Tage. Dieses bringt sowohl die sektorübergreifenden Regulierungsansätze als auch deren „passgenaue" bereichsspezifische Ausprägungen und deren Notwendigkeit zum Ausdruck. Es soll daher im Folgenden in seinen Grundzügen und unter Beschränkung auf seine regulierungsspezifischen Inhalte umrissen werden.

Energie-, Post- und Eisenbahnrecht enthalten vergleichbare Regelungsstrukturen. Im Detail bestehen allerdings Abweichungen, die teils sachlich, teils politisch bedingt sind.

1. Grundfragen

Ausweislich § 1 TKG zielt das Telekommunikationsrecht darauf ab, „durch technologieneutrale Regulierung den Wettbewerb im Bereich der Telekommunikation und leistungsfähige Telekommunikationsinfrastrukturen zu fördern und flächendeckend

---

19 Nach VG Köln Urt. v. 11.10.2017 – 1 K 2264/15; bestätigt durch BVerwG, NVwZ-RR 2019, 317.

angemessene und ausreichende Dienstleistungen zu gewährleisten." Der Dualismus der Ziele des Regulierungsrechts (→ Rn. 7 ff.) kommt darin klar zum Ausdruck.

18 Zur Verwirklichung dieser Zwecke normiert § 2 Abs. 2 und 3 TKG vielfältige konkrete Regulierungsziele und wiederum auf diese bezogene Grundsätze der Regulierung, die zudem in § 2 Abs. 1 TKG ausdrücklich als hoheitliche Aufgabe qualifiziert wird.

Die telekommunikationsrechtlichen Regulierungsziele geben die grundlegenden Vorstellungen des Gesetzgebers wieder, welche zudem in den Einzelnormen des TKG konkretisiert werden. Sie dienen insoweit vor allem als Auslegungsleitlinie sowie als Richtschnur für den Verordnungsgeber.[20]

19 Mangels normativer Differenzierung sind die Regulierungsziele in § 2 Abs. 2 TKG gleichrangig.[21] Von besonderer Bedeutung sind jedoch die Ziele chancengleichen Wettbewerbs auch im Interesse der Verwirklichung des Binnenmarktes (Nr. 2 und 4) sowie der Schutz der Verbraucherinteressen (Nr. 3) einschließlich der Existenz eines Universaldienstes (→ Rn. 36 f.) und der Wahrung der öffentlichen Sicherheitsinteressen. Die weiteren Regulierungsziele richten sich auf die Sicherstellung der Konnektivität sowie die Förderung des Zugangs zu und der Nutzung von Netzen mit sehr hoher Kapazität durch alle Bürger und Unternehmen wie auch einer effizienten und störungsfreien Nutzung von Frequenzen (Nr. 1 und 5).

20 Die Regulierungsziele bedürfen notwendig der Konkretisierung. Diese obliegt im Rahmen der weiteren normativen Vorgaben maßgeblich der BNetzA, deren Handeln § 2 Abs. 3 TKG durch die Festlegung von Regulierungsgrundsätzen[22] determiniert. Objektivität, Transparenz, Nichtdiskriminierung und Verhältnismäßigkeit sind danach die (vor dem Hintergrund von Grundrechten und Rechtsstaatlichkeit zwingenden) Parameter, an denen die BNetzA ihre Regulierungstätigkeit auszurichten hat. Exemplarisch werden diese Grundsätze in § 2 Abs. 3 Nr. 1 bis 6 TKG näher konkretisiert. Hervorzuheben ist insoweit insbesondere Nr. 6, wonach „regulatorische Vorabverpflichtungen nur dann auferleg[t werden dürfen], wenn es keinen wirksamen und nachhaltigen Wettbewerb … gibt"; Regulierung ist mithin subsidiär.[23] Bei der normativen Konstruktion des TKG ist von wesentlicher Bedeutung, dass die Grundsätze weithin an die Stelle vollzugsfähiger Vorgaben treten, so dass die BNetzA letztlich bei der Regulierung der Telekommunikationsmärkte über erhebliche Spielräume verfügt.[24]

21 Für Telekommunikationsunternehmen statuiert das TKG keine spezifischen Marktzutrittshürden. Insbesondere unterliegen sie keiner Genehmigungspflicht. Betriebsaufnahme, -änderung und -aufgabe sind nach § 5 TKG allein der BNetzA mitzuteilen und treten zur Gewerbeanzeige nach § 14 GewO hinzu (→ § 5 Rn. 20 ff.).[25]

22 Wenig ausgeprägt sind die Vorgaben für die Entflechtung (→ Rn. 11) von Telekommunikationsunternehmen. § 7 Abs. 1 TKG beschränkt sich diesbezüglich darauf, für Telekommunikationsunternehmen, die den in § 7 Abs. 3 TKG normierten Grenzwert für Umsatzerlöse übersteigen und in anderen Sektoren besondere oder ausschließliche

---

20 *Säcker*, in: ders., TKG, § 2 Rn. 1.
21 *Cornils*, in: Geppert/Schütz, Beck'scher TKG-Kommentar, § 2 Rn. 14; vgl. auch VG Köln Urt. v. 25.4.2012 – 21 K 1142/10.
22 Nach BVerwGE 163, 181 Rn. 42, unterschieden sich diese in ihrer Wirkung nicht grundsätzlich von den Regulierungszielen.
23 Von „verschärfte[n] Verhältnismäßigkeitsanforderungen" spricht *Ruthig*, in: Arndt/Fetzer/Scherer/Graulich, TKG, § 2 Rn. 37.
24 Vgl. BVerwGE 131, 41 Rn. 66.
25 *Scherer*, NJW 2004, 3001 (3002).

IV. Telekommunikationsrecht § 7

Rechte besitzen, eine strukturelle Ausgliederung der Telekommunikationssparte (Nr. 1: [eingeschränkte] operationelle Entflechtung) sowie eine buchmäßige Separierung des Telekommunikationsangebots (Netzbetrieb oder Telekommunikationsdienstleistungen) von diesen anderen Betätigungen vorzusehen (Nr. 2 i.V.m. Abs. 2: buchhalterische Entflechtung). Weitergehende operationelle Entflechtungsmaßnahmen kann die BNetzA als „außerordentliche Maßnahme" nach Maßgabe von § 31 TKG anordnen.

2. Marktregulierung

Der Schaffung eines wettbewerblichen Telekommunikationsmarktes und damit dem ersten in § 1 TKG genannten Zweck dient die Marktregulierung nach §§ 10 ff. TKG. Diese ist nur in ihren Grundzügen normativ determiniert.

In Anbetracht der Regulierungszwecke und -ziele ist eine detailgenauere gesetzliche Ausgestaltung kaum möglich. Diese beschränkt sich daher im Wesentlichen auf die Festlegung von Regulierungsvoraussetzungen, -verfahren und -instrumenten sowie Schutzmechanismen der regulierten Unternehmen.

a) Allgemeines

Die BNetzA darf eine Marktregulierung nach § 10 Abs. 1 iVm § 11 Abs. 2 TKG nur auf Telekommunikationsmärkten durchführen, die durch beträchtliche und anhaltende strukturelle, rechtliche oder regulatorische Marktzutrittsschranken gekennzeichnet sind, deren Strukturen angesichts des Infrastrukturwettbewerbs und des sonstigen Wettbewerbs innerhalb des relevanten Zeitraums nicht zu wirksamem Wettbewerb tendieren und auf denen die Anwendung des allgemeinen Wettbewerbsrechts allein nicht ausreicht, um dem festgestellten Marktversagen[26] angemessen entgegenzuwirken. Zu diesem Zweck hat sie eine Marktabgrenzung[27] nach § 10 TKG sowie eine Marktanalyse nach § 11 Abs. 1, 3 ff. TKG durchzuführen.[28] Die betroffenen Unternehmen können sich hierzu im Rahmen eines Konsultationsverfahrens gemäß § 12 TKG äußern. Bestehen Anhaltspunkte dafür, dass die Ergebnisse von Marktabgrenzung und -analyse aufgrund zwischenzeitlicher Veränderungen nicht mehr zutreffen, sieht § 15 TKG eine Überprüfung durch die BNetzA vor.[29]

Infolge dieser Regelungen erstreckt sich die telekommunikationsrechtliche Marktregulierung etwa auf die vormals monopolisierte Festnetztelefonie. Doch auch der Mobilfunkmarkt kann ungeachtet seiner wettbewerblichen Anfänge der Marktregulierung unterfallen.[30]

Als Adressaten von telekommunikationsrechtlichen Marktregulierungsmaßnahmen der BNetzA kommen nach § 13 Abs. 1 TKG nur Unternehmen mit beträchtlicher Marktmacht iSv § 11 Abs. 4 S. 2 TKG, dh mit marktbeherrschender Stellung (→ § 6 Rn. 25 f.),[31] die grundsätzlich mittels Durchführung eines Marktdefinitions- und Marktanalyseverfahrens nach §§ 10, 11 TKG festzustellen ist, in Betracht. Andere Telekommunikationsunternehmen sind dagegen in ihrem Markt- und Wettbewerbsver-

---

26 Nach BVerwG, NVwZ 2011, 563, entfaltet die in § 10 Abs. 2 TKG in Bezug genommene Kommissionsempfehlung eine Vermutung dafür, dass die in ihr aufgeführten Märkte – vorbehaltlich der Marktanalyse nach § 11 TKG – regulierungsbedürftig sind.
27 Systematisch dazu *Bongard*, in: Geppert/Schütz, Beck'scher TKG-Kommentar, vor § 9 Rn. 36 ff.
28 Instruktiv dazu BVerwG, NVwZ 2013, 1352 Rn. 24 ff.
29 Zur Zulässigkeit davon unabhängiger Änderung von Regulierungsverfügungen BVerwGE 163, 136 Rn. 27.
30 EuGH, MMR 2017, 318; BVerfG, MMR 2012, 186.
31 Dazu näher *Bongard*, in: Geppert/Schütz, Beck'scher TKG-Kommentar, vor § 9 Rn. 55 ff.

halten (im Rahmen der allgemeinen Rechtsordnung einschließlich des Kartellrechts) frei.[32]

Folge dieser Einschränkung ist, dass vor allem die Deutsche Telekom AG Adressat derartiger Regulierungsmaßnahmen sein kann. Basierend auf ihrer vormaligen Monopolstellung verfügt sie nach wie vor in denjenigen Märkten, welche mangels hinreichend entwickelten Wettbewerbs überhaupt Gegenstand der Marktregulierung sind, über eine marktbeherrschende Stellung.[33]

26 Als Regulierungsinstrumente sind zunächst die sogleich näher dargestellte Zugangs- und Entgeltregulierung nach §§ 20 ff., 37 ff. TKG zu nennen, welche die Nutzbarkeit der Telekommunikationsnetze als zentrale Infrastruktur und deren Preise betreffen (→ Rn. 27 ff.), sowie die Anordnung von Entflechtungsmaßnahmen gemäß § 31 TKG. Daneben kommt aber auch der besonderen Missbrauchsaufsicht nach §§ 50 TKG eine hohe Bedeutung zu. Diese ergänzt das kartellrechtliche Verbot des Missbrauchs einer marktbeherrschenden Stellung (→ § 6 Rn. 23 ff.) um einige spezifische Missbrauchstatbestände. Nach § 50 Abs. 1 S. 2 TKG liegt „[e]in Missbrauch ... insbesondere vor, wenn das Unternehmen 1. andere Unternehmen unmittelbar oder mittelbar unbillig behindert oder 2. die Wettbewerbsmöglichkeiten anderer Unternehmen auf einem Telekommunikationsmarkt auf erhebliche Weise beeinträchtigt", ohne dass hierfür eine sachliche Rechtfertigung nachgewiesen wird. Ein Missbrauch iSv § 50 Abs. 1 S. 2 Nr. 2 TKG wird nach § 50 Abs. 2 TKG im Falle eines besseren oder günstigeren Leistungsangebots für eigene, verbundene oder Partnerunternehmen bei einer verzögerten Zugangsgewährung vermutet. Ein solcher Missbrauch ist stets verboten; die BNetzA wird durch § 50 Abs. 4 TKG ermächtigt, missbrauchsbeendende Maßnahmen anzuordnen. Der von dem Unternehmen durch den Missbrauch erlangte wirtschaftliche Vorteil kann gemäß § 208 TKG abgeschöpft werden. Ein spezifisches Missbrauchsverbot enthält § 37 TKG zudem im Hinblick auf die Entgelthöhe.

b) Zugangsregulierung

27 Die Telekommunikationsnetze iSv § 3 Nr. 65 TKG bilden die entscheidende Infrastruktur für die Funktionsfähigkeit der Telekommunikationsmärkte. Ihre Zugänglichkeit ist die technische Voraussetzung für das Angebot von Telekommunikationsdiensten durch solche Telekommunikationsunternehmen, die nicht zugleich Netzbetreiber sind.[34]

28 § 20 TKG normiert vor diesem Hintergrund eine Pflicht zur Zusammenschaltung von Telekommunikationsnetzen auf vertraglicher Grundlage, wobei keine Beschränkung auf marktbeherrschende Unternehmen besteht. Praktische Bedeutung kommt dieser vor allem in Bezug auf Verbindungen des deutschen Festnetzes mit ausländischen Netzen sowie den Mobilfunknetzen zu. Infolge der Zusammenschaltung entsteht de facto ein großes Netz, innerhalb dessen Telekommunikationsdienste abgewickelt werden können.[35]

Hinsichtlich der juristischen Konstruktion ist hervorzuheben, dass die Zusammenschaltung grundsätzlich nicht seitens der BNetzA verfügt wird, sondern aufgrund des gesetzlichen Gebots durch zivilrecht-

---

32 Vgl. BVerwGE 128, 305 Rn. 17 ff.
33 Zur Marktsituation siehe den jährlich von der BNetzA veröffentlichten Tätigkeitsbericht Telekommunikation (https://www.bundesnetzagentur.de/DE/Sachgebiete/Telekommunikation/Unternehmen_Institutionen/Marktbeobachtung/Deutschland/deutschland-node.html).
34 Zur aktuellen normativen Ausgestaltung im Überblick vgl. auch *Stamm*, MMR 2022, 357 ff.
35 Vgl. auch *Neitzel/Hofmann*, in: Spindler/Schuster, Recht der elektronischen Medien, 4. Aufl. 2019, § 16 TKG Rn. 4.

lichen Vertrag zwischen den Netzbetreiberunternehmen zustande kommt. Allerdings darf der Vertragsschluss nur aus triftigen Gründen abgelehnt werden. Über netzzugangsbezogene Handlungsmöglichkeiten verfügt die BNetzA gemäß §§ 21, 35 TKG im Hinblick auf „Unternehmen, die den Zugang zu Endnutzern kontrollieren" im Interesse der Konnektivität und Interoperabilität. Zudem kann die BNetzA „Betreiber verpflichten, zu fairen, ausgewogenen und nichtdiskriminierenden Bedingungen Zugang zu Anwendungs-Programmierschnittstellen und elektronischen Programmführern zu gewähren, soweit dies zur Gewährleistung des Zugangs der Endnutzer zu digitalen Hörfunk- und Fernsehdiensten sowie damit verbundenen ergänzenden Diensten erforderlich ist." Derartige Maßnahmen sind auf Einzelfälle beschränkt. Nach § 214 TKG kann sie bei Streitigkeiten auf Antrag in einem Streitbeilegungsverfahren eine verbindliche Entscheidung herbeiführen.

Deutlich ausgeprägter sind die Befugnisse der BNetzA im Bereich der Zugangsregulierung gegenüber netzbetreibenden Unternehmen mit beträchtlicher Marktmacht. Gemäß § 24 TKG kann sie diesen gegenüber im Hinblick auf die Zugangsbedingungen für Drittunternehmen ein Diskriminierungsverbot erlassen. Des Weiteren kann sie marktbeherrschende Netzbetreiber zwecks Herstellung von Transparenz nach § 25 TKG zur Veröffentlichung technischer und wirtschaftlicher Bedingungen verpflichten. Von zentraler Bedeutung ist die in §§ 26 ff., 35 TKG enthaltene Ermächtigung der BNetzA, Betreiber öffentlicher Telekommunikationsnetze, die über beträchtliche Marktmacht verfügen, zur Gewährung des Zugangs iSv § 3 Nr. 74 TKG für andere Telekommunikationsunternehmen zu verpflichten.[36] Infolgedessen werden Wettbewerber des netzbetreibenden marktbeherrschenden Telekommunikationsunternehmens in die Lage versetzt, ihre Leistungen unter Nutzung dieses Netzes anzubieten. 29

Für die Entwicklung des Wettbewerbs auf dem Telekommunikationsmarkt, soweit dieser der Marktregulierung unterfällt (→ Rn. 24), ist diese Befugnis der BNetzA eine wesentliche Voraussetzung. Die Zugangsgewährung erfolgt wiederum auf vertraglicher Grundlage. Die hierfür zu entrichtenden Entgelte unterliegen ebenfalls der Regulierung (→ Rn. 31 ff.). Im Einzelnen stellen sich in Bezug auf die Zugangsverpflichtungen und ihre Konsequenzen zahlreiche Rechtsfragen, hinsichtlich derer auf die telekommunikationsrechtliche Spezialliteratur zu verweisen ist.[37]

Ergänzend ermächtigt § 30 TKG die BNetzA, netzbetreibenden Telekommunikationsunternehmen mit beträchtlicher Marktmacht „für bestimmte Tätigkeiten im Zusammenhang mit Zugangsleistungen eine getrennte Rechnungsführung vor[zu]schreiben." Eine solche (partielle) buchhalterische Entflechtung bewirkt Transparenz und steht damit unzulässigen Diskriminierungen und Quersubventionierungen, also der unternehmensinternen Bezuschussung von Geschäftsbereichen, entgegen.[38] 30

c) Entgeltregulierung

Die Entgeltregulierung nach §§ 37 ff. TKG[39] setzt an die erfolgte Zugangsgewährung an und zielt ausweislich § 37 Abs. 1 S. 1 TKG darauf ab, zu verhindern, dass ein Unternehmen mit beträchtlicher Marktmacht diese Stellung bei der Forderung und Vereinbarung von Entgelten gegenüber Endnutzern oder gegenüber anderen Unterneh- 31

---

36 Zum diesbezüglich bestehenden Ermessen BVerwG, NVwZ 2014, 942 Rn. 57 ff.; NVwZ 2014, 1034. Dem marktmächtigen Unternehmen vermittelt § 21 TKG keinen Anspruch auf Auferlegung einer Regulierungsmaßnahme gegenüber ihm selbst, BVerwG, NVwZ-RR 2011, 500.
37 Zum Einstieg *Kühling/Schall/Biendl*, Telekommunikationsrecht, S. 161 ff.
38 *Holthoff-Frank*, in: Geppert/Schütz, Beck'scher TKG-Kommentar, § 24 Rn. 12 ff., der zugleich darauf verweist, dass der Regelung in der Praxis nur geringe Bedeutung zukommt.
39 Siehe dazu auch *Schütze/Jorns*, N&R 2022, 253 ff.

men missbraucht. Sie ist damit von vornherein auf marktbeherrschende Unternehmen beschränkt.

32 Von der BNetzA ergriffene Entgeltregulierungsmaßnahmen müssen nach § 38 Abs. 5 Nr. 2 TKG insbesondere gewährleisten, dass diese „in ihrer Gesamtheit, einschließlich in zeitlicher und inhaltlicher Hinsicht, aufeinander abgestimmt sind (Konsistenzgebot) sowie die Anreize für den Ausbau neuer und verbesserter Telekommunikationsnetze, die wirtschaftliche Effizienz und einen nachhaltigen Wettbewerb fördern und dem langfristigen Endnutzerinteresse dienen". Dabei sind erfolgte Investitionen zu berücksichtigen und angemessene Gewinne zu ermöglichen. Zu unterscheiden ist zwischen der Regulierung der Entgelte für Zugangsleistungen und derjenigen für Endnutzerleistungen, die jeweils als vorherige, an strikten ökonomischen Kriterien ausgerichtete Entgeltgenehmigung oder nachträgliche Regulierung am Maßstab des spezifisch konkretisierten Missbrauchsverbots nach § 37 TKG ausgestaltet ist.

33 Entgelte, welche ein marktbeherrschender Netzbetreiber für nach § 26 TKG auferlegte Zugangsleistungen erhebt, können nach § 38 TKG von der BNetzA einer vorherigen, auf den konkreten Einzelfall bezogenen[40] Genehmigungspflicht unterstellt werden, „wenn anderenfalls die Entwicklung eines nachhaltig wettbewerbsorientierten Endnutzermarktes durch missbräuchliche entgeltbezogene Maßnahmen des Unternehmens behindert würde und die Interessen der Endnutzer beeinträchtigt würden."[41] Bei Vorliegen der tatbestandlichen Voraussetzungen ist jenseits atypischer Fälle daher eine ex ante-Entgeltregulierung durchzuführen. Auf Grundlage der von ihr nach § 38 Abs. 4, § 43 TKG einzuholenden Kosteninformationen berechnet diese anhand der in § 39 TKG enthaltenen Maßstäbe (keine Missbräuchlichkeit iSv § 37; Kosten der effizienten Leistungsbereitstellung, § 42 TKG;[42] ggf. alternative Vorgehensweisen) die zulässige Entgelthöhe, bei deren Festlegung sie vom Genehmigungsantrag abweichen kann.[43] Die Genehmigung wird nach § 40 Abs. 4 TKG befristet erteilt.[44] Abweichungen von der genehmigten Entgelthöhe sind gemäß § 44 TKG unzulässig.[45]

34 Unter den Voraussetzungen des § 38 Abs. 3, § 46 TKG erfolgt die Entgeltregulierung vorbehaltlich der Anordnung einer Genehmigungspflicht durch die BNetzA erst nachträglich, so dass die Zugangsentgelte zunächst von dem Unternehmen festgelegt werden können, jedoch vor ihrer Erhebung einer Kontrolle durch die BNetzA unterliegen (ex post-Entgeltregulierung).[46] Maßstab für die nachträgliche Entgeltregulierung ist (nur) das Missbrauchsverbot des § 37 TKG.[47] Verstöße dagegen haben die Untersa-

---

40 Zur Unzulässigkeit einer Festlegung von Methoden und Maßstäbe der Entgeltberechnung mit Wirkung für nachfolgende Entgeltgenehmigungsverfahren BVerwGE 162, 202.
41 Zur Möglichkeit der vorläufigen Entgeltgenehmigung BVerwGE 157, 249 Rn. 35.
42 Zu Einzelaspekten siehe BVerwGE 148, 48; 153, 265; 156, 75; BVerwG, N&R 2010, 40; N&R 2010, 186; zur Durchführung einer alternativen Vergleichsmarktbetrachtung BVerwGE 151, 268; BVerwG, NVwZ 2015, 1143; CR 2016, 269. Eine AGB-Kontrolle erfolgt dabei nicht, BVerwG, NVwZ 2015, 225.
43 Zur Maßgeblichkeit der im Antrag aufgeführten Leistungen BVerwG, NVwZ-RR 2009, 918; zum Rechtsschutz der betroffenen Unternehmen BVerwGE 158, 301 Rn. 18 ff.; BVerwG, NVwZ-RR 2018, 304 Rn. 13 ff.
44 Zur Notwendigkeit der Aufhebung bei späterer abweichender Entgeltgenehmigung BVerwGE 143, 87.
45 Nach BVerwGE 156, 59 Rn. 17, modifiziert die Entgeltgenehmigung die zwischen den Zusammenschaltungspartnern vereinbarte Höhe der Entgelte, begründet aber nicht die Entgeltlichkeit der Dienstleistungen.
46 Zum Verhältnis von ex ante- und ex post-Regulierung BVerwGE 131, 41 Rn. 67 ff.; *Geppert/Berger-Kögler*, in: Geppert/Schütz, Beck'scher TKG-Kommentar, § 38 Rn. 3 ff.
47 Nach BVerwG, NVwZ 2011, 623, kann eine dem marktmächtigen Unternehmen erteilte Entgeltgenehmigung nach § 31 Abs. 1 TKG Rechte der Wettbewerber dadurch verletzen, dass sie wegen ihrer inhaltlichen

gung des vorgesehenen Entgelts für einen auferlegten Zugang gemäß §§ 21 f. TKG und ggf. die Anordnung eines mit diesem Maßstab kompatiblen Entgelts zur Folge.

Sofern dies zur Erreichung der Regulierungsziele nach § 2 TKG erforderlich ist, ermächtigt § 49 TKG die BNetzA zu einer ergänzenden Regulierung der Entgelte für Endnutzerleistungen. Dabei handelt es sich um Leistungen, die gegenüber Nutzern erbracht werden, die selbst weder öffentliche Telekommunikationsnetze betreiben noch öffentlich zugängliche Telekommunikationsdienste erbringen, vgl. § 3 Nr. 13 TKG. Auch bezüglich dieser Entgelte kann die BNetzA unter den Voraussetzungen des § 49 TKG für marktbeherrschende Unternehmen ein grundsätzliches Genehmigungserfordernis nach §§ 38 ff. TKG analog aufstellen. Im Übrigen unterliegen die Entgelte für Endnutzerleistungen, welche von diesen Unternehmen erhoben werden, einer nachträglichen Entgeltregulierung am Maßstab des § 37 TKG.

3. Universaldienst

Die Daseinsvorsorgefunktion von Telekommunikationsleistungen wird in den §§ 156 ff. TKG – wenn auch nicht (mehr) unter dem europarechtlich vorgeprägten Begriff des „Universaldienstes"[48] – normativ ausgestaltet.[49] Gemäß § 156 Abs. 1 S. 1 iVm § 157 Abs. 2 TKG müssen für Endnutzer an ihrer Hauptwohnung oder an ihrem Geschäftsort mindestens Sprachkommunikationsdienste sowie ein schneller Internetzugangsdienst[50] für eine angemessene soziale und wirtschaftliche Teilhabe, einschließlich des hierfür notwendigen Anschlusses an ein öffentliches Telekommunikationsnetz an einem festen Standort verfügbar sein. Näheres ist der Verordnung über die Mindestanforderungen für das Recht auf Versorgung mit Telekommunikationsdiensten (TK-Mindestversorgungsverordnung – TKMV) zu entnehmen. Im Hinblick auf die Kosten enthält § 158 TKG das Gebot der Erschwinglichkeit. § 156 Abs. 2 TKG steht zudem einer Einrechnung für das Leistungsangebot nicht notwendiger Kosten entgegen.

Eine Regulierung zur Sicherstellung des Angebots an Universaldienstleistungen durch die BNetzA erfolgt nur im Falle eines Marktversagens, wenn also der Wettbewerb nicht in der Lage ist, eine entsprechende Grundversorgung mit Telekommunikationsleistungen zur Verfügung zu stellen. Diesbezüglich greift zunächst die in § 159 TKG normierte Verpflichtung aller Telekommunikationsunternehmen zum Angebot von Universaldienstleistungen ein. Stellt die BNetzA fest, dass diese nicht erfüllt wird, stellt sie gemäß § 160 TKG eine Unterversorgung fest und kündigt an, Regulierungsmaßnahmen zu ergreifen, „sofern kein Unternehmen innerhalb eines Monats nach Veröffentlichung der Unterversorgungsfeststellung schriftlich oder elektronisch gegenüber der Bundesnetzagentur zusagt, sich zur Versorgung mit Telekommunikationsdiensten nach § 157 Absatz 2 und § 158 Absatz 1 ohne Ausgleich nach § 162 zu verpflichten." Geschieht dies nicht, kann die BNetzA nach § 161 Abs. 2 bis 4 TKG einzelnen Unternehmen die Erbringung entsprechender Universaldienstleistungen auferlegen, mithin diese zur Leistung verpflichten; im Falle der Zuschussbedürftigkeit setzt dies zur Reduzierung des Finanzbedarfs grundsätzlich eine Ausschreibung voraus. Die Höhe des

---

Unbestimmtheit keine wirksame Vorsorge gegen einen möglichen Behinderungsmissbrauch iSv § 28 Abs. 1 Satz 2 Nr. 2 TKG trifft.
48 Siehe bereits die Mitteilung der Kommission – Leistungen der Daseinsvorsorge in Europa, KOM (2000) 580 endg.
49 Zu neueren Entwicklungen *Kühling/Toros*, N&R 2019, 258 ff.
50 Dazu *Gerpott*, K&R 2022, 92 ff.

Ausgleichs bestimmt sich nach § 162 TKG; seine Finanzierung erfolgt gemäß § 163 TKG durch eine Abgabe, die alle anderen Telekommunikationsunternehmen zu zahlen haben.

4. Sonstige Regelungen

38 Das TKG enthält darüber hinaus eine Vielzahl von für die Telekommunikationsmärkte relevanten Vorgaben, insbesondere zum Kundenschutz (§§ 51 ff. TKG), zur Rundfunkübertragung (§§ 73 ff. TKG), zur Vergabe von Frequenzen, Nummern und Wegerechten (§§ 87 ff. TKG), zu Informationen über Infrastruktur und Netzausbau (§§ 78 ff. TKG) sowie zu Öffentlicher Sicherheit und Notfallvorsorge (§§ 164 ff. TKG), und weist der BNetzA teilweise Befugnisse zu deren Durchsetzung zu. Dabei handelt es sich jedoch nicht um spezifisch regulierungsrechtliche Normen, so dass diese vorliegend außer Betracht bleiben können.

▶ **Zu Fall 10:** Rechtsgrundlage für die Anordnung der BNetzA ist § 35 Abs. 1 TKG. Die Norm findet nur dann Anwendung, wenn eine Zugangsvereinbarung nach § 28 oder § 23 TKG nicht zustande gekommen ist. Dies setzt zunächst voraus, dass eine Angebotspflicht nach § 28 Abs. 1 TKG für einen Beteiligten besteht, da ihm eine Zugangsverpflichtung nach § 26 TKG auferlegt worden ist. Dies ist auf Grundlage der seit 2006 ergangenen Regulierungsverfügungen in Bezug auf B der Fall. Für die Frage, ob zwischen den Beteiligten eine Zugangsvereinbarung geschlossen wurde, die für eine Zugangsanordnung nach § 35 TKG Sperrwirkung entfaltet, ist maßgeblich, ob bereits eine Zugangsvereinbarung zwischen den Beteiligten nach § 28 oder § 23 TKG besteht. Dies ist bezogen auf die hier streitgegenständlichen Infrastrukturleistungen nicht der Fall. Nach § 28 TKG hat ein Betreiber eines öffentlichen Telekommunikationsnetzes, der über beträchtliche Marktmacht verfügt und dem eine Zugangsverpflichtung nach § 26 auferlegt worden ist, gegenüber anderen Unternehmen, die diese Leistung nachfragen, um Telekommunikationsdienste anbieten zu können, ein Angebot auf einen entsprechenden Zugang abzugeben. Gegenstand einer Vereinbarung nach § 28 TKG muss daher die regulierte Zugangsleistung sein, die von einem anderen Unternehmen in Anspruch genommen werden kann, um Zugang zu dem Netz des regulierten Unternehmens zu erhalten. Die regulierten Zugangsleistungen müssen somit in einer Zugangsvereinbarung nach § 26 TKG als Leistungspflichten ausgestaltet sein, die von dem Regulierten vertraglich verlangt werden können. In der zwischen K und B geschlossenen Zusammenschaltungsvereinbarung sind die hier streitgegenständlichen Infrastrukturleistungen jedoch gerade nicht als Leistungspflichten der B vereinbart worden, die von ihr gegenüber der K zu erbringen sind und von dieser eingefordert werden können. Nach dem Vertragsinhalt sind diese nämlich nur als reine Mitwirkungspflichten der B bei der Bestellung von Interconnection-Anschlüssen bei der K vorgesehen worden. Unstreitig sind auch Verhandlungen zwischen der B und der K bezüglich einer Ergänzung ihrer Zusammenschaltungsvereinbarung im Hinblick auf die Bereitstellung der Intra-Building-Abschnitte je Netzanschluss nebst Zentralen Zeichengabekanälen sowie zugehörigem Kollokationsbereich als entgeltpflichtige Hauptleistungspflicht der B gegenüber der K gescheitert. Liegen somit die Tatbestandsvoraussetzungen für den Erlass einer Anordnung auf der Grundlage von § 35 TKG vor, steht es im Auswahlermessen der Beklagten, welche von mehreren Maßnahmen ergriffen wird.

Gemäß § 35 Abs. 4 S. 1 TKG können Gegenstand einer Anordnung alle Bedingungen einer Zugangsvereinbarung sowie die Entgelte sein; die BNetzA darf die Anordnungen mit Bedingungen, einschließlich Vertragsstrafen, in Bezug auf Chancengleichheit, Billigkeit und

Rechtzeitigkeit verknüpfen (Satz 2). Aus der Verwendung der Formulierungen „können" und „darf" ergibt sich, dass diese Rechtsnorm eine Ermessensermächtigung enthält. Eine Zugangs- und Entgeltanordnung ist zunächst nur in den Grenzen der durch eine Regulierungsverfügung nach §§ 13 Abs. 1 S. 1, 26 Abs. 1 TKG auferlegten Zugangsverpflichtungen rechtmäßigerweise möglich. Dies ist hier der Fall. Die von der Zugangs- und Entgeltanordnung erfassten Infrastrukturleistungen sind Gegenstand der Regulierungsverfügungen. Die B hat zudem auch nur für die von der K tatsächlich in Anspruch genommenen Leistungen Zugang und Entgelte angeordnet. Die gesetzlichen Grenzen des Ermessens sind auch nicht dadurch überschritten worden, dass die Beklagte den Zugang und die Entgelte (auch) mit Wirkung für die Vergangenheit angeordnet hat. Nach dem Wortlaut von § 35 TKG ist eine Anordnung des Zugangs und von Entgelten mit Wirkung für die Vergangenheit nicht ausdrücklich vorgesehen, aber auch nicht ausgeschlossen. § 35 Abs. 4 TKG sieht ein weites Auswahlermessen der BNetzA vor und bestimmt, dass Gegenstand einer Anordnung alle Bedingungen einer Zugangsvereinbarung sein können. Dementsprechend kann die Entgelt- und Zugangsanordnung auch alle Regelungen enthalten, die im Rahmen einer entsprechenden privatrechtlichen Vereinbarung getroffen werden können. Dies spricht dafür, dass auch eine rückwirkende Zugangs- und Entgeltanordnung grundsätzlich möglich ist. Denn auch die Netzbetreiber selbst können eine rückwirkende Zugangsanordnung treffen. Auch Systematik und Sinn und Zweck der Regelung stehen der Auffassung nicht entgegen, dass der BNetzA – in einem Einzelfall wie dem vorliegenden – die Möglichkeit zu einer „rückwirkenden" Anordnung des Zugangs und von Entgelten zu eröffnen ist. § 35 TKG befindet sich in Abschnitt 2 des TKG, der die Zugangsregulierung zum Inhalt hat. Zwar geht das TKG grundsätzlich von dem Grundprinzip der privatautonomen Gestaltung der Netzzusammenschaltung und der Gewährung des besonderen Netzzugangs, dessen Unterfall die Zusammenschaltung ist, aus. Hierbei hat der Gesetzgeber die Netzbetreiber sich jedoch nicht uneingeschränkt selbst überlassen, sondern hat einen die Privatautonomie beschränkenden flankierenden Ordnungsrahmen vorgesehen, zu dem auch die Ermächtigung des § 35 TKG gehört. In den Fällen, in denen die Grundkonzeption der privatautonomen Gestaltung der Zusammenschaltung nicht eingelöst wird, ist die Zusammenschaltung anzuordnen. Diese Anordnung ist ein Instrument zur Durchsetzung der Verhandlungspflicht. Sie tritt gleichermaßen an die Stelle der grundsätzlich angestrebten freiwilligen Vereinbarung der Zusammenschaltung, und zwar nur, soweit und solange die Beteiligten keine Zusammenschaltungsvereinbarung treffen. Der hier streitgegenständliche Fall zeigt auf, dass zur Durchsetzung der Verhandlungspflicht auch eine Vereinbarung mit Wirkung für die Vergangenheit notwendig sein kann. Wenn ein Netzbetreiber – wie vorliegend die K – seine Verhandlungspflicht nicht einlöst, da er faktisch bereits Zugang zu den regulierten Leistungen hat und er daher kein Interesse an einer privatrechtlichen Vereinbarung hat, um sich einer Entgeltpflicht zu entziehen, muss es der BNetzA möglich sein, auch in diesen Fällen eine Zugangs- und Entgeltanordnung rückwirkend für die – bereits faktisch verwirklichte – Zusammenschaltung zu treffen. Für dieses Verständnis spricht zudem, dass die Beklagte auch im Rahmen von Anordnungen auf der Grundlage von § 35 TKG die in § 2 TKG genannten Ziele zu berücksichtigen hat, vgl. § 35 Abs. 1 S. 2 TKG. Nach § 2 Abs. 2 Nr. 2 TKG hat die BNetzA einen chancengleichen Wettbewerb sicherzustellen und nachhaltig wettbewerbsorientierte Märkte der Telekommunikation zu fördern. Diesen Zielen dient es, wenn die BNetzA auch nachträglich noch die vertragliche Grundlage für die Inanspruchnahme entgeltpflichtig regulierter Leistungen im Rahmen einer – faktisch bereits bestehenden – Zusammenschaltung anordnen kann, um einem anderen Unternehmen nicht zu ermöglichen, unter Berufung auf vor der Regulierung getroffene alte Vertragsvereinbarungen tatsächlich in Anspruch genommene Zugangsleistungen ohne Zahlung eines Entgeltes zu erlangen. Dagegen spricht auch nicht die in § 35 Abs. 7 TKG getroffene Regelung, wonach die betroffenen Unternehmen eine Anordnung unverzüglich oder nach Ablauf einer Umsetzungsfrist befolgen müssen, gegen die Möglichkeit einer Anordnung mit „Rückwirkung". § 35 Abs. 7 TKG zielt auf den „Normalfall" einer Zugangsanordnung, in dem ein faktischer Zugang vor Erlass einer Zugangsanordnung tatsächlich nicht besteht und möglichst umgehend Zugang gewährt werden soll. Dies lässt jedoch nicht darauf schließen, dass in einem Fall, in dem faktisch die Zugangsleistungen bereits gewährt worden sind, nicht auch mit Wirkung für die Vergangenheit eine Zugangs- und Entgeltanordnung getroffen werden kann, um nachträglich die vertragliche Grundlage für die Beteiligten zu schaffen. Auch § 41 Abs. 1 S. 1 TKG spricht nicht gegen die Möglichkeit einer Zugangs- und Entgeltanordnung mit „Rückwirkung". Wenn Entgelte im Rahmen einer Zugangs- und Entgeltanordnung mit Wirkung für die Vergangenheit angeordnet werden, handelt es sich nicht um „bereits vereinbarte Entgelte" im Sinne von § 41 Abs. 1 S. 1 TKG, sondern die Entgeltpflicht wird erst durch die Entgeltanordnung geschaffen. Die angeordneten Entgelte gelten dem Grunde und der Höhe nach privatrechtlich zwischen den Beteiligten aufgrund der getroffenen Entgeltanordnung. § 41 Abs. 1 S. 1 TKG findet daher keine direkte Anwendung auf die vorliegende Konstellation. ◀

V. Wiederholungs- und Verständnisfragen

1. Was ist Gegenstand des Regulierungsrechts? (→ Rn. 2 ff.)
2. Welches sind die Rechtsgrundlagen des Regulierungsrechts? (→ Rn. 5 f.)
3. Was sind die wesentlichen Ziele des Regulierungsrechts? (→ Rn. 8, 13)
4. Wie erfolgt die Marktregulierung im TKG? Was sind deren Voraussetzungen und welche Regulierungsinstrumente gibt es? (→ Rn. 23 ff.)
5. Was genau versteht man unter Zugangsregulierung und was unter Entgeltregulierung im TKG? (→ Rn. 27 ff.)
6. Wann liegt ein Universaldienst vor und in welchem Fall kann die Erbringung von Universaldiensten einzelnen Unternehmen auferlegt werden? (→ Rn. 36 f.)

Zur Vertiefung: *Berringer*, Regulierung als Erscheinungsform der Wirtschaftsaufsicht, 2004; *Engelhardt*, Regulierung des Telekommunikationssektors. Technische Möglichkeiten, wirtschaftliche Zusammenhänge und juristische Konzepte, 2013; *Erbguth/Fröhlich/Scharrer*, Recht und Markt: Wechselbeziehungen zweier Ordnungen, DÖV 2009, 765 ff.; *Fehling/Ruffert* (Hrsg.), Regulierungsrecht, 2010; *Franzius*, Die Bundesnetzagentur zwischen politischer Steuerung und gerichtlicher Kontrolle, DÖV 2013, 714 ff.; *Frenzel*, Das Regulierungsverwaltungsrecht als öffentliches Recht der Netzwirtschaften, JA 2008, 868 ff.; *Geppert/Schütz*, Beck'scher TKG Kommentar, 4. Aufl. 2013; *Klement*, Schwerpunktbereichsklausur – Öffentliches Recht: Regulierungsrecht – Gestern klein – heute groß, JuS 2009, 139 ff.; *Knauff*, Regulierungsverwaltungsrechtlicher Rechtsschutz, VerwArch 2007, 382 ff.; *Kühling*, § 22 Das Regulierungsrecht im Binnenmarkt, in: Müller-Graff (Hrsg.), Enzyklopädie Europarecht IV: Europäisches Binnenmarkt- und Wirtschaftsordnungsrecht, 2. Aufl. 2021; *Kühling/Schall/Biendl*, Telekommunikationsrecht, 2. Aufl. 2014; *Lismann*, Einführung in das Regulierungsrecht der Netzwirtschaften am Beispiel der energiewirtschaftsrechtlichen Anreizregulierungsverordnung, NVwZ 2014, 691 ff.; *Ludwigs*, Konvergenz oder Divergenz der Regulierung in den Netzwirtschaften – Zur Herausbildung allgemeiner Grundsätze im Recht der Regulierungsverwaltung, in: FS Schmidt-Preuß, 2018, S. 689 ff.; *Masing*, Soll das Recht der Regulierungsverwaltung übergreifend geregelt werden? Gutachten zum 66. Deutschen Juristentag, 2006; *Möstl*, Perspektiven des Regulierungsrechts, GewArch 2011, 265 ff.; *Neumann/Koch*, Telekommunikationsrecht. Einführung, 2. Aufl. 2013; *Ruffert*,

V. Wiederholungs- und Verständnisfragen

Regulierung im System des Verwaltungsrechts, AöR 124 (1999), 237 ff.; *Säcker*, Das Regulierungsrecht im Spannungsfeld von öffentlichem und privatem Recht, AöR 130 (2005), 180 ff.; *Säcker/Schmidt-Preuß* (Hrsg.), Grundsatzfragen des Regulierungsrechts, 2015; *Schmidt-Preuß/ Körber* (Hrsg.), Regulierung und Gemeinwohl, 2016

TEIL 3: DER STAAT ALS MARKTAKTEUR

§ 8 Wirtschaftliche Betätigung der öffentlichen Hand

▶ **Fall 11:**[1] Die Gemeinde O in Schleswig-Holstein, in der 1.200 Einwohner leben, beabsichtigt die Gründung einer privatrechtlichen Gesellschaft zum Zweck der Errichtung und des Betriebs eines Bürgerwindparks. Geplant ist die Errichtung und der Betrieb von drei bis sechs Windkraftanlagen der Multimegawattklasse (2 MW) in der Form des Privatrechts mit gesellschaftsrechtlicher Beteiligung der Gemeinde und mit zu ihren Gunsten bestehenden maßgeblichen Einflussnahmemöglichkeiten. Der durch den Windpark erzeugte Strom soll in das überregionale Stromnetz eingespeist werden.

Ist dies zulässig? ◀

1 Seit jeher nehmen Staat und Gemeinden in Deutschland aktiv als Anbieter von Produkten und Leistungen am Marktgeschehen teil. Gegenstand und Umfang der staats- und kommunalwirtschaftlichen Betätigung verändern sich jedoch in Abhängigkeit von politischen, ökonomischen und rechtlichen Rahmenbedingungen stetig.[2]

2 Das Grundgesetz steht der öffentlichen Wirtschaft grundsätzlich neutral gegenüber (→ § 2 Rn. 15 ff.). Gleiches gilt für das Europarecht, vgl. Art. 106 Abs. 1, Art. 345 AEUV. Eine Grundrechtsberechtigung öffentlicher Unternehmen besteht nicht (→ § 4 Rn. 16). Diese sind vielmehr stets ebenso wie Staat und Gemeinden als ihre Träger an die Grundrechte gebunden und vorbehaltlich abweichender verfassungsrechtlicher Vorgaben[3] dem Gemeinwohl verpflichtet.

I. Öffentliche Unternehmen zwischen Ausbau und Privatisierung

3 Beginnend mit dem Merkantilismus im 17. Jahrhundert entwickelte sich bis über die Mitte des 20. Jahrhunderts hinaus ein intensives wirtschaftliches Engagement des Staates, das im Regelfall primär der Erwirtschaftung von Einnahmen diente. Auf kommunaler Ebene setzte teils ebenfalls aus finanziellen Gründen, teils im Hinblick auf die Stadtentwicklung und aus sozialen Erwägungen heraus gegen Ende des 19. Jahrhunderts eine als „Kommunalisierung" bezeichnete Entwicklung ein, in deren Verlauf zahlreiche wirtschaftliche Betätigungen im Bereich der Daseinsvorsorge (→ § 2 Rn. 10) von privater in kommunale Trägerschaft überführt oder erstmalig durch die Gemeinden aufgenommen wurden.

Bis heute schlägt sich dies in der Existenz von sog. Stadtwerken in allen größeren Gemeinden nieder. Diese werden zumeist in der Energie- und Wasserversorgung sowie im ÖPNV (→ § 5 Rn. 166 ff.) tätig.

4 Vereinzelt kam es auch zur Monopolisierung von Wirtschaftsbereichen zugunsten öffentlicher Unternehmen. Unter dem Einfluss eines geänderten Staatsverständnisses und mit dem Bedeutungsgewinn des liberalisierenden Europarechts kehrte sich diese Entwicklung jedoch um. Insbesondere seit den 1980er Jahren bis in die neueste Zeit hinein erfolgten zahlreiche Privatisierungen und damit ein zumindest teilweiser Rück-

---

1 Nach OVG Schleswig, NordÖR 2013, 528.
2 Ausführlich zum Folgenden *Knauff*, in: Schmidt/Wollenschläger, Kompendium Öffentliches Wirtschaftsrecht, § 6.
3 BVerfGE 147, 50 Rn. 266.

I. Öffentliche Unternehmen zwischen Ausbau und Privatisierung § 8

bau der öffentlichen Wirtschaft.[4] Grundsätzlich ist zwischen formellen, materiellen und funktionalen Privatisierungen zu unterscheiden.[5]

Bei einer formellen Privatisierung erhält ein vormals öffentlich-rechtlich organisiertes Unternehmen (→ Rn. 36 ff.) bzw. eine wirtschaftlich tätige Verwaltungseinheit eine privatrechtliche Rechtsform. Eine Änderung der Trägerschaft erfolgt dabei nicht, so dass es sich unverändert um ein öffentliches Unternehmen handelt. Ein verfassungsrechtliches Gebot zur (zumindest) formellen Privatisierung ist Art. 87e Abs. 3 GG für die Eisenbahnen des Bundes zu entnehmen.

Formelle Privatisierungen erfolgten vielfach auf kommunaler Ebene in Bezug auf die Stadtwerke, aber auch etwa bei der Gründung der Deutsche Bahn AG, die nach wie vor zu 100 % im Eigentum des Bundes steht. Derartige „unechte" Privatisierungen zielten zumeist auf eine effizientere Aufgabenerfüllung ab.

Eine materielle Privatisierung bedeutet demgegenüber einen Rückzug der öffentlichen Hand durch die Überführung der Trägerschaft eines zuvor öffentlichen Unternehmens an Private. Hierdurch wird zugleich die von diesem Unternehmen wahrgenommene Aufgabe in den Privatsektor überführt. Geschieht dies nicht vollständig, weil die öffentliche Hand in gewissem Umfang an dem Unternehmen beteiligt bleibt, entsteht ein gemischtwirtschaftliches Unternehmen. Sofern der Staat nach einer materiellen Privatisierung weiterhin einen gewissen Einfluss auf das Unternehmen und seine Tätigkeit nehmen will, etwa im Wege der Regulierung (→ § 7), bedarf es diesen ermöglichende rechtliche Vorgaben. Eine materielle Privatisierung ist nach Art. 33 Abs. 4 GG im Hinblick auf die Ausübung hoheitsrechtlicher Befugnisse als ständige Aufgabe sowie gemäß Art. 87e Abs. 3 S. 2 und 3 GG für Eisenbahninfrastrukturunternehmen verfassungsrechtlich untersagt.

Aus materiellen Privatisierungen hervor gegangene (mehrheitlich) private Unternehmen sind zB die Deutsche Lufthansa AG[6] und die Deutsche Telekom AG.[7] Während Bund und Länder zahlreiche ihrer wirtschaftlichen Unternehmungen materiell privatisierten, geschah dies auf kommunaler Ebene nur in geringem Maße. Einige Gemeindeordnungen enthalten sogar ein grundsätzliches Veräußerungsverbot für kommunale Unternehmen.[8]

Die funktionale Privatisierung ist dadurch gekennzeichnet, dass sich die öffentliche Hand zwar aus der Leistungserbringung zurückzieht und diese privaten Anbietern überlässt, das Leistungsangebot aber garantiert. Dabei handelt es sich nicht nur um die neueste und eng mit dem Leitbild des Gewährleistungsstaates (→ § 1 Rn. 27) verbundene, sondern auch um die juristisch anspruchsvollste Privatisierungsform, da sie zahlreiche regulierungs-, beihilfe- und vergaberechtliche Fragestellungen aufwirft.[9]

---

[4] Siehe zur Entwicklung ausführlich *Pohl*, in: Jeserich/Pohl/von Unruh (Hrsg.), Deutsche Verwaltungsgeschichte I, 1983, S. 215 ff.; für die Zeit seit 1871 *Ambrosius*, Der Staat als Unternehmer, 1984; *Ronellenfitsch*, in: Isensee/Kirchhof, HStR IV, § 98 Rn. 8 ff.

[5] Umfassender Überblick bei *Weiß*, Privatisierung und Staatsaufgaben, 2002, S. 28 ff.; *Stober*, NJW 2008, 2301; zusammenfassend *Schoch*, Jura 2008, 672 (676 ff.).

[6] Dazu *von Ruckteschell*, ZGR 1996, 364.

[7] Näher *Schwemmle*, Von der staatlichen Fernmeldebehörde zum globalen Konzern: Die Transformation der Deutschen Telekom 1995–2005, 2005, https://www.input-consulting.de/files/inpcon-DATA/download/MS_ISW_Telekom_end.pdf.

[8] § 124 Abs. 1 S. 2 HGO; § 134 Abs. 1 KVG LSA; § 103 Abs. 1 S. 2 GO SH; gegenstandsbezogen § 79 Abs. 1 S. 2 BbgKVerf; Genehmigungspflicht bei Veräußerung von Eigenbetrieben § 56 Abs. 4 Nr. 2 KV MV; § 113 SaarlKSG; unspezifisch § 106 GO BW.

[9] Umfassend *Burgi*, Funktionale Privatisierung und Verwaltungshilfe, 1999.

Exemplarisch lässt sich dies an der Organisation und Beschaffung von ÖPNV-Leistungen nachvollziehen, sofern ein eigenwirtschaftliches Angebot nicht zustande kommt und keine Leistungserbringung durch ein öffentliches Verkehrsunternehmen erfolgt (→ § 5 Rn. 180 ff.).

8 Wenngleich – insbesondere funktionale – Privatisierungen auch heute noch erfolgen, ist derzeit eine erneute Stärkung der öffentlichen Wirtschaft festzustellen (→ § 1 Rn. 27).

II. Staatswirtschaft

9 Für staatliche Unternehmen, mithin solche, die im Eigentum von Bund und Ländern stehen, bestehen kaum spezifische Vorgaben. Relevant sind vor allem einige haushaltsrechtliche Bestimmungen, deren Beachtung jedoch von Privaten mangels Drittschutzes nicht durchgesetzt werden kann.

10 Gemäß § 65 Abs. 1 BHO soll sich der Bund „an der Gründung eines Unternehmens in einer Rechtsform des privaten Rechts oder an einem bestehenden Unternehmen in einer solchen Rechtsform nur beteiligen, wenn 1. ein wichtiges Interesse des Bundes vorliegt und sich der vom Bund angestrebte Zweck nicht besser und wirtschaftlicher auf andere Weise erreichen lässt, 2. die Einzahlungsverpflichtung des Bundes auf einen bestimmten Betrag begrenzt ist, 3. der Bund einen angemessenen Einfluss, insbesondere im Aufsichtsrat oder in einem entsprechenden Überwachungsorgan erhält, 4. gewährleistet ist, dass der Jahresabschluss und der Lagebericht, soweit nicht weitergehende gesetzliche Vorschriften gelten oder andere gesetzliche Vorschriften entgegenstehen, in entsprechender Anwendung der Vorschriften des Dritten Buchs des Handelsgesetzbuchs für große Kapitalgesellschaften aufgestellt und geprüft werden." Parallele Vorgaben enthalten auch die Landeshaushaltsordnungen für die Unternehmen der Länder. Diese Vorschriften erfassen nahezu die gesamte Staatswirtschaft, da staatliche Unternehmen regelmäßig in privater Rechtsform betrieben werden.

11 Effektive Grenzen setzt § 65 BHO der staatlichen Wirtschaftstätigkeit jedoch nicht. Das nach § 65 Abs. 1 Nr. 1 BHO geforderte wichtige Interesse setzt allein einen öffentlichen Zweck(anteil) und somit eine gewisse Gemeinwohlorientierung voraus. Zudem wird dem Staat ein Beurteilungsspielraum zugebilligt, so dass eine Erfüllung dieser Voraussetzung nahezu ausnahmslos zu bejahen ist.[10]

12 Die weiteren Voraussetzungen des § 65 Abs. 1 BHO betreffen vor allem die Modalitäten einer wirtschaftlichen Betätigung des Staates. Im Hinblick auf die Erfordernisse der Begrenzung der Einzahlungsverpflichtung sowie eines angemessenen Einflusses, die nach § 112 Abs. 2 S. 1 BHO auch für eine (kaum praktizierte) unternehmerische Betätigung in der Rechtsform einer bundesunmittelbaren juristischen Person des öffentlichen Rechts gelten, setzt § 65 Abs. 1 BHO der Formenwahlfreiheit Grenzen. Im Wesentlichen finden die Rechtsformen der Gesellschaft mit beschränkter Haftung (GmbH)[11] sowie die Aktiengesellschaft (AG)[12] Verwendung, deren Rechnungslegung wegen § 65 Abs. 1 Nr. 4 BHO stets den §§ 264 ff. HGB entsprechen muss.

---

10 *Czaplik*, Die öffentliche Beteiligung an Gesellschaften des Privatrechts, 2013, S. 41; *Hermesmeier*, Staatliche Beteiligungsverwaltung, 2010, S. 575; *Ronellenfitsch*, in: Isensee/Kirchhof, HStR IV, § 98 Rn. 29.
11 Umfassend *Buken*, Rechtsprobleme der kommunalen GmbH im Rechtsvergleich der Bundesländer, 2017.
12 Ausführlich dazu *Früchtl*, Die Aktiengesellschaft als Rechtsform für die wirtschaftliche Betätigung der öffentlichen Hand, 2009.

III. Gemeindewirtschaft

Die GmbH ist einer Steuerung durch die Gesellschafter in erheblichem Maße zugänglich. Ihre Organisationsstruktur kann von den Gesellschaftern mittels der Satzung ausgestaltet werden, vgl. § 45 Abs. 2 GmbHG. Anders ist dies bei der AG, die zudem gesetzlich gegenüber ihren Eigentümern über eine erhebliche Unabhängigkeit verfügt, so dass ihre Instrumentalisierung durch den Staat zur Erreichung politischer und Gemeinwohlziele kaum möglich ist, selbst wenn er sämtliche Aktien an dieser hält.[13] Die Mehrzahl der öffentlichen Unternehmen ist daher als GmbH organisiert. Die Verwendung der Rechtsform der AG für ein öffentliches Unternehmen ist vor allem dann sinnvoll, wenn eine (teilweise) materielle Privatisierung mittels Börsengang[14] erfolgen soll.

Darüber hinaus ist haushaltsrechtlich eine grundsätzliche Transparenz und Ordnung staatlicher Beteiligungen an Wirtschaftsunternehmen vorgesehen. Nach § 10 Abs. 3 Nr. 2 lit. d HGrG und § 13 Abs. 3 Nr. 2 lit. d BHO sind der „Erwerb von Beteiligungen und sonstigem Kapitalvermögen, von Forderungen und Anteilsrechten an Unternehmen, von Wertpapieren sowie ... die Heraufsetzung des Kapitals von Unternehmen" als Investitionsausgabe in den Haushaltsplan aufzunehmen. Als „Einnahmen aus Vermögensveräußerungen" sind entsprechende Verkäufe gemäß § 10 Abs. 3 Nr. 1 HGrG und § 13 Abs. 3 Nr. 1 BHO im Haushaltsplan aufzuführen, andernfalls und sofern „Anteile an Unternehmen besonderer Bedeutung" haben, „dürfen sie" nach § 65 Abs. 7 S. 1 BHO „nur mit Einwilligung des Bundestages und des Bundesrates veräußert werden, soweit nicht aus zwingenden Gründen eine Ausnahme geboten ist." Zudem ist für Beteiligungen des Bundes an privatrechtlichen Unternehmen eine besondere parlamentarische Kontrolle nach § 69a BHO vorgesehen sowie eine Prüfung durch den Bundesrechnungshof nach § 44 HGrG und § 92 BHO.

13

III. Gemeindewirtschaft

Die wirtschaftliche Betätigung der Gemeinden ist nach wie vor stark ausgeprägt. Zusätzlich zu den haushaltsrechtlichen Vorgaben, welche in den Ländern grundsätzlich § 65 BHO entsprechen (→ Rn. 10 ff.), bestehen zahlreiche weitere normative Vorgaben.

14

1. Kommunalwirtschaft und kommunale Selbstverwaltung

Art. 28 Abs. 2 S. 1 GG gewährleistet den Gemeinden das „Recht ..., alle Angelegenheiten der örtlichen Gemeinschaft im Rahmen der Gesetze in eigener Verantwortung zu regeln." Diese verfassungsrechtliche Garantie der kommunalen Selbstverwaltung schließt auch das Recht der Gemeinden zu kommunalwirtschaftlicher Betätigung ein.[15] Eine Bestands- oder Wertgarantie für bestehende kommunale Unternehmen geht damit jedoch ebenso wenig einher wie eine Verpflichtung zum Einsatz kommunaler Unternehmen. Auch vermittelt Art. 28 Abs. 2 S. 1 GG keinen Schutz vor Wettbewerb und privater Konkurrenz.[16]

15

Allerdings ist dieses Recht zu kommunalwirtschaftlicher Betätigung von vornherein zweifach begrenzt. Zum einen bezieht sich die den Gemeinden durch Art. 28 Abs. 2 S. 1 GG vermittelte Allzuständigkeit nur auf potenziell öffentliche Aufgaben, konkret

16

---

13 Näher zu den Steuerungsmöglichkeiten *Gersdorf*, Öffentliche Unternehmen im Spannungsfeld zwischen Demokratie- und Wirtschaftlichkeitsprinzip, S. 313 ff.
14 Dazu *Tödtmann*, in: Fabry/Augsten, Unternehmen der öffentlichen Hand, S. 783 ff.
15 Siehe nur *Nierhaus*, in: Püttner/Mann, Handbuch der kommunalen Wissenschaft und Praxis II, § 40 Rn. 22 ff.
16 *Frenz*, ZHR 166 (2002), 307 (319).

auf Verwaltungsaufgaben der Ortsstufe.[17] Zum anderen folgt aus der Bezugnahme des Art. 28 Abs. 2 S. 1 GG gerade auf die Angelegenheiten der örtlichen Gemeinschaft eine Beschränkung jeglichen gemeindlichen Handelns in räumlicher Hinsicht. Dieses Örtlichkeitsprinzip gilt nach zutreffender Auffassung mangels Differenzierung in Art. 28 Abs. 2 S. 2 GG auch für die Kommunalwirtschaft.[18] Infolgedessen ist der Aktionsradius kommunaler Unternehmen grundsätzlich auf das Gebiet ihrer Trägergemeinde beschränkt.

Zweck dieser Beschränkung ist die Sicherung der Funktionsfähigkeit und geordneten Aufgabenerfüllung durch alle Gemeinden im Geltungsbereich des Grundgesetzes. Ein überörtliches Tätigwerden kommunaler Unternehmen in Deutschland setzt daher grundsätzlich auch die Zustimmung der hiervon betroffenen Gemeinde voraus. Auf die gewählte Rechtsform (→ Rn. 35 ff.) kommt es nicht an.

17 Darüber hinausgehende Vorgaben für die Kommunalwirtschaft lassen sich Art. 28 Abs. 2 S. 1 GG nicht entnehmen. Die Vorschrift verweist jedoch explizit auf eine gesetzliche Konkretisierung. Diese erfolgt durch das Gemeindewirtschaftsrecht der Länder.

2. Zulässigkeit kommunaler Wirtschaftstätigkeit

18 Die Gemeindeordnungen der Länder stellen ungeachtet der Abweichungen im Detail einige grundlegende Anforderungen an die wirtschaftliche Betätigung von Kommunen auf. Diese zielen primär darauf ab, die Gemeinden vor finanzieller und organisatorischer Überforderung zu schützen.

Untersagt ist den Gemeinden vor diesem Hintergrund stets die Errichtung von und die Beteiligung an Bankunternehmen.[19] Der Betrieb von Sparkassen, welche durch die Zurverfügungstellung von Krediten an die mittelständische Wirtschaft und die Kontenführung für jedermann Aufgaben der Daseinsvorsorge erfüllen, wird dagegen von den Gemeindeordnungen als grundsätzlich zulässig qualifiziert und normativ näher ausgestaltet.[20] Das sachliche Betätigungsfeld kommunaler Telekommunikationsunternehmen wird in einigen Gemeindeordnungen auf die Errichtung und den Betrieb von Telekommunikationsnetzen beschränkt.[21]

a) Schrankentrias

19 In Anknüpfung an das historische Vorbild des § 67 der Deutschen Gemeindeordnung (1935) begrenzen alle Gemeindeordnungen die Zulässigkeit einer wirtschaftlichen Be-

---

17 VerfGH RP, NVwZ 2000, 801.
18 Siehe nur *Ehlers*, Gutachten E zum 64. DJT, 2002, S. 43; *Jarass*, Kommunale Wirtschaftsunternehmen im Wettbewerb, 2002, S. 32; *Rennert*, Die Verwaltung 35 (2002), 319 (338 f.); aA *Moraing*, WiVerw 1998, 233 (244 f.); *Hellermann/Wieland*, in: Püttner (Hrsg.), Zur Reform des Gemeindewirtschaftsrechts, 2002, S. 117 (124 f.); ablehnend zur Geltung des Örtlichkeitsprinzips im sog. „nichtwirtschaftlichen" Bereich OLG Düsseldorf, NVwZ 2000, 714 (715); *Steckert*, DfK 41 (2002), 61 (68).
19 § 102 Abs. 5 S. 1 GO BW; Art. 87 Abs. 4 S. 1 BayGO; § 92 Abs. 4 S. 1 BbgKVerf; § 121 Abs. 9 S. 1 HGO; § 68 Abs. 5 S. 1 KV MV; § 136 Abs. 5 S. 1 NKomVG; § 107 Abs. 4 GO NRW; § 85 Abs. 5 S. 1 GO RP; § 108 Abs. 7 S. 1 SaarlKSVG; § 94a Abs. 5 S. 1 SächsGO; § 128 Abs. 6 S. 1 KVG LSA; § 101 Abs. 4 S. 1 GO SH; § 71 Abs. 4 S. 1 ThürKO.
20 § 102 Abs. 5 S. 2 GO BW; Art. 87 Abs. 4 S. 2 BayGO; § 92 Abs. 4 S. 2 BbgKVerf; § 121 Abs. 9 S. 2 HGO; § 68 Abs. 5 S. 2 KV MV; § 136 Abs. 5 S. 2 NKomVG; § 107 Abs. 7 GO NRW; § 85 Abs. 5 S. 2 GO RP; § 116 Abs. 4 S. 2 LSA; § 108 Abs. 7 S. 2 SaarlKSVG; § 94a Abs. 5 S. 2, 3 SächsGO; § 101 Abs. 4 S. 2 GO SH; § 71 Abs. 4 S. 2 ThürKO.
21 § 136 Abs. 1 S. 1 Nr. 3 NKomVG; § 107 Abs. 1 S. 2 GO NRW; § 85 Abs. 1 S. 1 Nr. 3 GO RP.

III. Gemeindewirtschaft

tätigung von Gemeinden durch die Schrankentrias aus öffentlichem Zweck, Leistungsfähigkeit der Gemeinde und Subsidiaritätsprinzip.[22]

Allerdings unterliegt diese Schrankentrias ihrerseits mehreren Einschränkungen, so dass sie nicht die gesamte Kommunalwirtschaft erfasst. Die meisten Gemeindeordnungen beschränken ihre Geltung auf „wirtschaftliche" Unternehmen, die zu diesem Zweck von „nichtwirtschaftlichen" Unternehmen unterschieden werden.[23] Grundsätzlich handelt es sich bei wirtschaftlichen Unternehmen um solche, die auch von einem Privaten mit der Absicht der Gewinnerzielung vorgenommen werden könnten.[24] Häufig werden zudem bestimmte Tätigkeiten im Bereich der Daseinsvorsorge sowie Unternehmen, die von Gesetzes wegen oder zur Erfüllung gesetzlich vorgesehener Aufgaben betrieben werden, explizit als nichtwirtschaftlich qualifiziert.[25]

Eine weitere Einschränkung für die Anwendbarkeit der Schrankentrias folgt daraus, dass dieser nach dem Wortlaut der relevanten Vorschriften auch im Hinblick auf wirtschaftliche Unternehmen nur deren Errichtung, Übernahme und wesentliche Erweiterung einschließlich der Erschließung neuer Geschäftsbereiche, die in keinem sachlichen Zusammenhang mit bisher ausgeübten Tätigkeiten stehen, unterfällt. Bestehende kommunale Unternehmen und wirtschaftliche Betätigungsfelder müssen sich mithin nicht an den Restriktionen messen lassen.

So würde zwar die Gründung einer kommunalen Brauerei an der Schrankentrias, konkret bereits am Fehlen eines öffentlichen Zwecks, scheitern. Die Fortführung eines bestehenden derartigen Betriebs durch die Gemeinde ist dagegen kommunalwirtschaftsrechtlich unproblematisch.

Verstöße gegen die Schrankentrias stellen nach Auffassung des BGH nicht zugleich ein unlauteres Verhalten iSv § 3 UWG dar und können daher von privaten Wettbewerbern kommunaler Unternehmen nicht auf dem Zivilrechtsweg unterbunden werden.[26]

(1) Öffentlicher Zweck

Jede Gründung, Übernahme oder wesentliche Erweiterung eines Unternehmens durch eine Gemeinde setzt voraus, dass diese einem öffentlichen Zweck dient.[27] Als öffentlicher Zweck gilt jede gemeinwohlorientierte, im unmittelbaren öffentlichen Interesse

---

22 § 102 Abs. 1 Nr. 1 bis 3 GO BW; Art. 87 Abs. 1 S. 1 Nr. 1, 2, 4 BayGO; § 91 Abs. 2 Nr. 1, 2, Abs. 3 S. 1 BbgKVerf; § 121 Abs. 1 S. 1 Nr. 1 bis 3 HGO; § 68 Abs. 2 S. 1 Nr. 1 bis 3 KV MV; § 136 Abs. 1 S. 2 Nr. 1 bis 3 NKomVG; § 107 Abs. 1 S. 1 Nr. 1 bis 3 GO NRW; § 85 Abs. 1 S. 1 Nr. 1 bis 3 GO RP; § 108 Abs. 1 Nr. 1 bis 3 SaarlKSVG; § 94a Abs. 1 S. 1 Nr. 1 bis 3 SächsGO; § 128 Abs. 1 S. 1 Nr. 1 bis 3 KVG LSA; § 101 Abs. 1 Nr. 1 bis 3 GO SH; § 71 Abs. 2 Nr. 1, 2, 4 ThürKO; vergleichend zum Ganzen *Breuer*, WiVerw 2015, 150 (157 ff.).
23 Siehe dazu *Ronellenfitsch*, in: Hoppe/Uechtritz/Reck, Handbuch kommunale Unternehmen, § 4.
24 Vgl. § 91 Abs. 1 BbgKVerf, § 107 Abs. 1 S. 3 GO NRW.
25 § 102 Abs. 4 GO BW; § 91 Abs. 7 BbgKVerf; § 121 Abs. 2 S. 1 Nr. 1, 2 HGO; § 136 Abs. 3 Nr. 1, 2 NKomVG; sehr umfassend und detailliert § 107 Abs. 2 S. 1 Nr. 2 bis 4 GO NRW; § 85 Abs. 4 S. 1 Nr. 1 bis 6 GO RP; § 108 Abs. 2 Nr. 1 SaarlKSVG; § 94a Abs. 3 Nr. 1, 2 SächsGO; § 101 Abs. 4 Nr. 1, 2 GO SH; unternehmensbezogen § 121 Abs. 2 S. 1 Nr. 1 HGO; § 136 Abs. 3 Nr. 1, 2 NKomVG; § 107 Abs. 2 S. 1 Nr. 1 GO NRW; § 94a Abs. 3 S. 1 Nr. 1 SächsGO; § 101 Abs. 4 Nr. 1 GO SH.
26 BGHZ 150, 343.
27 § 102 Abs. 1 Nr. 1 GO BW; Art. 87 Abs. 1 S. 1 Nr. 1 BayGO; § 91 Abs. 2 Nr. 1 BbgKVerf; § 121 Abs. 1 Nr. 1 HGO; § 68 Abs. 2 S. 1 Nr. 1 KV MV; § 136 Abs. 1 S. 2 Nr. 1 NKomVG; § 107 Abs. 1 S. 1 Nr. 1 GO NRW; § 85 Abs. 1 S. 1 Nr. 1 GO RP; § 108 Abs. 1 Nr. 1 SaarlKSVG; § 94a Abs. 1 S. 1 Nr. 1 SächsGO; § 128 Abs. 1 S. 1 Nr. 1 KVG LSA; § 101 Abs. 1 Nr. 1 GO SH; § 71 Abs. 2 Nr. 1 ThürKO.

der Einwohner liegende Zielsetzung.[28] Die Erfüllung von Aufgaben der Daseinsvorsorge dient stets einem öffentlichen Zweck.[29]

Für eine kommunalwirtschaftliche Betätigung in der Energieversorgung wird das Vorliegen eines öffentlichen Zwecks teilweise normativ festgestellt.[30] Auch kommunale Verkehrsunternehmen werden in einigen Gemeindeordnungen als der Daseinsvorsorge dienende Unternehmen ausdrücklich aufgeführt.[31]

24 Keinem öffentlichen Zweck dienen (nur) Tätigkeiten, die allein auf die Erwirtschaftung von Gewinnen gerichtet sind.[32] Eine Übernahme gewinnorientierter Nebentätigkeiten ist kommunalen Unternehmen gleichwohl grundsätzlich gestattet, wenn diese der Erhaltung und Steigerung der Rentabilität von Anlagen dienen. Diese Rentabilität ist zugleich vielfach gesetzlich gefordert.[33]

25 Die ergänzende erwerbswirtschaftliche Nutzung freier Kapazitäten ist zumindest dann nicht unzulässig, wenn sie aus technischen Gründen erforderlich ist, andernfalls ein kostendeckender Betrieb nicht möglich wäre oder die Entgelte für diejenigen Leistungen, die der Realisierung des öffentlichen Zwecks dienen und damit das Unternehmen rechtfertigen, sonst in einem für die Nutzer unzumutbaren Maße angehoben werden müssten. Den Gemeinden kommt insoweit ein Beurteilungsspielraum zu.[34] Geplante Überkapazitäten sind dagegen unzulässig; ihre Errichtung und kommerzielle Nutzung entspricht keinem öffentlichen Zweck.[35]

Deutlich wird die Problematik an einem Beispiel aus der Rechtsprechung. In der Rechtssache „Gelsengrün" hatte das OLG Hamm[36] über folgenden Sachverhalt zu entscheiden: Die Stadt S wandelte ihr städtisches Grünflächen- und Friedhofsamt in eine eigenbetriebsähnliche Einrichtung um und wurde mit dem Unternehmensgegenstand der Ausführung gärtnerischer und landschaftsbaulicher Arbeiten jeder Art sowie der Durchführung entsprechender Handelsgeschäfte im Handelsregister eingetragen. Neben der Pflege öffentlicher Grünanlagen führte sie zudem auch Gartenarbeiten gegenüber Privatpersonen durch. Das OLG Hamm entschied, dass ein öffentlicher Zweck bei dem Betrieb des Gartenbauunternehmens nicht gegeben sei. Die bessere Auslastung der gemeindlichen Einrichtung durch zusätzliche privatwirtschaftliche Betätigungen stelle gerade keinen solchen dar. Vielmehr müsse sich das Bedürfnis der Betätigung aus der örtlichen Gemeinschaft heraus ergeben und für diese erforderlich sein.

(2) Leistungsfähigkeit und Bedarfsgerechtigkeit

26 Zur Vermeidung der Entstehung überdimensionierter und wirtschaftlich besonders risikoreicher Unternehmungen müssen kommunale Unternehmen des Weiteren nach Art

---

28 Näher *Zimmermann*, Die Überwindung kommunalrechtlicher Schranken des Gemeindewirtschaftsrechts?, 2000, S. 25 ff.; umfassend *Marten*, Ein konzeptioneller Ansatz zur Konkretisierung des öffentlichen Zweckes. Darstellung und Untersuchung anhand § 107 Abs. 1 Satz 1 GO NRW, 2014, inb. S. 26 ff.
29 Vgl. explizit Art. 83 Abs. 1 BayVerf; Art. 87 Abs. 1 S. 1 Nr. 1 BayGO; § 68 Abs. 3 Nr. 2, 4 KV MV; § 107a Abs. 1 GO NRW; § 128 Abs. 2 S. 1 KVG LSA.
30 § 68 Abs. 2 S. 3 KV MV; § 107a Abs. 1 GO NRW; § 85 Abs. 1 S. 2 GO RP; § 128 Abs. 2 S. 1 KVG LSA; § 71 Abs. 2 Nr. 4 ThürKO.
31 § 136 Abs. 1 S. 1 Nr. 3 NKomVG; § 107 Abs. 1 S. 1 Nr. 3 GO NRW; § 85 Abs. 1 S. 1 Nr. 3 GO RP; § 128 Abs. 2 S. 1 KVG LSA.
32 VerfGH RP, NVwZ 2000, 801.
33 Vgl. § 102 Abs. 3 Hs. 2 GO BW; § 91 Abs. 4 S. 1 Nr. 2 BbgKVerf; § 121 Abs. 8 HGO; § 68 Abs. 3 S. 2 KV MV; § 109 Abs. 1 S. 2, Abs. 2 GO NRW; § 85 Abs. 3 S. 1 Hs. 2, S. 2 GO RP; § 116 S. 2 SaarlKSVG; § 94a Abs. 4 Hs. 2 SächsGO; § 107 S. 2 GO SH; § 75 Abs. 1 ThürKO.
34 BVerwGE 39, 329.
35 Zur Frage der Kapazitätsnutzung näher *Uechtritz/Otting/Olgemöller*, in: Hoppe/Uechtritz/Reck, Handbuch kommunale Unternehmen, § 6 Rn. 94 ff.
36 OLG Hamm, GewArch 1998, 197 f.

III. Gemeindewirtschaft

und Umfang in einem angemessenen Verhältnis zur Leistungsfähigkeit der Gemeinde und zum voraussichtlichen Bedarf stehen.[37]

Regelmäßig fehlt es andernfalls auch bereits an einem öffentlichen Zweck. Mangels eines klaren Maßstabs ist die restriktive Wirkung dieser Anforderungen in der Praxis gering.

(3) Subsidiarität

Das dritte Erfordernis der Subsidiarität wird in den Gemeindeordnungen sehr unterschiedlich ausgestaltet und gilt teilweise nur außerhalb der Daseinsvorsorge.

Spezifische Einschränkungen des Subsidiaritätsgebots bestehen zudem im Hinblick auf eine kommunalwirtschaftliche Betätigung in der Energieversorgung.[38]

Zu unterscheiden ist zwischen einfachen und qualifizierten Subsidiaritätsklauseln. Unter Geltung einer einfachen Subsidiaritätsklausel ist eine kommunalwirtschaftliche Betätigung zulässig, wenn die betreffende Aufgabe von der Privatwirtschaft nicht besser erfüllt werden kann.[39]

Auf Grundlage einer qualifizierten Subsidiaritätsklausel steht bereits eine gleich gute oder wirtschaftliche Aufgabenerfüllung durch Private einem wirtschaftlichen Tätigwerden der Gemeinde entgegen.[40]

Ob dies jeweils der Fall ist, bestimmt sich anhand Zuverlässigkeit, Qualität und Preis, wobei den Gemeinden ein Beurteilungsspielraum zukommt.[41] Einige Gemeindeordnungen sehen vor, dass zur Feststellung dieser Voraussetzungen ein Markterkundungsverfahren durchzuführen ist.[42]

Ob private Wettbewerber eines kommunalen Unternehmens bei Verstößen gegen die Subsidiaritätsklausel erfolgreich Rechtsschutz in Anspruch nehmen können, ist anhand deren konkreter Ausgestaltung in der anwendbaren Gemeindeordnung mittels der Schutznormlehre zu bestimmen. Es ist mithin im Wege der Auslegung zu ermitteln, ob die jeweilige Vorschrift zumindest auch den Interessen der privaten Unternehmen zu dienen bestimmt ist.

Anerkannt ist eine drittschützende Wirkung jedenfalls für § 102 Abs. 1 Nr. 3 GO BW; § 121 Abs. 1b S. 1, 2 HGO; § 85 Abs. 1 S. 1 Nr. 3 GO RP und § 71 Abs. 2 Nr. 4 ThürKO.

---

37 § 102 Abs. 1 Nr. 2 GO BW; Art. 87 Abs. 1 S. 1 Nr. 2 BayGO; § 91 Abs. 2 Nr. 2 BbgKVerf; § 121 Abs. 1 S. 1 Nr. 2 HGO; § 68 Abs. 2 S. 1 Nr. 2 KV MV; § 136 Abs. 1 S. 2 Nr. 2 NKomVG; § 107 Abs. 1 S. 1 Nr. 2 GO NRW; § 85 Abs. 1 S. 1 Nr. 2 GO RP; § 108 Abs. 1 Nr. 2 SaarlKSVG; § 94a Abs. 1 S. 1 Nr. 2 SächsGO; § 128 Abs. 1 S. 1 Nr. 2 KVG LSA; § 101 Abs. 1 Nr. 2 GO SH; § 71 Abs. 2 Nr. 2 ThürKO.
38 § 121 Abs. 1a S. 1 HGO; § 136 Abs. 1 S. 1 Nr. 3 NKomVG; § 107a Abs. 1 GO NRW; § 85 Abs. 1, 3, 4 GO RP; § 71 Abs. 2 Nr. 4 S. 2 ThürKO; näher dazu *Pielow*, in: Püttner/Mann, Handbuch der kommunalen Wissenschaft und Praxis II, § 54.
39 § 91 Abs. 3 S. 1 BbgKVerf; § 107 Abs. 1 Nr. 3 GO NRW; § 128 Abs. 1 S. 1 Nr. 3 KVG LSA; § 101 Abs. 1 Nr. 3 GO SH.
40 § 102 Abs. 1 Nr. 3 GO BW; Art. 87 Abs. 1 S. 1 Nr. 4 BayGO; § 121 Abs. 1 S. 1 Nr. 3 HGO; § 68 Abs. 2 S. 1 Nr. 3 KV MV; § 136 Abs. 1 S. 2 Nr. 3 NKomVG; § 85 Abs. 1 S. 1 Nr. 3 GO RP; § 108 Abs. 1 Nr. 3 SaarlKSVG; § 94a Abs. 1 S. 1 Nr. 3 SächsGO; § 71 Abs. 2 Nr. 4 S. 1 ThürKO.
41 VerfGH RP, NVwZ 2000, 801 (803).
42 § 121 Abs. 1a S. 4, Abs. 4 S. 1 HGO; § 71 Abs. 2 Nr. 4 S. 3 ThürKO.

b) Örtlichkeitsprinzip

33 Entsprechend Art. 28 Abs. 2 S. 1 GG (→ Rn. 15 f.) beschränken die Gemeindeordnungen den Aktionsradius kommunaler Unternehmen grundsätzlich auf das Gebiet ihrer (Träger-)Gemeinde.[43] Darüber hinausgehend dürfen diese (in der Bundesrepublik Deutschland) nur tätig werden, wenn die berechtigten Interessen der betroffenen Kommunen gewahrt werden, was anhand ihres Rechts auf kommunale Selbstverwaltung zu bestimmen ist.[44]

> Für den Bereich der Energieversorgung ist teilweise vorgesehen, dass nur nach dem EnWG zulässige Wettbewerbsbeschränkungen als berechtigte Interessen der betroffenen Gemeinde angesehen werden können.[45]

34 Eine überörtliche kommunalwirtschaftliche Betätigung ist jedoch dann zulässig, wenn diese im Wege der kommunalen Zusammenarbeit erfolgt, mithin einvernehmlich und gemeinsam durch die beteiligten Gemeinden. In diesem Falle beziehen sich die Beschränkungen des Örtlichkeitsprinzips auf das Gebiet dieser Gemeinden insgesamt.

3. Rechtsformen

35 Das Kommunalwirtschaftsrecht normiert einige besondere öffentlich-rechtliche Rechtsformen, in welchen kommunale Unternehmen organisiert werden können. Nach der gesetzlichen Konzeption handelt es sich dabei um den Regelfall. Daneben können jedoch auch die Rechtsformen des Privatrechts unter bestimmten Voraussetzungen verwendet werden. Dies geschieht in der Praxis vielfach infolge formeller Privatisierungen (→ Rn. 5).[46]

a) Öffentlich-rechtliche Organisationsformen

36 In öffentlich-rechtlicher Form kann die Gemeinde eine kommunalwirtschaftliche Betätigung entweder selbst mittels einer rechtlich unselbstständigen Einheit (Regie- und Eigenbetrieb)[47] oder durch ein eigenständiges Rechtssubjekt (Anstalt des öffentlichen Rechts/Kommunalunternehmen) durchführen.

37 Regiebetriebe sind die am wenigsten verselbstständigte Form der Kommunalwirtschaft. Sie sind in die allgemeine Verwaltungsstruktur der Gemeinde eingegliedert und unterliegen keinen spezifischen Zulässigkeits- und Tätigkeitsanforderungen jenseits der allgemeinen kommunalrechtlichen Erfordernisse an eine gemeindliche Wirtschaftstätigkeit.

> Als Regiebetriebe werden häufig die Bauhöfe der Gemeinden und vergleichbare Hilfseinrichtungen für die kommunale Aufgabenerfüllung betrieben. Darüber hinaus ist ihre Bedeutung gering.

---

43 Siehe auch *Brüning*, NVwZ 2015, 689 (694 f.); einen Bedeutungsverlust des Örtlichkeitsprinzips konstatiert *Breuer*, WiVerw 2015, 150 (163 f.).
44 § 102 Abs. 7 S. 1, 2 GO BW; Art. 87 Abs. 2 S. 1 BayGO; § 121 Abs. 5 Nr. 2 HGO; § 107 Abs. 3 S. 1 GO NRW; § 85 Abs. 2 S. 1 GO RP; § 108 Abs. 4 Nr. 2 SaarlKSVG; § 128 Abs. 4 S. 1 KVG LSA; § 101 Abs. 2 S. 1 GO SH.
45 Art. 87 Abs. 2 S. 2 BayGO; § 107a Abs. 3 S. 2 GO NRW.
46 Zur Organisationsentscheidung *Pitschas/Schoppa*, in: Püttner/Mann, Handbuch der kommunalen Wissenschaft und Praxis II, § 43; siehe zum Ganzen auch *Cronauge*, Kommunale Unternehmen, Rn. 86 ff.; *Fabry*, in: ders./Augsten, Unternehmen der öffentlichen Hand, S. 37 ff.
47 Ausführlich *Brüning*, in: Püttner/Mann, Handbuch der kommunalen Wissenschaft und Praxis II, § 44.

III. Gemeindewirtschaft § 8

Eigenbetriebe sind „gemeindliche Unternehmen, die außerhalb der allgemeinen Verwaltung als Sondervermögen ohne eigene Rechtspersönlichkeit geführt werden."[48] Sie müssen über eine Werkleitung und einen Werkausschuss verfügen, die vom Gemeinderat bestellt werden. Die Werkleitung führt die Geschäfte, nimmt gegenüber dem Personal Vorgesetztenfunktionen wahr und vertritt den Eigenbetrieb. Der Werkausschuss ist ein beschließender Ausschuss des Gemeinderates, der alle weiteren Zuständigkeiten wahrnimmt.[49]

38

Als Eigenbetriebe sind häufig kommunale Kindertagesstätten, die Verwaltung und Bewirtschaftung kommunaler Immobilien und das Kultur- und Tourismusmarketing organisiert.

In rechtlich verselbstständigter Form kann eine kommunalwirtschaftliche Betätigung in Gestalt einer Anstalt des öffentlichen Rechts erfolgen. Einige Gemeindeordnungen gestalten dieses Grundmodell spezifisch aus, wobei auch die Bezeichnung „Kommunalunternehmen" verwendet wird. Ein solches Unternehmen wird durch kommunale Satzung gegründet. Ihm können hoheitliche Befugnisse übertragen werden. Es wird von einem Vorstand geleitet und vertreten, der von einem Verwaltungsrat bestellt und überwacht wird. Vorsitzender des Verwaltungsrates ist idR der (Ober-)Bürgermeister der Gemeinde. Die übrigen Mitglieder des Verwaltungsrats werden vom Gemeinderat gewählt, dem zudem Weisungsbefugnisse eingeräumt werden können.[50]

39

In der Praxis finden sich kommunale Anstalten des öffentlichen Rechts bzw. Kommunalunternehmen vielfach in der Wasserver- und Abwasserentsorgung, im Verkehrsbereich sowie beim Betrieb von Bädern, Parkhäusern, Kliniken und anderen kommunalen Infrastrukturen.

b) Privatrechtliche Organisationsformen

Für die Wahl privatrechtlicher Organisationsformen der Kommunalwirtschaft normieren die Gemeindeordnungen hinausgehend über die Vorgaben des Haushaltsrechts (→ Rn. 15) sowohl generelle Anforderungen als auch spezifische Voraussetzungen für die Wahl einzelner Rechtsformen. Grundsätzlich dürfen Gemeinden Unternehmen in privater Rechtsform nur errichten, wenn eine Festlegung des Unternehmenszwecks in der Satzung auf den das Unternehmen rechtfertigenden öffentlichen Zweck erfolgt, die Gemeinde im Aufsichtsrat oder durch ein vergleichbares Gremium einen angemessenen Einfluss auf das Unternehmen erhält und ihre Haftung auf einen ihrer Leistungsfähigkeit angemessenen Betrag begrenzt wird.[51]

40

Bei der GmbH wirft die Erfüllung dieser Anforderungen keine besonderen Schwierigkeiten auf. Die Gemeindeordnungen beschränken sich daher auf einige Sicherungsme-

41

---

48 Art. 88 Abs. 1 BayGO; § 95a Abs. 1 S. 1, 2 SächsGO; § 76 Abs. 1 S. 1 ThürKO; vgl. auch § 96 Abs. 1 Nr. 3 GO BW; § 86 Abs. 1 Nr. 1 BbgKVerf; §§ 127 Abs. 1, 115 Abs. 1 Nr. 3 HGO; § 64 Abs. 1 S. 1 KV MV; §§ 140, 130 Abs. 1 Nr. 3 NKomVG; §§ 114 Abs. 1, 97 Abs. 1 Nr. 3 GO NRW; § 86 Abs. 1 GO RP; § 109 Abs. 1 S. 1 SaarlKSVG; §§ 106, 97 Abs. 1 S. 1 GO SH. Ergänzend bestehen zudem Eigenbetriebsgesetze bzw. -verordnungen.
49 Art. 88 Abs. 2 BayGO; § 93 Abs. 2 S. 1 BbgKVerf; § 86 Abs. 4 GO RP; § 109 Abs. 2 Hs. 1 SaarlKSVG; § 95a Abs. 2 S. 1 SächsGO; § 76 Abs. 1 S. 1 ThürKO.
50 Art. 89 Abs. 1 S. 1, Art. 90 Abs. 2 S. 4 BayGO; § 95 Abs. 2 S. 3 BbgKVerf; § 126a Abs. 4 S. 7 Alt. 1 HGO; § 70 Abs. 1, § 71 Abs. 1 S. 5, § 70a Abs. 3 S. 5 KV MV; § 145 Abs. 3 S. 5 NKomVG; § 114a Abs. 7 S. 4 GO NRW; § 106a Abs. 1 S. 1 GO SH; § 76b Abs. 2 S. 5 Hs. 1 ThürKO; siehe auch BVerwGE 140, 300; *Heidel*, NZG 2012, 48 ff.; näher *Schraml*, in: Püttner/Mann, Handbuch der kommunalen Wissenschaft und Praxis II, § 45.
51 § 103 Abs. 1 Nr. 2, 3, 4 GO BW; Art. 92 Abs. 1 S. 1 Nr. 1 bis 3 BayGO; § 96 Abs. 1 S. 1 Nr. 1 bis 3 BbgKVerf; § 122 Abs. 1 S. 1 Nr. 1 bis 3 HGO; § 69 Abs. 1 Nr. 3 bis 5 KV MV; § 137 Abs. 1 Nr. 2, 5, 6 NKomVG; § 108 Abs. 1 S. 1 Nr. 1, 3, 5 bis 6 GO NRW; § 87 Abs. 1 S. 1 Nr. 1 bis 3 GO RP; § 110 Abs. 1 Nr. 2, 3 SaarlKSVG; § 96 Abs. 1 Nr. 1 bis 3 SächsGO; § 129 Abs. 1 Nr. 2 bis 4 KVG LSA; § 102 Abs. 3, Abs. 1 Nr. 2, 3 GO SH; § 73 Abs. 1 S. 1 Nr. 1, 2, 3 bis 5 ThürKO.

chanismen. So soll „[z]ur Sicherstellung des öffentlichen Zwecks ... im Gesellschaftsvertrag oder in der Satzung bestimmt werden, dass die Gesellschafterversammlung auch über den Erwerb und die Veräußerung von Unternehmen und Beteiligungen und über den Abschluss und die Änderung von Unternehmensverträgen beschließt."[52]

42 Aufgrund ihrer stärkeren Unabhängigkeit von den Anteilseignern, die gesellschaftsrechtlich bedingt ist, steht die AG als Rechtsform für kommunale Unternehmen häufig nur subsidiär zur Verfügung. Mehrere Gemeindeordnungen sehen vor, dass Gemeinden „Unternehmen und Einrichtungen in der Rechtsform einer Aktiengesellschaft nur gründen, übernehmen, wesentlich erweitern oder sich daran beteiligen [dürfen], wenn der öffentliche Zweck nicht ebenso gut in einer anderen Rechtsform erfüllt wird oder erfüllt werden kann."[53]

43 Für den Erwerb und die Veräußerung von Unternehmen und Beteiligungen durch eine kommunale AG wird teilweise die Verankerung eines Zustimmungserfordernisses des Aufsichtsrates in der Satzung vorgesehen, um Entscheidungen, welche die kommunalrechtliche Zulässigkeit überhaupt betreffen, an die Gemeinde rückzukoppeln.[54]

4. Wirtschaftsführung und Kontrolle

44 Die Verfolgung eines öffentlichen Zwecks ist nicht nur Voraussetzung für die Aufnahme einer kommunalwirtschaftlichen Betätigung (→ Rn. 23 ff.), sondern auch der zentrale Maßstab für die Wirtschaftsführung kommunaler Unternehmen.[55] Ungeachtet dessen wird kommunalrechtlich die Beachtung betriebswirtschaftlicher Grundsätze und des Grundsatzes der Sparsamkeit und Wirtschaftlichkeit gefordert, teils auch die Erwirtschaftung von Gewinnen vorgegeben.[56]

45 Einige Gemeindeordnungen sehen überdies vor, dass gemeindliche Unternehmen keine wesentliche Schädigung und keine Aufsaugung selbstständiger Betriebe in Landwirtschaft, Handwerk, Handel, Gewerbe und Industrie bewirken dürfen.[57] De facto bedeutet dies eine Verstärkung des Subsidiaritätsprinzips (→ Rn. 28 ff.).

46 Die Rechnungslegung kommunaler Unternehmen hat stets nach Maßgabe der §§ 264 ff. HGB zu erfolgen. Hieraus folgt die Verpflichtung zur Aufstellung eines Jahresabschlusses einschließlich eines Lageberichts, der der Prüfung durch einen Abschlussprüfer unterliegt.[58]

---

52 § 103a Nr. 3 GO BW; Art. 92 Abs. 1 S. 2 BayGO; § 108 Abs. 5 Nr. 1 lit. b GO NRW; § 111 Abs. 1 Nr. 2 lit. b und c SaarlKSVG; § 96a Abs. 1 Nr. 2 lit. a SächsGO; § 73 Abs. 1 S. 2 ThürKO; vgl. § 87 Abs. 3 Nr. 1 lit. b GO RP.
53 § 103 Abs. 2 GO BW; § 96 Abs. 4 BbgKVerf; § 122 Abs. 3 HGO; § 108 Abs. 4 GO NRW; § 87 Abs. 2 GO RP; § 96 Abs. 2 SächsGO. Nach § 68 Abs. 4 S. 2 KV MV ist die „Errichtung einer Aktiengesellschaft ... ausgeschlossen."
54 Art. 92 Abs. 1 S. 3 BayGO; § 73 Abs. 1 S. 3 ThürKO.
55 § 102 Abs. 3 Hs. 1 GO BW; Art. 95 Abs. 1 S. 1 BayGO; § 91 Abs. 2 Nr. 1 BbgKVerf; § 121 Abs. 8 HGO; § 68 Abs. 3, § 75 Abs. 1 S. 1 KV MV; § 149 Abs. 1 NKomVG; § 109 Abs. 1 GO NRW; § 85 Abs. 3 S. 1 Hs. 1 GO RP; § 116 S. 1 SaarlKSVG; § 94a Abs. 4 Hs. 1 SächsGO; § 107 S. 1 GO SH.
56 § 102 Abs. 3 Hs. 2 GO BW; § 91 Abs. 3 S. 1 BbgKVerf; § 121 Abs. 8 HGO; § 75 Abs. 1 S. 1 KV MV; § 149 Abs. 1 NKomVG; § 109 Abs. 1 S. 2 GO NRW; § 85 Abs. 3 S. 1 Hs. 2, S. 2 Nr. 3 GO RP; § 116 S. 2 SaarlKSVG; § 94a Abs. 4 Hs. 2 SächsGO; § 107 S. 2 GO SH; § 75 Abs. 1 ThürKO.
57 Art. 95 Abs. 2 BayGO; § 71 Abs. 3 ThürKO.
58 § 103 Abs. 1 Nr. 5 lit. b GO BW; Art. 91 Abs. 1 BayGO; § 122 Abs. 1 S. 1 Nr. 4 HGO; § 70b Abs. 1, § 73 Abs. 1 S. 1 Nr. 2 KV MV; § 108 Abs. 1 Nr. 8 GO NRW; § 87 Abs. 3 Nr. 2, Abs. 7 Nr. 1 GO RP; § 110 Abs. 1 Nr. 4 SaarlKSVG; § 96a Abs. 1 Nr. 8, Abs. 3 SächsGO; § 75 Abs. 4 S. 1 Nr. 1 ThürKO.

IV. Öffentlich-Private Partnerschaften

Nach mehreren Gemeindeordnungen ist zudem jedes Unternehmen, an dem eine Gemeinde mehrheitlich beteiligt ist, zur Aufstellung von Wirtschafts- und mehrjährigen Finanzplänen verpflichtet.[59]

47

Als Eigentümer haben die Gemeinden in den Grenzen des Gesellschaftsrechts das Recht und die Pflicht zur Steuerung und Kontrolle ihrer Unternehmen. Zu diesem Zweck enthalten die meisten Gemeindeordnungen Regelungen, die eine umfassende Information des Gemeinderats über Angelegenheiten des kommunalen Unternehmens durch die kommunalen Aufsichtsratsmitglieder ermöglichen.[60]

48

Eine zusätzliche Kontrolle wird im Wege der staatlichen Kommunalaufsicht ausgeübt, die sich auf die Rechtmäßigkeit aller Aspekte der Kommunalwirtschaft bezieht. So sind idR (jedenfalls) die Errichtung, Übernahme und wesentliche Erweiterung sowie die Änderung der Rechtsform oder der Aufgaben gemeindlicher Unternehmen, die unmittelbare oder mittelbare Beteiligung der Gemeinde an Unternehmen, die gänzliche oder teilweise Veräußerung gemeindlicher Unternehmen oder Beteiligungen sowie die Auflösung von Kommunalunternehmen der Rechtsaufsichtsbehörde mindestens sechs Wochen vor ihrem Vollzug anzuzeigen.[61]

49

Zum Zwecke einer spezifisch haushaltsrechtlichen (und damit auch ökonomischen) Kontrolle sind von den kommunalen Unternehmen den Rechnungsprüfungsbehörden die in § 54 HGrG vorgesehenen Einsichtnahmebefugnisse zu gewähren.[62]

50

IV. Öffentlich-Private Partnerschaften

Staat und Gemeinden nehmen heute zahlreiche Aufgaben mit wirtschaftlichem Charakter nicht mehr ausschließlich durch eigene Unternehmen, sondern in Kooperation mit Privaten wahr. Dies wird als Öffentlich-Private Partnerschaft (ÖPP, engl.: Public Private Partnership – PPP) bezeichnet. Spezifische rechtliche Vorgaben hierfür bestehen nur vereinzelt, so dass im Übrigen insbesondere die allgemeinen Anforderungen an öffentliche Unternehmen, aber auch diejenigen des Beihilfe-, Vergabe- und Kartellrechts zu beachten sind.[63]

51

Zu nennen sind insbesondere das ÖPP-Beschleunigungsgesetz (2005) und das ÖPP-Gesetz SH (2007). Die Einbeziehung des privaten Partners dient aus Sicht des öffentlichen Partners der Nutzung seiner Fachkompetenzen und finanziellen Möglichkeiten sowie der Steigerung der Effizienz der Aufgabenerfüllung. In der Praxis sind ÖPP von der kommunalen Daseinsvorsorge bis zum Strafvollzug weit verbreitet.

---

[59] § 103 Abs. 1 Nr. 5 lit. a GO BW; Art. 94 Abs. 1 S. 1 Nr. 1 BayGO; § 73 Abs. 1 S. 1 Nr. 1 KV MV; § 108 Abs. 3 S. 1 Nr. 1 lit. b GO NRW; § 87 Abs. 1 Nr. 7 lit. a GO RP; § 111 Abs. 1 Nr. 3 SaarlKSVG.

[60] Art. 93 Abs. 2 S. 2 BayGO; § 97 Abs. 7 BbgKVerf; § 125 Abs. 1 S. 5 HGO; § 71 Abs. 4 KV MV; § 138 Abs. 4 NKomVG; § 113 Abs. 5 GO NRW; § 115 Abs. 1 SaarlKSVG; § 98 Abs. 3 SächsGO; § 104 Abs. 1 S. 3 GO SH.

[61] Art. 96 Abs. 1 S. 1 BayGO; § 127a Abs. 1 HGO; § 152 Abs. 1 S. 3 NKomVG; § 115 Abs. 1 S. 1 GO NRW; § 92 Abs. 4 GO RP; § 135 Abs. 2 KVG LSA; § 108 Abs. 1 S. 1 GO SH; § 72 Abs. 1 S. 1 ThürKO; abweichend § 100 BbgKVerf; § 77 KV MV; § 118 Abs. 1 SaarlKSVG; § 102 Abs. 2 SächsGO.

[62] § 103 Abs. 1 S. 1 Nr. 5 lit. d GO BW; Art. 94 Abs. 1 S. 1 Nr. 4 BayGO; § 96 Abs. 1 S. 1 Nr. 5 BbgKVerf; § 123 Abs. 1 Nr. 2 HGO; § 73 Abs. 1 S. 1 Nr. 3 KV MV; § 112 Abs. 1 Nr. 2 GO NRW; § 89 Abs. 1 S. 1 Nr. 2 GO RP; § 111 Abs. 1 Nr. 4 lit. b SaarlKSVG; § 96a Abs. 1 Nr. 12, Abs. 3 SächsGO; § 75 Abs. 4 S. 1 Nr. 4 ThürKO.

[63] Ausführlich *Ziekow/Windoffer*, Public Private Partnership, 2008; *Schliesky*, Public Private Partnership, in: Püttner/Mann, Handbuch der kommunalen Wissenschaft und Praxis II, § 47; *Weber/Schäfer/Hausmann* (Hrsg.), Praxishandbuch Public Private Partnership, 2. Aufl. 2018; siehe auch *Kühling/Schreiner*, ZJS 2011, 112.

52 Konzeptionell lassen sich einzelvertraglich-projektbezogene und institutionalisierte ÖPP unterscheiden.[64] Bei Ersteren erfolgt ein sachlich wie zeitlich punktuelles Zusammenwirken von öffentlicher Hand und Privaten auf vertraglicher Grundlage. Bei institutionellen ÖPP besteht eine längerfristige, organisatorisch verfestigte Kooperation.

In der Praxis wird eine Vielzahl von ÖPP-Varianten durchgeführt. Zu nennen sind insbesondere Erwerber-, Leasing-, Miet-, Inhaber-, Contracting-, Gesellschafts- und Konzessionsmodelle.

53 Besonders bedeutsam ist in diesem Zusammenhang die Gründung eines gemischtwirtschaftlichen Unternehmens, dessen Anteile sowohl von dem öffentlichen als auch dem privaten Partner gehalten werden. Die Verhältnisse zwischen den Partnern richten sich primär nach dem Gesellschaftsvertrag, der wiederum durch gesellschafts-, haushalts- und ggf. kommunalrechtliche Vorgaben determiniert ist. Die Grundrechtsberechtigung oder -verpflichtung eines gemischtwirtschaftlichen Unternehmens ist davon abhängig, ob es von der öffentlichen Hand oder dem privaten Partner beherrscht wird.

Regelmäßig korrespondiert die Beherrschung mit den jeweiligen Beteiligungsanteilen.[65] Bestehen besondere vertragliche Vereinbarungen, kann sich die Beherrschung jedoch auch daraus ergeben.[66]

▶ **Zu Fall 11:** Die Gründung der Gesellschaft ist aus kommunalrechtlicher Sicht unzulässig. Es fehlt dem Unternehmen insbesondere an dem öffentlichen Zweck. Zwar hindert das ausschließliche Ziel der Förderung der örtlichen Wirtschaft nicht die Annahme eines öffentlichen Zwecks gem. § 101 Abs. 1 Nr. 1 GO SH. Der öffentliche Zweck rechtfertigt das Unternehmen aber nur, wenn die Gemeinde im Rahmen ihrer wirtschaftlichen Betätigung das Gemeindewohl fördert. Der öffentliche Zweck unterliegt als unbestimmter Rechtsbegriff hierbei der uneingeschränkten gerichtlichen Kontrolle. Ein Bürgerwindpark mit kommunaler Beteiligung ist dem öffentlichen Zweck der Daseinsvorsorge solange zuzuordnen, wie die ausschließliche oder jedenfalls vordergründige Vermarktung des durch den Windpark erzeugten Stroms unmittelbar an die Gemeindeeinwohner im Gemeindegebiet erfolgt. Es schadet nicht, wenn in gewissen Maßen eine Netzeinspeisung nach EEG, die im Verhältnis hinter dem Direktvermarktungsanteil zurückbleibt, stattfindet und Ertragseinnahmen erzielt werden. Denn die Energieversorgung ist zu den Angelegenheiten der örtlichen Gemeinschaft nach Art. 28 Abs. 2 GG zu zählen, was eine lokale Stromerzeugung mit umfasst. Diese Voraussetzungen sind bei der Gesellschaft zum Zweck der Errichtung und des Betriebs eines Bürgerwindparks jedoch nicht erfüllt. In Anbetracht der geringen Einwohnerzahl ist zu erwarten, dass der voraussichtlich produzierte Strom nur in geringem Umfang der örtlichen Versorgung dienen wird. Hieraus folgt auch ein Verstoß gegen § 101 Abs. 1 Nr. 2 GO SH, da das Unternehmen Bürgerwindpark nach Art und Umfang weder in einem angemessenen Verhältnis zur Leistungsfähigkeit der Gemeinde noch zum voraussichtlichen Bedarf steht. Die Gemeinde darf gerade kein Unternehmen betreiben, das den lokalen Bedarf und damit die finanzielle Leistungsfähigkeit übersteigt. ◀

---

64 Grünbuch zu öffentlich-privaten Partnerschaften und den Gemeinschaftlichen Rechtsvorschriften für öffentliche Aufträge und Konzessionen, KOM(2004) 327 endg. Rn. 20.
65 BVerfGE 128, 226.
66 Vgl. BGHZ 69, 334; 135, 107.

V. Wiederholungs- und Verständnisfragen

1. Was versteht man unter formeller und was unter materieller und funktionaler Privatisierung? (→ Rn. 5 ff.)
2. Welche haushaltsrechtlichen Vorgaben bestehen für die Betätigung staatlicher Unternehmen? (→ Rn. 10 ff.)
3. Welche Beschränkungen ergeben sich für die Kommunalwirtschaft aus dem Recht der kommunalen Selbstverwaltung gemäß Art. 28 Abs. 2 S. 1 GG? (→ Rn. 15 ff.)
4. Was sind Gegenstand und Zwecke der Schrankentrias im Gemeindewirtschaftsrecht? (→ Rn. 19 ff.)
5. Was besagt das Örtlichkeitsprinzip? (→ Rn. 33 f.)
6. In welchen Rechtsformen können öffentliche Unternehmen betrieben werden? (→ Rn. 35 ff.)
7. Was versteht man unter Öffentlich-Privaten Partnerschaften? (→ Rn. 51 ff.)

Zur Vertiefung: *Bätge*, Die wirtschaftliche Betätigung der Kommunen im Lichte der aktuellen Rechtsprechung, KommJur 2020, 321 und 365; *Cronauge*, Kommunale Unternehmen, 6. Aufl. 2016; *Fabry/Augsten* (Hrsg.), Unternehmen der öffentlichen Hand, 2. Aufl. 2011; *Gaß/Popp*, Die Gemeinde als Unternehmer, 3. Aufl. 2021; *Gersdorf*, Öffentliche Unternehmen im Spannungsfeld zwischen Demokratie- und Wirtschaftlichkeitsprinzip. Eine Studie zur verfassungsrechtlichen Legitimation der wirtschaftlichen Betätigung der öffentlichen Hand, 2000; *Hoppe/Uechtritz/Reck* (Hrsg.), Handbuch kommunale Unternehmen, 3. Aufl. 2012; *Katz*, Kommunale Wirtschaft. Leitfaden für die Praxis, 2. Aufl. 2017; *Mann*, Die öffentlich-rechtliche Gesellschaft. Zur Fortentwicklung des Rechtsformenspektrums für öffentliche Unternehmen, 2002; *ders.*, Öffentliche Unternehmen – öffentliches Gesellschaftsrecht?, NdsVBl 2022, 197; *Peter*, Rechtliche Grenzen der gemeindlichen Wirtschaftsbetätigung durch die kommunale Selbstverwaltungsgarantie im Kontext europäischer Integration, 2012; *Püttner/Mann* (Hrsg.), Handbuch der kommunalen Wissenschaft und Praxis II: Kommunale Wirtschaft, 3. Aufl. 2011; *Ronellenfitsch*, Wirtschaftliche Betätigung des Staates, in: Isensee/Kirchhof (Hrsg.), Handbuch des Staatsrechts IV, 3. Aufl. 2006, § 98; *Storr*, Der Staat als Unternehmer. Öffentliche Unternehmen in der Freiheits- und Gleichheitsdogmatik des nationalen Rechts und des Gemeinschaftsrechts, 2001; *Wurzel/Schraml/Gaß* (Hrsg.), Rechtspraxis der kommunalen Unternehmen, 4. Aufl. 2021

§ 9 Beihilferecht

▶ **Fall 12:**[1] Die Stadt Jena betreibt ein in die Jahre gekommenes und defizitäres Hallenbad. Aufgrund seines sehr schlechten baulichen Zustandes muss dieses geschlossen werden. Die Stadt hält aber den weiteren Betrieb des Bades ungeachtet der Existenz einiger von privaten Unternehmen betriebenen Bädern im Stadtgebiet sowie in den Nachbargemeinden für erforderlich, um den Einwohnern der Stadt angemessene Bademöglichkeiten zur Verfügung zu stellen und so eine freiwillige Aufgabe der Daseinsvorsorge zu erfüllen. Das Bad wird von der Stadt Jena ferner als Schulträger zum Schulschwimmen zur Verfügung gestellt; außerdem dient es aufgrund öffentlich-rechtlicher Benutzungsregeln dem Vereinsschwimmen. Die Stadt hat daher beschlossen, die anstehenden Investitionen für einen Neubau und den Betrieb des Bades einem privaten Unternehmen zu übertragen. Das neue Bad soll den Charakter eines Freizeitbades aufweisen. Es soll ein 25 m-Innenschwimmbecken, eine attraktive Saunalandschaft, ein Erlebnisaußenbecken mit der Möglichkeit, in Bahnen zu schwimmen, sowie ansprechende Gastronomie haben. Ferner muss die Eignung für das Schul- und Vereinsschwimmen gegeben sein und das Bad dafür zur Verfügung gestellt werden. Ein von der Stadt in Auftrag gegebenes Gutachten kommt zu dem Ergebnis, dass der Einzugsbereich des Bades im Wesentlichen das Stadtgebiet von Jena sowie Teile des umliegenden Saale-Holzland-Kreises umfasse und jährlich mit ca. 250.000 Besuchern gerechnet werden könne. Die vor Ort ansässige Firma Aqua Fun GmbH, die in Thüringen bereits mehrere Schwimmbäder betreibt, erklärt sich auf Anfrage der Stadt Jena bereit, deren Wünsche zu erfüllen, sofern sie von dieser hierfür eine gewisse Unterstützung erhält. Es wird daraufhin zwischen der Stadt und der Aqua Fun GmbH ein Vertrag geschlossen, der u.a. folgende Inhalte enthält: Die Firma Aqua Fun GmbH verpflichtet sich, das alte Bad abzureißen und auf eigene Kosten ein Freizeitbad mit den von der Stadt geforderten Eigenarten auf dem für 35 Jahre nach Erbbaurecht überlassenen städtischen Grundstück zu errichten. Für die Überlassung des Grundstücks zahlt sie einen marktüblichen Erbbauzins. Sie betreibt dieses Bad bis zum Ablauf des Erbbaurechtsvertrages zu den üblichen Öffnungszeiten ganzjährig, und zwar zu sozialverträglichen Eintrittspreisen. Sie verpflichtet sich, das Bad gemäß der Belegungsvereinbarung mit der Stadt für städtisches Schulschwimmen sowie das Vereinsschwimmen während der gesamten Vertragslaufzeit kostenlos zur Verfügung zu stellen. Die Stadt Jena verpflichtet sich neben der Einräumung des Erbbaurechts zur kostenfreien Übernahme einer Bürgschaft im Hinblick auf Bankkredite, die von der Firma Aqua Fun GmbH zur Finanzierung des Neubaus aufgenommen werden müssen. Ab Inbetriebnahme des Freizeitbades verpflichtet sie sich zudem zur Zahlung eines jährlichen Zuschusses von 2 Millionen Euro an die Firma Aqua Fun GmbH für die Dauer des Erbbaurechts.

Handelt es sich bei den Maßnahmen um zulässige Beihilfen? ◀

1   Eine überaus bedeutsame Beeinflussung von Marktprozessen durch die öffentliche Hand geschieht durch die Wirtschaftsförderung. Im weitesten Sinne sind hierzu alle Maßnahmen zu rechnen, mit denen die Rahmenbedingungen für Wirtschaftssubjekte verbessert werden. Dies schließt eine „wirtschaftsfreundliche" Gesetzgebung ebenso ein wie eine gute Ausbildung der Bevölkerung und die Bereitstellung leistungsfähiger Infrastrukturen. Solche Maßnahmen werfen idR wettbewerblich keine Probleme auf, da alle Unternehmen hiervon in gleichem Maße profitieren (können), und sind daher im Kontext des öffentlichen Wirtschaftsrechts von allenfalls untergeordnetem Interes-

---

1 Nach der Entscheidung der Kommission „Staatliche Beihilfe Nr. N 258/00 – Deutschland Freizeitbad Dorsten", SG(2001) D/285046.

I. Gegenstand

§ 9

se. Anders ist dies jedoch im Hinblick auf Maßnahmen der öffentlichen Hand, die einzelne Marktteilnehmer in spezifischer Weise begünstigen und dadurch ihre Stellung im Wettbewerb verbessern. Diese Konstellation ist Gegenstand des Beihilferechts, das heute als zentraler Bestandteil des öffentlichen Wirtschaftsrechts zu qualifizieren ist.

Die wirtschaftliche Bedeutung derartiger Maßnahmen ist immens. In Deutschland stieg nach dem 28. Subventionsbericht der Bundesregierung[2] das Subventionsvolumen der Finanzhilfen und Steuervergünstigungen des Bundes von 24,6 Mrd. EUR im Jahr 2019 auf 47,2 Mrd. EUR im Jahr 2022. Alle EU-Mitgliedstaaten sowie Großbritannien zusammen gewährten im Jahr 2020 Beihilfen an Unternehmen iHv 384.33 Mrd. EUR. Dies entspricht 2.43 % des Bruttoinlandsprodukts der EU.[3] In erheblichem Umfang war die damit verbundene Steigerung der Abfederung der wirtschaftlichen Kosten der Corona-Pandemie geschuldet.

I. Gegenstand

Die Unterstützung von einzelnen Wirtschaftssubjekten durch die öffentliche Hand ist weit verbreitet und kein neues Phänomen. Sie erfolgt in vielfältigen Ausprägungen, die sämtlich am Maßstab des Beihilferechts zu messen sind. Zu nennen sind an erster Stelle Subventionen. Dabei handelt es sich – ungeachtet der Undeutlichkeit des Begriffs – um (Geld-)Leistungen, welche Unternehmen ohne Gegenleistung zur Verfügung gestellt werden, vgl. § 264 Abs. 7 Nr. 1 StGB. Vergleichbare Zuwendungen, die unmittelbar zur Vermehrung des Unternehmensvermögens führen, können aber auch auf anderem Wege erfolgen, etwa durch den Verkauf eines Grundstücks unter Marktwert.[4] Derartige Fördermaßnahmen werden auch als „verlorene Zuschüsse" bezeichnet.[5] Daneben existieren zahlreiche weitere Formen der wirtschaftlichen Unterstützung von Unternehmen. Nicht selten sind Steuererleichterungen, mittels derer der Staat auf eine spezifische, rechtlich vorgesehene Belastung von Unternehmen verzichtet. Auch die Gewährung verbilligter Kredite durch staatliche (Förder-)Banken wie die Kreditanstalt für Wiederaufbau (KfW) ist ein vielfach genutztes Instrument, dessen Förderungswirkung auf dem Zinsvorteil für die begünstigten Unternehmen beruht. Schließlich können die Darlehensgewährung als solche oder auch staatliche Bürgschaften als Mittel der Wirtschaftsförderung dienen, sofern diese einem Unternehmen Zugang zu Fremdkapital ermöglichen, der ihm andernfalls – etwa wegen fehlender Kreditwürdigkeit aufgrund wirtschaftlicher Schwierigkeiten – verwehrt bliebe. Weitere „atypische" Förderungsmaßnahmen kommen einzelfallspezifisch zur Anwendung.

2

So beteiligte sich die Bundesrepublik Deutschland im Jahr 2009 mit 25 % plus einer Aktie an der Commerzbank AG, der auf diesem Wege sowie durch stille Einlagen insgesamt mehr als 18 Mrd. EUR staatlicher Mittel zur Verfügung gestellt wurden. Die Commerzbank war infolge der Bankenkrise und der vorherigen Übernahme der Dresdner Bank AG wirtschaftlich stark angeschlagen und daher auf Mittel der öffentlichen Hand dringend angewiesen. Eine andernfalls drohende Insolvenz der Bank sollte seitens des Staates wegen ihrer „Systemrelevanz" für das Finanzsystem verhindert werden.

---

2 Abrufbar unter https://www.bundesfinanzministerium.de/Content/DE/Downloads/Broschueren_Bestellservice/28-subventionsbericht.pdf?__blob=publicationFile&v=6.
3 https://ec.europa.eu/competition/state_aid/scoreboard/index_en.html.
4 Siehe insoweit auch die Mitteilung der Kommission betreffend Elemente staatlicher Beihilfe bei Verkäufen von Bauten oder Grundstücken durch die öffentliche Hand, ABl. 1997 C 209/3.
5 Vgl. exemplarisch BVerwG, NJW 1969, 809.

3   Ebenso zahlreich wie die Formen der Unterstützung von Unternehmen durch die öffentliche Hand sind die Gründe hierfür.[6] Häufig zielen die Maßnahmen darauf ab, Unternehmen anzusiedeln oder von einer Standortverlagerung abzuhalten, um Arbeitsplätze (vor Ort) zu schaffen oder zu sichern.[7]

Der Erfolg solcher Maßnahmen ist jedoch nicht stets nachhaltig, wie das Beispiel des Bochumer Nokia-Werkes verdeutlicht, in dem weit über 2000 Arbeitnehmer mit der Herstellung von Mobiltelefonen beschäftigt waren. Dieses wurde trotz Rentabilität im Jahr 2008 geschlossen und die Produktion nach Rumänien verlegt. Zuvor hatte das Unternehmen seit den 1990er Jahren ca. 88 Mio. EUR Fördergelder erhalten.

4   Daneben verfolgen Fördermaßnahmen nicht selten ökologische, in neuerer Zeit zunehmend auf den Klimaschutz bezogene Zielsetzungen. Insbesondere im Bereich der Daseinsvorsorge dienen sie auch zur Aufrechterhaltung des Leistungsangebots zu bestimmten Konditionen und damit sozialen Zwecken. Von Bedeutung sind darüber hinaus die Förderung von Forschung und Entwicklung sowie ordnungspolitisch begründete Maßnahmen zur Unterstützung der mittelständischen Wirtschaft zum Ausgleich ihrer wirtschaftlichen Nachteile gegenüber Großunternehmen. Schließlich dienen Fördermaßnahmen in erheblichem Umfang dazu, Unternehmen Vorteile im globalen Wettbewerb zu verschaffen.

Dies gilt sowohl für die Bundesrepublik Deutschland, welche Exporte deutscher Unternehmen durch die sog. „Hermes-Bürgschaften" risikoloser gestaltet, als auch für die EU. Insbesondere für Agrarprodukte zahlte diese hohe Ausfuhrsubventionen, durch welche den europäischen Erzeugern teilweise ein Angebot unter dem Weltmarktpreis ermöglicht wurde.

5   Die Problematik dieser Fördermaßnahmen liegt darin, dass sie vielfach Wettbewerbsverzerrungen hervorrufen – und teilweise auch hervorrufen sollen. Dies gilt unmittelbar im Verhältnis zu den Wettbewerbern, da ein gefördertes Unternehmen seine Leistungen idR günstiger als ein nicht gefördertes anbieten kann. Damit haben Fördermaßnahmen das Potenzial, den jeweiligen Markt einschließlich der Preisbildung sowie der Marktanteile der Anbieter nachhaltig zu beeinflussen. Mittelbar wirken sie sich innerhalb der EU daher zugleich auf die Möglichkeiten der Realisierung des Binnenmarktes (→ § 2 Rn. 3 ff.) aus, da die Förderung jeweils „eigener" Unternehmen durch die EU-Mitgliedstaaten für die jeweiligen nationalen Märkte Zutrittshürden errichtet und sie im Sinne einer protektionistischen Wirtschaftspolitik (→ § 1 Rn. 12 ff.) zu separieren geeignet ist.

6   Das Beihilferecht zielt darauf ab, dieses negative wettbewerbliche Potenzial von Fördermaßnahmen weithin auszuschalten, ohne die durch diese hervorgerufenen positiven Effekte zu verhindern. Hierzu etabliert es ein komplexes System von Verboten und Gestattungen. Dessen Funktionsfähigkeit wird durch verfahrensrechtliche Spezifika und effektive Mechanismen zur Rückabwicklung rechtswidrig gewährter Beihilfen abgesichert. Dabei trägt es dem Umstand Rechnung, dass die Interessen der beihilfegewährenden Stelle und des begünstigten Unternehmens jedenfalls im Hinblick auf die Realisierung der Fördermaßnahme übereinstimmen.

Diese spezifische Interessenlage unterscheidet das Beihilferecht von anderen Bereichen des öffentlichen Wirtschaftsrechts. Zwar gilt die Rechtsbindung der Verwaltung, vgl. Art. 20 Abs. 3 GG, uneingeschränkt. Gleichwohl können Verstöße gegen beihilferechtliche Vorgaben in der Praxis seitens des Staates als

---

6   Im Überblick zu den Motiven *Säcker*, in: MüKo Wettbewerbsrecht V, Grundlagen Rn. 35 ff.
7   Dazu umfassend *Goller*, Die Rolle des Europäischen Beihilferechts im globalen Standortwettbewerb, 2019.

II. Rechtsgrundlagen

„hinnehmbar" angesehen werden, um die mit den Fördermaßnahmen beabsichtigten Ziele zu erreichen. Exemplarisch wird dies anhand des der Alcan-Entscheidung des EuGH[8] (→ Rn. 56 ff.) zugrunde liegenden Sachverhalts deutlich. Um die Schließung einer Aluminiumhütte in Ludwigshafen aufgrund gestiegener Energiepreise zu verhindern, bewilligte und zahlte das Land Rheinland-Pfalz dieser im Jahr 1983 einen Zuschuss von 8 Mio. DM, ohne die erforderliche Anmeldung bei der EU-Kommission (→ Rn. 47 ff.) vorzunehmen. Nachdem diese aufgrund eigener Erkenntnisse die Beihilfe geprüft und für rechtswidrig befunden hatte, ordnete sie im Jahr 1985 die Rückzahlung an. Das Land unternahm jedoch bis 1989 nichts. Erst nachdem die Bundesrepublik Deutschland in einem Vertragsverletzungsverfahren deshalb verurteilt worden war, erfolgte die Rückforderung. Dabei stand außer Frage, dass das begünstigte Unternehmen diese anfechten und sich gemäß den maßgeblichen Bestimmungen des nationalen Rechts auf Vertrauensschutz und den zwischenzeitlich eingetretenen Ablauf der Rückforderungsfrist berufen würde, so dass nach damaligem Stand der Rechtserkenntnis eine Durchsetzung der Rückforderung nicht zu erwarten war.

II. Rechtsgrundlagen

Das Beihilferecht wird maßgeblich durch unmittelbar anwendbares Europarecht determiniert. Das EU-Primärrecht enthält in den Art. 107 ff. AEUV die zentralen Grundentscheidungen des Beihilferechts in materieller wie auch verfahrensrechtlicher Hinsicht. Für den Agrar- und den Verkehrssektor werden diese durch Sonderregeln in Art. 42 und 93 AEUV ergänzt, die auf eine weitergehende Zulässigkeit von Beihilfen abzielen. Die primärrechtlichen Grundlagen werden durch eine Vielzahl von Sekundärrechtsakten ausgestaltet. Im Hinblick auf die Organisation der Kontrolle ist die Beihilfeverfahrensverordnung (EU) 2015/1589[9] von zentraler Bedeutung (→ Rn. 49 f., 54). Darüber hinaus bestehen zahlreiche Sekundärrechtsakte mit materiellrechtlichem Gehalt.

Wichtig sind die Verordnung (EU) Nr. 651/2014 zur Feststellung der Vereinbarkeit bestimmter Gruppen von Beihilfen mit dem Binnenmarkt in Anwendung der Artikel 107 und 108 des Vertrags über die Arbeitsweise der Europäischen Union (Allgemeine Gruppenfreistellungsverordnung – AGVO);[10] die Verordnung (EU) Nr. 1407/2013 über die Anwendung der Artikel 107 und 108 des Vertrags über die Arbeitsweise der Europäischen Union auf De-minimis-Beihilfen;[11] die Verordnung (EU) Nr. 360/2012 über die Anwendung der Artikel 107 und 108 des Vertrags über die Arbeitsweise der Europäischen Union auf De-minimis-Beihilfen an Unternehmen, die Dienstleistungen von allgemeinem wirtschaftlichem Interesse erbringen;[12] die Verordnung (EU) 2015/1588 über die Anwendung der Artikel 107 und 108 des Vertrags über die Arbeitsweise der Europäischen Union auf bestimmte Gruppen horizontaler Beihilfen[13] sowie die (umsetzungsbedürftige) Richtlinie 2006/111/EG über die Transparenz der finanziellen Beziehungen zwischen den Mitgliedstaaten und den öffentlichen Unternehmen sowie über die finanzielle Transparenz innerhalb bestimmter Unternehmen.[14] In ihrer Wirkung noch nicht erprobt ist die Verordnung (EU) 2022/2560 über den Binnenmarkt verzerrende drittstaatliche Subventionen[15].

Primär- und sekundärrechtliche Vorgaben werden zudem durch Soft Law der EU-Kommission ergänzt. Diesem kommt nicht zuletzt deswegen eine herausragende prak-

---

8 EuGH, Slg 1997, I-1591.
9 ABl. 2015 L 248/9.
10 ABl. 2014 L 187/1, zuletzt geändert durch Verordnung (EU) 2021/1237, ABl. 2021 L 270/39.
11 ABl. 2013 L 352/1, in ihrer Geltungsdauer verlängert durch Verordnung (EU) 2020/972, ABl. 2020 L 215/3.
12 ABl. 2012 L 114/8, zuletzt geändert durch Verordnung (EU) 2020/1474, ABl. 2020 L 313/2.
13 ABl. 2015 L 248/1, geändert durch Verordnung (EU) 2018/1911, ABl. 2018 L 337/1.
14 ABl. 2006 L 318/17.
15 ABl. 2022 L 330/1; zur Notwendigkeit einer derartigen Regelung siehe auch *Kühling/Reinhold/Weck*, ZWeR 2020, 472 ff.

tische Bedeutung zu, weil der Vollzug des Beihilferechts in erheblichem Maße durch die EU-Kommission selbst erfolgt.

Exemplarisch genannt seien die Bekanntmachung der Kommission zum Begriff der staatlichen Beihilfe im Sinne des Artikels 107 Absatz 1 des Vertrags über die Arbeitsweise der Europäischen Union,[16] die Mitteilung über die Anwendung der Beihilfevorschriften der Europäischen Union auf Ausgleichsleistungen für die Erbringung von Dienstleistungen von allgemeinem wirtschaftlichem Interesse,[17] die Mitteilung der Kommission – Unionsrahmen für staatliche Beihilfen zur Förderung von Forschung, Entwicklung und Innovation,[18] die Leitlinien für staatliche Beihilfen zur Rettung und Umstrukturierung nichtfinanzieller Unternehmen in Schwierigkeiten,[19] die Leitlinien für Regionalbeihilfen[20] sowie die Leitlinien für staatliche Klima-, Umweltschutz- und Energiebeihilfen 2022.[21]

Es ist darauf hinzuweisen, dass die Kommission eine Vielzahl der geltenden Regelungen derzeit einem „fitness check" unterzieht. Es ist daher mit weiteren Änderungen zu rechnen.[22]

9 Das deutsche Recht weist eine deutlich geringere Regelungstiefe und -dichte auf. Ein allgemeines „Beihilfegesetz" existiert weder auf Bundes- noch auf Landesebene. Es bedarf eines solchen Gesetzes nach herrschender Auffassung auch nicht, da der grundrechtlich und rechtsstaatlich begründete Vorbehalt des Gesetzes mangels Eingriffswirkungen für die Gewährung von Beihilfen nicht gilt.[23] So bestehen allein einige spezialgesetzliche Vorgaben mit sektorspezifischer Bedeutung.

Beihilferechtlich relevantes Bundesrecht sind das Investitionszulagengesetz, welches staatliche Zuschüsse zu bestimmten Investitionen in den neuen Bundesländern vor dem 1.1.2014 vorsah, das Gesetz über Maßnahmen zur Förderung des deutschen Films, das dem Agrarrecht zugehörige Gesetz zur Durchführung der Gemeinsamen Marktorganisationen und der Direktzahlungen sowie das Gesetz über die Gemeinschaftsaufgabe „Verbesserung der regionalen Wirtschaftsstruktur", welches Fördermaßnahmen in Gebieten mit erheblichen wirtschaftlichen Strukturproblemen ermöglicht, sowie das Gesetz zur steuerlichen Förderung von Forschung und Entwicklung (Forschungszulagengesetz). Auch die Länder haben punktuell wirkende beihilferechtliche Vorschriften erlassen. Exemplarisch sei auf das Thüringer Gesetz zur Förderung und Stärkung kleiner und mittlerer Unternehmen und der Freien Berufe (Thüringer Mittelstandsförderungsgesetz) verwiesen.

10 Jenseits derartiger Spezialregelungen ist die Zulässigkeit der Gewährung von Beihilfen im nationalen Recht allein haushaltsrechtlich determiniert. Nach § 14 HGrG und § 23 BHO müssen Zuwendungen zweckbezogen sein und „dürfen nur veranschlagt werden, wenn der Bund [oder das Land] an der Erfüllung" dieser Zwecke durch die geförderten Unternehmen „ein erhebliches Interesse hat, das ohne die Zuwendungen nicht oder nicht im notwendigen Umfang befriedigt werden kann." Gemäß § 44 Abs. 1 S. 2 und 3 BHO ist zudem „zu bestimmen, wie die zweckentsprechende Verwendung der Zuwendungen nachzuweisen ist. Außerdem ist ein Prüfungsrecht der zuständigen Dienststelle oder ihrer Beauftragten festzulegen." Spezifische materiell- oder verfahrensrechtli-

---

16 ABl. 2016 C 262/1.
17 ABl. 2012 C 8/4.
18 ABl. 2014 C 198/1.
19 ABl. 2014 C 249/1.
20 ABl. 2021 C 153/1.
21 ABl. 2022 C 80/1.
22 Nähere Informationen unter https://ec.europa.eu/competition/state_aid/modernisation/fitness_check_en.html; zum ursprünglichen Zeitplan https://ec.europa.eu/competition/state_aid/legislation/timeline_table_SA_final.pdf.
23 BVerfGE 8, 155 (167); BVerwGE 58, 45 (48).

III. Beihilfeverbot

che Anforderungen folgen daraus nicht.[24] Für die Rechtmäßigkeit einer Subvention genügt (bei Beachtung der genannten Bestimmungen) grundsätzlich bereits, dass im Haushaltsplan Mittel hierfür vorgesehen sind. Die notwendige weitere Konkretisierung erfolgt durch Verwaltungsvorschriften. Flankierend treten die Strafbarkeit des Subventionsbetruges nach § 264 StGB sowie eine Berichtspflicht der Bundesregierung über Finanzhilfen und Steuervergünstigungen auf Grundlage von § 12 des Gesetzes zur Förderung der Stabilität und des Wachstums der Wirtschaft hinzu.

III. Beihilfeverbot

Staatliche Beihilfen unterliegen nach Art. 107 Abs. 1 AEUV einem grundsätzlichen Verbot mit Erlaubnisvorbehalt. Sie dürfen mithin nur in den normativ bestimmten Ausnahmefällen gewährt werden. Voraussetzung für das Eingreifen des Verbots ist jedoch das tatbestandliche Vorliegen einer Beihilfe. Der Begriff der Beihilfe im europarechtlichen Sinne ist daher von zentraler Bedeutung für die Auswirkungen des Beihilfeverbots auf mitgliedstaatliche Maßnahmen der Wirtschaftsförderung. 11

Die grundlegende Wertung des nationalen Rechts ist – auch vor dem Hintergrund der fehlenden Ausgestaltung des Beihilferechts durch den deutschen Gesetzgeber – deutlich weniger restriktiv (→ Rn. 10). Im Einzelfall kann allerdings die Berufsfreiheit der Wettbewerber der Gewährung von Beihilfen entgegenstehen. Dies setzt deren (selten zu bejahende) erhebliche Benachteiligung, mithin eine berufsregelnde Tendenz voraus.[25] Wegen des Vorrangs des Europarechts vor dem nationalen Recht (→ § 1 Rn. 36) wirkt sich dieser abweichende Grundansatz praktisch kaum aus.

Zu beachten ist, dass seitens der EU gewährte Fördermaßnahmen dem Beihilfeverbot des Art. 107 Abs. 1 AEUV nicht unterfallen. Solche sind daher nur am Maßstab des sachlich einschlägigen Fachrechts sowie allgemeiner europarechtlicher Grundsätze zu messen.[26] 12

Besonders umfangreich sind die EU-Beihilfen im Bereich der Landwirtschaft. Die Gewährung erfolgt über verschiedene Fonds. Weiterhin von großer Bedeutung sind die Beihilfen für Forschung und Entwicklung im Rahmen des Programms „Horizont Europa"[27], das für die Jahre 2021 bis 2027 ein Gesamtvolumen von etwa 94 Mrd. EUR vorsieht. Darüber hinaus schreibt die EU-Kommission laufend auf den Internetseiten der jeweiligen Generaldirektionen Fördermaßnahmen aus, die den unterschiedlichsten Themenbereichen angehören.

1. Begriff der Beihilfe

Der Beihilfebegriff[28] ergibt sich unmittelbar aus Art. 107 Abs. 1 AEUV. Als Beihilfe gilt danach jede Maßnahme, die unter Verwendung staatlicher Mittel konkrete Unternehmen oder Branchen begünstigt, potenziell den Wettbewerb verfälscht und den Handel zwischen den EU-Mitgliedstaaten beeinträchtigen kann. Sämtliche dieser Merkmale 13

---

24 Siehe aber für Einwirkungen des Klimaschutzrechts *Knauff*, DVBl 2022, 758 ff.
25 Vgl. BVerwGE 121, 23.
26 Im Überblick zu Unionsbeihilfen *Mestmäcker/Schweitzer*, in: Immenga/Mestmäcker, Wettbewerbsrecht III, Einl. Rn. 43 ff.
27 Grundlage ist die Verordnung (EU) 2021/695 zur Einrichtung von „Horizont Europa", dem Rahmenprogramm für Forschung und Innovation, sowie über dessen Regeln für die Beteiligung und die Verbreitung der Ergebnisse, ABl. 2021 L 170/1.
28 Dazu umfassend *Herbert*, Der Beihilfenbegriff der Kommission anhand der Bekanntmachung 2016/C 262/01, 2020.

müssen kumulativ vorliegen.[29] Andernfalls ist die Maßnahme begrifflich nicht als Beihilfe zu qualifizieren. Zwar ist im Interesse der Wirksamkeit (effet utile) des Beihilferechts eine weite Auslegung der einzelnen Merkmale möglich und grundsätzlich auch geboten. Eine rein wirkungsorientierte Interpretation des Art. 107 Abs. 1 AEUV ist jedoch ausgeschlossen.[30]

Entscheidend für die Qualifikation einer Fördermaßnahme ist mithin nicht, dass sich diese in irgendeiner Weise auf den Markt auswirkt. Selbst wettbewerblich nicht neutrale, spezifische Unternehmen begünstigende staatliche Maßnahmen können im Einzelfall nicht als Beihilfe anzusehen sein, so dass sie dem Beihilfeverbot nicht unterfallen (→ Rn. 17, 19).

a) Begünstigung

14   Der neutrale Begriff der Begünstigung erfasst alle am Markt nicht erzielbaren Vorteile. Er schließt sämtliche Formen einer wirtschaftlichen Besserstellung von Unternehmen[31] (→ § 6 Rn. 13) ein und ist daher nicht abschließend bestimmbar. Begünstigungen können direkt oder indirekt erfolgen. Eine abweichende rechtliche Bewertung folgt daraus nicht.

Eine direkte Begünstigung liegt vor, wenn ein Unternehmen von der öffentlichen Hand etwas erhält, das sich unmittelbar positiv auf sein Vermögen oder seine Liquidität auswirkt, etwa Subventionen, marktunübliche Kredite und Bürgschaften oder Kapitalbeteiligungen. Indirekte Begünstigungen sind alle wirtschaftlichen Vorteile, die auf anderem Wege vermittelt werden, etwa Steuervergünstigungen[32], die Einräumung von Ausschließlichkeits- und Vorzugsrechten sowie die Gewährung von Zahlungsaufschub bei Steuern, Sozialabgaben oder bei der Rückzahlung von Krediten.[33]

15   Dieser weite Begriff der Begünstigung ist auf Grundlage der EuGH-Rechtsprechung einerseits von Investitionen und andererseits von Ausgleichsleistungen für Dienstleistungen von allgemeinem wirtschaftlichem Interesse abzugrenzen. Obwohl dem Unternehmen in beiden Fällen von der öffentlichen Hand ein wirtschaftlicher Vorteil zugewendet wird, sind die entsprechenden Zahlungen nicht als Begünstigung im beihilferechtlichen Sinne zu qualifizieren.

16   Die Abgrenzung von Beihilfen und Investitionen ist erforderlich, da das Beihilferecht einem wirtschaftlichen Engagement des Staates einschließlich der Beteiligung an Privatunternehmen (→ § 8 Rn. 40 ff., 51 ff.) nicht entgegenstehen soll. Sie erfolgt anhand des sog. Privatinvestortests (auch: Market Economy Operator Test).[34] Danach kommt es für die Qualifikation einer staatlichen Maßnahme, durch die ein Unternehmen finanzielle Mittel erhält, darauf an, ob ein wirtschaftlich denkender Privatinvestor als umsichtiger marktwirtschaftlich handelnder Kapitalgeber anstelle des Staates ebenso gehandelt hätte. Ist dies der Fall, liegt wegen Marktüblichkeit keine Begünstigung und damit auch keine Beihilfe vor.[35]

---

29 Siehe nur *Arhold*, in: MüKo Wettbewerbsrecht V, Art. 107 AEUV Rn. 126 f.
30 EuGH, Slg 2001, I-2099 – PreussenElektra.
31 Zu Neben- und Annextätigkeiten des Staates *Wagner/Lemonnier*, EuZW 2021, 45 ff.; ablehnend zur Unternehmenseigenschaft der slowakischen Krankenversicherungsträger EuGH, ZESAR 2021, 131 – Kommission/Dôvera zdravotná poisťovňa.
32 Zur umstrittenen beihilferechtlichen Qualifikation des kommunalen Querverbundes *Alpha*, NVwZ 2021, 598 ff.; *Frenz*, DStZ 2020, 873 ff.
33 Näher *Bartosch*, EU-Beihilfenrecht, Art. 107 Abs. 1 AEUV Rn. 128 f.
34 Vgl. dazu im Einzelnen *Robakowski*, EuZW 2021, 143 ff.
35 EuGH, Slg 2002, I-4397 Rn. 69 ff. – Stardust Marine.

III. Beihilfeverbot

Der Privatinvestortest vergleicht mithin das Verhalten des Staates mit demjenigen privater Anleger, die typischerweise keine anderen als ökonomische Maßstäbe zugrunde legen. Vielfach ermöglicht er die Identifikation von beihilferechtlich relevanten Begünstigungen, wenn bei seiner Anwendung ersichtlich wird, dass Private eine vergleichbare Entscheidung wegen des zu hohen Verlustrisikos oder zu geringer Renditeerwartungen nicht getroffen hätten.[36] Seine Problematik liegt jedoch darin begründet, dass ihm stets eine Hypothese zugrunde liegt. Auch vermag er das Problem unterschiedlicher Rentabilitätserwartungen bei kurz- oder langfristigen Anlageentscheidungen nicht zu lösen. So kann auch ein privater Investor im Einzelfall durchaus ein Interesse am Erwerb von Anteilen eines Unternehmens in Schwierigkeiten haben, welches zunächst nur Verluste generiert, wenn er sich davon entweder in einer langfristigen Perspektive nach einer Sanierung (zB zum Zwecke des Einstiegs in den betreffenden Markt unter Nutzung der Marktposition des betreffenden Unternehmens) oder durch den Weiterverkauf von Teilen des Unternehmens nach seiner „Filetierung" Gewinne verspricht. Bei Krediten ist insbesondere zu fragen, ob die Konditionen (Zinssatz, Sicherheiten, Rückzahlungsmodalitäten) den Marktgegebenheiten im Zeitpunkt der Gewährung entsprechen.

Für Ausgleichsleistungen, die im Hinblick auf die Erbringung von Dienstleistungen von allgemeinem wirtschaftlichem Interesse (→ § 2 Rn. 10) seitens der öffentlichen Hand gezahlt werden, hat der EuGH in der Rechtssache Altmark Trans entschieden, dass es sich dabei mangels Begünstigung nicht um Beihilfen iSv Art. 107 Abs. 1 AEUV handelt, wenn folgende Voraussetzungen kumulativ vorliegen:

- „Erstens ist das begünstigte Unternehmen tatsächlich mit der Erfüllung gemeinwirtschaftlicher Verpflichtungen betraut worden, und diese Verpflichtungen sind klar definiert worden;
- zweitens sind die Parameter, anhand deren der Ausgleich berechnet wird, zuvor objektiv und transparent aufgestellt worden;
- drittens geht der Ausgleich nicht über das hinaus was erforderlich ist, um die Kosten der Erfüllung der gemeinwirtschaftlichen Verpflichtungen unter Berücksichtigung der dabei erzielten Einnahmen und eines angemessenen Gewinns aus der Erfüllung dieser Verpflichtungen ganz oder teilweise zu decken;
- viertens ist die Höhe des erforderlichen Ausgleichs, wenn die Wahl des Unternehmens, das mit der Erfüllung gemeinwirtschaftlicher Verpflichtungen betraut werden soll, nicht im Rahmen eines Verfahrens zur Vergabe öffentlicher Aufträge erfolgt, auf der Grundlage einer Analyse der Kosten bestimmt worden, die ein durchschnittliches, gut geführtes Unternehmen, das so angemessen ... ausgestattet ist, dass es den gestellten gemeinwirtschaftlichen Anforderungen genügen kann, bei der Erfüllung der betreffenden Verpflichtungen hätte, wobei die dabei erzielten Einnahmen und ein angemessener Gewinn aus der Erfüllung dieser Verpflichtungen zu berücksichtigen sind."[37]

Der EuGH schloss sich damit der zuvor umstrittenen Auffassung an, dass Leistungen der öffentlichen Hand, welche allein darauf abzielen, Belastungen von Unternehmen auszugleichen, welche diese bei der Erfüllung bestimmter Verpflichtungen im Bereich der Daseinsvorsorge erleiden, diese nicht begünstigen, sondern allein den wirtschaftlichen Status herstellen, der ohne die spezifische, staatlich veranlasste Belastung bestünde („Tatbestandslösung"). Um dies sicherzustellen, formuliert der EuGH

---

[36] Näher Bekanntmachung der Kommission zum Begriff der staatlichen Beihilfe im Sinne des Artikels 107 Abs. 1 AEUV, ABl. 2016 C 262/1 Rn. 73 ff.
[37] EuGH, Slg 2003, I-7747; siehe dazu auch die Mitteilung der Kommission über die Anwendung der Beihilfevorschriften der Europäischen Union auf Ausgleichsleistungen für die Erbringung von Dienstleistungen von allgemeinem wirtschaftlichem Interesse, ABl. 2012 C 8/4.

die genannten vier Voraussetzungen. Diese zielen auf eine eindeutige Identifikation des Unternehmens und der von diesem zu erfüllenden gemeinwirtschaftlichen Aufgabe und eine vorherige Bestimmbarkeit der Ausgleichsleistung unter Vermeidung von Überkompensationen ab. Die zudem bei einem Verzicht auf eine Vergabe im Wettbewerb gebotene Orientierung an den Kosten eines „durchschnittlich gut geführten Unternehmens" hat sich allerdings als unpraktikabel erwiesen, weshalb in an der Altmark Trans-Entscheidung orientierten Sekundärrechtsakten wie der Verordnung (EG) Nr. 1370/2007 (→ § 5 Rn. 180 ff.) darauf verzichtet wird. Liegen diese Voraussetzungen im Einzelfall nicht vor, ist eine Begünstigung und damit idR auch eine Beihilfe gegeben, die jedoch einer Rechtfertigung nach Art. 106 Abs. 2 AEUV zugänglich ist (→ § 2 Rn. 12).[38]

b) Herkunft aus staatlichen Mitteln

18 Mit der Begünstigung muss des Weiteren eine wirtschaftliche Belastung des Staates einhergehen. Art. 107 Abs. 1 AEUV sieht zwingend vor, dass Beihilfen stets aus staatlichen Mitteln gewährt, also aus dem Staatshaushalt finanziert werden. Unter den Staatsbegriff fallen dabei alle Gebietskörperschaften (Bund, Länder und Gemeinden – nicht aber die EU als überstaatliche Einrichtung), deren Sondervermögen und auch öffentliche Unternehmen (→ § 8). Erfasst werden mithin sämtliche Ausprägungen der öffentlichen Hand in den EU-Mitgliedstaaten.[39] Werden für eine Begünstigung deren vorhandene Mittel in Anspruch genommen, etwa durch die Zahlung von Subventionen, ist deren Herkunft aus staatlichen Mitteln offenkundig. Gleiches gilt, wenn die öffentliche Hand auf Einnahmen verzichtet, etwa bei Steuererleichterungen für bestimmte Unternehmen. In diesem Falle werden staatliche Mittel insoweit in Anspruch genommen, als der Staat auf die Realisierung seiner Ansprüche oder (bei der Einräumung besonders günstiger Kreditkonditionen) auf marktübliche Renditen (teilweise) verzichtet und den begünstigten Unternehmen ihm eigentlich zustehende Mittel belässt. Der ökonomische Effekt stimmt in allen Fällen überein.

Bei staatlichen Bürgschaften erfolgt zunächst keine Belastung staatlicher Mittel. Diese erfolgt erst in dem (nicht vorhersehbaren) Fall des Ausfalls des Schuldners mit der Folge der Inanspruchnahme des Staates als Bürge durch den Gläubiger nach § 765 BGB. Allein der Umstand, dass sich dieses Risiko realisieren kann, genügt jedoch aus beihilferechtlicher Perspektive, um die Involvierung staatlicher Mittel zu bejahen.[40]

19 Nicht jede Begünstigung von Unternehmen, die durch die öffentliche Hand bewirkt wird, geht mit einer Belastung des Staatshaushalts oder des Vermögens öffentlicher Unternehmen einher. Beschränkt sich der Staat darauf, die Begünstigung von Unternehmen mit Mitteln anderer Privater zu organisieren, liegt tatbestandlich keine Beihilfe vor, so dass das Beihilfeverbot des Art. 107 Abs. 1 AEUV nicht eingreift.

Der EuGH entschied im Hinblick auf das deutsche Stromeinspeisungsgesetz, dem Vorläufer des Erneuerbare-Energien-Gesetzes (EEG), dass eine wirtschaftliche Begünstigung der Einspeiser ökologisch erzeugten Stroms durch eine darauf bezogene Abnahmepflicht seitens der Energieversorgungsunternehmen zu Mindestpreisen mangels Tangierung staatlicher Mittel keine Beihilfe darstelle.[41] Entgegen

---

38 Ausführlich *Simon*, Weiterentwicklung des EU-Beihilfenrechts für Dienstleistungen von allgemeinem wirtschaftlichen Interesse? Eine Untersuchung am Beispiel des deutschen Krankenhaus- und Flughafenmarkts, 2020.
39 Siehe nur *Cremer*, in: Calliess/Ruffert, EUV/AEUV, Art. 107 AEUV Rn. 32 ff.
40 Im Einzelnen dazu die Mitteilung der Kommission über die Anwendung der Artikel 87 und 88 des EG-Vertrags auf staatliche Beihilfen in Form von Haftungsverpflichtungen und Bürgschaften, ABl. 2008 C 155/10.
41 EuGH, Slg 2001, I-2099 – PreussenElektra.

III. Beihilfeverbot　　　　　　　　　　　　　　　　　　　　　　　　　　　　　　　　**§ 9**

der Entscheidung des EuG[42] in erster Instanz übertrug der EuGH diese Auffassung trotz im Detail abweichender normativer Konzeption auch auf das EEG 2012.[43] Mit der im Nachgang zur Finanzierung der Energiewende erfolgten (zunächst ergänzenden) Einbeziehung von Haushaltsmitteln und der 2022 erfolgten Abschaffung der EEG-Umlage steht jedoch außer Zweifel, dass die finanzielle Unterstützung der Erzeuger von Strom aus erneuerbaren Energien im Anwendungsbereich des EEG aus staatlichen Mitteln erfolgt. Anderes gilt freilich weiterhin für die im Energiefinanzierungsgesetz (EnFG) im Hinblick auf Strom aus Kraft-Wärme-Kopplungsanlagen und Offshore-Anbindungskosten vorgesehenen Umlagen.

Diese inhärente Beschränkung des Beihilfebegriffs hat zur Folge, dass die Beihilfeeigenschaft einer staatlichen Fördermaßnahme letztlich von deren juristischer Konstruktion abhängig ist. Der angestrebte wirtschaftliche Erfolg lässt sich durch einen Mitgliedstaat in geeigneten Konstellationen mithin auf verschiedenen, beihilferechtlich unterschiedlich zu beurteilenden Wegen erreichen. Während bei einer vorübergehenden staatlichen Vereinnahmung der auszuwerfenden Mittel eine Beihilfe zu bejahen ist, ist dies bei einer bloßen gesetzlichen „Organisation" der Begünstigung von Privaten durch Private nicht der Fall. 　　　　　　　　　　　　　　　　　　　　　20

Handelt es sich bei dem Privaten, welcher die Begünstigung vornimmt, jedoch um eine „benannte Stelle", dh einen staatlich kontrollierten Privaten, ist die Beihilfeeigenschaft gleichwohl zu bejahen. Dessen Mittel sind wegen der Zugriffsmöglichkeit des Staates als staatliche Mittel iSv Art. 107 Abs. 1 AEUV zu qualifizieren.[44]

Werden für die Begünstigung Mittel von Unternehmen verwendet, an denen der Staat beteiligt ist, ist eine Zurechenbarkeit der Fördermaßnahme zum Staat positiv festzustellen. Diese liegt vor, wenn die Kontrolle über das Unternehmen tatsächlich durch staatliche Stellen ausgeübt und dieses damit staatlich gesteuert wird.[45]　　　　　　　　　　21

Hierfür bedarf es einer Gesamtbetrachtung. Indizien für eine derartige staatliche Kontrolle sind neben den Beteiligungsanteilen als wichtigstes Indiz für das Vorliegen einer Beherrschung u.a. die Möglichkeit von Weisungen, eine intensive Aufsicht über das Unternehmen, dessen Eingliederung in Verwaltungsstrukturen und die Schaffung besonderer Wettbewerbsbedingungen.

In diesem Falle wird ein gemischtwirtschaftliches Unternehmen in gleicher Weise wie Verwaltungseinheiten oder Unternehmen in ausschließlich öffentlicher Trägerschaft zum Instrument zur Erreichung staatlicher Zwecke.　　　　　　　　　　　　　　　　　　　22

c) Selektivität

Eine Beihilfe muss nach Art. 107 Abs. 1 AEUV des Weiteren unternehmens- oder branchennützig sein. Sie muss mithin auf eine individuelle Besserstellung der Begünstigten im Wettbewerb abzielen, so dass die Fördermaßnahme eine selektive Wirkung entfaltet, mithin als „Sonderunterstützung"[46] zu qualifizieren ist. Als mögliche Begünstigte benennt Art. 107 Abs. 1 AEUV Unternehmen und Produktionszweige. Hinsichtlich Ersterer ist der funktionale Unternehmensbegriff zugrunde zu legen (→ § 6 Rn. 13), so dass insbesondere auch öffentliche Unternehmen erfasst werden. Hinsichtlich der Produktionszweige (Branchen) bedarf es deren Abgrenzbarkeit, die tätigkeitsbezogen vorzunehmen ist.　　　　　　　　　　　　　　　　　　　　　　　　　　　　　　　23

---

42 EuG, ZUR 2016, 412 – Deutschland/Kommission.
43 EuGH, NVwZ 2019, 626 – Deutschland/Kommission.
44 EuGH, Slg 1977, 595 – Steinike & Weinling.
45 EuGH, Slg 2002, I-4397 Rn. 50 ff. – Stardust Marine.
46 *Kliemann*, in: von der Groeben/Schwarze/Hatje, Europäisches Unionsrecht, Art. 107 AEUV Rn. 31.

Als eigenständiger Produktionszweig wäre etwa die Automobilindustrie anzusehen, nicht aber die gesamte metallverarbeitende Industrie.

24 Bei Fördermaßnahmen, welche einzelnen, eindeutig bestimmten Unternehmen oder Branchen zugutekommen, ist die Selektivität in materieller Hinsicht stets zu bejahen. Dann besteht prima facie eine nach der EuGH-Rechtsprechung[47] zur Selektivität führende Ungleichbehandlung. Besteht hinsichtlich der Gewährung der Begünstigung zugunsten einzelner Unternehmen ein Ermessen, führt dies ebenfalls zur Selektivität.[48] In territorialer Hinsicht kommt es nach der EuGH-Rechtsprechung auf das Zuständigkeitsgebiet der beihilfegewährenden Stelle an.[49]

In seiner neueren Rechtsprechung hat der EuGH mehrfach zur Selektivität von Maßnahmen Stellung genommen.[50] Er stellt dabei insbesondere auf die Vergleichbarkeit der Lage ab.[51] Es sei „anzumerken, dass das Erfordernis der Selektivität sich danach unterscheidet, ob die in Rede stehende Maßnahme als allgemeine Beihilferegelung oder als Einzelbeihilfe gewährt werden soll. Im letztgenannten Fall ermöglicht die Feststellung des wirtschaftlichen Vorteils grundsätzlich eine Annahme der Selektivität. Bei der Prüfung einer allgemeinen Beihilferegelung ist hingegen die Feststellung erforderlich, ob die in Rede stehende Maßnahme dessen ungeachtet, dass sie einen allgemeinen Vorteil verschafft, diesen allein zugunsten bestimmter Unternehmen oder Branchen schafft."[52] Noch konkreter entschied der EuGH, dass „eine Maßnahme, die nur einem Produktionszweig oder einem Teil der Unternehmen dieses Produktionszweigs zugutekommt, nicht zwangsläufig selektiv [ist. ... Sie ist] es nämlich nur dann, wenn sie im Rahmen einer bestimmten rechtlichen Regelung bewirkt, dass bestimmte Unternehmen gegenüber anderen begünstigt werden, die einem anderen oder demselben Wirtschaftszweig angehören und sich im Hinblick auf das mit dieser Regelung verfolgte Ziel in einer vergleichbaren tatsächlichen und rechtlichen Situation befinden."[53]

Auch dem gesetzlichen Rahmen kommt bei der Feststellung der Selektivität nach der EuGH-Rechtsprechung erhebliche Bedeutung zu. Bezogen auf eine Regelung über die Gestattung der Nutzung von Busspuren hat das Gericht ausgeführt: „Zum einen kann die Feststellung der tatsächlichen und rechtlichen Situation von London-Taxis und Funkmietwagen nicht auf die Situation in dem Marktsegment beschränkt werden, in dem diese beiden Kategorien von Personenbeförderern in direktem Wettbewerb stehen, das heißt dem der Vorbestellung. Es kann nämlich nicht ernsthaft in Zweifel gezogen werden, dass sämtliche von London-Taxis und Funkmietwagen durchgeführten Fahrten die Sicherheit und Effizienz des Beförderungssystems auf allen Londoner Straßen beeinträchtigen können. Zum anderen ist zu berücksichtigen, dass aufgrund ihres rechtlichen Status nur London-Taxis auf offener Straße zur Anmietung angeboten werden können, einer Beförderungspflicht unterliegen und erkennbar und in der Lage sein müssen, Rollstuhlfahrer zu befördern und ihre Fahrer ihre Dienstleistungen mit einem Taxameter in Rechnung stellen und über besonders gründliche Kenntnisse der Stadt London verfügen müssen. Folglich befinden sich London-Taxis und Funkmietwagen in so unterschiedlichen tatsächlichen und rechtlichen Situationen, dass davon ausgegangen werden kann, dass sie nicht vergleichbar sind

---

47 EuGH, EuZW 2017, 195 Rn. 53 – Kommission/Hansestadt Lübeck.
48 EuGH, Slg 1999, I-3913 Rn. 27 – DM Transport; EuZW 2013, 867 Rn. 27 – P Oy.
49 EuGH, Slg 2006, I-7115 Rn. 52 ff. – Portugal/Kommission.
50 Siehe dazu auch *Ferrenberg*, Der Einfluss des Europäischen Beihilferechts auf nationale Steuervergünstigungen. Eine darstellende Analyse unter besonderer Berücksichtigung von Tax Rulings und Gewinnverlagerungen, 2021, S. 122 ff.
51 *Mestmäcker/Schweitzer*, in: Immenga/Mestmäcker, Wettbewerbsrecht III, Art. 107 AEUV Rn. 171.
52 EuGH, BB 2015, 2209 Rn. 59 f. – Kommission/MOL; siehe auch EuGH, EuZW 2017, 219 Rn. 58 ff. – Kommission/World Duty Free Group; EuZW 2017, 195 Rn. 41, 49 – Kommission/Hansestadt Lübeck.
53 EuGH, EuZW 2017, 195 Rn. 58 – Kommission/Hansestadt Lübeck.

III. Beihilfeverbot

§ 9

und dass die Busspurregelung den London-Taxis deshalb keinen selektiven wirtschaftlichen Vorteil gewährt."[54]

Zur Festlegung der Referenzregelung bzw. des Bezugssystems hat der EuGH in steuerrechtlichem Kontext[55] ausgeführt: „Zur Einstufung einer nationalen steuerlichen Maßnahme als ‚selektiv' muss die Kommission in einem ersten Schritt das Bezugssystem, dh die in dem betreffenden Mitgliedstaat geltende ‚normale' Steuerregelung, ermitteln und in einem zweiten Schritt dartun, dass die in Rede stehende steuerliche Maßnahme von diesem Bezugssystem insoweit abweicht, als sie Unterscheidungen zwischen Wirtschaftsteilnehmern einführt, die sich im Hinblick auf das mit dem Bezugssystem verfolgte Ziel in einer vergleichbaren tatsächlichen und rechtlichen Situation befinden. Maßnahmen, die eine Unterscheidung zwischen Unternehmen, die sich im Hinblick auf das mit der in Rede stehenden rechtlichen Regelung verfolgte Ziel in einer vergleichbaren tatsächlichen und rechtlichen Situation befinden, einführen und damit a priori selektiv sind, fallen jedoch dann nicht unter den Begriff ‚staatliche Beihilfe', wenn der betreffende Mitgliedstaat nachweisen kann, dass diese Unterscheidung gerechtfertigt ist, weil sie sich aus der Natur oder dem Aufbau des Systems ergibt, in das sich die Maßnahmen einfügen"[56]. Auch jenseits steuerlicher Maßnahmen fordert der EuGH von der Kommission einen „Hinweis, anhand dessen nachvollziehbar wäre, aus welchen Gründen davon auszugehen sein sollte, dass die [im konkret zu entscheidenden Fall] im Rundfunkbereich tätigen Unternehmen sich in einer tatsächlichen und rechtlichen Situation befinden, die derjenigen der in anderen Bereichen tätigen Unternehmen vergleichbar ist, oder dass die Unternehmen, die die terrestrische Technologie verwenden, sich in einer Situation befinden, die derjenigen der Unternehmen vergleichbar ist, die andere Technologien verwenden. Das Vorbringen der Kommission, wonach insoweit keine Begründung erforderlich gewesen sei, da die Voraussetzung der Selektivität automatisch erfüllt sei, wenn eine Maßnahme, die keine allgemeine Maßnahme sei, ausschließlich auf einen Tätigkeitsbereich oder auf Unternehmen eines bestimmten geografischen Gebiets angewandt werden, greift nicht durch. Der Gerichtshof hat nämlich entschieden, dass eine Maßnahme, die nur einem Produktionszweig oder einem Teil der Unternehmen dieses Produktionszweigs zugutekommt, nicht zwangsläufig selektiv ist. Sie ist es nämlich nur dann, wenn sie im Rahmen einer bestimmten rechtlichen Regelung bewirkt, dass bestimmte Unternehmen gegenüber anderen begünstigt werden, die einem anderen oder demselben Wirtschaftszweig angehören und sich im Hinblick auf das mit dieser Regelung verfolgte Ziel in einer vergleichbaren tatsächlichen und rechtlichen Situation befinden"[57].

Die Selektivität liegt dagegen nicht bei Maßnahmen der allgemeinen Wirtschaftsförderung vor, welche die Rahmenbedingungen wirtschaftlicher Betätigung betreffen, etwa Steuererleichterungen für alle Unternehmen oder Infrastrukturmaßnahmen. Entsprechendes gilt für Maßnahmen der regionalen Wirtschaftsförderung, von denen alle vor Ort produzierenden Unternehmen profitieren.

25

So profitieren von einem Neubau einer Autobahn alle an der Streckenführung ansässigen Unternehmen, da dies ihre Erreichbarkeit und Aktionsmöglichkeiten verbessert. Gegenüber (weiterhin) nicht über einen Autobahnanschluss verfügenden Konkurrenten kann dies einen wesentlichen Wettbewerbsvorteil begründen. Gleichwohl erfolgt der Bau der Autobahn nicht, um genau diese Unternehmen zu fördern, sondern um eine allgemeine Verbesserung der Verkehrsverhältnisse herbeizuführen. Die mittelbaren Auswirkungen allein können die Selektivität nicht begründen, da das Merkmal andernfalls zur Folge hät-

---

54 EuGH, EuZW 2015, 181 Rn. 59 ff. – Eventech; vgl. auch EuGH, EuZW 2017, 195 Rn. 54 – Kommission/Hansestadt Lübeck.
55 Siehe dazu umfassend, wenn auch nicht mehr eingeschränkt aktuell *Ellenrieder*, Die materielle Selektivität steuerlicher Beihilfen, 2020.
56 EuGH, EWS 2022, 266 Rn. 68 f. – Fiat Chrysler Finance Europe/Kommission; siehe auch grundlegend EuGH, EWS 2021, 284 – World Duty Free Group.
57 EuGH Urt. v. 20.12.2017 – C-70/16 P, Rn. 61 – Comunidad Autónoma de Galicia und Retegal/Kommission.

te, dass nahezu jede staatliche Maßnahme, die sich rein tatsächlich positiv auf irgendein Unternehmen auswirkt, als Beihilfe qualifiziert werden müsste mit der Folge, dass die Beihilfekontrolle entgegen ihrer Zielrichtung auf weite Bereiche des Staatshandelns ausgedehnt werden müsste.

26 Staatliche Maßnahmen ohne eine spezifisch wirtschaftspolitische Zielsetzung können sich ebenfalls positiv auf Unternehmen auswirken. Diese sind jedoch grundsätzlich wettbewerbsneutral und führen nicht zur Besserstellung von bestimmten Unternehmen.

So bewirkt etwa die Verbesserung des schulischen und kulturellen Angebots oder die Schaffung günstigen Wohnraums in einer Gemeinde eine Steigerung der Attraktivität des Standorts für Arbeitnehmer, so dass es den ansässigen Unternehmen leichter fällt, qualifiziertes Personal zu gewinnen. Die Vereinfachung von Verwaltungsprozessen kann dazu führen, dass unternehmerische Entscheidungen, die von diesen abhängig sind, wie zB der Neubau eines Fabrikgebäudes, schneller realisiert werden können.

d) Potenzielle Wettbewerbsverfälschung

27 Eine Beihilfe setzt darüber hinaus begrifflich eine potenzielle Verfälschung des Wettbewerbs voraus, die aus der Fördermaßnahme resultiert. Abzustellen ist dabei auf den jeweils betroffenen relevanten Markt (→ § 6 Rn. 16 f.).[58] Für die Annahme einer potenziellen Wettbewerbsverfälschung genügt jedoch bereits die bloße Möglichkeit einer Beeinträchtigung des Wettbewerbs. Tatsächliche Auswirkungen sind ebenso wenig erforderlich wie deren Spürbarkeit im Sinne der Überschreitung einer Erheblichkeitsschwelle.[59] Infolgedessen begrenzt das Tatbestandsmerkmal der potenziellen Wettbewerbsverfälschung den Beihilfebegriff faktisch nicht.

e) Potenzielle Handelsbeeinträchtigung

28 Größere Relevanz für die Abgrenzung von Beihilfen von sonstigen Fördermaßnahmen kommt dem Merkmal der (potenziellen) Beeinträchtigung des Handels zwischen den EU-Mitgliedstaaten zu. Es ist eine tatsächliche Bewertung vorzunehmen, ob die staatliche Fördermaßnahme im konkreten Einzelfall negative Auswirkungen auf den grenzüberschreitenden Handel haben kann. Ist dies nicht der Fall, liegt keine tatbestandliche Beihilfe vor. Dabei besteht keine Beschränkung auf den Warenverkehr.[60] Allerdings ist die wirtschaftliche Unterstützung von Unternehmen durch ihren Herkunftsstaat jenseits dessen geeignet, ihre Wettbewerbsposition im Heimatmarkt zu stärken und dadurch ausländische Konkurrenten von diesem fernzuhalten, auch wenn die begünstigten Unternehmen selbst nicht grenzüberschreitend tätig werden.[61]

In bestimmten Fällen fehlt es jedoch typischerweise an derartigen Beeinträchtigungen des grenzüberschreitenden Handels. Die EU-Kommission hat daher für Beihilfen von geringer wirtschaftlicher Bedeutung (De-minimis-Beihilfen) mit den Verordnungen (EU) Nr. 1407/2013 und (EU) Nr. 360/2012 Regelungen geschaffen, welche im Wege einer wertbezogenen Pauschalierung die Irrelevanz von staatlichen Fördermaßnahmen für den innerunionalen Handel festlegen. Danach können Mitgliedstaaten Unter-

---

58 *Von Wallenberg/Schütte*, in: Grabitz/Hilf/Nettesheim, Das Recht der Europäischen Union, Art. 107 AEUV Rn. 67; siehe auch umfassend *Förtsch*, Die Übertragbarkeit der Marktabgrenzungskriterien des Kartellrechts auf das Beihilferecht, 2021, S. 140 ff.
59 Siehe im Einzelnen *Bartosch*, EU-Beihilfenrecht, Art. 107 Abs. 1 AEUV Rn. 211 ff. mwN.
60 Entscheidung der Kommission v. 21.12.2000, N 258/2000 (SG(2001) D/285046), S. 5.
61 EuGH, Slg 1991, I-1433 Rn. 27 – Italien/Kommission.

III. Beihilfeverbot § 9

nehmen bis zu 200.000 EUR bzw. im Bereich der Daseinsvorsorge bis zu 500.000 EUR innerhalb von drei Jahren zukommen lassen, ohne dass dies beihilferechtlich relevant ist.

2. Ausnahmen

Staatliche Fördermaßnahmen, die tatbestandlich als Beihilfen zu qualifizieren sind und somit dem Beihilfeverbot des Art. 107 Abs. 1 AEUV unterfallen, können gleichwohl im Einzelfall zulässig sein. Dies setzt voraus, dass sie die Voraussetzungen der primärrechtlich vorgesehenen Ausnahmen erfüllen. Dabei ist zwischen zwingenden und fakultativen Ausnahmen zu unterscheiden.

29

a) Zwingende Ausnahmen

Art. 107 Abs. 2 AEUV stellt bestimmte Beihilfen stets vom Beihilfeverbot frei. Diese werden unabhängig von ihren Wirkungen normativ als mit dem Binnenmarkt vereinbar erklärt und sind mithin ohne Weiteres zulässig. Dementsprechend greift auch die Notifikationspflicht des Art. 108 Abs. 3 S. 1 AEUV für diese Beihilfen nicht ein. Die praktische Bedeutung dieser Legalausnahmen ist aufgrund ihrer restriktiven tatbestandlichen Fassung gering. Die EU-Kommission nimmt hinsichtlich des Vorliegens der Tatbestandvoraussetzungen für sich einen Beurteilungsspielraum in Anspruch.[62] Grundsätzlich ist insoweit wegen des Ausnahmecharakters eine enge Auslegung geboten.[63]

30

Freigestellt sind zunächst „Beihilfen sozialer Art an einzelne Verbraucher, wenn sie ohne Diskriminierung nach der Herkunft der Waren gewährt werden" (lit. a). Hierbei steht die soziale Zielsetzung im Vordergrund, während die zugleich erfolgende Förderung von Unternehmen gleichsam eine unvermeidliche Nebenfolge ist.[64]

31

Beihilfen an Luftverkehrsunternehmen sind dann sozial, wenn bestimmte Fluggastgruppen wie Kinder oder Behinderte davon profitieren. Die Beihilfe muss allen die Strecke bedienenden Gesellschaften gewährt werden.[65] Derartige Beihilfen sind von Maßnahmen der sozialen Unterstützung Einzelner ohne Beihilfecharakter für Unternehmen zu unterscheiden. Sozialleistungen unterfallen der Norm daher nicht.

Eine weitere Ausnahme gilt für „Beihilfen zur Beseitigung von Schäden, die durch Naturkatastrophen oder sonstige außergewöhnliche Ereignisse entstanden sind" (lit. b).[66] Diese Ausnahmebestimmung soll eine sowohl schnelle als auch „unbürokratische" staatliche Reaktion auf derartige Ereignisse, die typischerweise erhebliche Zerstörungen verursachen, unter Einsatz der für notwendig erachteten Mittel ermöglichen. Dabei „dürfen nur die unmittelbar durch Naturkatastrophen oder sonstige außergewöhnliche Ereignisse verursachten wirtschaftlichen Nachteile im Sinne dieser Vorschrift ausgeglichen werden. Es muss also ein unmittelbarer Zusammenhang zwischen den durch das außergewöhnliche Ereignis verursachten Schäden und der staatlichen Beihilfe be-

32

---

62 Siehe diesbezüglich die Rahmenregelung der Europäischen Union für staatliche Beihilfen im Agrar- und Forstsektor und in ländlichen Gebieten 2014–2020, ABl. 2014 C 204/1 Rn. 4, 327 ff., in ihrer Geltung verlängert durch Bekanntmachung vom 8.12.2020, ABl. 2020 C 424/30.
63 Exemplarisch EuGH, Slg 2000, I-6857 Rn. 49 – Deutschland/Kommission; Slg 2006, I-1875 Rn. 79 – Atzeni.
64 Vgl. EuG, Slg 2009, II-289 Rn. 182 – Associazione italiana del risparmio gestito und Fineco Asset Management/Kommission.
65 Vgl. EuG, Slg 2003, II-2957 – P&O European Ferries.
66 Näher *Weiß*, NVwZ 2022, 605 ff.

stehen, und die entstandenen Schäden müssen möglichst genau bewertet werden".[67] Eine nähere Ausgestaltung erfolgt durch Art. 50 AGVO.

Naturkatastrophen sind Erdbeben, Überschwemmungen, Vulkanausbrüche und vergleichbare Ereignisse, die sich menschlicher Beeinflussung entziehen und zugleich erhebliche Folgen für die Gesellschaft haben. Auf die Häufigkeit ihres Vorkommens kommt es nicht an. Eine Abgrenzung zu schadensträchtigen sonstigen Naturereignissen, etwa schweren Stürmen, Hochwasserereignissen[68] oder Dürren[69] lässt sich nicht abstrakt, sondern nur anhand der jeweiligen konkreten Auswirkungen vornehmen. Naturkatastrophen gleichgestellte sonstige außergewöhnliche Ereignisse müssen in ihren Wirkungen mit diesen vergleichbar sein, wie etwa Kriege, schwere innere Unruhen oder (nur) größere Unfälle und Brände.

33 Keine praktische Relevanz kommt schließlich der Legalausnahme für Beihilfen zum Ausgleich von wirtschaftlichen Nachteilen durch die Teilung Deutschlands (lit. c) zu. Die Vorschrift vermittelt keine umfassende Bereichsausnahme für Beihilfen in Deutschland.[70] Sie erfasst vielmehr „nur diejenigen wirtschaftlichen Nachteile, die durch die Isolierung aufgrund der Errichtung dieser physischen Grenze [zwischen den beiden Besatzungszonen im Jahr 1948] – beispielsweise durch die Unterbrechung der Verkehrswege oder den Verlust der Absatzgebiete aufgrund des Abbruchs der Handelsbeziehungen zwischen den beiden Teilen Deutschlands – in bestimmten Gebieten Deutschlands entstanden sind."[71] Ihre Streichung wird explizit im Normtext vorgesehen.

34 Für Beihilfen im Verkehrssektor enthält schließlich Art. 93 AEUV als Art. 107 Abs. 2 AEUV ergänzende Regelung zwingende Ausnahmen vom Beihilfeverbot für „Beihilfen, die den Erfordernissen der Koordinierung des Verkehrs oder der Abgeltung bestimmter, mit dem Begriff des öffentlichen Dienstes zusammenhängender Leistungen entsprechen."

Koordinierungsbeihilfen zielen auf eine bessere Vernetzung der Verkehrsträger ab. Abgeltungsbeihilfen sollen demgegenüber den Aufwand von Verkehrsunternehmen für die Erfüllung von Daseinsvorsorgeverpflichtungen ausgleichen;[72] insoweit ist eine sekundärrechtliche Ausgestaltung durch die Verordnung (EG) Nr. 1370/2007 erfolgt (→ § 5 Rn. 180 ff.).

b) Fakultative Ausnahmen

35 Sofern staatliche Beihilfen nicht unmittelbar vom Beihilfeverbot des Art. 107 Abs. 1 AEUV ausgenommen sind, kommt in bestimmten Fällen ihre Freistellung im Einzelfall in Betracht. Art. 107 Abs. 3 AEUV ermöglicht dies in einer Vielzahl von Konstellationen. Zuständig hierfür ist mit Ausnahme von Art. 107 Abs. 3 lit. e AEUV die EU-Kommission. Zusätzlich kann eine Einzelfreistellung durch den Rat auf Grundlage von Art. 108 Abs. 2 UAbs. 3 AEUV erfolgen. Anders als bei den zwingenden Ausnahmen vom Beihilfeverbot bedarf es jedoch für die Zulässigkeit der Beihilfe stets einer diese herstellenden Maßnahme eines EU-Organs.

36 Art. 107 Abs. 3 lit. a AEUV ermöglicht die Zulassung von „Beihilfen zur Förderung der wirtschaftlichen Entwicklung von Gebieten, in denen die Lebenshaltung außergewöhnlich niedrig ist oder eine erhebliche Unterbeschäftigung herrscht, sowie der in

---

[67] EuG, Slg 2008, II-1091 Rn. 52. – Olympiaki Aeroporia Ypiresies/Kommission.
[68] EuG, Slg 2008, II-3269 Rn. 340 – Hotel Cipriani/Kommission.
[69] EuGH, Slg 2006, I-1875 Rn. 80 – Atzeni.
[70] Zusammenfassend *Bartosch*, EU-Beihilfenrecht, Art. 107 Abs. 2 Rn. 8.
[71] EuGH, Slg 2000, I-6857 Rn. 52 – Deutschland/Kommission.
[72] Näher *Knauff*, in: Schwarze, EU-Kommentar, Art. 93 Rn. 3 ff.

III. Beihilfeverbot § 9

Artikel 349 genannten [überseeischen] Gebiete unter Berücksichtigung ihrer strukturellen, wirtschaftlichen und sozialen Lage". Als Vergleichsmaßstab gilt dabei die EU in ihrer Gesamtheit.[73] Die betreffenden Gebiete werden in einer Fördergebietskarte bestimmt. Derartige Regionalbeihilfen kommen zwar einzelnen Unternehmen zugute, zielen aber vor allem auf die Verbesserung der Lebensumstände vor Ort ab. Die von der Kommission erlassenen Leitlinien für Regionalbeihilfen[74] gestatten sowohl (einmalige) Investitions- als auch (längerfristige) Betriebsbeihilfen.

Des Weiteren ermöglicht Art. 107 Abs. 3 lit. b AEUV die Freistellung von „Beihilfen zur Förderung wichtiger Vorhaben von gemeinsamem europäischem Interesse oder zur Behebung einer beträchtlichen Störung im Wirtschaftsleben eines Mitgliedstaats". Es handelt sich trotz der gemeinsamen Normierung um zwei voneinander unabhängige Formen fakultativer Ausnahmen vom Beihilfeverbot, denen eine geringe praktische Bedeutung zukommt. 37

Während die zweite Alternative bereits tatbestandlich kaum je einschlägig ist, scheitert die Zulassung von Beihilfen nach der ersten Alternative regelmäßig daran, dass nach Auffassung von EU-Kommission und EuGH nicht bereits die Verfolgung eines europarechtlich legitimen oder gar vorgegebenen Ziels genügt, sondern zudem mindestens zwei EU-Mitgliedstaaten zu dessen Erreichung zusammenarbeiten müssen.[75] Dementsprechend genehmigt die EU-Kommission etwa mitgliedstaatliche Beihilfen für die Erzeuger von Elektrizität aus erneuerbaren Quellen nicht nach Art. 107 Abs. 3 lit. b Alt. 2 AEUV, obwohl Umwelt- und Klimaschutz gemäß Art. 11, 191 Abs. 1 AEUV zentrale Ziele der EU sind, sondern nach Art. 107 Abs. 3 lit. c AEUV.

Für „Beihilfen zur Förderung der Entwicklung gewisser Wirtschaftszweige oder Wirtschaftsgebiete, soweit sie die Handelsbedingungen nicht in einer Weise verändern, die dem gemeinsamen Interesse zuwiderläuft", sieht Art. 107 Abs. 3 lit. c AEUV eine weitere Fakultativausnahme vom Beihilfeverbot vor. Die tatbestandliche Voraussetzung, dass Beihilfen zur Genehmigungsfähigkeit nach dieser Norm einen Entwicklungszweck verfolgen müssen, wird von der EU-Kommission ungeachtet der gebotenen engen Auslegung[76] sehr großzügig gehandhabt. Die Ausnahmeregelung ist jedoch hinsichtlich ihrer Reichweite insoweit beschränkt, als sie bereits nach dem Wortlaut durch das Unionsinteresse begrenzt wird. 38

So erfolgte die Genehmigung des EEG (2014) auf Grundlage von Art. 107 Abs. 3 lit. c AEUV (und auf Basis der umstrittenen und vom EuGH letztlich abgelehnten Qualifikation der dadurch vermittelten Begünstigung der Erzeuger von „Ökostrom" als tatbestandliche Beihilfe).[77] Die „Entwicklung" der begünstigten Branche ist allerdings zumindest im Hinblick auf die Nutzung von Windkraft zur Stromerzeugung grundsätzlich bereits abgeschlossen.[78]

Derselben Begrenzung unterliegen auch Ausnahmen für „Beihilfen zur Förderung der Kultur und der Erhaltung des kulturellen Erbes" nach Art. 107 Abs. 3 lit. d AEUV. 39

---

73 EuGH, Slg 1987, 4013 Rn. 19 – Deutschland/Kommission.
74 ABl. 2021 C 153/1.
75 Vgl. EuGH, Slg 1988, 1573 – Exécutif régional wallon/Kommission.
76 EuG, Slg 2004, II-127 Rn. 75 – Fleuren Compost.
77 C(2014) 5081 final; siehe vertiefend *Auer*, Das Europäische Beihilferecht und die Förderung erneuerbarer Energien. Praxis und Grenzen beihilferechtlicher Einflussnahme auf mitgliedstaatliche Politik, 2020; *Zorn*, Das Unionsrecht als Determinante für die Einführung von Ausschreibungen als Instrument zur Förderung der Stromerzeugung aus erneuerbaren Energien, 2021.
78 Zur Auf- oder Ausbaunotwendigkeit vgl. v. *Wallenberg/Schütte*, in: Grabitz/Hilf/Nettesheim, Das Recht der Europäischen Union, Art. 107 AEUV Rn. 177.

Häufig fehlt es bei Maßnahmen der Kulturförderung allerdings bereits schon am Beihilfecharakter, da die Empfänger idR nicht wirtschaftlich tätig und somit nicht als Unternehmen zu qualifizieren sind. Anderes gilt allerdings für den öffentlich-rechtlichen Rundfunk.[79]

40 Die Entscheidung über die Zulassung von Beihilfen auf Grundlage von Art. 107 Abs. 3 lit. a bis d AEUV obliegt der EU-Kommission im Rahmen der Ausübung ihrer Kontrollfunktion (→ Rn. 47 ff., 54). Sie verfügt dabei über ein weites Ermessen, welches sie in neuerer Zeit verstärkt ziel- und wirkungsorientiert ausübt („more economic approach").[80] Für zahlreiche Konstellationen hat sie ihre Spielräume zudem durch Sekundärrecht und Soft Law ausgefüllt, welches sie ihrer Rechtsanwendung zugrunde legt. Sofern durch Sekundärrecht die Zulässigkeit bestimmter Beihilfen normiert ist, entfällt (nur) hinsichtlich dieser auch die Notifikationspflicht nach Art. 108 Abs. 3 AEUV.

Wichtig ist insbesondere die AGVO. Diese bezieht sich auf Regionalbeihilfen, Beihilfen für kleine und mittlere Unternehmen (KMU), Beihilfen zur Erschließung von KMU-Finanzierungen, Beihilfen für Forschung, Entwicklung und Innovation, Ausbildungsbeihilfen, Beihilfen für benachteiligte Arbeitnehmer und Arbeitnehmer mit Behinderungen, Umweltschutzbeihilfen, Beihilfen zur Bewältigung der Folgen bestimmter Naturkatastrophen, Sozialbeihilfen für die Beförderung von Einwohnern entlegener Gebiete, Beihilfen für Breitbandinfrastrukturen, Beihilfen für Kultur und die Erhaltung des kulturellen Erbes, Beihilfen für Sportinfrastrukturen und multifunktionale Freizeitinfrastrukturen sowie Beihilfen für lokale Infrastrukturen und regelt jeweils detailgenau die Zulässigkeitsvoraussetzungen. Deren uneingeschränkte Einhaltung ist nach Art. 3 AGVO zwingende Voraussetzung für die Freistellung. Zudem muss es sich nach Art. 5 AGVO stets um transparente Beihilfen im Sinne der Vorschrift handeln und muss mit diesen stets ein Anreizeffekt nach Art. 6 AGVO einhergehen. Beihilfen, die die jeweiligen Freistellungsvoraussetzungen erfüllen, sind als beihilferechtskonform zu qualifizieren und müssen nicht notifiziert, sondern können unmittelbar gewährt werden.

41 Neben der EU-Kommission kann auch der (Minister-)Rat Beihilfen vom Beihilfeverbot des Art. 107 Abs. 1 AEUV ausnehmen. Dies gilt nach Art. 107 Abs. 3 lit. e AEUV für „sonstige Arten von Beihilfen, die der Rat durch einen Beschluss auf Vorschlag der EU-Kommission bestimmt". Diese können allgemein wie auch im Einzelfall für zulässig erklärt werden. Sachliche Einschränkungen bestehen diesbezüglich nicht. Aktuell verfügt die Vorschrift über keine praktische Bedeutung.[81] Darüber hinaus kann der Rat nach Art. 108 Abs. 2 UAbs. 3 AEUV „einstimmig auf Antrag eines Mitgliedstaats beschließen, dass eine von diesem Staat gewährte oder geplante Beihilfe in Abweichung von Artikel 107 oder von den nach Artikel 109 erlassenen Verordnungen als mit dem Binnenmarkt vereinbar gilt, wenn außergewöhnliche Umstände einen solchen Beschluss rechtfertigen." Der Rat verfügt insoweit über einen Beurteilungsspielraum.[82]

---

[79] Im Einzelnen dazu die Mitteilung der Kommission über die Anwendung der Vorschriften über staatliche Beihilfen auf den öffentlich-rechtlichen Rundfunk, ABl. 2009 C 257/1; vgl. auch EuGH, EuZW 2019, 92 – Rittinger.
[80] Dazu *Oberender* (Hrsg.), Der „more economic approach" in der Beihilfenkontrolle, 2008; *Schwalbe*, in: MüKo Wettbewerbsrecht V, Grundlagen Rn. 91 ff.
[81] Die vormals geltenden Regelungen für den Schiffsbau und den Steinkohlebergbau sind nicht mehr in Kraft, vgl. *Bartosch*, EU-Beihilfenrecht, Art. 107 Abs. 3 AEUV Rn. 31.
[82] EuGH, Slg 1996, I-918 Rn. 17 ff. – Kommission/Rat.

IV. Beihilfeverfahrensrecht

Für die Gewährung und Kontrolle von Beihilfen stellen das europäische wie auch das deutsche Recht spezifische Voraussetzungen auf. Situativ wie auch nach Art. 108 AEUV ist dabei grundsätzlich zwischen der Gewährung und Genehmigung neuer Beihilfen und der Überprüfung von Altbeihilfen zu unterscheiden.

Die Abgrenzung von neuen und bestehenden Beihilfen kann im Einzelfall ungeachtet der Legaldefinitionen in Art. 1 lit. b und c Verordnung (EU) 2015/1589 in der Praxis Schwierigkeiten aufwerfen. Um festzustellen, ob eine nationale Regelung zu einer Änderung der Beihilferegelung geführt hat, die einen Einfluss auf ihre Vereinbarkeit mit dem Binnenmarkt haben könnte, so dass sie als eine Änderung einer bestehenden Beihilfe und daher als eine der Anmeldepflicht nach Art. 108 Abs. 3 AEUV unterliegende (→ Rn. 47 ff.) neue Beihilfe anzusehen wäre, sind nach dem EuGH „sowohl die Art und die Tragweite dieser Änderung als auch die Genehmigungsbeschlüsse der Kommission über die früheren Fassungen der Beihilferegelung zu berücksichtigen"[83].

1. Neue Beihilfen

Die Gewährung neuer Beihilfen erfolgt in mehreren Phasen. An erster Stelle steht notwendig die Auswahl des oder der Begünstigten durch eine mitgliedstaatliche Behörde. Daran schließt sich, sofern keine zwingende Ausnahme vom Beihilfeverbot einschlägig (→ Rn. 30 ff.) oder sekundärrechtlich eine diesbezügliche Befreiung erfolgt ist, die Anmeldung der beabsichtigten Beihilfe bei der EU-Kommission (Notifikation) an. Daraufhin überprüft diese die Zulässigkeit der Beihilfe am Maßstab des Europarechts. Erst wenn diese feststeht, darf die Beihilfe durch die Behörde bewilligt und geleistet werden.

a) Auswahl des Begünstigten

Herkömmlich erfolgt die Bestimmung des Begünstigten einer Beihilfe frei (unter Beachtung etwaiger spezialgesetzlicher Vorgaben) durch die gewährende Stelle. Häufig, wenn auch nicht zwingend, geschieht dies infolge eines Antrags des Empfängers. Eine solche Vorgehensweise ist mitunter sachlich unerlässlich, etwa um einen individuellen Förderzweck zu erreichen oder ein schnelles Handeln zu ermöglichen.

Dies ist etwa der Fall bei Beihilfen, welche die andernfalls bevorstehende Insolvenz eines Unternehmens in Schwierigkeiten abwenden sollen. Eine sekundärrechtliche Positivierung hat dieses Modell in der Verordnung (EG) Nr. 1370/2007 im Hinblick auf die Gewährung von Ausgleichsleistungen für die Erbringung gemeinwirtschaftlicher Verpflichtungen im öffentlichen Personenverkehr im Wege einer Direktvergabe gefunden, deren Zulässigkeit allerdings auf die normativ benannten Fälle beschränkt ist (→ § 5 Rn. 184 ff.).

Alternativ hierzu kommt die Durchführung eines Vergabewettbewerbs um die zu gewährende Begünstigung in Betracht. Ein solches Vorgehen bietet sich an, wenn mit der Beihilfe ein nicht unternehmensspezifischer Erfolg erreicht werden soll. Die Konkurrenz der aus wirtschaftlichen Gründen interessierten Unternehmen bewirkt dann regelmäßig eine Reduzierung des seitens der öffentlichen Hand notwendigen finanziellen Aufwands. Teilweise wird ein derartiges Vorgehen unter Verweis auf das Gleichbe-

---

83 EuGH, NZG 2022, 92 Rn. 42 – Eco Fox.

handlungsgebot des Art. 3 Abs. 1 GG im Hinblick auf die Schaffung gleicher Chancen hinsichtlich des Zugangs zu Beihilfen für verfassungsrechtlich geboten erachtet.[84]

Ein Vergabewettbewerb kann bei Erreichung eines „Marktpreises" zum Entfall der Eigenschaft einer Begünstigung als tatbestandliche Beihilfe führen. Die Verordnung (EG) Nr. 1370/2007 und § 8b PBefG normieren mit dem „wettbewerblichen Vergabeverfahren" spezifische Vorgaben für einen derartigen Vergabewettbewerb im Hinblick auf Ausgleichsleistungen für gemeinwirtschaftliche Verpflichtungen (→ § 5 Rn. 183). Sofern keine einschlägigen Vorschriften für den Verfahrensablauf bestehen, bedarf es stets einer öffentlichen Bekanntmachung, in deren Folge Unternehmen Angebote abgeben können. Diese werden sodann gemäß den bekannt gemachten Kriterien gewertet. Der Zuschlag wird auf das beste Angebot erteilt.

Exkurs: Im Umweltenergierecht, insbesondere dem Recht der erneuerbaren Energien, spielen Ausschreibungen bei Fördermaßnahmen – unabhängig von deren Qualifikation als tatbestandliche Beihilfe (→ Rn. 13 ff.) – ebenfalls eine zunehmend bedeutsame Rolle. Sie sind auf den Umfang des (geförderten) Ausbaus der Anlagen zur Nutzung erneuerbarer Energien sowie die Festlegung der Förderungshöhe bezogen. Die §§ 28 bis 39j EEG 2023 regeln Ausschreibungen in Bezug auf Erneuerbare-Energien-Anlagen.[85] Dem Gesetz liegt dabei ungeachtet einiger allgemein geltender (Verfahrens-)Vorschriften ein grundsätzlich technologiespezifischer Ansatz zugrunde. Ausschreibungen sind vorgesehen für Windenergieanlagen an Land, für Solaranlagen sowie für Biomasseanlagen. Technologieneutrale Ausschreibungen sind allein als gemeinsame Ausschreibungen für Windenergieanlagen an Land und Solaranlagen sowie als Innovationsausschreibungen vorgesehen. Aufgrund der Ausschreibung, die in § 3 Nr. 4 EEG 2023 als „ein transparentes, diskriminierungsfreies und wettbewerbliches Verfahren zur Bestimmung des Anspruchsberechtigten und des anzulegenden Werts" legaldefiniert wird, erfolgt ein Wettbewerb zwischen Standorten und um die Förderungshöhe.[86] Die zur Durchführung der Ausschreibungen verpflichtete BNetzA veröffentlicht jeweils fünf bis acht Wochen vor dem jeweiligen Gebotstermin eine Bekanntmachung. Sie ist berechtigt, bestimmte Formatvorgaben für die Gebote vorzugeben und das Verfahren elektronisch durchzuführen. An die Gebote werden inhaltliche Mindestanforderungen gestellt; insbesondere wird gesetzlich eine Mindestgebotsmenge vorgegeben. Für die Gebote sind zudem Sicherheiten zu leisten. Gebote, die nicht wegen zwingender oder fakultativer Ausschlussgründe aus dem Wettbewerb entfernt werden, nehmen sodann am Zuschlagsverfahren teil. Beginnend vom niedrigsten Gebot werden die Zuschläge bis zur Erreichung des jeweiligen, gesetzlich festgelegten Ausschreibungsvolumens je Gebotstermin erteilt. Die Förderungshöhe entspricht dabei grundsätzlich dem jeweiligen Gebotswert.[87]

Für den Bereich der Offshore-Windkraftnutzung sehen die §§ 14 ff. WindSeeG Ausschreibungen vor.[88] Die Regelungen orientieren sich an denen des EEG. Eine Besonderheit besteht darin, dass die Ausschreibungen nicht nur ein jährlich bestimmtes Ausbauvolumen erfassen, sondern jeweils auf spezifische Meeresgebiete bezogen sind, die staatlich voruntersucht und den (erfolgreichen) Bietern zur Verfügung gestellt werden, die ihrerseits zur Realisierung der bezuschlagten Vorhaben verpflichtet sind.

Auf Grundlage des Gesetzes für die Erhaltung, die Modernisierung und den Ausbau der Kraft-Wärme-Kopplung (Kraft-Wärme-Kopplungsgesetz – KWKG) gestaltet die Verordnung zur Einführung von Ausschreibungen zur Ermittlung der Höhe der Zuschlagszahlungen für KWK-Anlagen und für innova-

---

84 VG Darmstadt Urt. v. 21.10.2009 – 9 K 1230/07.DA.
85 Im Einzelnen dazu (auf Grundlage des EEG 2017) *Lülsdorf*, NuR 2016, 756 ff.; *Mohr*, Versorgungswirtschaft 2016, 165 ff.
86 Vgl. BT-Drs. 18/8860, S. 146 ff.
87 Die Ausnahmen für „Bürgerenergiegesellschaften" erwiesen sich in der ersten Ausschreibung allerdings als höchst relevant, vgl. https://www.bundesnetzagentur.de/SharedDocs/Pressemitteilungen/DE/2017/1905 2017_Onshore.html;jsessionid=546F19B6C2D2A9D77933C9E3D373A220.
88 Näher *Schulz/Appel*, ER 2016, 231 ff.; *Uibeleisen*, NVwZ 2017, 7 (10 ff.).

IV. Beihilfeverfahrensrecht § 9

tive KWK-Systeme (KWK-Ausschreibungsverordnung – KWKAusV) die aus §§ 8a ff. KWKG folgende Verpflichtung zur Ermittlung der Höhe der Zuschlagzahlung für in ein Netz der allgemeinen Versorgung eingespeisten Strom aus KWK-Anlagen sowie der Höhe der finanziellen Förderung für innovative KWK-Systeme.[89] Das Ausschreibungsvolumen wird ähnlich wie im EEG und im WindSeeG jährlich gesetzlich festgelegt.

Im Einzelfall kann die Auswahl des Begünstigten schließlich gesetzlich vorgegeben sein. Sofern Vorschriften Ansprüche auf Beihilfen begründen, ist jeder Anspruchsinhaber zu berücksichtigen. Zu nennen ist etwa die sog. „besondere Ausgleichsregelung" nach §§ 28 ff. EnFG, wonach bestimmte energieintensive Unternehmen auf Antrag von der im Übrigen zu erhebenden Umlage in festgelegter Höhe befreit werden. 46

Derartige Ansprüche auf Beihilfen existieren kaum.[90] Sie ergeben sich insbesondere nicht bereits daraus, dass Beihilfen für bestimmte Zwecke im Haushaltsplan vorgesehen sind. Damit der Anspruch nicht in Konflikt mit europarechtlichen Vorgaben gerät, muss die anspruchsbegründende Norm zunächst als Beihilferegelung[91] von der EU-Kommission genehmigt werden.

b) Verfahren vor der EU-Kommission

Neue Beihilfen müssen nach Art. 108 Abs. 3 S. 1 AEUV von dem gewährenden Mitgliedstaat bei der EU-Kommission angemeldet werden, um dieser eine Prüfung ihrer Rechtmäßigkeit zu ermöglichen (Notifikationspflicht). Dies gilt nur dann nicht, wenn durch Sekundärrecht eine Befreiung bestimmter Beihilfen von der Anmeldepflicht erfolgt ist. 47

Eine solche Befreiung gilt u.a. für (den normativen Vorgaben entsprechende) Ausgleichsleistungen für gemeinwirtschaftliche Verpflichtungen im öffentlichen Personenverkehr auf Grundlage der Verordnung (EG) Nr. 1370/2007 sowie für Ausgleichsleistungen für sonstige Dienstleistungen von allgemeinem wirtschaftlichem Interesse (→ § 2 Rn. 10) gemäß dem Beschluss 2012/21/EU über die Anwendung von Artikel 106 Absatz 2 des Vertrags über die Arbeitsweise der Europäischen Union auf staatliche Beihilfen in Form von Ausgleichsleistungen zugunsten bestimmter Unternehmen, die mit der Erbringung von Dienstleistungen von allgemeinem wirtschaftlichem Interesse betraut sind.[92] Ratio dieser verfahrensrechtlichen Ausnahmen ist, eine Leistungsverzögerung durch ein Prüfverfahren zu vermeiden, da eine solche sich negativ auf das Allgemeinwohl auswirken würde. Keiner Anmeldepflicht unterliegen darüber hinaus staatliche Fördermaßnahmen, welche nicht als tatbestandliche Beihilfen zu qualifizieren sind (→ Rn. 13). Das Risiko einer Fehleinschätzung trägt insoweit die gewährende Stelle.

Mit der Notifikationspflicht geht ein Durchführungsverbot gemäß Art. 108 Abs. 3 S. 3 AEUV einher, das erst mit der Freigabeentscheidung oder -fiktion endet.[93] Die Beihilfe darf mithin nicht tatsächlich geleistet werden. Verstöße hiergegen haben nach der Rechtsprechung des BGH die Nichtigkeit der Beihilfegewährung zur Folge, da Art. 108 Abs. 3 S. 3 AEUV als Verbotsgesetz iSv § 134 BGB zu qualifizieren ist.[94] 48

Das sich an die Notifikation anschließende, von der EU-Kommission durchzuführende Verfahren wird durch Art. 108 Abs. 2 AEUV sowie im Detail durch Art. 4 ff. der 49

---

89 Dazu im Überblick *Geipel*, Versorgungswirtschaft 2017, 37 (38); *Günther*, ER 2017, 3 (3 f.); *Martel/Barth*, ER 2017, 195 ff.
90 Näher *Knauff/Badenhausen*, VerwArch 105 (2014), 32 ff.
91 Zur Begrifflichkeit vgl. EuGH, EWS 2021, 270 Rn. 78 f. – Kommission/Belgien und Magnetrol International.
92 ABl. 2012 L 7/3.
93 Siehe dazu mit besonderem Bezug zu Dienstleistungen von allgemeinem wirtschaftlichem Interesse *Koppensteiner*, EuZW 2021, 425 ff.
94 BGH, NVwZ 2004, 636.

Beihilfeverfahrensverordnung (EU) 2015/1589 ausgestaltet. Die EU-Kommission führt zunächst innerhalb von zwei Monaten nach der vollständigen Anmeldung eine Vorprüfung durch.

Ergeht innerhalb dieser Frist keine Entscheidung, greift nach Art. 4 Abs. 6 Verordnung (EU) 2015/1589 eine Genehmigungsfiktion ein. Diese hat zur Folge, dass „[d]er betreffende Mitgliedstaat ... daraufhin die betreffenden Maßnahmen durchführen [kann], nachdem er die Kommission hiervon in Kenntnis gesetzt hat, es sei denn, dass diese innerhalb einer Frist von 15 Arbeitstagen nach Erhalt der Benachrichtigung einen Beschluss ... erlässt."

50 Ergibt die Vorprüfung, dass es sich bei der Maßnahme nicht um eine tatbestandliche Beihilfe handelt, stellt die EU-Kommission dies fest. Hat sie keine Bedenken gegen die Rechtmäßigkeit, trifft sie die Entscheidung, keine Einwände zu erheben. Andernfalls beschließt sie die Eröffnung des förmlichen Prüfverfahrens,[95] in dem eine detaillierte Untersuchung der Rechtmäßigkeit der Maßnahme erfolgt. Das förmliche Prüfverfahren ist grundsätzlich innerhalb von 18 Monaten abzuschließen. Der betroffene EU-Mitgliedstaat und sonstige Beteiligte haben darin die Möglichkeit zur Stellungnahme. Das förmliche Prüfverfahren endet mit der Genehmigung der Beihilfe, die auch mit Auflagen verbunden sein kann, oder ihrer Untersagung.

c) Gewährung

51 Nach einer Genehmigung durch die EU-Kommission sowie im Falle des Vorliegens einer zwingenden Ausnahme vom Beihilfeverbot oder einer sekundärrechtlichen Befreiung von der Notifikationspflicht darf die Beihilfe durch die zuständige Behörde bewilligt und geleistet werden. Dabei ist sie nicht an ein bestimmtes Instrumentarium gebunden; vielmehr gilt diesbezüglich der Grundsatz der Formenwahlfreiheit der Verwaltung.[96]

52 Die Bewilligung der Beihilfe, mithin die positive Entscheidung über deren Gewährung („Ob"), erfolgt idR durch einen Verwaltungsakt iSv § 35 S. 1 VwVfG. Darin sind die Beihilfe, ihre Zwecke und etwaige Auflagen festzulegen.

Alternativ kann die Behörde einen öffentlich-rechtlichen Vertrag gemäß § 54 VwVfG mit dem Begünstigten schließen. Auch ein privatrechtliches Handeln ist nicht ausgeschlossen.

53 Die Durchführung der Beihilfe, also die tatsächliche Verschaffung des wirtschaftlichen Vorteils an den Begünstigten, ist ebenfalls auf verschiedene Weise möglich („Wie"). In der Praxis überwiegt insoweit ein privatrechtliches Handeln,[97] etwa durch Abschluss eines Darlehens- oder Bürgschaftsvertrags. Nicht zulässig ist ein solches allerdings bei verlorenen Zuschüssen.[98]

Ein solches ist insbesondere auch bei vorhergehender öffentlich-rechtlicher Gewährung zulässig (Zweistufentheorie).[99] Dies hat zur Folge, dass Streitigkeiten im Zusammenhang mit der Bewilligung („Ob")

---

95 Zur Nichtigkeit eines derartigen Beschlusses im Falle, dass die Einstufung der in Rede stehenden Maßnahme als neue Beihilfe offensichtlich schon in diesem Stadium ausschied, EuGH, Urt. v. 16.3.2021 – C-562/19 P, Rn. 53 – Kommission/Polen.
96 Vgl. dazu BVerwGE 123, 159 (161); *Rupp*, in: Bachof (Hrsg.), Verwaltungsrecht zwischen Freiheit, Teilhabe und Bindung, 1978, S. 539 (insbes. 547 ff.).
97 BVerwGE 1, 308 (310); 41, 127 (130); *Weißenberger*, GewArch 2009, 465 ff.; zur alternativen Zulässigkeit öffentlich-rechtlichen Handelns BVerwGE 13, 307 (309).
98 BVerwG, NJW 1969, 809; BGH, NVwZ 1985, 517 (518).
99 Ausführlich dazu *Stelkens*, in: Stelkens/Bonk/Sachs, VwVfG, 10. Aufl. 2023, § 35 Rn. 106 ff.

V. Rückforderung von Beihilfen § 9

nach § 40 Abs. 1 VwGO von den Verwaltungsgerichten, solche über ihre Modalitäten („Wie") von den ordentlichen Gerichten zu entscheiden sind.

2. Altbeihilfen

Bestehende Beihilfen unterliegen nach Art. 108 Abs. 1 AEUV iVm Art. 21 ff. Verordnung (EU) 2015/1589 der ständigen Überwachung durch die EU-Kommission. Darunter fallen alle genehmigten Beihilfen, bei dem Beitritt eines Mitgliedstaats zur EU vorgefundene Beihilfen sowie rechtswidrig gewährte Beihilfen nach Ablauf von zehn Jahren. Diese dürfen von dem jeweiligen Mitgliedstaat durchgeführt werden. Die EU-Kommission kann jedoch jederzeit „zweckdienliche Maßnahmen" vorschlagen, um die Europarechtskonformität der Beihilfen (weiterhin) sicherzustellen. Derartige Maßnahmen können etwa inhaltliche Änderungen, die Einführung von Verfahrensvorschriften oder auch die Abschaffung der Beihilferegelung sein. Stimmt der betreffende EU-Mitgliedstaat der Maßnahme zu, ist er zu deren Durchführung verpflichtet. Andernfalls eröffnet die EU-Kommission ein förmliches Prüfverfahren (→ Rn. 50).

54

V. Rückforderung von Beihilfen

Wurden staatliche Beihilfen gewährt, kann sich wegen Rechtswidrigkeit oder aus anderen Gründen die Notwendigkeit ihrer Rückforderung ergeben. Die hierfür maßgeblichen Regeln sind (außer bei einer privatrechtlichen Gewährung) dem Verwaltungsverfahrensrecht zu entnehmen, welche nur punktuell europarechtlich überformt werden.

55

1. Rechtswidrige Beihilfen

Beihilfen, die rechtswidrig gewährt wurden, dürfen europarechtlich keinen Bestand haben und sind daher vom Begünstigten zurückzufordern, vgl. Art. 16 Abs. 1 S. 1 Verordnung (EU) 2015/1589. Dies obliegt nicht der EU-Kommission, obwohl diese den Beihilferechtsverstoß idR festgestellt hat, sondern den zuständigen mitgliedstaatlichen Behörden, auch wenn diese nicht stets ein Interesse an der Rückforderung haben (→ Rn. 6). Mangels spezieller Rechtsgrundlage richtet sich die Rückforderung von Beihilfen, sofern diese wie zumeist durch Verwaltungsakt gewährt werden (→ Rn. 52), nach der allgemeinen Regelung über die Rücknahme rechtswidriger Verwaltungsakte, § 48 VwVfG.[100] Es erfolgt mithin zunächst die Aufhebung des Bewilligungsbescheids als Rechtsgrundlage für das „Behaltendürfen" der Begünstigung. Die Rücknahme rechtswidriger begünstigender Verwaltungsakte ist jedoch gemäß § 48 Abs. 1 S. 2 VwVfG nicht stets, sondern nur unter den spezifischen Voraussetzungen der nachfolgenden Absätze zulässig, welche auf den Schutz des Begünstigten abzielen. Obwohl für die Aufhebung von Beihilfebewilligungsbescheiden keine besonderen Vorgaben normiert sind, folgt aus dem Gebot der Effektivität des EU-Beihilferechts die Notwendigkeit einer spezifischen Normauslegung und -anwendung. Der europarechtliche effet utile bewirkt insoweit eine Aussetzung der im nationalen Recht vorgesehenen Schutzmechanismen zugunsten von Adressaten rechtswidriger begünstigender Verwaltungsakte.

56

---

[100] Näher hierzu wie auch zur Rückabwicklung vertraglich gewährter Beihilfen *Günther*, VR 2021, 262 ff.

Ausgangspunkt hierfür ist die Alcan-Entscheidung des EuGH, deren Sachverhalt die aus einer unmodifizierten Anwendung des § 48 VwVfG folgenden Probleme der Beihilferückforderung deutlich aufzeigt (→ Rn. 6).[101]

57 Bei rechtswidrigen Verwaltungsakten, die eine einmalige oder laufende Geldleistung oder teilbare Sachleistung gewähren oder Voraussetzung hierfür sind, steht § 48 Abs. 2 S. 1 VwVfG einer Rücknahme entgegen, „soweit der Begünstigte auf den Bestand des Verwaltungsaktes vertraut hat und sein Vertrauen unter Abwägung mit dem öffentlichen Interesse an einer Rücknahme schutzwürdig ist." Dies ist nach § 48 Abs. 2 S. 2 VwVfG grundsätzlich der Fall, „wenn der Begünstigte gewährte Leistungen verbraucht oder eine Vermögensdisposition getroffen hat, die er nicht mehr oder nur unter unzumutbaren Nachteilen rückgängig machen kann." Im Falle der Bewilligung und Leistung einer Beihilfe wird diese regelmäßig alsbald vom Empfänger verwendet, so dass bei unmodifizierter Anwendung die Norm der Aufhebung des rechtswidrigen Beihilfebewilligungsbescheids entgegenstünde. Obwohl der Grundsatz des Vertrauensschutzes auch im Europarecht anerkannt ist, kommt seine spezifische Ausprägung in § 48 Abs. 2 VwVfG in beihilferechtlichem Kontext de facto nicht zum Tragen, um die europarechtlich gebotene Rückabwicklung der rechtswidrig geleisteten Beihilfe zu ermöglichen.

Strittig ist allein, ob dies im Wege der europarechtskonformen Interpretation und somit „normintern" erfolgt oder § 48 Abs. 2 VwVfG wegen des Anwendungsvorrangs des Europarechts zurücktritt.[102]

58 Ein schutzwürdiges Vertrauen, welches der Rücknahme des Bewilligungsbescheids entgegensteht, kann nach der Alcan-Entscheidung des EuGH nur dann entstehen, wenn das begünstigte Unternehmen sich bei der EU-Kommission über die ordnungsgemäße Anmeldung und Genehmigung der Beihilfe informiert hat. Eine entsprechende Erkundigung bei der beihilfegewährenden mitgliedstaatlichen Verwaltung genügt nicht.[103]

59 Wegen des Vorrangs des Europarechts ist in beihilferechtlichen Fällen darüber hinaus die in § 48 Abs. 4 VwVfG normierte Rücknahmefrist von einem Jahr ab Kenntnisnahme aller relevanten Umstände durch die zuständige Behörde unanwendbar.[104] Eine Verhinderung der Beihilferückabwicklung durch bloßes Nichtstun der mitgliedstaatlichen Verwaltung ist daher ausgeschlossen.

60 Wurde der rechtswidrige Bewilligungsbescheid zurückgenommen, ist die Beihilfe sodann, sofern es sich um eine Geldleistung, eine sonstige Zuwendung oder einen Einnahmeverzicht der öffentlichen Hand handelt, vom Empfänger zu erstatten, vgl. § 49a VwVfG. Bürgschaften und vergleichbare Vorteile, welche das Vermögen des Begünstigten nicht unmittelbar mehren bzw. Belastungen vermindern, sind zu kündigen. Da dem Begünstigten aus dem Beihilferechtsverstoß kein wirtschaftlicher Vorteil verbleiben darf, sind erhaltene Beträge zudem nach Art. 16 Abs. 2 Verordnung (EU) 2015/1589 marktüblich zu verzinsen.

2. Rechtmäßige Beihilfen

61 Bei rechtmäßig gewährten Beihilfen stellt sich die Frage der Rückforderung regelmäßig nicht. Grundsätzlich steht einem Widerruf des Bewilligungsbescheids § 49 Abs. 2

---

101 EuGH, Slg 1997, I-1591.
102 So BVerwGE 106, 328 (336).
103 EuGH, Slg 1997, I-1591 Rn. 41 – Alcan.
104 EuGH, Slg 1997, I-1591 Rn. 33 ff. – Alcan; BVerwGE 106, 328 (332).

V. Rückforderung von Beihilfen § 9

VwVfG entgegen. Allerdings sieht § 49 Abs. 3 S. 1 VwVfG vor, dass „[e]in rechtmäßiger Verwaltungsakt, der eine einmalige oder laufende Geldleistung oder teilbare Sachleistung zur Erfüllung eines bestimmten Zwecks gewährt oder hierfür Voraussetzung ist, ... auch nachdem er unanfechtbar geworden ist, ganz oder teilweise auch mit Wirkung für die Vergangenheit widerrufen werden [kann], 1. wenn die Leistung nicht, nicht alsbald nach der Erbringung oder nicht mehr für den in dem Verwaltungsakt bestimmten Zweck verwendet wird; 2. wenn mit dem Verwaltungsakt eine Auflage verbunden ist und der Begünstigte diese nicht oder nicht innerhalb einer ihm gesetzten Frist erfüllt hat." Erfasst werden mithin diejenigen Fälle, in denen der Begünstigte die Beihilfe zweckentfremdet oder sonst nicht ordnungsgemäß mit dieser verfährt. Aufgrund des Verweises auf § 48 Abs. 4 VwVfG durch § 49 Abs. 3 S. 2 VwVfG kann der Widerruf nur binnen Jahresfrist nach Kenntnisnahme durch die Behörde erfolgen.

Eine europarechtliche Überformung der Schutzmechanismen, welche das Gesetz zugunsten des Adressaten des begünstigenden Verwaltungsakts, mithin des Beihilfeempfängers, vorsieht, erfolgt im Hinblick auf den Widerruf rechtmäßiger Bewilligungsbescheide grundsätzlich nicht, da die Gewährung der Beihilfe europarechtlich nicht zu beanstanden war, so dass es einer Durchsetzung des EU-Beihilferechts gerade nicht bedarf. Anderes gilt nur, wenn die Beihilfezwecke oder mit der Bewilligung verbundene Auflagen unmittelbar europarechtlich determiniert waren.

Die Feststellung der Rechtmäßigkeit einer Beihilfe auf Grundlage von Art. 106 Abs. 2 AEUV durch die Kommission führt allerdings nicht dazu, dass Verstöße gegen das Durchführungsverbot (→ Rn. 48) geheilt werden. In diesem Falle sind die verfrüht erhaltenen Beträge ebenso wie im Falle ihrer im Widerspruch zum materiellen Beihilferecht erfolgten Gewährung nach Art. 16 Abs. 2 Verordnung (EU) 2015/1589 marktüblich zu verzinsen.[105]

61a

▶ **Zu Fall 12:** Zu prüfen ist, ob es sich bei den Maßnahmen der Stadt Jena zugunsten der Aqua Fun GmbH um tatbestandliche Beihilfen handelt. Dies ist nur dann der Fall, wenn alle in Art. 107 Abs. 1 AEUV aufgeführten Merkmale kumulativ vorliegen. Eine Begünstigung ist jede wirtschaftliche Besserstellung des Empfängers. Vorliegend fehlt es daran im Hinblick auf die Einräumung des Erbbaurechts, da insoweit marktübliche Konditionen vereinbart wurden. Die kostenlose Übernahme einer Bürgschaft ist jedoch marktunüblich, so dass diesbezüglich eine Begünstigung gegeben ist. Gleiches gilt für die laufend gewährten Zuschüsse. Die Begünstigung entfällt auch nicht auf Grundlage der Altmark Trans-Kriterien, deren Voraussetzungen offensichtlich nicht erfüllt sind. Da mit der Aqua Fun GmbH ein konkretes Unternehmen begünstigt wird, liegt auch die selektive Wirkung vor. Die Begünstigung rührt zudem aus staatlichen Mitteln. Dem Staat sind Gemeinden gleichgestellt. Mit der Übernahme der kostenlosen Bürgschaft verzichtet die Stadt Jena auf Einnahmen; zugleich belastet der jährliche Zuschuss unmittelbar den städtischen Haushalt. Bezüglich der potenziellen Wettbewerbsverfälschung ist auf den sachlich und räumlich relevanten Markt abzustellen. Dies ist vorliegend der Bäderbetrieb in Jena und Umgebung. Insoweit sind Wettbewerbsvorteile der Aqua Fun GmbH zumindest nicht ausgeschlossen, was für die Bejahung des Tatbestandsmerkmals genügt. Hinsichtlich der potenziellen Handelsbeeinträchtigung kommt es grundsätzlich auf die konkreten Umstände des Einzelfalls an. Zu fragen ist nach den tatsächlichen Auswirkungen der zu prüfenden Maßnahmen auf den grenzüberschreitenden Wettbewerb. Dabei ist der Handel zwischen den Mitgliedstaaten nur beeinträchtigt, wenn die Maßnahme hierzu zumindest potenziell in der Lage ist, wobei

---

105 EuGH, EuZW 2021, 169 – Viasat Broadcasting UK.

Handel iSd Art. 107 Abs. 1 AEUV nicht nur den Waren-, sondern auch den Dienstleistungsverkehr umfasst. Der potenziell Begünstigte kann seine Dienstleistung – die Benutzung der Schwimmbäder – hier wegen der Ortsgebundenheit des Schwimmbads nicht im Ausland erbringen. Der Dienstleistungsverkehr wäre allerdings auch beeinträchtigt, wenn die Nachfrage für die Inanspruchnahme der Dienstleistung in Jena einen grenzüberschreitenden Charakter hätte, dh im Ausland entstünde. Es deutet allerdings nichts darauf hin, dass die Einrichtung mehr als dem örtlichen Markt der Stadt Jena und ihren Nachbargemeinden dienen würde. Aufgrund des beschränkten Einzugsbereichs kann praktisch jede Beeinträchtigung des innergemeinschaftlichen Handels ausgeschlossen werden. Damit handelt es sich zugleich nicht um eine tatbestandliche Beihilfe. Es bedarf daher weder der beihilferechtlichen Rechtfertigung noch der Notifizierung bei der Kommission. ◄

VI. Wiederholungs- und Verständnisfragen

1. Welche Maßnahmen können Beihilfen sein? Welche Gründe gibt es für die Gewährung von Beihilfen? (→ Rn. 2 ff.)
2. Welche Probleme entstehen durch Beihilfen? (→ Rn. 5)
3. Welche Normen bestimmen das Beihilferecht? (→ Rn. 7 ff.)
4. Wie wird Beihilfe definiert? (→ Rn. 13 ff.)
5. Unter welchen Voraussetzungen sind Ausnahmen vom Beihilfeverbot zulässig? (→ Rn. 20 ff.)
6. In welchen Phasen erfolgt die Gewährung neuer Beihilfen? (→ Rn. 43 ff.)
7. Wie wird mit Altbeihilfen verfahren? (→ Rn. 54)
8. Nach welchen Vorschriften richtet sich die Rückforderung von Beihilfen und welche Besonderheiten sind diesbezüglich zu beachten? (→ Rn. 55 ff.)

Zur Vertiefung: *Bartosch*, EU-Beihilfenrecht, 3. Aufl. 2020; *Birnstiel/Bungenberg/Heinrich* (Hrsg.), Kommentar zum Europäischen Beihilfenrecht, 2013; *Ehlers*, Rechtsfragen des Subventionsrechts, DVBl. 2014, 1 ff.; *Frenz*, Handbuch Europarecht III: Beihilferecht, 2. Aufl. 2021; *Hildebrandt/Castillon*, Rückforderung gemeinschaftsrechtswidriger nationaler Beihilfen, NVwZ 2006, 298 ff.; *Immenga/Mestmäcker* (Hrsg.), Wettbewerbsrecht III: Beihilfenrecht, 6. Aufl. 2020; *Kassow*, Die Beihilfe im Sinne des Art. 87 I EG als staatliche oder aus staatlichen Mitteln gewährte Begünstigung. Zugleich eine dogmatische Bestätigung der Rechtsprechung des Europäischen Gerichtshofs zur Notwendigkeit der staatlichen Mittelherkunft, 2004; *Kölbl*, Grundlagen des EU-Beihilferechts, 2021; *Koenig/Hellstern*, § 14 Das materielle binnenmarktliche Beihilfenaufsichtsrecht/*Soltész*, § 15 Das prozedurale binnenmarktliche Beihilfenaufsichtsrecht, in: Müller-Graff (Hrsg.), Enzyklopädie Europarecht IV: Europäisches Binnenmarkt- und Wirtschaftsordnungsrecht, 2. Aufl. 2021; *Leippe*, EU-Beihilferecht in der kommunalen Praxis, 2018; *Ludwigs*, Rückforderung privatrechtlich gewährter, gemeinschaftsrechtswidriger Beihilfen durch Verwaltungsakt, JA 2007, 612 ff.; *Säcker/Karpenstein/Ludwigs* (Hrsg.), Münchener Kommentar zum Wettbewerbsrecht V, 4. Aufl. 2022; *Müller/Richter/Ziekow*, Handbuch Zuwendungsrecht. Rechtsgrundlagen, Verfahren, Rechtsschutz, 2017; *Soltész/Hellstern*, Mittelbare Beihilfen – Indirekte Begünstigungen im EU-Beihilferecht, EuZW 2013, 489 ff.; *Sonder*, Europäisches Beihilfenrecht in der kommunalen Praxis – eine Einführung anhand von fünf Fällen, KommJur 2013, 121 ff.

§ 10 Vergaberecht

▶ **Fall 13:**[1] Im Jahr 1990 war durch Umwandlung des früheren VEB Kommunale Wohnungsverwaltung O die Wohnungsbaugesellschaft W in der Rechtsform der GmbH errichtet worden, deren alleinige Gesellschafterin die brandenburgische Stadt O ist. In ihrem Gesellschaftsvertrag aus dem Jahr 1990 bezeichnete die W ihren Unternehmensgegenstand wie folgt:

„(1) Zweck der Gesellschaft ist vorrangig die sozial verantwortbare Wohnungsversorgung der breiten Schichten der Bevölkerung (gemeinnütziger Zweck).

(2) Die Gesellschaft errichtet, betreut, bewirtschaftet und verwaltet Bauten in allen Rechts- und Nutzungsformen, darunter Eigenheime und Eigentumswohnungen. Sie kann außerdem alle im Bereich der Wohnungswirtschaft, des Städtebaus und der Infrastruktur anfallenden Aufgaben übernehmen, ...

(3) Die Gesellschaft darf auch sonstige Geschäfte betreiben, sofern sie dem Gesellschaftszweck (mittelbar oder unmittelbar) dienlich sind."

Im Jahr 2002 und später noch einmal im Jahr 2014 änderte W ihren Gesellschaftsvertrag. Seit Juni 2002 ist ihr Unternehmensgegenstand wie folgt bezeichnet:

„(1) Zweck der Gesellschaft ist die sozial verträgliche Bereitstellung von Wohnraum zu wirtschaftlich vertretbaren Bedingungen.

(2) Die Gesellschaft kann Bauten in allen Rechts- und Nutzungsformen bewirtschaften, errichten, erwerben, vermitteln und betreuen. Sie kann alle im Bereich der Wohnungs- und Immobilienwirtschaft, des Städtebaus und der Infrastruktur anfallenden Aufgaben übernehmen. Hierzu gehören Gemeinschaftsanlagen und Folgeeinrichtungen, Läden und Räume für Gewerbebetriebe, soziale, wirtschaftliche und kulturelle Einrichtungen und Dienstleistungen. Die Gesellschaft ist berechtigt, Zweigniederlassungen zu errichten, andere Unternehmen zu erwerben oder sich an solchen zu beteiligen.

(3) Die Gesellschaft darf auch sonstige Geschäfte betreiben, sofern sie dem Gesellschaftszweck (mittelbar oder unmittelbar) dienlich sind."

W beabsichtigt nunmehr die Errichtung von fünf „Stadtvillen", wobei fünf Wohnhäuser mit 47 Wohnungen entstehen sollen. Die Baumaßnahme hat einen Gesamtauftragswert von ca. 10 Mio. EUR netto. Mit den nach Fertigstellung der Stadtvillen zu erzielenden überdurchschnittlich hohen Mieteinnahmen sollen nicht kostendeckende Mieten in Sozialwohnungen querfinanziert werden.

Ohne öffentliche Bekanntmachung sandte W per E-Mail vom 23.1.2020 ein Leistungsverzeichnis betreffend die Gewerke Heizung, Lüftung und Sanitär mit der Bitte um Abgabe eines Angebots an sechs regional ansässige Unternehmen, darunter X und Y. In den Leistungsverzeichnissen war unter der Rubrik „Vergabeverfahren" angegeben: „Öffentliche Ausschreibung (Ausschreibungsart)".

X und Y reichten daraufhin Angebote ein. Mit E-Mail vom 7.4.2020 bat W beide Unternehmen, ihre Angebote im Hinblick auf die bevorstehende „Vergabeverhandlung" u.a. in preislicher Hinsicht zu überarbeiten. Nachdem X und Y abgeänderte Angebote eingereicht hatten, führte W am 14.4.2020 Bietergespräche. Mit E-Mail vom 4.5.2020 unterrichtete W die X, dass sie entschieden habe, den Zuschlag an eine andere Firma zu vergeben. Am

---

1 Nach OLG Brandenburg, VergabeR 2017, 609.

12.5.2020 schloss die Auftraggeberin mit der Y einen Bauvertrag betreffend die Gewerke Heizung, Lüftung und Sanitär.

Am 14.5.2020 wandte sich X per E-Mail an W und forderte diese auf, ihr bis zum 15.5.2020 die „öffentliche Niederschrift" über die Vergabeentscheidung zu übersenden, ihr mitzuteilen, welche Firma den Zuschlag bekommen habe und zu begründen, weshalb sie den Zuschlag nicht erhalten habe. W antwortete am gleichen Tag, der Angebotsaufforderung sei zu entnehmen, dass es sich nicht um eine öffentliche Ausschreibung gehandelt habe, sondern die Leistungen im Rahmen privatrechtlicher Ausschreibungspraxis begrenzt ausgeschrieben worden seien. Ferner teilte sie mit, es sei das wirtschaftlichste Angebot ausgewählt worden, weitergehende Informationen werde sie im Interesse aller Bieter nicht geben. Nach weiterer E-Mail-Korrespondenz, in der W unter anderem mitteilte, bei der im Leistungsverzeichnis erfolgten Eintragung „Öffentliche Ausschreibung" habe es sich offensichtlich um eine falsche Angabe gehandelt, erklärte X am Abend des 14.5.2020 der W per E-Mail, „sie rüge das Vergabeverfahren". Hierauf reagierte W nicht.

Am 18.5.2020 reichte X, nunmehr anwaltlich vertreten, einen auf Feststellung der Unwirksamkeit eines Vertragsschlusses gerichteten Nachprüfungsantrag bei der zuständigen Vergabekammer ein. Sie beanstandet, es habe ein förmliches Vergabeverfahren stattfinden müssen, denn die Auftraggeberin sei öffentliche Auftraggeberin im Sinne des Vierten Teils des GWB und der maßgebliche Schwellenwert für Bauaufträge sei überschritten. Der Verstoß gegen die Ausschreibungspflicht und gegen die Pflicht zur Vorabinformation verletzte sie in ihren Rechten und habe die Unwirksamkeit eines Vertragsschlusses zur Folge.

W tritt dem Nachprüfungsantrag entgegen. Sie macht geltend, das Vergabenachprüfungsverfahren sei nicht eröffnet, denn sie sei nicht öffentliche Auftraggeberin im Sinne von § 99 Nr. 2 GWB, weil sie nicht zu dem besonderen Zweck gegründet worden sei, im Allgemeininteresse liegende Aufgaben nicht gewerblicher Art zu erfüllen. Sie solle zwar auch Wohnraum sozial verträglich bereitstellen, im Vordergrund stehe jedoch, dass sie als (Wohnungs-)Wirtschaftsunternehmen privatrechtlich am Markt tätig sei, was durch die in § 2 Abs. 2 und 3 ihrer Satzung festgelegten weitreichenden Unternehmensgegenstände unterstrichen werde.

Hat der Antrag Aussicht auf Erfolg? Die Beachtung etwaiger Rügeerfordernisse ist zu unterstellen. ◀

1 Die öffentliche Hand beeinflusst den Markt ökonomisch nicht nur, indem sie in Gestalt öffentlicher Unternehmen als Leistungsanbieter auftritt oder private Unternehmen durch Maßnahmen der Wirtschaftsförderung unterstützt. Darüber hinaus verfügt sie über eine immense Nachfragemacht.[2] In Deutschland wurden allein im 1. Halbjahr 2021 ausweislich der offiziellen Vergabestatistik[3] von Bund, Ländern und Gemeinden öffentliche Aufträge und Konzessionen (→ Rn. 2 f., 33 ff.) iHv ca. 53 Mrd. EUR vergeben. Die öffentliche Hand deckt damit unter Verwendung von Steuergeldern zum einen ihren Bedarf an Waren und Leistungen, die sie nicht selbst (h)erstellt. Ihr Beschaffungsverhalten kann sie zum anderen aber auch für die Durchsetzung politischer

---

[2] Siehe zum Zusammenhang auch *Bultmann*, Beihilfenrecht und Vergaberecht. Beihilfen und öffentliche Aufträge als funktional äquivalente Instrumente der Wirtschaftslenkung – ein Leistungsvergleich, 2004; *Hagenbruch*, Das Verhältnis von Beihilfen- und Vergaberecht. Unter besonderer Berücksichtigung der Dienstleistungen von allgemeinem wirtschaftlichem Interesse, 2020.

[3] Abrufbar unter https://www.bmwk.de/Redaktion/DE/Publikationen/Wirtschaft/bmwk-vergabestatistik-2021.html.

I. Gegenstand § 10

Ziele nutzen.[4] Diese beiden, auf verschiedene Weise zusammenwirkenden Funktionen des Vergabewesens bilden den Hintergrund der Existenz und der Inhalte des Vergaberechts.

Als Rechtsgebiet ist das Vergaberecht gleichwohl noch recht jung. Zwar existierten bereits seit dem späten Mittelalter Regelungen über die Vergabe öffentlicher Aufträge (Submissionsordnungen). Seit den 1920er Jahren wurden sog. Verdingungsordnungen unter maßgeblicher Einbeziehung der Wirtschaft erarbeitet. Diese herkömmlichen Vergaberegeln waren jedoch rein haushaltsrechtlicher Natur und vermittelten den Unternehmen keine subjektiven Rechte. Auch gab es keinen effektiven Rechtsschutz gegen Vergabeentscheidungen.[5] Dies änderte sich in Deutschland erst Ende der 1990er Jahre unter dem Einfluss des Europarechts.[6] Seitdem hat das Vergaberecht rasant an praktischer Bedeutung gewonnen und ist heute zu den zentralen Bereichen des öffentlichen Wirtschaftsrechts zu rechnen.[7]

I. Gegenstand

Die Nachfrage der öffentlichen Hand betrifft eine unüberschaubare Vielfalt von Beschaffungsgegenständen. Neben Waren (zB Büroausstattung, Fahrzeuge, Rüstungsgüter) bezieht sie sich auf Bauten (zB Straßen und sonstige Verkehrsinfrastruktur, öffentliche Gebäude wie Stadthallen, Schulen, Rathäuser und Regierungsgebäude) und Dienstleistungen (zB Beratungs- und Planungsleistungen, Verkehrsleistungen, Reinigung öffentlicher Gebäude). Für die Realisierung stehen in Abhängigkeit vom jeweiligen Gegenstand grundsätzlich zwei Möglichkeiten zur Verfügung: Bei der Vergabe eines öffentlichen Auftrags erfolgt ein „Einkauf" durch die öffentliche Hand. Das beauftragte Unternehmen liefert hierbei die Ware oder führt die betreffende Leistung durch. Als Gegenleistung zahlt die öffentliche Hand den vereinbarten Preis. 2

Diese (häufigste) Form der staatlichen Beschaffung unterscheidet sich konzeptionell nicht grundlegend von einem entsprechenden Handeln Privater. Dies gilt umso mehr, als in Deutschland (anders als in einigen anderen EU-Mitgliedstaaten, etwa in Frankreich) die Beschaffung durch privatrechtliche Verträge erfolgt, für die ungeachtet der vergaberechtlichen Besonderheiten das Zivilrecht gilt.[8]

Alternativ kann die öffentliche Hand in geeigneten Fällen von Bau- und Dienstleistungen einem privaten Unternehmer eine Konzession erteilen. Mit dieser wird ihm das Recht zum Tätigwerden in bestimmter, vom Staat gewünschter Weise verliehen, welches er wirtschaftlich nutzen kann. Ob und in welche Richtungen dabei Zahlungen fließen, ist nicht vorgegeben; stets muss jedoch ein wirtschaftliches Risiko bei dem Unternehmer verbleiben. 3

Beispiele aus der EuGH-Rechtsprechung sind die Erstellung von Telefonbüchern[9] oder der Betrieb eines kommunalen Parkplatzes.[10]

---

4 Siehe positiv zur „strategischen Beschaffung" KOM(2011) 896 endg., S. 5, 11; COM(2017) 572 final, S. 3 f., 9 f.; https://www.bmwi.de/Redaktion/DE/Artikel/Wirtschaft/strategische-beschaffung.html.
5 Zur historischen Entwicklung in Deutschland siehe *Schoenmaker*, Die historische Entwicklung des Vergabeverfahrens in Deutschland, Österreich und der Schweiz, 2019; *Wallenrath*, Die Verwaltung 20 (1987), S. 137 ff.
6 Zur Europäisierung im Überblick *Dörr*, JZ 2004, 703 ff.; *Knauff*, VR 2000, 397 ff.; *Neßler*, EWS 1999, 89 ff.
7 Zur daraus folgenden Notwendigkeit einer Professionalisierung siehe die Empfehlung der Kommission zur Professionalisierung der öffentlichen Auftragsvergabe/Errichtung einer Architektur für die Professionalisierung der öffentlichen Auftragsvergabe, C(2017) 6654 final.
8 BVerfGE 116, 135 (150); BVerwGE 129, 9 (11 ff.); BGH NJW 1977, 628 (629).
9 EuGH, Slg 2000, I-10745 – Telaustria.
10 EuGH, Slg 2005, I-8612 – Parking Brixen.

4 Die im Hinblick auf derartige Vorgänge auftretende Interessenlage ist überaus komplex. Hieraus ergibt sich ein hoher Regelungsbedarf. Das Vergaberecht trägt dem dadurch Rechnung, dass es die sich vielfach widersprechenden Interessen gewichtet und ausgleicht.

Die öffentliche Hand zielt hinsichtlich des Beschaffungsgegenstands regelmäßig auf die Befriedigung eines vorhandenen, nicht mit eigenen Mitteln zu erfüllenden Bedarfs ab, wobei dieser Gegenstand möglichst frei bestimmt und möglichst wirtschaftlich beschafft werden soll. Das Beschaffungsverfahren sollte aus ihrer Perspektive schnell, unkompliziert und höchst flexibel sein. Zugleich soll die Auftragsvergabe bzw. Konzessionierung als Instrument zur Erreichung politischer Ziele dienen können. Ein instrumenteller Charakter kann ihr insbesondere in der Sozial- und Umweltpolitik, der Wirtschafts- und Regionalförderung (einschließlich protektionistischer Ziele, → § 1 Rn. 12 ff.) sowie der Innovationsförderung zukommen.

Die sich an Vergabeverfahren beteiligenden Unternehmen zielen notwendig stets auf die Erwirtschaftung von Gewinnen ab. In ihrem Interesse liegen daher hohe Chancen auf die Auftragserteilung bei gleichzeitiger Möglichkeit der Abwehr von Konkurrenten. Wichtig ist aus dieser Perspektive aber auch die Vermeidung unnützen Aufwands bei Vergabeverfahren.

Nicht unmittelbar am Vergabeverfahren beteiligt, wohl aber Finanzier der Beschaffung ist die Gesamtheit der Bürger. In ihrem Interesse liegt vor allem ein sparsamer Umgang mit Steuermitteln. Zu diesem Zweck sollten Beschaffungen keinesfalls „unnötig" und stets werthaltig sein.

Besondere Interessen im Hinblick auf das mitgliedstaatliche Beschaffungswesen verfolgt schließlich die EU. Mangels einer diesbezüglichen normativen Einschränkung hat diese zur Verwirklichung des Binnenmarktes (→ § 2 Rn. 3 ff.) und der Grundfreiheiten (→ § 3) auch in diesem Marktsektor beizutragen.

II. Rechtsgrundlagen

5 Das Vergaberecht ist inhaltlich maßgeblich durch Europarecht geprägt. Für die Rechtsanwendung sind gleichwohl vor allem die Normen des deutschen Rechts relevant, da das Europarecht (anders als im Beihilferecht) nur wenige unmittelbar anwendbare spezifische Vorgaben enthält. Es bedarf daher der Umsetzung und zudem der Ergänzung durch nationales Recht.

1. Europarecht

6 Das EU-Primärrecht enthält mit Ausnahme der wegen ihrer beschränkten Anwendungsbereiche weitgehend irrelevanten Art. 179 Abs. 2, Art. 199 Nr. 4 AEUV keine spezifischen Vorgaben für die öffentliche Auftrags- und Konzessionsvergabe. Gleichwohl kommt den Grundfreiheiten eine zentrale Bedeutung für das Vergabewesen zu, da der EuGH aus ihnen die wesentlichen Vergabegrundsätze abgeleitet hat, die unabhängig von Auftragswert und sekundärrechtlicher Ausgestaltung gelten (→ Rn. 55 ff.).

7 Sehr umfangreich sind dagegen die sekundärrechtlichen Vorgaben zum Vergaberecht. Diese finden jedoch nicht stets Anwendung, sondern setzen die Überschreitung von sog. Schwellenwerten voraus. Dabei handelt es sich um geschätzte Mindestauftragswerte (jeweils ohne Umsatzsteuer). Diese betragen seit 1.1.2022 für Bauaufträge und Konzessionen 5.382.000 EUR. Für Liefer- und Dienstleistungsaufträge bestehen differenzierende Vorgaben. Für Vergaben durch obere und oberste Bundesbehörden beträgt der Schwellenwert 140.000 EUR, durch sonstige öffentliche Auftraggeber 215.000 EUR sowie durch Sektorenauftraggeber und sonstige öffentliche Auftraggeber bei Aufträgen, die der Vergabeverordnung für die Bereiche Verteidigung und Sicherheit

II. Rechtsgrundlagen § 10

zur Umsetzung der Richtlinie 2009/81/EG des Europäischen Parlaments und des Rates vom 13. Juli 2009 über die Koordinierung der Verfahren zur Vergabe bestimmter Bau-, Liefer- und Dienstleistungsaufträge in den Bereichen Verteidigung und Sicherheit und zur Änderung der Richtlinien 2004/17/EG und 2004/18/EG (Vergabeverordnung Verteidigung und Sicherheit – VSVgV) unterfallen, 431.000 EUR.[11]

Die Vergabe öffentlicher Aufträge mit geringeren Auftragswerten wird nicht sekundärrechtlich determiniert. Auch diese Aufträge unterfallen jedoch den primärrechtlichen Anforderungen.

Das materielle Vergaberecht wird sekundärrechtlich im Wesentlichen durch drei Richtlinien geregelt. Die Richtlinie 2014/24/EU über die öffentliche Auftragsvergabe[12] regelt die Vergabe öffentlicher Aufträge durch öffentliche Auftraggeber (→ Rn. 21 ff.), die Richtlinie 2014/25/EU über die Vergabe von Aufträgen durch Auftraggeber im Bereich der Wasser-, Energie- und Verkehrsversorgung sowie der Postdienste[13] diejenige der genannten sog. Sektorenauftraggeber (→ Rn. 28 ff.). Die Vergabe von Konzessionen unterfällt der Richtlinie 2014/23/EU über die Konzessionsvergabe.[14] Die Anforderungen an den Vergaberechtsschutz werden in den sog. Rechtsmittelrichtlinien, der Richtlinie 89/665/EWG zur Koordinierung der Rechts- und Verwaltungsvorschriften für die Anwendung der Nachprüfungsverfahren im Rahmen der Vergabe öffentlicher Liefer- und Bauaufträge[15] und der Richtlinie 92/13/EWG zur Koordinierung der Rechts- und Verwaltungsvorschriften für die Anwendung der Gemeinschaftsvorschriften über die Auftragsvergabe durch Auftraggeber im Bereich der Wasser-, Energie- und Verkehrsversorgung sowie im Telekommunikationssektor,[16] normiert. Hinzu treten einige Sekundärrechtsakte mit speziellen Regelungsgegenständen.

8

Zur Vermeidung von Missverständnissen schreibt die Verordnung (EG) Nr. 2195/2002 über das Gemeinsame Vokabular für öffentliche Aufträge (CPV)[17] die bei Ausschreibungen zu verwendenden Begrifflichkeiten vor. Im Hinblick auf die Festlegung der Beschaffungsgegenstände und ihrer Eigenschaften sind die Richtlinie (EU) 2019/882 über die Barrierefreiheitsanforderungen für Produkte und Dienstleistungen,[18] die Richtlinie 2009/33/EG über die Förderung sauberer Straßenfahrzeuge zur Unterstützung einer emissionsarmen Mobilität[19] und die Richtlinie 2012/27/EU zur Energieeffizienz[20] von Bedeutung. Die Verordnung (EU) 2022/2560 über den Binnenmarkt verzerrende drittstaatliche Subventionen[21] enthält einige vergaberelevante Bestimmungen. Die Beschaffung von Rüstungs- und vergleichbaren Gütern unterliegt der Richtlinie 2009/81/EG über die Koordinierung der Verfahren zur Vergabe bestimmter Bau-, Liefer- und Dienstleistungsaufträge in den Bereichen Verteidigung und Sicherheit.[22] Schließlich ist in diesem Kontext auch nochmals die Verordnung (EG) Nr. 1370/2007 zu nennen (→ § 5 Rn. 180 ff.). Die Richtlinie 2014/55/EU über die elektronische Rechnungsstellung bei öffentlichen Aufträgen[23] ist bei der Abrechnung erbrachter Leistungen zu beachten.

---

11 Delegierte Verordnungen (EU) 2021/1950 bis 1953, ABl. 2021 L 398/19 ff.
12 ABl. 2014 L 94/65, zuletzt geändert durch Delegierte Verordnung (EU) 2021/1952, ABl. 2021 L 398/23.
13 ABl. 2014 L 94/243, zuletzt geändert durch Delegierte Verordnung (EU) 2021/1953, ABl. 2021 L 398/25.
14 ABl. 2014 L 94/1, zuletzt geändert durch Delegierte Verordnung (EU) 2021/1951, ABl. 2021 L 398/21.
15 ABl. 1989 L 395/33, zuletzt geändert durch Richtlinie 2014/23/EU, ABl. 2014 L 94/1.
16 ABl. 1992 L 76/14, zuletzt geändert durch Richtlinie 2014/23/EU, ABl. 2014 L 94/1.
17 ABl. 2002 L 340/1, zuletzt geändert durch Verordnung (EU) 2022/943, ABl. 2022 L 164/6.
18 ABl. 2019 L 151/70.
19 ABl. 2009 L 120/5, geändert durch Richtlinie (EU) 2019/1161, ABl. 2019 L 188/116.
20 ABl. 2012 L 315/1, zuletzt geändert durch Richtlinie (EU) 2019/944, ABl. 2019 L 158/125.
21 ABl. 2022 L 330/1; zur Notwendigkeit einer derartigen Regelung siehe auch *Kühling/Reinhold/Weck*, ZWeR 2020, 472 ff.
22 ABl. 2009 L 216/76, zuletzt geändert durch Delegierte Verordnung (EU) 2021/1950, ABl. 2021 L 398/19.
23 ABl. 2014 L 133/1.

9 Auch im Kontext des Vergaberechts kommt dem Soft Law der EU-Kommission eine große praktische Bedeutung zu. Dieses zielt mangels eigener Verwaltungskompetenzen der EU unmittelbar auf eine (ergänzende) Steuerung der mitgliedstaatlichen Beschaffungsstellen ab.

Exemplarisch sei auf die Mitteilung der Kommission zu Auslegungsfragen in Bezug auf das Gemeinschaftsrecht, das für die Vergabe öffentlicher Aufträge gilt, die nicht oder nur teilweise unter die Vergaberichtlinien fallen,[24] den Leitfaden für eine innovationsfördernde öffentliche Auftragsvergabe,[25] die Bekanntmachung „Buying Social – a guide to taking account of social considerations in public procurement (2nd edition)"[26], die Bekanntmachung über Instrumente zur Bekämpfung geheimer Absprachen bei der Vergabe öffentlicher Aufträge und über Leitlinien für die Anwendung des entsprechenden Ausschlussgrundes[27], die Leitlinien zur Teilnahme von Bietern und Waren aus Drittländern am EU-Beschaffungsmarkt[28] sowie die Bekanntmachung der Kommission zu Leitlinien für die kooperative Beschaffung in den Bereichen Verteidigung und Sicherheit (Richtlinie 2009/81/EG über die Vergabeverfahren im Verteidigungs- und Sicherheitsbereich)[29] verwiesen.

2. Deutsches Recht

10 Das deutsche Vergaberecht weist eine komplexe Struktur auf. Grundsätzlich ist zwischen den europäisierten Regelungen für Auftragsvergaben oberhalb der Schwellenwerte und den Bestimmungen für „Unterschwellenvergaben" zu unterscheiden.

Die Einwirkungen des Verfassungsrechts auf das Beschaffungswesen in Deutschland sind gering. Nach Ansicht des BVerfG stellt die Nichterteilung eines öffentlichen Auftrags keinen Eingriff in Art. 12 Abs. 1 GG dar, selbst wenn die öffentliche Hand de facto der einzige Nachfrager eines Produkts ist. Zudem handle es sich bei der Auftragsvergabe mangels hoheitlicher Entscheidungen nicht um die Ausübung öffentlicher Gewalt, so dass auch die Rechtsweggarantie des Art. 19 Abs. 4 GG nicht einschlägig und Vergaberechtsschutz daher nur durch den rechtsstaatlichen Justizgewähranspruch verfassungsrechtlich geboten sei.[30]

11 Die Vorschriften für die Vergabe von öffentlichen Aufträgen oberhalb der Schwellenwerte sind auf verschiedenen Stufen der Normenhierarchie normiert. Dabei ist zusätzlich zwischen verschiedenen Konstellationen zu unterscheiden. Je nach Sachbereich handelt es sich um ein zwei- oder dreistufiges Regelungsmodell, an dessen Spitze jeweils der vierte Teil des GWB steht.[31] Die §§ 97 bis 114 GWB gelten dabei für alle Auftragsvergaben. Gleiches gilt für die rechtsschutzbezogenen Vorgaben der §§ 155 ff. GWB.

12 Die Vergabe von Liefer- und Dienstleistungsaufträgen (→ Rn. 40) durch öffentliche Auftraggeber (→ Rn. 20 ff.) richtet sich nach §§ 115 ff. GWB und der Verordnung über die Vergabe öffentlicher Aufträge (Vergabeverordnung – VgV).

13 Für die Vergabe von Bauaufträgen (→ Rn. 40) durch öffentliche Auftraggeber gelten die §§ 115 ff. GWB ebenfalls. § 2 VgV verweist jedoch auf den 2. Abschnitt der Vergabe- und Vertragsordnung für Bauleistungen (VOB/A), so dass diese unter

---

24 ABl. 2006 C 179/2.
25 ABl. 2021 C 267/1.
26 C(2021) 3573 final.
27 ABl. 2021 C 91/1.
28 ABl. 2019 C 271/43.
29 ABl. 2019 C 157/1.
30 BVerfGE 116, 135.
31 Siehe auch *Knauff*, NZBau 2016, 195 (195 f.).

III. Auftraggeber

Fortschreibung des überkommenen vergaberechtlichen „Kaskadenmodells" als dritte Regelungsstufe dient. Infolge der Verweisung kommt den Regelungen der VOB/A Verordnungscharakter zu. Trotz seiner Unübersichtlichkeit ist dieses Regelungsmodell weder als verfassungs- noch als europarechtswidrig zu qualifizieren.[32]

Auftragsvergaben durch Sektorenauftraggeber (→ Rn. 28 ff.) erfolgen unabhängig vom Gegenstand der Vergabe auf Grundlage von §§ 136 ff. GWB und der Verordnung über die Vergabe von öffentlichen Aufträgen im Bereich des Verkehrs, der Trinkwasserversorgung und der Energieversorgung (Sektorenverordnung – SektVO).

Die Vorgaben für die Vergabe von Konzessionen (→ Rn. 41 ff.) richten sich nur an öffentliche Auftraggeber. Sie sind in den §§ 148 ff. GWB und der Verordnung über die Vergabe von Konzessionen (Konzessionsvergabeverordnung – KonzVgV) enthalten.

Bei verteidigungs- und sicherheitsspezifischen Beschaffungen richtet sich die Zahl der Regelungsstufen nach dem Beschaffungsgegenstand. Stets sind die §§ 144 ff. GWB sowie diejenigen der VSVgV zu beachten.[33] Bei Bauaufträgen kommt der dritte Abschnitt der VOB/A hinzu.

Die Vergabe von öffentlichen Aufträgen unterhalb der Schwellenwerte ist dagegen ausschließlich haushaltsrechtlich determiniert. § 55 BHO erfordert insoweit regelmäßig die Durchführung einer Ausschreibung. Zudem sei „beim Abschluss von Verträgen ... nach einheitlichen Richtlinien zu verfahren." Diese wiederum sind für Bauaufträge im ersten Abschnitt von VOB/A und für Aufträge über Liefer- und Dienstleistungen in der Verfahrensordnung für die Vergabe öffentlicher Liefer- und Dienstleistungsaufträge unterhalb der EU-Schwellenwerte (Unterschwellenvergabeordnung – UVgO) enthalten. Den Regelungen kommt insoweit jedoch kein Verordnungscharakter zu. Es handelt sich um Verwaltungsvorschriften ohne rechtliche Außenwirkung.[34]

Ergänzt werden die vorstehenden Regelungen überdies durch die in fast allen Ländern bestehenden Landesvergabegesetze. Diese enthalten für die Auftragsvergabe ober- wie unterhalb der Schwellenwerte ergänzende Regelungen. Jenseits spezifischer Anforderungen an die sozialorientierte Beschaffung (insbes. Tariftreue- und Mindestlohnvorgaben) ist ihre Bedeutung in Anbetracht der detailgenauen bundesrechtlichen Bestimmungen eher gering.[35]

Im Folgenden werden die für Vergaben oberhalb der Schwellenwerte relevanten Vorschriften des Bundesrechts näher in den Blick genommen. Auf die Regelungen für Unterschwellenvergaben wird jeweils hingewiesen.

III. Auftraggeber

Der personelle Anwendungsbereich des Vergaberechts wird durch § 98 GWB bestimmt. Die Norm unterscheidet öffentliche Auftraggeber, Sektorenauftraggeber und Konzessionsgeber und bezeichnet diese übergreifend als Auftraggeber.

---

32 Näher *Knauff*, NZBau 2010, 657 (658 ff.).
33 Vgl. vertiefend unter Berücksichtigung der aus Art. 346 AEUV folgenden Anwendungsgrenzen des Vergaberechts *Eisenhut*, NJW 2022, 3270 ff.; *Knauff*, NVwZ 2022, 529 ff.; *Stöß/Zech*, GSZ 2022, 209 ff.
34 Zum Haushaltsvergaberecht näher *Siegel*, in: MüKo Wettbewerbsrecht III, 5. Teil; *ders.*, VergabeR 2022, 283 ff.
35 Dazu im Überblick *Mertens*, in: Gabriel/Krohn/Neun, Handbuch Vergaberecht, § 88; *Knauff*, in: MüKo Wettbewerbsrecht IV, Vorb. 9. Teil Landesvergabegesetze.

1. Öffentliche Auftraggeber

20 Öffentliche Auftraggeber werden in § 99 GWB näher bestimmt. Entsprechend den europarechtlichen Vorgaben liegt der Vorschrift ein funktionaler Auftraggeberbegriff zugrunde; es kommt mithin nicht primär auf die Rechtsform der Vergabestelle an.

21 Gebietskörperschaften und ihre Sondervermögen werden als klassische öffentliche Auftraggeber von § 99 Nr. 1 GWB erfasst. Bund, Länder und Gemeinden einschließlich ihrer Organe, Behörden und sonstigen Untergliederungen[36] haben danach das GWB-Vergaberecht bei ihren Beschaffungen, welche die Schwellenwerte überschreiten, anzuwenden.

Verwaltungsträger, die keine Gebietskörperschaften sind, unterfallen § 99 Nr. 1 GWB nicht. Ihre Auftraggebereigenschaft im vergaberechtlichen Sinne folgt aber idR aus § 99 Nr. 2 GWB.

22 Des Weiteren bezieht § 99 Nr. 2 GWB „andere juristische Personen des öffentlichen und des privaten Rechts, die zu dem besonderen Zweck gegründet wurden, im Allgemeininteresse liegende Aufgaben nichtgewerblicher Art zu erfüllen" und sich durch eine besondere Staatsnähe auszeichnen in den Anwendungsbereich des Vergaberechts ein. Diese Voraussetzungen müssen kumulativ vorliegen. Erforderlich ist mithin zunächst, dass die Einrichtung über eine eigene Rechtspersönlichkeit verfügt, wobei eine Teilrechtsfähigkeit genügt.[37]

Ausgeschlossen sind dadurch insbesondere kommunale Regie- und Eigenbetriebe. Da diese unmittelbar der Gemeinde zuzurechnen sind (→ § 8 Rn. 37 ff.), sind sie öffentliche Auftraggeber nach § 99 Nr. 1 GWB.

23 Zudem muss die Gründung der Einrichtung zu dem besonderen Zweck erfolgt sein, im Allgemeininteresse liegende Aufgaben zu erfüllen, die nicht gewerblicher Art sind. Dieses Tatbestandsmerkmal dient der Abgrenzung von rein kommerziellen Einrichtungen, welche im Wettbewerb stehen und daher nicht den Restriktionen des Vergaberechts unterstellt werden sollen. Die Gründung zur Erfüllung von Aufgaben im Allgemeininteresse setzt voraus, dass die Einrichtung nicht ausschließlich der Realisierung von Individualinteressen dienen soll.

Wenngleich keine abschließende Bestimmung des Allgemeininteresses möglich ist,[38] ist dieses bei einer Nähe zur staatlichen Aufgabenerfüllung oder einer gesamtgesellschaftlichen Relevanz zu bejahen.[39] Eine Ausschließlichkeit der Wahrnehmung dieser Aufgaben ist nicht erforderlich, sie muss aber zentraler Unternehmensgegenstand sein. Fällt die bei der Gründung beabsichtigte Ausrichtung auf das Allgemeinwohl nachträglich fort, ist dies nach zutreffender Auffassung für die Qualifikation als dem Vergaberecht unterfallender Auftraggeber wegen des hervorgerufenen Rechtsscheins unerheblich;[40] bei „kommerziellen" Gründungen kann ein vergaberechtlich relevanter Zweck allerdings auch später hinzukommen.[41] Aufgaben im Allgemeininteresse nehmen zB Universitäten wahr.[42]

---

36 Im Einzelnen und zur Abgrenzung *Pünder*, in: Pünder/Schellenberg, Vergaberecht, § 99 Rn. 4 ff.
37 *Badenhausen-Fähnle/Birk*, in: Müller-Wrede, GWB-Vergaberecht, § 99 Rn. 49.
38 Vgl. in enteignungsrechtlichem Kontext BVerfGE 56, 249 (261 f.); 74, 264 (285).
39 Siehe auch *Pünder*, in: Pünder/Schellenberg, Vergaberecht, § 99 Rn. 27 ff.
40 Ebenso *Badenhausen-Fähnle/Birk*, in: Müller-Wrede, GWB-Vergaberecht, § 99 Rn. 56; *Dörr*, in: Burgi/Dreher, Beck'scher Vergaberechtskommentar I, § 99 Rn. 44; aA OLG Karlsruhe, VergabeR 2009, 108 (110); *Reider*, in: MüKo Wettbewerbsrecht III, § 99 GWB Rn. 17.
41 EuGH, Slg 2002, I-11617 Rn. 67 – Universale-Bau.
42 EuGH, Slg 2000, I-8035 – University of Cambridge.

III. Auftraggeber § 10

Die weiterhin vorausgesetzte Nichtgewerblichkeit ist auf die Art und Weise der Aufgabenwahrnehmung bezogen. Es kommt entscheidend darauf an, dass die Einrichtung nicht als „normaler Marktteilnehmer" agiert. 24

Dagegen spricht insbesondere ein entwickelter Wettbewerb, wie er etwa im Messewesen zu bejahen ist,[43] für Nichtgewerblichkeit das Vorliegen marktferner Umstände, wie etwa Insolvenzschutz, ein Vorbehalt für bestimmte Tätigkeiten oder geografische Restriktionen. Nicht entscheidend ist, ob Gewinne erzielt werden.

Eine besondere Staatsnähe kann alternativ durch eine überwiegende Finanzierung durch die öffentliche Hand, die Beherrschung der Einrichtung durch diese infolge der Zusammensetzung des Leitungsgremiums oder im Wege der Aufsicht, sofern damit aktive Einflussnahme auf Einzelentscheidungen einhergeht, begründet werden.[44] 25

Allein der Umstand, dass die öffentliche Hand alle Anteile an einem Unternehmen hält, begründet nicht die Auftraggebereigenschaft iSv § 99 Nr. 2 GWB.[45] Wegen der besonderen Voraussetzungen für die Gründung kommunaler Unternehmen (→ § 8 Rn. 18 ff.) sind diese gleichwohl regelmäßig als öffentliche Auftraggeber zu qualifizieren.

Verbände von Auftraggebern nach § 99 Nr. 1 oder 2 GWB sind ihrerseits gemäß § 99 Nr. 3 GWB öffentliche Auftraggeber. 26

Schließlich werden auch sonstige private Auftraggeber unter bestimmten Voraussetzungen zur Beachtung des Vergaberechts verpflichtet. Dies ist nach § 99 Nr. 4 GWB bei einer überwiegenden staatlichen Finanzierung bei bestimmten Tätigkeiten der Fall. 27

2. Sektorenauftraggeber

§ 100 GWB unterstellt die sog. Sektorenauftraggeber dem Vergaberecht. Deren Bestimmung erfolgt im Ausgangspunkt tätigkeitsbezogen. § 102 GWB nimmt eine Konkretisierung der vergaberechtlich relevanten Sektorentätigkeiten vor, indem bestimmte Tätigkeiten in den Bereichen Wasser, Elektrizität, Gas und Wärme, Verkehrsleistungen, Häfen und Flughäfen sowie fossiler Brennstoffe normativ als Sektorentätigkeiten festgelegt werden. Hintergrund für die Einbeziehung ist die Vermutung, dass es an einer wettbewerblichen Prägung der Bereiche fehlt. 28

Konsequent besteht die Möglichkeit, dass Sektorenauftraggeber auf Antrag von der EU-Kommission sektorspezifisch von der Beachtung des Vergaberechts freigestellt werden können, wenn sie unmittelbar dem Wettbewerb auf Märkten ausgesetzt sind, die keiner Zugangsbeschränkung unterliegen, vgl. § 3 SektVO.[46] Für die deutsche Strom- und Gaswirtschaft ist dies teilweise geschehen.[47]

---

43 EuGH, Slg 2001, I-3605 – Agorá.
44 Ausführlich zur Auftraggebereigenschaft gemischtwirtschaftlicher Unternehmen Wessendorf, Der öffentliche Auftraggeber im Vergaberecht. Spiegelbild europäischer Integrationsbemühungen und Herausforderung für die Rechtspraxis, 2018, S. 260 ff.
45 EuGH, Slg 1998, I-73 – Mannesmann Austria.
46 Siehe ergänzend den Durchführungsbeschluss (EU) 2016/1804 der Kommission über die Durchführungsmodalitäten für die Anwendung der Artikel 34 und 35 der Richtlinie 2014/25/EU des Europäischen Parlaments und des Rates über die Vergabe von Aufträgen durch Auftraggeber im Bereich der Wasser-, Energie- und Verkehrsversorgung sowie der Postdienste, ABl. 2016 L 275/39.
47 Durchführungsbeschluss 2012/218/EU der Kommission zur Freistellung der Erzeugung und des Großhandels von Strom aus konventionellen Quellen in Deutschland von der Anwendung der Richtlinie 2004/17/EG des Europäischen Parlaments und des Rates zur Koordinierung der Zuschlagserteilung durch Auftraggeber im Bereich der Wasser-, Energie- und Verkehrsversorgung sowie der Postdienste, ABl. 2012 L 114/21; Durchführungsbeschluss (EU) 2016/1674 der Kommission zur Ausnahme des Elektrizitäts- und Gaseinzelhandels

29 § 100 Abs. 1 Nr. 1 GWB qualifiziert öffentliche Auftraggeber gemäß § 99 Nr. 1 bis 3 GWB, die Sektorentätigkeiten ausüben, als Sektorenauftraggeber. Voraussetzung ist allerdings, dass diese selbst als Leistungserbringer tätig werden.[48]

Für öffentliche Sektorenauftraggeber bringt die Anwendung des Sektorenvergaberechts größere Spielräume bei der Auftragsvergabe mit sich, da dessen Anforderungen tendenziell weniger streng sind als die Vorgaben des Vergaberechts für sonstige öffentliche Auftraggeber.

30 Darüber hinaus bezieht § 100 Abs. 1 Nr. 2 GWB bestimmte natürliche oder juristische Personen des privaten Rechts, die eine Sektorentätigkeit ausüben, in den Anwendungsbereich des Vergaberechts ein. Auf die Trägerschaft der Unternehmen kommt es bei Erfüllung der normativen Voraussetzungen nicht an, so dass auch vollständig private Unternehmen erfasst werden können. Lit. a erfasst Unternehmen, die auf der Grundlage von besonderen oder ausschließlichen Rechten tätig werden, die von einer zuständigen Behörde gewährt wurden. Als derartige Rechte legaldefiniert § 100 Abs. 2 GWB „Rechte, die dazu führen, dass die Ausübung dieser Tätigkeit einem oder mehreren Unternehmen vorbehalten wird und dass die Möglichkeit anderer Unternehmen, diese Tätigkeit auszuüben, erheblich beeinträchtigt wird", sofern diese nicht in einem transparenten und wettbewerblichen Verfahren verliehen wurden. Es handelt sich mithin um aufgrund staatlicher Entscheidung dem Wettbewerb (weithin) entzogene Unternehmen. Lit. b erfasst darüber hinaus Unternehmen, auf die öffentliche Auftraggeber gemäß § 99 Nr. 1 bis 3 einzeln oder gemeinsam einen beherrschenden Einfluss ausüben können. Ein solcher wird nach § 100 Abs. 3 GWB bei einer unmittelbaren oder mittelbaren Mehrheit am Kapital des Unternehmens, der Mehrheit der mit den Anteilen am Unternehmen verbundenen Stimmrechte oder bei der Kompetenz zur Bestellung von mehr als der Hälfte der Mitglieder des Verwaltungs-, Leitungs- oder Aufsichtsorgans des Unternehmens angenommen.

3. Konzessionsgeber

31 Der Begriff des Konzessionsgebers ist in § 101 GWB normiert. Ein solcher ist zum einen jeder öffentliche Auftraggeber gemäß § 99 Nr. 1 bis 3 GWB (Nr. 1), zum anderen ein Sektorenauftraggeber nach § 100 Abs. 1 Nr. 1 und 2 GWB (Nr. 2 und 3). Es werden mithin die auch sonst vergaberechtlich erfassten Auftraggeber iSv § 98 GWB erfasst. Die spezifische Qualifikation als Konzessionsgeber folgt allein aus dem Gegenstand der Vergabe und verweist damit auf den sachlichen Anwendungsbereich des Konzessionsvergaberechts (→ Rn. 41 ff.).[49]

IV. Vergabegegenstand

32 Dem GWB-Vergaberecht unterfallen seit jeher öffentliche Aufträge und Baukonzessionen. Überdies ist sein Anwendungsbereich mit der Vergaberechtsreform 2016 um Dienstleistungskonzessionsvergaben erweitert worden.

Keine Anwendung findet das Vergaberecht auf die Vergabe öffentlicher Aufträge und Konzessionen, die den besonderen Ausnahmeregelungen der §§ 107 ff., 116 f., 145, 149 f. GWB unterfallen.

---

in Deutschland von der Anwendung der Richtlinie 2014/25/EU des Europäischen Parlaments und des Rates, ABl. 2016 L 253/6.
48 OLG Düsseldorf, NZBau 2010, 582 (584).
49 Vgl. auch *Braun*, in: Müller-Wrede, GWB-Vergaberecht, § 101 Rn. 1, 19.

IV. Vergabegegenstand

1. Öffentliche Aufträge

Die Beauftragung eines Unternehmens mit der Erbringung von Leistungen zum Zwecke der Beschaffung durch die öffentliche Hand erfolgt regelmäßig durch die Vergabe eines öffentlichen Auftrags.

a) Merkmale und Erscheinungsformen

§ 102 Abs. 1 GWB definiert öffentliche Aufträge als „entgeltliche Verträge zwischen öffentlichen Auftraggebern oder Sektorenauftraggebern und Unternehmen über die Beschaffung von Leistungen, die die Lieferung von Waren, die Ausführung von Bauleistungen oder die Erbringung von Dienstleistungen zum Gegenstand haben."

Öffentliche Aufträge sind regelmäßig privatrechtliche Verträge; allerdings werden auch öffentlich-rechtliche Verträge iSv §§ 54 ff. VwVfG von der Legaldefinition des § 103 Abs. 1 GWB erfasst.[50] Sie kommen juristisch wie jeder Vertrag durch Angebot und Annahme zustande, vgl. §§ 145 f. BGB. Einseitige Maßnahmen der Verwaltung, durch die Unternehmen zu einer bestimmten Leistung verpflichtet werden, sind wegen des Fehlens einer vertraglichen Vereinbarung keine öffentlichen Aufträge im vergaberechtlichen Sinne.[51] Die Nutzung derartiger Instrumente zur Umgehung der Anforderungen des Vergaberechts ist unzulässig.

Beteiligt sind stets ein öffentlicher Auftraggeber oder Sektorenauftraggeber (→ Rn. 20 ff.), der einen bestimmten Beschaffungszweck (→ Rn. 2 ff.) verfolgt und über ein nahezu uneingeschränktes Bestimmungsrecht hinsichtlich des Beschaffungsgegenstands verfügt,[52] sowie ein Unternehmen als Auftragnehmer. Dabei handelt es sich zumeist um privatwirtschaftliche Unternehmen. Auch öffentliche Unternehmen (→ § 8) und andere öffentliche Auftraggeber[53] kommen jedoch auf Grundlage des gebotenen funktionalen Verständnisses des Unternehmensbegriffs (→ § 6 Rn. 13) als Vertragspartner der Vergabestelle in Betracht.

Inhaltlich kennzeichnend für den öffentlichen Auftrag ist das Bestehen eines Austauschcharakters. Während sich der Auftragnehmer zur vereinbarten Leistungserbringung verpflichtet, hat der öffentliche Auftraggeber das in seiner Höhe grundsätzlich im Vergabewettbewerb bestimmte Entgelt[54] hierfür zu entrichten. Auf dessen Ausgestaltung und Bezeichnung kommt es jedoch nicht an. So hat der EuGH eine Entgeltlichkeit im Hinblick auf eine wettbewerbsfrei vergebene Finanzierung angenommen, „die vollständig für die Herstellung von Erzeugnissen bestimmt ist, die der Wirtschaftsteilnehmer kostenlos an verschiedene Verwaltungsstellen zu liefern hat, die dem Lieferanten außer der Zahlung der Lieferkosten von pauschal 180 Euro pro Versand keine Gegenleistung zahlen müssen."[55] Ebenfalls als entgeltlich hat der EuGH eine Vereinbarung qualifiziert, „die zum einen vorsieht, dass ein öffentlicher Auftraggeber einem anderen öffentlichen Auftraggeber eine Software kostenfrei überlässt, und die zum anderen mit einer Kooperationsvereinbarung verknüpft ist, nach der jede Partei dieser Vereinbarung verpflichtet ist, von ihr etwaig hergestellte zukünftige Weiterentwicklungen der

---

50 BGHZ 179, 84 Rn. 17.
51 Vgl. EuGH, Slg 2007, I-12175 Rn. 54 f. – AP; siehe aber auch BGH, NVwZ 2020, 330.
52 Siehe nur OLG Düsseldorf, NZBau 2012, 785 (789).
53 EuGH, Slg 2009, I-12129 – CoNISMa; NZBau 2015, 173 – Data Medical Service; ZfBR 2016, 179 – Consorci Sanitari del Maresme.
54 Zum Sonderfall eines null Euro-Angebots EuGH, NZBau 2020, 730 – Tax-Fin-Lex.
55 EuGH, VergabeR 2019, 369 – IBA Molecular Italy.

Software der anderen Partei kostenfrei zur Verfügung zu stellen, ..., wenn sich sowohl aus dem Wortlaut dieser Vereinbarungen als auch aus der anwendbaren nationalen Regelung ergibt, dass es grundsätzlich zu Anpassungen der Software kommen wird."[56]

Am Austauschcharakter fehlt es aber, wenn verschiedene Verwaltungsträger öffentliche Aufgaben gemeinsam erfüllen, etwa im Wege der kommunalen Zusammenarbeit durch die gemeinsame Nutzung einer Müllverbrennungsanlage, die von einer Kommune betrieben wird, durch diese und benachbarte Gemeinden.[57] § 108 Abs. 6 GWB sieht anknüpfend daran explizit eine Ausnahme vom Vergaberecht vor. Es fehlt dann jedoch bereits am Vorliegen eines öffentlichen Auftrags iSv § 103 Abs. 1 GWB und damit einer Beschaffung im vergaberechtlichen Sinne.[58] Auf Grundlage der Rechtsprechung des EuGH[59] sind hierfür folgende Voraussetzungen zu erfüllen:

1. Das Zusammenwirken aller Parteien der Kooperationsvereinbarung muss für die Gewährleistung der von ihnen zu erbringenden öffentlichen Dienstleistungen unerlässlich sein.
2. Es basiert auf einer gemeinsamen Strategie der Partner zur Bündelung der Kräfte im Hinblick auf die Aufgabenerfüllung.
3. Diese findet ihren Ausdruck in einer Kooperationsvereinbarung, in der gemeinsam Bedarf und Lösungen definiert werden.
4. Es genügt es nicht, wenn sich der einzige Beitrag bestimmter Vertragspartner auf eine bloße Kostenerstattung beschränkt.
5. Gemeinsame Ziele verlangen nicht zwingend eine gemeinsame Erbringung ein- und derselben öffentlichen Dienstleistung.
6. Eine Zusammenarbeit zwischen öffentlichen Auftraggebern kann vom Anwendungsbereich des Vergaberechts bereits ausgenommen sein, wenn sich diese Zusammenarbeit auf Tätigkeiten bezieht, die zu den von jedem an der Zusammenarbeit Beteiligten – und sei es allein – zu erbringenden öffentlichen Dienstleistungen akzessorisch sind, sofern diese Tätigkeiten der wirksamen Erbringung der öffentlichen Dienstleistungen dienen.
7. Es darf damit keine Besserstellung privater Unternehmen im Wettbewerb verbunden sein.

Damit fällt „eine Vereinbarung, die lediglich zum Gegenstand hat, dass eine kommunale Gebietskörperschaft eine ihr allein obliegende Aufgabe ganz oder teilweise von einer anderen Gebietskörperschaft erledigen lassen will, die ohne diese Vereinbarung überhaupt nichts mit einer solchen Aufgabe zu tun hätte, ... nicht unter § 108 Abs. 6 GWB."[60] Auch ist das Bestehen von Kontroll- und Weisungsrechten kooperationsfremd und steht einer Freistellung vom Vergaberecht nach § 108 Abs. 6 GWB entgegen.[61]

38 Nachträgliche Änderungen eines öffentlichen Auftrags sind dann als eigenständiger öffentlicher Auftrag zu qualifizieren und damit vergabepflichtig, wenn die Vertragsänderung bei einer wirtschaftlichen Gesamtbetrachtung als wesentlich und damit als neuer öffentlicher Auftrag erscheint, § 132 Abs. 1 S. 1 GWB. Dies ist nach dem Folgesatz der Fall, wenn „mit der Änderung Bedingungen eingeführt werden, die, wenn sie für das ursprüngliche Vergabeverfahren gegolten hätten, a) die Zulassung anderer Bewerber oder Bieter ermöglicht hätten, b) die Annahme eines anderen Angebots ermöglicht hätten oder c) das Interesse weiterer Teilnehmer am Vergabeverfahren geweckt hätten, 2.

---

56 EuGH, NZBau 2020, 461 – Informatikgesellschaft für Software-Entwicklung.
57 EuGH, Slg 2009, I-4747 – Stadtreinigung Hamburg.
58 Näher dazu *Gerlach*, VerwArch 2021, 64 ff.; *Knauff*, NZBau 2022, 261 ff.
59 Insbesondere EuGH, NZBau 2020, 461 – Informatikgesellschaft für Software-Entwicklung; EuZW 2020, 816 – Remondis II.
60 OLG Koblenz, NZBau 2018, 381 Rn. 27.
61 OLG Naumburg, VergabeR 2017, 627 (641 f.).

IV. Vergabegegenstand

mit der Änderung das wirtschaftliche Gleichgewicht des öffentlichen Auftrags zugunsten des Auftragnehmers in einer Weise verschoben wird, die im ursprünglichen Auftrag nicht vorgesehen war, 3. mit der Änderung der Umfang des öffentlichen Auftrags erheblich ausgeweitet wird oder 4. ein neuer Auftragnehmer den Auftragnehmer ... ersetzt." Anders verhält es sich dagegen nach § 132 Abs. 2 GWB, wenn der öffentliche Auftraggeber Optionen oder sonstige Änderungsbefugnisse in Anspruch nimmt, die Gegenstand des ursprünglichen Vertrags sind, auch wenn diese zur Umgestaltung des Vertragsverhältnisses führen. Darüber hinaus können in eng begrenzten Einzelfällen Änderungen aufgrund unvorhersehbarer Umstände erfolgen. Schließlich ist eine vergabeverfahrensfreie Änderung eines öffentlichen Auftrags gemäß § 132 Abs. 3 GWB zulässig, wenn sich der Gesamtcharakter des Auftrags nicht ändert und der Wert der Änderung den maßgeblichen Schwellenwert nicht übersteigt (Nr. 1) und bei Liefer- und Dienstleistungsaufträgen nicht mehr als 10 Prozent und bei Bauaufträgen nicht mehr als 15 Prozent des ursprünglichen Auftragswertes beträgt (Nr. 2).

Eine Sonderform öffentlicher Aufträge sind Rahmenvereinbarungen. Es handelt sich dabei um Verträge zwischen einem öffentlichen Auftraggeber und einem oder mehreren abschließend bestimmten Unternehmen, auf deren Grundlage zu einem späteren Zeitpunkt Beschaffungen erfolgen sollen, die den eigentlichen Beschaffungsvorgang mithin vorbereiten, § 103 Abs. 5 GWB. Diese sind ungeachtet einiger verfahrensrechtlicher Besonderheiten der konkreten Auftragsvergabe vergaberechtlich gleichgestellt. Anders als öffentliche Aufträge im Übrigen sind Rahmenvereinbarungen stets zu befristen.[62]

Nach der Rechtsprechung des EuGH muss zudem der maximale Umfang der aufgrund der Rahmenvereinbarung abzurufenden Waren oder Leistungen bestimmt sein. Wird diese Menge überschritten, verliert die Rahmenvereinbarung ihre Wirkung.[63]

Öffentliche Aufträge sind weiterhin nach dem Vertragsgegenstand zu unterscheiden. Diese Unterscheidung ist insoweit relevant, als für die einzelnen Auftragsarten teilweise unterschiedliche Vergaberegelungen gelten. Möglich sind drei Varianten: Lieferaufträge sind nach § 103 Abs. 2 S. 1 GWB „Verträge zur Beschaffung von Waren, die insbesondere Kauf oder Ratenkauf oder Leasing, Mietverhältnisse oder Pachtverhältnisse mit oder ohne Kaufoption betreffen." Bauaufträge werden in § 103 Abs. 3 GWB definiert als „Verträge über die Ausführung oder die gleichzeitige Planung und Ausführung 1. von Bauleistungen im Zusammenhang mit einer der Tätigkeiten, die in Anhang II der Richtlinie 2014/24/EU ... und Anhang I der Richtlinie 2014/25/EU ... genannt sind, oder 2. eines Bauwerkes für den öffentlichen Auftraggeber oder Sektorenauftraggeber, das Ergebnis von Tief- oder Hochbauarbeiten ist und eine wirtschaftliche oder technische Funktion erfüllen soll. Ein Bauauftrag liegt auch vor, wenn ein Dritter eine Bauleistung gemäß den vom öffentlichen Auftraggeber oder Sektorenauftraggeber genannten Erfordernissen erbringt, die Bauleistung dem Auftraggeber unmittelbar wirtschaftlich zugutekommt und dieser einen entscheidenden Einfluss auf Art und Planung der Bauleistung hat." Öffentliche Aufträge iSv § 103 Abs. 1 GWB, die sich auf andere Gegenstände beziehen, sind gemäß § 103 Abs. 4 GWB als Dienstleistungsaufträge zu qualifizieren. Bei gemischten Aufträgen ist der Schwerpunkt für die Einordnung entscheidend, vgl. § 110 GWB.

---

[62] Näher *Wichmann*, VergabeR 2017, 1; *Lehmann*, VR 2019, 14.
[63] EuGH, MMR 2021, 783 – Simonsen & Weel.

b) Konzessionen

41 Konzessionen sind eine weitere Ausprägung von Verträgen mit Beschaffungscharakter. § 105 Abs. 1 GWB legaldefiniert diese als „entgeltliche Verträge, mit denen ein oder mehrere Konzessionsgeber ein oder mehrere Unternehmen 1. mit der Erbringung von Bauleistungen betrauen (Baukonzessionen); dabei besteht die Gegenleistung entweder allein in dem Recht zur Nutzung des Bauwerks oder in diesem Recht zuzüglich einer Zahlung; oder 2. mit der Erbringung und der Verwaltung von Dienstleistungen betrauen, die nicht in der Erbringung von Bauleistungen nach Nummer 1 bestehen (Dienstleistungskonzessionen); dabei besteht die Gegenleistung entweder allein in dem Recht zur Verwertung der Dienstleistungen oder in diesem Recht zuzüglich einer Zahlung." Dabei entspricht der Begriff der Bauleistung demjenigen bei öffentlichen Bauaufträgen iSv § 103 Abs. 3 GWB, so dass sich Baukonzessionen von diesen allein durch die unterschiedliche Gestaltung der Gegenleistung unterscheiden.[64] Der Begriff der Dienstleistungskonzession erfasst alle Konzessionen, die nicht als Baukonzessionen zu qualifizieren sind.[65]

Der Beschaffungscharakter von Konzessionen im vergaberechtlichen Sinne grenzt diese zugleich von (teils ebenfalls als „Konzessionen" bezeichneten) Gestattungen ab.[66] So werden gewerberechtliche Genehmigungen wie die „Taxi-" oder die „Gaststättenkonzession" von § 105 GWB ebenso wenig erfasst wie regelmäßig die Glücksspielkonzession[67] und die Verteilung von Carsharing-Stellflächen nach dem Gesetz zur Bevorrechtigung des Carsharing (CsgG).[68]

42 Anders als bei öffentlichen Aufträgen iSv § 103 Abs. 1 GWB besteht die Gegenleistung bei einer Konzession nicht in einem vom Auftraggeber an den Auftragnehmer zu zahlenden Entgelt. Stattdessen sieht § 105 Abs. 1 GWB ein Recht zur Nutzung des Bauwerks bzw zur Verwertung der Dienstleistungen durch den Konzessionsinhaber vor, zu welchem eine Zahlung hinzutreten kann, ohne jedoch deren Richtung vorzugeben. Dieses Nutzungs- bzw. Verwertungsrecht gibt dem Konzessionär das Recht, die wirtschaftlichen Potentiale der aufgrund der Konzessionierung erbrachten Leistung zum eigenen Vorteil auszuschöpfen.

So kann der konzessionierte Betreiber eines öffentlichen Parkplatzes die bei dessen Betrieb eingenommenen Parkgebühren vereinnahmen und sich hierdurch refinanzieren. Zugleich ist er aufgrund des Konzessionsvertrags verpflichtet, einen bestimmten Anteil hiervon an die Kommune abzuführen.[69] Wenn dies wirtschaftlich nicht tragfähig ist, kann er jedoch auch einen Zuschuss von dieser erhalten.

43 Anknüpfend an die ständige Rechtsprechung des EuGH[70] wird die Andersartigkeit der Gegenleistung bei der Konzession überdies in § 105 Abs. 2 GWB dahingehend bestimmt, dass „[i]n Abgrenzung zur Vergabe öffentlicher Aufträge ... bei der Verga-

---

64 *Braun*, in: Müller-Wrede, GWB-Vergaberecht, § 105 Rn. 36 ff.
65 Soweit Lieferkonzessionen überhaupt denkbar sind, vgl. *Wollenschläger*, in: Burgi/Dreher/Opitz, Beck'scher Vergaberechtskommentar I, § 105 Rn. 32, spricht vieles für deren Einbeziehung in den Begriff der Dienstleistungskonzession, *Braun*, in: Müller-Wrede, GWB-Vergaberecht, 1. Aufl. 2016, § 105 Rn. 40.
66 *Krönke*, NVwZ 2016, 568 (575); ausführlich *Lüttmann*, Beschaffung als Anwendungsvoraussetzung des deutschen und europäischen Vergaberechts, 2018; *Braun*, in: Müller-Wrede, GWB-Vergaberecht, § 105 Rn. 104 ff.; *Wollenschläger*, in: Burgi/Dreher/Opitz, Beck'scher Vergaberechtskommentar I, § 105 Rn. 42 ff.
67 OVG Münster, NWVBl 2017, 431; OVG Weimar Beschl. v. 24.10.2018 – 3 EO 480/18; VG Augsburg Urt. v. 13.6.2018 – Au 8 K 17.1088; aA für eine Spielbankkonzession OLG Hamburg, NZBau 2018, 122.
68 *Schröder*, NVwZ 2018, 1604 (1606 f.).
69 EuGH, Slg 2005, I-8612 – Parking Brixen.
70 EuGH, Slg 2000, I-10745 Rn. 58 – Telaustria; Slg 2002, I-4685 Rn. 27 f. – Buchhändler-Vereinigung; Slg 2005, I-8612 Rn. 40 – Parking Brixen; Slg 2009, I-8377 Rn. 80 – Eurawasser; Slg 2011, I-10983 Rn. 45 ff. – Norma-A Dekom.

be einer Bau- oder Dienstleistungskonzession das Betriebsrisiko für die Nutzung des Bauwerks oder für die Verwertung der Dienstleistungen auf den Konzessionsnehmer über[geht]. Dies ist der Fall, wenn 1. unter normalen Betriebsbedingungen nicht gewährleistet ist, dass die Investitionsaufwendungen oder die Kosten für den Betrieb des Bauwerks oder die Erbringung der Dienstleistungen wieder erwirtschaftet werden können, und 2. der Konzessionsnehmer den Unwägbarkeiten des Marktes tatsächlich ausgesetzt ist, so dass potenzielle geschätzte Verluste des Konzessionsnehmers nicht vernachlässigbar sind. Das Betriebsrisiko kann ein Nachfrage- oder Angebotsrisiko sein." Notwendig ist mithin die Existenz einer wirtschaftlichen Unsicherheit im Zusammenhang mit der Leistungserbringung, die „sich aus Faktoren [ergibt], die sich dem Einfluss der Vertragsparteien entziehen".[71] Insbesondere darf der Konzessionär „nicht von jedem möglichen Verlust frei[zu]stellen" sein.[72] Es fehlt an einem derartigen Betriebsrisiko, „wenn die zu erwartenden Einnahmen aus der Nutzung der Leistung die voraussichtlichen Ausgaben des Auftragnehmers deutlich übersteigen und deshalb nach menschlichem Ermessen rote Zahlen während der Vertragslaufzeit ausgeschlossen werden können."[73]

Im Einzelnen sind die Höhe und der Umfang des zu übernehmenden Betriebsrisikos nicht vorgegeben. Nach der Rechtsprechung des EuGH bestimmt sich der Umfang des betrieblichen Risikos nach demjenigen, welches der Auftraggeber selbst zu tragen hätte, ließe er die betreffende Dienstleistung durch eine eigene Dienststelle erbringen.[74] Das Betriebsrisiko kann auch von vornherein eingeschränkt sein, muss aber in diesem Fall in voller Höhe oder zu einem wesentlichen Teil übertragen werden.[75]

2. Abgrenzung: Inhouse-Vergabe

Eine Erfüllung von Bedürfnissen eines öffentlichen Auftraggebers kann auch dadurch geschehen, dass dieser die betreffende Leistung selbst durch eine rechtlich unselbstständige Untereinheit, etwa einen Regiebetrieb oder einen kommunalen Eigenbetrieb (→ § 8 Rn. 37 f.) erstellt. Die „Beauftragung" verlässt dabei nicht die Sphäre des Auftraggebers, so dass eine derartige Eigenleistung keine vergaberechtliche Relevanz entfaltet.

44

Die Auftragserteilung an ein dem öffentlichen Auftraggeber zugehöriges, jedoch rechtlich selbstständiges Unternehmen erweist sich als vergaberechtlich deutlich größere Herausforderung. Bei einer solchen Inhouse-Vergabe liegt bei formaler Betrachtung ein öffentlicher Auftrag vor. Ökonomisch ist jedoch kein Unterschied zur Eigenleistung gegeben, da die Notwendigkeit eines Vertragsschlusses sich allein aus einer vorherigen Verwaltungsorganisationsentscheidung ergibt und häufig Folge einer formellen Privatisierung ist (→ § 8 Rn. 5). Eine Nachfrage am Markt erfolgt gerade nicht. Vielmehr besteht zwischen öffentlichem Auftraggeber und Auftragnehmer eine wirtschaftliche Identität. Der EuGH hat daher ungeachtet des Fehlens einer diesbezüglichen Regelung in den im Entscheidungszeitpunkt geltenden Vergaberichtlinien entschieden, dass die Inhouse-Vergabe nicht dem Vergaberecht unterfalle, auch wenn im Einzelfall Grenzen aus dem „Primärvergaberecht", insbesondere den Grundfreiheiten folgen können.[76]

45

---

71 Erw. 20 Richtlinie 2014/23/EU.
72 Erw. 18 Richtlinie 2014/23/EU.
73 OLG Koblenz, NZBau 2018, 636.
74 EuGH, Slg 2009, I-4779 Rn. 71 f. – Oymanns; Slg 2011, I-10983 Rn. 69 – Norma-A Dekom.
75 EuGH, Slg 2009, I-8377 Rn. 77 – Eurawasser; Slg 2011, I-1335 Rn. 29 – Stadler.
76 EuGH, VergabeR 2020, 472 – Irgita.

Zugleich stellte er jedoch spezifische Voraussetzungen für das Vorliegen einer solchen auf. Danach ist eine Inhouse-Vergabe ohne Beachtung des Vergaberechts zulässig, wenn eine Stelle beauftragt wird, über die der öffentliche Auftraggeber eine Kontrolle wie über eine eigene Dienststelle ausübt und die im Wesentlichen für ihn tätig wird.[77] Anknüpfend daran regelt § 108 GWB explizit die Inhouse-Vergabe und sieht vor, dass diese nicht dem Vergaberecht unterfällt. Dabei unterscheidet die Norm zwischen verschiedenen Konstellationen.

a) Beauftragung eines beherrschten Unternehmens

46 Der „klassische Fall" der Inhouse-Vergabe ist die Beauftragung eines Unternehmens durch den beherrschenden öffentlichen Auftraggeber. Die Auftragserteilung ersetzt dabei die infolge der rechtlichen Verselbstständigung der leistungserbringenden Einheit nicht mehr mögliche interne Anweisung.[78] § 108 Abs. 1 GWB legt die für die Vergaberechtsfreiheit erforderlichen Voraussetzungen dahin gehend fest, dass „1. der öffentliche Auftraggeber über die juristische Person eine ähnliche Kontrolle wie über seine eigenen Dienststellen ausübt, 2. mehr als 80 Prozent der Tätigkeiten der juristischen Person der Ausführung von Aufgaben dienen, mit denen sie von dem öffentlichen Auftraggeber oder von einer anderen juristischen Person, die von diesem kontrolliert wird, betraut wurde, und 3. an der juristischen Person keine direkte private Kapitalbeteiligung besteht, mit Ausnahme nicht beherrschender Formen der privaten Kapitalbeteiligung und Formen der privaten Kapitalbeteiligung ohne Sperrminorität, die durch gesetzliche Bestimmungen vorgeschrieben sind und die keinen maßgeblichen Einfluss auf die kontrollierte juristische Person vermitteln." Diese Voraussetzungen müssen kumulativ vorliegen. Ein nachträglicher Entfall eines der Kriterien hat die Notwendigkeit der Durchführung eines Vergabeverfahrens zur Folge.

47 Die Erfüllung des Kontrollkriteriums nach § 108 Abs. 1 Nr. 1 GWB wird nach Abs. 2 S. 1 der Vorschrift „vermutet, wenn der öffentliche Auftraggeber einen ausschlaggebenden Einfluss auf die strategischen Ziele und die wesentlichen Entscheidungen der juristischen Person ausübt." Dies folgt bei öffentlichen Unternehmen typischerweise unmittelbar aus der Beteiligung, soweit damit Weisungs- und Ernennungsrechte sowie Aufsichtsbefugnisse verbunden sind, was haushalts- und kommunalrechtlich grundsätzlich geboten ist (→ § 8 Rn. 10 ff., 40 ff.). Rechtsformbedingt ist die dienststellenähnliche Kontrolle bei der Aktiengesellschaft zweifelhaft.[79] Darüber hinaus stehen durch die Unternehmenssatzung begründete Letztentscheidungsspielräume des zu beauftragenden öffentlichen Unternehmens einer Kontrolle durch den Auftraggeber entgegen.[80] Nach § 108 Abs. 2 S. 2 GWB kann die Kontrolle zudem „auch durch eine andere juristische Person ausgeübt werden, die von dem öffentlichen Auftraggeber auf gleiche Weise kontrolliert wird." Letzteres trägt der Konzernstruktur zahlreicher öffentlicher Unternehmen Rechnung. Erforderlich ist, dass bei einer derartig gestuften Kontrolle sowohl rechtlich als auch tatsächlich kein Kontrollverlust des öffentlichen Auftraggebers eintritt. Letztlich muss der öffentliche Auftraggeber unabhängig von der

---

[77] EuGH, Slg 1999, I-8121 – Teckal.
[78] Vgl. auch *Säcker/Wolf*, in: MüKo Wettbewerbsrecht III, § 108 GWB Rn. 15 f.
[79] Grundsätzlich bejahend zu deren Inhouse-Fähigkeit EuGH, Slg 2006, I-3311 Rn. 24 ff. – ANAV; Slg 2009, 8129 Rn. 43, 61 – Sea; kritisch *Säcker/Wolf*, in: MüKo Wettbewerbsrecht III, § 108 GWB Rn. 26.
[80] Vgl. EuGH, Slg 2005, I-8612 – Parking Brixen.

IV. Vergabegegenstand § 10

juristischen Konstruktion stets die Entscheidungen des zu beauftragenden Unternehmens steuern können.

Die Beteiligung eines Privaten an dem zu beauftragenden Unternehmen steht einer Inhouse-Vergabe grundsätzlich entgegen. Nach der Stadt Halle-Entscheidung des EuGH schließt eine solche wegen der damit einher gehenden Interessenkonflikte eine Kontrolle wie über eine eigene Dienststelle aus.[81] Hiervon sieht § 108 Abs. 1 Nr. 3 GWB in Anknüpfung an die europarechtlichen Vorgaben eine eng auszulegende Ausnahme für den Fall von Pflichtbeteiligungen ohne Einfluss auf das vom öffentlichen Auftraggeber beherrschte Unternehmen vor. 48

Eine derartige Situation ist selten, jedoch etwa bei nordrhein-westfälischen Wasserverbänden mit privaten Pflichtmitgliedern[82] gegeben. Für Öffentlich-Private Partnerschaften (ÖPP, → § 8 Rn. 54 ff.) bedeutet dies, dass diese, soll eine Inhouse-Beauftragung erfolgen (können), nicht bei der Leistungserbringung eingegangen werden dürfen, sondern institutionell auf Auftraggeberebene begründet werden müssen.

Zusätzlich zum Kontrollkriterium sieht § 108 Abs. 1 Nr. 2 GWB ein sog. Tätigkeits- oder Wesentlichkeitskriterium vor, das quantitativ zu bestimmen ist. Das hierfür erforderliche Tätigwerden der inhouse zu beauftragenden Stelle zu mehr als 80 % für den öffentlichen Auftraggeber ist nach § 108 Abs. 7 GWB zu bestimmen. Danach „wird der durchschnittliche Gesamtumsatz der letzten drei Jahre vor Vergabe des öffentlichen Auftrags oder ein anderer geeigneter tätigkeitsgestützter Wert herangezogen. Ein geeigneter tätigkeitsgestützter Wert sind zum Beispiel die Kosten, die der juristischen Person oder dem öffentlichen Auftraggeber in dieser Zeit in Bezug auf Liefer-, Bau- und Dienstleistungen entstanden sind. Liegen für die letzten drei Jahre keine Angaben über den Umsatz oder einen geeigneten alternativen tätigkeitsgestützten Wert wie zum Beispiel Kosten vor oder sind sie nicht aussagekräftig, genügt es, wenn der tätigkeitsgestützte Wert insbesondere durch Prognosen über die Geschäftsentwicklung glaubhaft gemacht wird." Jedenfalls kommt es auf die wirtschaftliche Bedeutung an. 49

b) Inverse und horizontale Inhouse-Vergabe

§ 108 Abs. 3 GWB erstreckt die Vergaberechtsfreiheit von Auftragsvergaben auf die inverse Inhouse-Vergabe, also eine Auftragsvergabe, „die von einer kontrollierten juristischen Person, die zugleich öffentlicher Auftraggeber im Sinne des § 99 Nummer 1 bis 3 ist, an den kontrollierenden öffentlichen Auftraggeber" erfolgt, sowie auf diejenige an Schwesterunternehmen eines von einem öffentlichen Auftraggeber beherrschten Unternehmens (horizontales Inhouse-Geschäft).[83] Voraussetzung ist jeweils das Fehlen einer direkten privaten Kapitalbeteiligung an der juristischen Person, die den öffentlichen Auftrag erhalten soll, sofern nicht die Voraussetzungen des § 108 Abs. 1 Nr. 3 GWB vorliegen. Hierdurch wird sichergestellt, dass eine Inhouse-Vergabe stets nur innerhalb der wirtschaftlichen Sphäre des öffentlichen Auftraggebers erfolgt. 50

c) Beauftragung gemeinsam beherrschter Unternehmen

Schließlich regelt § 108 Abs. 4 GWB die Inhouse-Vergabe an Unternehmen, die von mehreren öffentlichen Auftraggebern gemeinsam beherrscht werden.[84] Voraussetzung 51

---

81 EuGH, Slg 2005, I-1 Rn. 49 f.
82 *Greb*, VergabeR 2015, 289 (292).
83 Vgl. auch EuGH, EuZW 2014, 512 – HIS.
84 Grundlegend positiv bereits EuGH, Slg 2006, I-4137 Rn. 70 f. – Carbotermo.

hierfür ist, dass „1. der öffentliche Auftraggeber gemeinsam mit anderen öffentlichen Auftraggebern über die juristische Person eine ähnliche Kontrolle ausübt wie jeder der öffentlichen Auftraggeber über seine eigenen Dienststellen, 2. mehr als 80 Prozent der Tätigkeiten der juristischen Person der Ausführung von Aufgaben dienen, mit denen sie von den öffentlichen Auftraggebern oder von einer anderen juristischen Person, die von diesen Auftraggebern kontrolliert wird, betraut wurde, und 3. an der juristischen Person keine direkte private Kapitalbeteiligung besteht; Absatz 1 Nummer 3 zweiter Halbsatz gilt entsprechend." Es werden mithin sowohl das Kontroll- als auch das Tätigkeitskriterium modifiziert, um eine derartige Auftragsvergabe ohne die Notwendigkeit der Beachtung des Vergaberechts zu ermöglichen.

52 Für das Vorliegen gemeinsamer Kontrolle stellt § 108 Abs. 5 GWB spezifische Voraussetzungen auf. Notwendig ist, dass „1. sich die beschlussfassenden Organe der juristischen Person aus Vertretern sämtlicher teilnehmender öffentlicher Auftraggeber zusammensetzen; ein einzelner Vertreter kann mehrere oder alle teilnehmenden öffentlichen Auftraggeber vertreten, 2. die öffentlichen Auftraggeber gemeinsam einen ausschlaggebenden Einfluss auf die strategischen Ziele und die wesentlichen Entscheidungen der juristischen Person ausüben können und 3. die juristische Person keine Interessen verfolgt, die den Interessen der öffentlichen Auftraggeber zuwiderlaufen." Diese Anforderungen ermöglichen eine Inhouse-Beauftragung durch öffentliche Auftraggeber, die selbst als Minderheitsgesellschafter keinen beherrschenden Einfluss auf das Unternehmen ausüben können, sofern diese nur in den „beschlussfassenden Organen" vertreten sind. Um welche Organe es sich dabei handelt, ist von der jeweiligen Gesellschaftsform abhängig. Gemäß der Rechtsprechung des EuGH muss es sich allerdings um Organe mit Leitungsfunktionen handeln.[85] Das Verbot der Verfolgung divergierender Interessen, das auf die Gesamtheit der beteiligten öffentlichen Auftraggeber bezogen ist, gibt letztlich eine Selbstverständlichkeit wieder,[86] wenngleich die Feststellung derartiger Interessen de facto mit Schwierigkeiten verbunden sein dürfte.[87] Punktuelle Abweichungen zwischen den Interessen des Unternehmens und etwa von Tochterunternehmen einzelner beteiligter öffentlicher Auftraggeber sind jedoch als unschädlich anzusehen. Letztlich wird für die betroffene Konstellation das Kontrollkriterium im Hinblick auf den konkreten öffentlichen Auftraggeber durch eine Kontrollfiktion ersetzt.

53 Auch das Wesentlichkeitskriterium erfährt für den Fall einer Beauftragung gemeinsam beherrschter Unternehmen durch einen der beteiligten öffentlichen Auftraggeber eine besondere Ausgestaltung. Die 80 %-Grenze und ihre Bestimmung werden zwar grundsätzlich beibehalten. Der Kreis der einzurechnenden Tätigkeiten wird allerdings recht weit gefasst. Überdies kommt es nicht darauf an, „wer diese Tätigkeit vergütet ... und ... in welchem Gebiet diese Tätigkeit ausgeübt wird".[88]

V. Vergabeverfahren

54 Die Vorgaben für das Vergabeverfahren bilden den materiellen Kern des Vergaberechts. Basierend auf den Grundentscheidungen für Wettbewerb, Transparenz, Gleichbehandlung und Mittelstandsfreundlichkeit wird das Verfahren zur Vergabe öffentli-

---

[85] EuGH, EuZW 2013, 110 Rn. 32 – Econord; Urt. v. 22.12.2022 – C-383/21 und C-384/21 – Sambre & Biesme.
[86] Zweifelnd hinsichtlich der Existenz eines praktischen Anwendungsfalls *Sudbrock*, KommJur 2014, 41 (45).
[87] Vgl. bereits *Burgi*, NZBau 2012, 601 (604).
[88] EuGH, Slg 2006, I-4137 Rn. 72 – Carbotermo.

V. Vergabeverfahren § 10

cher Aufträge oberhalb der Schwellenwerte detailgenau normativ ausgestaltet. Die Unternehmen haben nach § 97 Abs. 6 GWB Anspruch darauf, dass öffentliche Auftraggeber die einschlägigen Verfahrensvorschriften beachten.

Die Vergabegrundsätze, jedenfalls soweit sie unmittelbar aus dem EU-Primärrecht abzuleiten sind,[89] sind darüber hinaus auch für Unterschwellen- und Konzessionsvergaben relevant. Für Letztere enthält das Konzessionsvergaberecht zwar einige Anforderungen an die Verfahrensausgestaltung; im Einzelnen bestehen jedoch zahlreiche Regelungslücken, die unter Beachtung der Vergabegrundsätze ausgefüllt werden müssen.

1. Vergabegrundsätze

Die bei Vergaben stets maßgeblichen Grundsätze folgen – mit Ausnahme des Grundsatzes der Mittelstandsfreundlichkeit – unmittelbar aus den Grundfreiheiten (→ § 3). Für die Vergabe öffentlicher Aufträge werden sie zudem in § 97 GWB positiviert. Ihre Gewährleistungsgehalte überschneiden sich teilweise. 55

Der Wettbewerbsgrundsatz, § 97 Abs. 1 S. 1 GWB, erfordert, dass Vergabeentscheidungen grundsätzlich nach Durchführung eines kompetitiven Verfahrens zu erfolgen haben. Eine Direktvergabe an einen frei gewählten Anbieter ist damit grundsätzlich ausgeschlossen.[90] Für die Auswahlentscheidung ist das anhand der Vergabekriterien zu bestimmende beste Angebot maßgeblich, vgl. § 127 Abs. 1 GWB. Wettbewerb ist zudem nur dann wirksam, wenn er zugleich fair abläuft. Aus dem Wettbewerbsgrundsatz folgt daher auch die Notwendigkeit eines geordneten Vergabeverfahrens. 56

Grundsätzlich kein Gebot des Wettbewerbsgrundsatzes ist jedoch die Beschränkung der Laufzeit vergebener Verträge.[91] Im Vergabeverfahrensrecht wird der faire Wettbewerb insbesondere durch den Vorrang der mit Ausschreibungen verbundenen und somit wettbewerbsintensiveren Vergabeverfahrensarten, durch die Festlegung von (Mindest-)Angebotsfristen, die Notwendigkeit der expliziten Zulassung von Nebenangeboten, das Gebot der vertraulichen Behandlung von Angeboten (Geheimwettbewerb)[92] und das Nachverhandlungsverbot gesichert.[93]

Der Grundsatz der Gleichbehandlung bzw. Nichtdiskriminierung, § 97 Abs. 2 GWB, steht Ungleichbehandlungen und Diskriminierungen von Unternehmen entgegen. Im Hinblick auf seinen europarechtlichen Hintergrund darf insbesondere keine Schlechterstellung von Unternehmen aus anderen EU-Mitgliedstaaten erfolgen.[94] Vielmehr müssen alle am Vergabewettbewerb teilnehmenden und fachlich geeigneten Unternehmen dieselbe Chance auf die Erteilung des Zuschlags erhalten.[95] 57

Die verfahrensrechtliche Realisierung des Gleichbehandlungsgebots beginnt mit dem Erfordernis, dass nur neutrale, auftragsbezogene Anforderungen als Auswahlkriterien verwendet werden dürfen. Zudem sind Informationen während des gesamten Verfahrens allen teilnehmenden Unternehmen sachlich und zeitlich übereinstimmend zukommen zu lassen. Als in doppelter Weise problematisch vor dem Hintergrund des Gleichbehandlungsgebots hat sich die Beteiligung von Unternehmen am Vergabeverfahren erwiesen, welche zuvor an der Auftragskonzeption mitgewirkt haben (Projektanten). Diese dürfen zwar

---

89 Näher *Knauff*, in: Goede/Stoye/Stolz, Handbuch des Vergaberechts, Kap. 1 Rn. 13 ff.
90 Vgl. mit Bezug zur Fassung der Vergabeunterlagen OLG Düsseldorf NZBau 2011, 762 (763).
91 VK Sachsen-Anhalt Beschl. v. 19.3.2015 – 2 VK LSA 01/15; aA VK Bund Beschl. v. 9.4.2015 – VK 2–19/15.
92 OLG Düsseldorf, VergabeR 2003, 690.
93 Zu Einzelausprägungen näher *Knauff*, in: MüKo Wettbewerbsrecht III, § 97 GWB Rn. 10 ff.
94 EuGH, Slg 2000, I-8035 Rn. 16 – University of Cambridge.
95 Vgl. auch *Dörr*, in: Burgi/Dreher/Opitz, Beck`scher Vergaberechtskommentar I, § 97 Abs. 2 Rn. 13.

283

nicht automatisch ausgeschlossen werden, da sie andernfalls benachteiligt würden.[96] Aus Gründen der Gleichbehandlung ist jedoch sicherzustellen, dass sie keine relevanten Wettbewerbsvorteile haben, vgl. § 7 VgV.

58 Der Transparenzgrundsatz, § 97 Abs. 1 S. 1 GWB, erfordert die Nachvollziehbarkeit des gesamten Verfahrens sowohl ex ante als auch ex post.[97] Dies schafft die Voraussetzungen für einen fairen Wettbewerb und eröffnet die Möglichkeit der Kontrolle durch die Nachprüfungsinstanzen.

Der Transparenz dienen zahlreiche Vorgaben für das Vergabeverfahren. Hierzu zählen Bekanntmachungspflichten von der Ausschreibung bis zur Mitteilung über die Auftragsvergabe, die Publizität der Zuschlagskriterien und ihrer Gewichtung, die Vorabinformation unterlegener Bieter und die Verfahrensdokumentation (Vergabevermerk), die fortlaufend zu erstellen ist und vollständig sein muss.[98]

59 Durch das Vergaberechtsmodernisierungsgesetz (2016) wurde ergänzend der Grundsatz der Wirtschaftlichkeit in § 97 Abs. 1 S. 2 GWB aufgenommen. Eine grundlegende Neuerung ist damit jedoch nicht verbunden. Vielmehr erfolgt eine Anknüpfung an zahlreiche bereits zuvor bestehende Vorgaben und handelt es sich nach Vorstellung des Gesetzgebers um eine bloße Klarstellung.[99] Als spezifisch vergaberechtlicher Gehalt des Wirtschaftlichkeitsgrundsatzes lässt sich die Verpflichtung öffentlicher Auftraggeber qualifizieren, ihre Beschaffungsziele möglichst effizient zu erreichen.[100]

60 Noch weniger deutlich als der Grundsatz der Wirtschaftlichkeit ist der ebenfalls seit Inkrafttreten des Vergaberechtsmodernisierungsgesetzes in § 97 Abs. 1 S. 2 GWB verankerte Grundsatz der Verhältnismäßigkeit. Als rechtsstaatliches Erfordernis gilt er ohnehin für jedes staatliche Handeln und damit auch „mit Blick auf die Anforderungen an das Vergabeverfahren".[101] Dieses muss, um eine Überbeanspruchung des Einzelnen zu vermeiden, stets einem legitimen Zweck dienen, geeignet, erforderlich und angemessen sein. Allerdings wirkt der Verhältnismäßigkeitsgrundsatz im Vergaberecht nicht nur zugunsten von Privaten, sondern auch der öffentlichen Hand.[102] Auch dieser Grundsatz wird durch das positive Vergabeverfahrensrecht im Einzelnen ausgestaltet. Eine eigenständige Bedeutung kommt ihm nur insoweit zu, als öffentliche Auftraggeber über verfahrensbezogene Spielräume verfügen.

Dies ist der Fall bei der Festlegung von Fristen über Mindestvorgaben hinaus, bei zulässigen Verfahrensstrukturierungen des Verhandlungsverfahrens, des wettbewerblichen Dialogs und der Innovationspartnerschaft, dem Umgang mit Ausschlussgründen,[103] Tarifvorgaben[104] oder der Entscheidung über die Zulassung von Nebenangeboten.[105]

61 Der aus § 97 Abs. 4 S. 1 GWB folgende Grundsatz der Mittelstandsfreundlichkeit dient schließlich dem Ausgleich der Größenvorteile von Konzernen im Hinblick auf Kosten und Kompetenzen. Er sieht zwingend die Berücksichtigung mittelständischer Interessen in jedem Vergabeverfahren unabhängig vom Beschaffungsgegenstand vor.

---

96 EuGH, Slg 2005, I-1559 – Fabricom.
97 EuGH, Slg 2000, I-10745 Rn. 60 ff. – Telaustria und Telefonadress.
98 Näher *Knauff*, in: MüKo Wettbewerbsrecht III, § 97 GWB Rn. 23 ff.
99 BT-Drs. 18/6281, S. 68.
100 Vertiefend *Knauff*, in: MüKo Wettbewerbsrecht III, § 97 GWB Rn. 33 ff.
101 BT-Drs. 18/6281, S. 68.
102 Dazu *Meurers*, Der Grundsatz der Verhältnismäßigkeit im Vergaberecht, 2021, S. 321 ff.
103 Vgl. EuGH, Slg I-2009, 4236 Rn. 30 – Assitur; NZBau 2014, 712 Rn. 31 ff. – Libor; NZBau 2016, 42 Rn. 25 ff. – Edilux.
104 EuGH, EuZW 2014, 942 Rn. 33 ff. – Bundesdruckerei.
105 Näher *Knauff*, in: MüKo Wettbewerbsrecht III, § 97 GWB Rn. 38 ff.

V. Vergabeverfahren   § 10

Zu diesem Zweck sind größere Aufträge nach § 97 Abs. 4 S. 2 GWB stets in kleinere Einheiten (Lose) aufzuteilen, für die jeweils eine eigene Auswahl des Auftragnehmers erfolgt. Zudem sind „überschießende" Eignungsanforderungen unzulässig.[106]

2. Grundstruktur

Alle Vergabeverfahrensarten, die nicht nur in Sonderfällen angewendet werden dürfen, weisen eine übereinstimmende Grundstruktur auf. Diese wie auch die verfahrensspezifischen Besonderheiten werden ansatzweise durch das GWB, vor allem aber durch das untergesetzliche Vergaberecht detailliert ausgestaltet. 62

Dies gilt ungeachtet punktueller Abweichungen grundsätzlich auch für öffentliche Aufträge, welche die Schwellenwerte nicht überschreiten, im Hinblick auf die Regelungen im ersten Abschnitt der VOB/A und der UVgO. Für Konzessionsvergaben gilt diese Grundstruktur des Verfahrens ebenfalls, wenngleich diesbezüglich noch größere Spielräume der Vergabestellen bei der Verfahrensausgestaltung bestehen.

Sämtliche Verfahren sind zudem grundsätzlich elektronisch durchzuführen, § 97 Abs. 5 GWB iVm §§ 9 ff. VgV. Damit unterscheidet sich das Vergaberecht deutlich von anderen Rechtsgebieten und dient zugleich als Versuchslabor für die digitale Verwaltung.[107] 62a

a) Ausschreibung

Grundsätzlich jedes Vergabeverfahren beginnt mit einer Ausschreibung des zu vergebenden Auftrags. Diese enthält die Mitteilung über die beabsichtigte Beschaffung und richtet sich an interessierte Unternehmen. Bei der Vergabe öffentlicher Aufträge oberhalb der Schwellenwerte muss die Ausschreibung mittels einer europaweiten Bekanntmachung im Supplement zum EU-Amtsblatt unter Verwendung der hierfür vorgesehenen Bekanntmachungsformulare und der vorgeschriebenen Terminologie gemäß der CPV-Verordnung (EG) Nr. 2195/2002 vorgenommen werden. Daneben sind nationale und regionale Bekanntmachungen zulässig, sofern sie zeit- und inhaltsgleich erfolgen, vgl. § 40 Abs. 3 VgV; eine entsprechende Verpflichtung besteht aber nicht.[108] Detaillierte Vergabeunterlagen können interessierten Unternehmen ggf. in einem zweiten Schritt zur Verfügung gestellt werden. 63

Eine Ausschreibung setzt voraus, dass die Vergabestelle zuvor den Beschaffungsgegenstand anhand ihres Bedarfs bestimmt hat. Die Entscheidung darüber ist dem eigentlichen Vergabeverfahren und damit der Anwendung des Vergaberechts vorgelagert.[109] Dabei verfügt der öffentliche Auftraggeber über ein weit gefasstes Leistungsbestimmungsrecht,[110] das nur punktuell spezialgesetzlich eingeschränkt wird. 64

Für den Bund sieht § 13 Abs. 2 KSG eine grundsätzliche Verpflichtung zur klimafreundlichen Beschaffung vor.[111] Bei Kraftfahrzeugbeschaffungen gibt das Gesetz über die Beschaffung sauberer Straßenfahr-

---

106 Im Einzelnen dazu *Knauff*, in: MüKo Wettbewerbsrecht III, § 97 GWB Rn. 217 ff.
107 Näher *Knauff*, in: Knauff/Lee, Digitale Transformation im Spiegel des öffentlichen Rechts, 2022, S. 99 ff.; *Reichling/Scheumann*, GewArch 2020, 248 ff. und 308 ff.; Wanderwitz, VergabeR 2019, 26 ff.; ausführlich Vogt, E-Vergabe. Systematische Darstellung der Vorschriften des Vergaberechts im Lichte der europäischen Richtlinien, 2019.
108 BayObLG, VergabeR 2003, 345.
109 OLG Düsseldorf Beschl. v. 15.6.2010 – VII-Verg 10/10, Rn. 13; OLG Karlsruhe Beschl. v. 14.9.2016 – 15 Verg 7/16, Rn. 29.
110 Siehe nur EuGH, ZfBR 2019, 494 (497) – Roche Lietuva; zusammenfassend *Knauff*, ZUR 2021, 218 (219 f.).
111 Im Einzelnen *Siegel*, NZBau 2022, 315 ff.; unter vertiefter Berücksichtigung der Einwirkungen von Art. 20a GG *Birk*, NZBau 2022, 572 (573 ff.).

zeuge (Saubere-Fahrzeuge-Beschaffungs-Gesetz – SaubFahrzeugBeschG) für zwei Referenzzeiträume bis 2030 fahrzeugkategoriebezogene Quoten für normativ als „sauber" qualifizierte Fahrzeuge vor.[112]

Darüber hinaus müssen Vorgaben an den Beschaffungsgegenstand einen Sachbezug aufweisen und sind Diskriminierungen unzulässig, was insbesondere produktspezifischen Ausschreibungen entgegensteht, vgl. § 31 Abs. 6 VgV. Als zusätzliche Grenze für das Leistungsbestimmungsrecht des öffentlichen Auftraggebers hat der EuGH auch den (Vergabe-)Grundsatz der Verhältnismäßigkeit qualifiziert. Dieser erfordere im Hinblick auf den Detaillierungsgrad technischer Spezifikationen „insbesondere eine Prüfung der Frage ..., ob dieser Detaillierungsgrad zur Erreichung der verfolgten Ziele notwendig ist."[113]

64a Für den Fall, dass der öffentliche Auftraggeber nicht alle Parameter des Produkts oder der Leistung kennt, kann anstelle detailgenauer Vorgaben auch eine funktionale Ausschreibung anhand spezifischer Eigenschaften des Beschaffungsgegenstands erfolgen.

Das OLG Düsseldorf hat diese wie folgt charakterisiert: „Die funktionale Ausschreibung ist (im Gegensatz zur Ausschreibung mit konstruktiver Leistungsbeschreibung) dadurch gekennzeichnet, dass der Auftraggeber bestimmte Planungsaufgaben, aber auch Risiken, auf die Bieter verlagert. Typischerweise kombiniert sie einen Wettbewerb, der eine Konzeptionierung und Planung der Leistung zum Gegenstand hat, mit der Vergabe der Leistung als solcher und unterscheidet sich dadurch vom reinen Wettbewerb um einen klar umrissenen und beschriebenen Auftrag. Dass die Bieter dabei, und zwar unter anderem bei der Konzeptionierung und Planung der Leistung, Aufgaben übernehmen sollen, die an sich dem Auftraggeber obliegen, lässt die funktionale Ausschreibung ... nicht per se unzulässig werden. Deren Wesen liegt nämlich gerade darin, dass der Auftraggeber im Planungsbereich auf Bieterseite vorhandenes Know-how abschöpfen will und dies grundsätzlich auch tun darf. Ihrem Wesen entsprechend schließt die funktionale Ausschreibung ... ebenso wenig aus, dass nicht oder nicht genau kalkulierbare und damit riskante Leistungen ausgeschrieben werden. Denn es gibt keinen Rechtssatz, der Bietern oder Auftragnehmern eine Übernahme riskanter Leistungen verbietet. Dass bei funktionaler Ausschreibung von Planungsleistungen Risiken auf den Auftragnehmer übertragen werden, ist für diese Art der Ausschreibung vielmehr typisch und für die Bieter auch zu erkennen. Wer das nicht weiß oder solche Risiken nicht akzeptieren will, hält sich am besten von dergleichen Ausschreibungen fern."[114]

65 Sofern die Vergabestelle zusätzlich zu ihrer eigenen Vorstellung vom Beschaffungsgegenstand alternative Lösungen ermöglichen möchte, muss sie explizit die Zulässigkeit von Nebenangeboten in der Bekanntmachung vorsehen, § 35 VgV, § 8 EU Abs. 2 Nr. 3 VOB/A, § 33 SektVO. Bei einem Nebenangebot handelt es sich um „ein Angebot, mit dem der Bieter einen Lösungsvorschlag unterbreiten soll, der zwar bestimmten Mindestanforderungen des Auftraggebers entspricht, im Übrigen aber sowohl quantitativ wie qualitativ von der Leistungsbeschreibung abweichen kann. Durch die Zulassung von Nebenangeboten eröffnet der Auftraggeber dem Bieter die Möglichkeit, Konzepte für die Deckung des Beschaffungsbedarfs zu präsentieren, die sich von dem aus der Leistungsbeschreibung vorgegebenen und vom Auftraggeber vorbedachten Lösungsmöglichkeiten unterscheiden."[115]

66 Stets müssen sich alle Anforderungen an die Unternehmen und die Angebote sowie die Zuschlagskriterien einschließlich ihrer Gewichtung aus der Ausschreibung und

---

112 Näher *Knauff*, in: ders. (Hrsg.), Neuerungen im Rechtsrahmen für den ÖPNV, 2022, S. 119 ff.; *Schröder*, NZBau 2021, 499 ff.; *ders.*, NZBau 2022, 379 ff.; *Siegel*, VergabeR 2022, 14 ff.
113 EuGH, ZfBR 2019, 494 (498) – Roche Lietuva.
114 OLG Düsseldorf, NZBau 2013, 788 (789).
115 OLG Düsseldorf Beschl. v. 23.12.2009 – VII-Verg 30/09, Rn. 56 (juris).

den ergänzenden Vergabeunterlagen ergeben. § 121 Abs. 1 S. 1 GWB bestimmt diesbezüglich explizit, dass „[i]n der Leistungsbeschreibung ... der Auftragsgegenstand so eindeutig und erschöpfend wie möglich zu beschreiben [ist], so dass die Beschreibung für alle Unternehmen im gleichen Sinne verständlich ist und die Angebote miteinander verglichen werden können."

b) Angebotswertung

Infolge der Ausschreibung erstellen die Unternehmen (Bieter) – verfahrensspezifisch ggf. nach einer vorherigen Auswahl durch die Vergabestelle – innerhalb der vorgesehenen Frist ihre Angebote. Während der jeweiligen Bindefrist müssen sich die Bieter an ihren Angeboten festhalten lassen und können diese nicht verändern. Sofern dies in einzelnen Vergabeverfahren nicht explizit gestattet wird (→ Rn. 94 ff.), gilt zudem ein umfassendes Nachverhandlungsverbot, vgl. § 15 Abs. 5 S. 2 VgV. Die Angebote werden sodann in einem gestuften Vorgehen von der Vergabestelle gewertet. Die Reihenfolge der Wertungsstufen ist – mit einer Ausnahme für die Eignungsprüfung im offenen Verfahren – ebenso strikt vorgegeben wie die Trennung zwischen ihnen.[116]

67

Die Wertung beginnt mit dem Ausschluss unvollständiger und fehlerhafter Angebote. Dabei erfolgt deren rein formale Betrachtung im Hinblick auf Vollständigkeit sowie rechnerische und fachliche Richtigkeit. Fehlt es daran, sind die betreffenden Angebote auszuschließen. Eine Nachforderung von Erklärungen und Nachweisen ist jedoch unter der Voraussetzung der Wettbewerbsneutralität grundsätzlich möglich, §§ 56 f. VgV, § 16a EU VOB/A.

68

Ebenfalls auszuschließen sind Angebote von Bietern, hinsichtlich deren zwingende Ausschlussgründe nach § 123 GWB vorliegen. Dies setzt eine rechtskräftige Verurteilung des betreffenden Bieters wegen einer der in der Norm aufgeführten Katalogstraftaten voraus.[117] Ein Ausschluss ist überdies bei Vorliegen fakultativer Ausschlussgründe gemäß § 124 GWB möglich.[118] Zudem sieht u.a. der als Soll-Vorschrift formulierte § 22 LkSG einen möglichen Ausschluss von Unternehmen in Vergabeverfahren vor, die wegen eines rechtskräftig festgestellten Verstoßes gegen Vorgaben des LkSG (→ § 5 Rn. 109g ff.) mit einer Geldbuße iHv regelmäßig mindestens 150.000 EUR belegt worden sind.[119]

69

Schließt ein öffentlicher Auftraggeber ein Unternehmen ohne hinreichenden sachlichen Grund generell von der Vergabe von Aufträgen oder der Teilnahme an Vergabeverfahren aus, steht dem ausgeschlossenen Unternehmen gegen die Umsetzung einer solchen rechtswidrigen Vergabesperre ein Unterlassungsanspruch zu.[120]

Die Möglichkeit des Ausschlusses gilt jedoch nur vorbehaltlich einer Selbstreinigung des Unternehmens, dem es damit unter den Voraussetzungen des § 125 GWB möglich ist, sich von früheren Verfehlungen reinzuwaschen.[121] Überdies können selbst

---

116 Grundlegend BGH, NJW 1998, 3644 (3646).
117 Zur Frage der Zurechnung *Grubert*, Die Zurechnung von Verstößen im Kartell- und Vergaberecht, 2019, S. 180 ff.
118 Zum Ausschluss wegen hinreichend plausibler Anhaltspunkte für Kartellrechtsverstöße siehe EuGH, NZBau 2022, 750 – J. Sch. Omnibusunternehmen und K. Reisen.
119 Näher *Beham*, GewArch 2022, 402 ff.; *Freund/Krüger*, NVwZ 2022, 665 ff.; *Fritz/Klaedtke*, NZBau 2022, 131 (136 f.); *Siegel*, VergabeR 2022, 14 (21 f.).
120 BGH, NZBau 2020, 609.
121 Siehe dazu EuGH, VergabeR 2020, 902 – Vert Marine.

bei zwingenden Ausschlussgründen das öffentliche Interesse sowie der Grundsatz der Verhältnismäßigkeit einem Ausschluss entgegenstehen, § 123 Abs. 5 GWB.

Das Gesetz zur Einrichtung und zum Betrieb eines Registers zum Schutz des Wettbewerbs um öffentliche Aufträge und Konzessionen (Wettbewerbsregistergesetz – WRegG) sieht die Einrichtung einer elektronischen Datenbank beim BKartA vor, in der die erforderlichen Informationen über Unternehmen gespeichert werden. Die Strafverfolgungsbehörden sind zu deren Mitteilung verpflichtet; die öffentlichen Auftraggeber zu ihrem Abruf. Eine Löschung erfolgt spätestens nach drei bzw. fünf Jahren, im Falle einer Selbstreinigung vorzeitig auf Antrag des Unternehmens.[122]

Der Ausschluss russischer Bieter von Vergabeverfahren in der EU folgt aus Art. 5k Verordnung (EU) Nr. 833/2014 über restriktive Maßnahmen angesichts der Handlungen Russlands, die die Lage in der Ukraine destabilisieren[123]. Die Vorschrift wurde als Teil des 5. Sanktionspakets gegen Russland eingeführt und gilt seit April 2022.

70 Gemäß § 122 GWB darf die Auftragsvergabe nur an fachkundige und leistungsfähige, mithin geeignete Unternehmen erfolgen. Diese Erfordernisse sind Gegenstand der Eignungsprüfung, in der die Erfüllung der bekannt gemachten Eignungskriterien durch die Bieter untersucht wird. Diese dürfen ausschließlich die Befähigung und Erlaubnis zur Berufsausübung, die wirtschaftliche und finanzielle Leistungsfähigkeit sowie die technische und berufliche Leistungsfähigkeit betreffen.

Die Eignungskriterien müssen stets einen Auftragsbezug aufweisen und dürfen insbesondere nicht über das sachlich Erforderliche hinausgehen, etwa im Hinblick auf vorherige Erfahrungen mit vergleichbaren Projekten, um die Chancen für neu auf den Markt tretende Anbieter zu wahren. Ein „Mehr an Eignung" ist jenseits auftragsbezogener Besonderheiten, vgl. § 58 Abs. 2 S. 2 Nr. 2 VgV, irrelevant.

71 Sofern die Unternehmen kein Präqualifikationssystem[124] nutzen, § 122 Abs. 3 GWB, müssen sie ihre Eignung darlegen. Allerdings geschieht dies zum Zwecke der Verfahrensvereinfachung zunächst durch Vorlage einer Eigenerklärung. Insbesondere sind öffentliche Auftraggeber verpflichtet, Einheitliche Europäische Eigenerklärungen[125] als vorläufigen Beleg der Eignung zu akzeptieren, §§ 48, 50 VgV. Nur der siegreiche Bieter muss seine Eignung vor Zuschlagerteilung durch weitergehende Nachweise belegen. Den Eignungskriterien nicht entsprechende Bieter werden ausgeschlossen.

72 Wegen der mit Dumpingangeboten verbundenen Gefahren für die Leistungserbringung, aber auch wegen der negativen Auswirkungen auf den Wettbewerb, erfolgt sodann eine Aufklärung und ggf. der Ausschluss ungewöhnlich niedriger Angebote, vgl. § 60 VgV, § 16d EU Abs. 1 VOB/A, § 54 SektVO. Ungewöhnlich niedrig sind jedenfalls Angebote, deren Preis mehr als 20 % unter demjenigen des nächstbesten Bieters liegt, vgl. ausdrücklich § 14 Abs. 2 S. 1 ThürVgG. Sie dürfen jedoch nicht automatisch ausgeschlossen werden. Vielmehr muss der Anbieter die Möglichkeit zur (bloßen) Erläuterung erhalten.[126] Verhandlungen und Nachbesserungen sind unzulässig. Die Vergabestelle muss die Stellungnahme des betreffenden Bieters bei ihrer Entscheidung über den Ausschluss berücksichtigen, ohne aber daran gebunden zu sein. Hinsichtlich des Ausschlusses ist nach der BGH-Rechtsprechung „[d]em Auftraggeber ... ein rechtlich gebundenes Ermessen eingeräumt. Die Verwendung des Verbs ‚dürfen' in § 60

---

[122] Näher *Diederichs*, VergabeR 2018, 623 ff.; *Meixner*, DVBl. 2018, 215 ff.; *Pfannkuch*, ZfBR 2018, 342 ff.
[123] ABl. 2014 L 229/1, zuletzt geändert durch Durchführungsverordnung (EU) 2022/2368, ABl. 2022 LI 311/5.
[124] Siehe dazu *Braun/Petersen*, VergabeR 2010, 433 ff.; *Tugendreich*, NZBau 2011, 467 ff.
[125] Näher *Frenz*, GewArch 2018, 184 f.; *Birk*, VR 2020, 84 ff.; *Schaller*, NZBau 2020, 19 ff.
[126] EuGH, Slg 2001, I-9233 – Impresa Lombardini.

V. Vergabeverfahren § 10

Abs. 3 VgV ist nicht so zu verstehen, dass es im Belieben des Auftraggebers stünde, den Auftrag trotz weiterbestehender Ungereimtheiten doch an den betreffenden Bieter zu vergeben. Die Ablehnung des Zuschlags ist vielmehr grundsätzlich geboten, wenn der Auftraggeber verbleibende Ungewissheiten nicht zufriedenstellend aufklären kann. Bei der Beurteilung der Anforderungen an eine zufriedenstellende Aufklärung berücksichtigt der Auftraggeber Art und Umfang der im konkreten Fall drohenden Gefahren für eine wettbewerbskonforme Auftragserledigung."[127]

Als letzte Wertungsstufe schließt sich die Auswahl des „besten" Angebots an. § 127 Abs. 1 S. 1 GWB sieht diesbezüglich vor, dass der Zuschlag auf das wirtschaftlichste Angebot erteilt wird. Dieses ist anhand der in der Bekanntmachung oder den Vergabeunterlagen enthaltenen gewichteten Kriterien (Bewertungsmatrix) zu bestimmen. **Abweichungen von der Bewertungsmatrix sind unzulässig.[128] Sie gilt nach § 127 Abs. 4 S. 2 GWB auch für Nebenangebote, soweit diese infolge ihrer Zulassung wertungsfähig sind.**   73

Traditionell stehen bei der Bestimmung des wirtschaftlichsten Angebots ökonomische Kriterien wie der Preis und Folgekosten im Fokus. Korrespondierend damit stellt § 127 Abs. 1 S. 2 GWB auf das beste Preis-Leistungs-Verhältnis ab. Die Wirtschaftlichkeit ist dabei in erster Linie aus der Perspektive des jeweiligen öffentlichen Auftraggebers zu bestimmen.[129]   74

Darüber hinaus kommt sog. „vergabefremden" Kriterien, insbesondere Umwelteigenschaften oder sozialen Anforderungen,[130] unter dem deutlich positiveren Schlagwort „strategische Beschaffung" eine tendenziell zunehmende Bedeutung bei der Bestimmung des wirtschaftlichsten Angebots zu. Dies ist nicht nur auf eigenständige Entscheidungen der Auftraggeber in Anknüpfung an § 127 Abs. 1 S. 3 GWB zurückzuführen, sondern in erheblichem Maße auch auf die Vorgaben der Landesvergabegesetze. Überdies sind bei der Beschaffung energieverbrauchsrelevanter Leistungen nach § 67 VgV und § 58 SektVO umweltbezogene Anforderungen zwingend zu verwenden.[131] Umweltauswirkungen können überdies im Rahmen der Lebenszyklusberechnung nach § 59 VgV berücksichtigt werden.[132] Die Berücksichtigung sozialer Aspekte in Vergabeverfahren ist in nicht wenigen Fällen obligatorisch ausgestaltet. Obwohl Mindestlohn- und Tariftreuevorgaben immer wieder zu politischen und rechtlichen Auseinandersetzungen geführt haben,[133] sind diese in den meisten Landesvergabegesetzen[134] enthalten. Hohe Relevanz kommt vor allem dem „vergabespezifischen Mindestlohn" zu, der stets etwas über dem Mindestlohn nach dem Mindestlohngesetz, jedoch häufig unter   75

---

127 BGHZ 214, 11 Rn. 31.
128 EuGH, Slg 2002, I-11617 – Universale Bau; Slg 2008, I-251 – Lianakis; zu den Grenzen der vergaberechtlich gebotenen Transparenz von Preisbewertungsmethoden BGH, NZBau 2017, 366 (368 f.).
129 Unverändert aktuell insoweit EuGH, Slg 1999, I-5697 Rn. 31 – Fracasso und Leitschutz.
130 Zusammenfassend *Hattenhauer/Butzert*, ZfBR 2017, 129 ff.
131 Dazu zusammenfassend *Knauff*, VergabeR 2019, 274 ff.
132 Näher *Eßig*, in: Müller-Wrede, VgV/UVgO, § 59 VgV Rn. 21 ff.; umfassend *Henzel*, „Life Cycle Costing" als Instrument nachhaltiger öffentlicher Auftragsvergabe, 2018.
133 Aus der daraus folgenden wissenschaftlichen Auseinandersetzung siehe nur monografisch *Arnold*, Die europarechtliche Dimension der konstitutiven Tariftreueerklärungen im deutschen Vergaberecht, 2004; *Dobmann*, Die Tariftreueerklärung bei der Vergabe öffentlicher Aufträge, 2007; *Engel*, Tariftreue kraft Gesetzes, 2009; *Kramer*, Tariftreue im europäischen Vergaberecht, 2006; *Krause*, Weiterentwicklung des Tariftreuerechts, 2019, insbes. S. 63 ff.; zur verfassungsrechtlichen Zulässigkeit von Tariftreuevorgaben BVerfGE 116, 202 (217 ff.).
134 Im Überblick dazu *Mertens*, in: Gabriel/Krohn/Neun, Handbuch Vergaberecht, § 88.

tarifvertraglich vereinbarten Entgelten liegt.[135] Verbreitet ist auch die Verpflichtung zur Einhaltung der ILO-Kernarbeitsnormen.[136] Zusätzlich gestattet es § 118 Abs. 1 GWB öffentlichen Auftraggebern, „das Recht zur Teilnahme an Vergabeverfahren Werkstätten für Menschen mit Behinderungen und Unternehmen vor[zu]behalten, deren Hauptzweck die soziale und berufliche Integration von Menschen mit Behinderungen oder von benachteiligten Personen ist, oder [zu] bestimmen, dass öffentliche Aufträge im Rahmen von Programmen mit geschützten Beschäftigungsverhältnissen durchzuführen sind." Die vergaberechtliche Begünstigung einer sozial besonders schutzbedürftigen Gruppe geht in diesem Fall so weit, dass kommerzielle Unternehmen ungeachtet ihrer gesetzlichen Verpflichtung zur Beschäftigung von Behinderten vom Wettbewerb um öffentliche Aufträge ausgeschlossen werden können.[137]

Hinsichtlich der vergabefremden Kriterien bestehen zahlreiche Streitfragen.[138] Jedenfalls müssen sie stets einen Bezug zum Beschaffungsgegenstand aufweisen.[139] Derartige Vorgaben sind darüber hinaus als Bedingungen für die Auftragsdurchführung weithin zulässig, vgl. § 128 GWB. In diesem Falle stehen sie grundsätzlich außerhalb des Vergabewettbewerbs, wenngleich sie sich durchaus auf diesen auswirken.[140]

c) Verfahrensabschluss

76 Nach Abschluss des Wertungsprozesses mit der Auswahl desjenigen Angebots, auf das der Zuschlag erteilt werden soll, steht der künftige Vertragspartner des öffentlichen Auftraggebers fest. Der Vertrag darf jedoch nicht sofort mit diesem abgeschlossen werden, da der diesen herbeiführende Zuschlag nach § 168 Abs. 2 S. 1 GWB (auch im Falle der Rechtswidrigkeit) unaufhebbar ist. Um den unterlegenen Bietern die Inanspruchnahme von Rechtsschutz zu ermöglichen, sind diese gemäß § 134 Abs. 1 GWB zunächst über die beabsichtigte Zuschlagerteilung zu informieren.

Dabei sind die Identität des erfolgreichen Bieters und die wesentlichen Gründe dafür, dass der informierte Bieter nicht ausgewählt wurde, kurz aber nachvollziehbar darzulegen. Zur rechtzeitigen Ermöglichung von Rechtsschutz muss zudem das früheste Datum der Zuschlagerteilung genannt werden. Die Vorabinformation entfällt nach § 134 Abs. 3 GWB nur in den Fällen, in denen ein Verhandlungsverfahren ohne Teilnahmewettbewerb wegen besonderer Dringlichkeit gerechtfertigt ist (→ Rn. 90).

77 Nach Absendung der Vorabinformation muss der öffentliche Auftraggeber zunächst eine Stillhaltefrist von 10 bzw. 15 Tagen abwarten, deren Länge sich nach der gewählten Übermittlungsart richtet. Ein Verstoß hiergegen wie auch gegen die Vorabinformationspflicht als solche führt unter den Voraussetzungen des § 135 Abs. 1 Nr. 1, Abs. 2 GWB zur Nichtigkeit eines gleichwohl abgeschlossenen Vertrages. Gleiches gilt nach § 135 Abs. 1 Nr. 2 GWB für die Fälle der de facto-Vergabe, bei der nicht einmal ein Vergabeverfahren durchgeführt wurde.

---

135 Dazu im Überblick *Fehling*, in: Pünder/Schellenberg, Vergaberecht, § 129 GWB Rn. 25 ff.; insbesondere zum Verhältnis zum MiLoG *Tugendreich*, NZBau 2015, 395 ff.
136 Dazu *Germelmann*, GewArch 2016, 100 (102 f.); *Beneke*, VergabeR 2018, 227 (234 f.).
137 BT-Drs. 18/6281, S. 96.
138 Siehe aus neuerer Zeit vertiefend *Lee*, Die Einbeziehung sozialer und umweltbezogener Kriterien in das Vergabeverfahren. Ein Vergleich zwischen Deutschland und Taiwan, 2022.
139 Grundlegend EuGH, Slg 2003, I-14527 – EVN und Wienstrom.
140 Vgl. *Opitz*, in: Burgi/Dreher/Opitz, Beck'scher Vergaberechtskommentar I, § 128 Rn. 17; *Wiedemann*, in: Kulartz/Kus/Portz/Prieß, GWB-Vergaberecht, § 128 Rn. 30.

V. Vergabeverfahren § 10

Diese Nichtigkeitsfolge ist jedoch insoweit begrenzt, als ihr Eintritt die Feststellung des Verstoßes in einem vergaberechtlichen Nachprüfungsverfahren (→ Rn. 109 ff.) voraussetzt und ihre Geltendmachung zudem zeitlich eng begrenzt ist.

Nach Ablauf der Stillhaltefrist kann, sofern kein Nachprüfungsantrag erfolgt ist oder nachdem etwaige Nachprüfungsanträge zurückgewiesen wurden, der Zuschlag erteilt werden. Der Vertrag muss inhaltlich dem ausschreibungskonformen Angebot des Bestbieters entsprechen. 78

Anstelle der Zuschlagerteilung kann der öffentliche Auftraggeber auch noch nach Abgabe der Angebote durch interessierte Unternehmen das Verfahren abbrechen und auf die Auftragsvergabe verzichten. Eine Aufhebung des Vergabeverfahrens ist grundsätzlich möglich, vgl. § 63 VgV, § 17 EU VOB/A, § 57 SektVO. Sie unterliegt jedoch uneingeschränkt der Nachprüfung[141] und führt im Falle ihrer Rechtswidrigkeit zur Schadensersatzpflicht der Vergabestelle. 79

3. Verfahrensarten

Für die konkrete Durchführung von öffentlichen Auftrags- und Konzessionsvergaben stellt das Vergaberecht eine beschränkte Anzahl abschließend normierter Vergabeverfahrensarten zur Verfügung. Die Unternehmen haben nach § 97 Abs. 6 GWB Anspruch auf die Einhaltung dieser Verfahrensvorgaben. 80

a) Öffentliche Auftragsvergabe

Die bei der Vergabe öffentlicher Aufträge zur Verfügung stehenden Verfahrensarten werden in § 119 GWB benannt, ihre Anwendungsbereiche bestimmt und ihr Ablauf in ihren Grundzügen umrissen.[142] Die detaillierte Ausgestaltung erfolgt durch das untergesetzliche Vergaberecht. 81

(1) Offenes Verfahren

Das offene Verfahren ist nach § 119 Abs. 3 GWB „ein Verfahren, in dem der öffentliche Auftraggeber eine unbeschränkte Anzahl von Unternehmen öffentlich zur Abgabe von Angeboten auffordert." Es handelt sich um ein Verfahren ohne Zugangshürden für Unternehmen und weist daher grundsätzlich eine besonders hohe Wettbewerbsintensität auf. 82

Für Auftragsvergaben unterhalb der Schwellenwerte entspricht dem offenen Verfahren im Wesentlichen die Öffentliche Ausschreibung iSv § 9 UVgO, § 3 Nr. 1 VOB/A.

Öffentliche Auftraggeber wie auch Sektorenauftraggeber können das offene Verfahren jederzeit nutzen. Einzige Ausnahme bildet gemäß § 146 GWB die Vergabe von verteidigungs- und sicherheitsspezifischen Aufträgen iSv § 145 GWB wegen der besonderen Sensibilität der Beschaffungsgegenstände. 83

Der Ablauf des offenen Verfahrens ist normativ durch § 15 VgV, § 3b EU Abs. 1 VOB/A, § 14 SektVO iVm den allgemeinen Regelungen vorgegeben und weist gegenüber der Grundstruktur von Vergabeverfahren (→ Rn. 62 ff.) kaum Besonderheiten auf. Alle interessierten Unternehmen können innerhalb der Angebotsfrist von min- 84

---

[141] EuGH, Slg 2002, I-5553 – Hospital Ingenieure.
[142] Ausführlich zu den Verfahrensarten *Knauff*, in: Müller-Wrede, GWB-Vergaberecht, § 119 Rn. 22 ff.

destens 35 Tagen nach der Ausschreibung Angebote abgeben, die sodann von der Vergabestelle gewertet werden, woraufhin nach Vorabinformation und Ablauf der Stillhaltefrist der Zuschlag erteilt wird.

(2) Nicht offenes Verfahren

85 Das nicht offene Verfahren ist nach § 119 Abs. 4 GWB „ein Verfahren, bei dem der öffentliche Auftraggeber nach vorheriger öffentlicher Aufforderung zur Teilnahme eine beschränkte Anzahl von Unternehmen nach objektiven, transparenten und nichtdiskriminierenden Kriterien auswählt (Teilnahmewettbewerb), die er zur Abgabe von Angeboten auffordert." Eine Mitwirkung ist mithin nicht allen Unternehmen möglich, sondern nur den vorab von der Vergabestelle ausgewählten.

Bei Unterschwellenvergaben entspricht dem nicht offenen Verfahren im Wesentlichen die Beschränkte Ausschreibung mit Teilnahmewettbewerb nach § 10 UVgO, § 3 Nr. 2 VOB/A. Ein Äquivalent für die Beschränkte Ausschreibung ohne Teilnahmewettbewerb, §§ 11 UVgO, existiert im GWB-Vergaberecht nicht.

86 Die Verwendung des nicht offenen Verfahrens ist stets zulässig. Spezifische Voraussetzungen hierfür bestehen nicht, § 119 Abs. 2 S. 1, § 141 Abs. 1, § 146 S. 1 GWB.

Der vormalige Vorrang des offenen Verfahrens bei Auftragsvergaben durch öffentliche Auftraggeber ist mit dem Vergaberechtsmodernisierungsgesetz (2016) in Übereinstimmung mit den europarechtlichen Vorgaben entfallen.

87 Die Besonderheit des nicht offenen Verfahrens im Vergleich zum offenen Verfahren besteht darin, dass nach der Bekanntmachung durch die Vergabestelle eine Vorauswahl der Unternehmen erfolgt, die zur Angebotsabgabe aufgefordert werden. Regelmäßig erfolgt dies auf Grundlage von Interessenbekundungen der Unternehmen. Bei dieser Vorauswahl, bei der Diskriminierungen zu unterbleiben haben,[143] erfolgt eine vorgezogene Eignungsprüfung.[144] Im Übrigen entspricht der Ablauf des nichtoffenen Verfahrens demjenigen des offenen Verfahrens.

(3) Verhandlungsverfahren

88 Eine wegen der besonderen Flexibilität bei Auftraggebern besonders geschätzte Verfahrensart ist das Verhandlungsverfahren. Dieses existiert in zwei Ausprägungen, die in der Legaldefinition des Verfahrens in § 119 Abs. 5 GWB deutlich werden. Danach ist das Verhandlungsverfahren „ein Verfahren, bei dem sich der öffentliche Auftraggeber mit oder ohne Teilnahmewettbewerb an ausgewählte Unternehmen wendet, um mit einem oder mehreren dieser Unternehmen über die Angebote zu verhandeln." Die Durchführung eines Teilnahmewettbewerbs bildet mithin die wesentliche Unterscheidung und ist insbesondere für die Wettbewerbsintensität entscheidend. Die Zulässigkeit von Verhandlungsverfahren wird vom Vergaberecht detailliert und differenzierend nach Auftragsarten und Auftraggebern geregelt.

Bei Unterschwellenvergaben entspricht die Verhandlungsvergabe nach § 12 UVgO bzw. die Freihändige Vergabe nach § 3 Nr. 3 VOB/A funktional dem Verhandlungsverfahren.

---

143 Vgl. OLG Naumburg Beschl. v. 28.8.2000 – 1 Verg 5/00.
144 Zur Unzulässigkeit der Beteiligung von Unternehmen, die die geforderten Mindestbedingungen nicht erfüllen OLG Düsseldorf Beschl. v. 24.6.2002 – Verg 26/02; BayObLG, NZBau 2000, 259 (261).

V. Vergabeverfahren

§ 10

Die Anwendungsvoraussetzungen des Verhandlungsverfahrens für die Vergabe von öffentlichen Aufträgen – mit Ausnahme verteidigungs- und sicherheitsspezifischer Aufträge – durch öffentliche Auftraggeber gestalten VgV und VOB/A auf Grundlage von § 119 Abs. 2 S. 2 GWB aus. Das Verhandlungsverfahren mit Teilnahmewettbewerb steht öffentlichen Auftraggebern nur unter den in § 14 Abs. 3 VgV, § 3a EU Abs. 2 VOB/A genannten, sich teils überschneidenden[145] Voraussetzungen zur Verfügung. Erforderlich ist danach, dass „1. die Bedürfnisse des öffentlichen Auftraggebers nicht ohne die Anpassung bereits verfügbarer Lösungen erfüllt werden können, 2. der Auftrag konzeptionelle oder innovative Lösungen umfasst, 3. der Auftrag aufgrund konkreter Umstände, die mit der Art, der Komplexität oder dem rechtlichen oder finanziellen Rahmen oder den damit einhergehenden Risiken zusammenhängen, nicht ohne vorherige Verhandlungen vergeben werden kann, 4. die Leistung, insbesondere ihre technischen Anforderungen, vom öffentlichen Auftraggeber nicht mit ausreichender Genauigkeit unter Verweis auf eine Norm, eine europäische technische Bewertung (ETA), eine gemeinsame technische Spezifikation oder technische Referenzen im Sinne des Anhangs 1 Nummer 2 bis 5 beschrieben werden kann, oder 5. im Rahmen eines offenen oder nicht offenen Verfahrens keine ordnungsgemäßen oder nur unannehmbare Angebote eingereicht wurden". Gegen die Zuerkennung allzu „großzügige[r] Beurteilungsspielräume"[146] im Hinblick auf das Vorliegen dieser Voraussetzungen spricht der Ausnahmecharakter des Verfahrens.[147]

89

Das Verhandlungsverfahren ohne Teilnahmewettbewerb darf nur unter nochmals engeren und selten vorliegenden Voraussetzungen der § 14 Abs. 4 VgV und § 3a EU Abs. 3 VOB/A durchgeführt werden.[148] Es handelt sich um Fälle, in denen in einem offenen oder einem nicht offenen Verfahren keine oder keine geeigneten Angebote oder keine geeigneten Teilnahmeanträge abgegeben worden sind (Nr. 1),[149] nur ein bestimmter Anbieter die Leistung erbringen kann (Nr. 2), wobei die Voraussetzungen nach § 14 Abs. 6 VgV, § 3a EU Abs. 3 Nr. 3 VOB/A jenseits des Bestehens ausschließlicher (Schutz-)Rechte nur dann gelten, „wenn es keine vernünftige Alternative oder Ersatzlösung gibt und der mangelnde Wettbewerb nicht das Ergebnis einer künstlichen Einschränkung der Auftragsparameter ist", Lieferleistungen ohne Marktbezug, „die ausschließlich zu Forschungs-, Versuchs-, Untersuchungs- oder Entwicklungszwecken hergestellt wurde[n]", Gegenstand der Beschaffung sind (Nr. 4) oder es sich um den Erwerb von Waren an Warenbörsen (Nr. 6) oder von Leistungen zu besonders günstigen Bedingungen bei Geschäftsaufgabe von Lieferanten oder in Insolvenz- und vergleichbaren Verfahren (Nr. 7) handelt oder ein (Planungs-)Wettbewerb durchgeführt wurde (Nr. 8). Darüber hinaus ermöglicht § 14 Abs. 4 Nr. 3 VgV, § 3a EU Abs. 3 Nr. 4 VOB/A die Vergabe im Wege des Verhandlungsverfahrens ohne Teilnahmewettbewerb in Fällen äußerster Dringlichkeit.[150] Die wettbewerbsfreie Beauftragung eines vorhandenen Auftragnehmers ist schließlich in den von § 14 Abs. 4 Nr. 5 und 9 VgV sowie § 3a EU Abs. 3 Nr. 5 VOB/A erfassten Konstellationen zulässig.

90

---

145 *Hettich*, in: Hettich/Soudry, Das neue Vergaberecht, S. 12 (28); *Hirsch/Kaelble*, in: Müller-Wrede, VgV/UVgO, § 14 VgV Rn. 58.
146 *Hettich*, in: Hettich/Soudry, Das neue Vergaberecht, S. 12 (27).
147 Dazu *Favier/Schüler*, ZfBR 2016, 761 (766).
148 Siehe auch OLG Düsseldorf, NZBau 2017, 679 (681); *Wagner*, in: Langen/Bunte, Kartellrecht, § 119 GWB Rn. 35.
149 Zur Problematik der Abgrenzbarkeit *Hirsch/Kaelble*, in: Müller-Wrede, VgV/UVgO, § 14 VgV Rn. 165.
150 Näher *Stumpf/Götz*, VergabeR 2016, 561 ff.

91 Sektorenauftraggebern steht nach § 141 Abs. 1 GWB das Verhandlungsverfahren mit Teilnahmewettbewerb stets zur Verfügung. Auf das Verhandlungsverfahren ohne Teilnahmewettbewerb dürfen sie dagegen nach § 141 Abs. 1 GWB nur unter den engen, § 14 Abs. 4 VgV entsprechenden Voraussetzungen des § 13 Abs. 2 SektVO zurückgreifen. Entsprechendes gilt grundsätzlich auch für die Vergabe von verteidigungs- und sicherheitsspezifischen Aufträgen nach § 146 GWB iVm §§ 11 f. VSVgV.

92 Sofern ein Teilnahmewettbewerb nicht ausnahmsweise unterbleiben kann, beginnt jedes Verhandlungsverfahren mit der Ausschreibung, so dass Unternehmen ihr Interesse an einer Verfahrensteilnahme bekunden können. Sodann wählt die Vergabestelle eine Anzahl von Unternehmen aus, mit denen sie in umfassende Verhandlungen eintritt. Die Verhandlungsphase ist normativ nur in geringem Maße vorstrukturiert. Unter Wahrung der zentralen Vorgaben der Ausschreibung[151] und der Beachtung der Vergabegrundsätze[152] (→ Rn. 55 ff.) kann der öffentliche Auftraggeber dabei eine ihm zweckmäßig erscheinende Ausgestaltung wählen und insbesondere das Verfahren in mehrere Phasen unterteilen und dabei die Zahl der Bieter reduzieren. Er hat jedoch sicherzustellen, dass im Hinblick auf die Zuschlagentscheidung ein echter Wettbewerb gewährleistet ist, § 17 Abs. 12 VgV, § 11 Abs. 3 VSVgV. Angebotsabgabe, Vorabinformation und Zuschlagerteilung folgen wiederum den allgemeinen Regelungen.

Entsprechend seiner Bezeichnung ist das Verhandlungsverfahren durch Verhandlungen geprägt. Dies bedeutet, „dass Auftraggeber und potenzieller Auftragnehmer Auftragsinhalt und Auftragsbedingungen so lange besprechen [können], bis klar ist, was der Auftraggeber tatsächlich und konkret beschaffen will, zu welchen Konditionen der Auftragnehmer dies leistet und insbesondere zu welchem Preis geleistet wird."[153] Dennoch kann der Auftraggeber nach § 17 Abs. 11 VgV, § 15 Abs. 4 SektVO „den Auftrag auf der Grundlage der Erstangebote vergeben, ohne in Verhandlungen einzutreten, wenn er sich in der Auftragsbekanntmachung oder in der Aufforderung zur Interessensbestätigung diese Möglichkeit vorbehalten hat." Bei der Vergabe von verteidigungs- und sicherheitsspezifischen Aufträgen ist dies nicht vorgesehen.

(4) Wettbewerblicher Dialog

93 § 119 Abs. 6 GWB definiert den wettbewerblichen Dialog als „ein Verfahren zur Vergabe öffentlicher Aufträge mit dem Ziel der Ermittlung und Festlegung der Mittel, mit denen die Bedürfnisse des öffentlichen Auftraggebers am besten erfüllt werden können. Nach einem Teilnahmewettbewerb eröffnet der öffentliche Auftraggeber mit den ausgewählten Unternehmen einen Dialog zur Erörterung aller Aspekte der Auftragsvergabe." Das Verfahren ist mithin für Vergaben in Situationen konzipiert, in denen es dem Auftraggeber nicht möglich ist, den Beschaffungsgegenstand selbst abschließend zu definieren, vgl. Erw. 42 Richtlinie 2014/24/EU. In der Praxis spielt der wettbewerbliche Dialog nur eine geringe Rolle.

Für Unterschwellenvergaben ist kein dem wettbewerblichen Dialog vergleichbares Vergabeverfahren vorgesehen. Es steht öffentlichen Auftraggebern aber frei, eine Verhandlungs- bzw. Freihändige Vergabe (→ Rn. 88) entsprechend auszugestalten.

---

151 EuGH, VergabeR 2014, 395 (399) – Nordecon; zur Zulässigkeit von Detailänderungen BGH, VergabeR 2007, 73 (75).
152 OLG Celle, VergabeR 2002, 299 (301); OLG Frankfurt, VergabeR 2001, 299 (302).
153 OLG Düsseldorf, NZBau 2016, 653 (654).

V. Vergabeverfahren

§ 10

Öffentlichen Auftraggebern steht das Verfahren des wettbewerblichen Dialogs gemäß § 14 Abs. 3 VgV unter denselben Voraussetzungen wie das Verhandlungsverfahren mit Teilnahmewettbewerb zur Verfügung (→ Rn. 89). Unter Berücksichtigung des § 119 Abs. 6 S. 1 GWB kann dies jedoch nicht im Falle des § 14 Abs. 3 Nr. 5 VgV, § 3a EU Abs. 4, Abs. 2 Nr. 2 VOB/A gelten, also wenn „im Rahmen eines offenen oder nicht offenen Verfahrens keine ordnungsgemäßen oder nur unannehmbare Angebote eingereicht wurden". Es erscheint kaum vorstellbar, dass zunächst ein offenes oder nicht offenes Verfahren (erfolglos) durchgeführt wurde und erst im Anschluss im Rahmen eines wettbewerblichen Dialogs gemäß dessen Zwecksetzung diejenigen Mittel ermittelt und festgelegt werden, mit denen das Beschaffungsbedürfnis des öffentlichen Auftraggebers befriedigt werden kann. Soweit dies gleichwohl im Einzelfall zu bejahen sein sollte, war im Zweifel zum Zeitpunkt der Durchführung des gescheiterten Angebotsverfahrens die Ausschreibungsreife nicht gegeben. Richtigerweise fehlt es daher in dieser Konstellation an der Austauschbarkeit von wettbewerblichem Dialog und Verhandlungsverfahren mit Teilnahmewettbewerb, sondern kommt nur Letzteres in Betracht.[154]

94

Sektorenauftraggeber können stets einen wettbewerblichen Dialog durchführen. Sie verfügen insoweit nach § 141 Abs. 1 GWB über ein uneingeschränktes Wahlrecht.

95

Vergaben von verteidigungs- und sicherheitsspezifischen Aufträgen können grundsätzlich ebenfalls im wettbewerblichen Dialog erfolgen, § 146 S. 1 GWB. Allerdings sieht § 13 Abs. 1 VSVgV spezifische Anwendungsvoraussetzungen vor. Danach muss es sich um besonders komplexe Aufträge handeln, bei denen Auftraggeber „objektiv nicht in der Lage sind, 1. die technischen Mittel anzugeben, mit denen ihre Bedürfnisse und Ziele erfüllt werden können, oder 2. die rechtlichen oder finanziellen Bedingungen des Vorhabens anzugeben." In diesem Falle sind zugleich die Voraussetzungen für die Durchführung eines Verhandlungsverfahrens mit Teilnahmewettbewerb gegeben (→ Rn. 89). Die Vergabestelle hat in diesem Falle ein Wahlrecht zwischen beiden Verfahrensarten.

96

Die spezifischen Anwendungsvoraussetzungen entsprechen den vormals allgemein geltenden Anforderungen. Die Novellierung der Vergaberichtlinien und daran anknüpfend das Vergaberechtsmodernisierungsgesetz hat die Sonderregelungen für verteidigungs- und sicherheitsspezifische Aufträge jedoch unberührt belassen. Die geforderte besondere Komplexität kann sich insbesondere aus technischen, finanziellen oder juristischen Schwierigkeiten ergeben. Im Detail ist die Abgrenzung zwischen „einfach" komplexen und besonders komplexen Aufträgen kaum möglich.[155]

Der Ablauf des wettbewerblichen Dialogs[156] unterscheidet sich deutlich von demjenigen eines offenen oder nicht offenen Verfahrens. Infolge der verfahrenseinleitenden Bekanntmachung geben teilnahmewillige Unternehmen Interessenbekundungen ab. Die Vergabestelle wählt unter diesen geeigneten Unternehmen aus, die sie zur Abgabe indikativer Angebote auffordert. Auf deren Grundlage erfolgen daraufhin mit den Bietern jeweils umfassende Verhandlungen, die der Erarbeitung passgenauer Lösungen für die Bedürfnisse des öffentlichen Auftraggebers dienen. Dabei können mehrere Verhandlungsrunden erfolgen, in deren Verlauf die Zahl der am Vergabewettbewerb teilnehmenden Unternehmen reduziert werden kann. Nach dem Ende der Verhandlungsphase geben die Bieter schließlich bindende Angebote ab, die von der Vergabestelle anhand

97

---

154 Siehe auch *Knauff*, NZBau 2018, 134 (138).
155 Näher *Knauff*, NZBau 2005, 249 (253 f.).
156 Ausführlich *Bombien*, Der wettbewerbliche Dialog – Rechtliche Analyse und Vergleich mit dem Verhandlungsverfahren, 2011, S. 145 ff.; *Reimnitz*, Der neue Wettbewerbliche Dialog, 2009, S. 107 ff.; *Schneider*, Der Wettbewerbliche Dialog im Spannungsfeld der Grundsätze des Vergaberechts, 2009, S. 124 ff.

der zu Beginn des Verfahrens festgelegten und bekanntgemachten Bewertungsmatrix gewertet werden. Insoweit gelten ebenso wie für Vorabinformation und Zuschlagerteilung keine Besonderheiten.

(5) Innovationspartnerschaft

98 § 119 Abs. 7 S. 1 GWB definiert die Innovationspartnerschaft als „ein Verfahren zur Entwicklung innovativer, noch nicht auf dem Markt verfügbarer Liefer-, Bau- oder Dienstleistungen und zum anschließenden Erwerb der daraus hervorgehenden Leistungen". Damit werden die wesentlichen Voraussetzungen für die Anwendbarkeit des Verfahrens festgelegt und zugleich seine Qualifikation als echtes Vergabeverfahren, das sich durch das Ziel einer Auftragsvergabe auszeichnet – und sich nicht auf eine bloße Forschungsförderung beschränkt –, klargestellt. Es muss mithin ein innovatives Produkt oder eine innovative Leistung zunächst entwickelt und sodann erworben werden sollen. Als Innovation gilt dabei entsprechend der Legaldefinition in Art. 2 Nr. 22 Richtlinie 2014/24/EU „die Realisierung von neuen oder deutlich verbesserten Waren, Dienstleistungen oder Verfahren, einschließlich — aber nicht beschränkt auf — Produktions-, Bau- oder Konstruktionsverfahren, eine neue Vermarktungsmethode oder ein neues Organisationsverfahren in Bezug auf Geschäftspraxis, Abläufe am Arbeitsplatz oder externe Beziehungen, u.a. mit dem Ziel, zur Bewältigung gesellschaftlicher Herausforderungen beizutragen oder die Strategie Europa 2020 für intelligentes, nachhaltiges und integratives Wachstum zu unterstützen".

Für Unterschwellenvergaben existiert kein vergleichbares Vergabeverfahren.

99 Öffentliche Auftraggeber wie auch Sektorenauftraggeber können das Verfahren der Innovationspartnerschaft unter den Voraussetzungen des § 119 Abs. 2 S. 2 GWB iVm § 19 VgV bzw. § 141 Abs. 2 GWB iVm § 18 SektVO durchführen. Beschränkungen über die allgemeinen Anwendungsvoraussetzungen hinaus sind damit nicht verbunden.

Allein für die Vergabe von verteidigungs- oder sicherheitsspezifischen öffentlichen Aufträgen sieht § 146 GWB die Anwendung der Innovationspartnerschaft nicht vor.

100 Der Ablauf einer Innovationspartnerschaft[157] wird in § 119 Abs. 7 S. 2 GWB iVm § 19 VgV bzw. § 18 SektVO normiert. Das Vergabeverfahren beginnt mit einer Bekanntmachung, in der der öffentliche Auftraggeber die Nachfrage nach der innovativen Liefer- oder Dienstleistung darstellt. Verbunden mit diesen Angaben ist die an eine unbeschränkte Anzahl von Unternehmen gerichtete Aufforderung zur Abgabe von Teilnahmeanträgen. Auf Grundlage der Teilnahmeanträge wählt der öffentliche Auftraggeber diejenigen Unternehmen aus, mit denen das Verfahren fortgeführt werden soll. Die Auswahl erfolgt nach den in der Auftragsbekanntmachung oder den Vergabeunterlagen vorgesehenen „Eignungskriterien …, die die Fähigkeiten der Unternehmen auf dem Gebiet der Forschung und Entwicklung sowie die Ausarbeitung und Umsetzung innovativer Lösungen betreffen." Übersteigt die Bewerber- die vorgesehene (Mindest-)Teilnehmerzahl kann der öffentliche Auftraggeber unter den Unternehmen eine Auswahl treffen. Das weitere Verfahren wird durch die Aufforderung des öffentlichen Auftraggebers der im Teilnahmewettbewerb ausgewählten Unternehmen zur Einreichung eines Angebots „in Form von Forschungs- und Innovationsprojekten" eingeleitet. Daran schließen sich umfassende Verhandlungen an. Dabei ist der öffent-

---

[157] Siehe dazu auch ausführlich *Knauff/Meurers*, in: Müller-Wrede, VgV/UVgO, § 19 VgV Rn. 19 ff.; mit Bezug zu den europarechtlichen Vorgaben *Badenhausen-Fähnle*, VergabeR 2015, 743 (747 ff.).

liche Auftraggeber zu einer uneingeschränkten Gleichbehandlung der teilnehmenden Unternehmen verpflichtet. Eine unautorisierte Weitergabe vertraulicher Informationen ist zu unterlassen und es sind Maßnahmen zum Schutz geistigen Eigentums zu ergreifen.[158] Eine Abschichtung der Verhandlungen mit Reduzierung der Teilnehmerzahl ist zulässig. Am Ende der Verhandlungsphase reichen die im Wettbewerb verbliebenen Unternehmen endgültige und nicht mehr verhandelbare Angebote ein. Diese basieren notwendig auf den jeweils zuvor erreichten Verhandlungsergebnissen. Deren Gegenstand bildet nicht nur die zu diesem Zeitpunkt noch nicht vorliegende innovative Leistung als solche, sondern auch der zu ihrer abschließenden Entwicklung führende Prozess. Sie ermöglichen dem öffentlichen Auftraggeber letztlich nicht mehr als eine Prognose in Bezug auf die Realisierung seines Beschaffungszwecks und deren wahrscheinliche Kosten. Bei der Angebotswertung dürfen weder der niedrigste Preis noch die niedrigsten Kosten als alleiniges Zuschlagskriterium dienen. Als zentrales Zuschlagskriterium sollte die Innovationsleistung dienen. Der Zuschlag wird auf das Angebot des Bestbieters erteilt; alternativ kommt eine Zuschlagerteilung auf mehrere Angebote, die sämtlich die Zuschlagskriterien erfüllen, in Betracht, sofern dies in den Vergabeunterlagen vorgesehen war. Mit dem Zuschlag geht die Begründung der Innovationspartnerschaft(en) in einem vertragsbasierten, organisatorischen Sinne einher. Für den Fall, dass dies mit mehreren Unternehmen geschieht, haben diese im Folgenden „getrennte Forschungs- und Entwicklungstätigkeiten durch[zu]führen."

Die Innovationspartnerschaft in diesem organisatorischen Sinne gliedert sich sodann in zwei aufeinander folgende Phasen. Die nach dem Zuschlag beginnende Forschungs- und Entwicklungsphase dient der Herstellung von Prototypen oder der Entwicklung der Dienstleistung. Gegenstand ist also der „eigentlich[e] Entwicklungs- und Innovationsprozess".[159] Daran schließt sich eine Leistungsphase an, in der die aus der Partnerschaft hervorgegangene Leistung erbracht wird. Diese entfällt jedoch insgesamt oder unternehmensbezogen, wenn die angestrebte Innovation nicht gelingt. Überdies ist „der öffentliche Auftraggeber zum ... Erwerb der innovativen Liefer- oder Dienstleistung nur dann verpflichtet, wenn das bei Eingehung der Innovationspartnerschaft festgelegte Leistungsniveau und die Kostenobergrenze eingehalten werden."

(6) Besondere Methoden und Instrumente in Vergabeverfahren

§ 120 GWB sieht ergänzend einige besondere Methoden und Instrumente vor, die in Vergabeverfahren zur Anwendung kommen können. Es handelt sich dabei nicht um eigenständige Verfahrensarten, sondern allein um spezifische Ausgestaltungsmöglichkeiten, die öffentlichen Auftraggebern und Sektorenauftraggebern zur Verfügung stehen.[160]

Im Unterschwellenbereich stehen diese Instrumente öffentlichen Auftraggebern für die Vergabe von Liefer- und Dienstleistungsaufträgen gemäß §§ 17 ff. UVgO ebenfalls zur Verfügung.

Ein dynamisches Beschaffungssystem iSv § 120 Abs. 1 GWB ist „ein zeitlich befristetes, ausschließlich elektronisches Verfahren zur Beschaffung marktüblicher Leistungen, bei denen die allgemein auf dem Markt verfügbaren Merkmale den Anforderungen des öffentlichen Auftraggebers genügen." Seine nähere Ausgestaltung erfolgt durch §§ 22 ff.

---

158 Zur Gefahr des „Ideenklaus" *Fehling*, NZBau 2012, 673 (675, 678).
159 *Badenhausen-Fähnle*, VergabeR 2015, 743 (753).
160 Zu den Instrumenten näher *Osseforth*, in: Gabriel/Krohn/Neun, Handbuch Vergaberecht, § 13 Rn. 119 ff.; *Braun*, VergabeR 2016, 179 (185 ff.).

VgV und §§ 20 ff. SektVO. Es bildet eine besondere Ausprägung des nicht offenen Verfahrens, ist zeitlich begrenzt und steht während seiner Laufzeit allen geeigneten Bietern offen. Einzelbeschaffungen erfolgen auf Grundlage von Aufforderungen zur Angebotsabgabe, die sich an alle beteiligten Unternehmen richten.

104 Als elektronische Auktion bezeichnet § 120 Abs. 2 GWB „ein sich schrittweise wiederholendes elektronisches Verfahren zur Ermittlung des wirtschaftlichsten Angebots. Jeder elektronischen Auktion geht eine vollständige erste Bewertung aller Angebote voraus." Voraussetzung ist, dass „der Inhalt der Vergabeunterlagen hinreichend präzise beschrieben und die Leistung mithilfe automatischer Bewertungsmethoden eingestuft werden kann", § 25 Abs. 1 S. 1 VgV, § 23 Abs. 1 S. 1 SektVO. Es wird das wirtschaftlich beste Angebot im Wege eines Absteigerungsverfahrens elektronisch ermittelt, wobei ein aktiver Preiswettbewerb der Bieter stattfindet. Eine elektronische Auktion kann im Rahmen eines offenen, eines nicht offenen oder eines Verhandlungsverfahrens erfolgen.

Eine elektronische Auktion kann nach § 25 Abs. 1 S. 4 VgV auch zwischen den Parteien einer Rahmenvereinbarung (→ Rn. 39) sowie innerhalb eines dynamischen Beschaffungssystems durchgeführt werden.

105 Als spezifische Angebotsform sieht § 120 Abs. 3 GWB den elektronischen Katalog vor. Dieser „ist ein auf der Grundlage der Leistungsbeschreibung erstelltes Verzeichnis der zu beschaffenden Liefer-, Bau- und Dienstleistungen in einem elektronischen Format. Er kann insbesondere beim Abschluss von Rahmenvereinbarungen eingesetzt werden und Abbildungen, Preisinformationen und Produktbeschreibungen umfassen." Seine nähere Ausgestaltung erfolgt durch § 27 VgV und § 25 SektVO.

b) Konzessionsvergabe

106 Anknüpfend an § 151 S. 3 GWB bestimmt § 12 Abs. 1 S. 1 KonzVgV, dass der Konzessionsgeber das Verfahren zur Vergabe von Konzessionen grundsätzlich frei ausgestalten darf. Deklaratorisch verweist § 12 Abs. 1 S. 2, Abs. 2 S. 1 und 2 KonzVgV zudem auf die Möglichkeit, das Verfahren an den Vorschriften der VgV zum Ablauf des Verhandlungsverfahrens mit Teilnahmewettbewerb auszurichten, es ein- oder mehrstufig durchzuführen, und auf die Zulässigkeit von Verhandlungen mit Bewerbern und Bietern. Bestimmte Vergabeverfahrensarten sieht das Konzessionsvergaberecht nicht vor. Vielmehr obliegt es den Vergabestellen, das Vergabeverfahren im Einzelfall angemessen auszugestalten.

Spezifische Vorgaben für die Konzessionsvergabe unterhalb der Schwellenwerte bestehen nicht. Aus der Rechtsprechung des EuGH zum Primärvergaberecht (→ Rn. 6, 55 ff.) folgen jedoch grundlegende, stets zu beachtende Verfahrensanforderungen.[161]

107 Eine gewisse Strukturierung des Konzessionsvergabeverfahrens durch das Konzessionsvergaberecht erfolgt insoweit, als GWB und KonzVgV normative Anforderungen an einzelne Aspekte aufstellen. Zentral sind die in § 13 KonzVgV verankerten, zwingend zu beachtenden Verfahrensgarantien, die durch die nachfolgenden Vorschriften der KonzVgV konkretisiert werden.[162]

---

[161] Im Einzelnen dazu *Siegel*, NZBau 2019, 353 ff.
[162] Ausführlich *Kruse*, Die Vergabe von Konzessionen, 2017, S. 47 ff.; siehe zum Verfahrensgang auch *Knauff*, in: Goede/Stoye/Stolz, Handbuch des Vergaberechts, Kap. 12 Rn. 49 ff.; *Siegel*, NVwZ 2016, 1672 (1674 ff.).

VI. Vergaberechtsschutz

Um sowohl die Beachtung der normativen Vorgaben als auch den Schutz subjektiver Rechte der Unternehmen sicherzustellen, bestehen besondere Vorschriften für den Vergaberechtsschutz bei Auftrags- und Konzessionsvergaben oberhalb der Schwellenwerte.[163] Diese unterscheiden sich allerdings erheblich von Rechtsschutzgewährleistungen gegen sonstige Verwaltungsentscheidungen.

Für Unterschwellenvergaben fehlt es an vergleichbaren Vorgaben, so dass insoweit grundsätzlich die allgemeinen Bestimmungen über den Rechtsschutz zur Anwendung kommen. Nur vereinzelt sehen die Landesvergabegesetze besondere Kontrollmöglichkeiten vor. Bieter sind daher regelmäßig auf die Inanspruchnahme vorläufigen Rechtsschutzes durch die Zivilgerichte verwiesen. Es gelingt ihnen jedoch nur selten, die hierfür bestehenden Voraussetzungen, vgl. § 935 ZPO, zu erfüllen. Trotz der damit verbundenen erheblichen Defizite hinsichtlich der Effektivität des Rechtsschutzes hat das BVerfG dessen Ausgestaltung nicht beanstandet.[164]

1. Vergaberechtliches Nachprüfungsverfahren

Das vergaberechtliche Nachprüfungsverfahren nach §§ 155 ff. GWB verfügt in der Praxis über eine große Bedeutung. Es handelt sich um eine spezielle, auf die Verhinderung rechtswidriger Vergabeentscheidungen gerichtete Rechtsschutzform (Primärrechtsschutz), die teilweise durch besondere, nicht gerichtliche Spruchkörper ausgeübt wird.

Die in der Rechtsordnung im Übrigen selten gegebene Notwendigkeit eines vorbeugenden Rechtsschutzes ist in Anbetracht der Unaufhebbarkeit eines wirksam erteilten Zuschlags nach § 168 Abs. 2 S. 1 GWB ein zwingendes Gebot effektiven Vergaberechtsschutzes.[165]

Das vergaberechtliche Nachprüfungsverfahren wird in erster Instanz von den Vergabekammern durchgeführt. Dabei handelt es sich um behördliche Einrichtungen. Diese treffen ihre Entscheidung unabhängig innerhalb von fünf Wochen[166] nach Erhebung eines Nachprüfungsantrags in einem gerichtsähnlichen Verfahren mit mündlicher Verhandlung durch Verwaltungsakt, § 160 Abs. 1, §§ 166, 167 Abs. 1, § 168 Abs. 3 S. 1 GWB. Sie haben den Sachverhalt nach § 163 GWB von Amts wegen zu ermitteln (Untersuchungsgrundsatz). Während des Verfahrens darf der Zuschlag nicht erteilt werden (Suspensiveffekt), sofern die vorzeitige Erteilung des Zuschlags nicht gestattet wird, §§ 169, 176 Abs. 1 GWB. Das Unternehmen, dem der Zuschlag erteilt werden soll, ist durch Beiladung in das Verfahren einzubeziehen, vgl. § 162 GWB. Gegen die Entscheidung der Vergabekammer ist das Rechtsmittel der sofortigen Beschwerde zum Oberlandesgericht (Vergabesenat) gegeben, §§ 171 ff. GWB. Dieses entscheidet grundsätzlich in letzter Instanz. Es muss jedoch im Falle einer beabsichtigten Abweichung von einer anderen OLG- oder BGH-Entscheidung eine Divergenzvorlage zum BGH nach § 179 Abs. 2 GWB durchführen. Dieser entscheidet sodann selbst oder verweist die Sache nach Klärung der aufgeworfenen Rechtsfrage zurück. Entscheidungen

---

[163] Umfassend dazu *Chen*, Vergaberechtsschutz im Spannungsfeld zwischen Beschleunigungsgebot und Gewährung effektiven Rechtsschutzes, 2019, insbes. ab S. 175; zu aktuellen Problemstellungen siehe *Steck*, VergabeR 2022, 300 ff.
[164] BVerfGE 116, 135.
[165] EuGH, Slg 1999, I-7671 – Alcatel.
[166] Bei Überschreitung der Entscheidungsfrist gilt der Nachprüfungsantrag nach BGH, NZBau 2020, 798, nur dann nach § 171 Abs. 2 GWB als abgelehnt, wenn der Antragsteller innerhalb der Notfrist des § 172 Abs. 1 GWB sofortige Beschwerde einlegt.

im Nachprüfungsverfahren entfalten nach § 179 Abs. 1 GWB Bindungswirkung für nachfolgende Prozesse. Eine missbräuchliche Inanspruchnahme führt zur Schadensersatzpflicht nach § 180 GWB.

111 Die Einleitung des Nachprüfungsverfahrens erfolgt durch einen entsprechenden Antrag nach § 160 Abs. 1 GWB. Seine Zulässigkeit setzt zunächst die Antragsbefugnis des Antragstellers voraus. Dieser muss gemäß § 160 Abs. 2 GWB ein Interesse am Auftrag bzw. der Konzession, eine Verletzung von Rechten iSv § 97 Abs. 6 GWB sowie einen damit einhergehenden Schaden geltend machen. Letzterer kann sich nur aus der Verschlechterung der Chancen auf die Erteilung des Zuschlags ergeben, so dass Bieter mit aussichtslosen Angeboten mangels Antragsbefugnis kein Nachprüfungsverfahren anstrengen können.[167] Des Weiteren muss gemäß § 160 Abs. 3 S. 1 GWB zuvor gegenüber dem Auftraggeber innerhalb der in Nr. 1 bis 3 genannten Fristen eine hinreichend deutliche Beanstandung des konkreten Vergaberechtsverstoßes (Rüge) erfolgt sein.[168]

Ausnahmen bezüglich der Rügenotwendigkeit bestehen nur für die de facto-Vergabe (→ Rn. 77) gemäß § 160 Abs. 3 S. 2 GWB.

112 Der Antrag muss den Formerfordernissen des § 161 GWB entsprechen. Die Frist für einen Nachprüfungsantrag an die Vergabekammer beträgt 15 Tage nach der Mitteilung über die Nichtabhilfe nach der Rüge, § 160 Abs. 3 S. 1 Nr. 4 GWB. Für die sofortige Beschwerde zum Oberlandesgericht schreibt § 172 Abs. 1 GWB eine Notfrist von zwei Wochen vor.

113 Ein Nachprüfungsantrag ist nach § 168 Abs. 1 GWB begründet, wenn der Antragsteller in einem ihm zugeordneten subjektiven Recht iSv § 97 Abs. 6 GWB verletzt wurde. Dies ist der Fall, wenn die Vergabestelle gegen Verfahrensvorschriften (→ Rn. 62 ff., 80 ff.) oder Vergabegrundsätze (→ Rn. 55 ff.) verstoßen und somit rechtswidrig gehandelt hat. Dann hat die Vergabekammer bzw. das Oberlandesgericht „geeignete Maßnahmen" zu treffen, „um eine Rechtsverletzung zu beseitigen und eine Schädigung der betroffenen Interessen zu verhindern". Regelmäßig ist hierzu das Vergabeverfahren in den Stand vor dem festgestellten Vergaberechtsverstoß zurückzuversetzen.[169]

2. Sonstige Rechtsschutzformen

114 Als besonderes, wenn auch praktisch wenig bedeutsames Instrument der Sicherung der Rechtmäßigkeit von Vergabeverfahren, deren Gegenstand öffentliche Aufträge oberhalb der Schwellenwerte sind, sieht Art. 3 Rechtsmittelrichtlinie 89/665/EWG iVm § 183 GWB einen sog. Korrekturmechanismus der EU-Kommission vor. Diese kann schwere Verstöße gegen das europäische Vergaberecht während eines laufenden Vergabeverfahrens beanstanden und ihre Beseitigung verlangen.[170]

115 Vergaberechtsschutz wird darüber hinaus auch durch Sekundärrechtsschutz gewährleistet. Der übergangene Bestbieter kann einen Schadensersatzanspruch gegen den rechtswidrig handelnden öffentlichen Auftraggeber aus § 311 Abs. 2, § 280, § 241 Abs. 2 BGB (culpa in contrahendo) geltend machen. Auf den anderweitig erteilten Auftrag hat dies keine Auswirkungen. Der Durchsetzung dieses Schadensersatzanspru-

---

167 BT-Drs. 13/9340, S. 40.
168 Siehe dazu im Einzelnen *Nowak*, in: Pünder/Schellenberg, Vergaberecht, § 160 GWB Rn. 50 ff.
169 Vgl. *Antweiler*, in: Burgi/Dreher/Opitz, Beck'scher Vergaberechtskommentar I, § 168 Rn. 38.
170 Ein Anspruch einzelner Unternehmen auf Durchführung besteht nicht, EuGH, VergabeR 2009, 773 – VDH Projektentwicklung und Edeka Rhein-Ruhr/Kommission.

VI. Vergaberechtsschutz § 10

ches steht nach der Rechtsprechung des BGH die unterbliebene Inanspruchnahme von Primärrechtsschutz nicht entgegen.[171]

Ebenso wie bei anderen Verstößen von EU-Mitgliedstaaten gegen Europarecht können die EU-Kommission oder ein anderer Mitgliedstaat gegen denjenigen Mitgliedstaat, dessen Vergabestelle einen Verstoß gegen EU-Vergaberecht begangen hat, ein Vertragsverletzungsverfahren vor dem EuGH nach Art. 258 f. AEUV durchführen. Das durch diesen Verstoß in seinen Rechten verletzte Unternehmen hat jedoch keinen Anspruch auf Einleitung eines solchen Verfahrens. Dieses erfolgt zudem idR erst nach der Erteilung des Zuschlags und ist daher wenig effektiv. Im Falle seiner Verurteilung ist der verklagte EU-Mitgliedstaat verpflichtet, die Vertragsverletzung zu beseitigen. Dies geschieht durch die Aufhebung des vergaberechtswidrig erteilten Auftrags, § 133 Abs. 1 Nr. 3 GWB.[172]

116

▶ **Zu Fall 13:** Der Nachprüfungsantrag der X ist gem. § 160 GWB statthaft und auch sonst zulässig. X beanstandet, dass ein nach Maßgabe des § 97 Abs. 1 GWB geregeltes Vergabeverfahren trotz Überschreitung der maßgeblichen Schwellenwerte bislang nicht stattgefunden hat. Ein subjektives Recht hierauf begründet § 97 Abs. 6 GWB. Die Verletzung dieses subjektiven Rechts unterliegt der durch § 160 GWB eröffneten Nachprüfung. Nach unionsrechtskonformer Auslegung von § 160 GWB ist die vergaberechtliche Nachprüfungsmöglichkeit (Primärrechtsschutz) nicht von der Einleitung und Durchführung eines bestimmten Vergabeverfahrens abhängig zu machen.

X ist gem. § 160 Abs. 2 GWB antragsbefugt. Sie hat durch Angebotsabgabe ihr Interesse an der Beauftragung mit den in Rede stehenden Bauleistungen dokumentiert. Mit ihren Beanstandungen, die W habe ein dem Vergaberecht des Vierten Teils des GWB entsprechendes Vergabeverfahren bislang nicht durchgeführt und Y Aufträge unter Verstoß gegen die Informations- und Wartepflicht gem. § 134 GWB erteilt, macht X die Einhaltung der Bestimmungen über das Vergabeverfahren im Sinne des § 97 Abs. 6 GWB geltend.

Ebenfalls ist von X dargelegt, dass ihr durch die behauptete Rechtsverletzung ein Schaden entstanden ist oder zu entstehen droht. Ausreichend ist, dass ein Schadenseintritt nach der Darstellung des Antragstellers nicht offensichtlich ausgeschlossen ist. Hierfür genügt, dass der behauptete Vergaberechtsverstoß geeignet ist, die Aussichten auf den Zuschlag zu beeinträchtigen. Das ist für die beanstandete Missachtung von § 97 Abs. 1 GWB der Fall, weil nicht ausgeschlossen werden kann, dass bei einem geregelten Vergabeverfahren die X den Zuschlag hätte erhalten müssen. X droht auch ein Schaden, soweit sie einen Verstoß gegen die Informations- und Wartepflicht gem. § 134 GWB geltend macht. Zwar sind die Auftragschancen eines Bieters nicht in jedem Fall dann höher, wenn der Auftraggeber seiner Pflicht zur Information und seiner Pflicht zur Einhaltung der Wartefrist nachkommt. Im Streitfall ließe sich der gerügte Verstoß aber nicht im laufenden Vergabeverfahren beheben, weil ein geregeltes Verfahren nicht stattgefunden hat und deshalb die Auftraggeberin im Falle eines Verstoßes gegen § 134 GWB ein solches erst noch durchführen müsste. Ob X in diesem Verfahren den Zuschlag erhalten müsste, ist offen.

W ist öffentliche Auftraggeberin. Nach § 99 Nr. 2 GWB sind öffentliche Auftraggeber unter anderem juristische Personen des privaten Rechts, die zu dem besonderen Zweck gegründet wurden, im Allgemeininteresse liegende Aufgaben nichtgewerblicher Art zu erfüllen, wenn Gebietskörperschaften sie einzeln oder gemeinsam durch Beteiligung oder auf sonstige

---

[171] BGH, NZBau 2019, 661 Rn. 28 ff.; NZBau 2019, 798 Rn. 16 ff.
[172] EuGH, Slg 2007, I-6153 – Abfallentsorgung Braunschweig II.

Weise überwiegend finanzieren oder über ihre Leitung die Aufsicht ausüben oder mehr als die Hälfte der Mitglieder eines ihrer zur Geschäftsführung oder zur Aufsicht berufenen Organe bestimmt haben. Die in der Rechtsform der GmbH als juristische Personen des Privatrechts organisierte W ist zu dem besonderen Zweck gegründet worden, im Allgemeininteresse liegende Aufgaben nichtgewerblicher Art zu erfüllen. Der Begriff des öffentlichen Auftraggebers ist funktional zu verstehen. Entscheidend ist deshalb nicht allein, welche Aufgaben der Gesellschaft bei ihrer Gründung übertragen worden sind, sondern die objektive Ausrichtung der juristischen Person auf die nichtgewerbliche Erfüllung einer im Allgemeininteresse liegenden Aufgabe. Die satzungsmäßig als Unternehmenszweck festgelegte und von der Auftraggeberin auch tatsächlich ausgeübte Tätigkeit der „sozial verträgliche(n) Bereitstellung von Wohnraum zu wirtschaftlich vertretbaren Bedingungen" stellt eine im Allgemeininteresse liegende Aufgabe dar. Der mit der Satzung festgeschriebene Zweck der sozial verträglichen Wohnraumbereitstellung erfasst die Bereiche des sozialen Wohnungsbaus und der sozialen Wohnraumförderung im Sinne des Gesetzes über die soziale Wohnraumförderung (WoFG), welches als Zielgruppe die Haushalte definiert, die sich am Markt nicht angemessen mit Wohnraum versorgen können und auf Unterstützung angewiesen sind, § 1 Abs. 2 WoFG. Der soziale Wohnungsbau und die soziale Wohnraumförderung sind als Bestandteil der öffentlichen Daseinsvorsorge im Allgemeininteresse liegende Aufgaben.

Nicht erforderlich für die Qualifikation als öffentlicher Auftraggeber ist es, dass das Unternehmen ausschließlich im Allgemeininteresse liegende Aufgaben nichtgewerblicher Art erfüllt. Es ist vielmehr unerheblich, dass die betreffende Einrichtung nicht nur eine im Allgemeininteresse liegende Aufgabe hat, sondern – in Gewinnerzielungsabsicht – auch andere Tätigkeiten ausübt. Welchen Anteil die in Gewinnerzielungsabsicht ausgeübten Tätigkeiten an den Gesamttätigkeiten dieser Einrichtung ausmachen, ist für die Frage, ob sie als Einrichtung des öffentlichen Rechts zu qualifizieren ist, ebenfalls unerheblich. Der Einordnung einer juristischen Person als öffentlicher Auftraggeber steht es nicht entgegen, wenn die Erfüllung der im Allgemeininteresse liegenden Aufgaben tatsächlich nur einen relativ geringen Teil der Tätigkeiten der Einrichtung ausmacht, solange sie weiterhin die im Allgemeininteresse liegenden Aufgaben wahrnimmt, die sie als besondere Pflicht zu erfüllen hat. Demnach führt auch eine nur teilweise Wahrnehmung von im Allgemeininteresse liegenden Aufgaben nichtgewerblicher Art dazu, dass die Gesamttätigkeit des Unternehmens vergaberechtlich als Tätigkeit eines öffentlichen Auftraggebers anzusehen ist. Eine andere Beurteilung kommt allenfalls dann in Betracht, wenn der Bereich der Erfüllung im Allgemeininteresse liegender Aufgaben nicht gewerblicher Art derart untergeordnet ist, dass die Ziele des EU-Vergaberechts ersichtlich nicht tangiert werden.

Die von der Auftraggeberin wahrgenommene Aufgabe der sozial verträglichen Bereitstellung von Wohnraum ist nichtgewerblicher Art. Das Merkmal der „Nichtgewerblichkeit" ist auf die im Allgemeininteresse liegende Aufgabe bezogen, nicht auf die juristische Person, denn einer Einordnung als öffentlicher Auftraggeber steht es nicht entgegen, wenn die juristische Person neben der im Allgemeininteresse liegenden Aufgabe nichtgewerblicher Art auch – in Gewinnerzielungsabsicht – andere Tätigkeiten ausübt. Ein Auftraggeber ist bereits dann als öffentlicher Auftraggeber im Sinne des § 99 Nr. 2 GWB anzusehen, wenn er auch nur in Teilen im Allgemeininteresse liegende Aufgaben nichtgewerblicher Art erfüllt. Ob eine Aufgabe nichtgewerblich ist, hängt insbesondere davon ab, ob die juristische Person diese Aufgabe unter Wettbewerbsbedingungen ausübt. Dabei schließt es das Vorliegen von Wettbewerb für sich genommen aber nicht aus, dass eine vom Staat, von Gebietskörperschaften oder anderen Einrichtungen des öffentlichen Rechts finanzierte oder kontrollierte Stelle sich von anderen als wirtschaftlichen Überlegungen leiten lässt. Aufgaben, die auf andere Weise als durch das Angebot von Waren und Dienstleistungen auf dem Markt erfüllt werden und die der Staat aus Gründen des Allgemeininteresses selbst erfüllt oder bei denen er einen entscheidenden Einfluss behalten möchte, stellen idR im Allgemeininteresse liegende Aufgaben nichtgewerblicher Art dar. Die soziale Wohnraumversorgung ist, wie die gesetzlichen Regelungen des WoFG zeigen, eine solche Aufgabe, die der Staat nicht dem Spiel der Marktkräfte überlässt, sondern die er durch Förderung der Haushalte, die sich am Markt nicht angemessen mit Wohnraum versorgen können und auf Unterstützung angewiesen sind, selbst erfüllt und steuert. Es entspricht dem typischen Bild heutiger kommunaler Wohnungsbaugesellschaften, dass sie die Aufgabe der sozialen Wohnraumförderung mit der Tätigkeit eines nach wirtschaftlichen Gesichtspunkten agierenden Wohnungsunternehmens verbinden. Das ändert nichts daran, dass die im Allgemeininteresse liegende besondere Aufgabe der sozialen Wohnraumförderung eine solche nichtgewerblicher Art ist. Die Verbindung ihrer im Allgemeininteresse liegenden nichtgewerblichen Aufgabe mit einer auf Gewinnerzielung gerichteten Tätigkeit ermöglicht es den kommunalen Wohnungsunternehmen, die ihnen als besondere Pflicht obliegende Aufgabe effizient und kostensparend zu erfüllen.

Die Auftraggeberin wird auch überwiegend durch Beteiligung einer Gebietskörperschaft finanziert und zugleich durch diese über ihre Leitung beaufsichtigt, denn die Stadt O ist ihre Alleingesellschafterin, welche den Aufsichtsrat bestellt.

Der Zulässigkeit des Nachprüfungsantrages steht nicht die Verletzung einer Rügepflicht nach § 160 Abs. 3 S. 1 GWB entgegen. Jedenfalls hat X auf die am 4.5.2020 erhaltene Information deren unzureichenden Inhalt am 14.5.2020 binnen zehn Kalendertagen gerügt.

X hat mit ihrem am 18.5.2020 eingereichten Nachprüfungsantrag auch die Frist gem. § 135 Abs. 2 GWB für die Geltendmachung der Unwirksamkeit der am 12.5.2020 mit Y geschlossenen Verträge gewahrt.

Der Nachprüfungsantrag ist auch begründet, denn W hat die Bauverträge mit Y unter Verstoß gegen die aus § 97 Abs. 1 GWB folgende Pflicht zur Vergabe in einem geregelten Verfahren und zugleich unter Verletzung der Informations- und Wartepflicht nach § 134 Abs. 1 und 2 GWB geschlossen. X hat Anspruch darauf, dass die Auftraggeberin die öffentlichen Aufträge im Wege eines europaweiten geregelten Vergabeverfahrens beschafft und dabei die Informations- und Wartepflicht befolgt. Überdies hat W auch gegen § 134 Abs. 1 und 2 GWB verstoßen, weil sie die Verträge mit Y am 12.5.2020 geschlossen hat, ohne X zuvor eine Mitteilung erteilt zu haben, welche den Namen des vorgesehenen Unternehmens und die Gründe der Nichtberücksichtigung der X enthält, und auch im Hinblick auf die unvollständig erteilte Mitteilung vom 4.5.2020 die Wartefrist von 15 Kalendertagen nicht eingehalten hat.

Rechtsfolge der Verstöße ist gem. § 135 GWB die Unwirksamkeit der mit Y geschlossenen Verträge. ◄

VII. Wiederholungs- und Verständnisfragen

1. Was sind die Rechtsgrundlagen des Vergaberechts? (→ Rn. 5 ff.)
2. Wann finden die sekundärrechtlichen Vorgaben des Vergaberechts Anwendung? (→ Rn. 8)

3. Wann ist der personelle Anwendungsbereich des Vergaberechts eröffnet? (→ Rn. 20 ff.)
4. Was sind die Merkmale eines öffentlichen Auftrags? (→ Rn. 33 ff.)
5. Was sind Konzessionen und wie sind diese vergaberechtlich einzuordnen? (→ Rn. 41 ff.)
6. Welche Voraussetzungen erfordert das Vorliegen einer Inhouse-Vergabe? (→ Rn. 44 ff.)
7. Woraus ergeben sich die wesentlichen Vergaberechtsgrundsätze und was besagen sie inhaltlich? (→ Rn. 55 ff.)
8. Wie ist ein Vergabeverfahren in seiner Grundstruktur aufgebaut? (→ Rn. 62 ff.)
9. Welche Verfahrensarten lassen sich unterscheiden und wo sind diese aufgezählt? (→ Rn. 80 ff.)
10. Welche Besonderheiten weist der Vergaberechtsschutz für Auftragsvergaben oberhalb der Schwellenwerte auf? (→ Rn. 108 ff.)

Zur Vertiefung: *Bungenberg*, § 16 Das primäre Binnenmarktrecht der öffentlichen Auftrags- und Konzessionsvergabe/*Hoffmann/Kling*, § 17 Das sekundäre Binnenmarktrecht der öffentlichen Auftragsvergabe, in: Müller-Graff (Hrsg.), Enzyklopädie Europarecht IV: Europäisches Binnenmarkt- und Wirtschaftsordnungsrecht, 2. Aufl. 2021; *Burgi*, Vergaberecht, 3. Aufl. 2021; *Burgi/Dreher/Opitz* (Hrsg.), Beck'scher Vergaberechtskommentar I und II, 4. Aufl. 2022 und 3. Aufl. 2019; *Dageförde* (Hrsg.), Handbuch für den Fachanwalt für Vergaberecht, 2019; *Frenz*, Vergaberecht EU und national, 2018; *Gabriel/Krohn/Neun* (Hrsg.), Handbuch Vergaberecht, 3. Aufl. 2021; *Goede/Stoye/Stolz* (Hrsg.), Handbuch des Vergaberechts, 2. Aufl. 2021; *Hettich/Soudry*, Das neue Vergaberecht, 2014; *Säcker/Ganske/Knauff* (Hrsg.), Münchner Kommentar zum Wettbewerbsrecht III und IV, 4. Aufl. 2022; *Müller-Wrede* (Hrsg.), Kompendium des Vergaberechts, 2. Aufl. 2013; *ders.* (Hrsg.), GWB-Vergaberecht, 2. Aufl. 2023; *ders.* (Hrsg.), VgV/UVgO, 2017; *Noch*, Vergaberecht kompakt, 8. Aufl. 2019; *Pünder/Schellenberg* (Hrsg.), Vergaberecht, 3. Aufl. 2019; *Raasch*, Die Vergabe öffentlicher Aufträge als Instrument des Verwaltungshandelns, JA 2009, 199 ff.; *Schütte*, Von Bleistiftkäufen und Gebäudesanierungen – Eine Einführung in das Vergaberecht, ZJS 2020, 1 ff.; *von Wietersheim*, Vergaberecht, 2. Aufl. 2017; *Willenbruch/Wieddekind/Hübner* (Hrsg.), Vergaberecht, 5. Aufl. 2022

Stichwortverzeichnis

Die Angaben verweisen auf die Paragrafen des Buches (**fette Zahlen**) sowie die Randnummern innerhalb der einzelnen Paragrafen (magere Zahlen).
Beispiel: § 9 Rn. 10 = 9 10

Abfall **3** 10
Abgeltungsbeihilfe **9** 34
Agentur **3** 24
Aktiengesellschaft (AG) **8** 12, 42, **10** 47
Alkohol **5** 145, 155, 160
Allgemeine Geschäftsbedingungen **5** 87
Allgemeine Handlungsfreiheit **4** 15
Allgemeines Abkommen über den Handel mit Dienstleistungen (GATS) **1** 31
Allgemeines Zoll- und Handelsabkommen (GATT) **1** 13, 31
Altunternehmerprivileg **5** 168, 176
Anerkennung
– Berufsqualifikationen **3** 24, **5** 18
– gegenseitige **2** 5
Angebote
– Ausschluss unvollständiger und fehlerhafter ~ **10** 68
– indikative **10** 97
– ungewöhnlich niedrige ~ **10** 72
– Wertung **10** 67 ff.
Anlage **5** 57
Anstalt des öffentlichen Rechts **8** 39
Anwartschaft **4** 36
Arbeitgeber **3** 35
Arbeitnehmer **3** 32, 34, **4** 10, **5** 6, 38, **9** 26, 40
Arbeitnehmerfreizügigkeit **3** 30 ff.
Arbeitnehmerschutz **2** 5, **3** 28, **5** 49, 52
Arbeitsruhe **5** 94, 97
Arbeitszwang **4** 13
Aufgabenträger **5** 166, 180, 185
Aufsicht **10** 25
Aufsichtsrat **8** 40, 43, 48
Auftragnehmer **10** 36
Ausbeutungsmissbrauch **6** 30, **7** 31
Ausführungsbedingungen **10** 75
Ausgestaltungsrecht **5** 174
Ausgleichsleistung **5** 184, **9** 17, 44 f., 47

Auskunft **5** 43, 89, 128, 134, 159, **6** 45
Ausnahmebewilligung **5** 124
Ausschreibung **3** 2, **5** 183, **7** 37, **9** 45, **10** 56, 58, 63 f.
– beschränkte **10** 85
– funktionale **10** 64
– öffentliche **10** 82
Ausstellung **5** 73
Ausübungsberechtigung **5** 124
Bank **8** 18, **9** 2
Bauauftrag **10** 7, 13, 17, 40
Baukonzession **10** 41
Beförderungspflicht **5** 195
Begünstigung **9** 14 ff.
Beherrschung **8** 53, **9** 21, **10** 25, 30, 46, 51
Behinderte **10** 75
Behinderungsmissbrauch **6** 29
Beihilfe
– Anmeldung **9** 47, 58
– Ausnahmen **9** 20 ff.
– Begriff **9** 13 ff.
– Begünstigter **9** 44
– bestehende **9** 54
– Durchführung **9** 48
– EU **9** 12
– Genehmigung **9** 50, 58
– Gewährung **9** 51 ff.
– neue **9** 43 ff.
– Prüfung **9** 49 f.
– Rückforderung **9** 55 ff.
– Selektivität **9** 23 ff.
– Verbot **9** 11 ff.
– zur Förderung wichtiger Vorhaben von gemeinsamem europäischem Interesse **9** 37
Beihilferecht **1** 37, **5** 166, **8** 7, 51, **9** 1 ff.
Bekanntmachung **9** 45, **10** 58, 63, 100
„bekannt und bewährt" **5** 88
Benannte Stelle **9** 20
Bereichsausnahme **3** 26, 36, 45

Stichwortverzeichnis

Beruf 3 24, 4 5 ff., 5 5
- freier 5 9

Berufsausbildung 4 12, 5 138

Berufsausübungsregelung 4 19, 23, 27

Berufsbild 5 115

Berufsfreiheit 4 3 ff., 38, 5 13, 17, 38, 62, 175, 7 8, 9 11

Berufswahl 4 12

Berufszulassungsregelung 4 23
- objektive 4 19, 29
- subjektive 4 19, 28, 65

Beschaffungen
- Gegenstand 10 4, 36, 64
- strategische 10 75
- verteidigungs- und sicherheitsspezifische ~ 10 16, 83, 96

Beschäftigte 5 109

Beschlagnahme 5 45, 6 45

Beschluss 1 38

Beschränkung 3 6, 19, 49

Beschränkungsverbot 3 4, 13

Bestimmtheit 4 25, 55

Beteiligungen 8 13, 49, 9 14, 16, 21

Betrauung 2 12

Betriebsaufnahme 5 152

Betriebsbeginn 5 126

Betriebsbeihilfe 9 36

Betriebsinhaber 5 121, 130

Betriebsleiter 5 121, 126

Betriebspflicht 5 178 f., 195

Betriebsrisiko 10 43

Betriebsschließung 5 56, 131

Betriebssitz 3 22, 5 173, 179, 192

Betriebsuntersagung 5 129

Bewertungsmatrix 10 73, 97

Bieter 10 67

Binnenmarkt 1 37, 2 3, 3 1, 20, 5 3, 186, 6 7, 19, 39, 9 5, 30, 10 4

Bundeskartellamt (BKartA) 6 40, 45

Bundesnetzagentur (BNetzA) 7 14, 20, 22

Bürgschaft 9 2, 4, 14, 18, 53, 60

culpa in contrahendo 10 115

Daseinsvorsorge 2 10, 5 162, 166, 168, 180, 7 3, 13, 36, 8 3, 18, 20, 23, 25, 28, 51, 9 4, 17, 28, 34

DDR 1 25

de facto-Vergabe 10 77, 111

Delegierte Rechtsakte 1 38

De-minimis-Beihilfen 9 28

De-minimis-Vergaben 5 186

Deregulierung 1 27

Deutscher Zollverein 2 4

Dienstleistung 3 40, 5 104

Dienstleistungen von allgemeinem wirtschaftlichem Interesse 2 10 ff., 9 17, 47

Dienstleistungsauftrag 10 7, 12, 40
- öffentlicher 5 167 ff., 181

Dienstleistungsfreiheit 3 38 ff., 5 56
- aktive 3 42
- passive 3 43

Dienstleistungskonzession 5 182, 10 41

Dienstleistungsrichtlinie 3 38, 5 18, 20

Direktvergabe 5 184, 9 44, 10 56

Diskriminierung 3 5, 17 f., 37, 7 31, 10 57

Diskriminierungsverbot 1 31, 3 4, 31, 4 15 f., 7 29 f., 9 31, 10 85

Divergenzvorlage 10 110

Dreistufentheorie 4 26

Drittstaatsangehörige 3 25, 50, 4 15, 5 13

Dumping 10 72

Durchsuchung 6 45

Dynamisches Beschaffungssystem 10 103, 104

EEG-Umlage 8 25, 9 19, 38, 46

Eigenbetrieb 8 6, 38 f., 10 22, 44

Eigenerklärung 10 71

Eigentum 4 31 ff.
- Begriff 4 34 ff.
- Bestandsgarantie 4 39
- geistiges 1 31, 4 36
- Inhaltsbestimmung 4 42, 57
- Institutsgarantie 4 39
- Nutzung 4 38
- Sozialbindung 4 32, 39, 53
- Wertgarantie 4 39

Stichwortverzeichnis

Eigenwirtschaftlichkeit
- Begriff 5 167
- Vorrang 5 168, 175

Eignung 5 173, 10 70 f., 85, 100

Eingriff
- Berufsfreiheit 4 18 ff.
- Eigentum 4 42 ff.
- enteignender 4 46
- enteignungsgleicher 4 47
- Grundfreiheiten 3 5 ff.

Einheitliche Stelle 3 38, 5 18, 138
Einzelermächtigung 1 38
Einzelfallgesetz 4 25
Eisenbahn 7 2
Elektrizität 3 10
Elektronische Auktion 10 104
Elektronischer Katalog 10 105
Energie 7 2, 10 28
Energieversorgung 1 25, 2 10, 8 3, 23, 25, 28, 33, 9 19
Enteignung 2 22, 4 39, 42, 44, 50
- Voraussetzungen 4 51 ff.

Entflechtung 6 47, 7 11, 22, 26, 30
Entgelt 10 37
- für auferlegte Zugangsleistungen 7 33
- für Endnutzerleistungen 7 35

Entgeltgenehmigung 7 32
Entgeltregulierung 7 12, 31 ff.
Entschädigung 4 39, 53, 57
Entwicklungsbeihilfe 9 38
Erbe 5 40, 121, 177
Erneuerbare Energien 9 45
essential facilities-Doktrin 6 28
Europäischer Wirtschaftsraum (EWR) 2 4
Europäische Union (EU) 1 35
Europarecht 2 12
- Vorrang 1 36, 3 3, 9 11, 59

Fachkunde 10 70
Fahrzeugbeschaffung 10 75
Feiertage 5 96
Feiertagsruhe 5 93 ff., 106 ff.
Fernlinienbus 5 196
Finanzierung 10 27
Finanzplan 8 47

Forschungs- und Entwicklungsbeihilfe 9 4, 12, 28, 40
Freihandel 1 14, 2 4
Freihändige Vergabe 10 88, 93
Freizügigkeit 2 5, 3 20, 31
Fusion 6 35
Fusionskontrolle 6 32 ff.
Gaststätte 5 2, 11
Gaststättengewerbe 5 144
- Anzeigepflicht 5 152 ff.
- Betriebsart 5 148
- Betriebsfortführung 5 150
- Erlaubnispflicht 5 147 ff.

Gaststättenrecht 5 142 ff.
GATT siehe Allgemeines Zoll- und Handelsabkommen
Geheimwettbewerb 10 56
Gelegenheitsverkehr 5 190, 196
Gemeinde 5 87, 90, 8 1, 26
- Allzuständigkeit 8 16

Gemeinderat 8 48
Gemeindewirtschaftsrecht 8 18 ff.
Gemeinschaftsunternehmen 6 38
Gemeinwohl 1 20, 8 2, 11, 23, 9 47
Genehmigung
- Nebenbestimmungen 5 34
- Widerruf 5 55, 178, 188

Genehmigungsfiktion 3 38, 5 35, 66, 125, 178, 9 49
Genehmigungsurkunde 5 178
Gesellschaft mit beschränkter Haftung (GmbH) 8 12, 41
Gesetzesvorbehalt 4 23, 50
Gesetzgebungsakte 1 38
Gewährleistungsstaat 1 27, 7 2, 8 7
Gewerbe 5 5, 111, 8 45
- Befugnisse 5 37 ff.
- Fortführung 5 40, 59
- Genehmigung 5 27 ff.
- handwerksähnliches 5 133
- stehendes 5 19 ff.
- Wiedergestattung 5 60 ff.

Gewerbeanzeige 5 20 ff., 126, 134, 152, 7 21

307

Stichwortverzeichnis

Gewerbeaufsichtsbehörde 5 41, 46, 66, 83, 89
Gewerbefreiheit 1 21, 4 10, 5 12 ff., 20, 27, 165, 196, 7 8
– Ausnahmen 5 17
Gewerbelegitimationskarte 5 66
Gewerberecht 5 1 ff.
Gewerbeuntersagung 5 43, 46 ff., 68
– Folge 5 53
– Verfahren 5 54
Gewerbezentralregister 5 24
Gewinn 1 19, 4 8, 6 27, 8 24, 44, 10 4, 24
Gleichbehandlung 3 33, 4 58 ff., 9 45, 10 54, 57, 100
Gleichordnungskonzern 6 37
Gleichwertigkeitsfeststellung 5 124
Glücksspiel 3 46, 4 11, 61, 65, 5 2, 33
Goldene Aktie 3 49
Gottesdienst 5 97 f.
Grenzüberschreitung 3 2
Großmarkt 5 74, 84
Grundfreiheiten 1 37, 2 4, 3 1 ff., 5 18, 124, 10 4, 6, 55
– Rechtfertigung von Eingriffen 3 8, 16, 27, 46, 51 ff.
– unmittelbare Anwendbarkeit 3 3
– Verpflichtete 3 7
Grundgesetz 2 15
Grundrechte 2 20 ff., 3 3, 4 1 ff., 8 2, 53
Grundversorgung 7 3, 13
Gruppenfreistellung 6 8, 21, 9 7, 28, 40

Haftung 8 40
Handelsbeeinträchtigung 9 28
Handwerk 5 111, 8 45
– Fortführung 5 121
– zulassungsfreies 5 133
– zulassungspflichtiges 5 114 ff.
Handwerksfähigkeit 5 114
Handwerkskammer 5 121, 126, 128, 134, 137 ff.
Handwerkskarte 5 125
Handwerksmäßigkeit 5 114, 133
Handwerksrecht 5 110 ff.

Handwerksrolle 5 113, 121, 138
– Löschung 5 132
– Richtigkeit 5 128
Harmonisierung 2 5
Haushalt 9 18
Haushaltsplan 8 13, 9 10, 46
Haushaltsrecht 8 8 ff., 40, 9 10, 10 1, 17
Herkunftslandprinzip 2 5
Hilfsbetrieb 5 120
Hoheitsgewalt 3 36, 4 59
Holding 6 37

ILO-Kernarbeitsnormen 10 75
Infrastruktur 7 9, 26
Inhouse-Vergabe 5 182, 185, 10 44 ff.
Inländerdiskriminierung 3 4, 4 63, 5 124, 135
Inländergleichbehandlung 1 31
Innovation 6 20, 9 40
Innovationspartnerschaft 10 60, 98 ff.
Innung 5 139
Innungsverband 5 140
Interessen
– der Allgemeinheit 10 23
– unternehmerische 1 19
Interessenbekundung 10 85, 97
interner Betreiber 5 185
Investition 3 49, 9 16
Investitionsbeihilfen 9 36, 40
Investitionsschutz 1 34

Jahresabschluss 8 46
Jahrmarkt 5 77, 84
Junktimklausel 4 54
Juristische Person 4 41, 5 14, 117, 121
– ausländische 5 56
– des öffentlichen Rechts 4 16, 5 173, 8 12
– inländische 4 16

Kampfpreisunterbietung 6 29
Kapazitäten 2 23, 5 88, 8 25
Kapitalverkehrsfreiheit 3 25, 49 ff.
Kartellrecht 1 6, 9, 37, 6 1 ff., 7 10, 8 51
Kartellverbot 6 12 ff.
– Ausnahmen 6 20

Stichwortverzeichnis

- Sanktionierung 6 47
Kaskadenmodell 10 13
Katastrophenbeihilfe 9 32
Koalitionsfreiheit 2 21
Kommission 1 38, 6 40, 45, 7 4, 9 35, 10 114
Kommunalaufsicht 8 49
Kommunale Zusammenarbeit 8 34, 10 37
Kommunalisierung 1 25, 8 3
Kommunalunternehmen 8 39, 49
Konkurrentenklage 5 91
Kontingent 1 16, 31, 3 11, 4 19
Kontrolle 10 37
- gemeinsame 10 51 f.
- wie über eine eigene Dienststelle 5 185, 10 47 f.
Kontrollerwerb 6 36
Konzern 10 47
Konzession 3 2, 10 3, 7, 15, 41 ff.
Konzessionsgeber 10 31
Konzessionsvergabe 10 54, 62, 106 f.
Koordinierungsbeihilfe 9 34
Korrekturmechanismus 10 114
Korrespondenzdienstleistung 3 44
Kraft-Wärme-Kopplung (KWK) 9 45
Kredit 9 2, 14, 16, 18, 53
Kreishandwerkerschaft 5 141
Kronzeuge 6 14, 46, 51
Kulturförderung 9 39
Ladenöffnungsrecht 5 103 ff.
Ladenöffnungszeit 5 105, 157
Ladenschlussrecht *siehe* Ladenöffnungsrecht
Landeskartellbehörden 6 45
Leistungsbeschreibung 10 66
Leistungsbestimmungsrecht 10 36
Leistungsfähigkeit 10 70
- finanzielle 3 27, 5 173
- Gemeinde 8 26
- wirtschaftliche 5 31
Liberalisierung 1 18, 23, 26 f.
Lieferauftrag 10 7, 12, 17, 40

Lieferkette 5 109a ff.
- Begriff 5 109j
- Beschwerdeverfahren 5 109t
- Haftung 5 109y
- Risikomanagement 5 109n ff.
- Sorgfaltspflichten 5 109u, 109v, 109m ff.
Lieferkettensorgfaltspflichtengesetz 5 109g ff.
Linienverkehrsgenehmigung 5 167, 176
Lohngleichheit 3 33
Lose 10 61
Markt 5 108
- Durchführung 5 82
- Festsetzung 5 78 ff.
- Kapazitäten 5 88
- regulierter 1 16
- relevanter 6 16, 25
- Teilnahme 5 83 ff.
Marktanalyse 7 24, 8 31
Marktbeherrschung 6 24 ff., 41, 7 25
Marktbeobachtung 5 193
Marktgegenseite 6 16, 25
Marktgewerbe 5 70 ff.
Marktmacht 6 3, 7 25
Marktstrukturmissbrauch 6 31
Markttransparenzstelle für Kraftstoffe 6 15
Marktversagen 7 24, 37
Marktwirtschaft 2 6 ff., 4 14
- soziale 2 7, 17, 24
Marktzugangsregeln 3 15
Marktzutritt 1 13, 3 5 f., 6 26, 7 8, 11, 21, 9 5
Maßnahmen gleicher Wirkung 3 12
Maximalprinzip 2 23
Meistbegünstigung 1 31
Meister 3 4, 4 63, 5 122, 135
Menschenrechte 5 109a, 109c ff.
Merkantilismus 8 3
Messe 5 72, 84, 10 24
Mieter 4 36
Minderhandwerk 5 116
Mindestlohn 10 18, 75
Minimalprinzip 2 23

Stichwortverzeichnis

Ministererlaubnis 6 43
Missbrauchsverbot 6 23 ff., 7 26, 32, 34
Mittelstandsförderung 9 40
Mittelstandsfreundlichkeit 10 54, 61
Mittelstandskartelle 6 22
Monopol 1 16, 2 12, 4 21, 6 3, 25, 7 9, 8 4
- natürliches 7 2
more economic approach 9 40
Nachbesserung 10 72
Nachprüfungsverfahren 5 189, 10 58, 77, 109 ff.
Nachschau 5 44, 159
Nachverhandlungsverbot 10 56, 68
Nahverkehrsplan 5 166, 168, 174 ff., 180
Natürliche Person 4 16, 40, 5 13, 117, 121
Nebenangebot 5 183, 10 56, 60, 65, 73
Nebenbetrieb 5 119
Nebentätigkeit 4 9, 8 24
Neue Formel 4 69 ff.
„neu vor alt" 5 88
Nichtdiskriminierung 5 183, 7 20, 10 57
Nichtgewerblichkeit 10 24
Nicht offenes Verfahren 10 85 ff.
Nichtraucherschutz 5 143
Niederlassung 3 21, 5 173
Niederlassungsfreiheit 3 21 ff., 5 56
- primäre 3 23
- sekundäre 3 24
Notifikation 9 30, 40, 47
Notmaßnahme 5 187, 10 90
Nutzungsuntersagung 5 57
Objektiv berufsregelnde Tendenz 4 20
Objektive Wertordnung 2 20
Objektivität 7 20
OECD-Leitsätze für multinationale Unternehmen 5 109 f.
Offenes Verfahren 10 82 ff.
Öffentliche Auftraggeber 10 20 ff.
- Verbände 10 26
Öffentlicher Auftrag 10 2, 33 ff.

Öffentlicher Auftraggeber 10 12, 13, 15, 36, 94, 99
Öffentlicher Personennahverkehr (ÖPNV) 5 166 ff., 8 3, 7
Öffentlicher Zweck 8 11, 23 ff., 40, 44
Öffentliches Recht 1 8
Öffentliche Unternehmen 4 21, 5 118, 6 13, 7 3, 9 18, 23, 10 36, 47
- Entwicklung 8 3 ff.
- öffentlich-rechtliche Rechtsform 8 36 ff.
- Privatrechtsform 5 173, 8 5, 10, 40 ff.
- Privilegierungsverbot 2 8
Öffentliche Verkehrsinteressen 5 174
Öffentliche Wirtschaft 8 1 ff.
Öffentlich-Private Partnerschaft (ÖPP) 5 185, 8 51 ff., 10 48
Oligopol 6 26
on demand-Verkehre 5 197
Option 10 38
Ordnungspolitik 1 11
ordre-public-Vorbehalt 3 37
Örtlichkeitsprinzip 5 185, 8 16, 33 f.
Ortsansässigkeit 5 88
Parallelverhalten 6 15
Personenbeförderung 1 25
Personenbeförderungsrecht 5 3, 162 ff.
- Genehmigungsverfahren 5 170 f.
- Genehmigungsvoraussetzungen 5 172 ff.
Personengesellschaft 5 14, 52, 117, 121
Personenverkehrsfreiheiten 3 20 ff.
Pflichtfahrbereich 5 195
Planwirtschaft 1 16, 2 6
Post 7 2
Präqualifikationssystem 10 71
Primärrecht 1 35, 2 1
- unmittelbare Anwendbarkeit 1 36
Prioritätsprinzip 5 88, 192
private enforcement 5 109x, 6 49 f.
Privatinvestortest 9 16
Privatisierung 1 26, 7 3, 8 4
- formelle 8 5, 10 45
- funktionale 8 7
- materielle 5 78, 8 6

Stichwortverzeichnis

Privatisierungsfolgenrecht 7 2
Produktionszweige 9 23
Projektant 10 57
Protektionismus 1 12, 3 12, 9 5, 10 4
Quersubventionierung 7 30
Rahmenvereinbarung 10 39, 104
Rechnungsprüfung 8 13, 50
Recht
- ausschließliches 5 167 f., 174, 9 14, 10 30
- besonderes 10 30
Recht am eingerichteten und ausgeübten Gewerbebetrieb 4 36
Recht auf Arbeit 4 14
Regiebetrieb 8 37, 10 22, 44
Regionalbeihilfe 9 36, 40
Regulierung 8 6
Regulierungsbehörde 7 4
Regulierungsermessen 7 15
Regulierungsrecht 7 1 ff., 8 7
- Ziele 7 7, 17
Reisegewerbe 5 63 ff.
Reisegewerbekarte 5 65
Rekommunalisierung 1 27
Rentabilität 8 24, 9 16
Richtlinie 1 38
Risiken
- menschenrechtliche 5 109k
- umweltbezogene 5 109l
Rüge 10 111
Sachkunde 5 18, 32
Schaden 10 111
Schadensersatz 5 57, 6 49, 10 79, 110, 115
Schlichtungskommission 5 130
Schrankentrias 8 19 ff.
Schutznormlehre 8 32
Schutzzeit 5 106
Schwellenwert 10 7
Sektorenauftraggeber 10 14, 28 ff., 36, 91, 95, 99
Sekundärrecht 1 35, 38
Selbstbelastungsfreiheit 5 43

Selbstbindung 4 67
Selbstreinigung 10 69
Selbstständigkeit 3 22, 32, 5 6
Selbstverwaltung
- berufsständische 5 136
- kommunale 8 15
Sitzverlegung 3 23, 5 56
Soft Law 6 9, 9 8, 10 9
Software 3 10
Sonntagsruhe 5 93 ff., 106 ff.
Sozialabgaben 1 3, 5 48, 52, 179, 9 14
Sozialbeihilfe 9 31
Sozialisierung 1 25, 2 22, 4 44, 50
Sozialschädlichkeit 4 11
Sozialstaat 2 22
Sparkasse 8 18
Sparsamkeit 8 44
Sperrzeiten 5 156
Spezialmarkt 5 76, 84
Sportwetten 3 46
Spürbarkeit 6 18
Staat 1 10, 8 1
- schlanker 1 26
Staatliche Mittel 9 18 ff.
Stadtwerke 8 3, 5
Stellvertreter 5 39 f., 59, 147
Steuern 1 20, 2 5, 3 18, 28, 53, 4 43, 59, 62, 5 48 f., 179, 9 2, 14, 18, 24, 25
Steuerrecht 1 3, 20
Steuerstaat 2 23
Stille Tage 5 99
Stillhaltefrist 10 77
Straußwirtschaft 5 147
Subsidiarität 1 38, 2 23, 8 28, 45
Subvention 1 19, 9 2, 10, 14, 18
Tarif 5 174, 178, 195, 10 60
Tariftreue 10 18, 75
Tätigkeitskriterium *siehe* Wesentlichkeitskriterium
Taxi 4 29, 5 190 ff.
Technische Normen 1 12
Teilnahmewettbewerb 10 85, 88 f., 100
Teiluntersagung 5 51 f.

Stichwortverzeichnis

Telekommunikation 5 128, 7 2, 8 18
Telekommunikationsrecht 7 16 ff.
- Marktregulierung 7 23 ff.
- Regulierungsgrundsätze 7 20
- Regulierungsziele 7 18 f.
Tochtergesellschaft 3 24, 5 56
Transparenz 5 183, 7 20, 29 f., 10 54, 58
Übereinkommen über das öffentliche Beschaffungswesen (GPA) 1 33
Übereinkommen über den Handel mit zivilen Luftfahrzeugen 1 33
Übereinkommen über geistiges Eigentum (TRIPS) 1 31
Überkompensation 5 184, 9 17
Überkreuzbeteiligung 6 37
Umsatzschwelle 6 38
Umweltrecht 1 9, 20
Umweltschutz 3 18, 28, 5 109b, 9 40
Ungleichbehandlung 3 4, 51, 4 60 ff., 10 57
UN Global Compact 5 109e
Unionsbürger 3 25, 31, 50, 4 15, 5 13
Universaldienst 2 12, 7 36 f.
UN-Leitprinzipien für Wirtschaft und Menschenrechte 5 109d
Unterauftragsvergabe 5 183, 185
Unternehmen 10 36
- Absprachen 6 14
- Ausschluss 10 60, 69, 71
- gemischtwirtschaftliches 8 6, 53, 9 21, 10 48
- im funktionalen Sinne 6 13
- kommunale 5 185, 8 6, 10 25
- marktbeherrschendes 6 25, 7 9, 25, 29, 31
- öffentliche *siehe* öffentliche Unternehmen
- staatliche 8 8 ff.
- wirtschaftliche 8 20
- Zusammenschluss 6 32 ff.
Unterschwellenvergabe 10 10, 17, 54, 62, 108
Unzuverlässigkeit *siehe* Zuverlässigkeit
Urproduktion 5 8

Veranstalter 5 78 f., 83, 89
Veräußerungsverbot 8 6

Verbraucherschutz 3 18
Verdingungsordnungen 10 1
Vereinbarung über Regeln und Verfahren zur Beilegung von Streitigkeiten (DSU) 1 32
Verfassungsrecht 1 3, 36
Vergabefremde Kriterien 10 75
Vergabegrundsätze 10 55 ff., 92, 113
Vergabekammer 10 110
Vergaberecht 1 33, 5 166, 182, 8 7, 51, 10 1
- Ausnahmen 10 32, 37
- deutsches Recht 10 ff.
- EU-Primärrecht 10 6, 54, 106
- EU-Sekundärrecht 10 8
Vergaberechtsschutz 10 108 ff.
Vergabesenat 10 110
Vergabeunterlagen 10 63
Vergabeverfahren 10 4, 54 ff.
- Arten 10 80 ff.
- Aufhebung 10 79
- Struktur 10 62 ff.
- wettbewerbliches 5 183, 9 45
Vergabevermerk 10 58
Vergabewettbewerb 9 45, 10 57, 97
Verhältnismäßigkeit 1 38, 3 17 f., 29, 37, 51, 4 25, 42, 55 ff., 69, 5 45, 49, 56, 7 20, 10 60, 69
Verhandlungen 10 72, 92, 97, 100, 106
Verhandlungsverfahren 5 187, 10 60, 76, 88 ff., 93
Verhandlungsvergabe 10 88, 93
Verkaufsmodalitäten 3 13
Verkaufsoffener Sonntag 5 108 f.
Verkaufsstelle 5 104
Verkehr 3 39, 8 23, 9 7, 34, 10 28
- Bestellung 5 180 ff.
Verkehrsinteressen
- öffentliche 5 191
Verlorene Zuschüsse 9 2
Vermögen 4 37
- Verwaltung 5 10
Verordnung 1 38
Vertrag 10 34 f.
Vertragsänderung 10 38

Stichwortverzeichnis

Vertragsverletzungsverfahren 10 116
Vertrauensschutz 9 57
Verwaltungsakt
- Rücknahme 5 151, 9 56 ff.
- Widerruf 9 61
Verwaltungsgericht 1 5
Verwaltungsrecht 1 3, 20, 39
Völkerrecht 1 29, 36
Volksfest 5 69
Vorabinformation 10 58, 76, 97
Vorteilsabschöpfung 6 47

Wanderlager 5 69
Ware 3 10, 5 104, 9 31
Warenverkehrsfreiheit 3 9
Weimarer Republik 1 25
Weisung 10 47
Welthandelsorganisation (WTO) 1 13, 30, 2 4
Wesensgehaltsgarantie 4 25
Wesentlichkeitskriterium 10 49, 53
Wettbewerb 2 6, 24, 4 21, 5 183, 185, 6 2, 7 2, 8 15, 9 1, 13, 10 24, 54, 56, 58, 92
Wettbewerber 6 25
Wettbewerblicher Dialog 10 60, 93 ff.
Wettbewerbsbeschränkung 6 41, 43
Wettbewerbsregister 10 69
Wettbewerbsverfälschung 9 27
Wettbewerbsverhalten 7 10
Wettbewerbsverzerrung 9 5
Willkürprüfung 4 65
Wirtschaftlichkeit 2 23, 8 44, 10 59
Wirtschaftsförderung 8 25, 9 1, 25 f.

Wirtschaftsplan 8 47
Wirtschaftsrecht
- öffentliches 1 1
- privates 1 6
Wirtschaftsstrafrecht 1 7
Wirtschaftsverfassung 2 1, 15
Wirtschaftsverwaltungsrecht 1 1, 39
Wirtschaftsvölkerrecht 1 29
Wochenmarkt 5 75

Zahlungsaufschub 9 14
Zahlungsverkehrsfreiheit 3 48
Zitiergebot 4 25
Zivilrecht 1 3, 20
Zollunion 2 4, 3 10
Zubehörwaren und -leistungen 5 157
Zugangsregulierung 7 11, 27 ff.
Zunftwesen 1 22
Zusammenschaltung 7 28
Zusammenschluss 6 34
- Freigabe 6 40
- horizontaler 6 41
- vertikaler 6 41
Zuschlag 5 183, 9 45, 10 73 f., 78
- auf mehrere Angebote 10 100
Zuschlagskriterien 10 66, 73 ff.
Zutrittsrecht 5 128, 134
Zuverlässigkeit 5 23, 30, 47 ff., 61, 66, 68, 89, 149, 151, 153, 173, 179
Zuwendung 9 2, 10, 60
Zwangsarbeit 4 13
Zweigniederlassung 3 24
Zweistufentheorie 5 90, 9 53